HERZLICHEN GLÜCKWUNSCH

Und Dankeschön für den Kauf dieses Buches. Als besonderes Schmankerl* finden Sie unten Ihren persönlichen Code, mit dem Sie das Buch exklusiv und kostenlos als eBook erhalten.

Beachten Sie bitte die Systemvoraussetzungen auf der letzten Umschlagseite!

57018-r65p6-
vtcys-p00sh

Registrieren Sie sich einfach in nur zwei Schritten unter **www.hanser.de/ciando** und laden Sie Ihr eBook direkt auf Ihren Rechner.

KOMPETENZ · HANSER · GEWINNT

*Bayrisch für eine leckere Kleinigkeit; ein Leckerbissen

Sneed/Seidl/Baumgartner

Software in Zahlen

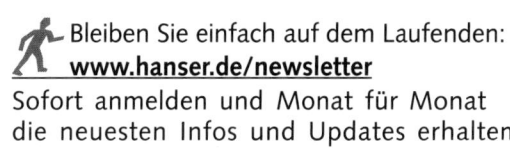

Bleiben Sie einfach auf dem Laufenden:
www.hanser.de/newsletter
Sofort anmelden und Monat für Monat
die neuesten Infos und Updates erhalten.

Harry M. Sneed
Richard Seidl
Manfred Baumgartner

Software in Zahlen

Die Vermessung von Applikationen

HANSER

Harry M. Sneed (MPA), Budapest, harry.sneed@anecon.com

Richard Seidl, Wien, richard.seidl@anecon.com

Dipl.-Ing. Manfred Baumgartner, Wien, manfred.baumgartner@anecon.com

Bibliografische Information der Deutschen Nationalbibliothek:

Die Deutsche Nationalbibliothek verzeichnet diese Publikation in der Deutschen Nationalbibliografie; detaillierte bibliografische Daten sind im Internet über http://dnb.d-nb.de abrufbar.

© 2010 Carl Hanser Verlag München (www.hanser.de)
Lektorat: Margarete Metzger
Herstellung: Irene Weilhart
Copy editing: Jürgen Dubau, Freiburg/Saale
Umschlagdesign: Marc Müller-Bremer, www.rebranding.de, München
Umschlagrealisation: Stephan Rönigk
Datenbelichtung, Druck und Bindung: Kösel, Krugzell
Ausstattung patentrechtlich geschützt. Kösel FD 351, Patent-Nr. 0748702
Printed in Germany

ISBN 978-3-446-42175-2

Inhalt

Geleitwort

Zahlen sind aus unserem täglichen Leben nicht mehr wegzudenken. Wir planen Treffen zu bestimmten Zeitpunkten, kontrollieren die Gewichtsangaben von Produkten bezüglich möglicher Preisveränderungen, kalkulieren den Spritverbrauch für gefahrene Kilometer, klassifizieren Wohnungen nach ihren Quadratmetern, prüfen genau die Veränderungen des Kontostandes hinsichtlich der Buchungen, zählen die Häufigkeit auftretender Fehler bei der Nutzung von Haushaltsgeräten, mögen oder meiden die Zahl 13 für ein Hotelzimmer und vieles andere mehr. Wie sieht es aber bei Softwaresystemen aus? Kann man Software auch quantifizieren und Systemeigenschaften – insbesondere Qualität – genau bewerten oder gar exakt nachweisen? Was ist überhaupt Software?

Für die Beantwortung dieser und anderer Fragen hat sich eine Disziplin etabliert: das *Software Engineering*. Das bedeutet, dass Software etwas Reales ist, ein Artefakt als Softwaresystem, welches an eine (reale) Hardware gebunden ist und mit ingenieurtechnischen Methoden erstellt, gepflegt und somit auch analysiert und bewertet werden kann. Andererseits besteht Software nicht einfach nur aus (Computer-) Programmen, sondern umfasst alle dabei involvierten Entwicklungs-, Darstellungs- und Beschreibungsformen (also Dokumentationen). Für die Erstellung von Software wünscht man sich eigentlich

1. Beschreibungen von Methoden, die genau spezifizieren, was mit dieser Methode an Softwarequalität erreicht werden kann und was nicht,

2. Dokumentationen zu Entwicklungswerkzeugen, die zeigen, wie die Software mit all ihren Artefakten (entwicklungsbegleitend) an Komplexität, Performanz usw. zu- bzw. abnimmt,

3. Komponenten- bzw. Softwarebibliothekenbeschreibungen, die – analog zu einem elektronischen Handbuch – die genauen (Qualitäts-)Eigenschaften dieser Komponenten ausweisen,

4. Schließlich: Softwaremaße, die einheitlich definiert und angewandt werden und damit eine generelle Vergleichbarkeit von Softwareeigenschaften gestatten.

Genau diesem komplexen Thema widmet sich das vorliegende Buch von Sneed, Seidl und Baumgartner, welches den eigentlichen Kern des Software Engineering (die Softwaremessung und -bewertung) behandelt, die die grundlegenden Eigenschaften eines Softwareproduktes quantifiziert darstellt, alle Artefakte der Entwicklung, Anwendung und Wartung einbezieht und die jeweilige Systemausprägung berücksichtigt. Das ist heute leider noch keine Selbstverständlichkeit. Es gibt immer noch zahlreiche Bücher zur Software bzw. zum Software Engineering, die

- die Softwarequalität vornehmlich bzw. nur auf die Qualitätsbestimmung von Programmen einschränken,

- die Verifikation von Softwaremodellen für eine Qualitätssicherung als hinreichend postulieren,

- die Darstellung von Softwaremetriken ausschließlich auf die ersten Denkansätze von McCabe und Halstead reduzieren,

- die Definition und Anwendung von Metriken nicht im Kontext eines Messprozesses und damit von Softwareprozessen überhaupt verstehen.

Auch und vor allem in dieser Hinsicht stellt das vorliegende Buch eine besondere Bereicherung der Literatur zum Software Engineering dar. Die Softwaremessung wird stets in den Kontext einer *zielgerichteten Vorgehensweise* innerhalb *realer Softwareprojekte und -entwicklungen* gestellt. Als Kern der Bewertung wird die Softwarequalität unter Verwendung der Softwaremerkmale wie Umfang und Komplexität betrachtet. Auch wenn die oben genannten vier Punkte immer noch eine Wunschliste darstellen, zeigen die Autoren sehr anschaulich, wie in der jeweiligen konkreten Situation mit Anforderungsanalyse, Modellierung, Design, Kodierung und Test einerseits und vor allem der weiteren Wartung der Softwaresysteme andererseits jeweils Messmethoden und Maße auswählen und anzuwenden sind, um die jeweiligen (Qualitäts-)Ziele zu erreichen.

Der besondere Wert des Buches besteht aber auch vor allem im immensen Erfahrungshintergrund der Autoren, der nicht nur in der Kenntnis verschiedenster Entwicklungsmethoden und Softwaresystemarten, sondern vor allem in den über Jahrzehnte hinweg miterlebten und mitgestalteten Methoden-, Technologie-, Paradigmen- und vor allem Anwendungsbereichswechseln besteht. Das versetzt die Autoren auch in die Lage, scheinbar spielerisch den komplexen Prozess der Softwareentwicklung mit Zahlen zu unterlegen, die genau die jeweils zu bewertenden Softwaremerkmale charakterisieren. Das abschließende Kapitel zur Softwaremessung in der Praxis zeigt noch einmal die noch offenen Fragen in diesem Bereich, denen sich auch vor allem die nationalen und internationalen Communities zu diesem Thema widmen, wie das Common Software Measurement International Consortium (COSMIC), das Metrics Association's International Network (MAIN), die Deutschsprachige Anwendergruppe für Software-Metrik und Aufwandschätzung (DASMA) und nicht zuletzt die Fachgruppe für Softwaremessung und -bewertung der Gesellschaft für Informatik (GI FG 2.1.20), in denen auch die Autoren dieses Buches aktiv mitarbeiten.

Das vorliegende Buch von Harry Sneed, Richard Seidl und Manfred Baumgartner ist sehr anschaulich geschrieben, sehr gut lesbar und kann von seiner Themenbreite als *Handbuch des Software Engineering* angesehen werden. Es ist vornehmlich für den im IT-Bereich praktisch Tätigen, aber vor allem auch als Ergänzungsliteratur für den Hochschulbereich hervorragend geeignet.

Magdeburg, im Juli 2010

Reiner Dumke
Professor für Softwaretechnik
Otto-von-Guericke-Universität Magdeburg

Vorwort

Dieses Buch „Software in Zahlen" ist das Ergebnis langjähriger Forschung und Entwicklung, die auf das ESPRIT-METKIT-Projekt im Jahre 1989 zurückgeht. Parallel zu dieser Forschungstätigkeit wurden über 20 Jahre lang Erfahrungen mit der Messung und Bewertung von Softwaresystemen in der industriellen Praxis gesammelt. Keiner hat sich in der Praxis so lange und so intensiv mit diesem Thema befasst wie der Hauptautor Harry Sneed. Eine Erkenntnis, die er aus jener Erfahrung gezogen hat, ist die Bedeutung der Zahlen für die Softwarequalitätssicherung. Es ist nicht möglich, über Qualität zu reden, ohne auf Maßzahlen einzugehen. Es genügt nicht zu behaupten, System A sei viel schlechter als System B. Der Qualitätsgutachter muss erklären warum, denn Qualität ist relativ, und um die Qualität eines Softwareproduktes mit der Qualität eines anderen zu vergleichen, müssen beide Qualitäten in Zahlen ausgedrückt werden. Nur so kann man den Abstand zwischen den beiden Produktqualitäten erklären. Das Gleiche gilt für die Größe und die Komplexität eines Softwaresystems. Eine Aussage wie „Das System ist zu groß" ist inhaltslos, ohne zu wissen, was „zu groß" bedeutet. Auch Größe ist relativ zu den Vorstellungen des Menschen, die das System zu beurteilen haben. Sie müssen in der Lage sein, den Größenmaß mit einem Sollmaßstab für Softwaresysteme zu vergleichen. Voraussetzung dafür ist eine messbare und vergleichbare Zahl. Wer seine Aussagen nicht mit Zahlen belegen kann, wird nicht ernst genommen.

Es gibt zahlreiche Verwendungszwecke für die Zahlen, die wir aus der Software gewinnen:

- Wir können damit den Aufwand für ein Projekt kalkulieren.
- Wir können damit ein Projekt planen und steuern.
- Wir können damit Rückschlüsse auf die Qualität eines Produktes ziehen.
- Wir können damit die Produktivität unserer Mitarbeiter verfolgen.
- Wir können damit Ziele für die Produkt- und Prozessverbesserung setzen.
- Wir können damit Projekte und Produkte miteinander vergleichen.

Das sind auch längst nicht alle Zwecke. Zahlen sind eine unentbehrliche Voraussetzung für ein professionelles Projekt- und Produktmanagement. Dass wir bisher mit so wenig Zahlenmaterial ausgekommen sind, zeigt nur, wie unterentwickelt unsere Branche ist. Wenn wir weiterkommen wollen, müssen wir mehr mit Zahlen arbeiten.

An dieser Stelle möchten wir auf die Arbeit des Deutschen Zentrums für Softwaremetrik an der Universität Magdeburg unter der Leitung von Professor Dr. Reiner Dumke hinweisen. Diese Institution ist bemüht, in Zusammenarbeit mit der DASMA und der GI-Fachgruppe für Softwaremetrik Zahlen aus dem ganzen deutschsprachigen Raum zu sammeln und allen interessierten Anwender bereitzustellen. Das Zentrum für Softwaremessung hat neben den vielen Tagungen und Workshops, die sie jährlich veranstaltet, und dem Rundbrief, den sie zwei Mal jährlich versendet, auch zahlreiche Veröffentlichungen zum Thema Softwaremessung herausgebracht, darunter:

- Dumke, R., Lehner, F.: Software-Metriken, Deutscher Universitätsverlag, Wiesbaden 2000

- Dumke, R., Abran, A.: New Approaches in Software Measurement, Springer-Verlag, Berlin Heidelberg, 2001

- Dumke, R., Rombach, D.: Software-Messung und -Bewertung, Deutscher Universitäts-Verlag, Wiesbaden 2002

- Dumke, R., Abran, A.: Investigations in Software Measurement, Shaker-Verlag, Aachen, 2003

- Abran, A., Dumke, R.: Innovations in Software Measurement, Shaker-Verlag, Aachen, 2005

- Ebert, C., Dumke, R., Bundschuh, M., Schmietendorf, A.: Best Practices in Software Measurement, Springer-Verlag, Berlin Heidelberg, 2005

- Dumke, R., Büren, G., Abran, A., Cuadrado-Gallego, J.: Software Process and Product Measurement, Springer-Verlag, Berlin Heidelberg, 2008

- Büren, G., Dumke, R.: Praxis der Software-Messung, Shaker-Verlag, Aachen, 2009

Leser dieses Buches, die ihre Metrikkenntnisse vertiefen wollen, werden auf diese Veröffentlichungen hingewiesen. Wenn Sie auch noch bei der Weiterentwicklung der Softwaremetrik mitwirken wollen, möchten wir Sie ermutigen, der GI-Fachgruppe und/oder der DASMA beizutreten. Auf jeden Fall sollten Sie sich der deutschen Metrik Community anschließen, um auf diese Weise auf dem Laufenden zu bleiben. Dieses Buch wäre dann nur als Einstieg in die Welt der Softwarezahlen zu betrachten. Sie ist eine faszinierende Welt mit vielen Facetten.

Die Autoren bedanken sich herzlich bei Rudolf Ramler und Wolfgang Beer vom Software Competence Center Hagenberg (http://www.scch.at) für die Bereitstellung der Informationen und Forschungsergebnisse zum Werkzeug „Software-Cockpit".

Wien, im Juli 2010   *Harry Sneed*

Die Autoren

Harry M. Sneed

Harry M. Sneed ist seit 1969 Magister der Informationswissenschaften der University of Maryland. Seit 1977, als er für das Siemens ITS-Projekt die Rolle des Testmanagers übernommen hat, arbeitet er im Testbereich. Damals entwickelte er die erste europäische Komponententestumgebung namens PrüfStand und gründete gemeinsam mit Dr. Ed Miller das erste kommerzielle Testlabor in Budapest. Seit dieser Zeit hat Harry M. Sneed mehr als 20 verschiedene Testwerkzeuge für unterschiedliche Umgebungen entwickelt – von Embedded-Echtzeitsystemen über integrierte Informationssysteme auf Großrechnern bis hin zu Webapplikationen. Am Beginn seiner Karriere hat er als Testprojektleiter gearbeitet; nun – am Ende seiner langen Karriere – ist er für die ANECON GmbH in Wien in die Rolle eines Softwaretesters zurückgekehrt. Parallel zu seiner Projekttätigkeit hat Harry Sneed über 200 technische Artikel und 18 Bücher (davon vier über das Thema Test) verfasst. Er unterrichtet zudem Softwareentwicklung an der Universität von Regensburg, Softwarewartung an der technischen Hochschule in Linz sowie Softwaremessung, Reengineering und Test an den Universitäten von Koblenz und Szeged. 2005 wurde Sneed von der Deutschen Gesellschaft für Informatik zum „GI Fellow" berufen und übt die Funktion des „general chair" der Internationalen Konferenz für Softwarewartung in Budapest aus. 1996 wurde Sneed vom IEEE für seine Errungenschaften im Bereich des Software Reengineerings ausgezeichnet, und 2008 erhielt er den Stevens Award für seine Pionierarbeit in der Disziplin der Softwarewartung. Sneed ist ein zertifizierter Tester und aktives Mitglied im österreichischen (ATB) und ungarischen Testing Board.

Richard Seidl

Seit Anfang 2005 ist Richard Seidl als Testspezialist und Testmanager bei der ANECON Software Design und Beratung GmbH. tätig. Planung, Konzeption und Durchführung von Testprojekten im Banken- und E-Government-Umfeld bilden den Schwerpunkt seiner Arbeit.

Direkt nach Abschluss seiner Ausbildung zum Ingenieur der Nachrichtentechnik (1999) arbeitete er als freiberuflicher Softwareentwickler, später als Analytiker und Testspezialist bei der Sparkassen Datendienst GmbH in Wien. 2003 übernahm er zusätzlich die Geschäftsführung der SEICON EDV GmbH, die auf begleitende Projektberatung spezialisiert ist.

Die Zertifizierung zum ISTQB® Certified Tester (Full Advanced Level) schloss er Mitte 2006 ab. In diesen Bereich arbeitet er seit 2008 als Trainer. Ende 2007 erlangte er durch die Ausbildung zum IREB Certified Professional for Requirements Engineering die Zertifizierung zum Quality Assurance Management Professional (QAMP).

Gemeinsam mit Harry Sneed und Manfred Baumgartner veröffentlichte Richard Seidl 2006 das Fachbuch „Der Systemtest – Anforderungsbasiertes Testen von Software Systemen", das Ende 2008 in zweiter Auflage erschien. Auf internationalen Konferenzen ist er mittlerweile ein gefragter Experte; so war er 2009 u.a. als Redner auf der CONQUEST und den Software Quality Days eingeladen.

Manfred Baumgartner

Nach dem Abschluss des Studiums der Informatik an der Technischen Universität Wien war Manfred Baumgartner in der Firma Sparkassen Datendienst GmbH, dem Softwarehaus der Ersten Bank, für die Implementierung von Vorgehensmethodik, Qualitätssicherung und Softwaretest verantwortlich (1985-1998).

Als Quality Director der Firma update AG standen der organisatorische und methodische Aufbau eines Testteams sowie die Einführung der Testautomatisierung im Mittelpunkt seiner Aufgaben. Im Rahmen des Qualitätsmanagements galt es, das Unternehmen laufend gegen die Anforderungen des Capability Maturity Models (CMM) des Software Engineering Institute (SEI) zu bewerten und entsprechende Verbesserungsmaßnahmen umzusetzen (1999-2001).

Seit Anfang 2001 ist Manfred Baumgartner als Berater für Qualitätsmanagement und Softwaretest bei der Firma ANECON Software Design und Beratung GmbH tätig und seit 2003 Leiter des strategischen Geschäftsfeldes Softwaretest. Besonderes Augenmerk gilt den Testdesigns, dem Einsatz von Testmetriken sowie der Anwendung von Testwerkzeugen in der Vorbereitung, Durchführung (Automatisierung) und dem Controlling der Tests. Die Durchführung von Prozess-Assessments (CMMi, TPI) runden sein Aufgabengebiet ab.

Er ist zudem auf nationalen und internationalen Konferenzen zum Thema Softwaretest als Referent tätig.

1 Softwaremessung

1.1 Das Wesen von Software

Software ist Sprache. Sie dient der Kommunikation zwischen den Menschen und Rechnern ebenso wie zwischen Rechnern und Rechnern und zwischen Menschen und Menschen (siehe Abb. 1.1). Programmcode ist jene Sprache, in der der Mensch der Maschine Anweisungen erteilt. Der Mensch schreibt den Code, der Rechner liest ihn. Er muss sowohl von den Menschen als auch vom Rechner, in diesem Fall dem Compiler, verstanden werden [DeLi99].

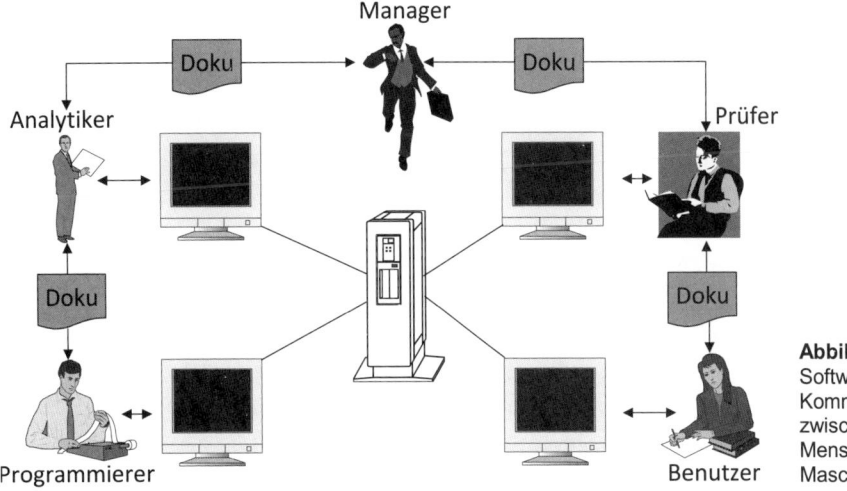

Abbildung 1.1
Software als Kommunikation zwischen Mensch und Maschine

Anforderungsspezifikationen und Entwurfsdiagramme sind ebenfalls Software, also auch Sprachen. Sie dienen der Kommunikation zwischen Menschen. Der eine Mensch schreibt sie, z.B. der Analytiker, der andere Mensch – der Programmierer – liest sie. Wenn sie nicht für beiden Seiten verständlich sind, haben sie ihren Zweck verfehlt. Eine Spezifikation, die von einem Rechner interpretiert werden kann, z.B. eine domänenspezifische Sprache, ist zugleich eine Kommunikation zwischen Mensch und Rechner, ähnlich dem Programmcode.

Kommunikationsprotokolle wie XML-Dateien und Web-Service SOAP-Nachrichten sind desgleichen Software. Sie dienen der Kommunikation zwischen Rechnern. Der eine Rechner schreibt sie, der andere liest sie. Sie muss daher von beiden Rechnern verstanden werden. Ein Protokoll ist eine Vereinbarung zwischen zwei Rechnerarten, wie sie sich verständigen wollen, ebenso wie eine Sprache eine Vereinbarung zwischen Menschen ist, die sich verständigen wollen. Natursprachen sind aus dem Zusammenleben der Menschen heraus erwachsen. Programmier-, Spezifikations- und Testsprachen sind wiederum aus dem Zusammenleben der Menschen mit Computern hervorgegangen [Rose67].

Wenn es nun um die Messung und Erforschung von Software geht, geht es also um die Analyse und Bewertung von Sprachen und den in diesen Sprachen geschriebenen Werken.

Eine Rechnersprache besteht genauso wie eine Sprache der Menschen aus Begriffen und Regeln für die Zusammensetzung jener Begriffe. Der Umfang einer Sprache wird an der Anzahl ihrer Begriffe bzw. Wörter gemessen. Oft legen Schüler Wörterbücher zweier unterschiedlicher Sprachen nebeneinander, um zu sehen, welches dicker ist. Dies ist in der Tat eine sehr grobe Messung des Sprachumfangs und setzt voraus, dass die Seitenaufteilung und die Schriftgröße gleich sind, aber sie ist nichtsdestotrotz eine Messung. Genauer wäre es, die Worteinträge zu zählen und zu vergleichen, aber auch hier ist die Messung ungenau, denn wer weiß, ob in den Wörterbüchern alle möglichen Wörter in beiden Sprachen berücksichtigt sind? Die Zählung der Wörter ist auf jeden Fall genauer als der Vergleich der beiden Wörterbücher. Das Gleiche gilt für Softwaresprachen. Ihr Umfang in vereinbarten Begriffen bzw. Symbolen lässt sich grob und fein vergleichen [LiGu88].

Aber nicht nur die Sprachen selbst können gemessen und miteinander verglichen werden. Auch die Ergebnisse von Sprache wie zum Beispiel Theaterstücke, Bücher, Essays etc. können nach unterschiedlichen Kriterien und zu unterschiedlichen Zwecken gemessen werden. Ist die Schularbeit lang genug? Durch Zählung der Wörter erhält man die Antwort. Warum ist „Buddenbrooks" von Thomas Mann schwerer zu lesen als Astrid Lindgrens „Pipi Langstrumpf" und kann man den Unterschied messen? Der Umfang alleine scheint dafür nicht der Grund zu sein und die Zählung der Seiten oder Worte wohl eine zu einfache Erklärung. Sind die Sätze durchschnittlich länger? Haben die beiden Werke einen unterschiedlichen Wortschatz? Wenn jedes Wort, welches mehrfach vorkommt, nur einmal gezählt wird, hätten wir das Vokabular des Schriftstücks. Ähnlich verfuhr M. Halstead, als er begann, Programmcode zu messen [Hals77]. Er zählte alle Wörter, also Operatoren und Operanden, um die Programmlänge zu ermitteln, und zählte jedes verwendete Wort, um das Programmvokabular zu bestimmen. Daraus berechnete er einen Wert für die Schwierigkeit, ein Programm zu verstehen.

Wäre eine Sprache nur eine beliebige Aneinanderreihung von Begriffen, könnte man sich mit der Messung der Größe zufriedengeben. Aber eine Sprache hat auch eine Grammatik. Darin befinden sich die Regeln für die Zusammensetzung der Wörter. Den Wörtern werden Rollen zugewiesen. Es gibt Hauptwörter, Eigenschaftswörter, Zeitwörter usw. Ähnliche Regeln gibt es auch in der Software. Für jede Sprache – Spezifikationssprache, Entwurfssprache, Programmiersprache und Testsprache – gibt es Regeln, wie die Wörter und Symbole verwendet werden können. Man spricht hier von der Syntax der Sprache. Mit der Syntax kommt die Komplexität. Je nachdem, wie umfangreich die Regeln sind, ergeben sich mehr oder weniger mögliche Wortkonstrukte. Je mehr Wortkonstrukte möglich sind, desto komplexer ist die Sprache.

Durch den Vergleich der Grammatik bzw. der Sprachregel ist es möglich, die Komplexität der Sprachen zu vergleichen. Dies trifft für Deutsch, Englisch und Latein ebenso zu wie für COBOL, Java, UML und VDM. Erschwert wird dies allerdings durch die informale Definition der Regeln und den vielen erlaubten Ausnahmen für die Sprache. In der Softwarewelt wird der Vergleich durch die vielen herstellerspezifischen Abweichungen erschwert. Es gibt kaum eine bekannte Softwaresprache, von der es nicht eine Reihe von Derivaten, sprich Dialekte gibt, die sich mehr oder weniger stark unterscheiden [Jone01].

In natürlichen Sprachen gibt es das Kunstwerk Satz: Das ist eine Zusammensetzung von Wörtern nach einem geregelten Muster. Ein Satz hat ein Subjekt, ein Objekt und ein Prädikat. Subjekt und Objekt sind Operanden bzw. Hauptwörter. Sie können durch Eigenschaftswörter ergänzt werden. Die Prädikate, sprich Zeitwörter, können gleichfalls Eigenschaftswörter haben, welche die Handlung ergänzen. Diese Wortarten müssen in einem gewissen Satzmuster vorkommen, um einen sinnvollen Satz zu bilden. Je mehr Muster zugelassen sind, desto komplexer die Satzbildung.

In Softwaresprachen entspricht der Satz einer Anweisung. Auch hier gibt es Syntaxregeln für die Satzbildung. Es gibt Operanden (= Objekte) und Operatoren (= Prädikate). Das Subjekt fehlt. Es wird impliziert als die ausführende Maschine. Der Rechner oder das System liest eine Datei, errechnet Datenwerte, vergleicht zwei Werte oder sendet Nachrichten. Je nachdem, wie viele Anweisungsarten eine Sprache hat, ist sie mehr oder weniger komplex. Die Zahl der einzelnen Anweisungen ist wie die Zahl der Sätze im Prosatext ein Größenmaß. Die Zahl der verschiedenen Anweisungsarten ist wiederum ein Komplexitätsmaß. Sie deutet auf die Komplexität der Sprache bzw. der jeweiligen Sprachanwendung hin.

Sprachen lassen sich in Form von Syntaxbäumen oder Netzdiagrammen darstellen. Peter Chen hat bewiesen, dass sich jeder Sprachtext, auch in einer natürlichen Sprache, mit einem „Entity/Relationship-Diagramm" abbilden lässt [Chen76]. Die Begriffe sind die Entitäten, die Zusammensetzung der Begriffe ergeben die Beziehungen. Ursprünglich war das E/R Model für die Datenmodellierung gedacht, wobei die Entitäten die Datenobjekte sind. Es lässt sich jedoch genauso gut für die Funktionsmodellierung verwenden, wobei hier die Entitäten die Funktionen sind. Die Zahl der Entitäten bestimmt die Größe einer Beschreibung. Die Zahl der Beziehungen bestimmt deren Komplexität. Je mehr Beziehungen es zwischen Entitäten relativ zur Anzahl der Entitäten gibt, desto komplexer ist die Beschreibung.

Sprachen sind Beschreibungsmittel. Ihr Umfang hängt von der Zahl ihrer Begriffe, sprich den Entitäten ab. Ihre Komplexität hängt wiederum von der Zahl ihrer erlaubten Konstrukte bzw. möglichen Beziehungen zwischen ihren Begriffen ab. Eine Sprachanwendung ist eine ganz bestimmte Beschreibung. Softwaresysteme sind letztendlich nur Beschreibungen. Die Anforderungsspezifikation ist die Beschreibung einer fachlichen Lösung zu einem Zielproblem. Der Systementwurf, z.B. ein UML-Modell, ist die Beschreibung einer rechnerischen Lösung zum Zielproblem, die an die fachliche Beschreibung angelehnt werden sollte [ErPe00]. Der Programmcode ist ebenfalls nur eine Beschreibung, allerdings eine sehr detaillierte Beschreibung der technischen Lösung eines fachlichen Problems, das mehr oder weniger der Entwurfsbeschreibung und der Anforderungsbeschreibung entspricht. Schließlich ist die Testspezifikation nochmals eine Beschreibung dessen, wie sich die Software verhalten sollte.

Alle diese Beschreibungen ähneln den Schatten in Platons Höhlengleichnis [Plat06]. Sie sind nur abstrakte Darstellungen eines Objekts, das wir in Wahrheit gar nicht wahrnehmen können. Zum einen handelt es sich um abstrakte Darstellungen konkreter Vorstellungen und Anforderungen seitens eines Kunden an ein Softwaresystem, zum anderen um Beschreibungen von Rechenvorgängen auf unterschiedlichsten Abstraktionsebenen. Da wir das eigentliche Objekt selbst nicht messen können, messen wir die Beschreibungen des Objekts und damit die Sprachen, in denen die Beschreibungen formuliert sind. Was wir bekommen, sind nur die Größe und die Komplexität einer Beschreibung. So gesehen ist jedes Softwaremaß ein Maß für eine Darstellung und kann nur so zuverlässig sein wie die Darstellung selbst.

Eine Beschreibung bzw. eine Darstellung hat nicht nur eine Quantität und eine Komplexität, sie hat außerdem noch eine Qualität, und diese soll auch messbar sein. Die Frage stellt sich, was die Qualität einer Beschreibung ist. Man könnte genauso gut nach der Qualität der Schatten in Platons Höhle fragen. Wir würden gerne antworten, die Qualität eines Schattens sei der Grad an Übereinstimmung mit dem Objekt, das den Schatten wirft. Demnach müsste die Qualität des Programmcodes am höchsten sein, weil diese Beschreibung am nächsten an den eigentlichen Rechenvorgang herankommt. Dies entspricht der Behauptung von DeMillo und Perles, die besagt, „die einzige zuverlässige Beschreibung eines Programms ist der Code selbst" [DePL79]. Lieber würde der Mensch sich mit den Entwurfsbildern befassen, aber diese sind verzerrte Darstellungen der Wirklichkeit. Je leichter verständlich eine Darstellung ist, desto weiter ist es von der Wirklichkeit entfernt.

Aber was ist die Wirklichkeit? Was ist, wenn das real existierende System nicht dem entspricht, was der Auftraggeber haben wollte? Wie sollen wir wissen, ob die verwirklichte Funktionalität mit der gewünschten Funktionalität samt allen Eigenschaften übereinstimmt. Auch Platon unterscheidet zwischen den sichtbaren Schatten, die wir sehen können, und den projektierten Schatten, die wir sehen wollen. Ein Abgleich kann nur stattfinden, wenn wir zwei Beschreibungen vergleichen: die Beschreibung, die dem wahren Rechenvorgang am nächsten kommt, mit der Beschreibung, die den Vorstellungen des Auftraggebers am ehesten entspricht. In der Welt der Softwarekonstruktion wäre dies die Anforderungsspezifikation. Um diese Beschreibung mit der Beschreibung Programmcode zu vergleichen, müssen die beiden Beschreibungen einander begrifflich und syntaktisch zuordenbar sein. Das heißt, sie müssen sich in etwa auf der gleichen semantischen Ebene befinden. Eine grobe Anforderungsbeschreibung ist jedoch mit einer feinen Codebeschreibung nicht vergleichbar. Die Anforderungsbeschreibung müsste fast so fein sein wie die des Codes. Da dies mit Ausnahme der formalen Spezifikationssprachen wie Z, VDM und

SET selten der Fall ist, wird die Anforderungsbeschreibung stellvertretend über die Test-fälle mit dem echten Systemverhalten verglichen. Dabei darf nicht übersehen werden, dass die Testfälle zur Bestätigung der Erfüllung der Anforderungen auch in einer Sprache verfasst sind und als solche allen Unzulänglichkeiten jener Sprache ausgesetzt sind [Fetz88].

Der statische Zustand von Softwareprodukten, also Struktur und Inhalt ihrer Beschreibungen, kann entsprechend einer Vielzahl von Qualitätseigenschaften bewertet werden. So sollte z.B. der Programmcode als Beschreibung modular aufgebaut, flexibel, portabel, wiederverwendbar, testbar und vor allem verständlich sein. Dieses sind alles Kriterien, die sich unmittelbar auf die Beschreibung beziehen. Um sie messen zu können, werden Richt-linien und Konvention benötigt. Diese können in Form einer Checkliste, eines Musterbei-spiels oder einer Soll-Metrik vorliegen. Auch hier handelt es sich um einen Soll-Ist-Vergleich. Die eigentliche Softwarebeschreibung wird gegen die Sollbeschreibung abge-glichen. Jede Abweichung vom Soll wird als Mangel oder als Regelverletzung betrachtet. Die statische Qualität der Software wird anhand der Anzahl gewichteter Mängel relativ zur Größe gemessen. Je mehr Mängel eine Softwarebeschreibung hat und je schwerer diese Mängel wiegen, desto niedriger ist die statische Qualität [ZWNS06].

Softwareprodukte haben aber nicht nur einen statischen Zustand, sondern auch ein dyna-misches Verhalten. Das alles erschwert die Messung der Systemqualität. Der Grad der dy-namischen Qualität ist der Grad, zu dem das tatsächliche Systemverhalten mit dem erwar-teten Systemverhalten übereinstimmt. Jede Abweichung zwischen Soll und Ist wäre als Abweichung zu betrachten, egal ob es sich um die Nichterfüllung einer funktionalen Anfor-

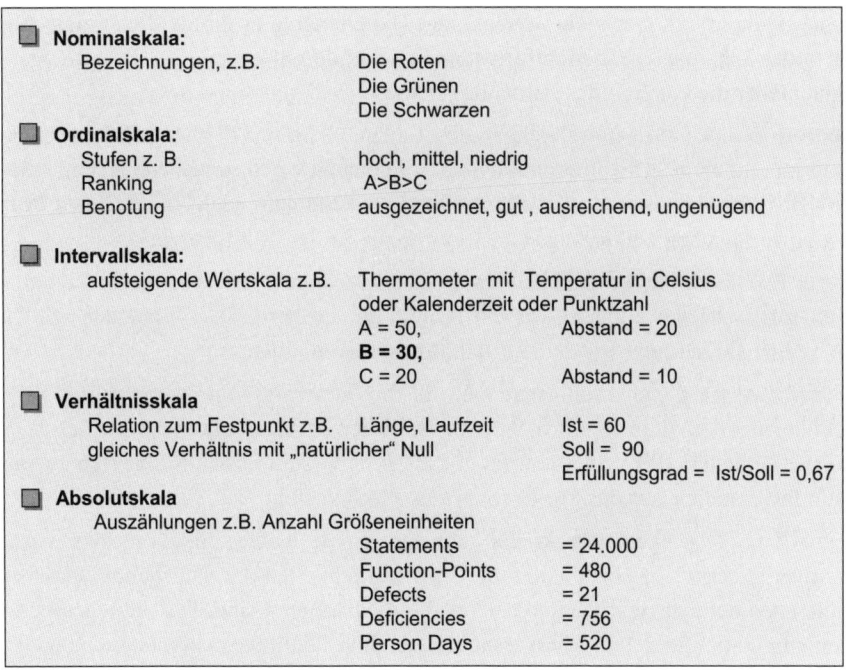

Abbildung 1.2 Messskalen nach Zuse

forderung, um die falsche Erfüllung einer solchen Anforderung oder um die Nichterfüllung einer nichtfunktionalen Anforderung handelt. Mit jedem zusätzlich festgestellten Fehler sinkt die Qualität. Die konventionelle Art, Softwarequalität zu messen, ist anhand der Anzahl der Fehler gewichtet durch die Fehlerschwere relativ zur Softwaregröße.

Es ist jedoch zu betonen, dass in beiden Fällen – der statischen Qualitätsmessung wie auch der dynamischen Qualitätsmessung – der Begriff Qualität relativ zu einer Beschreibung, nämlich der Beschreibung der erwarteten Qualität ist. Ohne eine derartige Beschreibung lässt sich Qualität nicht messen. Die Messung von Qualität impliziert den Vergleich einzelner Ist-Eigenschaften mit entsprechenden Soll-Eigenschaften. Es gibt keinen Weltstandard für Fehlerhaftigkeit – ebenso wenig wie es einen Weltstandard für Wartbarkeit oder Testbarkeit gibt. Hinter jedem Qualitätsmaß steckt eine heuristische Regel, die zu einer lokalen Norm erhoben wurde. Wie wir später sehen werden, kann jede Qualitätsnorm quantifiziert und auf eine Werteskala gebracht werden. Hinter jeder solchen Werteskala steckt jedoch eine heuristisch begründete oder willkürliche Vereinbarung, was gut und was schlecht ist (siehe Abb. 1.2).

1.2 Sinn und Zweck der Softwaremessung

Ein wesentlicher Zweck der Softwaremessung ist, die Software besser zu verstehen. Dazu dienen uns die Zahlen. Zahlen helfen uns, die Zusammensetzung eines komplexen Gebildes wie ein Softwaresystem zu begreifen: „Comprehension through Numbers" [Sned95]. Durch sie erfahren wir, wie viele verschiedene Bauelemente es gibt und wie viele Ausprägungen jedes hat, wir erhalten Informationen über deren komplexen Beziehungen und Maßzahlen über die Qualität der Softwaresysteme.

Ein weiterer Zweck ist die Vergleichbarkeit. Zahlen geben uns die Möglichkeit, Softwareprodukte mit anderen Softwareprodukten zu vergleichen bzw. verschiedene Versionen ein und desselben Produktes zu vergleichen. Nicht nur Produkte, auch Projekte und Prozesse lassen sich vergleichen – allerdings nur, wenn sie in Zahlen abbildbar sind.

Ein dritter Zweck ist die Vorhersage. Um planen zu können, müssen wir die Zukunft vorhersagen, z.B. schätzen können, was ein Projekt kosten wird. Dazu brauchen wir Zahlen aus der Vergangenheit, die wir in die Zukunft projizieren können.

Ein vierter Zweck ist, Zahleninformationen für die Steuerung von Projekten und Produktentwicklungen zu erhalten: Ein Projekt hat z.B. bisher 20 Mannjahre verbraucht oder weist beispielsweise bisher 100 Fehler auf. Es gilt, diese Istwerte mit den Sollwerten zu vergleichen, um festzustellen, wo das Projekt bzw. das Produkt steht.

Der letzte Zweck ist eher abstrakt. Es geht darum, die Kommunikation zwischen Menschen zu verbessern. Wir kennen alle die Unzulänglichkeiten der natürlichen Sprachen. Es gibt viele uneindeutige Begriffe und solche, die nichtssagend sind. Die zwischenmenschliche Kommunikation leidet an Missverständnissen und Fehlinterpretationen. Die natürliche Sprache stößt schnell an ihre Grenzen, wenn es darum geht, komplexe technische Gebilde exakt zu beschreiben. Zahlen sind eine eindeutige Sprache. Primitive Völker kannten keine Zahlen. Sie konnten nur sagen, dass es einen Löwen gibt, wenige Löwen oder viele Löwen. Entwickelte Völker können sagen, es gibt drei Löwen oder dass der Weltumfang etwa 40.000 Kilometer beträgt. Das ist eine andere Aussage als die, dass die Welt groß ist. So gesehen tragen Zahlen dazu bei, die zwischenmenschliche Kommunikationsfähigkeit zu steigern. Wie Lord Kelvin es so trefflich formuliert hat: „Erst wenn wir etwas in Zahlen ausdrücken können, haben wir es wirklich verstanden. Bis dahin ist unser Verständnis oberflächlich und unzulänglich" [Kelv67]. Das heißt, erst wenn wir Software quantifizieren können, haben wir sie wirklich im Griff. Der englische Professor Norman Fenton behauptet, dass es ohne Metrik kein Software Engineering geben kann. Messung ist die Voraussetzung für jegliche Engineering-Disziplin [Fent94].

Zusammenfassend ist der Zweck der Softwaremessung fünferlei:

- Sie dient dem Softwareverständnis.
- Sie dient der Vergleichbarkeit.
- Sie dient der Vorhersage.
- Sie dient der Steuerung.
- Sie dient der zwischenmenschlichen Verständigung.

1.2.1 Zum Verständnis (Comprehension) der Software

Wenn wir Software verstehen wollen, müssen wir wissen, wie sie zusammengesetzt ist, d.h. aus welchen Bausteintypen sie besteht und welche Beziehungen zwischen jenen Bausteintypen existieren. Die Eigenschaften der Bausteintypen helfen, diese Typen zu klassifizieren. Am besten lassen sich diese Eigenschaften in Zahlen ausdrücken wie z.B. die Größe in Zeilen oder Wörtern oder Symbole. Die Zahl der Beziehungen zwischen den Bausteinen hilft uns, den Zusammenhang der Softwareelemente zu verstehen. Zahlen sind neben Sprache und Grafik ein weiteres Verständigungsmittel. Sie sind genauer als die anderen beiden Mittel.

1.2.2 Zum Vergleich der Software

Gesetzt den Fall, ein IT-Anwender muss zwischen zwei Softwareprodukten entscheiden, welche die gleiche Funktionalität haben. Wie soll er sie vergleichen? Ohne Zahlen wird der Vergleich schwer möglich oder sehr subjektiv sein. Mit Zahlen lassen sich Größe und Komplexität, ja sogar Qualität vergleichen. Er kann z.B. feststellen, dass das eine Produkt mit der Hälfte des Codes dasselbe leistet oder dass das eine Produkt um 20 % komplexer ist als das andere. Durch einen Performanztest kann er die Laufzeiten und die Antwortzeiten vergleichen. Das Gleiche gilt für den Vergleich von Versionen desselben Systems. Durch die Messung der Unterschiede wird erkennbar, ob ein System sich verbessert oder verschlechtert hat. Für den Vergleich sind Zahlen Grundvoraussetzung.

1.2.3 Zur Vorhersage

Solange Softwareentwicklung und -wartung Geld und Zeit kosten, wird der Käufer der Software wissen wollen, was diese kostet und wie lange ein Vorhaben dauern wird. Außerdem will der Käufer wissen, was er für sein Geld bekommt, also welche Funktionalität zu welcher Qualität. Damit wir diese verständlichen Wünsche erfüllen können, brauchen wir Zahlen. Die Dauer eines Projekts in Tagen oder Monaten ist eine Zahl, die jeder Auftraggeber wissen will, ebenso die Anzahl der Personentage, die er bezahlen muss. Falls es zu lange dauert oder zu viel kostet, wird er bereit sein, auf das Projekt zu verzichten, oder er wählt eine andere Lösung. Wenn er sieht, dass die Funktionalität zu wenig und die Qualität zu gering sein wird, wird er sich nach Alternativen umsehen. Der Kunde braucht Informationen für seinen Entscheidungsprozess. Durch die Softwaremessung erhält er nicht nur Zahlen zur Projektabwicklung, sondern auch detaillierte und objektive Informationen über das Softwaresystem und dessen Entwicklung selbst. Zahlen über Zahlen sind die beste Information, die er bekommen kann. Nur mit Zahlen ist eine fundierte Aussage möglich, alles andere ist reine Spekulation.

1.2.4 Zur Projektsteuerung

Ist ein Projekt einmal genehmigt und gestartet, sind Zahlen erforderlich, um den Stand des Projektes festzustellen. Die Projektleitung soll wissen, welcher Anteil der Software bereits fertig ist und was noch zu entwickeln ist. Sie soll auch wissen, wie es um die Qualität des fertigen Anteils bestellt ist. Entspricht diese der vereinbarten Qualität und wenn nicht, wie weit ist sie davon entfernt? Hierzu braucht man Zahlen: über den Umfang der gefertigten Software sowie Zahlen über den Qualitätszustand. Ohne Zahlen hat die Projektleitung kaum eine Chance, die Entwicklung oder Wartung von Software zu verfolgen und nach Bedarf einzugreifen. Wie Tom DeMarco es formulierte: „You cannot control what you cannot measure" [DeMa82]. Messung ist die Vorbedingung für Steuerung; und zur Messung gehört eine Metrik. Das Wort „Metrik" kommt aus dem Altgriechischen und bezeichnet im Allgemeinen ein System von Kennzahlen oder ein Verfahren zur Messung einer quantifizierbaren Größe [Wik07].

1.2.5 Zur zwischenmenschlichen Verständigung

Die Menschen haben genug Schwierigkeiten, sich über Alltagsprobleme wie den Kauf eines neuen Autos oder den Anbau einer neuen Garage zu verständigen. Zahlen wie die der Pferdestärke, Höchstgeschwindigkeit und Hubraum erleichtern die Verständigung. Software ist eine unsichtbare Substanz – desto schwerer ist es deshalb, sich darüber zu verständigen. Niemand kann wissen, was der andere meint, wenn er sagt, die Software ist „groß" oder die Aufgabe ist „komplex". Man fragt sich sofort: Relativ zu was? Was bedeutet groß oder komplex? Man sucht nach einer Maßskala für Größe oder Komplexität. Das Gleiche gilt für Qualität: Wenn einer sagt, das System wäre fehlerhaft, was meint er damit? Kommt ein Fehler bei jeder Nutzung oder bei jeder zehnten Nutzung vor? Damit sind wir bei Zahlen angelangt. Die Nutzung von Zahlen ist ein Indikator für die Genauigkeit der zwischenmenschlichen Kommunikation.

Für die Beschreibung von Software gilt dies umso mehr. Statt zu sagen, die Software sei groß, ist es genauer, wenn man sagt, die Software habe 15.557 Anweisungen. Wir setzen damit jedoch voraus, dass der Kommunikationspartner dies einordnen kann. Im Gegensatz zu den primitiven Völkern, die genau wissen, was ein Tier ist und wie es aussieht und eine Vorstellung von einem, wenigen oder vielen Tieren haben, haben manche IT-Manager noch nie eine Anweisung gesehen. Dann hat für sie auch die Zahl 15.557 keine Bedeutung.

1.3 Dimensionen der Substanz Software

Software ist eine multidimensionale Substanz. Sie hat bestimmt mehr Dimensionen, drei davon sind allerdings messbar. Die eine Dimension ist die Größe bzw. die Quantität der Software. Die zweite Dimension ist die Zusammensetzung bzw. die Komplexität der Software. Die dritte Dimension ist die Güte bzw. die Qualität der Software. Wenn also von Messung bei Software die Rede ist, dann von einer der drei Metrikarten:

■ Quantitätsmetrik

■ Komplexitätsmetrik

■ Qualitätsmetrik (siehe Abb. 1.3)

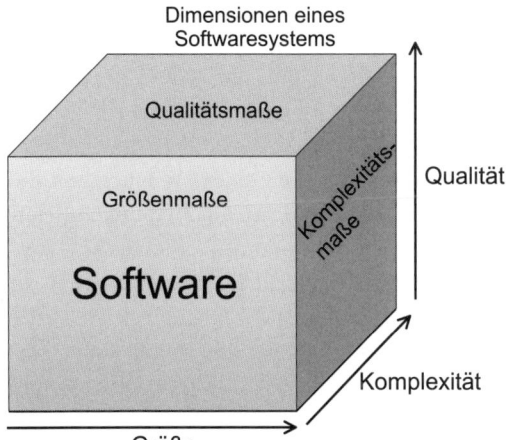

Abbildung 1.3
Drei Dimensionen von Software

1.3.1 Quantitätsmetrik von Software

Mit der Quantitätsmessung sind Mengenzahlen gemeint, z.B. die Menge aller Wörter in einem Dokument, die Menge der Anforderungen, die Menge der Modelltypen in einem Entwurfsmodell und die Menge aller Anweisungen in einer Source-Bibliothek. Mengenzählungen sind Aussagen über den Umfang von Software. Sie werden benutzt, um den

Aufwand für die Entwicklung einer vergleichbaren Menge zu kalkulieren. Aus der Menge der Datenelemente wird die Größe der Datenbank projiziert, aus der Menge der Anforderungen wird die Menge der Entwurfsentitäten und aus dieser die Menge der Codeanweisungen abgeleitet. Aus der Menge der Anforderungen und Anwendungsfälle wird auch die Menge der Testfälle projiziert. In einem Softwaresystem gibt es etliche Mengen, die wir zählen könnten. Manche sind relevant, andere nicht. Unsere Aufgabe als Software-Ingenieure besteht darin, die relevanten Mengen zu erkennen. Ein weiteres Problem besteht darin, diese Mengen richtig zu zählen. Dafür brauchen wir Zählungsregeln. In diesem Buch werden mehrere davon behandelt.

1.3.2   Komplexitätsmetrik von Software

Mit der Komplexitätsmetrik sind Verhältniszahlen für die Beziehungen zwischen den Mengen und deren Elementen gemeint. Ein Element wie das Modul XY hat Beziehungen zu anderen Elementen wie zu weiteren Modulen oder zu weiteren Datenelementen. Die Zahl der Beziehungen ist eine Aussage über Komplexität. Die Menge aller Module hat Beziehungen zu der Menge aller Daten. Sie werden benutzt, erzeugt und geändert. Sie haben auch Beziehungen zur Menge aller Testfälle, die das Modul testen. Je mehr Beziehungen eine Menge hat, desto höher ist ihre Komplexität. Komplexität steigt und fällt mit der Zahl der Beziehungen. Also gilt es hier, Beziehungen zu zählen und miteinander zu vergleichen. Das Problem ist hier dasselbe wie bei der Quantität, nämlich zu erkennen, welche Beziehungen relevant sind. Es ist nur sinnvoll, relevante Komplexitäten zu messen. Dafür müssen wir aber zwischen relevanten und irrelevanten Beziehungen unterscheiden können. Komplexität ist somit wie Quantität eine Frage der Definition.

1.3.3   Qualitätsmetrik von Software

Mit der Qualitätsmetrik wollen wir die Güte einer Software beurteilen. Wenn schon die Größe und Komplexität von Software undeutlich sind, dann ist deren Qualität um ein Vielfaches mehr unkenntlich. Was gut und was schlecht ist, hängt von den Sichten des Betrachters ab. Die Klassifizierung von Software in gut und schlecht kann erst in Bezug zu einer definierten Norm stattfinden. Ohne Gebote und Gesetze ist ein Qualitätsurteil weder für menschliches Verhalten noch für Software möglich. Gut ist das, was den Geboten entspricht, und schlecht ist das, was zu ihnen im Widerspruch steht. Es lassen sich aufgrund von Erfahrungen einige Schlüsse ziehen wie etwa der, dass unstrukturierter und undokumentierter Code ohne sprechende Namen schwer lesbar und somit auch schwer weiterzuentwickeln ist. Übergroße Source-Module sind bekanntlich schwer handzuhaben. Nicht abgesicherte Klassen sind leicht zu knacken. Vielfache Verbindungen zwischen Code-Bausteinen erschweren deren Wiederverwendbarkeit. Tief verschachtelte Entscheidungslogik ist fehleranfällig. Diese und viele andere als schädlich empfundene Codierpraktiken können durch Regeln verboten werden.

Verstöße gegen die Regel gelten als qualitätsmindernd. Demnach ist die Qualität des Codes mit der Einhaltung von Regeln eng verknüpft. Ohne ein derartiges Regelwerk kann

Qualität nur post factum nachgewiesen werden. Eine Software, in der viele Fehler auftreten oder die unverhältnismäßig langsam ist, gilt als qualitätsarm. Hierfür ist aber der Benutzer auch in der Pflicht zu definieren, was im speziellen Fall zu viele Fehler sind oder was zu langsam ist. Schlechthin kann es ohne Qualitätsnorm keine Qualitätsmessung geben. Qualität ist der Grad, zu dem eine vereinbare Norm eingehalten wird. Sie ist die Distanz zwischen dem Soll- und dem Ist-Zustand. Liegt die Ist-Qualität unter der Soll-Qualität, ist die Qualität zu gering. Liegt sie darüber, ist sie eventuell zu hoch. Zu wenig Qualität verursacht Kosten für den Betrieb und die Erhaltung eines Systems. Zu viel Qualität verursacht Mehrkosten bei der Entwicklung des Systems. In beiden Fällen sind dies Kosten, die der Auftraggeber nicht tragen möchte. Bei Qualität wie bei Quantität kommt es darauf an, genau das zu liefern, was der Kunde bestellt hat, nicht mehr und nicht weniger [DGQ86].

1.4 Sichten auf die Substanz Software

Ein Softwaresystem besteht aus vielen verschiedenen Typen von Elementen, nicht nur Code, sondern auch Texte, Diagramme, Tabellen und Daten jeglicher Art. Wenn es darum geht, ein solches System zu messen, müssen die Elementtypen genau definiert werden. Die Definition der Messobjekte ist der erste Schritt in einem Messprozess. Es muss für alle Beteiligten klar sein, was gemessen wird [Jone91].

Eine mögliche Kategorisierung der Messobjekte ist nach deren Darstellungsform bzw. Elementtyp wie z.B. Softwarecode, Textdokumente, Diagramme oder Tabellen.

Ein anderes Gliederungsschema ist nach dem Zweck der Elemente. Manche Elemente dienen dazu, die Anforderungen an ein System zu beschreiben. Mit anderen Elementen werden die Konstruktion bzw. Architektur des Systems beschrieben. Eine dritte Kategorie von Elementen sind dann die Codebausteine, die von einer Maschine ausgeführt werden. Eine vierte bilden die Elemente, die dazu dienen, das System zu testen. Eine letzte Kategorie umfasst alle Elemente, die dazu dienen, die Bedienung des Systems zu beschreiben. Diese fünf Kategorien entsprechen den fünf Schichten eines Softwareprodukts:

- Anforderungsdokumentation
- Entwurfsdokumentation
- Code
- Testware
- Nutzungsanleitung (siehe Abb. 1.4)

Eine weitere Gliederungsmöglichkeit ist nach dem Gesichtspunkt der Beteiligten. Auf der einen Seite stehen die Benutzer der Software. Aus ihrer Sicht besteht ein System aus Bildschirmoberflächen, Telekommunikationsnachrichten, Papierausdrucken, gespeicherten Daten und Bedienungsanleitungen. Auf der anderen Seite stehen die Entwickler von Software. Aus ihrer Sicht besteht ein System aus Codebausteinen, Dokumenten, Dateien, Datenbanken und Steuerungsprozeduren. Diese beiden Sichten – die fachliche und die technische –

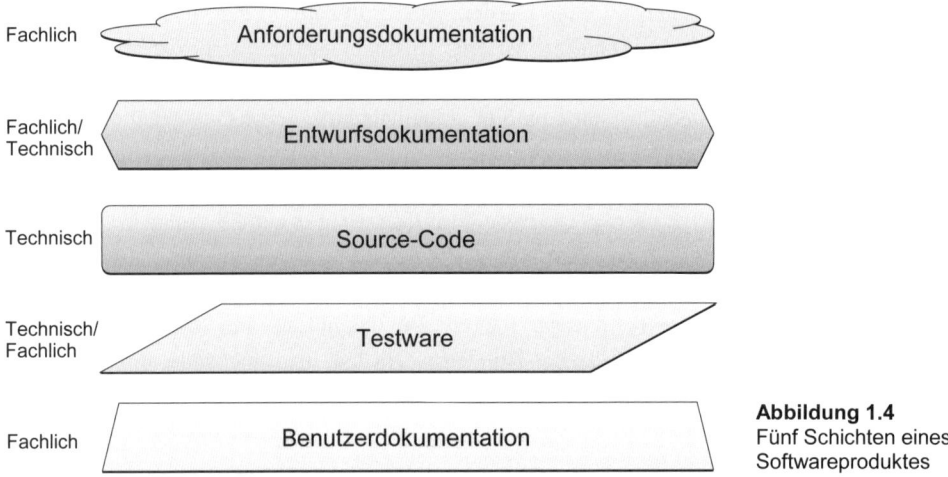

Abbildung 1.4
Fünf Schichten eines
Softwareproduktes

sind oft unverträglich, da sie verschiedene Ontologien verwenden. Der Benutzer verwendet die Begriffe aus der Fachwelt, die von der Software abgebildet wird. Der Entwickler verwendet die Begriffe aus der Welt der Maschinen, in welcher die Software implementiert ist.

Deshalb gibt es noch eine dritte Sichtweise auf die Software – die Sicht des Integrators, der versucht, die beiden anderen Sichten miteinander zu vereinen. In der IT-Projektpraxis nimmt der Tester die Rolle des Integrators ein und vertritt diese dritte, übergreifende Sicht. Demnach gibt es:

- Fachliche Beschreibungselemente
- Technische Beschreibungselemente
- Integrative Beschreibungselemente

Schließlich wird unterschieden zwischen statischen und dynamischen Sichten auf ein Softwaresystem. Eine statische Sicht nimmt die Elemente wahr, die zu einem bestimmten Zeitpunkt existieren, z.B. die Struktur einer Datenbank oder die Zusammenstellung einer Komponente. Diese Elemente können sich zwar verändern, aber zu einem gegebenen Zeitpunkt sind sie statisch invariant. Die statischen Elemente eines Systems bieten sich am besten als Messobjekte an.

Die dynamische Sicht auf die Software nimmt Bewegungen bzw. Zustandsveränderungen wahr. Hier werden Abfolgen von Aktionen und Veränderungsfolgen von Daten beobachtet. Auch diese Bewegungen bzw. Zustandsveränderungen der Systemelemente lassen sich messen, aber dies ist viel schwieriger und verlangt besondere Messinstrumente.

1.5   Objekte der Softwaremessung

Aus den Sichten auf die Software ergeben sich die Objekte der Softwaremessung. Aus der Sicht der Elementtypen gibt es Folgendes zu messen:

- Natursprachliche Texte
- Diagramme
- Tabellen
- Codestrukturen (siehe Abb. 1.5)

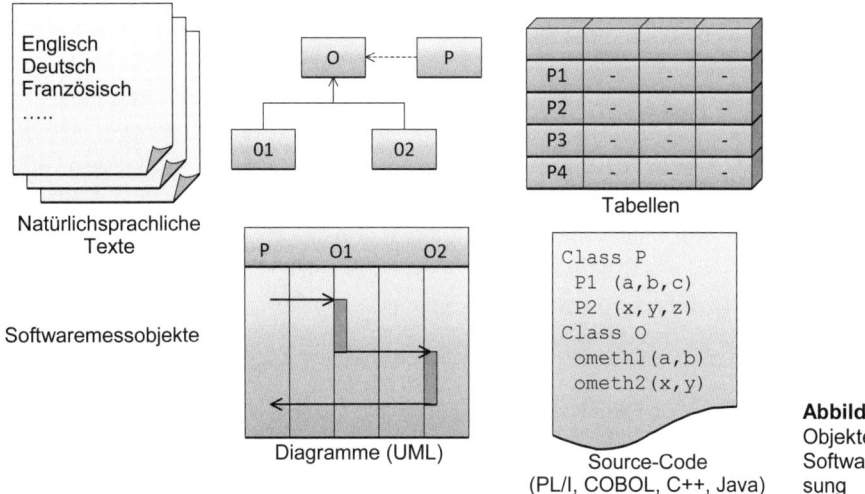

Abbildung 1.5
Objekte der Softwaremessung

Aus der Sicht des Zwecks der Elemente kann Folgendes gemessen werden:

- Anforderungselemente
- Entwurfselemente
- Codeelemente
- Testelemente
- Beschreibungselemente

Aus der Sicht des Systembenutzers lässt sich Folgendes messen:

- Die System/Benutzer-Interaktionen
- Die Systemkommunikation
- Die Systemausgabe
- Die Benutzerdokumentation

Aus Sicht des Systemintegrators kann Folgendes gemessen werden:

- Die Programme
- Die Daten

■ Die Schnittstellen

■ Die Systemdokumentation

■ Die Fehlermeldungen

Aus statischer Sicht sind alle Elementtypen zu messen, die als Dateien in einem Verzeichnis abgelegt sind. Dazu gehören Testdaten, Tabellen, Grafiken und Diagramme, Source-Code-Texte, Listen und Dateien im Zeichenformat. Aus dynamischer Sicht lässt sich die Ausführung des Codes, die Anzahl an Fehlern, die Veränderung der Daten, die Nutzung der Maschinenressourcen und die Dauer der Computeroperationen messen. Auch Zeiteinheiten wie Ausfallzeiten, Reparaturzeiten und Reaktionszeiten gelten als dynamische Messobjekte. Im Prinzip lässt sich fast alles an einem Softwaresystem messen. Die Frage ist nur immer, ob es sich lohnt, etwas zu messen. Denn Messwerte sind lediglich ein Mittel zum Zweck. Zuerst muss das Ziel der Messung definiert sein. Was will man damit erreichen? Die Kosten schätzen, Qualitätsaussagen treffen oder Mitarbeiter bewerten? Erst wenn diese Ziele klar sind, können aus der großen Anzahl potenzieller Messobjekte die richtigen ausgewählt werden. Es macht wenig Sinn, sämtliche Objekte zu messen, bloß weil sie da sind. Auf diese Weise entstehen die berühmt-berüchtigten Zahlenfriedhöfe. Wer Software messen will, muss eine definierte Messstrategie haben und dieses Konzept verfolgen. Die Messstrategie bestimmt, welche Messobjekte letztendlich herangezogen werden und welche Metriken zur Anwendung kommen.

1.6 Ziele einer Softwaremessung

Im Hinblick auf die Ziele einer Softwaremessung ist es wichtig, zwischen einer einmaligen und einer kontinuierlichen Messung zu unterscheiden. Optimalerweise misst ein Software-Entwicklungsbetrieb bzw. ein Anwenderbetrieb seine Projekte und Produkte ständig, so wie es z.B. im CMMI-Modell vorgesehen ist [ChKS03]. Dazu braucht er eine zuständige Stelle, die dem Qualitätsmanagement untersteht. Diese Stelle vereinbart die Ziele der Softwaremessung mit der IT-Leitung und führt die erforderlichen Messinstrumente ein. Es gibt aber leider nur wenig Anwender im deutschsprachigen Raum, die sich eine solche permanente Messung leisten wollen oder können.

Dies liegt zum einen daran, dass sie den Nutzen nicht erkennen können, andererseits daran, dass ihnen die Kosten zu hoch erscheinen, oder drittens daran, dass selbst wenn sie den Nutzen erkennen und die Kosten tragen können, sie kein qualifiziertes Personal finden. Nur wenig Informatiker haben sich mit Metriken befasst, und die meisten von ihnen sind irgendwo an der Hochschule oder einem Forschungsinstitut. Die Zahl der verfügbaren Metrikspezialisten ist viel zu klein, um den Bedarf zu decken. Demzufolge werden Messungen nur sporadisch durchgeführt.

Die Gründe für einmalige Messungen sind unter anderem:

■ Der Anwender steht vor einem betrieblichen Merger und muss entscheiden, welche der doppelten Anwendungssysteme beibehalten werden.

- Der Anwender übernimmt ein Softwaresystem in Wartung und möchte wissen, worauf er sich einlässt.

- Der Anwender hat vor, seine bestehenden Anwendungen zu migrieren, und möchte wissen, um welchen Umfang es sich handelt.

- Der Anwender hat vor, seine Anwendungen auszulagern, und möchte wissen, was ihre Erhaltung und Weiterentwicklung kosten soll.

- Der Anwender steht vor einer Neuentwicklung und möchte wissen, wie groß und wie komplex die alte Anwendung war.

- Der Anwender hat massive Probleme mit der bestehenden Software und möchte diese genaueren Analysen unterziehen.

Die Ziele einer laufenden Messung unterscheiden sich von denen einer einmaligen Messung. Bei der einmaligen Messung ist das Ziel, den aktuellen Stand eines Systems zu bewerten und daraus Informationen für Entscheidungen zu gewinnen:

- Kosten und Nutzen alternativer Strategien

- Vergleiche verschiedener Systeme

- Vergleiche mit den Industriestandards (Benchmarking)

- Informationen über den Gesundheitsstand eines Softwaresystems

Bei der fortlaufenden Messung geht es darum, Veränderungen in der Produktivität und Termintreue der Projekte sowie in der Größe, der Komplexität und der Qualität der Produkte zu verfolgen.

- Veränderungen der Quantität

- Reduzierung der Komplexität

- Erhöhung der Qualität

- Verbesserung der Schätzgenauigkeit

Da die Ziele so vielfältig sind, müssen sie vor jeder Messung neu definiert werden. Diese Erkenntnis hat Victor Basili und Hans-Dieter Rombach dazu bewogen, die Methode Goal-Question-Metric (GQM) ins Leben zu rufen [BaRo94]. Diese Methode gilt seitdem als Grundlage für jede Softwaremessung (siehe Abb. 1.6).

Nach der GQM-Methode werden zunächst die Ziele gesetzt. Zu diesen Zielen werden Fragen gestellt, um sich darüber klar zu werden, wann die Ziele erreicht sind bzw. wie diese zu erreichen sind. Auf die Fragen folgen Maße und Metriken, die uns wissen lassen, wo wir im Verhältnis zu unseren Zielen stehen bzw. wie weit wir noch von ihnen entfernt sind. Das Ziel ist also der Gipfel, den wir besteigen wollen. Die Frage ist, auf welchem Weg man ihn besteigt, und die Metrik ist die Entfernung vom Ausgangspunkt bzw. zum Zielpunkt.

Eigentlich müsste die GQM-Methode um eine weitere Stufe ergänzt werden, und zwar um die der Kennzahlen. Denn eine Metrik ist eine Gleichung mit Kennzahlen als Parameter, die ein bestimmtes, numerisches Ergebnis liefert [Kütz07]. In der gängigen Literatur werden alle Zahlen (auch Summen einzelner Eigenschaften) als Metrik bezeichnet. Dies ist aus

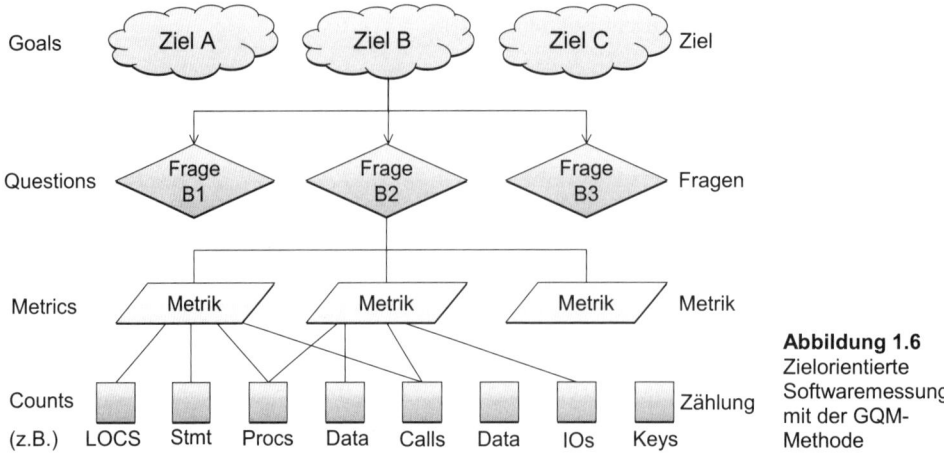

Abbildung 1.6
Zielorientierte
Softwaremessung
mit der GQM-
Methode

Sicht der Metrik eine Verfälschung. Eine Metrik benutzt Zählungen in einer Gleichung, um damit ein Ergebnis zu errechnen. Die Function-Point-Metrik etwa vereint die Zahl der gewichteten Ein- und Ausgaben mit der Zahl der gewichteten Datenbestände und der Zahl der externen Schnittstellen, um daraus Function-Points zu errechnen. Dies ist eine Metrik für die Systemgröße. Die Zahl der Ein- und Ausgaben ist eine Kennzahl bzw. im Englischen ein „count". Die Anzahl Codezeilen und die Anzahl Anweisungen sind ebenfalls „counts". In diesem Buch wird zwischen Metriken und Kennzahlen unterschieden. Metriken basieren auf Kennzahlen. Demzufolge wird die GQM-Methode um eine Stufe erweitert:

G = Goal = Ziel

Q = Question = Frage

M = Metric = Metrik

C = Counts = Kennzahl

Als Beispiel dient das Ziel „Die Software soll möglichst fehlerfrei sein". Die erste Frage, die sich dazu stellt, ist: Was bedeutet möglichst fehlerfrei? Die zweite Frage wäre: Wie fehlerfrei ist die Software jetzt? Das Messziel für die erste Frage könnte eine Restfehlerwahrscheinlichkeit von 0,015 sein. Als Metrik für die zweite Frage könnte die Berechnung der Anzahl der noch nicht entdeckten Fehler auf Basis der bisherigen Fehlerrate in Bezug zur Testüberdeckung dienen.

$$Restfehler = bisherige\,Fehler * \left(\frac{1}{Test\"uberdeckung} - 1 \right)$$

wobei Testüberdeckung auf verschiedenen Stufen betrachtet werden kann. Auf der Codestufe könnte sie getestete Logikzweige/alle Logikzweige, auf der Entwurfsstufe getestete Modelelemente/alle Modelelemente und auf der Anforderungsebene getestete Anforderungen/alle Anforderungen sein.

Dies wäre die Metrik. Die Kennzahlen sind:

- Anzahl bisheriger Fehler
- Anzahl getesteter Elemente
- Anzahl aller Elemente

Die GQM-Methode wurde ursprünglich von V. Basili und D. Weis im Rahmen einer Softwaremessung beim NASA Goddard Space Flight Center im Jahre 1984 entwickelt [BaWe84]. Sie wurde in Europa erst Anfang der 90er Jahre bei der Schlumberger Petroleum AG in den Niederlanden eingesetzt, um die dortige Prozessverbesserung zu messen. Im Jahre 1999 brachte R. van Solingen und E. Berghout ein Buch mit dem Titel „The Goal/Question/Metric Method" heraus [SoBe99]. In diesem Buch beschreiben die Autoren ihre Erfahrungen mit der Methode in mehreren europäischen Unternehmen. Trotz der üblichen Probleme mit Ziel- und Begriffsdefinitionen konnten damit einige Prozesse und Produkte gemessen und bewertet werden. Welche Maßnahmen auf die Messungen folgten, bleibt unbeschrieben. Jedenfalls konnten die Anwender erkennen, wo sie sich im Verhältnis zu ihren Zielen befanden. Auch der Autor Sneed hat mit der Methode gute Erfahrungen gemacht, vor allem im Bezug auf die Optimierung der Wartungsprozesse im Anwenderbetrieb. Ausschlaggebend für den Erfolg der Methode ist die Definition messbarer Ziele wie z.B. die Reduktion der Kundenfehlermeldungen um 25 %. Auf welchem Weg das Ziel zu erreichen ist, ist eine andere Frage, die wiederum von anderen Messungen abhängt.

Die Wahl des Weges zum Ziel wird von der Korrelation diverser Metriken bestimmt, wie in etwas der Korrelation zwischen Codequalität oder Architekturqualität und Fehlerrate. Ein Großteil der Metrikforschung ist darauf ausgerichtet, solche Korrelationen zwischen Ziel und Mittel herauszustellen. Erst wenn wir wissen, was einen Zustand verursacht, können wir daran gehen, die Ursachen des Zustands zu verändern, sei es die Codequalität, die Prozessreife, die Werkzeugausstattung oder die Qualifikation der Mitarbeiter.

Ein Ziel der Metrik ist, derartige Zusammenhänge aufzudecken, damit wir die betroffen Zustände ändern können. Ein weiteres Ziel ist, die Zustände zu verfolgen, wo sie im Verhältnis zum Soll stehen. Ein drittes Ziel ist es zu kalkulieren, welche Mittel man braucht, um die Zustände zu verändern. Hier ist ein Projekt als Zustandsänderung bzw. als Zustandsübergang zu betrachten.

1.7 Zur Gliederung dieses Buches

In Anlehnung an die Dimensionen und Schichten eines Softwareproduktes sowie an die Ziele eines Softwareprozesses ist dieses Buch in drei Teile mit elf Kapiteln gegliedert (siehe Abb. 1.7)

Der erste Teil befasst sich mit den Dimensionen der Software bzw. mit deren Größe, Komplexität und Qualität. Das zweite Kapitel beschreibt die Maße für die Größe eines Softwareprodukts, Maße wie Anforderungen, Dokumentationsseiten, Modelltypen, Codezeilen, Anweisungen, Object-Points, Function-Points und Testfälle. Das dritte Kapitel geht

Messobjekte	Anforderungs-spezifikation	Systementwurf	Source-Code	Testware	Entwicklungs-maße	Wartungs-maße
Quantität	Geschäftsprozesse Geschäftsobjekte Geschäftsregeln Anwendungsfälle	Klassen/Module Methoden/Procs Schnittstellen Daten	Codezeilen Anweisungen Bedingungen Referenzen	Testobjekte Testfälle Testläufe Fehlermeldungen	Func-Points Obj-Points UC-Points	LOCS Anweisungen Module
Komplexität	Strukturiert Textuell Fachlich	Entitäten Beziehungen Interaktionen	Ablaufe Zugriffe Datennutzung	Zustandsdichte Pfadanzahl Schnittstellen-breite	Objekte Relationen Ereignisse	Koordinaten Zweige Pfade
Qualität	Konsistenz Vollständigkeit Exaktheit	Kohäsion Kopplung Ausbaufähigkeit	Modularität Konvertierbarkeit Konformität	Fehlerdichte Testüberdeckung Fehlerfindung	Vollständig Konsistent Plausibel	Koordinaten Zweige Pfade
Produktivität	Testzeilen Zeilen pro PT	Diagramme pro PT	Codezeilen/ Anweisungen pro PT	Testfälle pro PT	FPs OPs pro PT TCs	LOCs Stmts pro PT TCs

Abbildung 1.7 Dreifache Gliederung des Buches

auf die Komplexitätsmessung ein und behandelt solche Komplexitätsmetriken wie Graphenkomplexität, Verschachtelungstiefe, Kopplungsgrad und Datennutzungsdichte. Das vierte Kapitel setzt sich mit dem Thema Qualitätsmessung auseinander. Dabei geht es um Maßstäbe für Qualitätsmerkmale wie Zuverlässigkeit, Korrektheit, Sicherheit und Wiederverwendbarkeit. Hier kommt die GQM-Methode zur Geltung.

Der zweite Teil befasst sich mit den einzelnen Softwareschichten und wie sie zu messen sind. Die hier behandelten Softwareschichten sind:

■ Die Anforderungsdokumentation

■ Der Systementwurf

■ Der Code

■ Die Testware

Kapitel 5 behandelt die Messung natursprachlicher Anforderungsdokumente. Kapitel 6 schlägt eine Metrik für den Systementwurf im Allgemeinen und im Speziellen für UML vor. Das Kapitel 7 beschäftigt sich mit der Messung und Bewertung sowohl von prozeduralem als auch objektorientiertem Code. Kapitel 8 ist dem Thema Testmessung gewidmet. Darin werden diverse Testmetriken vorgestellt, die nicht nur das dynamische Verhalten des Systems, sondern auch den statischen Zustand der Testware messen. Für alle vier Schichten werden die drei Dimensionen Quantität, Komplexität und Qualität behandelt.

Im dritten und letzten Teil des Buches geht es um die Messung der Softwareprozesse. Kapitel 9 geht auf die Messung der Produktivität in Entwicklungsprojekten ein. Hier werden diverse Ansätze zur Ermittlung der Produktivität zwecks Planung und Steuerung von Entwicklungsprojekten vorgestellt. Kapitel 10 befasst sich mit dem schwierigen Thema „Wartungsmessung". Es geht dabei sowohl um die Wartbarkeit der Softwareprodukte als auch um die Messung der Wartungsproduktivität. Kapitel 11 schildert den Messprozess, den die Autoren bereits in zahlreichen Messprojekten verwendet haben und die Werkzeuge, die sie eingesetzt haben, um die Messergebnisse zu erzeugen. Hier wird Softwaremessung als ein – im Sinne des CMMI – definierter und wiederholbarer Prozess dargestellt.

2 Softwarequantität

2.1 Quantitätsmaße

Software ist eine Ansammlung aufeinander gestapelter Sprachschichten, die mehr oder weniger miteinander korrelieren. Unten ist die Codeschicht, oben die Anforderungsschicht und dazwischen eine oder mehrere Entwurfsschichten [Sned86]. Daneben ist eine Test-säule mit eigenen Schichten, die den anderen Schichten entsprechen. Neben der Testsäule ist eine weitere Säule, die den Benutzern das Verhalten der Software erklärt, nämlich die Nutzungsbeschreibung bzw. die Benutzerdokumentation (siehe Abb. 2.1).

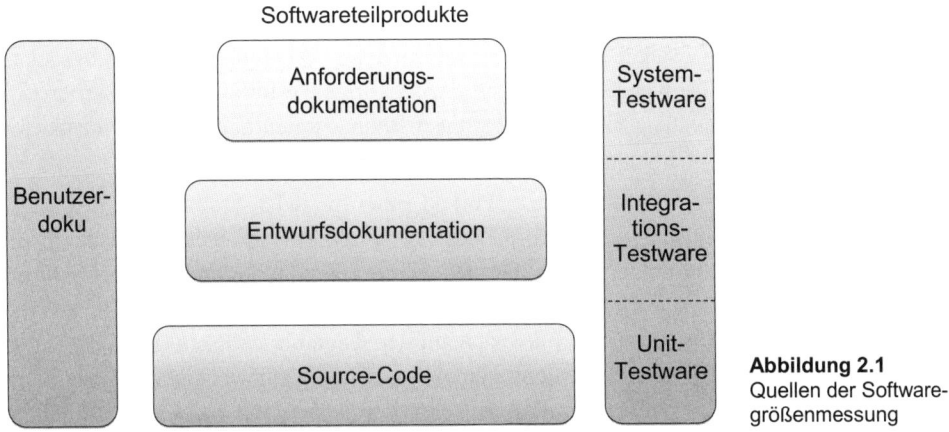

Abbildung 2.1
Quellen der Software-größenmessung

Jede dieser Schichten hat eigene Größen. Die Benutzerdokumentation hat Seiten, Ab-schnitte, Zeilen, Tabellen und Abbildungen. Die Testware besteht aus Testprozeduren, Testfällen und Testdaten. Der Code, den viele als die eigentliche Software betrachten, setzt sich physikalisch gesehen aus Source-Daten, Source-Zeilen, Anweisungen, Operatoren und Operanden zusammen. Logisch gesehen hat der Code, je nach Sichtweise, eine andere Zusammensetzung. Aus einer prozeduralen Sicht besteht Code aus Programmen, Modulen,

Prozeduren und Datenstrukturen [Wirt76]. Aus einer objektorientierten Sicht besteht Code aus Komponenten, Klassen, Schnittstellen, Methoden und Attributen [Zepp04]. Aus einer aspektorientierten Sicht setzt er sich aus Aspekten, Ereignissen, Pfaden und Schnittstellen zusammen [Mill01]. Die entsprechenden Größenmaße wiederum unterscheiden sich je nach verwendeter Sprache.

Ähnlich verhält es sich mit der Entwurfsschicht. Die Entwurfsschicht beschreibt, meist in Form von grafischen Darstellungen und Diagrammen, wie die Codeschicht aussehen sollte. Es gibt verschiedenste Diagrammtypen, und diese beinhalten unterschiedliche Symbole. So gibt es Symbole für Module, Symbole für Klassen, Symbole für Schnittstellen, Symbole für Entscheidungen usw. Rein physikalisch betrachtet bestehen Entwürfe in Form von Diagrammen aus Entitäten und deren Beziehungen. Logisch betrachtet ist die Zusammensetzung eine Frage der Sichtweise. Objektorientierte Entwurfsdiagramme haben einen anderen Inhalt als strukturierte Entwurfsdiagramme. Die ersten beschreiben Klassen, Objekte, Methoden, Schnittstellen und Attribute. Die zweiten beschreiben Module, Prozeduren, Datenstrukturen und Datenflüsse. Die Art der Entwurfssprache bestimmt, welche Größenmaße in Frage kommen [CoYo91].

Schließlich kommen wir zu der Anforderungsschicht. Auch diese ist in einer Sprache formuliert, meistens in einer natürlichen Sprache wie Englisch, Französisch oder Deutsch. Sie könnte aber auch in einer formalen oder semiformalen künstlichen Sprache wie RSL, VDM, Z, SofSpec oder einer „Domain Specific Language" (DSL) wie z.B. UNIX shell scripts verfasst sein. Physikalisch gesehen besteht sie aus Textbausteinen, Textzeilen und Wörtern, vielleicht durch Tabellen und Diagramme ergänzt. Logisch betrachtet hängen die Zusammensetzung und damit die Größe der Anforderungsspezifikation von der Grammatik der Spezifikationssprache ab. Als Minimum muss es möglich sein, einzelne Anforderungen, Geschäftsobjekte und Geschäftsprozesse zu identifizieren. Moderne Anforderungsdokumente beinhalten auch Anwendungsfälle und dazugehörige Testfälle (Abnahmekriterien). Je nach Spezifikationssprache und Spezifikationsmethodik treten andere Größenmaße für die Anforderungen in Erscheinung [CoYo90].

Es ist jedoch nicht gesagt, dass in jedem Projekt bzw. für jedes Produkt alle Software-schichten vorhanden sind. Im Gegenteil, für die meisten Altsysteme werden nur der Code und vielleicht noch die Benutzerdokumentation zu finden sein. Alles andere wird wohl im Laufe der Jahre verworfen worden sein, sofern es überhaupt je erstellt wurde. Wer also die Größe von Altsystemen messen will, muss sich auf den Code beschränken. Bei neuen Systemen sollte es zumindest eine Anforderungsspezifikation geben. Wer hier Aussagen über die Größe der geplanten Software treffen will, muss von der Größe der Anforderungen ausgehen. Inwieweit dies die Größe des endgültigen Codes widerspiegelt, obliegt einer Vermessung des endgültigen Codes und der Herstellung von Korrelationsmaßen zwischen den unterschiedlichen Größenbetrachtungen.

Es ist auch keineswegs gesagt, dass die Sprachschichten eines Softwaresystems immer miteinander übereinstimmen müssen. Die Anforderungen können eine völlig andere Größe haben als der Entwurf und dieser eine andere Größe als der endgültige Code. In der Regel ist der Code „größer", weil erst beim Codieren klar wird, was alles zu machen ist. Das hat

Gerish Parikh zu der Erkenntnis geführt, dass die einzige wahre Beschreibung eines Programms der Code selbst ist [Pari82]. Es gibt aber genug Fälle, bei denen die Anforderungen viel umfangreicher sind als der Code, nämlich dann, wenn man sich viel vornimmt und aus Zeit und Kostengründen nur einen Teil davon realisiert. Oft hängt der Umfang einer Beschreibungsschicht vom Eifer derjenigen Personen ab, die diese Schicht bearbeiten. Dies trifft insbesondere für die Entwurfsbeschreibung und die Testbeschreibung zu. Da weder die eine noch die andere ein klares Fertigstellungskriterium besitzt, neigen die Verfasser dieser Beschreibungen dazu, vieles wegzulassen bzw. frühzeitig aufzuhören. Leider leisten sich die allerwenigsten Softwarehersteller eine adäquate Qualitätssicherung, um zu sichern, dass die diversen Softwarebeschreibungen halbwegs miteinander übereinstimmen. Infolgedessen kann sich der Vermesser eines Softwaresystems letztendlich nur auf den Code verlassen.

Aus den diversen Softwarebeschreibungen geht jede Menge möglicher Größenmaße hervor – so viele, dass wir gezwungen sind, eine Auswahl zu treffen. Festzuhalten ist, dass wir folgende Beschreibungsgrößen messen können:

- die Größe der Anforderungsspezifikation
- die Größe des Entwurfs
- die Größe des Codes
- die Größe der Testware
- die Größe der Nutzungsdokumentation.

Welche dieser Größen der „wahren Größe" eines Systems am nächsten kommt, ist eine Frage der Interpretation. Ein universales Größenmaß wie Function-Points lässt sich aus der Anforderungsspezifikation, aus der Entwurfsdokumentation, aus der Nutzungsdokumentation und aus dem Code ableiten. Dennoch kommt es dabei immer zu unterschiedlichen Ergebnissen mit teilweise sehr großer Abweichung. Ähnlich verhält es sich mit Data-Points, Object-Points und Test-Case-Points. Ein beschränktes Größenmaß wie z.B. Anweisungen und Use-Case-Points wird deswegen konsistent sein, weil es aus einer einzigen Quelle kommt – Anweisungen kommen aus dem Code und Use-Case-Points aus der Anforderungsspezifikation. Wer Software misst, muss sich stets dessen bewusst sein, dass er immer nur eine Sicht auf die Software misst bzw. einen Schatten des wahren Objekts messen kann.

2.2 Codegrößen

Den Kern der Software bildet der Code. Auch wenn alles andere fehlt, wie das bei den meisten Altsystemen der Fall ist, wird wenigstens der Code vorhanden sein. Ergo lässt sich die Größe eines Systems immer aus dem Code ableiten. Dies ist zwar zu spät, um die Entwicklung des Codes vorauszusagen, aber damit können Prognosen über Wartungsaufwände, Sanierungsaufwände, Migrationsaufwände und Testaufwände getroffen werden. Außerdem gewinnt man eine Einsicht in die Zusammensetzung des Codes (siehe Abb. 2.2).

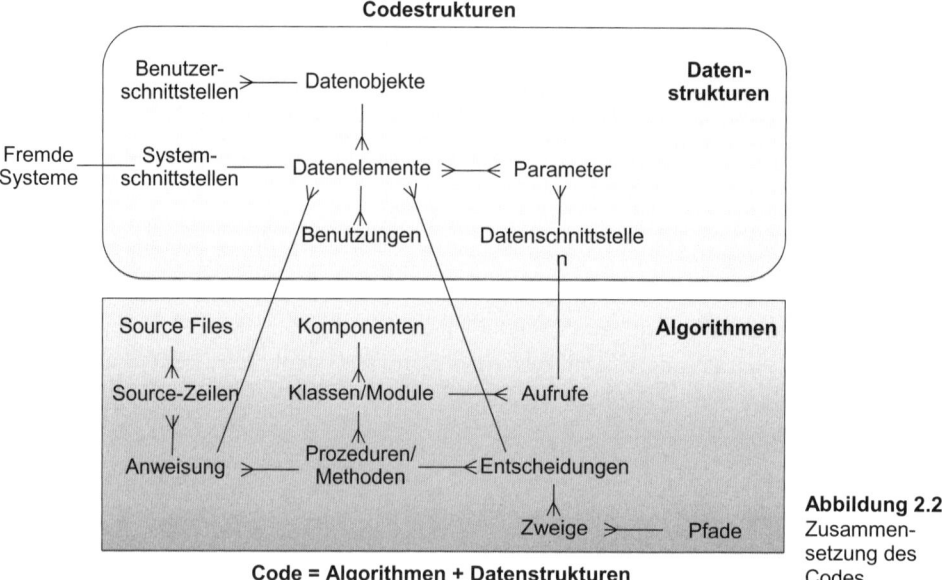

Abbildung 2.2
Zusammen-
setzung des
Codes

Die wichtigsten Codegrößen sind:

- Codedateien

- Codezeilen

- Anweisungen

- Prozeduren bzw. Methoden

- Module bzw. Klassen

- Entscheidungen

- Logikzweige

- Aufrufe

- vereinbarte Datenelemente

- benutzte Datenelemente bzw. Operanden

- Datenobjekte

- Datenzugriffe

- Benutzeroberflächen

- Systemnachrichten.

2.2.1 Codedateien

Die Codedatei bzw. der Source-Member ist ein getrennt gespeicherter Text, ein Eintrag in der Source-Bibliothek. Sie existiert in sämtlichen Programmiersprachen. Diese Größe ist für die Codeanalyse sehr wichtig, denn sie sagt aus, wie viele Codeeinheiten zu analysieren sind.

2.2.2 Codezeilen

Die Codezeile entspricht einem Satz in der Codedatei. Sie ist ein physikalisches Maß. Die Länge einer Zeile hängt von dem Editor ab. Ursprünglich waren Zeilen auf die universale Länge von 80 Zeichen begrenzt, weil dies die Länge der Lochkarte war. Aus dieser Zeit stammt auch der Begriff „Line of Code". Da die Länge der Zeile begrenzt war, haben Programmierer in der Regel nur eine Anweisung pro Zeile geschrieben. Somit entsprach die Anzahl der Codezeilen weitgehend der Anzahl der Anweisungen. Diese Begrenzung gilt jedoch schon lange nicht mehr. Codezeilen in modernen Programmierumgebungen sind beliebig lang und können auch mehrere Anweisungen beinhalten. Es gibt auch Anweisungen wie eine SQL-Select-Anweisung, die über mehrere Zeilen hinausgehen. Insofern hat die Codezeile als Größenmaß ihre Bedeutung verloren. Sie darf auf keinen Fall mehr mit der Zahl der Anweisungen verwechselt werden.

2.2.3 Anweisungen

Die Anweisung ist eine syntaktische Einheit wie der Satz in einer natürlichen Sprache. Sie wird auch als Befehl oder Kommando bezeichnet. Sie kommt in allen Sprachen vor und wird meistens durch ein Sonderzeichen wie ‚.' oder ‚;' abgeschlossen. Es gibt aber Sprachen wie COBOL und Java Script, wo dieses Ende-Zeichen fehlt. Ein Satz ist beendet, wenn ein neuer Satz beginnt, z.B. in COBOL durch ein Schlüsselwort wie „IF". Solche Sprachen sind besonders schwer zu analysieren. Dennoch ist die Anweisung das am besten vergleichbare Maß für die Codegröße.

2.2.4 Prozeduren bzw. Methoden

Die Prozedur entspricht dem Absatz in einem natursprachlichen Text. Sie enthält eine oder mehrere Anweisungen bzw. Sätze. Sie kann aber auch beliebig viele beinhalten, denn es obliegt dem Programmierer zu entscheiden, wie lang eine Prozedur wird. In objektorientierten Sprachen werden Prozeduren als Methoden bezeichnet. Eine Methode soll einer eindeutigen Funktion entsprechen, die aus mehreren Argumenten ein Ergebnis erzeugt. Allerdings machen viele Programmierer etwas ganz anderes daraus. Sie schreiben ganze Programme in einer Methode oder in einer Prozedur. Deshalb ist die Zahl der Prozeduren bzw. Methoden nur begrenzt vergleichbar [CoNi93].

2.2.5 Module bzw. Klassen

Das Modul ist eine Kompiliereinheit, nämlich der Source-Code, der auf einmal durch einen Compiler-Lauf übersetzt wird. Daraus entsteht ein Objektmodul oder eine Bytecodedatei. In prozeduralen Sprachen wie FORTRAN, COBOL und PL/I entspricht ein Modul einem Programm. Es gibt Hauptprogramme, die vom System aufgerufen werden, und Unterprogramme, die von anderen Programmen aufgerufen werden. In objektorientierten Sprachen wie C++, C# und Java kann ein Modul eine oder mehrere Klassen beinhalten.

2.2.6 Entscheidungen

Eine Entscheidung wird im Code durch eine oder mehrere Bedingungen realisiert. Typische Entscheidungen sind Alternativ-, Auswahl- und Schleifenanweisungen. Sie steuern den Programmablauf und bestimmen, in welcher Reihenfolge die Anweisungen ausgeführt werden. Entscheidungen entsprechen den Knoten in einem gerichteten Graphen. Insofern ist die Zahl der Entscheidungen ein wichtiges Maß für die Beurteilung der Codekomplexität.

2.2.7 Logikzweige

Der Logikzweig ist der Ausgang bzw. eine Richtung aus einer Entscheidung heraus. Er entspricht einer Kante in einem gerichteten Graphen. Eine IF-Anweisung kann zwei Zweige haben: einen THEN-Zweig und ein ELSE-Zweig. Eine CASE-Anweisung kann beliebig viele Zweige haben. Ein Testziel ist es, möglichst viele Logikzweige zu testen. Daher ist dies ein wichtiger Indikator für Codegröße und Codekomplexität.

2.2.8 Aufrufe

Ein Aufruf ist der Kontrollwechsel vom einen Modul, in dem der Aufruf erfolgt, zu einem anderen Modul, welches aufgerufen wird. Wenn Prozeduren bzw. Methoden aufgerufen werden, muss unterschieden werden zwischen Prozeduren bzw. Methoden in dem eigenen Modul (interne Aufrufe) und Prozeduren bzw. Methoden in fremden Modulen oder Klassen (externe Aufrufe). Diese Zahlen sind relevant für die Berechnung der Modulkopplung.

2.2.9 Vereinbarte Datenelemente

Die Zahl der vereinbarten Datenelemente ist die Summe aller Daten, die in einem Modul bzw. in einer Klasse deklariert werden. Sie ist ein Indikator für die Menge der Daten, die verarbeitet werden können. Wenn sich die gleichen Datennamen in unterschiedlichen Modulen auf unterschiedliche Inhalte beziehen, müssen diese durch die Modul- und Prozedurnamen bzw. durch die Klassen- und Methodennamen qualifiziert werden. Wenn darüber hinaus dieselben Inhalte in unterschiedlichen Modulen auch gleich benannt werden, ist es möglich, die Anzahl der Datenelemente für ein ganzes System zu zählen.

2.2.10 Benutzte Datenelemente bzw. Operanden

Die Zahl der benutzten Daten sagt aus, wie viele der vereinbarten Daten tatsächlich verarbeitet werden. Sie sind Operanden in irgendeiner Anweisung. Es ist nicht gesagt, dass alle vereinbarten Daten benutzt werden. In prozeduralen Systemen pflegen die Programmierer viel mehr Daten zu deklarieren als zu nutzen, weil es bequem ist, sämtliche Datenstrukturen in ein Programm zu importieren. Deshalb ist es erforderlich, die Zahl der benutzten Daten zu zählen. Dies ist die einzig zuverlässige Zählung der echten Datenmenge.

2.2.11 Datenobjekte

Datenobjekte sind Gruppen einzelner Daten, die logisch zusammen gehören und die physikalisch gemeinsam an einem Ort gespeichert werden. Sie bilden eine geschlossene Struktur. Falls sie als solche extern gespeichert werden, gelten sie als Sätze, Segmente oder Relationen. Die Zahl der Datenobjekte bzw. Datensätze ist wichtig für die Beurteilung der Datenkomplexität.

2.2.12 Datenzugriffe

Datenzugriffe sind Schnittstellen zu externen Speichermedien. Durch einen Datenzugriff wird ein Satz, Segment oder Relations- bzw. Datenobjekt in den Adressraum des betreffenden Moduls geladen oder von dort aus abgespeichert. Die Zahl der Datenzugriffe ist ein Maß für die Interaktion des Codes mit seiner Datenumgebung. Sie bestimmt die Zugriffskomplexität.

2.2.13 Benutzeroberflächen

Benutzeroberflächen sind nicht immer leicht zu erkennen, dennoch ist ihre Anzahl eine wichtige Codegröße, vor allem bezüglich der Zählung der Function-Points. In früheren Sprachen gab es extra Source-Code-Module, um die Benutzeroberflächen zu beschreiben, z.B. die MFS-Maps für IMS und die BMS-Maps für CICS. In der COBOL-Sprache gibt es sogar eine eigene Screen Section, wo die Bildschirminhalte festgelegt werden. In solchem Code ist es einfach, die Benutzeroberflächen zu erkennen. In modernen Sprachen wie C# und Java gibt es benutzerdefinierte Klassen für die Oberflächen. Diese sind nur daran zu erkennen, dass ihre Methoden Bildschirmoperationen ausführen. Mit Webseiten ist es wieder leichter geworden, diese im Code zu erkennen. Sie haben wie früher die Masken eine eigene Style-Sheet-Definition.

2.2.14 Systemnachrichten

Die letzte Codegröße, die hier zu erwähnen ist, ist die Anzahl der Systemnachrichten. Eine Systemnachricht ist ein Datenaustausch zwischen zwei getrennten Systemen. Sie ist in einer gemeinsamen Sprache als getrennte Source-Dateien vereinbart. Sie sind in eigenen Schnittstellensprachen wie IDL, XML, und WSDL verfasst. Als solche sind sie leichter zu erkennen. Allerdings beinhalten sie auch Datenobjekte und -elemente, die auch gezählt werden müssen. Diese werden in einem Schema beschrieben.

2.3 Entwurfsgrößen

Nicht alle Softwaresysteme werden ein Entwurfs- bzw. ein Architekturmodell haben. Falls sie es haben, wird es selten vollständig sein. Die Autoren dieses Buches haben in ihren vielen Messprojekten noch nie einen vollständigen Systementwurf erlebt. Nichtsdestotrotz sollte es ein solches Modell der Software geben, und weil es dieses geben soll, soll es auch gemessen werden.

Die Größen des Modells hängen stark von der Art des Modells ab. Früher gab es nur strukturierte Modelle. Dann folgten die Datenmodelle. Heute sind die meisten Modelle objektorientiert. Einige sind inzwischen schon aspektorientiert. Hier werden nur die Größen strukturierter, datenbezogener und objektorientierter Entwürfe behandelt.

2.3.1 Strukturierte Entwurfsgrößen

Ein strukturierter Entwurf hat die Größen

- Module
- Funktionen
- Datenobjekte
- Schnittstellen
- Benutzerinteraktionen

2.3.2 Datenmodellgrößen

Ein Datenmodell hat die Größen

- Datenentitäten
- Datenattribute
- Datenschlüssel
- Datenbeziehungen
- Datensichten.

2.3.3 Objektmodellgrößen

Ein Objektmodell hat die Größen

- Komponenten
- Klassen
- Klassenmethoden
- Klassenattribute
- Klasseninteraktionen
- Objekte

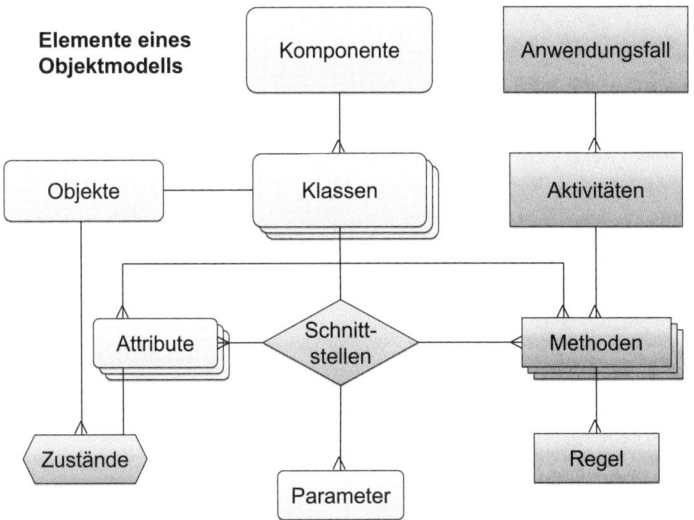

Abbildung 2.3
Zusammensetzung
eines Objektmodells

- Objektzustände
- Objektinteraktionen
- Aktivitäten
- Entscheidungen
- Verarbeitungsregeln
- Systemschnittstellen
- Anwendungsfälle und Systemakteure (siehe Abb. 2.3).

Da die Mehrzahl der heutigen Systementwürfe als Objektmodelle dargestellt wird, wird hier nur auf die Objektmodellgrößen näher eingegangen. Die prozeduralen Entwurfsgrößen sind in der einschlägigen Literatur beschrieben [YoCo79].

2.3.3.1 Komponenten

Komponenten sind Pakete, in denen mehrere logisch verwandte und aufeinander angewiesene Klassen oder Module zusammengefasst sind. Wie vieles in der Gestaltung von Software werden sie nicht nach festen Regeln, sondern nach den Gedanken des Architekten gebildet. Die eine Komponente kann eine Klasse beinhalten, die andere zwanzig. Deshalb ist die Anzahl der Komponenten nur im Zusammenhang mit dem Grad der Modularität von Bedeutung [Szyp99].

2.3.3.2 Klassen

Eine Klasse beinhaltet ein Datenobjekt und alle Operationen, die auf das Objekt ausgeführt werden. Da eine Klasse eine beliebige Anzahl von Attributen und Methoden haben kann, ist ihre Anzahl bezüglich der Systemgröße nur bedingt aussagefähig. Das wäre nur der Fall, wenn alle Klassen in etwa gleich groß wären. Interessant ist diese Zahl, wenn es darum geht, den Umfang des Entwurfs mit dem Umfang des Codes zu vergleichen. Dann kann man nämlich die Zahl der Entwurfsklassen der Zahl der Codeklassen gegenüberstellen [JRHZ04].

2.3.3.3 Klassenmethoden

Methoden werden im Klassendiagramm angegeben. Sie repräsentieren Operationen, die auf das Objekt der Klasse ausgeführt werden. Methoden sind von zweierlei Arten: Prozeduren und Funktionen. Prozeduren verändern den Objektzustand; Funktionen stellen nur Information zur Verfügung. Da auch diese beliebig groß sein können, ist ihre Anzahl für den Umfang des Codes nur bedingt ausschlaggebend. Die Object-Point-Zählung geht bei einer mittleren Methodengröße von drei Anweisungen aus. Diese Annahme ist allerdings mit Vorsicht zu genießen. In einem Klassendiagramm ist nicht erkennbar, wie groß eine Methode wird. Dies stellt sich erst beim Codieren heraus.

2.3.3.4 Klassenattribute

Die Klassenattribute werden ebenfalls im Klassendiagramm angegeben. Klassenattribute entsprechen den Datenvereinbarungen im Code. Wenn diese wirklich vollständig im Entwurf angegeben sind, sind sie eine zuverlässige Größe, und ihre Anzahl fließt sowohl in die Object-Point- als auch in die Data-Point-Zählung ein.

2.3.3.5 Klasseninteraktionen

Klasseninteraktionen werden in den Sequenzdiagrammen als Verbindungslinien festgehalten. Sie verkörpern Aufrufe von Methoden in benachbarten Klassen. Ihre Zählung ist eine wichtige Voraussetzung für die Komplexitätsmessung. Die Komplexität eines Systems steigt mit der Anzahl der Klasseninteraktionen.

2.3.3.6 Objekte

Objekte sind einmalige Ausprägungen, sprich Instanzen einer Klasse. Ihre Anzahl dient der Performanzmessung sowie auch der Voraussage des Speicherbedarfs und ist aus den Objekt- und Zustandsdiagrammen ableitbar. Aus dem Code ist diese Größe nur schwer festzustellen.

2.3.3.7 Objektzustände

Objektzustände gehen aus den Zustandsdiagrammen hervor, wo sie mit Symbolen dargestellt werden. Zwischen den Objektzuständen finden Zustandsübergänge statt. Die Zahl der Objektzustände ist ein Indikator für die Verarbeitungskomplexität und dadurch auch für den Testaufwand, denn jeder Zustand jedes Objekts muss getestet werden.

2.3.3.8 Objektinteraktionen

Objektinteraktionen sind eine Verfeinerung der Klasseninteraktionen. Ihre Anzahl ergänzt die Anzahl der Klasseninteraktionen aus den Sequenzdiagrammen. Hier geht es allerdings um Beziehungen zwischen einzelnen Ausprägungen und nicht zwischen den Objektmengen insgesamt.

2.3.3.9 Aktivitäten

Aktivitäten entsprechen den Schritten in den Use-Case-Spezifikationen. Sie sind als Symbole in einem Aktivitätendiagramm abgebildet, wo sie mit Flusslinien verbunden sind. Die Anzahl der Aktivitäten sollte in etwa mit der Anzahl der Methoden übereinstimmen, weil hinter jeder Aktivität eine Prozedur bzw. Methode stecken sollte. Auf dieser Detaillierungsstufe ist die Anzahl der Aktivitäten eine Aussage über die Menge der Software.

2.3.3.10 Entscheidungen

Manche Symbole in den Aktivitätendiagrammen stehen für Entscheidungen über den Ablauf der Prozesse. Sie sind als solche erkennbar. Ihre Anzahl relativ zu der Anzahl der einzelnen Aktivitäten ist eine Aussage über die Verarbeitungskomplexität der dargestellten Prozesse bzw. Anwendungsfälle. Sie ergibt die Entscheidungsdichte bzw. die Graphenkomplexität.

2.3.3.11 Verarbeitungsregel

UML lässt den Einbau von OCL-Regeln (Object Constraint Language) in Form von Tags zu [WaKl03]. Wo diese Eigenschaft zugelassen wird, sollte sie gezählt werden. Die Anzahl der in dem Objektmodell definierten OCL-Regeln sollte zumindest so hoch sein wie die Anzahl der in der Anforderungsdokumentation spezifizierten Geschäftsregeln. Beide Zahlen sind ein besseres Größenmaß für die innere Funktionalität eines Systems als die Function-Points, die nur die Funktionalität aufgrund der Ein- und Ausgaben misst.

2.3.3.12 Systemschnittstellen

Eine besonders wichtige Zahl ist die der Systemschnittstellen. Diese Zahl ist eine Voraussetzung für die Zählung von Function-Points, denn Import/Export-Dateien sind eine der Grundmaße der Function-Point-Methode. Systemschnittstellen erscheinen als Symbole in den Klassendiagrammen. Sie zeigen, wo Nachrichten als Eingabe oder als Ausgabe mit der Umgebung ausgetauscht werden. Da Function-Points gewichtete Ein- und Ausgaben sind, können sie ohne die Zählung der Systemschnittstellen nicht erfasst werden.

2.3.3.13 Anwendungsfälle und Systemakteure

UML-Objektmodelle enthalten auch Anwendungsfalldiagramme mit Systemakteuren. Die einzelnen Anwendungsfälle lassen sich dort identifizieren und zählen. Die Zahl der Anwendungsfälle und Akteure aus dem Objektmodell kann dazu dienen, die Vollständigkeit des UML-Modells gegenüber der Anforderungsdokumentation zu prüfen. Die Zahl der Anwendungsfälle und Akteure sollte in beiden Dokumenten gleich sein [OWSW04].

2.4   Anforderungsgrößen

Anforderungen sind in der Industrie vorwiegend in natürlicher Sprache verfasst. Es gibt zwar eine Tendenz, formale Domain-Specific-Sprachen zu verwenden, aber bis jetzt haben nur wenige Anwender diese Möglichkeit genutzt [Broy07]. Es ist als Fortschritt zu bezeichnen, dass die Anforderungsdokumente strukturiert und teils formalisiert sind. Inzwischen werden Anwendungsfälle mit Schablonen spezifiziert und Anforderungen gekennzeichnet. Das macht es erst möglich, die Inhalte zu analysieren und zu zählen. Festzustellen ist, dass nicht alle Anforderungsdokumente messbar sind, und die, die messbar sind, sind nur bedingt messbar. Daher sind Anforderungsgrößen stets mit Vorsicht zu genießen.

Als physikalisches Testobjekt betrachtet, besteht ein Anforderungsdokument aus Textzeilen mit Wörtern und Sonderzeichen, ergänzt durch einzelne Abbildungen [Davi90]. Die Übertitel und die Schlüsselwörter deuten auf den Inhalt hin. Logisch betrachtet ist der Text in Kapitel, Abschnitte, Absätze und Sätze gegliedert. Sätze haben ein Subjekt, ein Prädikat und ein oder mehrere Objekte. Sätze können aktiv oder passiv formuliert sein. Passive Sätze wie z.B. „Berichte sind am Monatsende zu generieren" implizieren ein Subjekt, in diesem Fall das System. Zählen lassen sich die Absätze, Sätze, Subjekte, Prädikate und Objekte sowie auch die Wörter insgesamt. Auch zu zählen sind die aufgezählten Begriffe, die Sonderzeichen, die Tabelleneinträge und die Abbildungen. Bei den Wörtern kann ein Sprachparser anhand der Grammatik zwischen Hauptwörtern, Verben, und Adverbien unterscheiden.

Wenn das alles wäre, gäbe es zwar einige interessante Größenmaße zum Umfang des Textes, aber nur wenige nutzbare Größen zum Umfang des Systems. Das ermöglicht erst die Nutzung von Schlüsselwörtern. Viele Anforderungsdokumente nutzen Schlüsselwörter, um die Anforderungen und andere Systemeigenschaften wie Geschäftsprozesse, Geschäftsobjekte, Geschäftsregeln, Benutzeroberflächen und Systemschnittstellen zu kennzeichnen. Darüber hinaus werden Schablonen benutzt, um Anwendungsfälle und deren Attribute wie Akteur, Auslöser, Vorbedingung, Nachbedingung und Schritte zu spezifizieren. Ist dies der Fall, lässt sich Folgendes zählen:

- die Zahl der Anforderungen
- die Zahl der Abnahmekriterien
- die Zahl der Geschäftsobjekte
- die Zahl der Geschäftsregeln
- die Zahl der Benutzeroberflächen
- die Zahl der Systemschnittstellen
- die Zahl der Akteure
- die Zahl der Anwendungsfälle
- die Zahl der Verarbeitungsschritte (siehe Abb. 2.4).

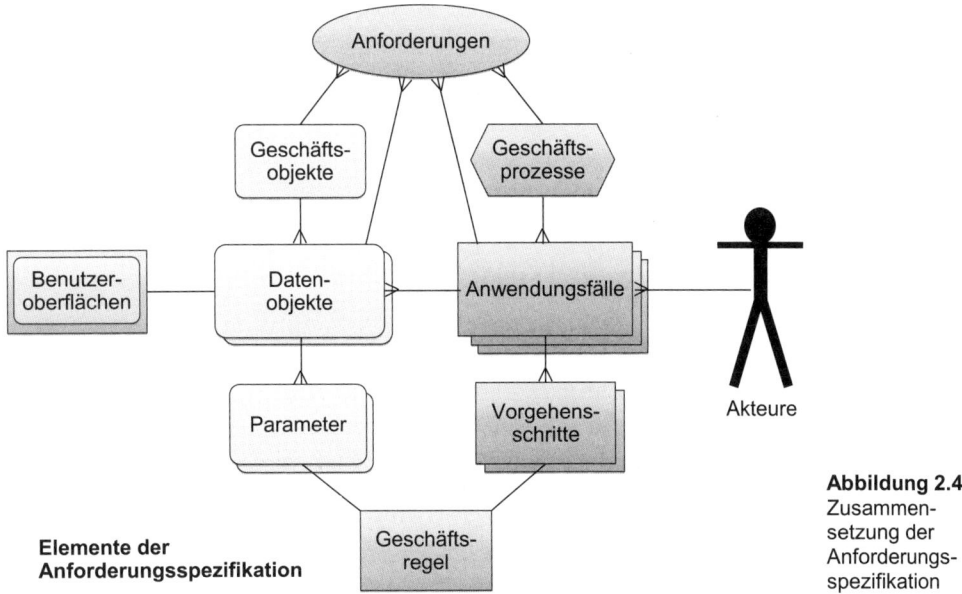

**Elemente der
Anforderungsspezifikation**

Abbildung 2.4
Zusammen-
setzung der
Anforderungs-
spezifikation

Wenn darüber hinaus die für das System relevanten Objekte und Subjekte gekennzeichnet sind, können auch diese gezählt werden. Durch eine Analyse der Satzstruktur werden Bedingungen und Zustandsdeklarationen erkannt und von Aktionen unterschieden, und man erhält:

■ die Zahl der relevanten Objekte

■ die Zahl der relevanten Subjekte

■ die Zahl der Objektzustände

■ die Zahl der Bedingungen und

■ die Zahl der Aktionen auf Objekte.

Aus den oben genannten Größen sind jene auszuwählen, die auf den Umfang des Systems hindeuten, und entsprechend richtig zu interpretieren. Eine Größe kommt noch hinzu:

■ die Zahl der Testfälle [Sned09]

Testfälle können bereits als Teil der Anforderungsdokumentation und Konkretisierung der Abnahmekriterien formuliert sein oder aus den obigen Größen und den Beschreibungen selbst abgeleitet werden.

2.4.1 Anforderungen

Die Zahl der Anforderungen ist die Menge aller Texteinträge, die als Anforderung gekennzeichnet sind. Dazu gehören sowohl die funktionalen als auch die nicht-funktionalen Anforderungen. Die beiden können getrennt gezählt werden. Für die Interpretation der Zählung ist natürlich die Granularität, in der die Anforderungen vorliegen, von großer Bedeutung. Die Bandbreite reicht hier von Formulierungen im Sinne von „Das System muss dasselbe können wie das Altsystem" bis zu „Nach Drücken der Enter-Taste wird das Feld Versicherungsnummer vorbefüllt". Den idealen Detaillierungsgrad zu finden, ist seit eh und je eine große Herausforderung des Requirements Engineering. Als für eine Zählung sinnvoll haben sich Anforderung bewährt, die in ein bis drei Sätzen formuliert sind und konkrete Funktionen oder bestimmte Systemeigenschaften definieren.

2.4.2 Abnahmekriterien

Idealerweise gibt es zu jeder Anforderung ein Abnahmekriterium. Die Abnahmekriterien können auf die Anforderungen folgen oder sie können getrennt aufgelistet werden. Sie geben an, woran die Erfüllung einer Anforderung zu erkennen bzw. zu messen ist. Die Zahl der Abnahmekriterien gibt in etwa mit eine Mindestanzahl von Prüffällen vor.

2.4.3 Anwendungsfälle

Der Anwendungsfall entspricht einem Geschäftsvorgang. Er ist eine einmalige Nutzung des Systems an einem Ort zu einer Zeit durch einen Akteur. Anwendungsfälle sind fast immer als solche gekennzeichnet und deshalb leicht zu erkennen. Wichtig ist, dass die gleichen Anwendungsfälle, die an verschiedenen Stellen beschrieben sind, nur einmal gezählt werden.

2.4.4 Verarbeitungsschritte

Anwendungsfälle werden in einer Reihe von Schritten ausgeführt. Diese Schritte sind nicht immer spezifiziert. Ist dies doch der Fall, so ist deren Anzahl ist ein wichtiger Indikator für die Komplexität des Anwendungsfalls. Use-Case-Points basieren auf der Anzahl der Verarbeitungsschritte.

2.4.5 Oberflächen

Es gehört zu einer Anwendungsspezifikation, dass die Benutzeroberflächen zwar nicht endgültig beschrieben, aber zumindest spezifiziert werden. Sofern die Benutzeroberflächen als solche gekennzeichnet sind, können sie gezählt werden, um später mit der Anzahl implementierter Benutzeroberflächen verglichen zu werden. Außerdem dienen sie als Basis für die Function-Point-Zählung.

2.4.6 Systemschnittstellen

Was für die Benutzeroberflächen gilt, gilt ebenso für die Systemschnittstellen. Im Anforderungstext sollten sie zu erkennen sein. Ihre Anzahl dient der Ermittlung der Function-Points, und sie steht zum Vergleich mit den realisierten Systemschnittstellen zur Verfügung.

2.4.7 Systemakteure

Zu jedem Anwendungsfall gehört ein Akteur, der den Anwendungsfall auslöst und steuert. Oft ist es der gleiche Akteur, der mehrere Anwendungsfälle auslöst. Deshalb muss der Zähler aufpassen, dass jeder Akteur nur einmal gezählt wird. Dazu muss der Name des Akteurs eindeutig sein.

2.4.8 Relevante Objekte

Nicht alle Sätze in einem Anforderungstext haben mit dem zu realisierenden System zu tun. Viele beschreiben Randbedingungen sowie Anforderungen an den Auftragnehmer oder Hintergrundinformationen zum Projekt. Für eine sinnvolle Zählung muss daher erkennbar sein, welche Sätze systemrelevant sind und welche nicht. Eine Möglichkeit, dies zu erreichen, ist, dass der Analytiker sämtliche Hauptwörter, die für das System relevant sind, z.B. in einer Aufstellung ausweist. Sätze gelten somit nur dann als relevant, wenn sie ein relevantes Objekt beinhalten. Die Zahl der relevanten Objekte ist auch für die Berechnung der Object-Points ausschlaggebend.

2.4.9 Objektzustände

Sätze können den Zustand eines Objektes deklarieren, z.B. „Zu diesem Zeitpunkt muss der Kontostand im Plus sein" oder „Nach der Abbuchung eines größeren Betrags ist der Kontostand im Minus". „Im Plus" und „im Minus" sind Zustände für das Attribut Kontostand, das zum Objekt Konto gehört. Die Zahl der möglichen Objektzustände ist ein wichtiger Indikator für den Testaufwand – vor allem, wenn man beabsichtigt, alle relevanten Systemzustände zu testen. Die Anzahl der Objektzustände lässt sich auch mit der Zahl der Zustände im Entwurfsmodell vergleichen, um zu prüfen, ob alle spezifizierten Zustände tatsächlich berücksichtigt sind.

2.4.10 Bedingungen

Bedingungen sind anhand gewisser Bedingungswörter wie „wenn", „falls", „solange", „bis", „insofern als" usw. erkennbar. Sätze, in denen diese Wörter auftauchen, gelten als Bedingungssätze. Da jede Bedingung mit jedem Ausgang getestet werden sollte, genauso wie im Code jeder Logikzweig zu testen ist, ist deren Anzahl ein guter Indikator für den Testaufwand. Die Bedingungsdichte ist ferner ein Indikator für die Komplexität der Entscheidungslogik eines Systems.

2.4.11 Aktionen

Aktionssätze sind an ihren Prädikaten bzw. Verben zu erkennen. Etwas geschieht mit einem Objekt. Es wird erzeugt, geändert, gedruckt, gesendet, gespeichert, gelöscht usw. Dies kann wie hier im passiven Modus oder im aktiven Modus geschehen, z.B. der Kunde bestellt einen Artikel. Aktionen sind die elementaren Funktionen eines Systems. Sie zu zählen ist wichtig, um den Funktionsumfang zu messen.

2.4.12 Testfälle

Eine letzte wichtige Größe, die aus dem Anforderungsdokument zu gewinnen ist, ist die Anzahl der Testfälle. Es gilt, jeden Objektzustand, jede Bedingung und jede Aktion eines Systems zu testen. Demnach muss es einen Testfall für jeden Zustand, jede Bedingung und jede Aktion geben. Für die Anwendungsfälle, Benutzeroberflächen und Systemschnittstellen werden weitere Testfälle gebraucht. So betrachtet ist die Anzahl logischer Testfälle die Summe aller Prüfungen zu den bisher angeführten Anforderungselementen. Die Anzahl ist aber auch sehr stark vom Detaillierungsgrad der Beschreibungen abhängig. Dabei kann man sich aber auch mit Multiplikationsfaktoren aus Best-Practice-Erfahrungen helfen, z.B. bei der Ableitung von Testfallanzahlen für Anwendungsfälle und Oberflächen. Die Zahl der Testfälle ist vielleicht jene Zahl, die der echten Größe eines spezifizierten Systems am nächsten kommt.

2.5 Testgrößen

Die Zählung der Testfälle in der Anforderungsdokumentation markiert den Übergang zu einer anderen Art Softwaregröße, nämlich der Testgröße. Da der Code eine recht ungenaue Abbildung der Systemanforderungen sein kann und obendrein aufgrund seiner hohen Komplexität äußerst fehleranfällig ist, wird er durch umfangreiches Testen in einen funktionstüchtigen und korrekten Zustand gebracht. Der Test ist ein unerlässlicher Bestandteil des Software-Entwicklungsprozesses. Der Test produziert auch selbst Software in Form von Testfällen, Testprozeduren bzw. Testskripte, Testdaten und Testdokumenten. Diese sogenannte Testware hat eigene Größen [SnJu06]. Die wesentlichen Testgrößen sind:

- die Zahl der Testfälle
- die Zahl der Testattribute
- die Zahl der Testläufe
- die Zahl der Testskripte bzw. Testprozeduren
- die Zahl der Testskriptzeilen
- die Zahl der Testskriptdurchführungen
- die Zahl der Fehlermeldungen (siehe Abb. 2.5).

2.5.1 Testfälle

Testfälle sind Beschreibungen einmaliger Ausführungen eines Testobjektes, wobei das Testobjekt ein Softwarebaustein, ein Teilsystem oder ein ganzes System sein kann. Sie werden als Textbeschreibungen, als Einträge in Tabellen oder als Anwendungen einer formalen Testsprache erfasst. Sie zu zählen erfordert eine Analyse der Texte, der Diagramme, der Tabellen und der Sprachen, in denen sie verfasst sind. Ihre Anzahl ist das Maß für den Umfang eines Tests und zugleich die Basis für jede Schätzung des Testaufwandes.

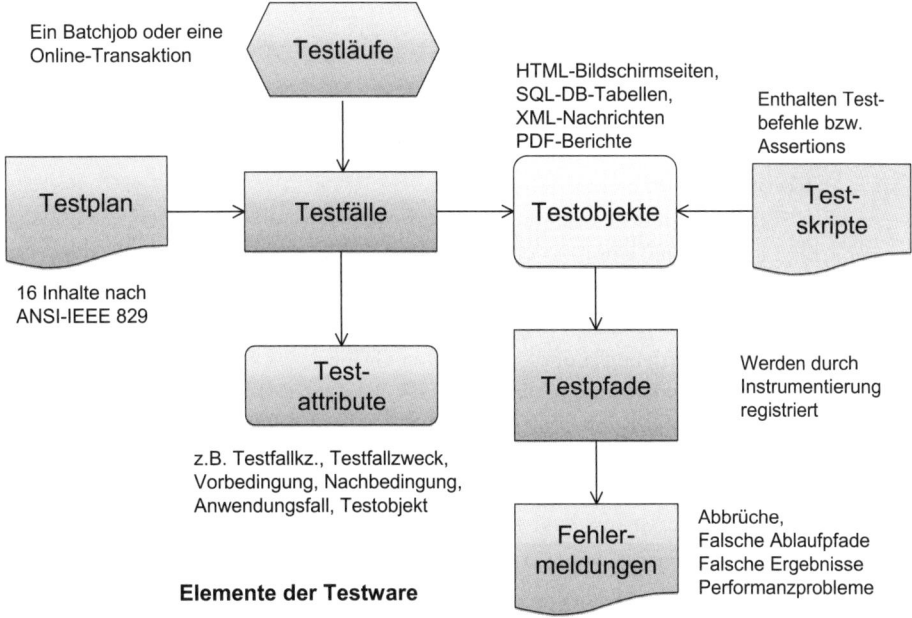

Abbildung 2.5 Zusammensetzung der Testware

2.5.2 Testfallattribute

Testfälle haben Attribute wie die Vorbedingung für die Testfallausführung, die Nachbedingung für die Erfolgsprüfung, die Zielfunktion, die Umgebung und den Testfallstatus. Es wird vorgegeben, welche Attribute ein Testfall haben soll. Die Zahl der vorhandenen Attribute im Verhältnis zur Zahl der vorgegebenen Attribute ist eine Aussage über die Vollständigkeit des Tests.

2.5.3 Testläufe

Ein Testlauf ist eine Sequenz einzelner Testfälle, die auf einmal ausgeführt wird. Im Dialogbetrieb entspricht der Testlauf einer Testsitzung, bei der ein Tester eine Reihe von Testfällen durchführt. Im Batchbetrieb entspricht der Testlauf einem Batchjob, bei dem eine Reihe aufeinander aufbauender Schritte ausgeführt wird. Jeder Testlauf beinhaltet einen oder mehrere Testfälle. So gesehen ist die Zahl der Testläufe relativ zur Zahl der Testfälle eine Aussage über die Komplexität des Tests. Die Zahl der Testläufe ist ein Indikator dafür, wie lange der Test dauern wird.

2.5.4 Testskriptebzw. Testprozeduren

Testskripte sind Codebausteine, die zum Zeitpunkt der Testdurchführung kompiliert oder interpretiert werden. Sie generieren Testdaten, steuern die Testfallausführung und validieren die Testergebnisse. Dafür gibt es eigene Testsprachen wie TSL, TTCN und die Assertion-Sprache. Testskripte sind mit Codemodulen vergleichbar. Für den Unit-Test gibt es sogar ein Testskript als Testtreiber für jedes Modul. Die Zahl der Testskripte ist ein Indikator für den Aufwand des Tests.

2.5.5 Testskriptzeilen

Da Testskripte wie Codemodule beliebig groß sein können, ist deren Anzahl nur ein grober Indikator für die Größe der Software. Ein besserer Indikator dafür ist die Zahl der Testskriptzeilen. Jedes Testskript ist ein Testbaustein, bestehend aus mehreren Testzeilen. Diese Zahl verglichen mit der Anzahl der Testskripte deutet auf die Modularität der Testware hin.

2.5.6 Testskriptanweisungen

Wie beim Programmcode ist die Zahl der Textzeilen nur ein Maß für die physikalische Größe der Testskripte. Testskripte bestehen logisch aus Anweisungen. Eine Testanweisung hat wie eine Programmanweisung Operatoren, Operanden und ein Endzeichen. Komplexe Testanweisungen z.B. mit mehreren IF-Bedingungen können sich über viele Zeilen hinaus strecken. Wenn es also darum geht, die logische Größe der Testware zu messen, ist es genauer, die Testanweisungen zu zählen.

2.5.7 Fehlermeldungen

Der eigentliche Zweck des Tests ist es, Fehler in der Software aufzudecken, ehe die Software für den produktiven Einsatz freigegeben wird. Fehlermeldungen werden als Textdokumente oder als Einträge in einer Fehlertabelle oder einer Fehlerdatenbank erfasst. Deren Anzahl wird von einem Fehlerverwaltungssystem automatisch geführt.

Da Fehler unterschiedliche Auswirkungen haben können, ist es wichtig, Fehlerklassen zu bilden, z.B. kritische, schwere, mittlere und geringe Fehler. Danach werden die Fehlermeldungen gewichtet, z.B. kritische Fehler mal 8, schwere Fehler mal 4, mittlere Fehler mal 2 und geringe Fehler mal 1. Daraus ergeben sich zwei Größen:

- die Anzahl der ungewichteten Fehler je Fehlerklasse und deren Gesamtsumme
- eine gewichtete Summe aus allen gemeldeten Fehlern.

Die gewichtete Anzahl der Fehler ist der bessere Indikator für die Testeffektivität bzw. des Qualitätszustandes des Systems, weil die Aufdeckung einiger schwerer und kritischer Fehler viel mehr wiegt als die Aufdeckung vieler geringer Fehler. Die Anzahl der Fehlermeldungen insgesamt dient der Prognose der Restfehlerwahrscheinlichkeit. Jedenfalls sind die

Anzahl der gemeldeten Fehler zusammen mit der Anzahl der Testfälle die Eckgrößen der Testeffektivität [SRWL06].

2.6 Abgeleitete Größenmaße

Aus den Grundmaßen verschiedener Softwaresichten lassen sich gewisse sichtübergreifende Größen ableiten. Dies sind Größen, die zwar aus einer Sicht gewonnen werden, aber für die Software insgesamt gelten. Solche Größenmaße sind:

■ Function-Points

■ Data-Points

■ Object-Points

■ Use-Case-Points

■ Test-Points.

2.6.1 Function-Points

Der Begriff Function-Point wurde von A. Abrecht von der IBM im Jahre 1979 geprägt [Albr79]. Function-Points sind in der IT-Welt so etwas wie ein universales Maß für den Umfang von Softwaresystemen geworden. In Anbetracht der Ungenauigkeit der Zählweise ist dies mehr als verwunderlich. Es zeigt nur, wie groß der Bedarf an irgendeiner Zahl ist, um die unfassbare Substanz Software mit der sehr harten Zahl der Personalkosten zu vergleichen. Dabei gibt es sehr unterschiedliche Ansätze, Function-Points zu zählen. Dazu zählen unter anderem die IFPUG-Methode, die MARK-II-Methode und die COSMOS-Methoden. Jeder Ansatz produziert ein anderes Ergebnis, aber alle bezeichnen ihr Ergebnis als Function-Points [Bund04].

Die IFPUG-Methode zählt die Eingaben, Ausgaben, interne logische Dateien und Systemexport/-importdateien. Eine Eingabe wiegt je nach der Komplexität der Oberfläche bzw. Schnittstelle 3 bis 6 und eine Ausgabe 4 bis 7 Function-Points. Eine interne logische Datei bzw. eine Datenbanktabelle wiegt 7 bis 15 Function-Points, je nachdem, wie viele Attribute und Datengruppen die Datei beinhaltet. Eine Import-/Exportdatei wiegt 5 bis 10 Function-Points, ebenfalls in Abhängigkeit von der Zahl der Attribute und Datengruppen. Es gibt detaillierte Angaben, wie die Zähleinheiten zu gewichten sind [PoBo05]. Das Problem besteht darin, dass die Information, die dazu gebraucht wird, erst im Systementwurf zugänglich ist. In der Anforderungsdokumentation sind die Benutzeroberflächen nur erwähnt, aber nicht ausgearbeitet. Zu diesen Datenentitäten gibt es keinerlei Angaben über die Zahl ihrer Attribute. Demzufolge können Function-Points aus der Anforderungsspezifikation nur als eine grobe Approximation der Systemgröße betrachtet werden.

Genauer zählen lassen sich die Function-Points erst, wenn die Entwurfsdokumentation vorliegt. Nur hier sind die Attribute der Objekte aufgelistet. In einem UML-Objektmodell ist es jedoch schwierig, Eingaben und Ausgaben zu identifizieren – es sei denn, man zählt die Interaktionen zwischen den Akteuren und den Use-Cases. Diese sind aber schwer nach deren Komplexität zu bewerten. Die Zählung von Function-Points bedarf daher auch beim Entwurf einer Interpretation durch den Menschen oder durch das Werkzeug, welches die Zählung durchführt. Das kommt daher, dass Eingabe und Ausgabe sehr inexakte Begriffe sind.

Die COSMOS-Function-Point-Zählung ist in dieser Hinsicht etwas einfacher und dadurch genauer [Abra04]. Sie zählt neben Read- und Write-Operationen auch die Ein- bzw. Ausgänge von Modulen. Damit lassen sich die COSMOS-Function-Points einigermaßen leicht aus dem Code und aus dem Entwurf mit weniger Interpretationen als mit der IFPUG-Methode ableiten. Aus der Anforderungsspezifikation lassen sie sich aber kaum gewinnen.

Zusammenfassend ist zu bemerken, dass Function-Points nicht der Maßstab sind, für den ihn viele halten. Je nachdem, aus welcher Sicht man Software betrachtet (aus der Sicht der Anforderungen, aus der Sicht der Architektur oder aus der Sicht des Codes), wird die Zahl der Function-Points unterschiedlich ausfallen. Man muss sich dessen bewusst sein und nur Function-Point-Größen aus der gleichen Sicht vergleichen. Sonst läuft man Gefahr, Äpfel mit Birnen zu vergleichen.

2.6.2 Data-Points

Data-Points wurden von H. Sneed im Jahre 1989 als Alternative zu Function-Points eingeführt [Sned90]. Function-Points gehen aus dem Funktionsmodell hervor. Sie stellen die Funktionen eines Systems in den Mittelpunkt der Betrachtung und zählen die Beziehungen der Funktionen zu den Daten, den Eingangsdaten, den Ausgangsdaten und den Stammdaten, auf welche die Funktion zugreift. Im Zusammenhang mit der Verbreitung der 4GL-Sprachen gab es in den 80er Jahren eine Bewegung weg von der Funktionsmodellierung hin zur Datenmodellierung. Nach diesem Ansatz waren die Function-Points nur noch Anhängsel der Daten. Ihre Spezifikation erfolgte kurz vor der Codierung, also zu spät um den Entwicklungsaufwand zu schätzen. Als Ausgangsbasis der Entwicklung diente das Datenmodell.

In dem Datenmodell gibt es keine Funktionen, sondern nur Datenentitäten, -attribute, Beziehungen zwischen den Entitäten und Datenmodellsichten. Die Datenentitäten und ihre Beziehungen sind die Objekte der Verarbeitung. Die Datensichten entsprechen den Benutzeroberflächen, denn die Benutzeroberfläche war zu diesem Zeitpunkt eine Benutzersicht auf die Datenentitäten. Sie konnte eine Untermenge der Datenattribute einer Entität erzeugen oder eine vereinigte Menge ausgewählter Attribute aus mehreren Entitäten sein. Die Größe eines datenorientierten Systems war aus der Größe des Datenmodells abzulesen.

Nach dieser Methode werden die Entitäten und Beziehungen des Datenmodells gewichtet und gezählt. Attribute wiegen 1 Punkt, Schlüssel 4 Punkte und Benutzeroberflächen sowie Datenentitäten 8 Punkte. Die Attribute der Datensichten bzw. die Felder der Oberflächen werden hier auch als Attribute mitgezählt. Beziehungen zwischen Entitäten bzw. die Verbindungslinien in den E/R-Diagrammen wiegen jeweils 2 Punkte. Gezählt werden also:

- Attribute x 1
- Schlüssel x 4
- Sichten x 8
- Entitäten x 8
- Beziehungen x 2.

Die Summe der Data-Points ist ein Maß für den Umfang des Datenmodells, genauso wie die Summe der Function-Points die Größe des Funktionsmodells widerspiegelt. Für Anwendungen, bei denen die Daten im Mittelpunkt stehen, bzw. solche, die mit 4GL-Sprachen wie CSP, Natural, Oracle-Forms und ABAP entwickelt werden, haben sich Data-Points als zuverlässige und konsistente Größe erwiesen. Wo ein Datenmodell vorliegt, sind sie auch leichter zu zählen als Function-Points. Data-Points können sowohl aus dem Datenentwurf als auch aus dem Code gewonnen werden.

2.6.3 Object-Points

Object-Points sind eine Konsequenz der Objektorientierung. Eingeführt wurden sie von H. Sneed im Jahre 1996 [Sned96]. So wie Function-Points aus dem Funktionsmodell und Data-Points aus dem Datenmodell abgeleitet werden, gehen Object-Points aus dem Objektmodell hervor. Ein Objektmodell kennt keine Funktionen, sondern nur Operationen. Funktionen im Sinne der Funktionsmodellierung sind allenfalls die Anwendungsfälle. Sie können als Basis für die Function-Point-Zählung dienen. Dafür gibt es aber eine bessere Größe, nämlich die Use-Case-Points. Dazu jedoch später.

Im Mittelpunkt des Objektmodells steht der Begriff Klasse. Klassen haben sowohl Attribute als auch Methoden. Der Umfang eines Objektmodells hängt von der Anzahl der Klassen, Attribute und Methoden ab. Hinzu kommen die Beziehungen zwischen den Klassen – die Assoziationen und Generalisierungen. Beziehungen zwischen Klassen werden über Schnittstellen hergestellt, und über die Schnittstellen werden Parameter übergeben. Die Basiselemente eines Objektmodells sind demzufolge:

- Klassen
- Methoden
- Attribute
- Schnittstellen
- Parameter.

Parameter und Attribute wiegen einen Punkt. Schnittstellen wiegen 2 Punkte, Methoden 3 Punkte und Klassen 4 Punkte. Da diese Modeltypen in den UML-Diagrammen wie auch in dem dazugehörigen XML-Schema klar erkennbar sind, können Object-Points leicht gezählt werden. Das Gleiche gilt für den Code. Soweit die Methoden ungefähr gleich groß und nicht zu groß sind, korreliert die Anzahl der Object-Points mit der Anzahl der Anweisungen. Die Zahl der Object-Points macht etwa ein Drittel der Anzahl der Anweisungen aus. So betrachtet ist die Object-Point-Zahl eine Abstraktion der Anweisungszahl auf der Entwurfsebene.

Object-Points haben allerdings zwei Nachteile. Zum einen setzen sie ein detailliertes Systemmodell bzw. eine detaillierte Systemarchitektur voraus, und zum zweiten muss das Modell gut dokumentiert sein. Object-Points lassen sich nur teilweise aus den Anforderungen gewinnen. Sie sind eher ein Maß für die Größe der technischen Lösung und nicht für den Umfang des Vorhabens. Das haben sie mit Function-Points gemeinsam.

2.6.4 Use-Case-Points

Das beste Maß für den Umfang eines Vorhabens, sprich für die Größe des Fachmodells, sind die Use-Case-Points. Ein Fachmodell ist eine Abbildung der potenziellen Systemnutzungsfälle. Es liegt also auf der Hand, die Nutzungsfälle zu zählen und zu gewichten. Genau das hat G. Krämer als Werkstudent für Ericsson vorgeschlagen und in seiner Diplomarbeit aus dem Jahre 1993 dokumentiert [Kräm93]. Seitdem haben andere dessen Ansatz aufgegriffen und ergänzt. Inzwischen ist der Use-Case-Point als Größenmaß fast so populär wie der Function-Point. Das liegt daran, dass immer mehr Systeme mit Anwendungsfällen modelliert werden und dass die Regeln zur Gewichtung der Anwendungsfälle einfach und eindeutig sind [FrKe07]. Anwendungsfälle mit weniger als 4 Schritten wiegen 5 Points, zwischen 4 bis 7 Schritte 10 Points und über 7 Schritte 15 Points. Außer den Anwendungsfällen werden auch die Systemakteure gezählt. Ein Mensch als Akteur wiegt 3, ein anderes System 2 und ein anderer Anwendungsfall 1 Use-Case-Point.

Die Zahl der Use-Case-Points ist die Summe der gewichteten Anwendungsfälle plus die Summe der gewichteten Akteure. Wie die anderen Größenmaße werden auch Use-Case-Points durch diverse technische und projektbedingte Faktoren für die Aufwandsschätzung justiert. Hier geht es aber nur um die Messung der Systemgröße, und dazu ist die nackte Use-Case-Point-Zählung gedacht.

Der Vorteil von Use-Case-Points ist, dass sie anhand eines Anwendungsdokuments mit Anwendungsfällen leicht zu ermitteln sind. Damit sind sie für die Schätzung neuer Entwicklungen gut geeignet. Der Nachteil ist, dass sie im Code überhaupt nicht erkennbar sind. Dort sind nur Komponenten, Klassen, Methoden, Schnittstellen, Attribute usw. erkennbar, d.h. die Object-Points. Um Use-Case-Points als Größenmaß für ein bestehendes System verwenden zu können, muss eine Verbindung zwischen Use-Case- und Object-Points gefunden werden. Diese Verbindung fehlt noch. Demzufolge bleibt der Use-Case-Point ein Größenmaß für das geplante Vorhaben, aber nicht für die implementierte Lösung.

2.6.5 Testfall-Points

Ein Größenmaß, das für alle semantischen Ebenen der Substanz Software von der Anforderungsspezifikation bis zum Code gilt, sind die Testfall-Points. Diese lassen sich sowohl aus dem Anforderungstext als auch aus dem Code ableiten und sind neben der Anzahl der Anweisungen ein relativ genaues Maß für den Umfang eines Softwareproduktes [VeDe99].

Ein Testfall ist eine bestimmte Ausführung des Testobjektes entlang eines einmaligen Weges. Beim Code wäre dies ein Pfad durch den Code mit einer einmaligen Konstellation von Anweisungen. Jede Verzweigung im Code führt zu einem neuen Pfad bzw. Testfall. Die Zahl der codebasierten Testfälle ergibt sich aus einer Analyse der Codeabläufe bzw. der Kanten im gerichteten Graphen des Codes. Die Zahl der entwurfsbasierten Testfälle geht aus der Darstellung der Abläufe in den Sequenz- und Aktivitätendiagrammen hervor, ergänzt durch die Zahl der möglichen Objektzustände aus den Zustandsdiagrammen.

In der Anforderungsdokumentation gehen die Testfälle aus den Texten und Tabellen hervor. Jede beschriebene Aktion und jeder definierte Zustand ist ein Testfall. Aus jeder Bedingung ergeben sich gleich zwei Testfälle: einen für den Ja-Fall und einen für den Nein-Fall. Hinzu kommen Testfälle für jeden Ausgang eines Anwendungsfalls. Die Summe der anforderungsbasierten Testfälle ist ein gutes Maß für den Umfang des beschriebenen Vorhabens. Das muss jedoch nicht heißen, dass das beschriebene Vorhaben mit dem implementierten System identisch ist. Die Zahl der entwurfsbasierten und codebasierten Testfälle kann anders ausfallen. Das ist selbstverständlich, weil diese Beschreibungen viel detaillierter sind und Funktionen sowie Daten beinhalten, die in der Anforderungsspezifikation gar nicht vorkommen. Wenn man aber weiß, wie in etwa die Expansionsrate ist, kann man sehr wohl von der Anzahl der Testfälle aus der Anforderungsspezifikation auf die Anzahl der Testfälle im implementierten System schließen. Jedenfalls ist die Zahl der Testfälle ein genaueres Maß für die echte Funktionalität eines Systems als die Zahl der Function-Points [SnBS08].

3 Softwarekomplexität

Alle reden davon, aber keiner weiß genau, was damit gemeint ist. Für viele bedeutet „Komplexität", dass etwas schwierig ist, ein schwer lösbares Problem. *Warum* es so schwierig ist, können sie nicht erklären. Mit solch vagen Vorstellungen kommen wir aber nicht weiter. Wenn Komplexität gemessen werden soll, brauchen wir eine exakte Definition dafür.

Nach dem englischen Webster's Dictionary ist etwas komplex, wenn „it is made up of many interrelated or interconnected parts, so that much study or knowledge is needed to understand or operate it ... " [Webs56]. Nach dem deutschen Duden-Fremdwörterbuch ist Komplexität „die Zusammenfassung, Verknüpfung von verschiedenen Teilen zu einem geschlossenen Ganzen" [Dude06]. Die Betonung in beiden Definitionen liegt auf den Begriffen „Verknüpfung", also wenn viele Elemente einer Menge viele Beziehungen zueinander haben.

In der Welt der Softwaremetrik wird der Begriff „Komplexität" teilweise anders ausgelegt. Halstead hat sich als Erster mit der Komplexität von Code befasst. Dabei hat er den Komplexitätsbegriff von Shannon aus der Kommunikationstheorie übernommen. Eine Nachricht ist komplex, wenn sie möglichst viele unterschiedliche Zeichen relativ zur Länge der Nachricht enthält [Shan49]. Auf Code übertragen heißt das für Halstead, der Code ist komplex, wenn in den Befehlen möglichst viele unterschiedliche Operatoren und Operanden relativ zur Anzahl der Befehle vorkommen [Hals75]. Demnach wäre Komplexität eine Frage der Unterschiedlichkeit der Elemente einer Menge und nicht so sehr die Anzahl ihrer Verknüpfungen, wie es im Wörterbuch steht. Die erste Definition kommt aus der Mengentheorie, die zweite aus der Kommunikationstheorie.

Im allerersten Buch zum Thema Softwaremetrik aus dem Jahre 1976 unterscheidet Tom Gilb zwischen logischer, struktureller und psychologischer Komplexität [Gilb76]. Logische Komplexität ist das Verhältnis von Handlungen zu Bedingungen. Je mehr Bedingungen es relativ zu der Anzahl der Handlungen gibt, desto komplexer ist der Text bzw. der Code. Strukturelle Komplexität bezieht sich auf die grafische Darstellung einer Menge verwandter Elemente. In einer hierarchischen Struktur wird die Komplexität durch die Anzahl der Elemente pro Hierarchie bzw. die Breite des Baumes und die Anzahl der Hierar-

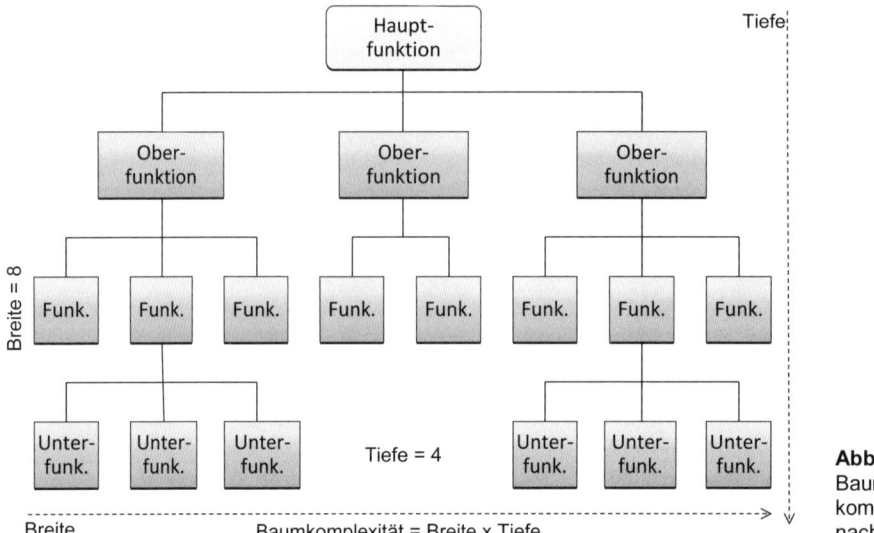

Abbildung 3.1
Baumkomplexität nach Gilb

chiestufen bzw. die Tiefe des Baumes bestimmt. Laut Gilb ist die Komplexität einer Baumstruktur die Breite mal die Tiefe (siehe Abb. 3.1). In einer netzartigen Struktur wird die Komplexität durch die Anzahl der Kanten relativ zur Anzahl der Knoten im Graphen bestimmt. Diesen Komplexitätsbegriff verwendet auch McCabe in seiner Gleichung für die zyklomatische Komplexität, die sich aus der Summe der Kanten minus der Summe der Knoten eines Kontrollflussgraphen + 2 ergibt [McCa76].

Psychologische Komplexität leitet sich aus der Anzahl der Denkschritte ab, die jemand benötigt, um einen Text oder eine Grafik zu verstehen. Jeder neue Begriff bzw. jedes neue Symbol erfordert einen weiteren Denkschritt [Stro66]. Damit sind wir wieder bei Shannon mit der Kommunikationskomplexität und Halstead mit der Sprachkomplexität angelangt. Je mehr unterschiedliche Wörter ein Text enthält oder je mehr unterschiedliche Symbole eine Grafik aufweist, desto höher ist deren Komplexität.

Der Psychologe Miller hat herausgefunden, dass der Mensch Schwierigkeiten hat, Figuren mit mehr als sieben unterschiedlichen Elementen zu verstehen. Alles darüber hinaus ist für ihn zu komplex [Mill58]. Wichtig in diesem Zusammenhang ist nicht die absolute Zahl der Elemente, sondern die Zahl unterschiedlicher Elemente. Das Gleiche gilt für die Texte bzw. den Code. Es kommt nicht auf die Zahl der Wörter insgesamt an, denn das wäre die Quantität. Bei der Komplexität kommt es auf die Zahl der unterschiedlichen Wörter an.

Das, was Gilb als logische Komplexität bezeichnet, ist im Grunde genommen eine strukturelle Komplexität, denn die Bedingungen können als Knoten in einem gewichteten Graphen betrachtet werden. Somit gab es zu schon zu Beginn der Softwaremessung zwei Arten von Komplexität:

- strukturelle Komplexität und
- semantische Komplexität.

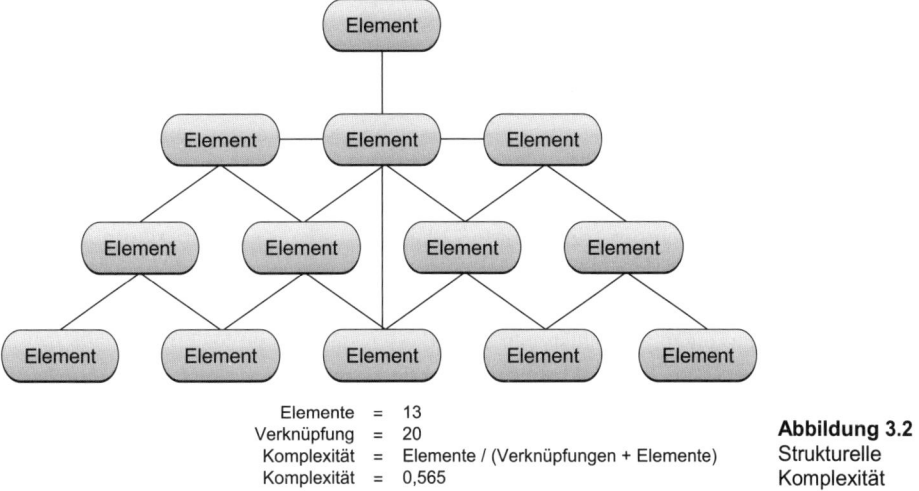

Elemente = 13
Verknüpfung = 20
Komplexität = Elemente / (Verknüpfungen + Elemente)
Komplexität = 0,565

Abbildung 3.2
Strukturelle
Komplexität

Die strukturelle Komplexität ergibt sich aus dem Verhältnis der Anzahl verknüpfter Elemente und der Anzahl der Verknüpfungen, analog zu den Definitionen im Duden bzw. Webster's Dictionary (siehe Abb. 3.2).

Die semantische Komplexität ist hingegen das Verhältnis unterschiedlicher Wörter bzw. Symbole zur Summe aller Wörter bzw. Symbole und folgt somit der Definition aus der Kommunikationstheorie (siehe Abb. 3.3).

```
Benutzte                    Unterschiedliche
Variable                    Variable

  2      A = Input_1         2 = A & Input_1
  2      X = Input_2         2 = X & Input_2
  2      if A < X
  3         B = A - B        1 = B
  3         C = X + C        1 = C
         else
  3         B = A + B
  3         C = X - C
         endif
  2      Output_1 = B        1 = Output_1
  2      Output_2 = C        1 = Output_2

 22                          8
Semantische Komplexität = 8 / 22 = 0,364
```

Abbildung 3.3
Semantische Komplexität

3.1 Komplexität in der Softwaremetrik

Die ersten Werke von Halstead und Gilb sind schon oben zitiert worden. Halsteads Maß für den Schwierigkeitsgrad basiert auf der semantischen Komplexität von Code. Je mehr unterschiedliche Befehls- und Datentypen im Code vorkommen, desto komplexer ist er. Halstead zählte die einzelnen Operatoren und Operanden, was jedoch bei längeren Codetexten zu einem verzerrten Ergebnis führt. Daher rührt die Kritik an seiner Methode [Shen83]. Heute würde man nur Befehls- und Datentypen zählen. Die Komplexität moderner Programmiersprachen wie C++ und Java ist darauf zurückzuführen, dass sie dem Programmierer erlauben, eigene Befehlstypen = Methoden und eigene Datentypen = Klassen bzw. Kombinationen elementarer Datentypen zu definieren. Dies führt ohne Einschränkungen zu einer Vielzahl unterschiedlicher Operatoren und Operanden, was wiederum die semantische Komplexität in die Höhe treibt.

Gilb betonte die strukturelle Komplexität. Für ihn war Komplexität mehr eine Frage der Verknüpfungen zwischen Elementen im Sinne der Wörterbuchdefinition. Je mehr Ebenen eine Hierarchie hat, desto komplexer ist sie. Je mehr Kanten ein Graph hat, desto komplexer ist er. Diese beiden Datentypen tauchen in späteren Komplexitätsmetriken immer wieder unter anderen Namen auf. Chidamer und Kemerer messen die Tiefe und Breite der Klassenhierarchie [ChKe94]. McCabe misst das Verhältnis von Kanten und Knoten in einem gerichteten Graphen [BaZw80]. Das viel zitierte Kopplungsmaß misst die Anzahl der Beziehungen zwischen Modulen relativ zur Anzahl der Module, und das Zusammengehörigkeitsmaß misst den Zusammenhalt interner Prozeduren eines Moduls anhand ihrer Beziehungen zu den gleichen Daten [Myer76]. Somit spielt die Zahl der Beziehungen, ob Kanten im Ablaufgraph, Flusslinien im Datenablaufgraph, Modulaufrufe im Call-Graph oder Assoziationen in Klassendiagrammen eine zentrale Rolle bei der Messung der strukturellen Komplexität. Also haben die Softwaremetrikforscher durchaus unterschiedliche Erklärungen für das Phänomen „Komplexität".

3.1.1 Software Komplexität nach dem IEEE-Standard

Das grundlegende Werk zum Thema Softwarekomplexität hat Horst Zuse 1991 veröffentlicht [Zuse91]. Darin verweist er auf die Definition des IEEE-Standards für Terminologie. Diese lautet: Complexity = „Degree of Complication of a system or system component determined by such factors as the number and intricacy of interfaces, the number and intricacy of conditional branches, the degree of nesting, the types of data structures and other system characteristics" [IEEE83].

Später revidierte die IEEE ihre Terminologie und lieferte eine neue Definition von Komplexität, nämlich folgende: „Complexity is the degree to which a system or component has a design or implementation that is difficult to understand and verify ... " [IEEE90]. Diese Definition ist viel oberflächlicher und nichtssagender als die erste. Sie geht nicht darauf ein, warum die Software schwer zu verstehen ist, sie definiert Komplexität auf Basis ihrer Auswirkungen und nicht als Eigenschaft oder Eigenschaftsmerkmale für sich.

Eigentlich war die erste Definition, obwohl ausschweifend, doch nützlicher. Dort ist die Rede von der Anzahl der Schnittstellen, der Anzahl der Bedingungen, der Anzahl der Verschachtelungsstufen und der Anzahl der Datentypen. Was fehlt, ist die Abstrahierung dieser elementaren Entitäten (Schnittstellen, Bedingungen und Verschachtelungsstufen): Es handelt sich immer um Beziehungen. Schnittstellen stellen eine Verbindung zwischen zwei Bausteinen her. Bedingungen sind Knoten mit zwei oder mehr Kanten. Die Kanten sind Beziehungen zwischen Knoten. Verschachtelungsstufen sind äquivalent zu Hierarchieebenen, die Beziehungen zwischen übergeordneten und untergeordneten Elementen darstellen. Die Anzahl der Datenstrukturtypen ist mit der Anzahl abstrakter Datentypen gleichzusetzen. Was noch fehlt, ist die Anzahl der Anweisungstypen.

Die IEEE-Normen wurden von Praktikern verfasst, und Praktikern fällt es schwer zu abstrahieren. Sie sehen nur echte, elementare Objekte wie Interfaces, bedingte Anweisungen und Baumstrukturen vor sich und übersehen dabei, was diese alle miteinander gemeinsam haben. Der Autor jener Definition will nun wirklich sagen, dass Komplexität eine Frage der Anzahl der Beziehungen zwischen Elementen sowie der Anzahl verschiedener Elementtypen ist [Moor98].

3.1.2 Softwarekomplexität aus der Sicht von Zuse

Zuse schlägt vor, für jedes Komplexitätsmaß ein eigenes Komplexitätsmodell zu schaffen, weil in jedem Maß andere Elementtypen und andere Beziehungstypen vorkommen. Allen gemeinsam ist, dass ihnen ein empirisches Relationenmodell zugrunde liegt. Jeder, der eine Komplexitätsmetrik definiert, wählt gewisse Eigenschaften der Software aus und bringt diese miteinander in Verbindung, um zu einer Maßzahl zu kommen, so z.B. McCabe mit seinen Grapheigenschaften, Halstead mit seinen Spracheigenschaften und Gilb mit seinen Struktureigenschaften. Wichtig nach Zuse ist, dass hinter jedem Komplexitätsmaß ein Modell dieser Sicht auf die Komplexität steckt. Zuse hat sich die Mühe gemacht, über 200 Komplexitätsmaße zu untersuchen und das ihnen zugrunde liegende Komplexitätsmodell zu dokumentieren. Damit hat er der Metrikwelt einen großen Dienst erwiesen. Bis heute ist sein Buch die umfangreichste Abhandlung über die Messung von Softwarekomplexität [Zuse98].

3.1.3 Softwarekomplexität nach Fenton

Der englische Metrikforscher Norman Fenton hat zwar sein Buch einen „rigorous approach" zur Softwaremessung genannt, aber seine Definition von Komplexität ist etwas weniger rigoros. Er schreibt:

„Complexity is commonly used as a term to capture the totality of all internal attributes of a software system. When people talk of the need to measure complexity, what they really mean is the need to measure a number of internal, structural product attributes." [Fent91a]

Dieser Definition zufolge wird Komplexität durch die Summe einzelner Softwareeigenschaften bestimmt, z.B. die Summe aller Querverweise zwischen Modulen. Da Fenton nicht zwischen Elementen und Beziehungen unterscheidet, kann er auch nicht zwischen Quantität und Komplexität unterscheiden. Für ihn schlägt die Quantität in Komplexität um, wenn sie eine bestimmte Größe überschreitet, z.B. die Zahl der GOTO-Anweisungen. Er versucht nie, die Zahl der GOTO-Anweisungen in Relation zur Gesamtzahl aller Anweisungen zu setzen.

Fenton zitiert Elaine Weyuker, die sagt, dass Komplexität additiv ist. Die Kombination der Komplexität von Programm A und Programm B muss demnach höher sein als die Komplexität von Programm A allein [Weyu86]:

$$Complexity\ (A) \leq Complexity\ (A;B)$$

Das geht aber nur, wenn A und B zueinander Beziehungen haben. Dann wirken nämlich die Anzahl der Beziehungen zwischen A und B mit der Anzahl der Beziehungen innerhalb A und innerhalb von B zusammen. Wenn sie aber keine Beziehungen zueinander haben, d.h. beide Programme völlig unabhängig voneinander sind, bleibt die Komplexität gleich. Demzufolge kommt Fenton zu dem Schluss, dass es kein allgemein gültiges Maß für Komplexität geben kann. „Hence it is impossible to define a set of consistent axioms for a completely general view of complexity. It is better to concentrate on specific attributes…". [Fent91b]

Fenton meint damit, dass es nicht sauber ist, verschiedene Komplexitäten wie Sprach-, Graph- oder Kopplungskomplexität zu einem einzigen Komplexitätsmaß zu vereinigen, weil es sich um ungleiche Maße handelt, die daher nicht additiv sind.

3.1.4 Komplexität als Krankheit der Softwareentwicklung

Linda Laird und Carol Brennan bezeichnen Komplexität als den Typhus der Softwareentwicklung [LaBr05a]. Sie ist äußerst ansteckend, und wenn sie einmal anfängt, dann breitet sie sich wie eine Epidemie aus. Sie zitieren Katherine Gerould: „Simplicity must be enforced. When man is left free, he inevitably complicates matters" [Gero35]. Wie wahr ist dies doch in Bezug auf Software! Es gibt kaum eine Softwaresprache oder -lösung, die nicht wesentlich komplizierter ist, als sie eigentlich sein müsste, weil sie mit vielen unwesentlichen Eigenschaften überlastet ist. Dabei unterscheiden Laird und Brennan zwischen der inhärenten Komplexität der Aufgabe und der zusätzlichen Komplexität der Lösung. Es ist die Komplexität der Lösung, die den Löwenanteil der Fehler und den hohen Wartungsaufwand verursacht.

Laird und Brennan unterscheiden weiterhin zwischen drei Komplexitätsarten:

- strukturelle Komplexität
- konzeptionelle Komplexität und
- algorithmische Komplexität.

Strukturelle Komplexität ist die Komplexität der Systemzusammensetzung. Softwaresysteme werden aus verschiedenen Bausteinen – Module, Datenobjekte, Schnittstellen, Operationen, Datenattribute usw. – zusammengesetzt. Diese Bausteine stehen in Beziehung zueinander. Je dichter das Beziehungsnetz, desto höher ist die Komplexität. Das zyklomatische Komplexitätsmaß von McCabe misst die Dichte der Ablaufnetze [McCa76]. Das Informationsflussmaß von Henry und Kafura misst die Dichte der Datenflussnetze [HeKa81]. Die Kopplungsmetrik von Myers und Constantine misst die Dichte der Modulinteraktionsnetze [StMC74]. Das Systemkomplexitätsmaß von Agresi und Card misst die Dichte der Datenquerverweisnetze [CaAg88]. Die objektorientierten Metriken von Chidamer und Kemerer messen die Dichte der Klassen und Methodennetze anhand ihrer Assoziationen, Generalisierungen und Hierarchienetze [ChKa94]. Laird und Brennan verweisen auf Gilb, der als Erster die Komplexität von Baum- und Netzstrukturen in der Softwarearchitektur gemessen hat. Allen diesen Ansätzen ist gemeinsam, dass sie die Dichte irgendwelcher Beziehungsnetze messen. Die Zahl der strukturellen Beziehungen zwischen Elementen einer Grafik, sei es ein Baum-, Netz-, Fluss- oder Ablaufgraph, steht im Fokus der strukturellen Komplexitätsmetrik (siehe Abb. 3.4).

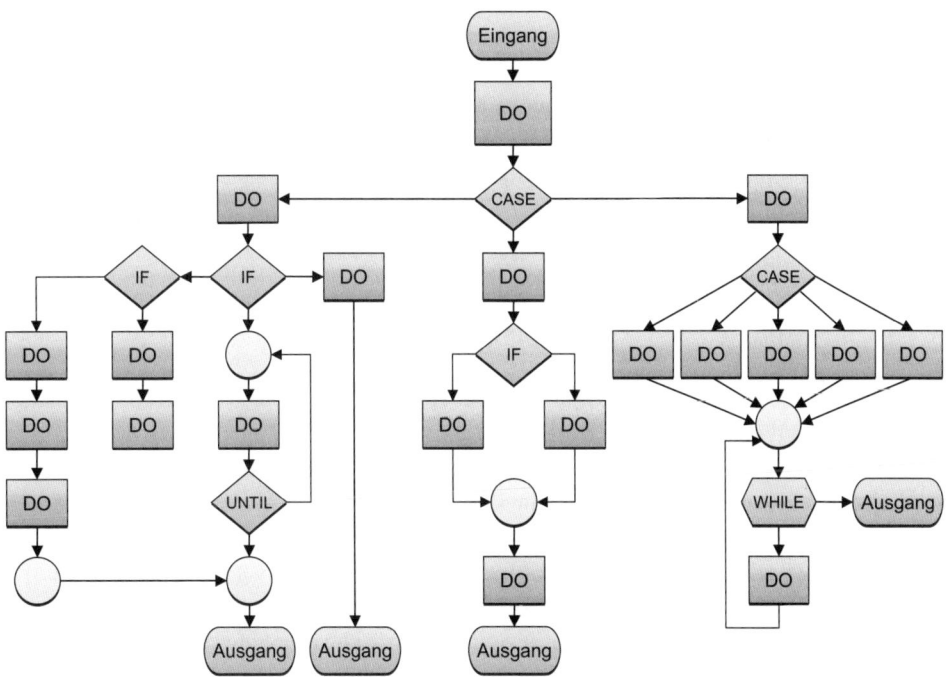

37 Knoten & 43 Kanten

Abbildung 3.4 Graphenkomplexität

Konzeptionelle Komplexität ist nach Laird und Brennan eine Frage der Verständlichkeit [LaBr05b]. Hier geht es um die Komplexität der Darstellungsmittel bzw. der Sprache. Sie verweisen darauf, dass Infinitesimalberechnungen schwieriger zu verstehen sind als Algebra. Sie stehen auf einer höheren Stufe der Komplexität, weil sie mehr Berechnungsmöglichkeiten mit zusätzlichen Operatoren und Parametern zulassen. Shannon und Halstead haben Ansätze konzipiert, um den Schwierigkeitsgrad einer Sprache anhand der Anzahl unterschiedlicher Begriffe zu messen. Letztendlich ist die konzeptionelle Komplexität von Laird und Brennan gleich der Sprachkomplexität. Die eine Sprache ist komplexer als die andere, weil sie mehr unterschiedliche Wörter bzw. Symbole zulässt.

Algorithmische Komplexität ist nach Laird und Brennan eine Frage der Anzahl der erforderlichen Schritte, um den Algorithmus aufzulösen. Wir erinnern uns noch an die langen Gleichungen, die der Lehrer an die Tafel geschrieben hat. Je länger sie waren, desto komplexer erschienen sie uns Schülern. In der Tat sind hier Größe und Komplexität identisch. Ein rekursiver Algorithmus wird von den meisten Programmierern als komplexer empfunden als eine einfache Schleife, weil er einen höheren Abstraktionsgrad verlangt. Algorithmische Komplexität hat also mit der Allgemeinheit der Lösung zu tun. Je allgemeiner bzw. je abstrakter sie ist, desto schwieriger ist sie zu verstehen [LaBr05c].

3.1.5 Komplexitätsmessung nach Ebert und Dumke

Ebert und Dumke bieten in ihrem Standardwerk „Software Measurement" keine eindeutige Definition von Komplexität. Sie stellen zwar jede Menge einzelner Komplexitätsmaße vor, suchen aber nicht nach einem gemeinsamen Nenner. Im Gegenteil – Ebert schreibt: „There is no common agreement among psychologists what complexity is and what makes some things more complicated than others. Of course volume, structure, order, hierarchy or the connections of different objects contribute to complexity. However, do they count evenly? The clear answer is no, because different people with different skills assign complexity subjectively according to their experience ... " [EbDu07a]. Demzufolge kann es keine allumfassende Definition von Komplexität geben, sie bleibt „context dependent".

Das macht es aber schwer, verschiedene Komplexitätsmaße miteinander zu vergleichen.

Andererseits zitieren die beiden Autoren viele Komplexitätsmaße wie die von Chidamer und Kemerer und versuchen, eine Korrelation zwischen Codekomplexität und Codequalität herzustellen. Sie mussten jedoch fairerweise betonen, dass diese Korrelation nur für diese Komplexitätsauslegung gilt und nicht für Codekomplexität im Allgemeinen. Die meisten Komplexitätsmaße, die von Ebert und Dumke zitiert werden, messen strukturelle Komplexität. Hier ist es sehr wohl möglich, die Metriken miteinander zu vergleichen. Es ist ferner möglich, sie miteinander zu kombinieren. Schwieriger wird es für die konzeptionelle bzw. Sprachkomplexität. Diese Messansätze lassen sich nur schwer vergleichen, weil sie in der Tat „umgebungsabhängig" sind. Die eine Sprache mag für die eine Umgebung besser geeignet sein als für eine andere, weil sie auf diese Umgebung zugeschnitten ist. Die ungarische Sprache ist z.B. besser geeignet, das Leben in Ungarn und die Empfindungen der Menschen dort zu beschreiben als die englische Sprache, die nur umständlich mit vielen Begriffen den gleichen Sachverhalt schildern kann. Sprache ist also von Natur aus „context dependent" und kann je nach Situation komplexer oder einfacher sein.

Algorithmische Komplexität ist Ebert zufolge subjektiv. Was komplex ist, entscheiden Abstraktionsvermögen, Ausbildungsgrad und Intelligenzquotient des Betrachters. Was für den geschulten Mathematiker als einfacher Algorithmus erscheint, ist für den weniger gebildeten und intelligenten Menschen unbegreiflich. Demzufolge ist das komplex, was über das Fassungsvermögen des Betrachters hinausgeht. Wie die Schönheit liegt die algorithmische Komplexität im Auge des Betrachters [McGr06].

Zusammenfassend können wir festhalten, dass Ebert Recht hat, wenn er behauptet, es gäbe kein allumfassendes Maß für Komplexität. Komplexität lässt sich nur teilweise messen. Strukturelle Komplexität ist schon objektiv messbar, aber es müsste so viele strukturelle Komplexitätsmaße geben, wie es Softwarestrukturen gibt, und das sind sehr viele. Die bekannten Komplexitätsmaße decken nur einen Teil der vielen Strukturen ab. Konzeptionelle Komplexität ist anderseits nur im Bezug zu einem bestimmten Zusammenhang messbar und auch dann nur bedingt aussagefähig. Prinzipiell lässt sich konzeptionelle Komplexität nur indirekt über die Sprache messen.

Algorithmische Komplexität ist hingegen objektiv nicht messbar. Da das Subjekt entscheidet, was komplex ist, kann diese Art der Komplexität nur aus subjektiver Sicht gemessen werden. Es gibt demzufolge so viele Komplexitätsmaße für ein bestimmtes Objekt, wie es Subjekte gibt, die das Objekt wahrnehmen. Dazu passt die philosophische Feststellung Einsteins, das Universum sei zwar endlich, aber für den menschlichen Betrachter unfassbar. Also sei es für alle praktischen Zwecke unendlich [Mill98]. Das Gleiche trifft für Komplexität zu: Man kann sie nur relativ betrachten. Was wir brauchen, ist eine Relativitätstheorie für Softwarekomplexität. Wir können die Komplexität des Ganzen nicht messen, aber wir können die Komplexität einzelner Eigenschaften messen und diese miteinander vergleichen. Daraus lassen sich durchaus brauchbare Erkenntnisse ableiten – auch dann, wenn das Ganze unfassbar bleibt.

Diese Erkenntnis trifft insbesondere für große Softwaresysteme zu. Schon Systeme mit einer halben Million Anweisungen sind für den Durchschnittsmenschen nicht mehr zu begreifen. Ein Mensch kann sich zwar in einzelne Segmente einarbeiten und diese einigerma-

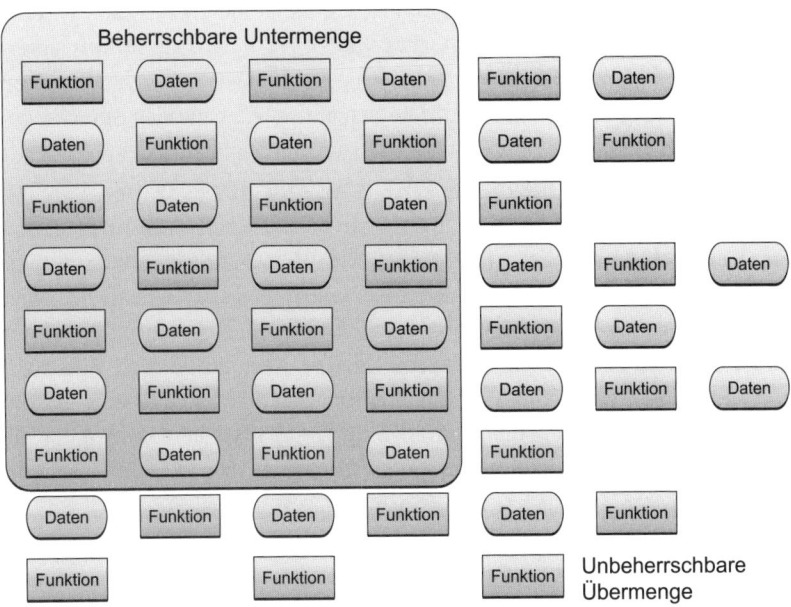

Abbildung 3.5
Unbeherrschbare Komplexität

ßen begreifen, aber das Ganze mit allen Einzelheiten wird er nie fassen können. Deren Komplexität überschreitet sein Fassungsvermögen. Deshalb ist es eine Illusion zu glauben, man könnte große Systeme durch Reverse-Engineering-Maßnahmen verständlich machen. Reverse Engineering ermöglicht nur das Verstehen einzelner Ausschnitte. Man wird sie in ihrer Gesamtheit nie verstehen, egal wie viele Grafiken und Tabellen erstellt werden. Wer seine Systeme verstehen will, darf eben eine gewisse Größe nicht überschreiten (siehe Abb. 3.5).

3.1.6 Die Alpha-Komplexitätsmetrik

Das englische Forschungsteam um Peter Kokol und Maurizio Pighin hat eine umfassende Erklärung des Begriffes „Komplexität" geliefert [Koko99]. Die üblichen Softwarekomplexitätsmaße lehnen sie ab, weil diese eigentlich nur die Komplexität der Darstellung und nicht die Komplexität des Systems selbst messen. Für jede Sprachebene – Konzept, Anforderungen, Entwurfsmodell und Code – werden andere Metriken benötigt, die etwas anderes messen. Sie plädieren für ein universales Komplexitätsmaß: das α- oder Alpha-Maß.

Als Ausgangspunkt behaupten sie, dass Software Kommunikation ist – Kommunikation zwischen Menschen, Kommunikation zwischen Maschinen und Kommunikation zwischen Menschen und Maschinen. Sie zitieren Young, der Kommunikation als die Interaktion zwischen Systemen und Elementen eines Systems mithilfe einer vereinbarten Sprache definiert [Youn78]. Die Sprache, z.B. das Entitäten-Beziehungs-Modell, das UML-Modell, die Sprache XML oder die natürliche Sprache, dient als Kommunikationsmittel, um das darunterliegende System zu schildern. Somit fließen hier zwei Arten von Kommunikation zusammen und potenzieren sich: die Komplexität des Systems selbst und die Komplexität der Sprache. Ein komplexes System komplex dargestellt, kann um ein Vielfaches komplexer erscheinen, als wenn es möglichst einfach beschrieben ist. Andererseits kann eine zu einfache Beschreibung real existierende Komplexität verbergen, indem sie Details unterdrückt. Daher rührt die Behauptung Einsteins: „Man möge komplexe Systeme so einfach wie möglich beschreiben, aber nicht einfacher." Die semantische Ebene der Sprache bestimmt den Grad der Beschreibungskomplexität, so z.B. den Unterschied in der Komplexität eines Assembler-Programms im Vergleich zu einem UML-Modell [Koko96].

Nach Kokol hängt die echte Komplexität eines Systems mit dem Begriff der Entropie zusammen. Manche Autoren behaupten, die Komplexität der Beziehung sei 1:1. In Anlehnung an Grassberger [Gras89] und Li [Li91] ist die Beziehung nach Kokol eher 1:n, d.h. Komplexität wächst multiplakativ im Verhältnis zur Entropie eines Systems. Nach der Lehre der Physik ist Entropie ein Maß für verlorene Energie, also alle Energie, die nicht unmittelbar dem Zweck dient. In Softwaresystemen wären das alle Systemelemente, die nicht unmittelbar zum erwünschten Ergebnis beitragen. In Geschäftssystemen wird das als Overhead bezeichnet, in der Kommunikationstheorie als Geräusch.

Die Messung von Entropie in der Nachrichtentechnik war das Ziel der Informationstheorie von Shannon [Shan49]. Er befasste sich mit dem Unterschied zwischen dem eigentlichen Informationsinhalt und der physikalischen Länge einer Nachricht. Die Unterscheidung zwischen Information und Daten geht auf jene Messung von Entropie in der Nachrichtentechnik zurück. Alles, was nicht direkt zur Information des Empfängers dient, ist Geräusch bzw. Entropie. Cherry übertrug die Gesetze der Nachrichtentheorie auf die natürliche Sprache und entwickelte eine Metrik zur Messung von Komplexität in der zwischenmenschlichen Kommunikation [Cher66].

In physikalischen Systemen, z.B. Kraftwerken, wird das Gesetz der weitreichenden Krafterzeugniskorrelation – „long range power law correlation" (LRC) – verwendet. Das LRC-Maß wird in verschiedenen Disziplinen verwendet, um Entropie, sprich Komplexität zu messen. Dies erfolgt in der Analyse von DNA-Sequenzen ebenso wie in der Analyse natursprachlicher Texte [Gell95]. Die weitverbreitete Verwendung des LRC-Komplexitätsmaßes deutet auf ein gemeinsames Verständnis dafür, was Komplexität wirklich bedeutet. Komplex ist alles, was unnötig aufbläht. Die Bestätigung dafür ist im zweiten Gesetz der Thermodynamik zu finden, wonach die nutzbare Ausgangsenergie aus einer Transformation stets weniger ist als die Eingangsenergie, da ein Teil der Eingangsenergie immer verloren geht bzw. verpufft. Dieser verlorene Anteil wird als Entropie bezeichnet. Ein Prozess ist effizient, wenn er möglichst wenig Entropie produziert. In der Softwareentwicklung ist der Anteil der Entropie besonders groß und artet in unnötige Komplexität aus. Jensen und Tonies weisen in ihrem Buch über Software Engineering auf den Zusammenhang zwischen der Effizienz des Prozesses und der Komplexität des Produktes hin. Sie schreiben: „The amount of entropy generated by a process is proportional to the amount of random motion or disorder in the resulting product" [JeTo79].

Auf der Codeebene sind dies unnötige Operatoren und Operanden bzw. überflüssige Symbole. Sehr oft verwenden Programmierer Zwischenvariablen und bewegen Werte von einem Feld zum anderen, z.B. wenn sie Parameter übergeben oder Datentypen verändern. Ein Großteil des Codes dient nur dazu, Daten am richtigen Ort und im richtigen Format zu speichern. Kokol verwendet das Brownian Walk Model, um die Anzahl der Schritte in einer Markovian-Sequenz zu zählen und sie anschließend mit der mittleren Anzahl der Schritte zu vergleichen [KoBr97]. Die Differenz ist die Alpha-Komplexität. In einem Vergleich der gleichen 20 Algorithmen, geschrieben in FORTRAN, PASCAL und C++, stellte sich heraus, dass der FORTRAN-Code mit 0,51 die niedrigste und der C++-Code mit 0,68 die höchste Alpha-Komplexität aufwies. Der PASCAL-Code lag mit 0,59 dazwischen. Auch die vielgelobte Java-Sprache hat mehr als genug überkomplexe Sprachanwendungen. Man brauche nur den Vergleich zweier Zeichenfolgen zu nehmen. In älteren Sprachen wie PL/I schreibt man „if (StringA > StringB)". In Java muss man eine compareTo-Methode einbeziehen. Dann zieht es so aus:

„if ((StringA.compareTo(StringB)) > 0)"

Der Leser möge für sich entscheiden, welches Konstrukt komplexer ist.

Die gleiche Messung führte Kokol mit den domain-spezifischen Spezifikationssprachen LOTOS, LUSTRE und PROMELA durch und kam zu einem Messergebnis von 0,6 für LOTOS und bis zu 0,74 für PROMELA. Besonders aufschlussreich ist der Vergleich des Kerncodes sukzessiver Windows-Versionen: Windows 3.1, Windows 95 und Windows

NT. Windows 3.1 hat eine Alpha-Komplexität von 0,766, Windows 95 hat 0,806 und Windows NT 0,811. Das deutet darauf hin, dass die Anzahl benutzter Operationen und Variablen gegenüber der essenziellen Anzahl immer mehr zunimmt. Die Entropie des Betriebssystems steigt. Es gibt immer mehr überflüssigen Code [Koko00].

Die Alpha-Komplexität ist nicht nur bei Code und Spezifikationen, sondern auch bei Architekturen anwendbar. In jedem System gibt es Architekturbausteine und Schnittstellen, die nicht erforderlich sind, wenn die Architektur einfacher wäre. Ein Beispiel dafür sind Module für die Umsetzung von Datenstrukturen und die Kapselung von Funktionen. Um den ursprünglichen Code nicht ändern zu müssen, werden zusätzliche Codeschichten um die ursprüngliche Codeschicht gebaut; und um die bestehenden Datenstrukturen und Datentypen nicht ändern zu müssen, werden die Daten durch spezielle Umsetzungsbausteine verändert, ehe sie verarbeitet werden. Legacy-Softwaresysteme zeichnen sich dadurch aus, dass sie mit solchen zusätzlichen Anpassungsbausteinen schwer beladen sind. Ihre Alpha-Komplexität steigt ständig von Release zu Release, weil sich die Systemarchitektur immer weiter von dem ursprünglichen Zweck entfernt. Irgendwann müssen sie unter dem Gewicht zunehmender Komplexität zusammenbrechen. Dieses Phänomen ist das, was Belady und Lehman in ihren Gesetzen der Softwareevolution beschreiben [BeLe76]. Jede Veränderung und Ergänzung bestehender Systeme steigert deren Komplexität. Mit zunehmender Komplexität werden die Systeme immer schwerer zu ändern. Zum Schluss brechen sie unter dem Gewicht der eigenen Komplexität zusammen. Dies ist eine Grunderkenntnis der Softwaretechnik und wurde mehrfach belegt [EnRo06]. Leider wird sie in der Praxis meistens ignoriert.

Die Herausforderung bei der Messung von Alphakomplexität ist, zwischen den essenziellen und nicht-essenziellen Sprach- und Architekturelementen zu unterscheiden. Bei der Analyse formaler Sprachen ist dies einfacher als bei der Analyse informaler Systemstrukturen. Aber in beiden Fällen braucht man genaue Kriterien, um essenzielle Elemente und Beziehungen zu definieren.

3.2 Steigende Softwarekomplexität

Es wird allgemein behauptet, dass Softwaresysteme immer komplexer werden und dass dies der Grund für die steigende Fehlerrate sei. Dass die Fehlerrate in Fehler pro 1.000 ausgelieferte Anweisungen gestiegen ist, ist unbestreitbar. Das haben mehrere Studien der letzten Jahre belegt [Reif04]. Ob diese zunehmende Brüchigkeit der Software auf die steigende Komplexität der Software zurückzuführen ist, bleibt nur eine Vermutung. Tatsache ist, dass sowohl die strukturelle als auch die sprachliche Komplexität im Sinne der oben angeführten Definition tatsächlich höher geworden ist [SaVL08]. Warum dies so ist, wird in den folgenden Abschnitten erläutert. Softwarekomplexität muss auf mindestens vier Ebenen betrachtet werden:

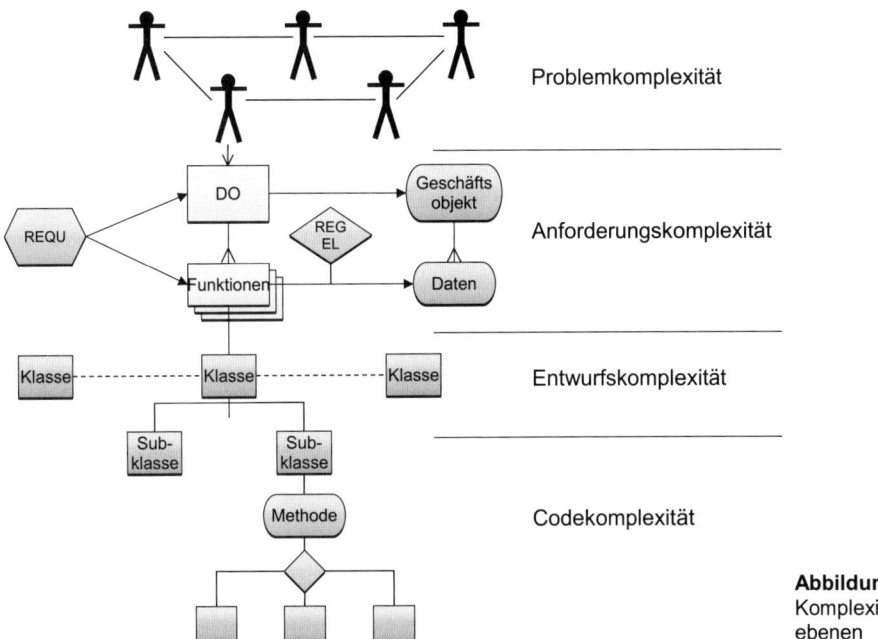

Problemkomplexität

Anforderungskomplexität

Entwurfskomplexität

Codekomplexität

Abbildung 3.6
Komplexitäts-
ebenen

- auf der Problemebene
- auf der Anforderungsebene
- auf der Entwurfsebene
- auf der Codeebene (siehe Abb. 3.6).

Auf der Problemebene haben wir die Komplexität der fachlichen Aufgabe. Manche Fachprobleme sind in sich komplexer als andere, weil sie eine Vielzahl gegenseitig abhängiger Elemente (Geschäftsobjekte und Geschäftsprozesse) haben. Ausschlaggebend ist der Vernetzungsgrad der Fachelemente, denn dieser bestimmt die Zahl der Beziehungen relativ zur Anzahl der Elemente.

Auf der Anforderungsebene haben wir es mit der Komplexität der fachlichen Lösung bzw. mit deren Beschreibung zu tun. Eine fachliche Lösung beinhaltet fachliche und technische Anforderungen, fachliche Objekte, fachliche Schnittstellen und Anwendungsfälle. Diese fachlichen Elemente haben Beziehungen zueinander. Die Komplexität der fachlichen Lösung steigt mit der Anzahl spezifizierter Beziehungen.

Auf der Entwurfsebene begegnen wir der Komplexität der technischen Lösung. Eine technische Lösung ist ein Gebilde aus softwaretechnischen Entitäten bzw. Modelltypen und deren Beziehungen. Typische Softwaremodelltypen sind Komponenten, Module, Klassen, Schnittstellen, Oberflächen und Datenbanktabellen. Typische Beziehungen sind Klassenassoziationen, Vererbungen, Funktionsaufrufe und Datenbankzugriffe. Zum einen wird die Zahl der Modelltypen immer größer (siehe die Entwicklung der UML-Sprache), und zum anderen steigt die Anzahl der Beziehungsmöglichkeiten. UML-1 hatte 8 Diagrammtypen, UML-2 hat 13. Dazu kommen mehr als 15 neue Beziehungsarten [Oest05].

Auf der Codeebene schlägt sich die Komplexität der Implementierungen nieder. Diese hängt von der Komplexität der Programmiersprache ab. Eine einfache Sprache, die schlecht benutzt wird, kann zu einer ebenso hohen Komplexität führen wie die gute Nutzung einer komplexen Sprache. Die höchste Komplexität entsteht natürlich durch die schlechte Nutzung einer komplexen Sprache, so z.B. wenn C-Programmierer mit einer prozeduralen Denkweise auf C++ umsteigen oder wenn COBOL-Programmierer beginnen, Java zu schreiben, ohne die objektorientierten Konzepte verinnerlicht zu haben. Das Ergebnis ist oft verheerend. Aus einer scheinbar einfachen Aufgabe wird eine äußerst komplexe Lösung. Wenn auch noch die technische Lösung komplexer ist, als sie aufgrund der fachlichen Lösung sein müsste, potenziert sich die Komplexität. Diese unnötige Komplexität, welche durch eine komplizierte Lösung einer einfachen Aufgabe entsteht, wird als künstliche Komplexität bezeichnet. Ein Großteil der Komplexität in Softwaresystemen ist künstlich. Sie hätte nicht sein müssen.

3.2.1 Codekomplexität – Warum Java komplexer als COBOL ist

Codekomplexität ist das Produkt von sprachlicher und struktureller Komplexität. Die sprachliche Komplexität wird vom Wortschatz der Sprache geprägt. Je mehr unterschiedliche Begriffe die Sprache hat, desto komplexer wird sie. Die Begriffe teilen sich in Anwendungs- und Datentypen. In der allerersten Programmiersprache – der Assemblersprache – gab es zunächst einen zwar großen, aber überschaubaren Befehlsvorrat mit Befehlen wie Add, Pack, Move, Load, Sub usw. Dazu kamen einige Datentypen wie Binary, Char, Bit, Packed usw. In der IBM-Basic-Assemblersprache aus dem Jahre 1970 gab es 120 Befehlstypen und 15 Datentypen. Im Laufe der Jahre kamen aber immer mehr Befehlsarten und Datentypen hinzu. Heute hat die IBM-Basic-Assemblersprache mehr als 200 Befehlsarten und 50 Datentypen. Wenn ein Programmierer nur 50 % davon verwendet, wird der Assembler-Code schon sehr viel komplexer sein, da der Leser des Codes sich schon viel mehr Wörter merken muss. Die neue Assemblersprache ist deshalb so komplex, weil sie so viele zusätzliche Befehlstypen hat. Ob man sie wirklich braucht, bleibt dahingestellt.

Bei den ersten Sprachen der 3. Generation – FORTRAN und COBOL – war man bemüht, die Zahl der Anweisungstypen zu beschränken. Die Urversion von FORTRAN hatte nur circa 20 Befehlswörter. COBOL hatte in der 74er Version nur 38 Befehlswörter und 7 Datentypen, später in der 85er Version stieg die Zahl auf 52 Befehlswörter und 11 Datentypen. Andererseits wurden diese Ursprachen schon immer kritisiert, weil sie zu beschränkt waren [Sord88]. Die Folge war die Sprache PL/I. Diese sollte eine universale Sprache sein, die sowohl FORTRAN als auch COBOL ablöst, d.h. die vereinigte Menge beider Sprachen plus eigener Befehls- und Datentypen. Das Ergebnis waren mehr als 60 Befehlsarten und 13 Datentypen [Hugh79]. PL/I gelangte jedoch nur in Europa zu einer gewissen Verbreitung, hauptsächlich in Mitteleuropa, wo es entstanden ist. Für die Amerikaner war die Sprache viel zu kompliziert bzw. zu komplex, d.h. ihr Wortschatz war zu reich. Am Ende stellte sich die Sprache als Fehlentwicklung heraus.

C und C++ stellten den Versuch dar, dieser Sprachkomplexität entgegenzuwirken. C hatte nur 18 Befehlswörter und 7 Grunddatentypen. In C++ ist die Zahl der Befehlswörter auf 25 gestiegen. Darüber hinaus erlaubt C++ die Definition eigener Datentypen, d.h. die Zahl der Datentypen ist infinit. Außerdem bringt die C-Sprache gleich mindestens 100 Standardfunktionen wie strcmp, strlen, memset, memcpy, sin, abs, malloc usw. mit, die mit Befehlsarten in den anderen Sprachen gleichzusetzen sind. Durch die Definition mehrfach verwendbarer Methoden kann der Programmierer auch eigene Befehlsarten definieren. Ergo ist C++ komplexer als alle früheren Sprachen. Bjarne Stroustrup, der Vater von C++, rühmte sich damit, sein Ziel wäre, dass kein Benutzer sich je über eine Einschränkung seiner Sprache beschweren müsste [Strop91]. Er soll damit alles machen können. Dieser Allgemeingültigkeit ist es zu verdanken, dass jeder Entwickler eine unbegrenzte Freiheit bekam, beliebig obskure und komplexe Anweisungsarten zu schaffen. Damit wurde C++ zu einem hervorragenden Arbeitsplatzsicherungsmechanismus. Kein Entwickler konnte ersetzt werden, weil niemand außer ihm in der Lage war, seinen obskuren Code zu verstehen.

Java setzt diesen Trend fort, allerdings nicht mit dem gleichen Grad an Freiheit, den C++ erlaubt. Es gibt nur 18 Grundbefehle und 7 elementare Datentypen, dafür jedoch jede Menge vorgefertigte Methoden, die jeder Programmierer braucht. Es gibt strenge Regeln für die Definition von Datentypen und Methoden, aber auch mit Java kann der Programmierer beliebig eigene Datentypen in Form von Klassen und eigene Befehlstypen in Form von Methoden erfinden. Das Resultat ist eine sehr hohe Sprachkomplexität. Eine mittelgroße Java-Komponente hat mindestens 200 verschiedene Datentypen und über 400 Befehlstypen. Daher ist Java von der Sprachkomplexität her gesehen um das Vierfache komplexer als das entsprechende COBOL-Programm [Budd98].

Strukturelle Komplexität hängt von der Zahl der Beziehungen zwischen Code- und Datenbausteinen ab. Jede Verzweigung von einem Codeblock zum anderen sowie jeder Zugriff von einem Codeblock auf eine Datengruppe stellt eine Beziehung her. Assembler-Code war deshalb so komplex, weil fast jeder dritte Befehl ein Sprung zu einer anderen Stelle irgendwo im Code war. Die Zahl der Sprünge war nahe an der Zahl der Anweisungen überhaupt. Die Ablauflogik des Codes war ein dichtes Beziehungsnetz.

Die strukturierte Programmierung sollte gegen diese hohe Komplexität wirken. Programmierer mussten mit wenigen Steuerungsanweisungen zurechtkommen (if, case und while), damit die strukturelle Komplexität in einem beherrschbaren Maß bleibt. Das zyklomatische Komplexitätsmaß von McCabe diente dazu, die Einhaltung der neuen Strukturregeln zu messen. Die Ablaufkomplexität ist in der Tat gesunken, sofern die Regeln der strukturierten Programmierung eingehalten wurden. Leider wurden viele COBOL- und PL/I-Programme weiter in dem alten Assemblerstil kodiert, da die Entwickler nicht umdenken konnten oder wollten. Heute stellen diese Systeme für ihre Besitzer eine schwere Altlast dar.

Die Ablaufkomplexität ist jedoch nicht die einzige Komplexität, die das Verständnis des Codes erschwert. Daneben gibt es auch die Datenflusskomplexität. Die einzelnen Codebausteine in einem prozeduralen Programm pflegen Daten in den unterschiedlichsten Bereichen zu verarbeiten. Gerade COBOL ist ein eklatantes Beispiel für die Benutzung globaler Datenbereiche. COBOL-Entwickler kopieren dazu zahlreiche Datenstrukturen in ihre Programme hinein, um von überall im Code darauf zugreifen zu können. In einem einzigen Codeblock mit nur wenigen Anweisungen wird auf mehrere verstreute Datengruppen zugegriffen. Diese üble Praxis der globalen Datennutzung führt zu einer hohen Datenflusskomplexität, die genauso schlimm ist wie eine hohe Ablaufkomplexität. Wenn der Code auch noch unstrukturiert ist, potenzieren sich diese beiden Komplexitäten.

Das Hauptziel der objektorientierten Programmierung war ursprünglich, die Datenflusskomplexität zu dämpfen. Jeder Codeblock dürfe nur eine Datengruppe, sein Objekt, referenzieren. „Locality of Reference" war das Leitprinzip der Objektorientierung [Meye88]. Wenn es jedoch für jede Datengruppe eine eigene Klasse bzw. ein eigenes Modul gibt, dann führt dies zu einer Vielzahl kleiner Module. Jede Klasse verwaltet eine eigene Datengruppe und erhält Operationen, welche diese Datengruppen erzeugen und verändern. Zwar lassen sich Klassen in eine Vererbungshierarchie zusammenfassen, sodass die untergeordneten Klassen die Daten und Operationen der übergeordneten Klassen verwenden können, aber damit wird die Zahl der Einzelklassen nicht reduziert. Wenn in einer Klasse Daten von einer fremden Klasse benötigt werden, dann muss diese andere Klasse über einen Methodenaufruf aufgefordert werden, jene Daten zu übergeben. Wenn eine Klasse will, dass ein fremdes Objekt verändert wird, muss die Klasse, welche jenes Objekt verwaltet, aufgerufen werden, um diese Änderung durchzuführen. Auf diese Weise entsteht eine Vielzahl an Beziehungen zwischen den verstreuten Klassen. Veränderungen zu den Daten bzw. Objektzustandswechsel werden in prozeduraler Reihenfolge ausgeführt. Die Änderung eines Objekts bedingt meistens die Änderung etlicher anderer Objekte, weil dies die Prozesse der realen Welt widerspiegelt. Da die Objekte räumlich getrennt sind, folgt daraus eine Vielzahl von Beziehungen zwischen den Klassen. Durch die räumliche Gruppierung des Codes um die Daten herum ist es gelungen, den Umfang des Codes zu reduzieren, aber auf Kosten steigender Komplexität, ausgedrückt durch die Zunahme an Beziehungen zwischen Codeeinheiten. Am Ende ist objektorientierter Code zwar um einiges kleiner, aber wesentlich komplexer als prozeduraler Code.

3.2.2 Entwurfskomplexität – Warum verschiedene Entwurfsansätze im Endeffekt gleich komplex sind

Über die Jahre ist immer wieder versucht worden, die Komplexität großer Softwaresysteme in den Griff zu bekommen. In den 70er Jahren des letzten Jahrhunderts wurde gelehrt, die Funktionalität in Hierarchien abzubilden. Hauptfunktionen sollten in Unterfunktionen und Unter-Unterfunktionen zerlegt werden, unabhängig davon, in welcher Reihenfolge die Funktionen ausgeführt werden. Die Komplexität ergab sich, wie Gilb es im ersten aller Bücher über Softwaremetrik ausdrückt, aus den Beziehungen zwischen den Baumknoten: Je mehr Unterfunktionen eine Funktion hatte, desto höher ihre Komplexität. Komplexe Systeme hatten tiefe Hierarchien mit vielen untergeordneten Funktionen.

In den 80er Jahren folgten diverse Ansätze, um von der reinen funktionalen Sicht der Probleme auf eine datenorientierte Sicht zu kommen. Das Entity-Relationship-Modell von Chen war dazu gedacht, Datengruppen abzubilden und Beziehungen zwischen den Datengruppen herzustellen. Die Funktionen sind aus den Beziehungen abzuleiten. Die Komplexität eines E/R-Modells ergibt sich aus der Anzahl der Beziehungen zwischen den Entitäten. Eine Entität mit vielen Beziehungen ist komplex [BaIy87].

Der strukturierte Entwurfsansatz von Yourdan und DeMarco zielte darauf ab, Prozesse als Datenflüsse darzustellen [Your90]. Daten fließen von einem Datenspeicher über Datenschnittstellen zum nächsten. Die Funktionen sind lediglich die Transformatoren, welche die Daten von einem Behälter zum anderen verschieben. Große Datengruppen werden in mehrere kleine Datengruppen aufgebrochen, die einzeln transformiert werden. Die Aufteilung der Funktionen folgt im Gleichschritt. In diesem Modell sind die Beziehungen die Datentransformationen bzw. Datenflüsse. Die Größe des Systems wird durch die Anzahl einzelner Datengruppen und Schnittstellen bestimmt. Die Komplexität wird durch die Anzahl der Datentransformationen bestimmt. Sie entsprechen den Knoten im Datenflussgraphen. Die Komplexität der Architektur wächst mit der Anzahl der Datenflüsse relativ zu den Datengruppen und Schnittstellen (siehe Abb. 3.7).

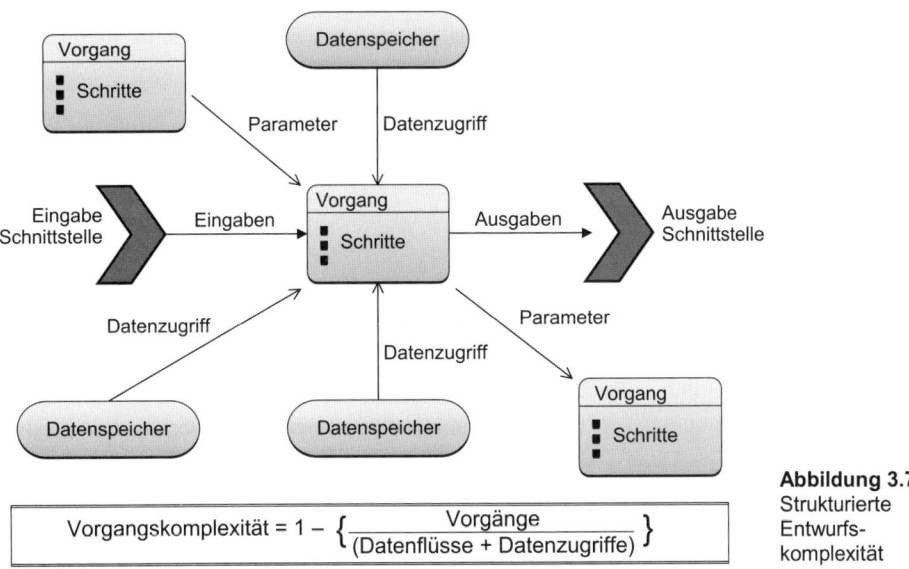

$$\text{Vorgangskomplexität} = 1 - \left\{ \frac{\text{Vorgänge}}{(\text{Datenflüsse} + \text{Datenzugriffe})} \right\}$$

Abbildung 3.7
Strukturierte
Entwurfs-
komplexität

In den 90er Jahren kam der objektorientierte Entwurfsansatz auf. Die Daten werden nicht mehr bewegt, sondern sie bleiben an einer Stelle, nämlich in einem Objekt, das zusammen mit allen Operationen in einer Klasse gekapselt ist. Statt die Daten hin und her zu bewegen, werden elementare Funktionen (die Methoden) aufgerufen, um die Daten an Ort und Stelle fortzuschreiben [RBPE91]. Dadurch werden die Datenübertragungen durch Methodenaufrufe mit Parametern ersetzt. Die Komplexität des Objektmodells ergibt sich aus den Beziehungen zwischen den Klassen. Das Konzept der Vererbung erlaubt es, Klassen in einer

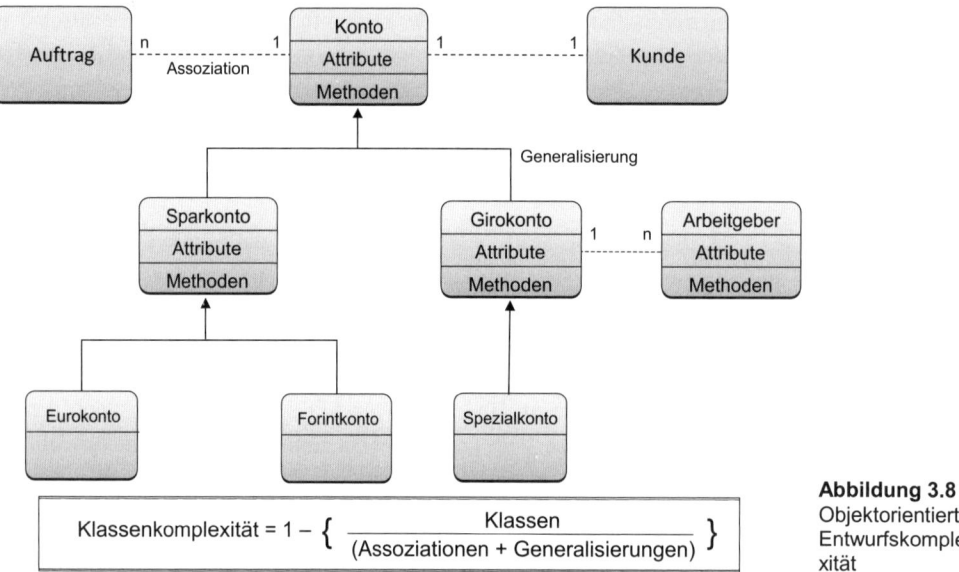

$$\text{Klassenkomplexität} = 1 - \left\{ \frac{\text{Klassen}}{(\text{Assoziationen} + \text{Generalisierungen})} \right\}$$

Abbildung 3.8
Objektorientierte
Entwurfskomplexität

Hierarchie über- und untergeordneter Klassen zusammenzuführen. Daraus folgen die vertikalen Beziehungen. Das Konzept der Assoziation erlaubt den Datenaustausch zwischen Klassen auf der gleichen Ebene. Daraus folgen die horizontalen Beziehungen (siehe Abb. 3.8).

Der Zusammenhalt der Module bzw. deren Kohäsion ist durch die Kapselung der Daten gestiegen, aber parallel dazu auch ihr Kopplungsgrad. Zum einen gibt es mehr Bausteine und zum Anderen mehr Beziehungen zwischen den Entitäten. Wenn die Aufteilung der Daten nicht genau durchdacht ist, überwiegt die Zahl der Beziehungen. Es ist zwar auf einer hohen Abstraktionsebene möglich, intermodulare Beziehungen in einer Darstellung zusammenzufassen, aber dahinter verbergen sich mehrere Einzelverbindungen. Jeder Aufruf einer Methode in einer fremden Klasse ist eine zusätzliche Beziehung. Auf der Detailebene ist es fast unmöglich, alle solchen Beziehungen darzustellen. Die Klasseninteraktionsdiagramme arten in höchst verdichteten Spinnennetzen aus (siehe Abb. 3.9).

Die Kapselung der Datenobjekte hat dazu geführt, dass die Komplexität der Bausteine in die Komplexität zwischen den Bausteinen verlagert wurde. Die intermodulare Komplexität ist in dem Maß gestiegen, wie die intramodulare Komplexität gesunken ist. Durch die Wiederverwendung bestehender Bausteine in der Weiterentwicklung eines Systems steigt die Zahl der Beziehungen relativ zur Zahl der Bausteine noch weiter an. Am Ende ist ein Objektmodell aufgrund der vielen Abhängigkeiten zwischen den Bausteinen ebenso komplex wie die früheren funktionalen Modelle. Jede Modellbildung hat ihre eigene Komplexität. Man hat mit dem Übergang zur Objekttechnik den Teufel mit dem Belzebub ausgetrieben. Die Komplexität ist geblieben, sie hat nur wie Mephisto in „Faust" andere Formen angenommen.

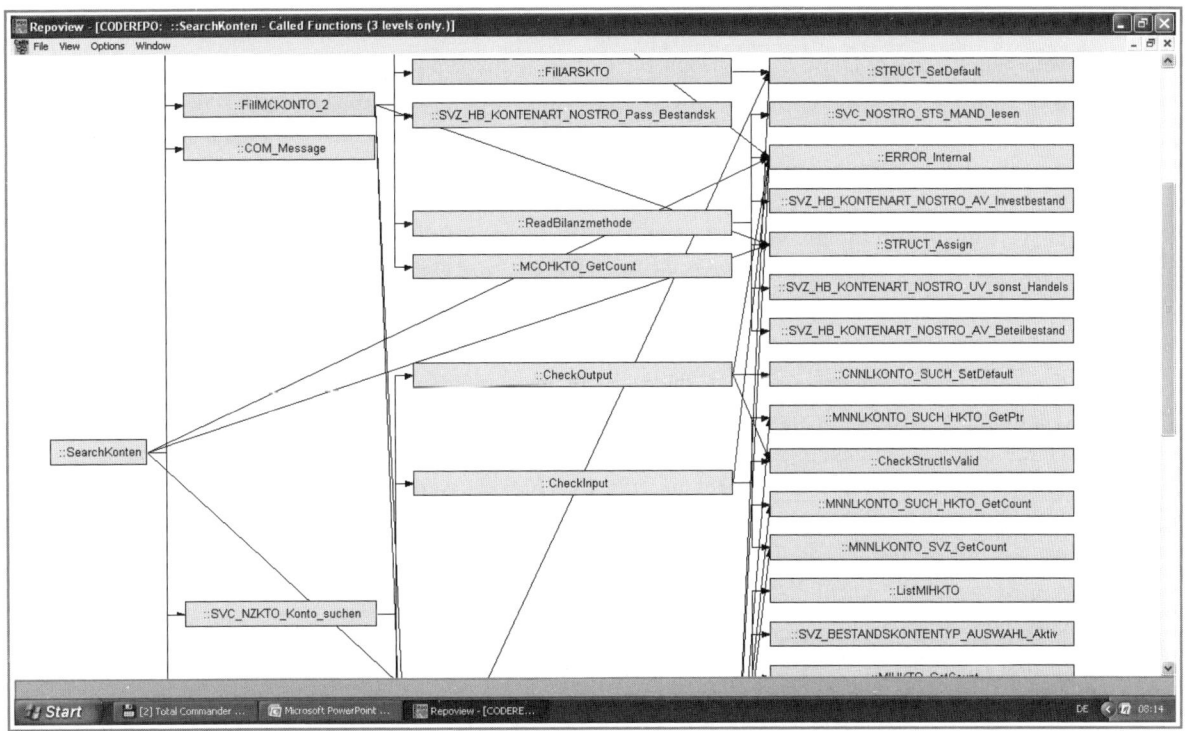

Abbildung 3.9 Komplexität der Methodeninteraktion

3.2.3 Anforderungskomplexität – Warum die zu lösenden Aufgaben immer komplexer werden

Eine einfache Aufgabe umständlich gelöst hat eine künstliche Komplexität, nämlich die Komplexität, welche durch die umständliche Lösung entsteht. Wenn auch noch eine komplexe Aufgabe kompliziert gelöst wird, vervielfältigt sich die Komplexität. Was aber ist eine komplexe Aufgabe? Was unterscheidet sie von einer einfachen Aufgabe?

Sowohl bei der Use-Case-Point-Methode als auch bei der Function-Point- und Object-Point-Methode spielt die Zahl der Schritte in einem Prozess eine Rolle bei der Ermittlung der Komplexität eines Vorgangs oder Anwendungsfalls. Mit bis zu drei Schritten gilt ein Anwendungsfall als einfach, mit zwischen vier und sieben Schritten gilt er als mittelschwer, und mit über sieben Schritten wird er als schwer eingestuft. Etwas Ähnliches gilt für die Gewichtung von Eingaben und Ausgaben bei der Function-Point-Methode. Jeder Schritt verwendet andere Variablen, die er teils von außen holt. Nach der Function-Point-Methode sind dies die Ein- und Ausgaben. Ihre Anzahl trägt zur Steigerung der Komplexität bei. Auch in der Prozessmodellierung gilt ein Prozess mit mehr als sieben Schritten als komplex. Also sind die Zahl der Schritte und deren Ein- und Ausgabedaten ausschlaggebend für die Komplexität einer Aufgabe wie etwa bei der Komplexität eines Anwendungsfalls.

Fachliche Aufgaben beinhalten Daten – nämlich die Daten, die in den einzelnen Schritten verarbeitet werden. Diese Daten haben Beziehungen zueinander, z.B. geht der eine Datenwert aus der Verkettung zweier anderer hervor. Je mehr solche Beziehungen existieren, desto höher die strukturelle Komplexität der Aufgabe. Um diese einzuschränken, werden die einzelnen Daten in Datengruppen bzw. Objekten zusammengefasst. Aber die Beziehungen zwischen den Objekten bleiben. Ein Entity-Relationship-Modell mit vielen Beziehungen gilt als komplex. Nach der Object-Point-, Data-Point- und auch der Function-Point-Methode entscheidet die Zahl der Beziehungen, die eine Entität hat, über die Komplexität jener Entität.

Bei der Ermittlung der Aufgabenkomplexität vermischt sich Komplexität mit Quantität, denn die Zahl der Schritte und die Zahl der Datenbeziehungen sind auch Quantitäten. Die Trennung der beiden Sichten ist eher künstlich, aber zweckmäßig. Bei der Messung der Größe eines Fachmodells werden die Vorgänge bzw. Anwendungsfälle und die Objekte bzw. Entitäten gezählt. Bei der Messung der Komplexität werden die Schritte pro Anwendungsfall und der Beziehungen pro Entität gezählt. Die Komplexität einer Fachaufgabe ist die Anzahl Anwendungsfälle mal die Anzahl der Beziehungen relativ zur Anzahl Entitäten. So sehen es jedenfalls die meisten Schätzmethoden, die von der Aufgabenstellung ausgehen [Sned05].

3.3 Allgemeingültige Maße für die Softwarekomplexität

Zusammenfassend haben wir in diesem Kapitel drei Komplexitätsarten identifiziert:

- Sprachkomplexität
- Strukturkomplexität
- algorithmische Komplexität.

Der Versuch, Komplexität von Software zu messen, hat eine lange Vorgeschichte, und diese ist lange nicht abgeschlossen [KSTG86]. Auf die Gefahr hin, grob zu vereinfachen, werden dennoch zum Schluss dieses Kapitels drei einfache Gleichungen angeführt – ein für jede Komplexitätsart. Sie können helfen, Softwarekomplexität in der Praxis zu messen.

3.3.1 Sprachkomplexität

Die Sprachkomplexität äußert sich in dem Verhältnis der Anzahl verschiedener benutzter Sprachelementtypen – Wörter und Symbole – zur Anzahl aller einzelnen Sprachelemente in einer Beschreibung. Die Formel lautet:

$$Sprachkomplexität = \frac{benutzte\ Sprachelementtypen}{verfügbare\ Sprachelemente}$$

3.3.2 Strukturkomplexität

Die Strukturkomplexität äußert sich in dem Verhältnis der Anzahl Beziehungen zur Anzahl Elemente, z.B. der Anzahl Kanten zu Knoten, Verknüpfungen zu Datenentitäten und Modulaufrufe zu Module. Die Formel lautet:

$$Strukturkomplexität = 1 - \frac{Strukturelemente}{Strukturbeziehungen}$$

wobei davon ausgegangen wird, dass jede Entität mindestens eine Beziehung hat.

3.3.3 Algorithmische Komplexität

Algorithmische Komplexität äußert sich in dem Verhältnis der Anzahl Schritte zur Anzahl Vorgänge bzw. Anwendungsfälle sowie in dem Verhältnis der Anzahl Ein- und Ausgaben zur Anzahl Verarbeitungsschritte. Die Formel hierfür lautet:

$$Algorithmische\ Komplexität = 1 - \left(\frac{Anwendungsfälle}{Anwendungsfallschritte} * \frac{Verarbeitungsschritte}{Ein\ -\ und\ Ausgaben} \right)$$

Hierbei wird davon ausgegangen, dass jeder Anwendungsfall mindestens einen Schritt und jeder Schritt mindestens eine Ein- oder Ausgabe hat.

Vielleicht können diese drei einfachen Verhältnisse helfen, das Phänomen Komplexität in Zahlen auszudrücken.

4 Die Messung der Softwarequalität

In dem viel zitierten Buch „Quality is free" wird Qualität von Crosby als Erfüllung von Anforderungen definiert [Cros79]. Juran und Gryna sehen in Qualität die Eignung für den Zweck [JuGr70]. Deming, der Vater der Qualitätssicherung, definiert Qualität als jenen Grad, zu dem die Erwartungen der Anwender erfüllt sind [Demi82]. Die Deutsche Gesellschaft für Qualität sieht in Qualität die Gesamtheit der Merkmale, die eine Ware oder eine Dienstleistung zur Erfüllung vorgegebener Forderungen geeignet macht. Die vorgegebenen Forderungen „ergeben sich im Allgemeinen aus dem Verwendungszweck" [DGQ86b]. In dieser Definition sind Zweckeignung und Anforderungserfüllung vereinigt. Insofern als die Anforderungen die Benutzererwartungen zum Ausdruck bringen, ist auch die Demingsche Definition mit abgedeckt. Wallmüller sieht in Qualität die Abwesenheit von Fehlern im Systemverhalten, d.h. die Software verhält sich genauso, wie der Benutzer es erwartet [Wall01]. Auch hier wird davon ausgegangen, dass das erwartete Verhalten beschrieben ist. Es besteht also ein enger Zusammenhang zwischen Qualität und Anforderungen. Qualität ist das, was der Benutzer anfordert.

Das Problem mit dieser Definition ist, dass etliche Benutzer ein Softwaresystem benutzen, das sie gar nicht gefordert haben. Sie bekommen es einfach beim Kauf eines Rechners dazu oder haben es von ihren Vorgängern geerbt. Dennoch leiden diese Menschen unter der aus ihrer Sicht schlechten Qualität der Software. Sie haben Erwartungen, die nicht erfüllt werden. Das, was sie von einem Produkt erwarten, wird von ihrer Erfahrung mit anderen, vergleichbaren Produkten geprägt. Ein Mensch, der in den früher sozialistischen Ländern lebte, war froh, wenn ein Produkt überhaupt funktionierte. Er war konditioniert, eine niedrige Erwartungshaltung zu haben. Menschen, die zur gleichen Zeit in den USA lebten, waren durch ein Überangebot an Produkten verwöhnt. Der Wettbewerb zwischen den Produkten trieb ihre Erwartungen in die Höhe. Ein Mensch, der 1970 mit einem Softwaresystem arbeitete, hatte andere Erwartungen als einer, der im Jahre 2010 im Internet surft. Die Erwartungen verschieben sich in dem Maße, wie die Technologie voranschreitet und die Wahrnehmung dessen, was von einem Softwareprodukt zu erwarten ist, sich wandelt. Daraus ist zu schließen, dass Qualität relativ ist. Ihre Definition hängt von dem Ort und der Zeit der Betrachtung ab [Sned88].

4.1 Qualitätseigenschaften nach Boehm

Eines der ältesten Bücher zum Thema Softwarequalität ist das Buch „Characteristics of Software Quality" von Boehm und seinen Kollegen bei der TRW Systems aus dem Jahr 1978 [Boeh78]. Darin wird betont, dass Software unterschiedliche Eigenschaften, sprich „Characteristics", hat und dass diese Eigenschaften unterschiedlich zu bewerten sind – je nachdem, für welchen Zweck die Software eingesetzt wird. Boehm hat früh erkannt, dass die Liste dieser Eigenschaften nicht endlich ist. Es ist daher notwendig, die wichtigsten Eigenschaften auszuwählen und diese zu bewerten. Es ist ferner notwendig, die Haupteigenschaften so weit in Untereigenschaften zu zerlegen, bis die Eigenschaft eindeutig messbar ist. Der erste Eigenschaftsbaum von Boehm enthielt sieben Haupteigenschaften und zwölf Untereigenschaften. Die sieben Haupteigenschaften sind (siehe Abb. 4.1)

- Portability
- Reliability
- Efficiency
- Usability
- Testability
- Understandability
- Modifiability.

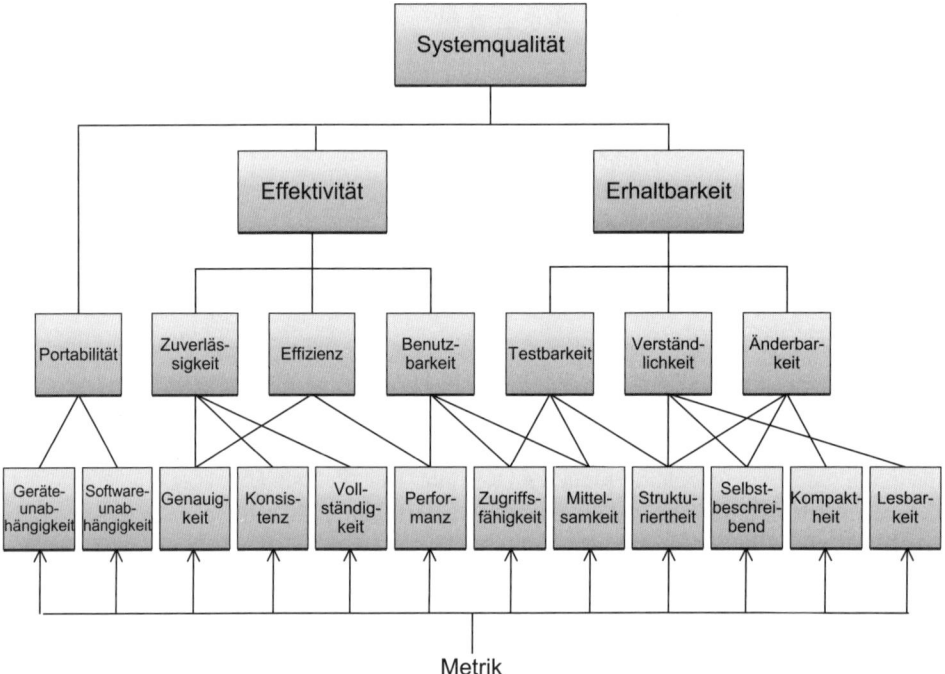

Abbildung 4.1 Systemeigenschaftsbaum nach Boehm (1978)

Die Untereigenschaften sind in Abb. 4.1 abgebildet. Interessant ist, dass „Maintainability" schon damals eine so große Rolle spielte. Man war besorgt um die Fortschreibungsfähigkeit der Software. Wenn wir diesen Urqualitätsbaum mit dem heutigen Qualitätsbaum im ISO-9126-Standard vergleichen, werden wir kaum einen Unterschied bemerken. Testbarkeit, Änderbarkeit und Verständlichkeit sind unter dem Begriff „Maintainability" zusammengefasst. Funktionalität ist hinzugekommen, aber Boehm hat diese Eigenschaft als selbstverständlich betrachtet.

Über die Formulierung der einzelnen Begriffe lässt sich diskutieren. Wesentlich ist nach Boehm, dass wir in der Lage sind, sie bzw. ihre Unterbegriffe zu messen. Denn nur, wenn sie gemessen werden können, können sie verglichen werden. Boehm schreibt: „There can be no single quality measure. The approach taken here is to define a number of characteristics which span the spectrum of measurement needs. Each characteristic is further subdivided into metrics which measure some of its attributes. The output from the metrics can be a numerical score or a qualitative human judgment in one of two forms – numerical rating or a simple yes/no decision." [Boeh78a].

Boehm und sein TRW-Team wollten also von Anfang an Softwarequalität quantifizieren. Hinter jeder Qualitätseigenschaft muss eine Metrik stecken. Diese Metrik wird entweder manuell festgelegt oder errechnet. Zur Gewährleistung der Vergleichbarkeit ist es wichtig, die Metrik immer auf die gleiche Weise zu errechnen. Der Messwert wird anschließend mit einem Sollwert oder einem erwarteten Ergebnis verglichen, um den Grad der Abweichung zu ermitteln. Wie aus dem obigen Zitat von Boehm abzuleiten ist, ist bei der Zusammenführung der einzelnen Qualitätsmesswerte zu einer einzigen Gesamtqualitätsnote Vorsicht geboten. Zum einen werden die verschiedenen Eigenschaften unterschiedlich gemessen, und zum anderen werden sie unterschiedlich bewertet. Einige Eigenschaften sind in einer gewissen Situation wichtiger als andere. Die Qualität der einzelnen Eigenschaften ist universal, die Qualität des Ganzen ist jedoch situationsabhängig oder auf Englisch „context dependent". Wesentlich bei diesem frühen Werk von Boehm ist die Checkliste, die er und sein TRW-Team geliefert haben, um die einzelnen Qualitätskriterien zu beurteilen. Die Beispiele beziehen sich auf die damalige FORTRAN-Sprache und sind auf die heutige Software nur bedingt übertragbar, aber sie zeigen, wie Qualität gemessen werden kann [Boeh78b].

4.1.1 Verständlichkeit nach Boehm

Was die Verständlichkeit des Codes anbetrifft, listen die Autoren eine Reihe von unverständlichen Codekonstruktionen auf. Ein Programm verliert an Verständlichkeit in dem Maße, wie diese negativen Konstruktionen vorkommen. Die Nutzung nichtssagender Variablennamen wird z.B. als eine der Hauptsünden der Programmierung angeführt – eine auch heute noch praktizierte Unsitte. Ein weiteres Hindernis für das Verständnis des Codes ist die tiefe Verschachtelung der Entscheidungslogik. Das letztere Übel ist maschinell überprüfbar, das erste – die Namensgebung – jedoch nicht. Es muss von einem menschlichen Prüfer beurteilt werden. Boehm schlägt vor, einen Verständlichkeitsregelwert zu schaffen, und den Code dagegen zu prüfen. Heute spricht man von einer betrieblichen Ontologie

[Früh04]. Jede Regelverletzung ist zu registrieren. Die Verständlichkeitsrate ergibt sich aus dem Verhältnis der Regelverletzungen zur Codegröße in Zeilen oder Anweisungen.

4.1.2 Vollständigkeit nach Boehm

Die Vollständigkeit wird vom TRW-Autorenteam in Bezug zu den gestellten Anforderungen gemessen. Die Anforderungen müssen in den Programmvorgaben ihren Niederschlag finden. Um zu kontrollieren, ob sie alle eingehalten wurden, werden die Ausgabevariablen im Code mit den spezifizierten Ausgaben der Vorgabedokumentation verglichen. Dies setzt allerdings voraus, dass die Datennamen einander zuzuordnen sind. Ferner ist zu kontrollieren, ob alle Eingabedaten auf Plausibilität geprüft und alle Ausnahmezustände abgefangen werden. Daraus ergeben sich zwei Kriterien für Vollständigkeit – eine fachliche und eine technische.

4.1.3 Portabilität nach Boehm

Portabilität ist nach Boehm die Fähigkeit einer Softwarekomponente, ohne Anpassung von einer Umgebung in die andere versetzt zu werden. Jede Anweisung, die geändert werden muss, ist ein Minus an Portabilität. Portabilität ist sprachspezifisch. Seine Mitautoren verweisen auf mehrere FORTRAN-Konstruktionen, die sich negativ auf die Portabilität auswirken. Ein FORTRAN-Programm ist portabel in dem Maße, wie es diese Konstruktionen nicht enthält.

4.1.4 Änderbarkeit nach Boehm

Die Änderbarkeit von Code hängt nach Boehm von der Vermeidung schwer änderbarer Konstruktionen ab. Auch hier sind viele der von ihm angegebenen Beispiele FORTRAN-spezifisch, aber einige sind allgemeiner Natur und gelten für alle Programmiersprachen. Etwas, das die Änderbarkeit von Code erschwert, ist die Nutzung fest verdrahteter Datenwerte bzw. Textliterale und numerischer Konstanten in den prozeduralen Anweisungen. Da sie an mehreren Stellen vorkommen können, müssen sie auch überall geändert werden und solche Werte wie z.B. der Mehrwertsteuersatz oder das Pensionsalter sind einer hohen Änderungswahrscheinlichkeit ausgesetzt. Ein weiteres universelles Beispiel für die Reduzierung der Änderbarkeit ist die Nutzung globaler Daten. Wenn alle Funktionen die gleichen Daten miteinander teilen, hat die Veränderung einer Datendefinition eine große Auswirkung auf die sie nutzenden Funktionen. Die Daten müssten zusammen mit den Funktionen, die sie manipulieren, gekapselt werden, um derlei Fehlwirkungen zu vermeiden. Das ist eines der Hauptziele der Objektorientierung.

4.1.5 Testbarkeit nach Boehm

Es ist interessant, dass Boehm und seine Kollegen bei der TRW so viel Wert auf Testbarkeit gelegt haben. Dies zeigt, dass Testen schon damals ein Problem war. Es geht bei der Testbarkeit darum, den Aufwand für den Test auf ein Minimum zu beschränken. Dies wird durch einige einfache Codekonstruktionen erreicht, z.B. durch die Anzeige von internen Datenzuständen nach Bedarf. Vorgeschlagen werden zum Beispiel Variablen-Anzeigeanweisungen, die der Tester ein- und ausschalten kann. Sie prüfen den Wert einer Variable gegen eine Reihe erwarteter Werte und zeigen an, wenn der Wert anders ist. Heute nennt man diese Anweisungen „Assertions". Ebenfalls soll es möglich sein, die Eingabeparameter zu einer Subroutine bzw. einem Unterprogramm von außen zu setzen. Die Möglichkeit, den Programmablauf an einer beliebigen Stelle starten zu können, ist für die TRW-Autoren auch wichtig. Insgesamt listen sie 17 Eigenschaften auf, die ein Modul haben sollte, um testbar zu sein. Die Modultestbarkeit ist der Grad, zu dem diese Eigenschaften vorhanden sind.

4.1.6 Benutzbarkeit nach Boehm

Die Benutzbarkeitskriterien, die Boehm und seine Kollegen aufführen, beziehen sich natürlich auf die technischen Möglichkeiten der 70er Jahre. So geht es beispielsweise um die Gestaltung der Listen, um die Variabilität der Eingabemedien und die Parametrisierung der Jobabläufe. Seitdem hat die Softwareergonomie große Vorschritte gemacht, und die technischen Möglichkeiten bei der Benutzerinteraktion haben sich um Lichtjahre vom damaligen Stand der Technik entfernt. Dennoch haben einige der damaligen Anforderungen noch immer ihre Gültigkeit, z.B. die Beschränkung der Anzahl Daten, die ein Benutzer auf einmal eingeben kann, sowie die Vermeidung tief verschachtelter Dialogabläufe. Es kam dem TRW-Team darauf an, benutzerfreundliche Softwareeigenschaften bereits im Code zu erkennen. Dies ist auch heute noch eine Herausforderung.

4.1.7 Zuverlässigkeit nach Boehm

Zuverlässigkeit hatte in diesem frühen Buch über Softwarequalität eine besondere Bedeutung gehabt. Zum einen soll das Produkt möglichst fehlerfrei laufen, d.h. ohne Unterbrechung und ohne fehlerhafte Ergebnisse. Zum anderen soll es aber auch richtig funktionieren, wenn es fehlerhafte Eingaben bekommt, also robust und fehlertolerant sein. Weiterhin soll es den spezifizierten Anforderungen entsprechen, d.h. genau das tun, was es tun soll, nicht mehr und nicht weniger. Die Autoren schlagen vor, die Abbrüche, falschen Ergebnisse und Abweichungen von der Spezifikation zu zählen und die Zahl dieser Mängel mit der Betriebszeit zu vergleichen, um den Zuverlässigkeitsgrad zu messen. Sie sind jedoch noch nicht auf die Idee gekommen, die Zahl der Mängel mit der Zahl der Codezeilen oder Anweisungen zu vergleichen. Dafür verlangten sie schon damals die Zuordnung der Fehler und Abweichungen zu den Testfällen und die Verbindung der Testfälle mit Modulen und mit den Anforderungen. Die Verknüpfung von Fehlern, Testfällen, Architekturbausteinen und Anforderungen war also schon damals ein wichtiges Thema in großen Softwareprojekten.

4.1.8 Effizienz nach Boehm

Softwareeffizienz wird von Boehm und seinen Mitautoren als die Erfüllung des Zwecks mit einem Minimum an Systemressourcen verstanden. Unter Ressourcen sind Rechenzeit und Speicherplatz zu verstehen. Ein Programm bzw. eine Laufeinheit soll möglichst wenig Zeit in Anspruch nehmen. Wenn Zeitgrenzen gesetzt sind, dürfen diese nicht überschritten werden. Das Gleiche gilt für die Speicherbelegung. Ein Programm sollte mit möglichst wenig Speicherplatz auskommen, und falls Speichergrenzen gesetzt sind, diese nicht überschreiten.

Die Antwortzeit spielte schon damals eine besondere Rolle. Damit war nicht nur die Reaktionszeit auf die Benutzerbedienung, sondern die Reaktionszeit auf Nachrichten im Allgemeinen gemeint. Das System hat in beiden Fällen möglichst schnell zu reagieren.

Die Autoren schlagen vor, Zeitverbrauch in Sekunden und Speicherbelegung in Kilobytes zu messen und diese Zahlen zwischen Systemversionen zu vergleichen. Effizienz ist dann ein relatives Maß für einen geringeren Zeit- und Speicherbedarf zwischen vergleichbaren Systemen.

4.2   Gilb und die Quantifizierung der Qualität

In dem ersten Buch zum Thema Softwaremetrik nahm Gilb einen sehr pragmatischen Ansatz zur Definition von Softwarequalität. Für ihn ist Qualität das, was der Benutzer von Systemen erwartet [Gilb76a]. Seine Erwartungen soll der Benutzer auch in Zahlen ausdrücken. Solche Erwartungen sind:

- Der Benutzer erwartet, dass das System seine Anforderungen erfüllt = Functionality.

- Der Benutzer erwartet, dass das System schnell auf seine Eingaben reagiert = Performance.

- Der Benutzer erwartet, dass das System keine fehlerhaften Ergebnisse liefert = Reliability.

- Der Benutzer erwartet, dass das System seine Daten sichert und nicht verliert = Security.

- Der Benutzer erwartet, dass das System sparsam mit den Rechnerressourcen umgeht = Efficiency.

- Der Benutzer erwartet, dass das System immer verfügbar ist = Availability.

- Der Benutzer erwartet, dass sich das System leicht fortschreiben lässt = Maintainability.

- Der Benutzer erwartet, dass sich das System ohne viel Aufwand auf eine andere Plattform portieren lässt = Portability.

Für Gilb muss eine Qualitätseigenschaft mit einer Zahl oder mit einer Ja/Nein-Entscheidung messbar sein, sonst gilt sie nicht, denn Qualität muss sich seiner Meinung nach messen lassen. Daher sah Gilb bereits 1976 eine enge Verbindung zwischen Qualität und Metrik. Qualität drückt sich in den Maßzahlen aus. Diesen für die damalige Zeit etwas radikalen Ansatz hat Gilb in seiner Praxis als Qualitätsberater umgesetzt. Er war stets bemüht, Qualität in Quantität umzusetzen (siehe Abb. 4.2).

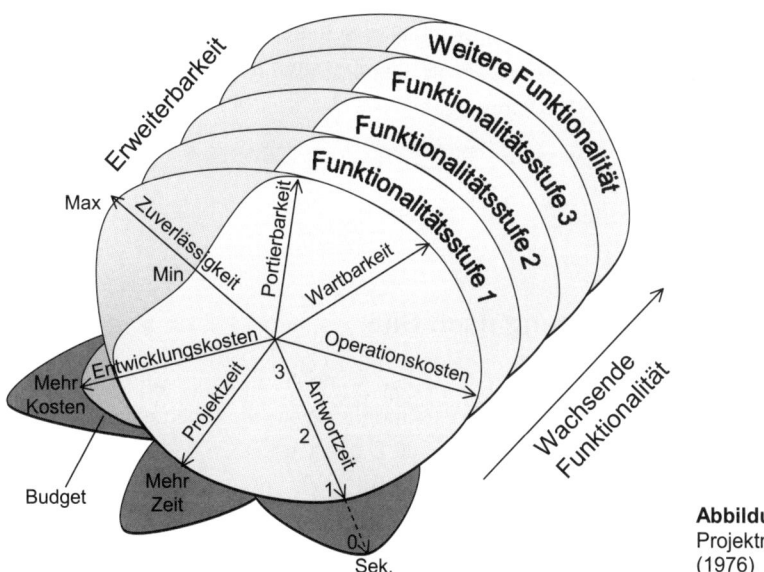

Abbildung 4.2
Projektmessung nach Gilb
(1976)

4.2.1 Funktionalitätsmessung nach Gilb

Gilb schlug bereits in den 70er Jahren vor, Anforderungen zu gewichten und ihre Gewichte zu summieren. Die Summe der gewichteten Anforderungen bildet das Soll an Funktionalität. Die Summe der erfüllten Anforderungsgewichte ist die Ist-Funktionalität. Funktionalität ist demnach:

$$\frac{Ist\text{ - }Funktionalität}{Soll\text{ - }Funktionalität}$$

Wobei Soll-Funktionalität = Summe der Anforderungen mal deren Gewicht.

4.2.2 Performance-Messung nach Gilb

Performance definiert Gilb als die maximale Systemreaktionszeit. Es gibt eine maximal annehmbare Reaktionszeit, die als nicht-funktionale Anforderung definiert ist, und eine tatsächlich höchste Reaktionszeit beim Test des Systems. Insofern als der Ist-Wert unter dem Soll-Wert liegt, ist alles gut. Wenn aber der Ist-Wert den Soll-Wert überschreitet, ist die Performance nicht akzeptabel. Hier gilt eine einfache binäre Entscheidung – ja oder nein.

4.2.3 Zuverlässigkeitsmessung nach Gilb

Ein System liefert Tausende von Ergebnistypen, z.B. einen Preis oder einen Termin. Es kommt darauf an, die Richtigkeit dieser Ergebnisse zu bestätigen. Wenn in einem Ergebnistyp einmal ein inkorrekter Wert erscheint, gilt dieser Ergebnistyp als unzuverlässig.

Nehmen wir an, eine Zeitangabe ist um eine Minute verschoben. Jedes Ergebnis hat eine Attributpräzision. Ist diese hier +/- 5 Minuten, ist das Ergebnis in Ordnung. Ist aber die Präzision 30 Sekunden, ist die Antwort falsch. Also ist das Ergebnis Zeitangabe falsch. Der Zuverlässigkeitsgrad ist:

$$\frac{Richtige\ Ergebnistypen}{Alle\ Ergebnistypen}$$

4.2.4 Datensicherungsmessung nach Gilb

Daten galten bei Gilb in der damaligen Zeit als sicher, wenn sie in regelmäßigen Abständen kopiert und gespeichert werden, und wenn es möglich war, sie jederzeit (auch nach einem Systemabsturz) wieder herzustellen. Nicht alle Daten wurden so behandelt. Manchmal war auch der Abstand zwischen den Sicherungen zu groß. So konnten Daten verloren gehen. Es ergaben sich dadurch zwei messbare Kriterien: zum einen der Anteil gesicherter Daten und zum anderen die Dauer der Sicherungsintervalle. Der Anteil der gesicherten Daten sollte möglichst hoch sein, der Zeitabstand zwischen Sicherungen hingegen möglichst gering.

4.2.5 Effizienzmessung nach Gilb

Zu den Rechnerressourcen wurden damals die Rechenzeit sowie der interne und externe Speicherbedarf gezählt. Die Systemzeit waren die CPU-Sekunden, die ein System für den Durchlauf beanspruchte. Der interne Speicherbedarf war die maximale Größe in Kilobytes der Rechnerpartition, die das System für einen Durchlauf benötigte. Der externe Speicherbedarf war die Anzahl Zylinder auf dem Plattenspeicher, die ein System brauchte, um seine Daten aufzubewahren. Heute ist dies kein Thema mehr. Es stehen unendlich viele Gigabytes zu Verfügung. Damals rechnete man in Kilobyte, und die Größe des Plattenspeichers war entscheidend. Boehm hat sie sogar als Einflussfaktor in sein COCOMO-Schätzmodell eingebaut. Da CPU-Zeit und Speicher sehr teuer waren, setzte man Grenzen zu deren Nutzung. Effizienz war das Verhältnis zwischen den tatsächlich verwendeten Ressourcen und den für das System allokierten Ressourcen. Je tiefer der Ist-Bedarf unter dem Maximum des zulässigen Bedarfs lag, desto höher die Effizienz:

$$Effizienz = 1 - \frac{Ist - Ressourcenverbrauch}{Maximum\ Ressourcenverbrauch}$$

4.2.6 Verfügbarkeitsmessung nach Gilb

Unter Verfügbarkeit verstand Gilb die Zeit, die ein System seinen Benutzern zur Verfügung stand, relativ zu der Zeit, die sie damit arbeiten wollten. Wenn also die Benutzer ein System 24 Stunden am Tag benötigen und es ihnen in der Praxis nur 23,5 Stunden zur Verfügung steht, weil es durchschnittlich eine halbe Stunde ausfällt, ist die Verfügbarkeit

23,5 / 24 = 0,979. Falls eine Mindestverfügbarkeit von 0,99 vereinbart wurde, ist dieses System nach den Abnahmekriterien nicht abnehmbar.

4.2.7 Wartbarkeitsmessung nach Gilb

Für die Qualitätsanforderungen Wartbarkeit, Testbarkeit und Übertragbarkeit hatte Gilb noch keine Zahlen, die er aus dem Systementwurf oder aus dem Code ableiten konnte. Ihm blieb nur, den tatsächlich geleisteten Aufwand für die Portierung, den Test und die Fortschreibung mit dem Aufwand für die Entwicklung zu vergleichen. Je niedriger der Wartungs- bzw. Portierungsaufwand im Vergleich zum Entwicklungsaufwand war, desto besser schnitten diese Qualitätsmerkmale ab. Wir wissen aber heute, dass andere Faktoren hier hineinspielen. Deshalb ist es Gilb nicht ganz gelungen, die richtigen Maßstäbe für diese weichen Qualitätseigenschaften zu finden. Nach seiner eigenen Philosophie gelten sie als nicht messbar und daher als nicht benutzbar. Heute wissen wir mehr über den Zusammenhang zwischen Architektur- und Codeeigenschaften auf der einen und Aufwand auf der anderen Seite. Darauf werden wir später zurückkommen.

4.3 McCalls Qualitätsbaum

McCall gilt als Vater des Qualitätsbaumes [Mcal77]. Sein Beitrag zur Definition von Softwarequalität erschien im Jahr nach Gilb, aber ein Jahr vor dem Buch von Boehm. Er stellt das Thema Softwarequalität als eine große Begriffshierarchie vor. An der Spitze des Baumes steht der Begriff Qualität. Direkt darunter auf der ersten Ebene stehen die zwei übergeordneten Qualitätsziele Funktionalität und Nachhaltigkeit. Darunter folgen die Hauptqualitätsmerkmale. Zur Funktionalität gehören die Merkmale:

- Funktionsabdeckung
- Benutzbarkeit
- Korrektheit
- Robustheit
- Sicherheit
- Effizienz
- Zuverlässigkeit.

Zur Nachhaltigkeit gehören die Merkmale:

- Anpassbarkeit
- Instandsetzbarkeit
- Portabilität
- Verknüpfbarkeit
- Wiederverwendbarkeit (siehe Abb. 4.3).

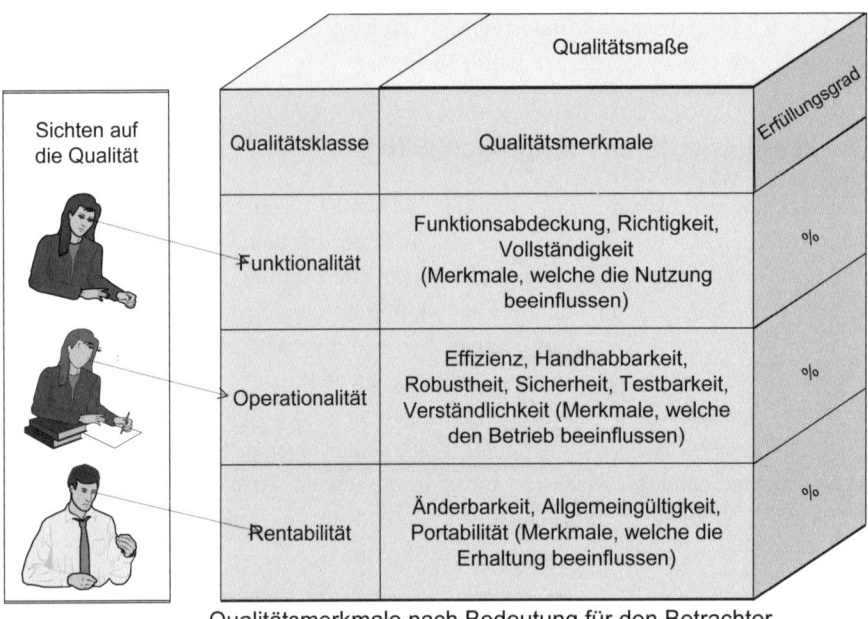

Qualitätsmerkmale nach Bedeutung für den Betrachter

Abbildung 4.3 Sichten auf die Softwarequalität

Diese zwölf Hauptmerkmale werden weiter in einzelne separate Eigenschaften wie Erlernbarkeit, Mitteilsamkeit und Ergonomie aufgeteilt. Nach McCall wie auch nach Gilb und Boehm sollten Metriken für die Messung der operationalen Qualitätsmerkmale definiert werden. Im Gegensatz zu Gilb und Boehm überlässt McCall dies alles dem Anwender. Er gibt nur ein paar Beispiele, wie bestimmte Merkmale gemessen werden könnten. Stattdessen definierte er Beziehungen zwischen den Qualitätsmerkmalen, um ihren Einfluss aufeinander darzustellen. Oft entstehen Zielkonflikte zwischen verschieden Qualitätszielen, so z.B. zwischen Sicherheit und Effizienz, denn jede Maßnahme zur Sicherung des Systems findet auf Kosten der Effizienz statt. McCabe wollte diese Abhängigkeiten unterstreichen. Grundsätzlich können drei verschiedene Beziehungsarten unterschieden werden:

- ■ + = positive Korrelation, d.h. ein hoher Wert des einen Qualitätsmerkmals lässt einen hohen Wert des anderen Qualitätsmerkmals erwarten und umgekehrt.

- ■ - = negative Korrelation, d.h. ein hoher Wert des einen Qualitätsmerkmals lässt einen geringen Wert des anderen Qualitätsmerkmals erwarten und umgekehrt.

- ■ 0 = keine Korrelation, d.h. der Wert des einen Qualitätsmerkmal ist unabhängig von dem anderen und umgekehrt.

Das Qualitätskorrelationsmodell von McCall basiert auf den Beziehungen zwischen den operationalen Qualitätszielen. Die Beziehungen zwischen den Hauptmerkmalen werden von den Beziehungen zwischen ihren Untermerkmalen bestimmt. Haben die meisten Untermerkmale eine negative Beziehung zu den Untermerkmalen eines anderen Hauptmerkmals, dann ist die Beziehung der beiden Hauptmerkmale negativ. Überwiegen die positiven Beziehungen zwischen den Untermerkmalen zweier Hauptmerkmale, dann ist die Beziehung der beiden Hauptmerkmale positiv. Es existiert keine Beziehung zwischen zwei Hauptmerkmalen, wenn ihre Untermerkmale völlig unabhängig voneinander sind. McCall hat diesen gegenseitigen Einfluss von Qualitätsmerkmalen in einer Beziehungsmatrix dargestellt (siehe Abb. 4.4).

	Änderbarkeit	Allgemeingültigkeit	Effizienz	Funktionsabdeckung	Handhabbarkeit	Portabilität	Richtigkeit	Robustheit	Sicherheit	Testbarkeit	Verständlichkeit	Vollständigkeit
Änderbarkeit		+	-		-	+	+		-	+	+	
Allgemeingültigkeit	?		?									
Effizienz	-	-		?	-	-		-	?	-		?
Funktionsabdeckung			?					?				
Handhabbarkeit	?	+	-					?	+			
Portabilität			-						-	?		
Richtigkeit	+	?			+	?		?	+			
Robustheit	?	?	-		+	?	+		+	+		
Sicherheit	-	-	-		-	-	+	+			-	
Testbarkeit	+				+	+	?		-			
Verständlichkeit			?		+	+			+			
Vollständigkeit					+	+	+	+	+			

Wirkung von Qualitätsmerkmalen auf andere Qualitätsmerkmale:

+ : Positive Wirkung
- : Negative Wirkung
? : Nicht eindeutige Wirkung
() : Keine/Geringe Wirkung

Abbildung 4.4 McCalls Qualitätsmatrix

4.4 Eine deutsche Sicht auf Softwarequalität

Das erste Buch zum Thema Softwarequalität in deutscher Sprache erschien im Jahre 1982. Es stammte von Heinz Bons und Rudolf van Megen, den heutigen Geschäftsführern der Firma SQS [BoMe82]. Bons und van Megen haben das Modell von McCabe aufgegriffen und erweitert. Bei ihnen geht es um eine Operationalisierung der Qualität, d.h. wie man Qualität in die Praxis umsetzt. Dafür stellen sie folgende vier Anforderungen an die Qualitätssicherung.

- Qualität ist inhaltlich zu beschreiben.
- Qualitätsmerkmale sind zu klassifizieren.
- Qualitätsmerkmale sind durch Qualitätsmaße zu messen.
- Qualitätsgrößen sind zu definieren und mit den Ist-Größen zu vergleichen.

4.4.1 Qualitätsbegriff

Laut Bons und van Megen ist der Begriff Qualität inhaltlich zu beschreiben. Qualität ist keine einzelne Größe. Sie setzt sich aus einer Vielzahl verschiedener Qualitätsmerkmale zusammen, die inhaltlich unterschiedliche Bereiche im Eignungsspektrum des Produktes bezeichnen und die untereinander in Beziehung stehen – siehe McCall.

4.4.2 Qualitätsklassifizierung

Zunächst haben Bons und Megen die Qualitätsmerkmale in zwei grobe Klassen unterteilt:

- Transformationsbezogene Qualitätsmerkmale
- Endproduktbezogene Qualitätsmerkmale.

Transformationsbezogene Qualitätsmerkmale bestimmen die Eignung eines Softwarezwischenproduktes für die darauf folgenden Transformationsaktivitäten wie z.B. Weiterentwicklung, Übertragung und Wiederverwendung und damit unmittelbar den Aufwand und die Fehlerrate der Transformation. Zu dieser Klasse gehören die Qualitätsmerkmale:

- Änderbarkeit
- Allgemeingültigkeit
- Portabilität
- Testbarkeit
- Verständlichkeit.

Endproduktbezogene Qualitätsmerkmale wirken unmittelbar auf die spätere Eignung des Softwareendprodukts für die geplante Aufgabenlösung, z.B. die Laufzeit, die Benutzbarkeit und die Zuverlässigkeit. Zu dieser Klasse gehören die Qualitätsmerkmale:

- Effizienz
- Funktionsabdeckung
- Handhabbarkeit
- Richtigkeit
- Robustheit
- Sicherheit

Es gilt, für alle Qualitätsmerkmale eine exakte Definition und ein passendes Qualitätsmaß zu finden. Was die Qualitätsmaße anbetrifft, verweisen die deutschen Autoren auf die amerikanische QS-Literatur, insbesondere auf die Qualitätsmaße von Gilb und Boehm sowie auf die Testmaße von Miller [Mill78], Chow [Chow79], Basili [Basi80] und Bowen [Bowe79].

Von McCall haben Bons und van Megen die Qualitätsmatrix übernommen, um die Abhängigkeiten zwischen ihren Qualitätsmerkmalen zu schildern. Die Qualitätsmatrix hatte für die beiden Autoren eine besondere Bedeutung, vor allem im Zusammenhang mit der Gewichtung der Qualitätsmerkmale durch den Benutzer. Die Kölner Informatiker wollten dem Benutzer möglichst viel Freiraum bei der Gestaltung und Durchsetzung seiner Qualitätsziele lassen [BoMe82a].

4.4.3 Qualitätsmaße

Es genügt nicht, einzelne Qualitätsmerkmale als Anforderung zu benennen, da abstrakte Begriffe wie „Verständlichkeit" und „Richtigkeit" sich nicht messen lassen. Qualität muss quantifiziert werden. Die Quantifizierung der Qualität ist nur unter Zuhilfenahme von Qualitätsmaßen möglich. Daher setzt eine Qualitätssicherung numerisch vergleichbare Qualitätsmaße voraus. Die Definition solcher Metriken ist nach Bons und van Megen eine *conditio sine qua non* der Qualitätssicherung.

4.4.4 Qualitätsgrößen

Auch Bons und van Megen haben erkannt, dass Qualität relativ ist. Der Ist-Zustand ist nur in Bezug auf einen Soll-Zustand zu bewerten. Sie beschreiben es so: „Probleme bei der Realisierung von Qualitätsanforderungen, die ausschließlich durch die Qualitätsmerkmale beschrieben sind, resultieren daraus, dass diese nicht als konkrete Handlungsziele für die Entwicklung bzw. Pflege und Anpassung der Software definiert sind. Ein Beispiel dafür ist etwa die Forderung nach hoher Testüberdeckung, eine Konkretisierung wäre ein Maß wie ‚Prozentsatz der Codezweige, die mindestens einmal im Test ausgeführt werden' …" [BoMe82b].

Die Autoren gehen noch einen Schritt weiter und schreiben einen Begriffsbaum vor. An der Spitze ihres Baumes steht der Begriff Qualitätsmerkmal. Darunter rangieren die Qualitätsmaße als objektive, messbare Größen, die sensitiv in Bezug auf unterschiedliche Ausprägungen eines oder mehrerer Qualitätsmerkmale sind. Erst auf der dritten Stufe folgen Qualitätsziele bzw. operationale Anforderungen an die Qualität eines Softwareproduktes, die als angestrebte Werte der Qualitätsmaße formuliert werden – als quantitative Angaben über den Grad der Erfüllung eines Qualitätsziels.

Die besondere Leistung von Bons und van Megen liegt darin, dass sie Qualitätsmodelle aus der angelsächsischen Literatur in die deutsche Industriepraxis umgesetzt und angepasst haben. Sie haben für viele deutsche Anwenderbetriebe Softwarequalität greifbar gemacht. Es darf nicht verwundern, dass die Autoren heute das größte QS-Unternehmen in Deutschland leiten.

4.5 Automatisierte Softwarequalitätssicherung

Ein Jahr nach dem Erscheinen des Buches von Bons und van Megen kam das Buch „Qualitätssicherung" von Sneed auf den Markt [Sned83]. Beide Bücher vertraten die gleiche Sicht auf Softwarequalität. Der Hauptunterschied lag in der Detaillierungsstufe der Qualitätsmetrik. Sneed war im Begriff, einen allumfassenden Werkzeugkasten für die Softwarequalitätssicherung zu bauen, und hatte schon einen großen Teil der Messungen automatisiert. Bei ihm stand daher die Automatisierbarkeit der Qualitätsmessung im Vordergrund. Die Qualität der Software sollte auch darüber hinaus auf allen semantischen Ebenen messbar sein:

- auf der Konzeptebene durch die automatisierte Analyse der Anforderungen
- auf der Entwurfsebene durch die automatisierte Analyse der Architektur
- auf der Codeebene durch die automatisierte Analyse des Codes
- auf der Testebene durch die automatisierte Analyse der Systemausführung.

Auf allen Ebenen galt Qualität als das einfache Verhältnis

$$\frac{Ist\text{-}Qualität}{Soll\text{-}Qualität}$$

d.h. es kam darauf an, Soll-Ziele zu setzen und den Grad der Erfüllung zu messen. Die Leistung von Sneed lag darin, die Qualitätsmerkmale so zu quantifizieren, dass sie automatisiert gemessen werden konnten. Die Schwäche seines Ansatzes lag in der Bestimmung des Solls. Wenn Zuverlässigkeit ein Verhältnis zwischen Ist-Fehlerrate und Soll-Fehlerrate ist, setzt voraus, dass die Soll-Fehlerrate von jemandem bestimmt wird. Das Gleiche gilt für die Soll-Schnelligkeit, die Soll-Benutzbarkeit und die Soll-Sicherheit. Einer muss vorgeben, wie schnell, wie sicher, wie benutzbar und wie zuverlässig ein System sein sollte, und dies hängt wiederum von vielen Begleitumständen ab. Es setzt auch gewisse technische Kenntnisse voraus, eine Zahl zu postulieren, die als Richtwert für Qualität diesen sollte.

Auf der Ist-Seite setzt der Soll-Ist-Vergleich voraus, dass der Benutzer in der Lage ist, den Zustand leicht zu messen. Er braucht auf allen semantischen Ebenen Messwerkzeuge, mit denen er die Qualitätseigenschaften der Zwischenprodukte messen kann. Sneed entwickelte in den 80er Jahren ein integriertes Werkzeugset unter dem Namen *SoftOrg*. Das Set bestand aus sieben integrierten Entwicklungswerkzeugen, eines für jede Entwicklungsaktivität von der Anforderungsspezifikation bis zur Systemintegration. Sein Qualitätssicherungsansatz baute auf diesen Werkzeugen auf [Sned89].

4.5.1 Automatisierte Messung der Anforderungsqualität

Die Anforderungsspezifikation wurde vom Werkzeug SOFTSPEC erfasst, in eine vernetzte Datenbank gespeichert, dokumentiert und geprüft. Da die Anforderungen nach einem Standardschema strukturiert und elektronisch gespeichert waren, konnte die Prüfung der formalen Qualität leicht vollzogen werden. Geprüft wurden vier Qualitätseigenschaften der Anforderungen:

- die Vollständigkeit
- die Konsistenz
- die Plausibilität
- die fachliche Richtigkeit.

Bei der Vollständigkeitsprüfung wurde zwischen funktionaler, informeller und relationaler Vollständigkeit unterschieden. Bei der Konsistenzprüfung wurde sowohl die grobe Konsistenz der Geschäftsprozesse und Geschäftsobjekte als auch die feine Konsistenz der Geschäftsdaten und Geschäftsregeln geprüft. Die Plausibilitätsprüfung bestand darin, die Ist-Menge der Modellelemente der Spezifikationsdatenbank mit der Soll-Menge aus der Aufwandschätzung zu vergleichen. Alle Prüfungen fanden vollautomatisch statt. Nur die fachliche Richtigkeitskontrolle setzte eine Beteiligung des Benutzers voraus. Ihm wurden die Ergebnisse der Prototypsimulation zur Bestätigung der Korrektheit angezeigt.

4.5.2 Automatisierte Messung der Entwurfsqualität

Der Systementwurf wurde in *SoftOrg* aus der Anforderungsdatenbank automatisch generiert. Die fachlichen Funktionen, Daten und Schnittstellen wurden dabei mit vorgefertigten Schablonen für alternative Zielumgebung wie IMS, CICS und UTM vereinigt. Daraus entstand eine neue Datenbank programmtechnischer Elemente: Jobs, Programme, Module, Datenbanken, Masken und Datenobjekten. Nach dem Generierungslauf hatte der Entwickler die Möglichkeit, die Entwurfselemente zu verfeinern und zu ergänzen. Dabei konnte er die Qualität des Entwurfs steigern oder auch senken. Deshalb folgte am Ende der Entwurfstätigkeit eine weitere automatisierte Entwurfsbewertung.

Die Entwurfsbewertung bestand aus drei getrennten Bewertungen: einer formalen Bewertung, einer technischen Bewertung und einer Verifikation. Bei der formalen Bewertung ging es um eine Prüfung der Vollständigkeit, Konsistenz und Normengerechtigkeit (Compliance) der Entwurfselemente. Sie wurden hier gegen einen Musterentwurf geprüft und die Abweichungen dokumentiert. Bei der Bewertung der technischen Qualität wurde die Modularität im Sinne der Kopplung und Kohäsion, die Flexibilität in Bezug zum Grad der Anwendungsunabhängigkeit, die Integrität in Bezug zur Anzahl der kontrollierten Eingaben, die Performance in Bezug zur Anzahl Datenbankzugriffe pro Transaktion und die Speichereffizienz in Bezug zur Größe des allokierten Hauptspeichers bewertet.

Die dritte Prüfung des Entwurfs – die Verifikation – war ein automatischer Abgleich der Entwurfsdatenbank mit der Anforderungsdatenbank. Jeder Geschäftsvorgang musste durch

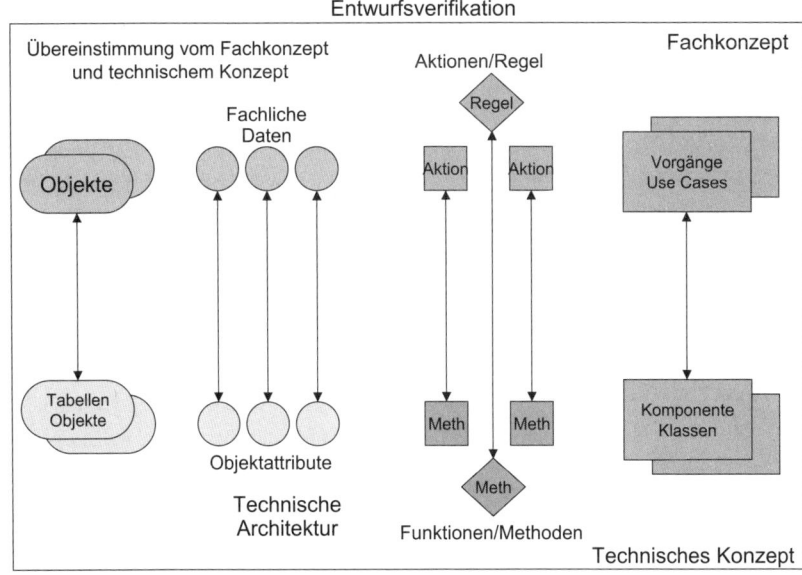

Abbildung 4.5
Verifikation des Entwurfs gegen die Spezifikation

ein oder mehrere Module abgedeckt werden. Jedes Geschäftsobjekt musste einer oder mehreren Datenbanktabellen zugeordnet sein. Jede spezifizierte Benutzeroberfläche sollte durch eine oder mehrere Masken implementiert sein. Jedes spezifizierte Datenattribut musste in einer Datenbanktabelle und jede spezifizierte Funktion in einem Modul vorkommen. Schließlich musste jede Geschäftsregel sich als Bedingung in dem Pseudo-Code finden lassen. Es ging hier also um eine Kontrolle des Mappings der fachlichen Anforderungen auf die technische Architektur. Qualität wurde als Übereinstimmung der technischen Lösung mit der vorgegebenen fachlichen Lösung deklariert. Abweichungen zwischen den Inhalten der beiden Datenbanken wurden als Qualitätsmängel berichtet (siehe Abb. 4.5).

4.5.3 Automatisierte Messung der Codequalität

Codequalität wird wie Qualität im Allgemeinen sehr unterschiedlich aufgefasst. Dass der Code implementierbar und ablauffähig sein sollte, ist allen selbstverständlich. Damit sind aber die Gemeinsamkeiten erschöpft. Der eine mag den Code eingerückt haben, der andere will ihn flach. Manche bestehen auf langen Datennamen, andere wollen möglichst kurze haben. Der eine zieht es vor, Konstanten und Literale in den prozeduralen Anweisungen direkt einzubauen, der andere will sie wegen der Änderbarkeit in Ressourcentabellen auslagern. Sogar über den Grad der Kommentierung wird gestritten. Kurzum: Es gibt kaum etwas, worüber sich willensstarke Entwickler einigen könnten. Nur ein Diktat von oben kann diese Willkür beenden. Es muss eine Kodierungskonvention geben, die vorgibt, was Codequalität zu bedeuten hat. Auch dann, wenn manche Regeln umstritten sind, ist es besser, ein Regelwerk zu haben, schon um der Einheitlichkeit willen. Der Code sollte in allen Komponenten den gleichen Qualitätsstand haben, ob gut oder schlecht. Codequalität heißt dann die Übereinstimmung mit den Kodierungsregeln. Die Qualität des Codes sinkt in dem Maße, wie der Code von den Regeln abweicht.

Daneben gibt es einen weiteren Aspekt der Codequalität, nämlich die Korrektheit. Code gilt als korrekt, wenn er mit den Vorgaben übereinstimmt. In der *SoftOrg*-Entwicklungsumgebung waren die Vorgaben in der Entwurfsdatenbank gespeichert, z.B. die Struktur der Schnittstellen samt Datentypen, die Ablauffolge der Prozeduren, die Entscheidungslogik und die Art der Datenverwendung, als Argument, Ergebnis oder Prädikat. Der Quellcode wurde in *SoftOrg* mit dem Feinentwurf verglichen, um Abweichungen in den Datenstrukturen, in der Programmablaufstruktur, in den Zugriffspfaden und in der Entscheidungslogik festzustellen. Sämtliche Daten, Funktionen und Regeln im Entwurf mussten auch im Code auftauchen. Code, der nicht dem Feinentwurf entsprach, galt als inkorrekt und daher als minderwertig.

Schließlich soll Code nach irgendeiner Ideologie ausgelegt sein. Wenn entschieden wird, welche Ideologie dies ist, sollten alle Codebausteine danach ausgelegt werden. In den 60er Jahren war die herrschende Kodierungsideologie die normierte Programmierung. Alle Programme sollten die gleiche Gliederung haben, und jedes Glied sollte die gleiche Funktion ausführen, z.B. eine sequenzielle Datei lesen oder Sätze zur Verarbeitung auswählen. Alle

Dateien sollten in einem großen gemeinsamen Datenbereich gesammelt werden, und die Ablauffolge normierter Codeblöcke sollte über die GOTO-Anweisung gesteuert werden. So schwer es auch heute zu verstehen ist, dies war die Ideologie der 60er Jahre. Code, der diesem Vorbild entsprach, galt als Qualitätscode. Heute sind nicht wenige alte COBOL- und PL/I-Systeme im Einsatz, die noch immer diesem Qualitätsstandard entsprechen. Noch folgenschwerer ist die Tatsache, dass diese Ideologie noch immer in den Köpfen der dafür verantwortlichen Programmierer verwurzelt ist. Für sie ist die normierte Programmierung der Inbegriff von Codequalität.

In den 70er Jahren kam die Ideologie der strukturierten Programmierung auf. Programme sollten danach in viele kleine Module mit einem Minimum an gegenseitiger Abhängigkeit und einer zentralen Steuerung aufgeteilt werden. Der lokale Ablauf in jedem Modul sollte nur über die Grundstrukturen Sequenz, Auswahl und Wiederholung gesteuert werden. Die GOTO-Anweisung war verpönt und durfte nur in Ausnahmefällen verwendet werden. Um als qualitativ hochwertig zu gelten, musste der Code nach diesem Vorbild gestaltet sein. Die Regeln der strukturierten Programmierung, die es zu prüfen gilt, sind die Modulgröße, die Verschachtelungstiefe, die beschränkte Kopplung und die beschränkte Ablaufsteuerung – nur if-, case- und while-Anweisungen sind erlaubt. Code, der diese Regeln nicht einhält, gilt als qualitativ minderwertig.

In den 80er Jahren folgte die Ideologie der datenorientierten Programmierung. Danach sollte die Struktur des Codes die Struktur der Daten widerspiegeln. Die Daten der 80er Jahre waren hierarchisch bzw. netzartig organisiert. Es gab Datengruppen, Datenbanktabellen bzw. wiederholte Datengruppen und alternative Dateninhalte. Datengruppen entsprachen Sequenzen im Code, Datentabellen entsprachen Schleifen, und alternative Dateninhalte entsprachen Auswahlstrukturen im Code. Besonders wichtig in der datenorientierten Programmierung waren die Trennung der Benutzeroberfläche und die Datenbankzugriffsschicht von der Verarbeitungslogik. Der Code sollte in aufeinander gestapelten Schichten mit einer Oberflächenschicht, einer Steuerungsschicht, einer Subroutinenschicht und einer Datenbankzugriffsschicht gegliedert sein. Diese Schichtenbildung, gekoppelt mit der Datenstrukturspiegelung, galten als Programmierideal der 80er Jahre. Die Codequalität wurde daran gemessen, zu welchem Grad dieses Ideal erfüllt wurde.

In den 90er Jahren stieg die Objektorientierung zur neuen Ideologie auf. Fortan galt nur noch objektorientierter Code als qualitativ hochwertig. Das oberste Prinzip der neuen Ideologie ist die „Locality of Reference". Demnach werden die Funktionen zusammen mit den Daten, die sie bearbeiten, in Klassen gekapselt. Klassen werden in Klassenhierarchien zusammengefasst, sodass die untergeordneten Klassen von den übergeordneten Klassen deren Attribute und Funktionen erben können. Schließlich gibt es für ein und dieselbe Funktion mehrere Variationen, und welche davon zu selektieren ist, wird erst zur Laufzeit bestimmt. Dies entspricht den alternativen Datenstrukturen in der datenorientierten Programmierung. Das objektorientierte Kodierungsschema ergänzt das alte datenorientierte Schema und erbt die Grundregel der strukturierten Programmierung.

Heute wird erwartet, dass Qualitätscode nicht nur strukturiert, sondern auch datenorientiert und objektorientiert ist. Es ist relativ einfach, die Einhaltung dieser Strukturierungsschemen zu kontrollieren. Zum Teil sind sie in den modernen Programmiersprachen wie Java und C# eingebaut, sodass Programmierern gar nichts anders übrig bleibt, als Klassen zu bilden und strukturierte Abläufe zu kodieren. Allerdings bleibt ihnen die Freiheit, die Klassen beliebig groß zu gestalten, die Klassenhierarchien beliebig tief zu schachteln und beliebig viele Verbindungen zwischen den Klassen zu schaffen. Der Grad, zu dem der Entwickler diese Freiheit ausnutzt, ist eine Frage der Qualität. Durch den Missbrauch dieser Freiheit kann der Strukturierung, der Datenorientierung und der Objektorientierung zum Trotz qualitativ schlechter Code produziert werden. Deshalb ist das oberste Ziel der Codequalitätssicherung, die Freiheit der Entwickler in vernünftige Grenzen zu lenken.

4.5.4 Automatisierte Messung der Testqualität

Der Test, obwohl selbst ein Mittel der Qualitätssicherung, hat ebenfalls eine eigene Qualität. Die Qualität des Tests ist messbar in dem Grad, zu dem er seinen Zweck erfüllt. Der Tests dient zweierlei Zweck: Zum einen soll er Fehler aufdecken und zum anderen die dynamische Qualität des Softwareproduktes nachweisen. In dem Maße, wie der Test diese beiden Ziele erreicht, steigt dessen Qualität. Das Erreichen des ersten Ziels ist an der Zahl der gefundenen Fehler relativ zur Zahl der vermuteten Fehler messbar:

$$\frac{Gefundene\ Fehler}{Gesch\ddot{a}tzte\ Fehler}$$

Ein qualitativ hochwertiger Test ist demnach einer, der nahezu 100 % der vermuteten Fehler aufdeckt. Das Problem hierbei ist, dass man nicht wissen kann, wie viele Fehler in einer Software zu erwarten sind. Man kann allenfalls von der Fehlerdichte der Vergangenheit ausgehen und die Zahl anhand der Softwaregröße und Komplexität hochrechnen. In der *SoftOrg*-Entwicklungsumgebung wurden die Fehler registriert, klassifiziert und gewichtet. Anschließend wurde die Fehlerdichte anhand der Codegröße und der Codekomplexität errechnet. Schließlich wurde unter Zuhilfenahme der Fehlerdichte, der justierten Codegröße und der Testüberdeckung die Restfehlerwahrscheinlichkeit kalkuliert.

Das Erreichen des zweiten Testziels, also eine dynamische Qualität nachzuweisen, setzt voraus, dass die dynamische Qualität situationsgerecht definiert ist. Im Fokus der dynamischen Qualität steht das Verhalten der Software. Sie soll auf jeden Impuls von außen sowie auf jedes Ereignis im Inneren so reagieren, wie der Benutzer es erwartet. Die Erwartungen des Benutzers könnten als Anforderungen spezifiziert sein. In dem Fall hätte die Software sich gemäß den Anforderungen zu verhalten. Es kann aber auch sein, dass der Benutzer erwartet, dass sich eine Softwareversion genauso verhält wie die Vorgängerversion. Dies ist der Fall bei einem Regressionstest. Schließlich könnten die Erwartungen in einer Schnittstellenspezifikation wie z.B. einer Webservice-Definition festgehalten sein. Bei einem Schnittstellentest wird geprüft, ob das System seinen Schnittstellen gerecht wird. Jedenfalls ist es erforderlich, die Erwartungen an das Verhalten einer Software zu artikulieren und zu prüfen, inwieweit diese erfüllt werden.

Um die Erfüllung der Erwartungen nachzuweisen, müssten alle Impulse von außen und alle inneren Ereignisse ausgelöst werden. Im Fall eines anforderungsbasierten Testens bedeutet dies, möglichst viele Anforderungen zu testen. Das Ziel ist die Anforderungsüberdeckung. Im Fall eines Regressionstests kommt es darauf an, möglichst viele Produktionsfälle zu testen. Das Ziel ist die Überdeckung des Produktionsprofils. Im Fall eines schnittstellenbasierten Tests geht es um den Test möglichst vieler Schnittstelleninstanzen, also einmalige Kombinationen von Parametern.

Unabhängig vom verfolgten Testansatz bedeutet Testqualität, eine möglichst hohe Testüberdeckung zu erreichen und möglichst viele der vorhandenen Softwarefehler aufzudecken. Was möglichst hoch und möglichst viel bedeutet, ist situationsabhängig. Beim Test eines sicherheitskritischen Systems sollten diese beiden Koeffizienten einen höheren Wert aufweisen als beim Test einer Textverarbeitung. Auch Testqualität ist relativ zur Bedeutung und Benutzung der Software unter Test.

4.6 Zielgerichtete Softwarequalitätssicherung

Wie wir bereits in Kapitel 1 gesehen haben, kann es in ein und derselben Organisation sehr unterschiedliche Qualitätsziele geben. Es wird daher erforderlich sein, bei jedem spezifischen Vorhaben die Qualitätsziele zu wählen und zu gewichten. Die empfohlene Methode dazu ist die Goal-Question-Metric-Methode von Basili und Rombach [Romb93]. Die Projektverantwortlichen müssen einen Konsens erreichen für das, was sie unter Qualität verstehen, und diese Methode hilft dabei.

4.6.1 Qualitätszielbestimmung

Im ersten Schritt werden die für das jeweilige Projekt relevanten Qualitätsziele ausgewählt. Dies kann Benutzbarkeit, Zuverlässigkeit, Sicherheit, Änderbarkeit oder sonst welche der bereits genannten Qualitätsmerkmale sein. Um die Rangfolge der Qualitätsziele zu bestimmen, werden sie im Sinne der Nutzwertanalyse gewichtet. Auf die gewählten Qualitätsziele wird eine feste Anzahl Punkte verteilt, z.B. 100. Damit wird nicht nur die Rangfolge der Qualitätsziele, sondern auch deren relative Bedeutung für die Projektverantwortlichen dokumentiert. Für die Bestimmung der Qualitätsziele braucht jedes Unternehmen einen Qualitätsrahmenplan, der die möglichen Ziele für das Unternehmensumfeld vorgibt [StKu00].

4.6.2 Qualitätszielbefragung

Im zweiten Schritt wird gefragt, wie zu erkennen ist, ob und in welchem Maße ein Qualitätsziel erreicht worden ist. Hier werden Fragen gestellt wie „Was ist für den Betrachter eine ausreichende Zuverlässigkeit?" oder „Was bedeutet Benutzbarkeit?" oder „Was ist eine passable Antwortzeit?" und wie man feststellt, ob eine Software änderbar ist. Zu jedem der ausgewählten Qualitätsziele werden eine oder mehrere Fragen gestellt. Die Fragen helfen, die Qualitätseigenschaft eindeutig zu identifizieren [BaRo87].

4.6.3 Qualitätszielbemessung

Im dritten Schritt werden Antworten auf die gestellten Fragen in Form von Maßzahlen oder Metriken geliefert. Benutzbarkeit wird in Erlernbarkeit und Bedienbarkeit aufgeteilt. Erlernbarkeit wäre erfüllt, wenn ein durchschnittlich qualifizierter Benutzer weniger als eine Stunde braucht, um eine Benutzeroberfläche zu verstehen. Bedienbarkeit wäre anhand der Anzahl von Bedienungsfehlern relativ zu den Nutzungsfällen messbar, also:

$$1 - \frac{Bedienungsfehler}{Nutzungsfälle}$$

Performanz wäre eine Frage der Antwortzeit und der Durchlaufzeiten. Die mittlere Antwortzeit müsste unter der maximal akzeptablen Antwortzeit liegen. Das Gleiche gilt für die Durchlaufzeit der Transaktionen. Änderbarkeit, Portabilität, Testbarkeit und Wiederverwendbarkeit sind alle anhand von statischen Architektur- und Kodierungseigenschaften zu messen. Sie werden heutzutage mit geeigneten Messwerkzeugen ermittelt. Der Benutzer kann allenfalls bestimmen, welches Gewicht diese Messwerte relativ zueinander erhalten.

Für die Qualitätsziele wie Zuverlässigkeit, Sicherheit und Robustheit muss der Qualitätsbeauftragte eine eigene Skala mit einer Mindestgrenze, einer Höchstgrenze und einem Mittelwert definieren. Nehmen wir als Beispiel Zuverlässigkeit. Zuverlässigkeit könnte anhand der Fehler pro 1.000 Testfälle gemessen werden. Eine mindestakzeptable Zuverlässigkeit wäre z.B. 10 Fehler pro 1.000 Testfälle. Eine maximal erreichbare Zuverlässigkeit wäre 1 Fehler pro 1.000 Testfälle. Damit hat der Benutzer eine relationale Messskala für Zuverlässigkeit. Je näher der Messwert an die Mindestgrenze herankommt, desto niedriger ist die Zuverlässigkeit. Je näher der Messwert an die Höchstgrenze herankommt, desto höher die Zuverlässigkeit. Die Mindestgrenze ist 0,0. Alles, was darunterliegt, ist ebenso 0,0. Die Obergrenze ist 1, und alles, was darüberliegt, ist ebenfalls 1. Der Mittelwert ist 0,5. Eine Fehlerrate von 3 Fehlern pro 1.000 Testfälle ergibt demnach eine Zuverlässigkeitsrate

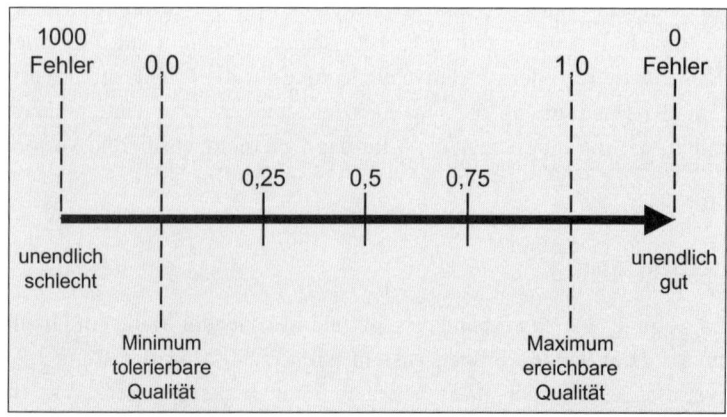

5 Fehler pro	1 Fehler pro
1000 Anweisungen bzw.	1000 Anweisungen bzw.
10 Function-Points	10 Function-Points
50 Data-Points	50 Data-Points

Abbildung 4.6
Relationales Maß für die Qualitätsmessung

von 0,7. Eine Fehlerrate von 7 Fehlern pro 1.000 Testfälle ergibt eine Zuverlässigkeitsrate von 0,3 [Jalo02] (siehe Abb. 4.6).

Manche Metrikexperten warnen vor der Nutzung eines solchen relationalen Maßes [Kitc07]. Sie behaupten, es verzerre die wahren Unterschiede zwischen Messungen. Sie kritisieren auch die Willkür, die mit dem Setzen der oberen und unteren Grenze verbunden ist. Wenn diese bei verschiedenen Projekten unterschiedlich gesetzt werden, wird es unmöglich, die Qualitätsmaße der Projekte zu vergleichen. Besonders gefährlich ist es für die Kritiker des relationalen Maßes, wenn man verschiedene relationale Maße wie Zuverlässigkeit, Sicherheit und Benutzbarkeit zusammenführt, um daraus eine mittlere Qualität abzuleiten. Da dahinter unterschiedliche Skalen stecken, sind die relationalen Maße nicht ohne Weiteres vergleichbar [Erdo08].

Diese Kritik ist durchaus berechtigt, aber andererseits gibt es keine bessere Alternative zum relationalen Maß. Es stimmt, dass es die dahinterliegenden Messwerte vereinfacht und einebnet, aber die IT-Manager wünschen sich einfache, leicht zu verstehende Maße, und das relationale Maß erfüllt diesen Wunsch. Es ist jedenfalls das Beste aller möglichen Maße, um die relative Qualität von Software mitzuteilen.

4.7 IEEE- und ISO-Standards für Softwarequalität

Keine Abhandlung der Thematik Softwarequalität wäre vollständig, ohne auf die betreffenden Standards einzugehen. Der IEEE-Standard 610 bietet gleich zwei Definitionen von Softwarequalität an:

- Erstens: Softwarequalität ist der Grad, zu dem ein Softwaresystem seinen spezifizierten Anforderungen entspricht.
- Zweitens: Softwarequalität ist der Grad, zu dem ein Softwaresystem die Bedürfnisse und Erwartungen der Benutzer erfüllt [IEEE99].

Die erste Definition ist mehr formal und leichter zu prüfen. Man braucht nur die Ist-Eigenschaften eines Systems mit den Soll-Anforderungen zu vergleichen. Qualität ist demnach die Abdeckung der Anforderungen. Die zweite Definition ist schwammiger und lässt viel Raum für Interpretationen. Es ist nicht immer eindeutig, was Benutzer erwarten, und es gibt unterschiedliche Benutzerklassen mit unterschiedlichen Erwartungen:

- die Geldgeber
- die Manager der betroffenen Sachgebiete
- die das System benutzenden Sacharbeiter
- die das System zu betreuenden Entwickler.

Jede Benutzerklasse hat andere Erwartungen. Wenn man genau wüsste, welche diese wären, könnte man sie klassifizieren. Dann wären wir wieder bei der ersten Definition angelangt. Das Problem ist, dass man sie nicht a priori kennt. Oft wissen die Benutzer selber nicht, was sie wollen, bis sie das System vor sich haben. Infolgedessen muss es allgemeine Qualitätsmodelle geben, die für die jeweiligen Projekte angepasst werden können. Ein solches Modell ist im ISO-Standard 9126 verankert [Drom95]. Der Standard 9126 setzt den Rahmen für ein Qualitätsmodell, indem er sechs allgemeingültige Qualitätsziele vorgibt, die vom Benutzer des Modells verfeinert und adaptiert werden können.

Die Hauptqualitätsziele sind:

- Funktionalität
- Zuverlässigkeit
- Benutzbarkeit
- Effizienz
- Wartbarkeit
- Wiederverwendbarkeit [ISO94].

4.7.1 Funktionalität nach ISO 9126

Funktionalität ist der Grad, zu dem die Software die erwartete Funktionalität abdeckt. Falls die Funktionalität nicht explizit spezifiziert ist, muss es bereichsspezifische Normen für Anwendungen auf diesem Gebiet geben. Besser ist, wenn es eine Musterapplikation gibt (einen Benchmark), mit der man weitere Applikationen vergleichen kann. Funktionalität wäre dann der Grad, zu dem die eigene Applikation die Mutterapplikation abdeckt.

4.7.2 Zuverlässigkeit nach ISO 9126

Zuverlässigkeit wird vom Standard als die Abwesenheit von Fehlern in der Software definiert: je weniger Fehler, desto höher die Zuverlässigkeit. Da Fehler nicht gleich Fehler sind und manche Fehler schwerwiegender sind als andere, wird empfohlen, die Fehler zu gewichten. Also ist Zuverlässigkeit das Verhältnis der gewichteten Fehler zur Größe des Systems – in welchem Maß auch immer: Codezeilen, Anweisungen, Function-Points, Object-Points usw.

4.7.3 Benutzbarkeit nach ISO 9126

Benutzbarkeit ist ein Maß für die Leichtigkeit, mit der ein Benutzer das System verstehen und bedienen kann. Wenn er lange braucht, um das System zu verstehen, gilt die Software als schwer benutzbar. Wenn er das System sofort begreift, gilt es als leicht verständlich. Ergo ist Benutzbarkeit eine Frage der Zeit, die ein durchschnittlicher Benutzer benötigt, um ein System bedienen zu können. Die Bedienung selbst erfordert eine zweite Betrachtung. Die Frage ist hier, wie umständlich der Umgang mit dem System ist. Wie schnell kommt der Benutzer an die Funktionalität, die er benötigt? Wie hilfreich ist das System, ihn dabei zu unterstützen? Solche und andere Fragen können allenfalls mit einem nominalen Maß wie „hervorragend", „gut", „ausreichend" und „unbefriedigend" beantwortet werden. Der ISO-Standard schlägt einen Bewertungsmaßstab vor, mit dem man diese nominalen Antworten in relationale Maße umsetzen kann, Trotzdem bleibt Benutzbarkeit eine schwer messbare Qualitätseigenschaft, die nur subjektiv zu erfassen ist.

4.7.4 Effizienz nach ISO 9126

Die Effizienz einer Software ist im Gegensatz zur Benutzbarkeit relativ leicht zu messen. Hier geht es um messbare physikalische Vorgänge wie die Antwortzeit in Sekunden, die Durchlaufzeiten in Millisekunden, die Belastbarkeit des Systems in der Anzahl parallel laufender Transaktionen und die maximale und mittlere Belegung des Hauptspeichers. Da hier harte Zahlen vorliegen, ist es ohne Weiteres möglich, die Ist-Werte mit den Soll-Werten abzugleichen, um den Grad der Zielerfüllung zu ermitteln.

4.7.5 Wartbarkeit nach ISO 9126

Wartbarkeit ist schon mehrfach definiert worden. Die ISO-9126-Definition von Wartbarkeit baut auf diesen anderen Definitionen auf, lässt aber offen, wie sie genau zu messen ist. Am Ende kommt es auf den erforderlichen Erhaltungsaufwand für das System an relativ zum nötigen Aufwand, um das System zu entwickeln. Welche Faktoren dazu beitragen, den Wartungsaufwand zu steigern, bleibt offen. Der ISO-9126-Standard bietet lediglich Anhaltspunkte wie die Gründlichkeit und Aktualität der Dokumentation, die Änderbarkeit der Architektur und die Sauberkeit des Codes. Genaue Maße für die Messung der Wartbarkeit werden nicht gegeben. Sie bleiben der Interpretation überlassen.

4.7.6 Portabilität nach ISO 9126

Portabilität ist wie Wartbarkeit letztlich nur in Aufwand zu messen, nämlich dem Aufwand, ein System von einer Umgebung in die andere zu übertragen, relativ zum Aufwand, das System neu zu entwickeln. Im besten Fall ließe sich etwa mit Java-Bytecode die Software in eine andere Umgebung transferieren und auf Anhieb ausführen. Etwas aufwendiger wäre es, den Code neu zu kompilieren, aber sofern er nicht geändert werden muss, gilt das System immer noch als sehr portabel. Am schlimmsten wäre es, wenn der Code komplett ersetzt werden müsste. Zwischen diesen beiden Extremen liegt eine Messskala, auf der sich die Portabilität von 0 bis 100 % bewegt. Portabilität lässt sich also messen, und zwar am prozentualen Anteil des zu ändernden Codes. Der ISO-Standard bietet zwar keine genauen Maße an, impliziert jedoch diese Art der Portabilitätsmessung.

Am Ende ist daraus zu schließen, dass solche Standards wie IEEE 620 und ISO 9126 letztlich nur Anhaltspunkte für die Messung anbieten können. Die eigentlichen Qualitätsmaße müssen von den Benutzern der Standards selbst artikuliert werden, und zwar in Bezug zu dem, was sie unter Qualität verstehen wollen. Diese Erfahrung wurde in einer Studie an der Universität Regensburg bestätigt. Dort wurde ein Internetsicherheitssystem nach den Vorschriften der ISO 9126 bemessen und bewertet. Es stellte sich dabei heraus, dass der Prüfer eigene Maßzahlen braucht, um die Standards anzuwenden. Der ISO-Standard allein hätte nicht gereicht, das System zu bewerten [Pern07].

4.8   Folgen fehlender Qualitätsmessung

Gleichwohl Qualitätskennzahlen schon länger vorhanden sind, nutzen sie die wenigsten Softwareentwicklungsbetriebe. Das hat Ursachen, die mit den Kennzahlen selbst nichts zu tun haben. Wer Qualität misst, misst indirekt die Erzeuger dieser Qualität, und keiner möchte gerne gemessen werden. Kein Entwickler würde je von sich aus nach dem Maßstab rufen, und wenn doch, dann nur nach dem eigenen Maßstab. Um keine Unruhe zu stiften, wurden die Entwickler von solchen Qualitätsmessungen verschont. Infolgedessen konnte jeder seine eigene Qualität bestimmen. Das hat dazu geführt, dass die meisten Anwendersysteme in einem mehr oder weniger schlechten Zustand sind. Nur die großen Softwarehersteller haben sich die Mühe gemacht, den Zustand ihrer Software zu überwachen. Wenn heutzutage alte Systeme gemessen werden, kann man nur feststellen, wie weit sie von den herrschenden Qualitätsnormen entfernt sind. Der Code ist meistens unverständlich, monolithisch, chaotisch strukturiert und brüchig. Die geringste Änderung genügt, um das Kartenhaus zum Einsturz zu bringen. Sonstige Dokumentation gibt es kaum. Dies ist eine Folge mangelnder Aufsicht durch das IT-Management. Die Entwickler waren auf sich selbst gestellt. Richtlinien gab es keine. Jeder konnte tun und lassen, was er wollte.

Dabei hätte es nicht so kommen müssen. Werkzeuge für eine automatisierte Codemessung sind schon seit den 70er Jahren vorhanden – siehe Testbed, Verilog und Battlemap [SEFK98]. Wer wollte, konnte geeignete Werkzeuge finden. Das Problem liegt darin, dass keiner wollte. Für die IT-Führungskräfte war es immer bequemer, sich nicht in Details einzumischen. Die Folgen dieser liberalen Politik stellten sich erst viele Jahre später heraus. Die Softwaresysteme wurden immer unbeweglicher und brüchiger. Heute bezeichnet man sie als Legacy-Systeme und schiebt deren schlechte Qualität auf ihr Alter. So schlecht müssten sie aber gar nicht sein, hätte das Management sich um ihre Qualität gekümmert. Eine regelmäßige Qualitätsmessung – wie bei manchen Schwerkranken die Vorsorgeuntersuchung – hätte verhindert, dass die Software in einen so schlechten Zustand gerät. Nun ist es aber zu spät, und etliche Anwender müssen mit den Folgen dieser liberalen Haltung leben. Es ist eben nicht so, dass der Softwareentwickler von sich aus das Richtige tut. Er muss dazu „gezwungen" werden. Zu viel Freiheit ist der sicherste Übergang in den Untergang. Deshalb muss jeder Anwenderbetrieb sowie jedes Softwarehaus eine Qualitätsmanagementstelle etablieren, die als Erstes die Kosten der schlechten Qualität ermittelt und dann Maßnahmen einleitet, um dies in Zukunft zu verhindern. Zu diesen Maßnahmen gehört das regelmäßige Prüfen und Messen der Software [Jenn95].

5 Anforderungsmessung

Die Messung von Softwareanforderungen steckt noch in den Kinderschuhen. Bisher wurden die Anforderungen von den Metrikforschern weitgehend ignoriert. Die ersten Messungsansätze sind nur in der Literatur zum Anforderungsmanagement zu finden. Einige Experten zu diesem Thema, z.B. Chris Rupp, Christof Ebert, Klaus Pohl und die Robertsons, haben sich Gedanken gemacht, wie sie die Qualität der Anforderungen beurteilen bzw. die Einhaltung der von ihnen aufgestellten Regeln kontrollieren können. Daraus folgten einzelne Metriken zur Messung der Anforderungsqualität. Inzwischen haben einige Hochschulen das Thema aufgegriffen und diese Metrik in Kriterienkataloge zusammengefasst. Es ist nur eine Frage der Zeit, bis wir eine allgemein akzeptierte Metrik für die Anforderungsmessung haben [RFMP09].

Für die Messung der Anforderungsgröße wird gerne das Function-Point-Maß zitiert. Wie wir aber sehen werden, sind Function-Points eher ein Maß für den Systementwurf, weil sie Daten voraussetzen, die erst im Entwurf verfügbar sind. Ein besseres Maß für die Größe der Anforderung ist der Use-Case-Point. Ein weiteres Maß ist die Anzahl der aus den Anforderungen ableitbaren Testfälle, der Geschäftsobjekte, der Geschäftsregeln und der spezifizierten Aktionen und Zustände. Auf diese Maße kommen wir im Abschnitt über die Anforderungsquantität zurück.

Vorschläge zur Messung der Anforderungskomplexität gibt es bisher kaum. Das ist ein leerer Raum, den die Autoren zu füllen versuchen. So werden in diesem Kapitel einige Metriken vorgeschlagen, die zwar anwendbar, aber noch nicht durch empirische Studien bestätigt worden sind.

Anforderungsproduktivität ist ebenfalls ein jungfräuliches Thema. Bisher wurde die Erstellung von Anforderungsdokumenten, falls sie überhaupt nach außen vergeben wurde, stundenweise bezahlt. Da jedoch immer mehr Aufwand in die Erfassung, Verfassung und Fortschreibung der Anforderungsdokumente investiert wird, suchen Kunden nach einem Schlüssel, um den Aufwand für die Anforderung zu schätzen oder zumindest beurteilen zu können. Gerade im öffentlichen Bereich, wo nach V-Modell-XT gearbeitet wird und viele Projekte extern vergeben werden müssen, spielt die Erfassung und Dokumentation der Anforderungen in Form eines Lastenheftes eine zentrale Rolle. Die Erstellung des Lastenheftes und der Prüfspezifikation nimmt einen erheblichen Anteil des Gesamtaufwandes in Anspruch: bis zu 30 %, wenn sie richtig nach Vorschrift erstellt werden [HöHö08]. Hier stellt sich die berechtigte Frage, wie viele Anforderungen, Anwendungsfälle, Objekte, Regeln und Textseiten ein Analytiker pro Zeiteinheit schaffen kann. In dem Maß, wie explizite Anforderungserstellungsprojekte als Voraussetzung zur Vergabe von Entwicklungsprojekten stattfinden, wächst der Bedarf an Maßen für die Anforderungsproduktivität.

Die Qualität der Anforderungen steht schon lange im Visier der Softwarequalitätssicherung. Mehrere Studien haben nachgewiesen, dass ein Großteil der Softwarefehler auf die mangelnde Qualität der Anforderungen zurückzuführen ist. Die erste umfangreiche Studie über Fehlerstatistik von Albert Endres im Jahre 1975 stellte fest, dass mehr als die Hälfte der 430 Fehler bei der Entwicklung des DOS/VS-Betriebssystems auf Mängel in den Anforderungen und im Entwurf zurückzuführen waren [Endr75]. Die Untersuchungen von Linda Laird und Carol Brennan von der S.E.I. weisen auch darauf hin, dass über 40 % der Fehler in den Anforderungen zu finden sind [LaBr06]. Christof Ebert unterstreicht ebenfalls, dass die Anforderungsdokumentation die Hauptfehlerquelle in fast allen Projekten darstellt und dass Probleme mit den Anforderungen der Hauptgrund für den Abbruch von Projekten ist [Eber08]. Auch der Autor Sneed hat in seiner Funktion als Qualitätsbeauftragter in einem großen Bankenprojekt festgestellt, dass 44 % der gemeldeten Fehler ihre Ursache in den Anforderungen hatten [SHT04]. Also ist die Qualität der Anforderungen von großer Bedeutung für den Erfolg einer Softwareentwicklung. Um die Qualität zu sichern, muss sie gemessen werden, d.h. wir brauchen eine Anforderungsmetrik.

5.1 Tom Gilbs Anstoß der Anforderungsmessung

Bezüglich der Messung von Softwareanforderungen war der Beitrag von Tom Gilb wohl der erste Anstoß. Gilb, ein nach Norwegen ausgewanderter Kalifornier, hat als Erster begonnen, sich mit der Messbarkeit der Analyseergebnisse und des Systemmodells auseinanderzusetzen. Es war Gilb, der behauptet hat, eine schlechte Maßzahl sei besser als gar keine, denn darüber könnte man wenigstens diskutieren.

Sein Buch mit dem Titel „Software Metrics" erschien in Schweden 1976, ein Jahr vor der Herausgabe von Halsteads „Elements of Software Science" [Gilb76b]. Demnach gilt Gilb als der Vater der Softwaremetrik. Gilb wie auch der Autor Sneed wurden von dem damaligen Großprojekt des amerikanischen Verteidigungsministeriums sehr beeindruckt. Das Projekt für das ballistische Raketenabwehrsystem nutzte die höchste Softwaretechnologie, die es damals gab. Die Anforderungsspezifikationen wurden mit der grafischen Requirement Specification Language (RSL) erstellt. Der Systementwurf wurde mit der Program Design Language (PDL) dokumentiert. Programmiert wurde hauptsächlich mit FORTRAN-IV. Getestet wurde mit dem Requirement Evaluation and Verifikation Package (RXVP), dem ersten anforderungsbasierten Testsystem, das Testfälle aus der Anforderungsspezifikation generierte [Alfo79]. Diese allererste Entwicklungsumgebung lieferte viele Zahlen, z.B. die Anzahl der Kanten und Knoten in den Anforderungsnetzen, die An-

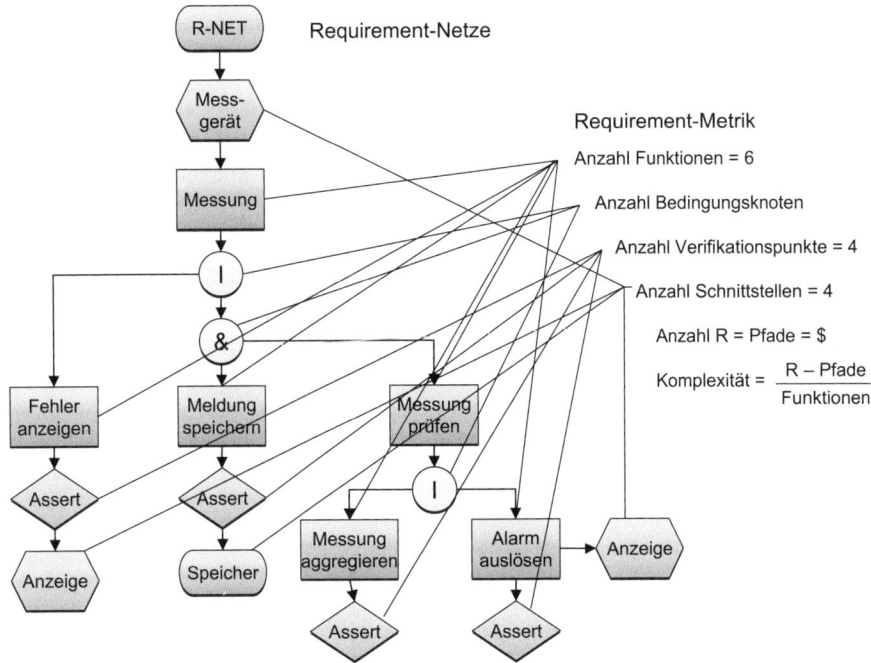

Abbildung 5.1 Anforderungsmetrik aus einem RSL-Anforderungsnetz

zahl der Verifikationspunkte, die Anzahl von Assertions und die Anzahl der Teilnetze, aus denen später Komponenten abgeleitet wurden. Gilb, der ursprünglich an diesem Projekt beteiligt war, nutzte diese Zahlen, um ein Metriksystem aufzubauen (siehe Abb. 5.1).

Gilb unterscheidet zwischen Anforderungs-, Entwurfs- und Codemetrik. Die Anforderungsmetrik unterteilt er in funktionale und nicht-funktionale Maße. Funktionale Maße messen den Umfang und die Komplexität der funktionalen Anforderungsnetze. Nichtfunktionale Maße sind die Qualitätsziele die das System zu erfüllen hat.

Typische Maße für den Umfang der Anforderungen sind die

- Anzahl der Anforderungsbaum- bzw. Anforderungsnetzknoten
- Anzahl der Ein- und Ausgabeobjekte für jeden Netzknoten
- Anzahl der definierten Zustände
- Anzahl der spezifizierten Regeln bzw. Zusicherungen
- Anzahl der Datenspeicher
- Anzahl der Benutzerinteraktionen (den Vorgänger zum Anwendungsfall).

Typische Maße für die Komplexität der Anforderungen sind die

- Breite und Tiefe der Funktionsbäume
- Dichte der Funktionsnetze
- Verhältnis der Objektzustände zu den Objekten

- Verhältnis der bedingten Baum- bzw. Netzknoten zur Summe aller Baum- bzw. Netzknoten
- Verhältnis der Regeln zu den Funktionen.

Nicht funktionale Maße waren für Gilb sehr wichtig, denn daran wird letztendlich die Qualität eines Systems gemessen. Neben den üblichen harten Qualitätskriterien wie Performanz, Zuverlässigkeit, Fehlerhäufigkeit und Sicherheit definierte Gilb als Erster eine Metrik für die weichen Qualitätsmerkmale wie

- Portierbarkeit
- Reparierbarkeit
- Wiederverwertbarkeit und
- Wartbarkeit.

Bei der Performanzmessung unterscheidet Gilb zwischen

- Effizienz
- Effektivität und
- Belastbarkeit.

Alle diese Qualitätsmerkmale brachte Gilb in eine relationale Skala, um sie miteinander zu vergleichen. Man kann also behaupten, Gilb sei der Erste, der darauf gekommen ist, Anforderungsmerkmale überhaupt zu messen. Er machte sogar Vorschläge für die Automatisierung dieser Messung, doch es fehlten ihm die Mittel, sie umzusetzen. Viele Jahre später sollten fast alle seiner Messvisionen, auch die in puncto Anforderungen, in Erfüllung gehen.

5.2 Weitere Ansätze zur Anforderungsmessung

5.2.1 Der Boehm-Ansatz

Einer der ersten nach Gilb, der sich mit der Komplexität und Qualität von Anforderungen auseinanderzusetzen begann, war Barry Boehm, der Chief Software Scientist bei TRW. In einem Fachartikel aus dem Jahr 1984 mit dem Titel „Verifying and Validating Software Requirement Specifications" schlägt er vier Messkriterien vor:

- Vollständigkeit
- Konsistenz
- Machbarkeit und
- Testbarkeit [Boeh84].

5.2.1.1 Vollständigkeit

Boehm definiert Vollständigkeit als den Grad, zu dem alle Teile fertig sind und zu dem jeder einzelne Teil fertig ist. Außerdem sollen die Ziele aller Beziehungen bzw. Verweise vorhanden sein. Boehm bietet zur Feststellung, ob die Anforderungen vollständig sind, folgende Messwerte an:

- Anzahl der TBDs (noch zu bestimmende Faktoren)

- Anzahl der Verweise ins Leere bzw. Hinweise auf nicht existierende Entitäten, z.B. der Satz „Abweichungen werden in einem Abweichungsbericht protokolliert", wenn der Abweichungsbericht nirgendwo definiert ist

- Anzahl der fehlenden Pflichtangaben, wenn laut Vorschrift gewisse Angaben zu machen sind und welche fehlen

- Anzahl der fehlenden Funktionen, wenn allgemein bekannt ist, dass gewisse Handlungen wie z.B. eine Datensicherung zu einer Anwendung gehören, und diese fehlen

- Anzahl der fehlenden Produkte, wenn eine Auslieferung des spezifizierten Systems andere Produkte voraussetzt und diese nirgends erwähnt sind.

5.2.1.2 Konsistenz

Konsistenz wird von Boehm definiert als der Grad, zu dem die Aussagen in der Anforderungsspezifikation miteinander übereinstimmen und zu dem sie nicht in Widerspruch zu übergeordneten Richtlinien stehen. Die Messwerte für die Konsistenzprüfung sind

- Anzahl der internen, sich widersprechenden Aussagen, wenn an einer Stelle etwas anderes steht als an einer anderen Stelle, z.B. wenn es auf einer Seite heißt, nur der Administrator hat Zugriff auf die Autorisierungstabelle und auf einer anderen Seite heißt es, ein privilegierter Anwender darf die Autorisierungstabelle verändern.

- Anzahl der Widersprüche zu externen Dokumenten, wenn z.B. eine Firmenrichtlinie vorschreibt, dass alle kritischen Daten doppelt zu speichern sind, und in der Anforderung heißt es, die Rechnungsdaten werden nur in einer Tabelle gespeichert.

- Anzahl der nicht verfolgbaren Anforderungen, also jene Anforderungen, die sich nicht auf implementierte Komponenten, Datenbanken, Schnittstellen oder Performanztests verfolgen lassen. Ihre Erfüllung ist nicht nachvollziehbar.

5.2.1.3 Machbarkeit

Machbarkeit betrachtet Boehm von zwei Seiten: ob erstens die Anforderungen überhaupt technisch realisierbar sind und ob zweitens die Realisierung wirtschaftlich ist, d.h. die Kosten der Implementierung dem erwarteten Nutzen entsprechen bzw. im Rahmen der geplanten Kosten liegen. Demzufolge beziehen sich die vorgeschlagenen Messwerte auf die Kosten und Risiken der Realisierung und Erhaltung.

- Anzahl der Anforderungen, die nur mit hohen, nicht kalkulierbaren Kosten zu realisieren sind

- Anzahl der Anforderungen, deren Kosten die geplanten Kosten überschreiten

- Anzahl und Gewicht der Risiken, die bei der Realisierung auftreten könnten

- Relation der auf Basis der Anforderungsdokumente geschätzten Realisierungskosten zu den geplanten Kosten

■ Relation der geschätzten Erhaltungskosten zu den geplanten Erhaltungskosten, d.h. wenn die Wartung und Weiterentwicklung voraussichtlich mehr kostet als vorgesehen.

5.2.1.4 Testbarkeit

Boehm liefert eine sehr prägnante Definition von Testbarkeit bezüglich der Anforderungsspezifikation. Er behauptet, die Anforderungen sind so weit testbar, als es möglich ist festzustellen, ob sie erfüllt oder nicht erfüllt werden. Entweder gibt es eine klare Ja/Nein-Entscheidung dafür oder es gibt eine Bandbreite, innerhalb derer eine Entscheidung möglich ist. Unpräzise, nicht eindeutig definierte Ziele gelten als nicht testbare Anforderungen. Die daraus entstandenen Messwerte sind

■ die Anzahl der testbaren Anforderungen relativ zur Anzahl nicht testbarer Anforderungen

■ die Anzahl der quantifizierten Anforderungen relativ zur Anzahl nicht quantifizierter Anforderungen

■ die Anzahl der Möglichkeiten, die der Anwender oder Tester hat, den Zustand des Systems zu kontrollieren

■ die Anzahl der geplanten Zwischenergebnisse, die sich kontrollieren lassen, relativ zu allen Ergebnissen.

Boehm ist nicht so weit gegangen, eine allumfassende Metrik zur Messung der Anforderungsqualität zu definieren, aber er hat Ziele gesetzt und Fragen gestellt. In einzelnen Fällen hat er sogar Maßregeln vorgegeben. Somit hat er einen Rahmen für die Messung von Anforderungen aufgestellt und Beispiele für deren Ausbau geliefert. Es sollte anderen überlassen bleiben, diesen Rahmen mit konkreten Inhalten zu füllen.

5.2.2 N-Fold Inspektion

N-Fold Inspektion wurde 1990 von Martin und Tsai als Technik vorgeschlagen, um potenzielle Fehler in einem Anforderungsdokument zu finden. Die Idee hier war, das Anforderungsdokument an verschiedene Leser zu verteilen. Jeder Leser notiert, welche Mängel er entdeckt. Mängel können formaler oder inhaltlicher Art sein. Die Leser treffen sich anschließend und tauschen ihre Mängellisten aus. Die redundanten Mängel werden eliminiert, und am Ende bleibt die gemeinsame Menge aller Mängel. Diese werden nach Schwere in Klassen geteilt und gewichtet. Zum Schluss wird die Gewichtung summiert. Die Summe der gewichteten Mängel relativ zur Größe des Anforderungsdokuments in Zeilen ist dann die Qualitätsnote für das Dokument.

Getestet wurde diese Methode mit den Anforderungen zur Spezifikation einer Eisenbahn-Verkehrssteuerung in England. Es stellte sich heraus, dass ein einziger Leser maximal 37 % aller gemeldeten Mängel aufdecken konnte. Daraus ist zu schließen, dass eine Prüfung der Anforderungsdokumentation aus verschiedenen Gesichtspunkten erfolgen muss. Eine Sichtweise allein kann nur eine partielle Bewertung liefern[MaTs90].

5.2.3 Parnas & Weis Anforderungsprüfung

In seiner Arbeit mit der Anforderungsspezifikation für A7 Jägerbomber der US-Marine kam David Parnas auf eine Methode zur Prüfung der Anforderungsdokumente. Auch er schlug vor, die Prüfungsarbeit auf mehrere Personen zu verteilen. Jede Person sollte nach einem anderen Gesichtspunkt nach Mängeln suchen. Für jeden Gesichtspunkt gibt es eine andere Checkliste.

Parnas unterscheidet zwischen den beiden groben Mängelklassen

- Errors of Omission
- Errors of Commission

Zur ersten Klasse gehören folgende Mängelarten:

- Fehlende Funktionalität
- Fehlende Performanzkriterien
- Fehlende Referenzen
- Fehlende Schnittstellen.

Zur zweiten Klasse zählen die Mängelarten

- Uneindeutige Aussagen
- Widersprüchliche Aussagen
- Falsche Aussagen
- Verletzung der Richtlinie.

Jede dokumentierte Anforderung wird gegen die Checkliste für die Errors of Commission geprüft. Anschließend wird das Dokument gegen die Sollvorstellungen der Prüfer abgeglichen, um fehlende Anforderungen zu erkennen. Jeder Prüfer notiert seine Mängel. Zum Schluss werden sie zusammengeführt und bereinigt, um eine Auswertung nach Mängelart zu erstellen [PaPe02].

5.2.4 Abgleich der Anforderungen nach Fraser und Vaishnavi (Anforderungsprüfung)

Um die Qualität der Anforderung von sicherheitskritischen Systemen messen zu können, schlagen Fraser und Vaishnavi vor, dass man für ein und dasselbe Problem zwei verschiedene Anforderungsspezifikationen erstellt und miteinander abgleicht. Vorausgesetzt wird, dass sie von verschiedenen Personen stammen, aber vom gleichen Format sind. Es muss also möglich sein, Anforderungen in dem einen Dokument mit den Anforderungen im anderen Dokument in Deckung zu bringen. Anforderungen, die in einem Dokument vorkommen, aber im anderen Dokument fehlen, werden als Unvollständigkeit aufgefasst. Anforderungen, die zwar in beiden Dokumenten vorkommen, aber nicht identisch sind, z.B. wenn Prädikat, Objekt und Subjekt nicht übereinstimmen, werden als Inkonsistenz betrachtet.

Die Zahl der unvollständigen und inkonsistenten Anforderungen wird ermittelt und mit der Gesamtzahl der Anforderungen verglichen, um einen Qualitätskoeffizienten zu erreichen. Die Anforderungen müssen eine Mindestqualität von 0,8 erreicht haben, um abgenommen zu werden. Damit wollten die beiden Wissenschaftler verhindern, dass die Entwicklung begonnen wird, ehe die Anforderungen voll ausgereift sind [FrVa97].

5.2.5 Verfolgung der Anforderungen nach Hayes

Jane Hoffman Hayes und ihre Kollegen an der Universität von Kentucky haben versucht, die Qualität der Anforderung anhand ihrer Verfolgbarkeit zu messen. Sie schlagen vor, den Anforderungstext mit einer Suchmaschine zu durchkämmen und Begriffe zu paaren, z.B. Subjekt mit Objekt und Objekt mit Prädikat. Begriffe und Begriffstypen werden nach deren Häufigkeit gewichtet. Danach bauen sie eine Bedeutungsskala für Begriffe auf.

Die Begriffe werden weiter in abstrakte, übergeordnete und konkrete untergeordnete Begriffe eingeteilt. Übergeordnete Begriffe erscheinen im Übertitel und als Wurzelknoten von Bäumen. Untergeordnete Begriffe sind Elemente einer Aufzählung, Knoten eines Baumes oder Objekte einer Handlung.

Es obliegt dem Anforderungsprüfer, Suchfragen an eine Textmaschine zu formulieren, in denen die Begriffspaare die Suchobjekte sind. Alle Anforderungen, in denen die gesuchten Begriffe vorkommen, werden aufgelistet. Falls eine Anforderung mit den gesuchten Begriffen nicht erkannt wird, gilt dies als unverfolgbar. Die Trefferrate (T) ist die Zahl der getroffenen Anforderungen (R) über die Zahl der getroffenen Anforderungen plus die Zahl der verpassten Anforderungen (R~):

$$T = \frac{R}{R + R\sim}$$

Ein zweites Maß ist die Präzision der Suchaktionen. Wenn eine Suchaktion Anforderungen als gefunden meldet, diese die Suchkriterien aber nicht wirklich erfüllen, gelten diese als falsche Suchergebnisse oder „false positives". Diese falschen Ergebnisse (FP) werden mit der Zahl der Suchaktionen (SA) verglichen, um die Präzisionsrate (P) zu bekommen. Die Präzisionsrate (P) ist die Zahl der Suchaktionen (S) über die Zahl der Suchaktionen plus die Zahl der falschen Ergebnisse (FP):

$$P = \frac{S}{S + FP}$$

Die Verfolgbarkeit (V) einer Anforderungsdokumentation ist die Trefferrate (T) mal die Präzisionsrate (P):

V=T*P

Das heißt, wenn von 100 Anforderungen 85 durch 50 Suchfragen nach Begriffspaaren entdeckt werden und 3 Anforderungen fälschlicherweise als gefunden gemeldet werden, ist die Verfolgbarkeit

$$\frac{100}{100+15} * \frac{50}{50+3} = 0,82$$

Hayes behauptet, dieses Maß sei für die spätere Rückverfolgung des Codes und der Testfälle auf die Anforderungsspezifikation sehr wichtig, womit sie sicherlich recht hat, sofern die semantischen Ebenen eines Softwareproduktes über eine begriffliche Suchaktion miteinander verglichen werden können [Hays06].

Das Werkzeug für die Messung der Anforderungsverfolgbarkeit (RETRO) haben Hayes und ihre Kollegen weiter ausgebaut und an zwei fertigen Softwareprodukten ausprobiert. Es hat sich gezeigt, dass die Verfolgbarkeitsvoraussage aufgrund der Textsuche nach Begriffspaaren zu 77 % mit der tatsächlichen Verfolgbarkeit aufgrund des Vergleichs des Source-Codes übereinstimmt. Damit ist die Verfolgbarkeitsmessung doch relativ zuverlässig [Hays05].

5.2.6 Bewertung der Anforderungen nach Glinz

Eine andere Sicht auf die Anforderungen wirft Fragen nach deren wirtschaftlichem Wert auf. Das Thema „Value based Software Engineering" setzt bei den Anforderungen an. Martin Glinz von der Universität Zürich fordert daher, dass Anforderungen bezüglich ihres Nutzwerts gemessen werden [Glin08].

Er wendet seinen Messansatz bei den nicht-funktionalen Anforderungen wie Portabilität, Performanz und Wartbarkeit an, um die Praktikabilität des Ansatzes nachweisen zu können. Dennoch könnte der gleiche Ansatz zur Messung der funktionalen Anforderungen verwendet werden.

Glinz unterstützt die These von Tom Gilb, dass alle nicht-funktionalen Anforderungen zu quantifizieren sind. Demnach müsste Performanz mit exakten Antwort- und Durchlaufzeiten ausgedrückt werden. Manche nicht-funktionalen Anforderungen basieren jedoch auf Schätzwerten, z.B. Portabilität = 1 (geschätzter Portierungsaufwand/geschätzter Neuentwicklungsaufwand). Glinz meint, dies sei aber nicht genug. Anforderungen sind nur Mittel zum Zweck, also um den Wert des Produktes zu steigern oder die Kosten der Produktentwicklung und -erhaltung zu mindern. Demzufolge schlägt er einen Ansatz zur Quantifizierung des Nutzwertes einer Anforderung vor.

Glinz dreht die Anforderungen ins Negative um und fragt, was es kosten würde, wenn sie nicht erfüllt werden. Bei der Performanzanforderung hieße das, wie viel Arbeitszeit der Benutzer verliert, wenn die Performanzkriterien nicht eingehalten werden. Diese verlorene Zeit könnte dann in Geld umgesetzt werden. Bei der Portabilität heißt es, wie viel mehr Aufwand hätte der Benutzer, das System zu portieren, wenn die Portierbarkeitskriterien nicht erfüllt sind. Die Frage lautet, wie viel mehr die Erhaltung des Systems kosten wird, wenn die Wartbarkeit niedriger ist als das angeforderte Wartbarkeitsmaß. Die Kosten der Nichterfüllung einer Anforderung sind zugleich der Nutzwert ihrer Erfüllung. Somit lassen sich die Anforderungen nach Nutzwert priorisieren.

Glinz geht noch einen Schritt weiter und stellt die Frage nach den Nutznießern der Anforderungserfüllung bzw. nach den sogenannten „Stakeholdern". Diese teilt er in drei Kategorien ein: geringe Nutznießer, wichtige Nutznießer und kritische Nutznießer. Die Kosten der Nichterfüllung einer Anforderung eines kritischen Nutznießers wiegen mehr als die für einen wichtigen Nutznießer, und dessen Kosten wiederum wiegen mehr als die für einen geringen Nutznießer. Die Frage hier ist, wer die Nutznießer klassifiziert und wie dies geschehen sollte. Diese Frage würde eine unendliche Diskussion in den Anwenderbetrieben auslösen. Ergo ist die Gewichtung der Nutznießer recht problematisch. Es bleibt bei der Schätzung der Nichterfüllungskosten. Wenn dies gelingt, könnten die Anforderungen sehr wohl nach ihrem Nutzwert geordnet werden.

Das Ranking der Anforderungen nach wirtschaftlichem Nutzwert wäre für die Steuerung der Systementwicklung eine große Hilfe. In einer iterativen Entwicklung zöge man jene Anforderungen mit dem höheren Nutzwert vor. Für den Test wäre eine derartige Bewertung noch wichtiger. Die Tester könnten ihren Testaufwand auf die Anforderungen mit dem höchsten Nutzwert konzentrieren. Dies diente dem Ziel des risikobasierten Tests.

5.2.7 ISO-Standard 25030

Der neue ISO-Standard für die Spezifikation der Qualitätsanforderung bzw. der nicht-funktionalen Anforderungen schreibt ein Schema zur Anforderungsdefinition vor. Das Schema sieht für jede Anforderung eine Reihe von Attributen vor [Boeg08].

Diese sind u.a.

- Qualitätsmerkmal
- Messeinheit
- Messmethode
- Zielwert.

Als Beispiel zur Anwendung dieses Schemas wird die Antwortzeit angeführt:

- Qualitätsmerkmal = Antwortzeit
- Messeinheit = Sekunden
- Messmethode = Erfassung der vergangenen Zeit zwischen dem Drücken der Enter-Taste und dem Erscheinen der Antwort auf der Benutzeroberfläche
- Zielwert = zwei Sekunden

Nach dem Standard sollte es für jede nicht-funktionale Anforderung ein solches Definitionsschema geben. Dies wäre im Sinne der Anforderungsmessung ein großer Schritt nach vorne. In weiterer Folge sind diese Beschreibungsschablonen auf die funktionalen Anforderungen zu übertragen, denn auch deren Erfüllungsgrad muss sich messen lassen. Hierfür müssen branchenspezifische Lösungen ausgearbeitet werden, z.B. Automatisierungsgrad einer Buchung. Bis es soweit ist, die Erfüllung fachlicher Anforderungen zu quantifizieren, ist noch viel Forschungsarbeit zu leisten [ISO07].

5.2.8 Das V-Modell-XT als Referenzmodell für die Anforderungs- messung

In Deutschland hat der Lehrstuhl von Prof. Broy an der TU München ein Referenzmodell für die Dokumentation der Anforderungen ausgearbeitet [Broy07]. Da der gleiche Lehrstuhl auch für die Entwicklung des V-Modell-XT verantwortlich ist, sind die Erzeuger des Modells bemüht, das Modell an die Kriterien eines V-Modell-Lastenheftes anzupassen. Das Referenzmodell skizziert die Mindestinhalte, die ein Lastenheft, sprich Anforderungsdokument, haben sollte, um als solches abgenommen zu werden.

Dazu gehören

- ■ eine Auflistung der Systemziele
- ■ eine Liste der funktionalen Anforderungen
- ■ eine Liste der nicht-funktionalen Anforderungen
- ■ ein Funktionsmodell, etwa in Form von Anwendungsfällen
- ■ ein Datenmodell in der Gestalt von E/R-Diagrammen
- ■ eine Liste der Systemeinschränkungen
- ■ eine Liste der Abnahmekriterien (siehe Abb. 5.2).

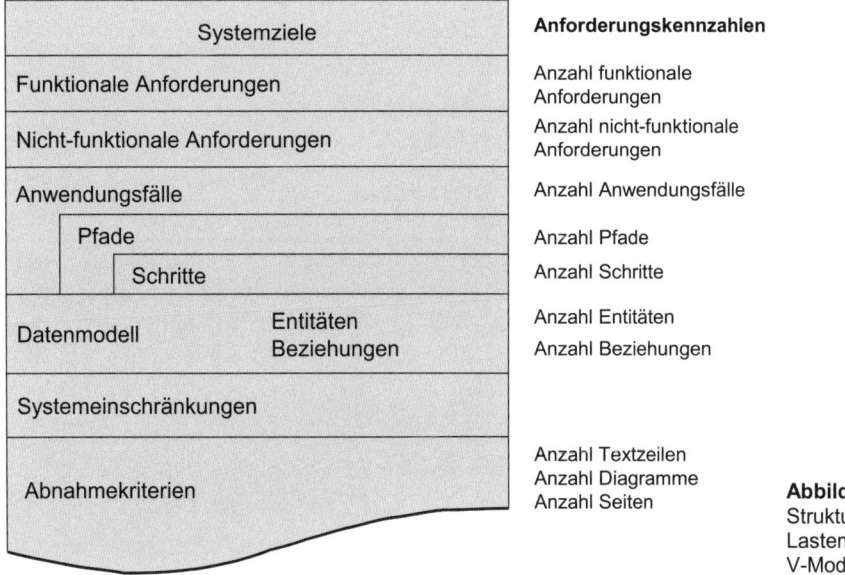

Abbildung 5.2
Struktur eines
Lastenhefts nach
V-Modell-XT

Die formale Qualität der Anforderungsdokumente wird vor allem daran gemessen, zu welchem Grad sie alle Pflichtinhalte beinhalten. Jedes Dokument wird gegen eine Prüfliste geprüft, und es wird kontrolliert, ob alle Pflichtinhalte vorhanden sind. Eine tiefergehende Qualitätsmessung hat das V-Modell-XT nicht zu bieten [GeHö05].

5.3 Eine Metrik für Anforderungen von C. Ebert

In seinem Buch „Systematisches Requirements Management" geht der international anerkannte Metrikexperte Christof Ebert auf das Thema Metrik für Anforderungen ein [Eber05]. Laut Ebert muss die Messung der Software mit der Messung der Anforderungen beginnen, denn Probleme mit der Software sind fast immer auf Probleme mit den Anforderungen zurückzuführen. Geringe Soll/Ist-Abweichungen in den Anforderungen vergrößern sich zu massiven Soll/Ist-Abweichungen in der Implementierung eines Produkts. Es soll daher ein Ziel sein, die Qualität der Anforderungen zu messen – nicht nur, um sie nachzubessern, sondern um Schlüsse über die Qualität des späteren Produkts zu ziehen. Dass wir auch die Quantität der Anforderungen messen müssen, ist allen klar, die mit algorithmischen Aufwandschätzmethoden umgehen. Function-Points, Data-Points, Use-Case-Points und auch Test-Points werden alle aus den Anforderungen abgeleitet.

Ebert zufolge genügen nur wenige Metriken, um die Anforderungen unter Kontrolle zu bringen. Diese sind

- die Zahl aller Anforderungen in einem Projekt
- der Fertigstellungsgrad der Anforderungen
- die Änderungsrate pro Entwicklungsphase
- die Anzahl der Ursachen für die Anforderungsänderung
- die Vollständigkeit des Anforderungsmodells
- die Anzahl der Mängel in den Anforderungen
- der Nutzwert der einzelnen Anforderungen (siehe Abb. 5.3).

Datum:	Soll-Wert	Ist-Kosten	Fertigstellung	Ist-Wert
Anforderung-1	1.000	1.000	100%	1.000
Anforderung-2	1.500	2.000	50%	750
Anforderung-3	2.000	2.500	10%	200
Anforderung-4	3.000	3.000	50%	1.500
Anforderung-5	10.000	8.000	50%	5.000
Anforderung-6	1.500	1.000	50%	750
Anforderung-7	1.000	1.000	50%	500
Anforderung-8	2.000	1.000	10%	200
Anforderung-9	1.000	500	10%	100
Anforderung-0	2.000	0	0%	0
Summe	25.000	20.000		10.000
Fertigstellung	Geliefert=10 %	Getestet=10 %	Kodiert=70 %	Spez.=90 %

Abbildung 5.3 Nutzwertanalyse der Anforderungen nach C. Ebert (Claus Ebert, Systematisches Requirements Engineering und Management, dpunkt 2008))

5.3.1 Zahl aller Anforderungen in einem Projekt

Die Zahl der Anforderungen ist ein Volumenmaß für den Umfang des Vorhabens, vor allem dort, wo die Anforderungen gleichmäßig spezifiziert werden. Diese Zahl steht im Zusammenhang mit dem Aufwand zur Erstellung der Anforderungsdokumentation. Sie ist auch ein anderes Maß für den zu erwartenden Projektaufwand. Kurz gefasst hängt die Größe der Software von der Anzahl der Anforderungen ab.

5.3.2 Fertigstellungsgrad der Anforderungen

Ebert unterscheidet zwischen drei Klassen der Fertigstellung. Zum einen gibt es die noch zu liefernden Anforderungen, die zunächst nur eine Überschrift sind. Zum anderen gibt es die vereinbarten Anforderungen, die ausführlich beschrieben sind. Drittens gibt es die abgenommenen Anforderungen, die geprüft und bestätigt sind. Hier kommt es darauf an zu ermitteln, wie viel Prozent der Anforderungen zu jeder Klasse gehören.

5.3.3 Änderungsrate der Anforderungen

Die Änderungsrate von Anforderungen zeigt, wie stabil das Projekt ist. Sie wird errechnet als Prozentsatz der geänderten und später hinzugefügten Anforderungen von allen Anforderungen. Wenn eine bestehende Anforderung umformuliert oder korrigiert wird, gilt sie als geändert. Wenn eine neue Anforderung hinzukommt, wird sie als Zusatz betrachtet. Diese Metrik ist für die Bewertung des Projekts äußerst wichtig, denn wenn sie zu hoch ist, ist das Projekt gefährdet. Laut einem Gerichtsentscheid in den USA dürfen die Anforderungen sich maximal um 24% jährlich nach Abschluss des Entwicklungsvertrages ändern. Darüber hinaus muss der Vertrag neu ausgehandelt werden [Jone98].

5.3.4 Zahl der Änderungsursachen

Änderungen zu den Anforderungen haben mehrere Ursachen. Dazu gehören Versäumnisse bei der ursprünglichen Anforderungsermittlung ebenso wie veränderte Projektziele und eine veränderte Ausgangslage. Ebert schlägt vor, dass man Änderungsursachen klassifiziert und die Änderungen entsprechend zuordnet. Es soll möglich sein, Änderungsursachen auszuwerten.

5.3.5 Vollständigkeit des Anforderungsmodells

Das Anforderungsmodell soll danach gemessen werden, zu welchem Grad es alle anstehenden Anforderungen abdeckt. Wenn z.B. Anforderungen in Form von Anwendungsfällen spezifiziert werden, sollte jeder Anwendungsfall auf die damit erfüllten Anforderungen hinweisen. Die Anforderungen werden vor den Anwendungsfällen aufgelistet und nummeriert. In der Schablone zur Beschreibung eines Anwendungsfalls werden die Nummern der Anforderungen aufgelistet, die von diesem Anwendungsfall befriedigt werden. Das An-

wendungsfallmodell ist soweit vollständig, als alle einzelnen Anforderungen von den Anwendungsfällen referenziert werden. Die Modellvollständigkeit lässt sich anhand des Pro-
zentsatzes referenzierter Anforderungen von allen aufgelisteten Anforderungen messen.

5.3.6 Anzahl der Anforderungsmängel

Wie in fast allen Büchern zum Thema Anforderungsanalyse schlägt Ebert in seinem Buch
eine Reihe formaler Regeln vor, deren Einhaltung es zu prüfen gilt. Zur Prüfung der Regeln gibt es eine Checkliste. Die Regeln reichen von der Art, wie Anforderungen zu formulieren sind, bis hin zur Anzahl der Sätze pro Anforderung. Es wird unter anderem geprüft, ob die Anwendungen testbar, verfolgbar, umsetzbar und nachvollziehbar sind. Abweichungen von den Regeln und fachliche Versäumnisse bzw. Inkonsistenzen werden als
Mängel notiert. Die Anzahl gewichteter Mängel ist ein Indikator für die Qualität der Anforderungsspezifikation.

5.3.7 Anzahl der Mängelarten

Die identifizierten Mängel lassen sich nach Mängelarten klassifizieren. Es gibt Vollstän-
digkeitsmängel, Konsistenzmängel, fachliche Mängel, sprachliche Mängel, formale Män-
gel usw. Die Zahl der Mängelarten ist nach Ebert ebenso wichtig wie die Anzahl der Män-
gel selbst, denn mit den Mängelarten lässt sich die Ursache der Mängel untersuchen.

5.3.8 Nutzwert der Anforderungen

Schließlich schlägt Ebert vor, dass der Analytiker jeder Anforderung einen Nutzwert zu-
weist. Dieser Nutzwert könnte ein Geldbetrag oder eine Punktzahl wie „Earned Values"
sein. Dies trifft sowohl für die nicht-funktionalen wie auch für die funktionalen Anforderungen zu. So hat jede Anforderung einen Wert, der sich im Sinne der wertgetriebenen
Softwareentwicklung mit den Werten der anderen Anforderungen vergleichen lässt. Damit
lassen sich die Anforderungen priorisieren und ihrem Wertbeitrag zuordnen. Der gesamte
Nutzwert eines Projektes lässt sich dann als Summe der einzelnen Nutzwerte für alle Anforderungen errechnen. Dieser Nutzwert der Anforderungen soll als Basis für die Projekt-
fortschrittskontrolle dienen. Ein Projekt ist nur so weit fertig, wie der Nutzwert der implementierten Anforderungen relativ zum geplanten Gesamtnutzwert realisiert ist. Dies ist
auch der Gedanke hinter der „Earned-Value"-Projektmanagementtechnik.

5.4 Die Sophist-Anforderungsmetrik

Die Sophist-Gruppe in Nürnberg gilt in Deutschland als Marktführer auf dem Gebiet des Anforderungsmanagements. Dort hat die Geschäftsführerin Christina Rupp schon 2003 begonnen, Regeln für die Formulierung von Anforderungen aufzustellen [Rupp04]. Nicht weniger als 25 Regeln hat sie formuliert, um sowohl deutsche als auch englische Anforderungssätze zu prüfen. Diese Regeln wurden später als Sophist-Regelwerk bezeichnet.

Dazu gehören Regeln wie die folgenden:

- Ein Anforderungssatz muss ein Subjekt haben.
- Ein Anforderungssatz darf nur ein Objekt haben.
- Ein Anforderungssatz darf nur bestimmte Universalautoren verwenden.
- Ein Anforderungssatz darf Prädikate nicht nominalisieren.
- Ein Anforderungssatz darf keine Prozessworte als Prädikate verwenden.

Zu diesen Regeln hat Rupp inzwischen auch eine Metrik für die Messung der Anforderungsqualität konzipiert. Die von ihr vorgeschlagenen Qualitätsmaße sind

- Eindeutigkeit
- Passivform
- Klassifizierbarkeit
- Identifizierbarkeit
- Lesbarkeit
- Sortierbarkeit (siehe Abb. 5.4).

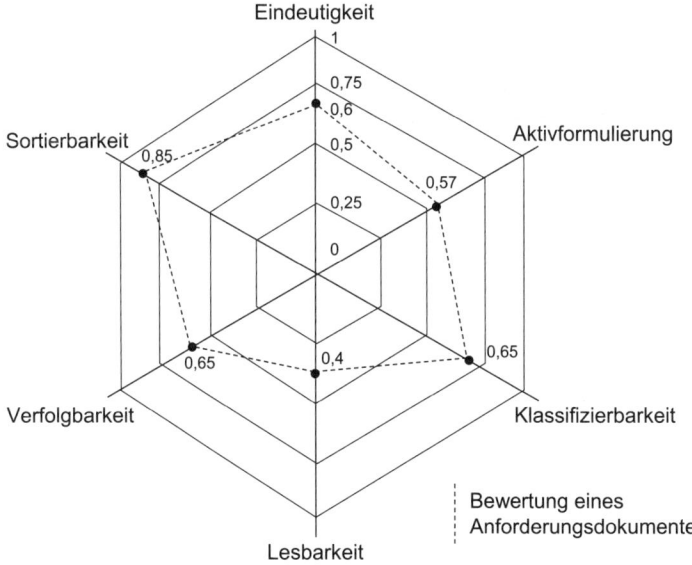

Abbildung 5.4
Metrik zur Messung der Anforderungsqualität nach C. Rupp

5.4.1 Eindeutigkeit der Anforderungen

Rupp definiert Eindeutigkeit in Bezug auf die Einhaltung der Regeln. Eine Anforderung ist eindeutig, wenn jeder Leser dasselbe darunter versteht. Dieses Ziel ist erreicht, wenn sämtliche Eindeutigkeitsregeln eingehalten sind. Ergo wird die Eindeutigkeit wie folgt ermittelt:

$$Eindeutigkeit = \frac{Anforderung\ ohne\ Regelverletzung}{alle\ Anforderungen}$$

5.4.2 Ausschluss der Passivform bei den Anforderungen

Passivformlosigkeit ist ein Nominalbegriff für die Abwesenheit passiver Sätze. Ein passiver Satz wird in der dritten Person formuliert, z.B. „Am Monatsende wird ein Bericht generiert". Je mehr solche Sätze die Anforderungsdokumentation enthält, desto schwächer ist sie. Für die Ermittlung der Passivformlosigkeit schlägt Rupp folgende Gleichung vor

$$Passivformlosigkeit = \frac{aktiv\ formulierte\ Sätze}{alle\ Sätze}$$

5.4.3 Klassifizierbarkeit der Anforderungen

Laut Rupp sollte es möglich sein, Anforderungen zu klassifizieren, z.B. könnte es eine Klasse rechtlich verbindlicher Anforderungen oder eine Klasse adaptierbarer Anforderungen geben. Ob eine Anforderung zu einer bestimmten Klasse gehört, wird über die Verwendung gewisser Schlüsselwörter entschieden. Diese Schlüsselwörter müssen vorher definiert sein. Wenn diese in dem Text einer Anforderung vorkommen, wird diese Anforderung jener Klasse zugeordnet, auf die ihre Schlüsselbegriffe hinweisen. Sollten Schlüsselwörter von zwei oder mehr Klassen beinhaltet sein, gehört die Anforderung zu mehreren Klassen. Der Koeffizient für Klassifizierbarkeit ist

$$Klassifizierbarkeit = \frac{Anforderungen\ mit\ erkennbaren\ Schlüsselworten}{alle\ Anforderungen}$$

5.4.4 Identifizierbarkeit der Anforderungen

Es wird verlangt, dass alle Anforderungen eindeutig gekennzeichnet sind. Am besten ist es, wenn sie durchnummeriert sind. Denn nur so ist es möglich, eine bestimmte Anforderung zu identifizieren und zu verfolgen. In allen weiteren semantischen Ebenen – ob im Entwurf, im Code oder im Test – wird auf das Kennzeichen der Anforderung hingewiesen. Deshalb muss jede Anforderung eindeutig identifizierbar sein. Die Metrik für die Identifizierbarkeit der Anforderung ist

$$Identifizierbarkeit = \frac{Anforderung\ mit\ Kennzeichen}{alle\ Anforderungen}$$

5.4.5 Lesbarkeit

Einzelne Anforderungen müssen verstanden werden, ohne andere Anforderungen mit einzubeziehen. Wenn eine Anforderung auf eine andere Stelle im Text verweist bzw. auf eine andere Anforderung, so vermindert dies die Lesbarkeit. Der Leser muss die anderen Anforderungen suchen und mitlesen, um die eine Anforderung zu verstehen. Daher ist zu empfehlen, die Anforderungen unabhängig voneinander zu beschreiben. Je weniger Anforderungen mit Querverweisen zu anderen Anforderung es gibt, desto leichter ist es, den Anforderungstext zu lesen. Der Koeffizient für Lesbarkeit ist demnach

$$Lesbarkeit = \frac{Anforderungen\ ohne\ Querverweise}{alle\ Anforderungen}$$

5.4.6 Selektierbarkeit

Es besteht ein Bedarf, Anforderungen nach bestimmten Kriterien zu selektieren. Die Unterscheidung zwischen funktionalen und nicht-funktionalen Anforderungen erfüllt schon ein Selektionskriterium. Anforderungen können nach Verantwortlichkeit oder nach Priorität ausgesucht werden. Zu diesem Zweck sollten alle Anforderungen gewisse Pflichtattribute haben. Typische Anforderungsattribute sind verantwortliche Person, Priorität und Datum. Für diese Metrik zählt, wie viele Anforderungen überhaupt solche Attribute haben. Der Koeffizient ist daher

$$Selektierbarkeit = \frac{attributierte\ Anforderungen}{alle\ Anforderungen}$$

Es dürfte klar sein, dass diese recht einfache Metrik nur einen Anfang der Anforderungsmessung darstellt. Rupp selbst räumt ein, dass sie verfeinert und vertieft werden müssen. Aber sie sind immerhin ein erster Schritt. In dem Maße, wie die Anforderungen zunehmend strukturiert und formalisiert werden, wird es immer leichter, sie zu messen. Es werden sich ebenfalls immer mehr Metriken anbieten. So gesehen ist die Strukturierung der Anforderungstexte eine unabdingbare Voraussetzung für deren Messung. Strukturierbarkeit und Formalisierungsgrad sind eng mit der Messbarkeit verbunden [Rupp06].

5.5 Werkzeuge für die Anforderungsmessung

5.5.1 Anforderungsmessung in den früheren CASE-Werkzeugen

In den 80er Jahren des letzten Jahrhunderts wurden viele sogenannter CASE-Tools entwickelt, um die Softwareentwicklung in den frühen Phasen Analyse und Spezifikation zu unterstützen. CASE (Computer-Aided Software Engineering) war ein Vorgänger der heutigen „model-driven"-Entwicklung. Das ISDOS Tool Set von Prof. Daniel Teichroew und seinen Mitarbeitern an der Michigan State University [Teic77] lieferte das Grundmodell

für die vielen CASE-Werkzeuge, die folgen sollten, z.B. die Werkzeuge IEW von Know-
ledgeware und IEF von Texas Instruments [Lewi91]. Mit diesen Werkzeugen konnten die
Anforderungen im Rahmen eines E/R-Modells erfasst und geprüft werden. Da die Entitätentypen und Beziehungsarten klassifiziert werden, konnten sie auch gezählt und verglichen werden. Dadurch wurde die breite Masse der IT-Anwender zum ersten Mal mit der
Möglichkeit der Anforderungsmessung konfrontiert. Die CASE-Statistik war eine interessante Beigabe zu den Werkzeugen [BBBr93].

5.5.2 Anforderungsmessung im CASE-Tool SoftSpec

Auch einer der Autoren hatte ein solches CASE-Tool entwickelt und unter dem Namen
SoftSpec auf den deutschen Markt gebracht. SoftSpec teilte das Anforderungsmodell in
zwei Teilmodelle ein: ein Datenmodell und ein Funktionsmodell mit Querverbindungen
zwischen beiden. Die zwei Teilmodelle waren wiederum in eine grobe und eine feine Ebene geteilt. Auf der groben Ebene des Datenmodells befanden sich die Geschäftsobjekte,
auf der feinen Ebene waren ihre Attribute. Auf der groben Ebene des Funktionsmodells
befanden sich Geschäftsvorgänge und auf der feinen Ebene deren Elementarfunktionen.
Somit konnten die Entitäten (Vorgänge, Objekte, Funktionen und Daten) leicht gezählt
werden. Da zwischen diesen Entitäten Beziehungen definiert werden konnten (z.B. Vorgänge erzeugen, ändern und löschen Objekte, Funktionen setzen, nutzen und befragen Attribute, Vorgänge haben Funktionen, und Objekte haben Attribute), war es ebenfalls möglich, Beziehungen zu zählen [Sned86].

SoftSpec führte eine Tabelle dieser Zahlen und schrieb sie bei jeder Änderung zum Modell
fort. Nach Bedarf konnte es einen Anforderungsmetrikbericht erzeugen, in dem die Größen, Komplexitäten und Qualitäten angezeigt wurden. Die Größe der Anforderung war die
Anzahl der Ausprägungen eines jeden Entitätentyps, die Anzahl Objekte, die Anzahl Attribute, die Anzahl Vorgänge und die Anzahl Funktionen. Die Komplexität war das Verhältnis der Anzahl der Entitäten zur Anzahl der Beziehungen. Je mehr Beziehungen es gab,
desto höher die Komplexität. Die Qualität der Anforderungen wurde als Produkt von Konsistenz und Vollständigkeit errechnet. Vollständigkeit war der Grad, zu dem alle Pflicht-
merkmale einer Entität korrekt ausgefüllt waren, z.B. Typ, Länge, Präzision und Kurzname
eines Attributs. Konsistenz war der Grad, zu dem die Beziehungen miteinander übereinstimmten [Sned88a]. So musste es von einem Vorgang aus mindestens eine Beziehung zu
einem Objekt geben, und umgekehrt musste es von einem Objekt aus eine Beziehung zum
selben Vorgang geben (siehe Abb. 5.5).

Im Rückblick war SoftSpec ein Vorgriff auf die modellbasierte Entwicklung. Das Tool
lieferte nicht nur eine modellbasierte Anforderungsspezifikation, sondern gleich dazu eine
automatisierte Qualitätsprüfung der Anforderungen und ein Messmodell für die Messung
ihrer Größe, Komplexität und Qualität. Später lieferte SoftSpec gegen Ende der 80er Jahre
auch Function-Points und Data-Points an das Schwesterwerkzeug SoftMan für die Kalkulation des Projektentwicklungsaufwands. Mit dem Werkzeug SoftSpec stand also bereits in
den 80er Jahren eine umfangreiche Anforderungsmetrik zur Verfügung. Dass diese Funktion

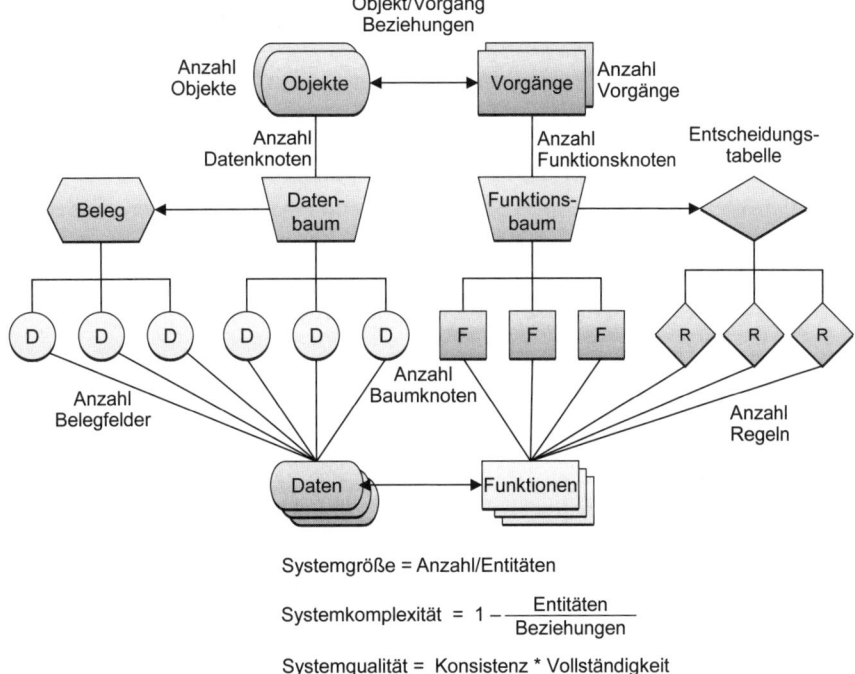

Abbildung 5.5 Das SoftSpec-Anforderungsmodell

des Werkzeuges so wenig genutzt wurde, lag daran, dass die IT-Anwender damals kein ausreichendes Metrikbewusstsein hatten. Das war der Auslöser für das Europäische Esprit-Projekt MetKit im Jahre 1989. Dieses sollte Ausbildungsmaterial für die Schärfung des Metrikbewusstseins erstellen [DFKW96].

5.5.3 Anforderungsmessung in den gegenwärtigen Requirements Management Tools

Die gängigen Requirements Management Tools sind – wie auch die früheren CASE-Tools – nicht prinzipiell dazu da, die Anforderungen zu messen. Ihr Hauptziel ist die Erfassung und Verwaltung der Anforderungen. Wenn sie Kennzahlen liefern, ist das nur als nützliche Beigabe zu sehen. Beispiele dafür sind RequistePro von IBM, DOORS von Telelogic, CaliberRM von Borland und CARE von der Sophist. Alle der erwähnten Werkzeuge erzeugen eine Statistik über die Anzahl der erfassten Anforderungselemente, die dazu dienen kann, die Quantität der Anforderungen zu messen. Eine Messung der Komplexität und Qualität fehlt. Wenn ein Anwender seine Anforderungen messen möchte, muss er sie erst in einem geeigneten Tool erfassen. Da aber nur wenige Anwender ein solches Tool haben, bleiben ihre Anforderungen nicht messbar. Die überwiegende Mehrzahl der IT-Anwender erfassen ihre Anforderungen immer noch in Textdokumenten, allenfalls mit einem Template wie Volere [RoRo99]. Für diese Anwender ist das folgende Werkzeug gedacht.

5.5.4 Anforderungsmetrik aus dem Werkzeug TextAudit

TextAudit ist ein Werkzeug für die Analyse natursprachlicher Texte. Ursprünglich wurde er entwickelt, um aus den Anforderungsdokumenten Testfälle abzuleiten. Inzwischen erfüllt das Produkt etliche andere Zwecke, u.a. die Messung der Anforderungen [Sned09]. Da alle Sätze in ihre Grundelemente zerlegt werden, können Hauptwörter, Zeitwörter und Eigenschaftswörter erkannt und gezählt werden. Sämtliche Hauptwörter werden gesammelt und dem menschlichen Benutzer zur Ansicht gestellt. Er hat damit die Möglichkeit, die relevanten Objekte auszuwählen. In einem zweiten Durchlauf werden alle Sätze, in denen relevante Objekte vorkommen, in drei Klassen geteilt:

- Handlungen auf Objekte = Aktionen
- Objektzustandserklärungen = Zustände
- Objektzustandsprüfungen = Regeln.

Daraus geht die Zahl potenzieller Testfälle hervor [Sned05]. Außerdem werden anforderungsrelevante Spracheigenschaften wie die Anforderungen selbst, die Objekte, die Objektreferenzen und die Interaktionen mit den Benutzern gezählt. Insofern als sie erkennbar sind, werden auch Benutzerschnittstellen, Benutzer, Berichte und Datenbestände gezählt. Falls die Anforderungsdokumente Anwendungsfälle beinhalten, werden nicht nur diese gezählt, sondern auch deren Attribute (Auslöser, Vorbedingungen, Nachbedingungen, Pfade, Schritte, Ausnahmen usw.) identifiziert und hochgezählt (siehe Abb. 5.6).

```
+--------------------------------------------------------------------+
|        Number of Requirements specified       =======>      132    |
|        Number of User Interfaces specified    =======>       59    |
|        Number of User Reports specified       =======>       20    |
|        Number of Objects specified            =======>      413    |
|        Number of Objects referenced           =======>     1440    |
|        Number of Predicates specified         =======>      154    |
|        Number of States identified            =======>      117    |
|        Number of Actions identified           =======>      186    |
|        Number of Rules identified             =======>      136    |
|        Number of System Actors specified      =======>        5    |
|        Number of Use Cases specified          =======>       31    |
|        Number of Use Case Triggers specified  =======>       17    |
|        Number of Use Case Paths specified     =======>       62    |
|        Number of Use Case Steps specified     =======>      207    |
|        Number of UseCase Preconditions specified=======>     30    |
|        Number of UseCase Postconditions specified=====>      60    |
|        Number of UseCase Exceptions specified =======>       13    |
|        Number of UseCase Relations  specified =======>       28    |
|        Number of UseCase Attributes specified =======>      788    |
|        Number of Test Cases extracted         =======>      407    |
|        L A S T E N H E F T   S I Z E    M E T R I C S              |
|        Number of Function-Points              =======>     1084    |
|        Number of Data-Points                  =======>     4288    |
|        Number of Object-Points                =======>     4938    |
|        Number of Use Case Points              =======>      480    |
|        Number of Test Case Points             =======>      683    |
+--------------------------------------------------------------------+
```

Abbildung 5.6 Anforderungsmetrikbericht aus dem Tool TextAudit

5.5.4.1 Anforderungsgrößen

Aus den Zählungen der mehr als 30 einzelnen Anforderungseigenschaften werden fünf Größenmetriken abgeleitet:

■ Function-Points

■ Data-Points

■ Object-Points

■ Use-Case-Points

■ Test-Points.

Die Function-Points werden anhand der Aktionen, Interaktionen, Schnittstellen und logischen Objekte gezählt [Bund04]. Die Data-Points gehen aus der Anzahl der Objekte, Attribute und Suchbegriffe hervor [Sned90]. Object-Points hängen von der Anzahl der referenzierten Objekte und objektbezogenen Regeln ab [Sned96]. Für die Ermittlung der Use-Case-Points werden die Use-Cases anhand der Anzahl ihrer Schritte in komplexe, mittelkomplexe und einfache Use-Cases eingeteilt. Je nachdem werden 15, 10 oder 5 Points vergeben. Auch die Akteure werden nach Art ihrer Schnittstelle mit 1, 2 oder 3 Use-Case-Points gewichtet [Karn93]. Die Test-Points basieren auf der Anzahl der Testfälle plus die Anzahl der zu testenden Benutzer- und Systemschnittstellen [SBS08].

Mit den Function-Points, Data-Points, Object-Points und Use-Case-Points kann der Aufwand für die Realisierung der Anforderung geschätzt werden. Mit den Test-Points lässt sich der Testaufwand kalkulieren. Die Anzahl der Testfälle ist allein für sich ein maßgeblicher Indikator für die Höhe des Testaufwandes. Bei der Generierung der Prüfspezifikation wird sie benutzt, um die Testkosten zu schätzen.

5.5.4.2 Anforderungskomplexitäten

Der Textanalysator errechnet fünf Metriken für die Komplexität der Anforderung:

■ Datendichte

■ Funktionsdichte

■ Bedingungsdichte

■ Referenzierungsdichte und

■ Testfalldichte.

Die Datendichte ist die Anzahl der Objekte und Attribute relativ zur Anzahl einzelner Wörter. Die Funktionsdichte ist die Anzahl der Anwendungsfälle, Aktionen und Interaktionen relativ zur Anzahl der Sätze. Die Bedingungsdichte ist, wie das Wort schon impliziert, die Anzahl bedingter Handlungen relativ zur Anzahl aller Handlungen. Die Referenzierungsdichte ist das Verhältnis der Anzahl der Objektreferenzen zur Anzahl der Objekte. Die Testfalldichte ist schließlich die Anzahl der Testfälle relativ zum Textumfang der Sätze. Diese Komplexitätsmaße sagen etwas über die Dichte der in dem Dokument enthaltenen Anforderungen aus bzw. wie kompakt sie im Verhältnis zur Länge des Textes sind.

5.5.4.3 Anforderungsqualitäten

Die fünf Qualitätsmetriken des Textanalysators sind die

- Vollständigkeit
- Konsistenz
- Modularität
- Testbarkeit und
- Konformität

der Anforderungen.

Die Vollständigkeit ergibt sich rein formal aus der Anzahl der erfüllten Pflichtangaben relativ zu allen Pflichtangaben, d.h. zu welchem Grad die erforderlichen Angaben tatsächlich vorhanden sind. Die Konsistenz bezieht sich auf die Zahl der Objekte, die zwar definiert, aber nirgendwo referenziert werden, d.h. sie sind weder der Gegenstand einer Handlung noch sind sie Gegenstand einer Prüfung. Die Modularität ist ein Maß für die Aufteilung des Textes in kleine Textbausteine. Die Testbarkeit ist das Verhältnis der Anzahl der Testfälle zur Anzahl der Anforderungen und Anwendungsfälle. Konformität ist, wie das Wort andeutet, der Grad der Einhaltung von Richtlinien für die Verfassung von Anforderungen.

5.5.4.4 Prüfung der Rupp-Regel

Zu den Richtlinien gehört auch eine Auswahl der bereits erwähnten Rupp-Regel [Rupp06]. Die Rupp-Regeln beziehen sich auf die Formulierung der Anforderungstexte. Ihre Einhaltung ist eindeutig entscheidbar: entweder ja oder nein. Mit ihrer Hilfe lässt sich die Zahl der Regelverletzungen leicht ermitteln. Diese Zahl ist wiederum eine Aussage über die Qualität des Dokuments. Ein Anforderungsdokument ist in dem Maße gut, wie es die Regel einhält. Es ist in dem Maße schlecht, wie es die Regel missachtet. Natürlich ist dies nur eine Aussage über die Mitteilungskraft der Anforderungen bzw. über deren Formulierung. Die fachliche Richtigkeit steht hier nicht zur Debatte. Diese muss separat von jemandem beurteilt werden, der sich mit dem Fach auskennt. Aber ein Regelwerk für die formale Qualität der Anforderungen zu haben, ist schon ein großer Schritt in Richtung Messbarkeit. Es ist sogar möglich, die Regel zu gewichten und eine gewichtete Konformität mit den Regeln zu messen.

Schließlich empfehlen Rupp und ihre Mitautoren die Nutzung von Statistiken für die Verfolgung der Anforderungsfertigstellung. Zu diesem Zweck schlagen sie folgende Kategorien der Fertigstellung vor:

- Anzahl der Anforderungen
- Anzahl der Anforderungen in Arbeit
- Anzahl fertiger Anforderungen
- Anzahl geänderter Anforderungen
- Anzahl geprüfter Anforderungen
- Anzahl abgenommener Anforderungen.

Mithilfe dieser Zahlen ist es möglich, den Fortschritt bei der Anforderungserstellung genau zu verfolgen und darüber Aussagen zu machen. Diese Fortschrittsstatistik ist ein Beispiel für die Anwendung einer Prozessmetrik. Die Konformität und Verfolgbarkeit der Anforderungen zu messen, ist andererseits ein Beispiel für Produktmetrik. Zusammen zeigen sie, dass es durchaus möglich ist, Metrik schon bei der Erstellung der Anforderungen anzuwenden.

5.5.4.5 Implementierung der Sophist-Metrik

Zusätzlich zu den oben genannten Qualitätsmaßen misst das Textanalysatorwerkzeug wahlweise auch fünf der Sophist-Qualitätsmaße:

- Passivformlosigkeit
- Klassifizierbarkeit
- Identifizierbarkeit
- Lesbarkeit und
- Selektierbarkeit.

Der Mittelwert dieser fünf Maße wird mit dem Mittelwert der anderen Qualitätsmaße multipliziert, um die Gesamtqualität der Anforderungen als einziges Qualitätsmaß auszudrücken. Damit wird zumindest die formale Qualität der Anforderungsdokumentation vergleichbar.

5.5.4.6 Erfahrung mit dem Textanalysator

Inzwischen ist der Textanalysator in zahlreichen Projekten der Firma ANECON eingesetzt worden. Die Ergebnisse werden vor allem dazu benutzt, die Größe des Vorhabens aus dem Anforderungsdokument zu gewinnen. Sie wird aber auch benutzt, um die Qualität der Anforderungsdokumente zu sichern. Die Qualitätsmetrik aus der Anforderungsanalyse dient u.a. dazu, die Analytiker auszubilden und die Qualität der Dokumente zu verbessern. Es wurden damit inzwischen mehr als 30 umfangreiche Lastenhefte gemessen. Auf die Projekterfahrung mit dem Werkzeug wird in Kapitel 11 näher eingegangen. Es genügt hier festzustellen, dass es durchaus möglich ist, Anforderungsdokumente automatisch zu messen, und zwar sowohl quantitativ als auch qualitativ. Das macht die Erhebung der Anforderungsmetrik wirtschaftlich und zeitlich vertretbar [Sned09].

5.5.5 Darstellung der Anforderungsmetrik

Ebenso wichtig wie die Erfassung der Anforderungsmetrik ist deren Darstellung. Sie sollte in einer Form präsentiert werden, die Manager und Benutzer leicht begreifen können. Selby schlägt dafür ein Metric Dashboard vor, in dem die wichtigsten Indikatoren zusammengefasst werden [Selb09]. Die Autoren haben den Vorschlag aufgegriffen und die Ergebnisse der Anforderungsmessung als XML-Datei bereitgestellt. Damit kann jedes beliebige Grafikwerkzeug die Metrik lesen und darstellen. Das Tool SoftEval ist ein solches Werkzeug für die Anzeige – nicht nur der Anforderungs-, sondern auch der Entwurfs- und Codemetrik. Abbildung 5.7 beschreibt die Metrik aus einer Anforderungsanalyse.

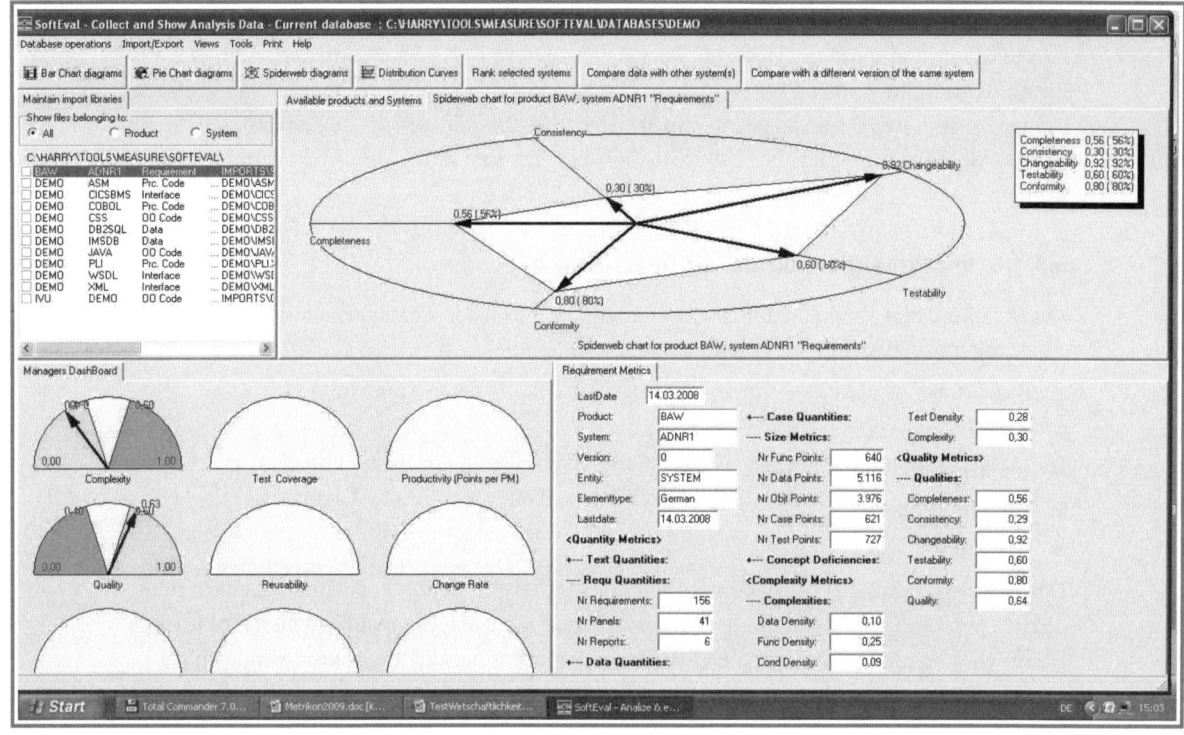

Abbildung 5.7 Grafische Darstellung der Anforderungsqualität

5.6 Gründe für die Anforderungsmessung

In Anbetracht der steigenden Bedeutung der Anforderungen für die Softwareentwicklung wäre es an der Zeit, eine normierte Metrik für die Bewertung der Anforderungen bereitzustellen. Es gibt eine ganze Reihe Gründe für ein hochwertiges Anforderungsdokument. Zum Ersten wird es als Basis für die Aufwandsschätzung verwendet. Zum Zweiten wird es als Ausgangsbasis für die Entwicklung benutzt. Zum Dritten dient es als Rechtsgrundlage. In immer mehr Projekten ist das Anforderungsdokument bzw. das Lastenheft die Schnittstelle zwischen Auftraggeber und Auftragnehmer. Wenn Projekte vor dem Richter landen, was leider immer wieder vorkommt, können die Gerichtsgutachter sich nur auf die Anforderungsdokumente beziehen. Sie haben die Bedeutung rechtsverbindlicher Verträge. Wenn sie nicht gewissen Mindestnormen entsprechen, kann der Richter nur im Sinne der Auftragnehmer entscheiden. Ungenaue, unvollständige Anforderungen können vor Gericht nicht standhalten. Der Auftraggeber muss daher wissen, wenn er ein Projekt ausschreibt, ob seine Dokumente ausreichend detailliert und komplett sind. Es könnte ihn sonst teuer zu stehen kommen. Schon allein deshalb brauchen wir eine Anforderungsmetrik.

6 Entwurfsmessung

Die Messung des Systementwurfs oder wie es heute heißt, der Systemarchitektur, ist in der Messliteratur gut dokumentiert. Das erste Buch explizit zu diesem Thema erschien bereits im Jahre 1990 [CaGl90]. Davor gab es etliche Fachartikel mit Vorschlägen für die Messung der Entwurfsstrukturen. Die meisten bezogen sich auf die Entwurfsqualität. Einige befassten sich mit der Komplexität der Entwurfsstrukturen. Glenford Myers und Wayne Stevens schlugen die Kopplungs- und Kohäsionsmetrik vor, um die Modularität der Entwürfe zu messen [StMC74]. Myers baute diese Maße aus und nutzte sie als Grundlage für seinen Composite-Design-Ansatz [Myer78]. Sallie Henry und Don Kafura entwickelten die Fan-in/Fan-out-Metrik zur Messung der Datenflussstruktur [HeKa81]. Les Belady und Charles Evangelisti stellten eine Metrik zur Bewertung der Zerlegung eines Systems in Teilsysteme vor [BeEv81]. Tom McCabe und Charles Butler brachten eine Reihe einzelner Metriken für die Messung der Entwurfskomplexität heraus, darunter ein zyklomatisches Komplexitätsmaß für Systemprozesse [McBu89]. Alle dieser Metrik-Forscher der ersten Stunde haben einzelne Messansätze für den Systementwurf ins Leben gerufen. Es blieb jedoch Card und Glass vorbehalten, diese einzelnen Ansätze zu sammeln und zu einem allgemeinen Ansatz zur Messung der Entwurfsqualität und -komplexität zusammenzufassen. Zur gleichen Zeit hat der Autor Sneed in Europa ein Werkzeug gebaut, um den Systementwurf automatisch zu messen und die Messwerte in einer Metrikdatenbank abzulegen. Dabei wurden die meisten der obengenannten Messansätze berücksichtigt [Sned88b]. Zu diesem Zeitpunkt waren aber die europäischen IT-Anwender von der Nutzung derartiger Metriken noch weit entfernt.

Die ersten Entwurfsmetriken waren auf das strukturierte Design ausgerichtet. Es ging um Modulhierarchien, Datenmodelle, Datenflüsse, Prozessabläufe und prozedurale Zerlegungsprinzipien. Später kam in den 1990er Jahren die Objekttechnologie auf und brachte die Notwendigkeit mit sich, neue Maße für andersartige Systemstrukturen zu finden. Der Bedarf an neuen objektorientierten Metriken wurde schnell von den Befürwortern der neuen Technologie wie Lorenz [Lore93] und Williams [Will94] aus dem objektorientierten Beratungsgeschäft sowie Forschern wie Chidamer und Kemerer an den Universitäten gedeckt [ChKe94]. So entstand neben der klassischen Entwurfsmetrik eine zweite Welt der objektorientierten Entwurfsmetrik.

Heute gibt es ein umfangreiches Angebot an Entwurfsmetriken sowohl für prozedurale als auch für objektorientierte und aspektorientierte Systeme. Das Problem liegt eher in der Metrikauswahl. Welche der vielen möglichen Maße sollen zur Messung der Größe, Komplexität und Qualität der Systemarchitektur herangezogen werden? Diese Auswahl ist vor allem ein Problem für die Entwickler der Werkzeuge, denn inzwischen ist die Entwurfsmessung genau wie die Codemessung weitgehend automatisiert. Die Anwender und Softwarehersteller können nur das messen, was ihre jeweiligen Messwerkzeuge hergeben. Die Entwicklungswerkzeuge für UML liefern als zusätzliche Produkte Zahlen und rudimentäre Metriken, mit denen die Anwender jener Werkzeuge weitere Metriken ableiten können. Dies gilt als semi-automatischer Ansatz. Als Beispiel für einen vollautomatisierten Ansatz wird das Werkzeug SoftAudit vorgestellt. Damit können alle wichtigen Entwurfseigenschaften einer modernen Softwarearchitektur automatisch gemessen werden.

6.1 Erste Ansätze zu einer Entwurfsmetrik

6.1.1 Der MECCA-Ansatz von Tom Gilb

Metriken für Programmcode hat es schon seit Mitte der 1970er Jahre gegeben, als Maurice Halstead sein Buch *Software Science* und Tom McCabe seine McCabe-Metrik veröffentlicht hat. Metrik für die Struktur bzw. Architektur von Programmsystemen folgte nur nach und nach. Das lag daran, dass das Buch von Tom Gilb zum Thema Metrik in Amerika kaum Beachtung fand. Gilb hatte bereits 1968 mit der Entwicklung der MECCA-Methode begonnen. Die MECCA-Methode (Multi-Element Component Comparison and Analysis) war ein Ansatz, um Systemarchitekturen mittels ihrer quantitativen Eigenschaften miteinander zu vergleichen. Lange vor der Entstehung der Function-Point-Methode hatte Gilb schon Dateien, Datenbanken, Benutzeroberflächen, Module und Schnittstellen gezählt, um die Größe eines Systems zu messen. Die quantitativen Angaben flossen in ein Messmodell ein, wo sie aggregiert und gewichtet wurden. Dabei wurde sowohl die Größe als auch die Komplexität eines Systems gemessen. Das Ziel war, alternative Systemarchitekturen miteinander zu vergleichen. In seinem Buch führt Gilb eine Studie, die er für die schwedische Luftwaffe durchgeführt hat, als Beispiel eines solchen Vergleichs an. Bemerkenswert ist auch, dass Gilb als Erster begann, die Komplexität der Datenbankstrukturen zu messen. Er benutzte dazu die Länge der Zugriffspfade und die Anzahl der betroffenen Satzarten [Gilb75].

6.1.2 Der Structured-Design-Ansatz von Yourdon und Constantine

Es wurde früh erkannt, dass der Schlüssel zum guten Softwaredesign in der Modulbildung lag. In seinem Meilensteinartikel über Kriterien für die Aufteilung von Systemen in Module hatte Parnas schon 1972 die Weichen für die Messung der Modularisierung gestellt [Parn72]. Wenige Jahre später begannen Mitarbeiter des IBM-Entwicklungszentrums im Staat New York mit der Konzipierung einer Methode für den strukturierten Systementwurf

[YoCo79]. Structured Design hatte als Ziel, den Zusammenhalt von Funktionen innerhalb eines Moduls zu maximieren und die Interaktion zwischen Modulen zu minimieren. Ihre Leitlinie war die Feststellung des Soziologen Herbert Simon, dass Systeme, die überleben, als Hierarchien lose gekoppelter Einheiten mit einem starken inneren Zusammenhalt organisiert sind. Constantine prägte die Begriffe „Coupling" und „Cohesion". „Coupling" stand für den Grad der Beziehungen zwischen Modulen und „Cohesion" für den Grad der Zusammengehörigkeit der Daten und Funktionen innerhalb eines Moduls [Simo69].

Myers benutzte eine ordinale Skala, um die Kopplungsarten nach ihrer Güte zu ordnen. Am oberen Ende der Skala stand die Datenkopplung, wenn also einzelne Parameter von einem Modul an ein anderes übergeben werden. Als Nächstes folgte Stempelkopplung, nach der ganze Datengruppen überreicht werden, z.B. Strukturen und Vektoren. Die zweitschlechteste Kopplungsart war die Steuerungskopplung, wenn das aufrufende Modul Steuerungsdaten an das aufgerufene Modul übergibt, das den Ablauf jenes Moduls bestimmt. Die schlechteste Kopplungsart ist die der gemeinsamen Daten, wenn also das aufrufende Modul Daten in eine Datei schreibt und das aufgerufene Modul die Datei liest [Myer75] (siehe Abb. 6.1).

	Qualitätskriterium				Punkte
Bindungsart	**Modularität**	**Fehleranfälligkeit**	**Wiederverwendbarkeit**	**Ausbaufähigkeit**	
Nachricht	gut	gut	gut	gut	12
Parameter	mittel	mittel	mittel	mittel	8
Steuerungsdaten	mittel	mittel	mittel	mittel	8
externe Daten	schlecht	schlecht	schlecht	schlecht	4
Common-Daten	schlecht	schlecht	schlecht	schlecht	4
Ablaufskopplung	schlecht	schlecht	schlecht	schlecht	4

Abbildung 6.1 Bewertung der Modulkopplung nach G. Myers

Eine ähnliche ordinale Skala benutzte Myers, um den Zusammenhalt eines Moduls zu klassifizieren. Das Nonplusultra der Modulbildung ist, wenn ein Modul nur eine Funktion enthält. In dem Falle gäbe es aber zu viele Module. Die nächste bessere Art der Modulbildung ist, wenn alle Funktionen in dem Modul die gleichen Daten verwenden. Die drittbeste Art der Modulbildung ist, wenn die Funktionen eines Moduls prozedural zusammenhängen, d.h. sie werden hintereinander ausgeführt. Die zweitschlechteste Art der Modulbildung ist, wenn die Funktionen logisch zusammenhängen, z.B. es werden alle Plausibilitätskontrollen zusammengefasst. Die schlechteste Art der Modulbildung ist, wenn die darin enthaltenen Funktionen nur willkürlich zusammengeworfen werden. In dem Fall gäbe es keinen Zusammenhalt (siehe Abb. 6.2).

	Qualitätskriterium				Punkte
Funktionale Zusammengehörigkeit	**Modularität**	**Fehler-anfälligkeit**	**Wiederver-wendbarkeit**	**Ausbau-fähigkeit**	
funktional	gut	gut	gut	gut	12
informational	mittel	mittel	gut	gut	10
kommunikational	mittel	schlecht	mittel	mittel	7
prozedural	mittel	schlecht	schlecht	mittel	6
zeitlich	schlecht	mittel	schlecht	mittel	6
logisch	schlecht	hoch	mittel	schlecht	7
willkürlich	schlecht	hoch	schlecht	schlecht	5

Abbildung 6.2: Bewertung des Modulzusammenhalts nach G. Myers

Über die Auslegung der Kopplungs- und Kohäsionskriterien lässt sich streiten, aber die Begriffe selbst haben sich in der Welt des Softwareentwurfs festgesetzt und werden immer wieder als Maßstäbe für die Qualität des Entwurfs verwendet [SaRa07].

6.1.3 Der Datenflussansatz von Henry und Kafura

Im Anschluss an die Diskussion über die optimale Modulbildung erschien ein Beitrag von Sallie Henry und Dennis Kafura über die Messung des Datenflusses zwischen Software-bausteinen. Henry hatte schon 1979 mit dem Thema „Information Flow Metrics" promo-viert, bei dem sie auf Shannons Kommunikationstheorie zurückgegriffen hat. Die Haupt-these in dem Buch von Henry und Kafura ist, dass der Datenfluss zwischen Modulen ein besseres Maß für Systemkomplexität ist als die Aufrufe zwischen Modulen [HeKa81. Aus der Sicht des Moduls gibt es Eingabedatenflüsse und Ausgabedatenflüsse. Ein Datenfluss muss nicht unbedingt von einem anderen Modul herkommen. Daten können verschiedene Quellen haben, z.B. ein anderes Modul, Daten, eine Datenbank oder eine Benutzerschnitt-stelle. Ausgaben können auch verschiedene Senken haben. Ein Eingabedatenfluss ist eine Datenmenge, die auf einmal aus der gleichen Quelle übergeben oder geholt werden. Ein Ausgabedatenfluss ist eine Datenmenge, die auf einmal an die gleiche Senke übergeben oder abgelegt wird (siehe Abb. 6.3).

Die Summe der Eingabedatenflüsse wird als sein „Fan-in" bezeichnet, die Summe der Ausgabedatenflüsse als sein „Fan-out". Die Länge des Moduls ist die Anzahl der ausführ-baren Anweisungen. Die Komplexität eines Moduls ist

$$Länge * (fan\_in + fan\_out)^2$$

Es wird das Quadrat genommen, um die rohe Komplexität eines Moduls relativ zu den an-deren auszugleichen. Dennoch hätte ein Modul mit 200 Anweisungen, 5 Eingabedatenflüs-se und 3 Ausgabedatenflüssen eine Komplexität von 12.800.

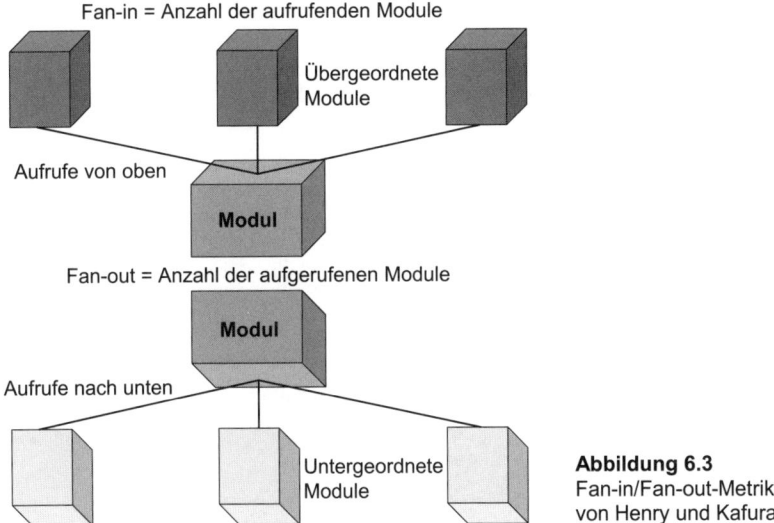

Abbildung 6.3
Fan-in/Fan-out-Metrik
von Henry und Kafura

Henry und Kafura stützten sich auf die damalig weit verbreiteten Datenflussdiagramme. Darin enthalten waren die Knoten, die Module und die Kanten der Datenflüsse. Es war also recht leicht, schon in den Entwurfsdokumenten Fan-in und Fan-out zu ermitteln. Problematisch war die Berechnung der Länge zu diesem Zeitpunkt. Ergo hatte man anstelle der Anweisungen die Anzahl der Entscheidungen gezählt. Henry und Kafura konnten in ihrer Forschung nachweisen, dass eine Korrelation zwischen Modulkomplexität und Änderungshäufigkeit besteht. Allerdings konnten sie nicht nachweisen, dass es eine Korrelation zwischen Modulkomplexität und Fehlerhäufigkeit gibt [KaHe82].

6.1.4 Der Systemgliederungsansatz von Belady und Evangelisti

Im gleichen Jahr, als die Arbeit von Henry und Kafura veröffentlicht wurde, erschien ein Artikel von Belady und Evangelisti zum Thema Systempartitionierung. Bei der Zerlegung eines Systems in Komponenten geht es darum, die Anzahl der Interaktionen zwischen Komponenten zu minimieren. Demnach ist die Qualität eines Systementwurfs an der Anzahl der Interaktionen pro Komponente messbar. Je mehr Interaktionen, sprich Abhängigkeiten eine Komponente hat, desto geringer die Entwurfsqualität. Diese Qualität lässt sich in der einfachen Formel

$$1 - \frac{Anzahl\ der\ Module}{Anzahl\ der\ Modulinteraktionen}$$

ausdrücken (siehe Abb. 6.4).

Unter Modulinteraktionen werden hier sowohl Call-Aufrufe als auch die Nutzung gemeinsamer Daten verstanden. Belady und Evangelisti konnten in einem Wartungsprojekt eine Korrelation zwischen Entwurfsqualität und Änderungsaufwand feststellen [BeEv81].

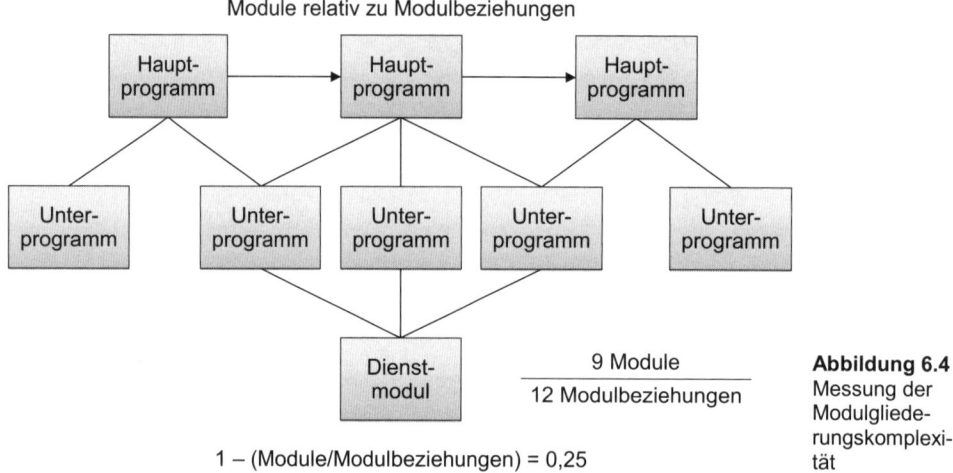

Module relativ zu Modulbeziehungen

9 Module

12 Modulbeziehungen

1 – (Module/Modulbeziehungen) = 0,25

Abbildung 6.4
Messung der Modulgliederungskomplexität

6.2 Entwurfsmessung nach Card und Glass

Der indische Professor C. Ramamoorthy hatte schon Ende der 1970er Jahre eine Trennung zwischen Analyse und Entwurf vollzogen [Rama81]. Analyse sei demnach die Deallokation bzw. die Zerlegung eines Problems in einzelne Teilprobleme bzw. Anforderungen. Hinter jeder Anforderung steckt eine zu implementierende Funktion. Daher der Begriff „Functional Decomposition". Entwurf sei hingegen die Reallokation bzw. Zuordnung der Funktionen zu einer technischen Lösungsstruktur, wobei es darum ging, die fachliche Funktionalität in eine aus Sicht der Rechentechnik günstige Struktur zu bringen. Card und Glass haben diesen Entwurfsprozess in drei Unterprozesse gegliedert:

■ Systementwurf

■ Funktionale Allokation

■ Modulentwurf [CaGl90].

Im ersten Teilprozess – Systementwurf – wird die Grobstruktur der technischen Lösungen skizziert. Dabei werden die tragenden Schichten, z.B. Oberflächenschicht, Verarbeitungsschicht, Dienstleistungsschicht und Zugriffsschicht sowie die Hauptkomponenten dieser Schichten skizziert.

Im zweiten Teilprozess – Funktionale Allokation – werden die aus der Anforderungsanalyse hervorgehenden Einzelfunktionen den technischen Komponenten zugeordnet. Dabei geht es um eine Verpackung der fachlichen Funktionalität unter Berücksichtigung diverser messbarer Entwurfskriterien wie Wiederverwendbarkeit, Testbarkeit, Wartbarkeit und Performanz.

Im dritten und letzten Teilprozess – Modulentwurf – werden die grob zu einer Komponente zugeordneten Funktionen innerhalb der Komponente strukturiert. Dafür existieren etliche messbare Kriterien, nach denen erkennbar ist, ob eine Komponente eine geeignete innere Struktur hat. Der Modulentwurf soll als Schablone für die Zuordnung des Codes dienen, d.h. die Qualität des Codes kann nicht besser sein als die Qualität des Modulentwurfs.

6.2.1 Entwurfsqualitätsmaße

Für Card und Glass stand die Modularität eines Systems im Mittelpunkt der Qualitätsbetrachtung [CaCA87]. Es kam darauf an, Module mit der geeigneten Größe zu schaffen, da diese weder zu groß noch zu klein sein durften. Sie sollten auch „cohesive" sein, das heißt alle Funktionen, die in einem Modul verpackt sind, sollten demselben Zweck dienen. Sie sind über eine Menge gemeinsamer Daten verbunden. Neben der Größe und der Zusammengehörigkeit gibt es die Kopplung bzw. Verbindung der Module miteinander. Module sollten möglichst wenige Verbindungen mit anderen Modulen haben. Außerdem gibt es gute und schlechte Kopplungsarten. Eine Kopplung über gemeinsame globale Daten gilt als unerwünscht. Sie ist zwar effizient, verletzt aber das Prinzip des „Information Hiding", das Parnas schon als oberstes Gebot der Modularisierung aufgestellt hat. Demnach sollte jedes Modul seine Daten für sich behalten. Module dürfen ausschließlich über Eingabe- und Ausgabeparameter kommunizieren (siehe Abb. 6.5).

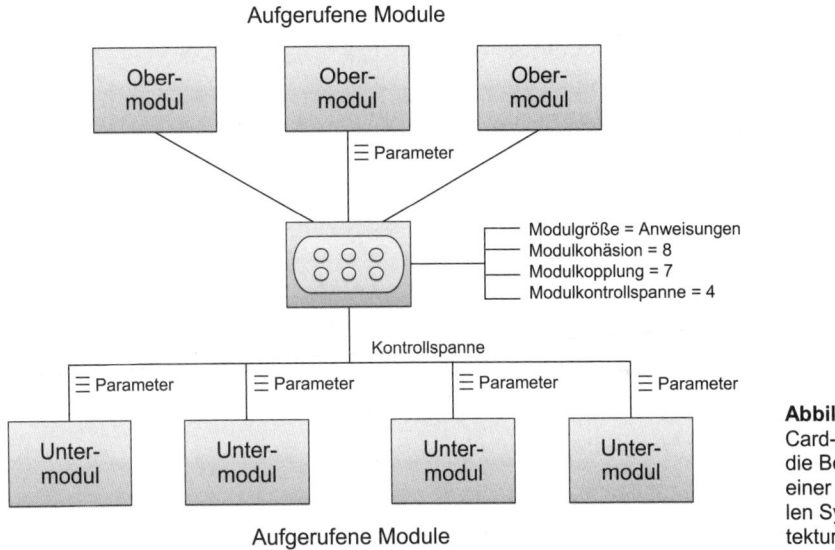

Abbildung 6.5 Card-Metrik für die Bewertung einer prozeduralen Systemarchitektur

Schließlich gilt für Systemstrukturen das gleiche Kriterium wie für Organisationsstrukturen, nämlich die Kontrollspanne zu begrenzen. Ein übergeordnetes Modul wie auch eine übergeordnete Organisationseinheit darf nicht mehr als sieben untergeordnete Module bzw. Subeinheiten haben, sonst wird die Steuerungslogik zu komplex. Um dies zu vermeiden, wird empfohlen, Steuerungskompetenz an Substeuerungseinheiten zu delegieren.

Aus dieser heuristischen Konstruktregel ließen sich einige Entwurfsmetriken ableiten. Mit ihrer Hilfe kann man feststellen, zu welchem Grad die Regeln eingehalten sind. Dazu gehören

- die Modulgrößenmetrik
- die Modulkohäsionsmetrik
- die Modulkopplungsmetrik
- die Modulkontrollspannmetrik.

6.2.1.1 Modulgröße

Für jede Sprache sollte es so etwas wie eine maximal zulässige Anzahl von Anweisungen geben. Übergroße Module sind solche, deren Anweisungszahl die maximale Größe überschreiten. Die Modulgrößenmetrik ist

$$\frac{\textit{Anzahl der übergroßen Module}}{\textit{Anzahl der Module}}$$

6.2.1.2 Modulkohäsion

Die Modulkohäsion wird vom Verhältnis zwischen Funktionen und Daten bestimmt. Je mehr Funktionen die gleichen Daten verwenden, desto stärker ist ihr Zusammenhalt. Wenn viele Funktionen unterschiedliche Daten benutzen, gehören sie nicht zusammen. Also gilt es, nur Funktionen in einem Modul zu haben, die dieselben Daten verarbeiten. Die Kohäsionsmetrik ist demnach

$$\frac{\textit{Anzahl der Funktionen die andere Daten nutzen}}{\textit{Anzahl der Funktionen im Modul}}$$

6.2.1.3 Modulkopplung

Die Modulkopplungsmetrik misst den Grad, zu dem die Module miteinander verbunden sind. Es geht wie gesagt darum, die Verbindungen zu minimieren. Es wird davon ausgegangen, dass jedes Modul mindestens eine Verbindung hat, nämlich die zu seinem Aufrufer. Die Kopplungsmetrik ist also

$$\frac{\textit{Anzahl der Modulverbindungen}}{\textit{Anzahl der Module + Anzahl der Modulverbindungen}}$$

6.2.1.4 Modulkontrollspanne

Die Modulkontrollspannmetrik stellt fest, zu welchem Grad die maximale Kontrollspanne von 7 nicht überschritten wird. Diese Metrik überschneidet sich mit der Kopplungsmetrik, denn untergeordnete Modulaufrufe sind auch Modulverbindungen. Die Kontrollspannmetrik lautet

$$\frac{\textit{Anzahl der Module mit mehr als 7 Subroutinen}}{\textit{Anzahl der Module}}$$

6.2.1.5 Konsequenzen der Modularisierung

Card und Glass konnten zwar keine Korrelation zwischen Modulgröße und Fehlerrate feststellen, aber sehr wohl zwischen Kontrollspanne und Fehlerrate sowie zwischen Kohäsion und Fehlerrate. Die höchste Korrelation erreichte die Fehlerrate mit der Kohäsionsmetrik. Die ModulKopplung hatte den stärksten Einfluss auf den Wartungsaufwand. Daraus ist zu entnehmen, dass Module mit einer breiten Kontrollspanne und Module mit einer schwachen Zusammengehörigkeit ihrer Funktionen fehleranfällig sind. Module mit vielen Verflechtungen nach außen sind schwer zu ändern. Übergroße Module erwiesen sich ebenfalls als schwer änderbar und sind schon deshalb zu vermeiden. Ergo hat die heuristische Entwurfsregel für die Modulbildung ihre Berechtigung [CaAg87].

6.2.2 Entwurfskomplexitätsmaße

Carma McClure hatte schon auf den Unterschied zwischen intermodularer und intramodularer Komplexität hingewiesen [McCl78]. Intramodulare Komplexität wird durch die Zahl der Beziehungen zwischen Funktionen und Daten innerhalb eines Moduls bestimmt. Intermodulare Komplexität wird durch die Anzahl der Beziehungen zwischen Modulen geprägt. Card fügte das Gesetz der inhärenten Komplexität dazu. Danach ist Komplexität wie Wasser: Man kann sie hin- und herschieben und auch verteilen, die Masse bleibt aber erhalten. Bezogen auf Softwaredesign heißt das, Komplexität lässt sich intramodular verpacken oder nach außen in die intermodularen Zusammenhänge verschieben. Das Ausmaß der Komplexität bleibt statistisch invariant.

6.2.2.1 Relative Systemkomplexität

Diese Feststellung führte zur Behauptung, Systemkomplexität sei die Summe von intermodularer plus intramodularer Komplexität

$$C(t) = S(t) + P(t)$$

wobei

   C(t) = allgemeine Systemkomplexität
   S(t) = strukturelle bzw. intermodulare Komplexität
   P(t) = prozedurale bzw. intramodulare Komplexität

Diese Unterscheidung stützt sich auf den „Structured Design"-Ansatz von Stevens, Myers und Constantine, bei dem es darum geht, ModulKopplung und Modulkohäsion zu allgemeinen Entwurfsgrundsätzen zu erheben.

Über die Division der allgemeinen Systemkomplexität durch die Anzahl der Module kommen Card und Glass zu einer normalisierten bzw. relativen Systemkomplexität. Die Formel dafür ist

$$C(r) = \frac{C(t)}{n} = \frac{S(t)}{n} + \frac{P(t)}{n}$$

wobei

C(r) = relative Systemkomplexität
C(t) = allgemeine Systemkomplexität
S(t) = strukturelle Komplexität
P(t) = prozedurale Komplexität
n = Anzahl der Module

Card argumentiert mit Recht, dass die Systemkomplexität von der Systemgröße unabhängig ist. Die Größe der Module kann stark variieren, dennoch gilt ein kleines Modul ebenso viel wie ein großes Modul, wenn es darum geht, Systemkomplexität zu messen. Jedes Modul, ob groß oder klein, ist ein Grundbaustein der Systemarchitektur mit eigener Zusammensetzung und eigenen Beziehungen nach außen. Darum werden sie alle gleichrangig behandelt [Card85].

6.2.2.2 Strukturelle Systemkomplexität

Strukturelle Komplexität ergibt sich aus den Beziehungen zwischen Modulen. Intermodulare Beziehungen können Aufrufe oder Datenaustausche sein. Eine Aufrufsbeziehung kommt vor, wenn von einem Modul eine Funktion in einem anderen Modul aufgerufen wird. Ein Datenaustausch findet statt, wenn ein Modul Daten schreibt, sei es im Hauptspeicher oder im externen Speicher, die von einem anderen Modul gelesen werden.

Unterschieden wird bei den Aufrufen zwischen Aufrufen zu einem Modul und Aufrufen von einem Modul. Aufrufe zu einem Modul werden als Fan-in bezeichnet, das heißt, die Anzahl eingehender Aufrufe. Aufrufe von einem Modul werden als Fan-out bezeichnet, das heißt, die Anzahl ausgehender Aufrufe. Als Fan-in gilt auch, wenn ein Modul Daten liest, die von einem anderen Modul geschrieben worden sind. Als Fan-out gilt ebenso, wenn ein Modul Daten anschreibt, die von anderen Modulen zu lesen sind.

Es hat sich in Laborexperimenten der NASA-SEL herausgestellt, dass Fan-in keine Auswirkung auf die Komplexität der Module hat [BsSP83]. Außerdem werden damit die Modulbeziehungen doppelt gezählt: einmal als Eingang und einmal als Ausgang. Es würde genügen, die Fan-out zu zählen. Belady und Evangelisti sind in einer empirischen Studie zu dem Schluss gekommen, dass das Quadrat der Fan-out-Beziehungen ein guter Indikator für die Systemkomplexität ist. Sie schlagen folgendes Komplexitätsmaß vor:

$$S(t) = \frac{\sum f(i)^2}{n}$$

wobei

S(t) = strukturelle Komplexität
f(i) = fan-out für jedes Modul
n = Anzahl der Module

Das Fan-out-Maß ist in der Tat ein Maß für die Beziehung zwischen Modulen relativ zur Anzahl der Module. Es stellt sich daher die Frage, welche Beziehungen gezählt werden.

Aufrufe von Systemdiensten bzw. zu Standardmodulen werden nicht gezählt. Dafür werden die Aufrufe zu wieder verwendeten Modulen mitgezählt. Module mit einem hohen Fan-out haben sich als besonders fehleranfällig erwiesen.

6.2.2.3 Verarbeitungskomplexität

Verarbeitungskomplexität ist nach Card und Glass eine Frage der Anzahl der Daten, die ein Modul zu verarbeiten hat. Basili und Hutchens sprechen von dem Datenbindungsgrad [HuBa85]. Gezählt werden hier die Eingabe- und Ausgabedaten, d.h. jene Daten, die von außen in das Modul einfließen, und jene, die von dem Modul nach außen fließen. Abgezogen werden die Daten, die an Untermodule weitergeleitet werden. Die Metrik für die Verarbeitungskomplexität eines einzelnen Moduls ist

$$V(i) = \frac{D(i)}{f(i)+1}$$

wobei

V(i) = Verarbeitungskomplexität von Modul i

D(i) = Eingabe-/Ausgabedaten von Modul i

f(i) = fan-out von Modul i

Die Verarbeitungskomplexität eines Systems in seiner Gesamtheit ist

$$V = \frac{\sum \frac{D(i)}{f(i)+1}}{n}$$

wobei

V = Systemverarbeitungskomplexität

D(i) = Eingabe-/Ausgabedaten der einzelnen Module

f(i) = fan-out der einzelnen Module

n = Anzahl der Module

Als Eingabedaten gelten alle Variablen, die als Parameter übergeben werden, alle Variablen im globalen Datenbereich, die benutzt werden, alle Felder in Masken, die empfangen werden, und alle Felder in Dateien und Datenbanken, die eingelesen werden. Als Ausgabedaten gelten alle Variablen, die als Rückgabewerte zurückgegeben werden, alle Variablen in globalen Datenbereichen, die gesetzt werden, alle Felder in Masken, die angezeigt werden, und alle Felder in Daten und Datenbanken, die ausgeschrieben werden. Das Hauptproblem bei dieser Metrik liegt in der Erkennung jener Daten.

6.2.2.4 Entscheidungskomplexität

Die Entscheidungskomplexität wird durch die Anzahl der Entscheidungen pro Modul geprägt. Es hat sich gezeigt, dass Module, die viele Entscheidungen zu treffen haben, fehleranfälliger sind als Module mit weniger Entscheidungen. Demnach ist die Metrik für die Entscheidungskomplexität

$$E(t) = 1 - \frac{n}{\sum E(i) + 1}$$

wobei

E(i) = Anzahl der Entscheidungen pro Modul

n = Anzahl der Module

E(t) = Entscheidungskomplexität

Nach Dominique Warnier sollte es in einem Modul ca. eine Entscheidung pro Eingabe geben [Warn79]. Card und Glass haben daraus eine Beziehung zwischen Entscheidungen und Daten abgeleitet:

Soll - Entscheidungen = Eingabedaten + 7,7

wobei sie davon ausgegangen sind, dass jedes Modul 7,7 Entscheidungen unabhängig von der Anzahl der Eingaben trifft. Sollte ein Modul mehr als die Soll-Entscheidungen haben, dann ist die Entscheidungslogik zu komplex.

6.2.2.5 Prozedurale Komplexität

Prozedurale Komplexität ist schließlich das Produkt der Verarbeitungs- und Entscheidungskomplexität:

$$P(t) = V(t) * E(t)$$

wonach die innere Komplexität der Module ein Produkt der Anzahl der Eingabe-/Ausgabedaten und der Anzahl der Entscheidungen ist.

Damit hatten Card und Glass als Erste diverse Komplexitätsmaße zu einer gesamten Systemkomplexitätsmetrik für intermodulare und intramodulare Entwurfskomplexität zusammengefügt.

6.2.3 Erfahrung mit der ersten Entwurfsmetrik

Die Entwurfsmetrik von Card und Glass wurde an acht aerodynamischen Anwendungssystemen des NASA Goddard Space Flight Centers angewandt. Die Systeme waren zum größten Teil in FORTRAN geschrieben, der Rest in ADA. Es gab in diesen Systemen 2.122 Module in 79 Subsystemen. Ein Modul entsprach in der Regel einer FORTRAN-Subroutine [BaSH86].

Es konnte aufgrund der Fehlerstatistik eine Korrelation von 0,83 zwischen Fehlerdichte und Systemkomplexität nachgewiesen werden. Es zeigte sich, dass eine Steigerung der Komplexität eines Teilsystems die Fehlerwahrscheinlichkeit um 0,4 Fehler pro 1.000 Zeichen erhöhte. Die gemeldeten Fehler konzentrierten sich in weniger als 20 % der Module, und diese hatten fast alle eine überdurchschnittlich hohe prozedurale Komplexität.

Die Systemkomplexität korrelierte noch stärker mit Testbarkeit und Wartbarkeit. Nach den Ergebnissen der Untersuchung verursachte 1 % mehr Systemkomplexität 1 % mehr Testaufwand. Der Testaufwand wurde von dem Testüberdeckungsmaß getrieben, das wiederum durch die Anzahl der Pfade durch die Software bestimmt wird. Es ist klar, dass mehr Beziehungen zwischen den Modulen mehr Pfade bedeuten, und dieses heißt wiederum mehr Aufwand.

Wartbarkeit wurde daran gemessen, wie viele Module im Durchschnitt durch eine Änderung betroffen sind. Hier zeigte sich eine starke Korrelation von 0,81 zwischen struktureller Komplexität und Wirkungsbereich. Je höher die strukturelle Komplexität, desto größer die Anzahl betroffener Module bei einer Änderung. Prozedurale Komplexität hatte wiederum weniger Einfluss auf den Auswirkungsbereich als auf den Wartungsaufwand selbst bzw. die Stunden, die gebraucht werden, um ein Modul zu ändern bzw. zu korrigieren.

Zusammenfassend war festzustellen, dass Entwurfskomplexität einen erheblichen Einfluss, sowohl auf die Fehlerhäufigkeit als auch auf die Testbarkeit und Wartbarkeit hat. Mal ist es die strukturelle bzw. intermodulare Komplexität, die Probleme bereitet, mal die prozedurale bzw. die intramodulare Komplexität. Card und Glass schlagen vor, dass die Entwickler eine Bilanz zwischen diesen beiden Komplexitäten anstreben müssen. Sie müssen darauf achten, dass die einzelnen Module nicht zu komplex werden. Sie müssen jedoch auch darauf achten, dass die intermodularen Beziehungen nicht zu komplex werden, d.h. sie dürfen in der Auslagerung der Komplexität in die Systemstruktur hinein nicht zu weit gehen.

Einerseits müssen Entwickler die Anzahl der Ein- und Ausgabedaten und die Anzahl der Entscheidungen pro Modul minimieren, ebenso aber auch die Zahl der Beziehungen zwischen den Modulen minimieren. Den Ausgleich zwischen sich widersprechenden Komplexitäten zu erreichen, ist die wahre Kunst des Systementwurfs. Möglicherweise bleibt am Ende die Systemkomplexität gleich, sie wird nur hin- und hergeschoben worden sein. So resümiert Card: „ You can push complexity around but you can never get rid of it entirely ..." [CaGl90a].

6.3   Die SOFTCON Entwurfsmetrik

Im letzten Kapitel wurde das Werkzeug SoftSpec vorgestellt, welches dazu diente, die Anforderungen in Form von Objekten und Attributen sowie Vorgängen und elementaren Funktionen zu erfassen. Diese Anforderungen wurden in Anforderungsbäumen mit Querverweisen zwischen den Baumknoten abgebildet. Nachdem die Anforderungen annähernd vollständig waren, kam es darauf an, sie in eine IT-technische Lösung umzusetzen, welche auf eine bestimmte Datenbank und Datenkommunikationsstruktur bezogen war. Zu der damaligen Zeit waren diese Zielarchitekturen meistens auf dem Mainframe. Sie hießen CICS, IMS, IDMS, UTM/UTB usw.

Ein Ziel bei der Umsetzung der fachlogischen Strukturen in eine technische Architektur war ein lauffähiges System. Dazu musste die Fachlösung den Eigenarten der jeweiligen Zielarchitektur angepasst werden, z.B. die fachlichen Benutzersichten mussten in 24 x 80 Bildschirmmasken eingepresst, die fachlichen Datenstrukturen in hierarchische oder netzartige Datenbankmodelle überführt und die fachlichen Vorgänge als CICS oder IMS Transaktionen implementiert werden. Gleichzeitig wurde trotz Einschränkungen der technischen Zielarchitektur angestrebt, eine optimale Systemstruktur im Sinne von Card und Glass zu erreichen. Die einzelnen Module sollten nicht zu groß und nicht zu komplex sein. Gleichzeitig sollte es nicht zu viele Beziehungen zwischen den Modulen geben. Die Module sollten portierbar, testbar und wieder verwendbar sein, sofern dies die proprietäre Rahmenarchitektur es erlaubte. Schließlich sollte die Lösung nicht nur effizient und benutzerfreundlich, sondern auch wartbar und ausbaufähig sein [Sned88b].

6.3.1 Formale Vollständigkeits- und Konsistenzprüfung

Um das Erreichen dieser Ziele zu kontrollieren, wurde eine automatische Prüfung in das Entwurfswerkzeug eingebaut. Nachdem die Systementitäten generiert und in einem Entwurfs-Repository deponiert wurden, musste der Anwender sie über den TSO/SPF-Editor ändern und ergänzen, denn die generierten Entwurfsartefakte waren zum Teil unvollständig. Damit bestand jedoch die Gefahr, dass Fehler und Inkonsistenzen in die Architektur hineinkommen. Außerdem drohte die Architektur unvollständig zu bleiben, wenn der Anwender nicht alle erforderlichen Entwurfselemente erfasst. Deshalb war eine automatisierte Prüfung vorgesehen, die der Anwender jederzeit anstoßen konnte. Diese Prüfung führte zwei Kontrollen durch: eine Vollständigkeitskontrolle und eine Konsistenzkontrolle (siehe Abb. 6.6).

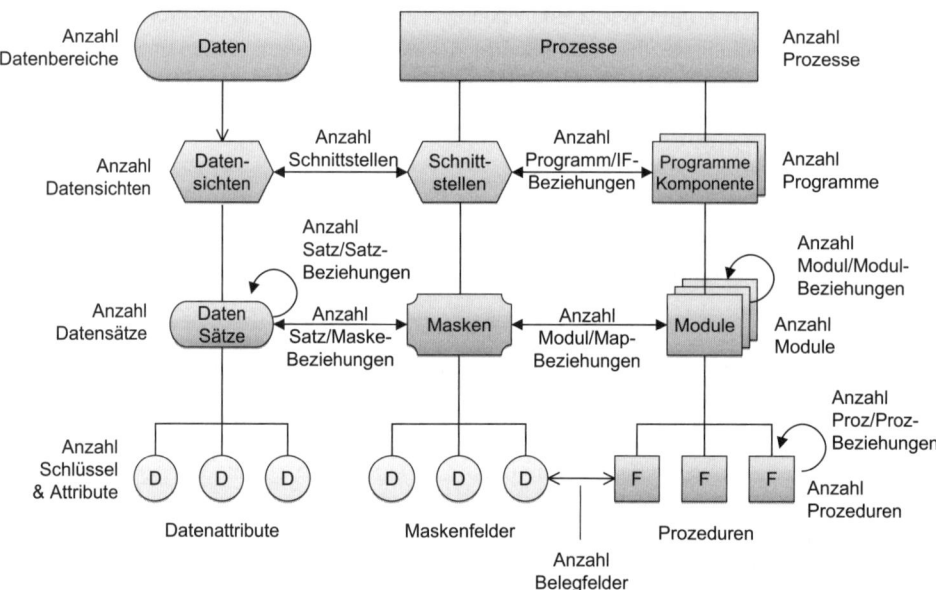

Abbildung 6.6 Das Systementwurfsmodell SOFTCON

Bei der Vollständigkeitskontrolle wurde geprüft, ob die Daten- und Programmstrukturen vollständig beschrieben waren. Zu jeder Daten- und Programmentität gehörten bestimmte Attribute, z.B. mussten Daten einen Typ, eine Länge und einen Wertebereich haben, während Programme Schnittstellen, Daten, Regeln und Fehlerbehandlungen brauchten. Außerdem gab es Pflichtbeziehungen. Ein Programm musste Beziehungen zu Datenobjekten und Datenobjekte mussten Beziehungen zu Datenträgern haben. Fehlende Attribute und Beziehungen wurden protokolliert.

Bei der Konsistenzkontrolle ging es darum, die Konsistenz der Entwurfsbeziehungen zu prüfen, z.B. ob die Module, die aufgerufen werden, auch tatsächlich existieren und ob die übergebenen Parameter mit der Schnittstelle des aufgerufenen Moduls übereinstimmen. Es galt auch, die Konsistenz der Daten mit der Art der Datenverwendung zu prüfen. Mögliche Inkonsistenzen wurden gemeldet.

Aus diesen beiden Kontrollen gingen zwei Qualitätsmetriken hervor:

$$Vollständigkeit = \frac{Ist\_Attribute + Ist\_Beziehungen}{Soll\_Attribute + Soll\_Beziehungen}$$

$$Konsistenz = \frac{Inkonsistente\ Beziehungen\&\ Attribute}{Ist\_Beziehungen\&\ Attribute}$$

Damit wurde die formale Qualität des Entwurfsmoduls mit zwei rationalen Maßen gemessen. Über diese beiden Messwerte konnte der Projektleiter den Fertigstellungsgrad des Systementwurfs beurteilen. Eine Vollständigkeitsnote von mindestens 0,9 und eine Konsistenznote von mindestens 0,8 waren erforderlich, um in die nächste Phase – die Programmierung – überzugehen. Hier haben wir ein frühes Beispiel eines Quality Gates [Sned89a].

6.3.2 Technische Qualitätsmaße für den Systementwurf

Neben der Prüfung der Vollständigkeit und Konsistenz gab es in SOFTCON auch eine Messung folgender technischer Eigenschaften der Architektur:

- Modularität
- Wiederverwertbarkeit
- Portabilität
- Komplexität
- Integrität
- Zeiteffizienz
- Speichereffizienz.

6.3.2.1 Modularitätsmessung

Modularität wurde als der Grad gesehen, zu dem das System in einzelne Module zerlegt wurde. Die Parameter für die Messung waren

■ die Anzahl der Module

■ die Anzahl der elementaren Funktionen

■ die Anzahl der Modulaufrufe

■ die Anzahl der Ein- und Ausgabeoperationen.

Die Formel für die Modularität lautet:

$$\frac{\dfrac{Module}{elementare\ Funktionen} + \dfrac{Module}{Modulaufrufe} + \dfrac{Module}{IO\ Operationen}}{3}$$

Das Verhältnis elementarer Funktionen zu Modulen war ein Versuch die Zusammengehörigkeit der Module zu ermitteln. Das Verhältnis Module zu Modulaufrufe misst den Kopplungsgrad. Das Verhältnis Module zu IO-Operationen entspricht der Fan-in/Fan-out-Metrik von Henry und Kafura.

6.3.2.2 Wiederverwendbarkeitsmessung

Wiederverwertbarkeit wurde als der Grad der Unabhängigkeit des DV-Systems von der jeweiligen Anwendung definiert. Die Parameter der Messung waren:

■ die Anzahl der Module und

■ die Anzahl der Rahmenmodule.

Rahmenmodule waren Module, die zu den technischen DB/DC-Rahmen gehörten. Dazu zählten die Datenzugriffsmodule, die Bildschirmaufbereitungsmodule, die Transaktionssteuerungsmodule und die Fehlerbehandlungsmodule.

Die Formel für Wiederverwendbarkeit lautet:

$$\frac{Rahmenmodule}{Module}$$

6.3.2.3 Portabilitätsmessung

Portabilität bezeichnet die Unabhängigkeit eines Anwendungssystems von der jeweiligen technischen Umgebung. Diese Unabhängigkeit war wiederum eine Frage des Verhältnisses der umgebungsunabhängigen Module zu allen Modulen. Ein umgebungsunabhängiges Modul ist eines ohne IO-Operationen, Datenbankzugriffe und Aufrufe von Systemroutinen. Die Formel für Portabilität lautet:

$$\frac{Umgebungsabhängige\ Module}{Module}$$

6.3.2.4 Entwurfskomplexitätsmessung

Komplexität wurde im SOFTCON schon als das Verhältnis der Anzahl der Entwurfsentitäten zur Anzahl der Entwurfsbeziehungen definiert. Je mehr Beziehungen es relativ zu Entitäten gäbe, desto höher die Komplexität der Architektur. Die Parameter waren also Entwurfsentitäten wie Programme, Module, Masken, Dateien, Listen, Datenbanktabellen, Jobs, Transaktionen usw. sowie die Entwurfsbeziehungen wie Modulaufrufe, Maskenein- und -ausgaben, Lesen und Schreiben von Dateien, Druckoperationen, Zugriffe auf Datenbanken, Programmanstöße und Datei- bzw. Datenbankzuweisungen.

Die Formel für Komplexität lautet:

$$1 - \frac{Entwurfsentitäten}{Entwurfsbeziehungen}$$

6.3.2.5 Systemintegritätsmessung

Integrität wurde in SOFTCON als die Anzahl kontrollierter Eingabedaten relativ zur Summe der Eingabedaten deklariert. Aus der Spezifikation der Plausibilitätsregel ging hervor, welche Eingaben geprüft werden. Es ging nur darum, deren Anzahl mit der Anzahl der Eingaben insgesamt zu vergleichen.

Die Formel für Integrität lautet:

$$\frac{Geprüfte\ Eingaben}{alle\ Eingaben}$$

6.3.2.6 Zeiteffizienz

Da der Systementwurf nicht ausführbar war, konnte die Laufzeit nicht dynamisch gemessen werden. Es war nur möglich, die Laufzeit anhand der Anzahl der zu durchlaufenden Schritte pro Transaktion hochzurechnen. Es war in der Architektur erkennbar, welche Module von einer Transaktion betroffen sind und auf welche Datenbanken und Dateien zugegriffen wird.

Die Formel für die Durchlaufeffizienz der Online-Transaktionen lautet:

$$1 - \left(\frac{Transaktionen * 2}{Modulaufrufe} * \frac{Transaktionen * 4}{Daten / Datenbankzugriffe} \right)$$

Die Formel für die Laufzeit der Batchprozesse lautet:

$$\frac{Jobs * 2}{Jobschritte} * \frac{Jobs * 4}{Daten / Datenbankzugriffe}$$

Die Zahlen 2 und 4 gelten als Mittelwert für die Anzahl der Aufrufe bzw. Zugriffe.

131

6.3.2.7 Speichereffizienzmessung

Speichereffizienz heißt Minimierung des Speicherbedarfs. Dies war zurzeit von SOFT-CON immer noch ein wichtiges Qualitätskriterium. Es ging darum, möglichst viele logische Datenfelder in einem möglichst kleinen physikalischen Raum unterzubringen.

Demnach lautet die Formel:

$$\frac{Anzahl\ logischer\ Datenfelder}{Anzahl\ der\ Bytes}$$

Mit dieser Entwurfsmetrik wurde in SOFTCON der Versuch gemacht, die technische Qualität der von SOFTCON generierten Architektur zu bewerten. Bis auf die Systemperformanz war es leider nicht möglich, die Gültigkeit der Metrik zu bestätigen. Dies hätte eine umfassende Untersuchung der späteren Wartungsproduktivität vorausgesetzt, doch dazu ist es nie gekommen. Es gab keine Möglichkeit, eine solche Langzeitstudie durchzuführen.

6.4 Objektorientierte Entwurfsmetrik

Mit dem Aufkommen der Objekttechnologie entstand der Bedarf an einer objektorientierten Entwurfsmetrik. Obgleich die klassische Entwurfsmetrik mit Fan-out, Kontrollspanne, Kopplung und Kohäsion für objektorientierte Systeme weiterhin anwendbar war, galt sie als unzulänglich, um den besonderen Eigenschaften einer objektorientierten Architektur gerecht zu werden. Es war wie immer in der Softwaretechnologie eher so, dass eine junge Generation von Forschern und Beratern die Gelegenheit nutzte, sich zu profilieren. Statt Module gab es jetzt Klassen, statt Prozeduren gab es Methoden, und anstelle der alten Aufrufsbeziehungen gab es jetzt Assoziation und Generalisierung. Die Objektorientierung führte viele neue Begriffe ein, und zu diesen neuen Begriffen brauchte man neue Metriken.

Die Objekttechnologie zielte in erster Linie auf eine Reduzierung der Softwarehaltungskosten. Die Codemasse sollte geringer werden, indem Funktionen nur einmal codiert und überall wieder verwendet werden. Die Anzahl der Daten sollte geringer werden, indem die Daten nur an einer Stelle gehalten und von überall verarbeitet werden. Der Zugriff auf die Daten und Funktionen sollte dadurch eingeschränkt werden, dass sie gekapselt sind. Funktionen und Daten sollten nach dem Prinzip der Lokalität der Referenzierung zusammengelegt werden, d.h. Funktionen, die für die Daten zuständig sind, sollten mit diesen Daten eine Einheit bilden, nämlich eine Klasse. Es sollte auch möglich sein, Funktionen zu variieren, ohne sie kopieren und verändern zu müssen, und Daten unterschiedlich verarbeiten zu können, ohne die Funktionen zu verändern [Myer88].

Zur Verwirklichung dieser Ziele wurden neue Grundsätze für die Gestaltung der Systemarchitektur eingeführt. Sie hießen

■ Abstraktion

■ Kapselung

■ Vererbung

■ Mehrdeutigkeit.

Abstraktion wurde mit Klassenhierarchien erreicht, bei denen untergeordnete Klassen die Funktionen und Daten der übergeordneten Klassen geerbt haben. Kapselung bedeutete die Zusammenlegung von Funktionen und den Daten, die sie verarbeiten, hinter einer Schnittstelle, die sie vor der Außenwelt verbargen. Vererbung gab untergeordneten Funktionen einer Klassenhierarchie den Zugriff auf übergeordnete Funktionen und deren Daten. Mehrdeutigkeit machte es möglich, eine Funktion auszulösen, ohne festlegen zu müssen, welche Funktion das sein sollte. Die Auswahl der Funktionen geschieht während der Ausführung dynamisch.

Es war von Anfang an klar, dass diese guten Grundsätze auch ihre negativen Seiten haben – vor allem, wenn man sie übertreibt. Es wäre abwegig, ein ganzes System in einer Klassenhierarchie abzubilden, dann wäre alles von allem abhängig. Es wäre ebenso abwegig, die Kapselung zu weit zu treiben und für jedes Datenelement eine eigene Klasse zu bilden. Mit der Verarbeitung konnte man leicht den Überblick verlieren, vor allem wenn sie zu tief wird. Auch die Mehrdeutigkeit konnte sich als ein fehleranfälliges Konstrukt erweisen, wenn Funktionen verwechselt werden. Also brauchte man Richtlinien, um den Missbrauch der Objektorientierung zu verhindern. Es sollte eine ausgewogene Systemarchitektur entstehen, bei der die Eigenschaften der Objektorientierung zwar zur Geltung kommen, aber nicht übertrieben werden. Die objektorientierte Metrik sollte dazu dienen, den Grad der Ausgewogenheit zu messen.

6.4.1 Die OO-Metrik von Chidamer und Kemerer

In einem viel zitierten Beitrag mit dem Titel „A metrics suite for object-oriented design" haben der Student S. Chidamer und sein betreuender Professor C. Kemerer vom M.I.T. sechs Metriken für die Bewertung eines objektorientierten Entwurfs vorgeschlagen [ChKe94]. Seitdem werden diese Metriken immer wieder in anderen Varianten angewandt, um Größe, Komplexität und Qualität eines Objektmodells zu messen. Die sechs Metriken sind

■ Anzahl der gewichteten Methoden

■ Tiefe der Vererbungshierarchie

■ Anzahl der Unterklassen

■ Kopplung der Klassen

■ Anzahl potenzieller Zielmethoden

■ Zusammenhalt der Methoden innerhalb einer Klasse.

In der folgenden Erläuterung wird die absolute Zahl bzw. die Intervallmessung ins Verhältnis zu einer anderen Zahl gebracht, um daraus ein rationales Maß zu schaffen (siehe Abb. 6.7).

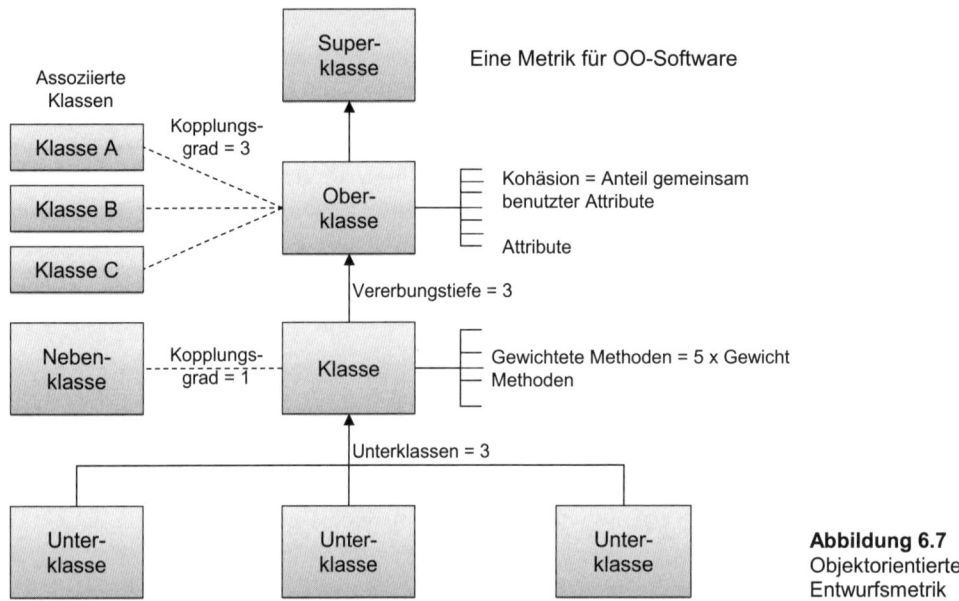

Abbildung 6.7
Objektorientierte
Entwurfsmetrik

6.4.1.1 Anzahl gewichteter Methoden pro Klasse (WMC)

Zunächst geht es bei dieser Metrik um die Anzahl der Methoden pro Klasse. Je mehr Methoden eine Klasse hat, desto komplexer ist sie. Hier verwechseln Chidamer und Kemerer jedoch Komplexität mit Größe. In der Tat ist dies als Größenmaß auszulegen, d.h. je mehr Methoden eine Klasse hat, desto größer ist sie. Ausgehend von der Tatsache, dass jede Klasse mindestens zwei Methoden hat (einen Konstruktor und einen Destruktor), wäre die Komplexität eine Komponente

$$WMC = 1 - \frac{Anzahl\ der\ Klassen}{Anzahl\ der\ Methoden}$$

Da jedoch Methoden nicht gleichwertig sind (es gibt große und kleine Methoden), werden sie gewichtet. Die Art der Gewichtung haben Chidamer und Kemerer offengelassen. Sie könnte nach Codezeilen, nach Anweisungen, nach Entscheidungstiefe oder nach der zyklomatischen Komplexität von McCabe bestimmt werden. Für die Komplexitätsmessung wäre es erforderlich, daraus einen Multiplikationsfaktor abzuleiten, d.h. eine Bruchzahl von 1 bis n. Jede Methode soll für sich gewichtet und zum Schluss die gewichtete Summe der Methoden genommen werden. Demnach ist die Komplexitätsformel:

$$1 - \frac{Anzahl\ der\ Klassen}{gewichtete\ Summe\ der\ Methoden}$$

6.4.1.2 Tiefe der Vererbungshierarchie (DIH)

Das Ziel der zweiten Metrik ist, die Komplexität der Vererbung zu messen. Entwickler sollten mit der Vererbung nicht übertreiben, denn je tiefer die Vererbungshierarchie ist bzw. je mehr Stufen sie hat, desto höher die Abhängigkeit zwischen den Klassen. Um aus dieser Zahl der Baumstufen ein rationales Maß abzuleiten, muss diese, wie Gilb es getan hat, mit der Zahl der Baumknoten in Verbindung gebracht werden. Demnach ist die Formel für die Komplexitätsmessung:

$$DIH = \frac{Anzahl\ der\ Hierachiestufen}{Anzahl\ der\ Klassen}$$

Hat eine Komponente einen Vererbungsbaum mit 3 Klassen und 3 Stufen, ist die Vererbungskomplexität dieser Komponente 3 / 3 = 1, das Maximum. Hat sie hingegen eine Hierarchie mit 3 Stufen und 6 Klassen, ist die Komplexität 3 / 6 = 0,5. Je flacher die Hierarchie, desto geringer die Vererbungskomplexität. Es wurde auch von Cartwright nachgewiesen, dass je tiefer die Klassen in der Vererbungshierarchie liegen, desto höher ihre Fehlerrate ist [CaSh00].

6.4.1.3 Anzahl der Unterklassen (SUB)

Mit dieser Metrik wird eigentlich die Kontrollspanne gemessen, ebenso wie Card und Glass sie für prozedurale Programme gemessen haben. Je mehr untergeordnete Knoten ein Steuerungsknoten hat oder – wie hier – je mehr abgeleitete Klassen eine Basisklasse hat, desto schwieriger und fehleranfälliger wird sie. In ein rationales Maß umgesetzt ist die Maßregel für die Anzahl der Unterklassen:

$$SUB = 1 - \frac{Basisklassen}{Unterklassen + 1}$$

6.4.1.4 Kopplung der Klassen (CBO)

Kopplung ist, wenn eine Klasse Methoden in fremde Klassen außerhalb der eigenen Vererbungshierarchie verwendet. In der Objektorientierung spricht man hier von Assoziation. Je höher die Assoziation, desto komplexer die Komponente. Dies entspricht dem Fan-out in prozeduralen Programmen, wo fremde Programme aufgerufen werden.

Als rationales Maß ausgedrückt ist der Grad der Kopplung das Verhältnis der Anzahl der Assoziationen zur Anzahl der Klassen. Die Kopplungskomplexität ist demnach

$$CBO = 1 - \frac{Anzahl\ der\ Klassen\ mit\ Assoziationen}{Anzahl\ der\ Assoziationen}$$

Es werden also nur Klassen gezählt, die mindestens eine Methode in einer fremden Klasse aufrufen. Klassen ohne Assoziationen werden nicht mitgezählt, da sie keine Kopplung haben.

Li und Henry haben diese Kopplungsmetrik später ergänzt, indem sie die Assoziation nach Art der Verbindung gewichten, ob mit einer Parameterliste, mit einer Nachricht oder ohne

Datenübergabe [LiHe93]. Mit einer Parameterliste hat eine Assoziation das höchste Gewicht, ohne Datenübergabe das Geringste. Diese Autoren haben auch Aufrufe zu Methoden in übergeordneten Klassen mitgezählt, was aber nicht im Sinne der Objekttechnologie ist.

6.4.1.5 Anzahl potenzieller Zielmethoden (RFC)

Diese Metrik ist ein Versuch, den Grad an Polymorphie zu messen. Ein polymorphischer Aufruf ist, wenn die Zielmethode zur Laufzeit bestimmt wird. Für jeden solchen Auftritt gibt es eine begrenzte Anzahl potenzieller Zielmethoden. Je mehr es gibt, desto höher der Grad an Polymorphie und somit auch die Komplexität des Aufrufs. Um diese Komplexität als rationales Maß auszudrücken, muss die Anzahl potenzieller Zielmethoden mit der Anzahl dynamischer Aufrufe in Verbindung gebracht werden. Die Formel für die Komplexität der Polymorphie lautet:

$$RFC = 1 - \frac{Anzahl\ dynamischer\ Aufrufe + 1}{Anzahl\ potenzieller\ Zielmethoden}$$

Ein dynamischer Aufruf mit zehn potenziellen Zielmethoden hätte demnach eine Komplexität von 0,8.

6.4.1.6 Zusammenhalt der Methoden (CBO)

Der Zusammenhalt der Methoden innerhalb einer Klasse bzw. ihre Kohäsion wurde von Chidamer und Kemerer im Sinne der Nutzung gemeinsamer Daten bzw. der Datenkopplung definiert. Wenn zwei Methoden das gleiche Attribut verwenden, z.B. die eine Methode setzt das Attribut und die andere liest es, dann gehören sie zusammen. Je mehr Methoden die gleichen Daten teilen, desto größer die Zusammengehörigkeit der Klasse. Um dieses Maß als Komplexitätsmaß zu klassifizieren, haben Chidamer und Kemerer es in Mangel an Zusammengehörigkeit umgedreht. Demzufolge wäre der Nichtzusammenhalt:

$$CBO = 1 - \frac{gemeinsam\ benutzte\ Daten}{Methoden\ +\ benutzte\ Daten}$$

Im Grunde genommen ist Kohäsion wie auch Kopplung eher ein Qualitätsmaß. Je höher der Zusammenhalt und je niedriger die Kopplung, desto größer die Qualität einer Klasse.

6.4.1.7 Kritik der Chidamer/Kemerer-Metrik

Es ist interessant zu bemerken, dass zu den Kritikern des CK-Metric-Sets die Autoren selbst gehören. Nur vier Jahre nach der Veröffentlichung ihrer Metrik haben die Autoren sich mit ihnen auseinandergesetzt und entdeckt, dass sie einige Schwächen aufweist, z.B. dass die WMC-, RFC- und CBO-Maße redundant sind und dass die NOC- und DIT-Maße bei größeren Systemen kaum ins Gewicht fallen. Die Autoren haben es wie viele Forscher im Hochschulbereich versäumt, ihre Forschungsergebnisse an echten industriellen Systemen auszuprobieren. Sobald sie das tun, stellen sie fest, dass das in der Praxis untauglich ist, was im Labor so gut aussah. Die Metrik war auf große Softwaresysteme nicht ohne Weiteres übertragbar. Sie müsste kalibriert werden [ChDK98]. Das Hauptproblem bei der OO-Metrik von Chidamer und Kemerer ist, dass sie die Messung von Größe, Komplexität und Qualität miteinander vermengt. Die Anzahl gewichteter Methoden ist eindeutig ein Größenmaß. Die Tiefe der Vererbungshierarchie, die Anzahl der Unterklassen und die Anzahl potenzieller Zielmethoden sind strukturelle Komplexitätsmaße. Die Kopplung der Klassen sowie deren Zusammenhalt sind jedoch Qualitätsmaße. Es wäre besser gewesen, sie hätten zuerst deklariert, was sie messen wollen: Quantität, Komplexität oder Qualität. Danach hätten sie ihre Metriken klassifizieren und auf eine gemeinsame, normierte Messskala bringen können. Hinzu kommt, dass diese Metrik nur an kleinen Systemen getestet wurde. Spätere empirische Studien haben belegt, dass diese Metrik desto weniger aussagekräftig ist, je größer das System ist [BaBr96].

6.4.2 MOOD-Entwurfsmetrik

MOOD ist die Abkürzung für Metrics for Object-oriented Design. F. Brito e. Abreu und W. Melo haben diese Metrikreihe 1996 auf dem 3. Internationalen Software Metric Symposium vorgestellt [BAMe96]. Im Gegensatz zu Chidamer und Kemerer haben sie ein spezifisches Ziel deklariert, nämlich die Qualität eines objektorientierten Entwurfs zu messen. Dafür haben auch sie sechs Metriken identifiziert:

- Method Hiding Factor (MHF)
- Attribute Hiding Factor (AHF)
- Method Inheritance Factor (MIF)
- Attribute Inheritance Factor (AIF)
- Coupling Factor (CF)
- Polymorphism Factor (PF).

Der Methodenverbergungsfaktor (MHF) und der Attributsverbergungsfaktor (AHF) sollten dazu dienen, die Qualität der Kapselung zu messen. Der Methodenvererbungsfaktor (MIF) und der Attributsvererbungsfaktor (AIF) sollten die Qualität der Vererbungshierarchie messen. Der Kopplungsfaktor (CF) misst die Qualität der Klassenkollaborationen. Der Mehrdeutigkeitsfaktor (PF) soll die Qualität der dynamischen Methodenbindung messen. Das, was gemessen wird, sind also die Entwurfsqualitäten.

- Kapselungsgrad
- Vererbungsgrad
- Kopplungsgrad und
- offener Bindungsgrad (siehe Abb. 6.8).

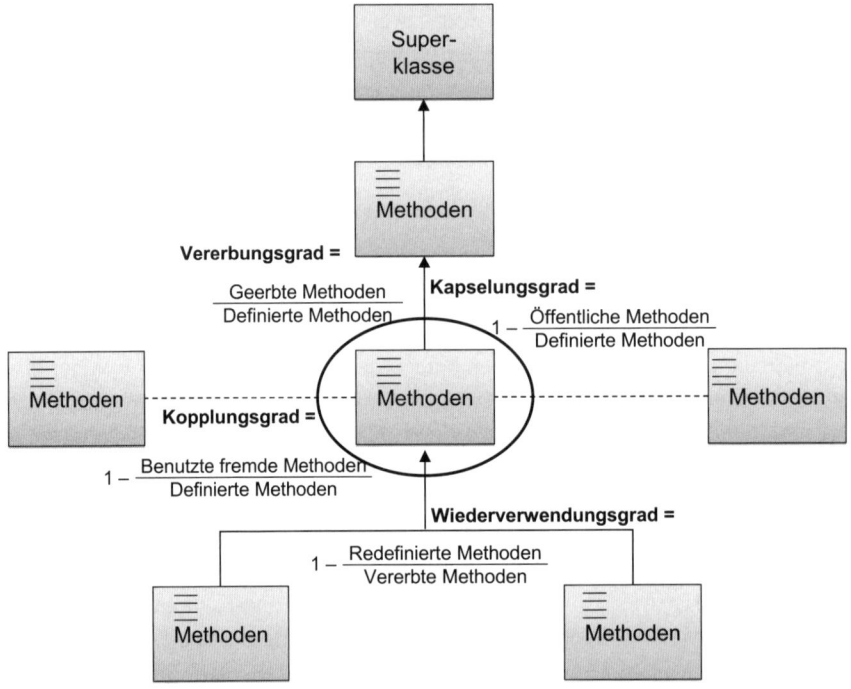

Abbildung 6.8 MOOD-Metrik für die Qualitätsmessung eines Objektmodells

6.4.2.1 Messung des Kapselungsgrades

Der Grad der Kapselung wird mit den zwei Metriken

- Method Hiding Factor (MHF) und

- Attribute Hiding Factor (AIF).

gemessen. Bei der MHF-Metrik wird die Anzahl der Methoden, die durch fremde bzw. assoziierte Klassen benutzt werden, mit der Anzahl der Methoden insgesamt verglichen. Je weniger Methoden zu fremden Klassen außerhalb der eigenen Klassenhierarchie offen sind, desto höher ist der Methodenverbergungsgrad.

$$MHF = 1 - \frac{Public\text{-}Methoden}{alle\ Methoden}$$

Ähnliches gilt für die Attribute. Mit der AHF wird die Verfügbarkeit der Klassenattribute außerhalb der eigenen Klasse gemessen. Je weniger Attribute es gibt, auf die von außen zugegriffen werden kann, desto höher der Attributsverbergungsgrad.

$$AHF = 1 - \frac{Public\text{-}Attribute}{alle\ Attribute}$$

6.4.2.2 Messung des Vererbungsgrades

Der Grad der Vererbung wird mit den zwei Metriken

- Method Inheritance Factor (MIF) und
- Attribute Inheritance Factor (AIF)

gemessen. Bei der MIF-Metrik wird das Verhältnis der geerbten Methoden relativ zur Anzahl aller Methoden einer Klasse als Maß genommen. Je mehr Methoden geerbt werden, desto höher ist die funktionale Wiederverwendungsqualität.

$$MIF = \frac{geerbte\ Methoden}{alle\ Methoden}$$

Bei der AIF-Metrik wird der Anteil der geerbten Attribute einer Klasse als Maß der Qualität herangezogen. Je mehr Attribute geerbt werden, desto höher die Datenwiederverwendung jener Klasse.

$$AIF = \frac{geerbte\ Attribute}{alle\ Attribute}$$

6.4.2.3 Messung des Kopplungsgrades

Der Grad der Kopplung wird anhand der Anzahl aufgerufener Methoden von fremden Klassen (Fan-in) und der Anzahl von Aufrufen zu Methoden in fremden Klassen (Fan-out) relativ zur Anzahl der Methoden und Methodenaufrufen insgesamt ermittelt. Eine Klasse enthält Methoden, und die Methoden können Aufrufe fremder Klassen enthalten. Öffentliche Methoden können auch von fremden Klassen aufgerufen werden. Das Ziel ist es, den Kopplungsgrad möglichst gering zu halten. Je weniger Kopplung es gibt, desto höher die Modularität des Entwurfs. Die Kopplungsmetrik lautet:

$$Modularität = 1 - \left(\frac{Anzahl\ der\ aufgerufenen\ Methoden}{Anzahl\ der\ Methoden} * \frac{Anzahl\ fremder\ Methodenaufrufe}{Anzahl\ der\ Methodenaufrufe} \right)$$

6.4.2.4 Messung des Bindungsgrades

Der Bindungsgrad ist in MOOD eine Frage der Anzahl überschriebener Methoden in den abgeleiteten Klassen im Verhältnis zu allen abgeleiteten Methoden. Das Ziel ist, das Überschreiben von Methoden in untergeordneten Klassen zu minimieren. Je geringer die Notwendigkeit für das Überschreiben von Methoden ist, desto besser der Entwurf, denn es sollte möglich sein, Methoden ohne Veränderung zu verwenden. Solche dynamische Veränderungen sind eine Fehlerquelle. Die Metrik für die Bindungsqualität lautet

$$Bindungsgrad = 1 - \frac{redefinierbare\ Methoden}{alle\ Methoden}$$

Laut einer empirischen Untersuchung eines C++-Systems an der Universität Southampton eignen sich die MOOD-Metriken besser für die Beurteilung eines Systementwurfs als die

Metrik von Chidamer und Kemerer. Die Messwerte der Komponenten entsprachen weitgehend dem tatsächlichen Wartungsaufwand. Die Fehlerrate konnte jedoch damit nicht in Zusammenhang gebracht werden. Für die Bewertung einzelner Klassen erwies sich die Chidamer/Kemerer-Metrik als nützlich, aber nicht für den Systementwurf. Das liegt daran, dass die MOOD-Metrik auf eine Qualitätsbeurteilung des Systementwurfs im Hinblick auf die Fortschreibungsfähigkeit direkt hinzielt, während die Chidamer/Kemerer-Metrik keine wohldefinierten Ziele hat [Harr98].

Wie wir hier erkennen können, ist es keineswegs eindeutig, welche OO-Metriken wir anwenden sollten. Kemerer selbst schreibt, der Anwender muss wählen, welche Metrik zu seiner Situation am besten passt [DaKe05]. Das setzt wiederum eine hohe Kompetenz seitens des Anwenders voraus. Wenn diese fehlt, bleibt dem Anwender nichts anders übrig, als die Metrik anzuwenden, die in dem von ihm benutzten Messwerkzeug eingebaut ist. Das folgende Werkzeug ist dazu gedacht, dieses Bedürfnis zu befriedigen.

6.5 Entwurfsmetrik in UMLAudit

UMLAudit ist ein Werkzeug zur Messung von Größe, Komplexität und Qualität eines UML-Entwurfs. Ein UML-Entwurf wird in Form von UML-Diagrammen grafisch erfasst. Die Struktur der Klassen wird mit Klassendiagrammen dargestellt. Darin sind nicht nur Klassen samt deren Attribute und Methoden abgebildet, sondern auch deren vertikale und horizontale Beziehungen bzw. Generalisierungen und Assoziierungen. Die gleichen Beziehungen können auch in Kollaborationsdiagrammen abgebildet werden. Die möglichen Zustände der Klassenobjekte werden mit Zustandsdiagrammen erfasst. Darum sind auch die Zustandsübergänge mit Pfeilen beschrieben. Die Interaktionen zwischen den Klassen bzw. die Methodenaufrufe über Klassengrenzen hinweg werden mit Sequenzdiagrammen dargestellt. Die dynamische Ablauffolge der Methoden bzw. der Kontrollfluss wird mit einem Aktivitätsdiagramm beschrieben. Normalerweise wird es ein Aktivitätsdiagramm pro Anwendungsfall geben. Schließlich gibt es das sogenannte Verpackungsdiagramm, in dem die Klassen Komponenten zugewiesen werden. Damit lässt sich erkennen, welche Klassen zu welchen Komponenten gehören. Daraus ergeben sich folgende Entitäten:

- Komponenten
- Klassen
- Methoden
- Attribute
- Zustände
- Bedingungen

sowie folgende Beziehungen:

- Klassen zu übergeordneten Klassen
- Klassen zu nebengeordneten Klassen

- Klassen zu Komponenten
- Klassen zu Methoden
- Klassen zu Attributen
- Klassen zu Zuständen
- Zustände zu Zuständen
- Methoden zu Methoden
- Methoden zu Bedingungen.

Diese Entitätenbeziehungen in den Diagrammen können von den UML-Werkzeugen in ein XML-Schema exportiert werden. Dort sind sie als Bäume in XML-Dokumenten dargestellt. Diese Bäume können mittels „tree walking" geparst werden. Auf diese Weise lassen sich sämtliche Entitäten und Beziehungen auch zählen. Das Messwerkzeug UMLAudit verarbeitet das XML-Schema, um daraus die Zahlen für die Messung der Größe, Komplexität und Qualität abzuleiten.

6.5.1 Entwurfsquantitätsmetrik

Die Quantitäten eines UML-Systementwurfs sind die Zählungen seiner Diagramm- und Modelltypen. Die Ausprägungen eines jeden Diagrammtyps sowie eines jeden Modelltyps werden summiert. Die Modelltypen werden weiter in Entitäten- und Beziehungstypen unterschieden [LoKi94].

Die neun hier gezählten Diagrammtypen sind:

- Anzahl Anwendungsfalldiagramme
- Anzahl Aktivitätsdiagramme
- Anzahl Klassendiagramme
- Anzahl Sequenzdiagramme
- Anzahl Interaktionsdiagramme
- Anzahl Zustandsdiagramme
- Anzahl Komponentendiagramme
- Anzahl Verteilungsdiagramme
- Anzahl UML-Diagramme insgesamt (siehe Abb. 6.9).

Die 17 Entitätentypen, die gezählt werden, sind:

- Anzahl Teilsysteme
- Anzahl Anwendungsfälle
- Anzahl Systemakteure
- Anzahl Komponente
- Anzahl Schnittstellen
- Anzahl Klassen
- Anzahl Basis- bzw. Superklassen

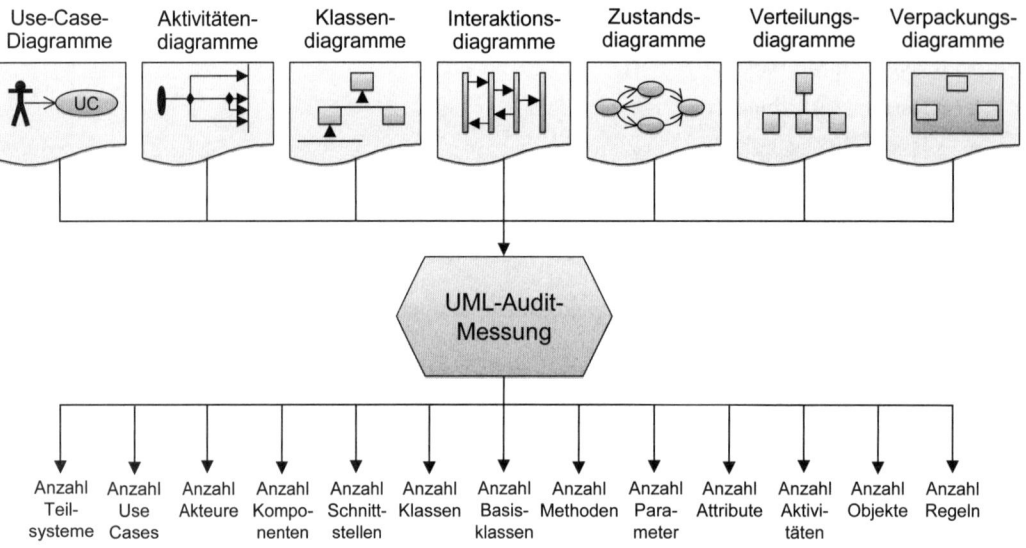

Abbildung 6.9 Messwerte aus einem UML-Systementwurf

- Anzahl Methoden
- Anzahl Parameter
- Anzahl Attribute
- Anzahl Aktivitäten
- Anzahl Objekte
- Anzahl Zustände
- Anzahl Regel
- Anzahl Stereotypen
- Anzahl Entwurfsentitäten insgesamt
- Anzahl referenzierter Entwurfsentitäten.

Die zehn Beziehungstypen, die gezählt werden, sind:

- Anzahl Anwendungsfallbeziehungen
- Anzahl Klassenassoziationen
- Anzahl Klassengeneralisierungen
- Anzahl Klasseninteraktionen
- Anzahl Klassenhierarchiestufen
- Anzahl Methodenaufrufe
- Anzahl Aktivitätsverzweigungen
- Anzahl Zustandsübergänge
- Anzahl erforderlicher Testfälle
- Anzahl der Entwurfsbeziehungen insgesamt.

Diese Entwurfsquantitäten wurden aus den Zielen des Messungsprozesses gemäß der Maxime der Goal-Question-Metric-Methode abgeleitet [BrMV02], d.h. sie dienen zur Berechnung der Größe, Komplexität und Qualität des UML-Modells.

6.5.2 Entwurfskomplexitätsmetrik

Die Entwurfskomplexität ergibt sich aus der Vereinigung mehrerer Komplexitätsmaße [HaMü87]. Eine vereinfachte Darstellung ist die These, Komplexität sei das Verhältnis von Entitäten zu Beziehungen. Ein Systementwurf setzt sich aus einer Menge Entwurfselemente zusammen. Die Größe einer Menge ist die Summe seiner Elemente. Die Komplexität einer Menge ist die Summe aller Beziehungen zwischen den Elementen der Menge plus aller Beziehungen von der Menge zu fremden Mengen im Vergleich zur Summe ihrer Elemente. Je größer die Anzahl der Beziehungen ist, desto höher die Komplexität der Menge. Die Komplexität einer einzelnen Entität ergibt sich aus der Zahl seiner Beziehungen zu anderen Entitäten [HeSe96]. Ergo lässt sich Entwurfskomplexität auf folgende einfache Formel reduzieren:

$$\frac{Anzahl\ der\ Entwurfsentit\"aten}{Anzahl\ der\ Entwurfsbeziehungen}$$

In Anlehnung an diese These sind folgende zehn Komplexitätsmetriken für UML definiert worden:

- Objektinteraktionskomplexität
- Klassenhierarchiekomplexität
- Klassen/Attributskomplexität
- Klassen/Methodenkomplexität
- Objektzustandskomplexität
- Zustandübergangskomplexität
- Aktivitätenflusskomplexität
- Anwendungsfallkomplexität
- Akteurinteraktionskomplexität
- Allgemeine Architekturkomplexität

6.5.2.1 Objektinteraktionskomplexität

Die Objektinteraktionskomplexität wird berechnet durch folgende Gleichung:

$$1 - \left(\frac{\frac{Nr\_Objects}{Nr\_Object\_Interactions} + \frac{Nr\_Classes}{Nr\_Class\_Associations}}{2} \right)$$

Je mehr Interaktionen zwischen Objekten und je mehr Assoziationen zwischen Klassen existieren, desto höher wird die Komplexität. So wird beides berücksichtigt: die Abstraktionsebene der Klassen wie auch die physikalische Ebene der Objekte. Das Maß ist eine inverse Kopplungsmetrik und basiert auf der empirischen Beobachtung, dass Systeme mit mehr Abhängigkeiten zwischen ihren Teilen schwieriger zu warten sind. [Booc08].

6.5.2.2 Klassenhierarchiekomplexität

Die Klassenhierarchiekomplexität wird durch folgende einfache Gleichung berechnet:

$$\frac{Nr\_Class\_Levels * 2}{Nr\_Classes}$$

Je mehr hierarchische Ebenen in einer Klassenhierarchie existieren, desto abhängiger sind die tiefer liegenden Klassen der Hierarchie von denen auf den höheren Ebenen. Massiver Einsatz von Vererbungsstrukturen wurde bereits oft dafür kritisiert, die Komplexität zu erhöhen. Diese Metrik korrespondiert mit der Baumtiefenmetrik von Chidamer and Kemerer [ChKe94]. Sie basiert auf der empirischen Beobachtung, dass objektorientierte Systeme mit tiefen Vererbungsstrukturen (z.B. > 3) fehleranfälliger sind als andere [ShCh06].

6.5.2.3 Klassen/Attributskomplexität

Die Attributskomplexität bei Klassen wird mit folgender Gleichung berechnet:

$$1 - \frac{Nr\_Classes * Minimum\_Attributes}{Nr\_Class\_Attributes}$$

Je mehr Datenattribute eine Klasse hat, desto größer ist die Komplexität. Dabei wird davon ausgegangen, dass jede Klasse im Durchschnitt vier Attribute hat. Dies korrespondiert mit der Klassenattributsmetrik der Mood-Metrik [Harr98]. Das Entwurfsziel ist, lieber viele Klassen mit wenigen Attributen zu haben als wenige Klassen mit vielen Attributen. Dieses Ziel basiert auf der Annahme, dass kleinere Datengruppen leichter zu testen und zu warten sind.

6.5.2.4 Klassen/Methodenkomplexität

Die Methodenkomplexität der Klassen wird mit folgender Gleichung berechnet:

$$1 - \frac{Nr\_Classes * Minimum\_Methods}{Nr\_Class\_Methods}$$

Je mehr Methoden bzw. Funktionen eine Klasse hat, desto höher ist die Komplexität, wobei angenommen wird, dass jede Klasse implizit bereits zwei Funktionen enthält: einen Konstruktor und einen Destruktor. Als minimale Methodenanzahl wird hier vier angenommen, eine Zahl die sich aus empirischen Studien ergeben hat. Sie korrespondiert auch mit der Methodenanzahl, die von Chidamer and Kemerer beobachtet wurde [ChKe94].

Das Entwurfsziel ist, lieber mehr Klassen mit einer minimalen Anzahl an Methoden anstelle weniger Klassen mit vielen Methoden zu haben. Dieses Ziel basiert auf der Annahme, dass ein in seiner Funktionalität stark gegliedertes System leichter zu warten und zu testen ist.

6.5.2.5 Objektzustandskomplexität

Die Objektzustandskomplexität wird berechnet durch die folgende Gleichung:

$$1 - \frac{Nr\_Objects}{Nr\_Object\_States}$$

Objekte sind Instanzen einer Klasse, und Objekte haben Zustände. Je mehr sie davon haben, desto komplizierter sind sie. Eine einfache Klasse ist ein Singleton mit einem Objekt, welches einem statischen Zustand entspricht. Eine komplexe Klasse ist eine mit mehreren Objekten, jedes davon in diversen potenziellen Zuständen. Weder die CK- noch die MOOD-Metrik berücksichtigt Zustandskomplexität, obwohl sie ein wichtiger Faktor für den Testaufwand ist, zusammen mit der zyklomatischen Komplexität der Methoden. Das Entwurfsziel wäre es, Klassen mit jeweils einer minimalen Anzahl Funktionen und sowenig Objektzustände wie möglich zu haben. Dies wird jedoch durch die Applikation bestimmt. Hat ein Objekt wie in etwa ein Benutzerkonto viele Zustände (offen, ausgeglichen, überzogen, eingefroren, geschlossen usw.), müssen diese entsprechend repräsentiert und getestet werden.

6.5.2.6 Zustandsübergangskomplexität

Die Zustandsübergangskomplexität wird wie folgt berechnet

$$1 - \frac{Nr\_States}{Nr\_State\_Transitions + Nr\_Transition\_Conditions}$$

Die Verbindungslinien eines Zustandsdiagramms repräsentieren die Übergänge von einem Zustand in den nächsten. Ein gegebener Zustand kann jede Anzahl von Nachfolgezuständen haben. Je mehr davon existieren, desto höher ist die Komplexität des Zustandsübergangsgraphen. Wie auch bei der zyklomatischen Komplexitätsmessung von McCabe messen wir hier das Verhältnis von Kanten und Knoten in einem Graphen. Nur sind hier die Knoten keine Anweisungen, sondern Zustände, und die Kanten keine Zweige, sondern Übergänge. Das Entwurfsziel muss sein, so wenige Übergänge wie möglich zu haben, doch auch dies wird letztlich durch die Applikation bestimmt. Jeder Zustandsübergang muss mindestens einmal getestet werden, was die Kosten für den Test in die Höhe treibt [McBu89].

6.5.2.7 Aktivitätenflusskomplexität

Die Aktivitätenflusskomplexität wird durch die folgende Gleichung berechnet:

$$1 - \frac{Nr\_Activities}{Nr\_Activity\_Flows + Nr\_Activity\_Conditions}$$

Die Verbindungslinien eines Aktivitätsdiagramms repräsentieren den Kontrollflussübergang von einer Aktivität zur nächsten. Diese Übergänge können an Bedingungen geknüpft sein oder nicht. Bei konditionalen Kontrollflüssen erhöht sich die Komplexität um den dahinterstehenden Geschäftsprozess. Eine Aktivität kann jede Anzahl von Nachfolgern besitzen. Je mehr es davon gibt und je mehr davon konditional sind, desto größer wird die Komplexität. Aktivitätsflüsse korrespondieren mit den Zweigen in einem Programmflussdiagramm. Das Entwurfsziel sollte sein, so wenige Zweige wie möglich zu haben, da sie sie Komplexität des Geschäftsprozesses in die Höhe treiben.

6.5.2.8 Anwendungsfallkomplexität

Die Anwendungsfallkomplexität wird durch die folgende Gleichung berechnet:

$$1 - \frac{Nr\_UseCases}{Nr\_Usage\_Relations + Nr\_Actors}$$

Anwendungsfälle, wie sie von Ivar Jacobson geprägt wurden, sind Instanzen der Systembenutzung [Jaco93]. Ein Benutzer oder ein Fremdsystem ruft einen Anwendungsfall auf. Die Beziehungen zwischen Anwendungsfällen können verschiedene Bedeutung haben. Sie können eine Erweiterung, Subsumierung oder Vererbung repräsentieren. Je mehr Beziehungen es gibt, desto höher ist die Anwendungsfallkomplexität. Das Entwurfsziel ist, die Komplexität durch Restriktion der Anzahl von Abhängigkeiten zwischen Anwendungsfällen zu reduzieren. Wenn andererseits die Applikation die Komplexität erfordert, muss sie auch modelliert werden, sonst wird die Komplexität nur kaschiert und in eine andere Ebene verschoben.

6.5.2.9 Akteurinteraktionskomplexität

Die Akteurinteraktionskomplexität wird durch die folgende Gleichung berechnet:

$$1 - \frac{Nr\_Actors}{Nr\_UseCases}$$

Systemakteure lösen Anwendungsfälle aus. Jeder Akteur kann einen oder mehr Anwendungsfälle starten. Je mehr Anwendungsfälle es pro Akteur gibt, desto komplexer ist die Beziehung zwischen Akteuren und dem System. Aus der Sicht eines Akteurs ist ein System komplex, wenn es ihn mit vielen verschiedenen Anwendungsfällen konfrontiert. Ein System mit 1:1 Beziehungen zwischen Akteuren und Anwendungsfällen ist einfach, da es in Abstimmung mit den Akteuren aufgeteilt ist. Das Entwurfsziel ist, die Komplexität zu reduzieren, indem die Anzahl Anwendungsfälle pro Akteur beschränkt wird. Anderseits führt eine höhere Anzahl von Akteuren zu einer höheren Größe in Use-Case-Points.

6.5.2.10 Allgemeine Entwurfskomplexität

Die allgemeine Entwurfskomplexität wird aus dem Verhältnis der Summe aller Entwurfs-entitäten zu der Summe aller Entwurfsbeziehungen berechnet:

$$1 - \frac{Nr\_Design\_Entities}{Nr\_Design\_Relationships}$$

Ein Entwurf, in dem jede Entität nur wenige Beziehungen besitzt, kann als weniger komplex als ein Systementwurf mit einer hohen Anzahl Relationen pro Entität betrachtet werden. Dies spiegelt die Auffassung von Komplexität wider als das Verhältnis der Beziehungen zwischen Elementen einer Menge und der Anzahl Elemente jener Menge. Je mehr Elemente, desto größer ist die Menge, und je mehr Beziehungen sie hat, desto komplexer ist sie. Das Ziel der Komplexitätsminimalisierung muss die Minimierung von Beziehungen zwischen Entwurfselementen sein [KSTG86].

6.5.2.11 Mittlere Entwurfskomplexität

Die mittlere Entwurfskomplexität ist der gewichtete Durchschnitt der ausgewählten Komplexitätsmaße. Der Benutzer kann auswählen, welche Komplexitätsmaße er berücksichtigen möchte. Er kann sie zusätzlich noch auf einer Skala von 1 bis 4 gewichten.

$$Design\ Complexity = \frac{\sum Complexity\_Metric * Weight}{n}$$

6.5.3 Entwurfsqualitätsmetrik

Die Entwurfsqualitätsmetriken sind Aggregationen ausgewählter Qualitäten. Qualität wird hier als die Beziehung zwischen dem Soll- und dem Ist-Zustand eines Modells definiert [RoBa87]. Qualitätsmessungen setzten einen Referenzstandard für UML-Modelle voraus. Der aktuelle Stand des Modells wird mit dem Referenzstandard verglichen. Je näher ein Modell an den Standard herankommt, desto höher ist dessen Qualität. Die Entwurfsqualitätsmetrik kann einfach durch folgendes Verhältnis ausgedrückt werden:

$$\frac{Ist\_Design}{Soll\_Design}$$

Die obere Grenze dieser Metrik ist 1. Wenn das Ist größer ist als das Soll, wurde das Qualitätsziel übertroffen. Ein Koeffizient von 0,5 entspricht einer mittleren Qualität. Man sollte sich vergegenwärtigen, dass Qualität eine relative Größe ist. Der Koeffizient alleine hat kaum eine Aussagekraft [Erdo08]. Im Vergleich mit dem Koeffizienten, der aus einem anderen System auf dieselbe Art gewonnen wurde, sagt er aus, dass ein Entwurf eine größere oder geringere Qualität als der andere besitzt, zumindest in Bezug auf die gemessenen Qualitätskriterien. Da es keine absolute Qualitätsskala gibt, kann die Qualität eines Systems nur in Bezug auf die eines anderen Systems angegeben werden [BrMV96]. Für die Bewertung der Qualität eines UML-Modells wurden die folgenden zehn Charakteristika ausgewählt:

- Grad der Klassenkopplung
- Grad der Klassenkohäsion
- Grad der Modularität
- Grad der Portabilität
- Grad der Wiederverwendbarkeit
- Grad der Testbarkeit
- Grad der Konformität
- Grad der Konsistenz
- Grad der Vollständigkeit
- Grad der Erfüllung.

6.5.3.1 Klassenkopplungsgrad

Klassenkopplung ist die Inversion der Interaktionskomplexität. Sie wird wie folgt berechnet:

$$\frac{\frac{Nr\_Objects}{Nr\_Object\_Interactions} + \frac{Nr\_Classes}{Nr\_Class\_Associations}}{2}$$

Je mehr Interaktionen und Assoziationen zwischen Objekten und Klassen existieren, desto größer ist die Abhängigkeit zwischen diesen Objekten und Klassen untereinander. Diese gegenseitige Abhängigkeit wird als Klassenkopplung bezeichnet. Klassen mit einer höheren Kopplung haben einen größeren Auswirkungsbereich. Werden sie geändert, besteht eine höhere Wahrscheinlichkeit, dass andere Klassen von der Änderung betroffen sind. Das Entwurfsziel ist, so wenige Abhängigkeiten wie möglich zu haben, also eine geringe Klassenkopplung. Dieses Qualitätsmerkmal basiert auf der empirischen Beobachtung, dass eine hohe Kopplung einen höheren Auswirkungsbereich mit sich bringt und somit eine größere Fehlerrate und mehr Wartungsaufwand [BrDW99].

6.5.3.2 Klassenkohäsionsgrad

Der Grad der Klassenkohäsion wird gemessen anhand des Verhältnisses von Datenattributen relativ zur Anzahl Methoden einer Klasse. Die Formel lautet:

$$1 - \frac{Nr\_Attributes}{Nr\_Methods + Nr\_Attributes}$$

Der Begriff der Kohäsion bezeichnet den Grad, zu dem Funktionen eines Moduls zusammen gehören [BiOt94]. Funktionen gehören dann zusammen, wenn sie dieselben Daten verarbeiten. Dies wird als Datenkohäsion bezeichnet. Somit gilt: Je weniger Daten von denselben Funktionen benutzt werden, desto besser. Klassen mit einer hohen Kohäsion haben viele Methoden und wenige Attribute. Klassen mit vielen Attributen und wenigen Methoden haben eine geringe Kohäsion. Das Entwurfsziel ist, so wenig gemeinsame Attribute für dieselben Methoden zu haben wie möglich. Dieses Qualitätsmerkmal basiert auf der

Hypothese, dass eine hohe Kohäsion eine hohe Wartbarkeit zur Folge hat. Dies wurde jedoch nie wirklich bewiesen.

6.5.3.3 Modularitätsgrad

Modularität ist ein Maß der Zerlegung. Es drückt aus, zu welchem Grad ein großes System in kleine Teile zerlegt wurde. Die Theorie dahinter ist, dass sich mit kleineren Codeeinheiten leichter umgehen lässt [SRK07]. Die Modularität von Klassen wird bestimmt durch ihre Anzahl Attribute und Methoden. Sie wird ausgedrückt durch die Formel:

$$\frac{Nr\_Classes * Min\_Nr\_Methods\_Per\_Class}{Nr\_Methods}$$

Nach der allgemeinen Meinung, die von zahlreichenden Feldexperimenten untermauert wird, sind viele kleine Codeeinheiten leichter zu ändern als wenige große. Das alte römische Prinzip „divide et impera" gilt offensichtlich auch in der Welt der Software. Es wurde anderseits nie bewiesen, dass kleinere Codeeinheiten zwingend zu einer größeren Fehlerfreiheit führen, obwohl es Studien gibt, die diese Tendenz bestätigen [Weyu08]. Der Grad an Modularität äußert sich durch die einhergehende Erleichterung bei Änderungen. Bei der Codemessung kann Modularität bestimmt werden durch den Vergleich der tatsächlichen Größen von Codeeinheiten mit einem zuvor definierten Maximum. In einer objektorientierten Architektur sind die kleinsten Einheiten Methoden. Die Anzahl Methoden pro Klasse sollte eine gewisse Obergrenze nicht überschreiten. Bei der UML-basierten Messung des Entwurfs wird empfohlen, die gesamte Anzahl von Methoden mit der minimalen Anzahl von Methoden pro Klasse, multipliziert mit der Gesamtzahl der Klassen, zu vergleichen. Infolgedessen ist hier das Entwurfsziel, so wenige Methoden wie möglich pro Klasse zu erreichen, was aber den Architekt dazu bringt, mehr, aber kleinere Klassen zu entwerfen.

6.5.3.4 Portabilitätsgrad

Portabilität auf Entwurfsebene ist ein Maß für den Grad der Leichtigkeit, mit der eine Architektur in eine andere Umgebung versetzt werden kann. Dieses Maß wird beeinflusst durch die Art und Weise, wie der Entwurf gegliedert ist. Viele kleine Pakete können viel leichter portiert werden als wenige große. Somit ist es erforderlich, die Größe von Paketen so gering wie möglich zu halten. Die Paketgröße ergibt sich aus der Anzahl im Paket enthaltener Klassen. Außerdem sollten Pakete so wenig wie möglich Abhängigkeiten zu ihrer Umgebung besitzen. Je weniger Schnittstellen ein Paket hat, desto besser. Die Portabilität eines Systems wird ausgedrückt durch die Gleichung:

$$\frac{Nr\_Packages}{Nr\_Classes + Nr\_Interfaces}$$

Die Bestimmung dieses Qualitätsmerkmals geht einher mit dem der Modularität. Die Anzahl der Klassen pro Paket sollten eine Obergrenze nicht überschreiten, genauso wenig wie ein Paket nicht mehr als eine gegebene Nummer von Schnittstellen zu seiner Umgebung haben sollte, da diese das Paket sonst immer stärker an die jeweilige Umgebung binden. Das Entwurfsziel ist, Pakete mit einer minimalen Anzahl von Klassen und Schnittstellen zu kreieren.

6.5.3.5 Wiederverwendbarkeitsgrad

Der Grad der Wiederverwendbarkeit drückt die Leichtigkeit aus, mit der Codeeinheiten aus ihrer ursprünglichen Umgebung extrahiert und in eine neue Umgebung verpflanzt werden können. Dies bedeutet, dass die Abhängigkeiten zwischen Entwurfseinheiten minimal sein sollten [Sned97]. Abhängigkeiten werden in UML durch Generalisierungen, Assoziationen und Interaktionen ausgedrückt. Somit ist die Gleichung für die Messung des Abhängigkeitsgrades:

$$\frac{Nr\_Classes + Nr\_Methods}{Nr\_Generalizations + Nr\_Associations + Nr\_Interactions}$$

Je mehr Generalisierungen, Assoziationen und Interaktionen es gibt, desto größer sind die Schwierigkeiten, individuelle Klassen und Methoden aus der aktuellen Architektur herauszuziehen und in einer anderen wiederzuverwenden. Es ist wie bei Pflanzen: Sind die Wurzeln tief in der Umgebung verwachsen, fällt ein Umtopfen schwer. Die Wurzeln müssen entwirrt oder gekappt werden. Genauso ist es bei der Software: Der Grad der Abhängigkeit sollte so gering wie möglich sein. Vererbung und Interaktion steigert den Grad der Abhängigkeit und verringert den Grad der Wiederverwendbarkeit. Das Entwurfsziel lautet, so wenige Abhängigkeiten wie möglich zu haben. Der Architekt sollte bemüht sein, die Klassen möglichst zu isolieren und deren Zugriffsmöglichkeiten beschränken.

6.5.3.6 Testbarkeitsgrad

Testbarkeit ist ein Maß für den benötigten Aufwand, ein System relativ zur Größe dieses Systems zu testen [SnJu06]. Je weniger Aufwand dafür benötigt wird, desto höher ist der Grad der Testbarkeit. Der Testaufwand ergibt sich aus der Anzahl der benötigten Testfälle sowie dem Datenumfang der Schnittstellen, wobei dieser Datenumfang sich aus der Anzahl Parameter pro Schnittstelle ergibt. Die Gleichung für die Berechnung von Testbarkeit ist:

$$1 - \frac{Nr\_Methods + Nr\_Interfaces}{Nr\_Paths + Nr\_Parameters}$$

Die Anzahl benötigter Testfälle wird bestimmt durch die Anzahl möglicher Pfade durch die Systemarchitektur. Jeder potenzielle Pfad soll durchlaufen werden. Ob man einen bestimmten Pfad erreicht oder nicht, hängt davon ab, wie die Schnittstelle bedient wird. Um eine Schnittstelle zu bedienen, muss diese mit unterschiedlichen Parameterkombinationen besetzt werden. Je mehr Parameter sie enthält, desto mehr Kombinationen müssen getestet werden. Feldexperimente haben bewiesen, dass es leichter ist, mehrere parameterarme Schnittstellen zu testen als wenige mit vielen Parametern. Somit beeinflusst nicht nur die Anzahl Testfälle, sondern auch der Datenumfang der Schnittstellen die Testbarkeit. Das

Entwurfsziel hier ist eine Architektur, die mit dem geringsten Aufwand zu testen ist. Dies wird durch die Minimierung möglicher Pfade durch das System und durch die Aufteilung der Schnittstellen erreicht.

6.5.3.7 Konformitätsgrad

Konformität ist ein Maß für den Grad, zu dem Regeln eingehalten wurden. Jedes Softwareprojekt sollte eine Konvention für die Benennung von Entitäten besitzen. Es sollte vorgeschriebene Namenskonventionen für Datenattribute und Schnittstellen geben genauso wie für Klassen und Methoden. Die Bereitstellung der Konventionen liegt in der Verantwortung des Projektmanagements, deren Umsetzung in der des Qualitätsmanagements. Die Gleichung für die Konformität ist einfach:

$$1 - \frac{Nr\_NonConventional\_Names}{Total\_Names\_Used}$$

Unverständliche Namen sind die größte Barriere zur Verständlichkeit von Code. Egal wie sauber der Code strukturiert ist, er wird unverständlich bleiben, solange der Code voller nicht nachvollziehbarer Daten- und Prozedurnamen ist. Die Namen aus dem UML-Entwurf gelangen in den Code. Daher sollten sie mit Sorgfalt vergeben werden und einer Konvention unterliegen. Das Ziel hier ist, nur sprechende, kategorisierte und nachvollziehbare Namen im Entwurf zu verwenden.

6.5.3.8 Konsistenzgrad

Die Konsistenz eines Entwurfs meint den Grad, zu dem die Entwurfsdokumente einander entsprechen. Man sollte nicht auf eine Klasse oder Methode in einem Sequenzdiagramm zurückgreifen, die nicht auch in einem Klassendiagramm enthalten ist. Dies wäre inkonsistent. Dasselbe gilt für Methoden im Aktivitätsdiagramm. Sie sollten mit denen in den Sequenz- und Klassendiagrammen übereinstimmen. Die Parameterübergaben in den Sequenzdiagrammen sollten sich mit den Parametern der Methoden in den Klassendiagrammen decken. Somit sind die Klassendiagramme die Referenzdiagramme. Alle anderen Diagramme sollten mit ihnen konform sein. Sind die es nicht, gibt es ein Konsistenzproblem. Die Gleichung für den Grad der Konsistenz ist:

$$1 - \frac{Undefined\_Methods\_References + Undefined\_Parameter\_References}{Nr\_Defined\_Methods + Nr\_Defined\_Parameters}$$

Bei der Messung des Konsistenzgrades werden wir mit einer der größten Schwächen der UML-Entwurfssprache konfrontiert, nämlich dass UML selbst inkonsistent ist. Dies liegt an seiner Geschichte als Sammelsurium verschiedenster Diagrammtypen unterschiedlichen Ursprungs. Zustandsdiagramme, Aktivitätsdiagramme und Kollaborationsdiagramme existierten schon lange vor UML und entspringen der strukturierten Analyse. Die Basis des objektorientierten Entwurfs sind die Klassendiagramme von Grady Booch [Booch86]. Anwendungsfälle und Sequenzdiagramme wurden später durch Ivar Jacobson hinzugefügt [DoPa06]. Es hat nie einen Metaplan für die UML-Sprache gegeben. Sie ist eben gewachsen. Wer mit ihr arbeitet, hat die Möglichkeit, diverse Diagrammtypen völlig unabhängig voneinander zu erstellen. Wenn das UML-Werkzeug keine diesbezügliche Prüfung hat, wird die Namensgebung inkonsistent. Das Entwurfsziel musste sein, bei allen Diagrammen auf eine gemeinsame Menge definierter Namen zuzugreifen und sicherzustellen, dass alle verwendeten Methoden, Parameter und Attribute in den Klassendiagrammen definiert werden.

6.5.3.9 Vollständigkeitsgrad

Vollständigkeit kann als der Grad bezeichnet werden, zu dem alle Anforderungen und Anwendungsfälle in der Anforderungsspezifikation durch den Entwurf abgedeckt sind. Um dies sicherzustellen, wäre ein Abgleich mit einem Anforderungs-Repository nötig, welcher jedoch voraussetzt, dass wiederum Anforderungen und Entwurf auf dieselbe Ontologie zurückgreifen. Leider ist der Status quo der Informationstechnologie weit entfernt von diesem Ideal. Kaum ein einziges IT-Projekt hat gemeinsame Namensmengen für alle Dokumente und erst recht kein gemeinsames Repository. Somit kann nur die formale Vollständigkeit geprüft werden, d.h. ob alle benötigten Diagramme tatsächlich vorhanden sind. Der Grad der Vollständigkeit ist ein einfaches Verhältnis zwischen abgeschlossenen Dokumenten und benötigten Dokumenten:

$$\frac{Finished\_Diagram\_Types}{Required\_Diagram\_Types}$$

Das Entwurfsziel hier ist sicherzustellen, dass alle für das Projekt benötigten UML-Diagrammtypen vorliegen. Wie sich bei den meisten Entwicklungsprojekten feststellen lässt, sind die UML-Modelle selten vollständig. Der Druck ist zu groß, möglichst bald mit der Codierung zu beginnen, um den Entwicklern die Zeit zu lassen, ihren Entwurf abzuschließen. Wenn mit der Programmierung einmal begonnen wird, wird das Modell schnell obsolet.

6.5.3.10 Erfüllungsgrad

Die ultimative Qualität eines Systementwurfs ist der Grad, zu dem er die Anforderungen erfüllt. Nicht alles, was gemessen wird, ist wichtig, und viel von dem, was wichtig ist, wird nicht gemessen. Dies gilt hier im besonderen Maße. Inwieweit die Benutzeranforderungen wirklich erfüllt wurden, kann nur durch den endgültigen Abnahmetest bestimmt werden. Das Einzige, was an dieser Stelle bereits getan werden kann, ist der Abgleich der Akteure und Anwendungsfälle im Entwurf und der Spezifikation. Jede funktionale Anforderung sollte einem Anwendungsfall in der Spezifikation zugewisen sein. Wenn dies der Fall ist, sollten die Anwendungsfälle in der Spezifikation alle funktionalen Anforderungen abdecken. Entspricht die Anzahl von Anwendungsfällen im Entwurf denen in der Spezifikation, können wir annehmen, dass der Entwurf zumindest formal mit der Spezifikation der Anforderungen konsistent ist. Dies wird durch das folgende Verhältnis ausgedrückt:

$$\frac{Nr\_Designed\_UseCases}{Nr\_Required\_UseCases}$$

Gibt es mehr Anwendungsfälle im Entwurf als in den Anforderungen, bedeutet dies, dass die Lösung umfangreicher ist als das Problem. Im umgekehrten Fall ist der Entwurf nicht ausreichend. Das Ziel ist es, einen Entwurf zu entwickeln, der – zumindest auf der Ebene der Anwendungsfälle – alle Anforderungen berücksichtigt. Die Ebene der Anwendungsfälle entspricht der Wahrnehmungsebene des Endbenutzers. Sind alle seine Wünsche bezüglich der Systembenutzung erfüllt, erfüllt der Entwurf die Spezifikation.

6.5.3.11 Mittlere Entwurfsqualität

Die mittlere Qualität ist der gewichtete Durchschnitt aller ausgewählten Qualitätsmerkmale. Der Werkzeugbenutzer kann auswählen, welche Qualitätsmerkmale er berücksichtigen möchte. Er kann sie zudem auf einer Skala von 1 bis 4 gewichten.

$$Design\ Quality = \frac{\sum (Quality\_Metric * Weight)}{n}$$

6.5.4 Entwurfsgrößenmetrik

Die Entwurfsgrößenmetrik sind aggregierte Werte für die Größe eines Systems. Natürlich wird das System nicht selbst gemessen, aber zumindest das Modell eines Systems. Das System selbst ist nur messbar, wenn es fertig ist. Man benötigt die Größenmaße schon zu einem frühen Zeitpunkt, um vorhersagen zu können, welchen Entwicklungs- und Testaufwand das System verursachen wird. Diese Größenmaße können entweder durch Analyse der Spezifikation oder später aus dem Entwurf gewonnen werden. Beide Maße können natürlich nur so gut sein, wie die Qualität der Spezifikation oder des Entwurfs es erlaubt. Da der Entwurf in der Regel detaillierter und vollständiger ist, führen die Entwurfsgrößenmetriken zu besseren Ergebnissen. Allerdings ist der Entwurf erst einige Zeit nach der Spezifikation verfügbar. Dies bedeutet, dass die erste und ursprüngliche Kostenschätzung auf den Anforderungen basiert. Übertrifft die Messung des Entwurfs die der Spezifikation, muss auf Funktionalität verzichtet werden, und weniger wichtige Anwendungsfälle und Objekte müssen wegfallen. Weicht die Messung des Entwurfs signifikant von jener der Spezifikation ab, muss das Projekt gestoppt und die veranschlagte Zeit und die Kosten neu verhandelt werden. In jedem Falle sollte das Projekt nach Beendigung des Entwurfs neu durchkalkuliert werden.

Es gibt verschiedene Methoden für die Kostenschätzung von Softwareprojekten [Sned07]. Jede basiert auf einer unterschiedlichen Größenmetrik wie Data-Points, Function-Points, Object-Points, Use-Case-Points und Test-Points. Letztere wird durch die Anzahl der Testfälle ermittelt, die benötigt werden, um alle möglichen Pfade durch das System und alle möglichen Objektzustände zu testen. Bei der Schätzung eines Projekts sollte man immer mindestens drei verschiedene Schätzmethoden auswählen (siehe Abb. 6.10):

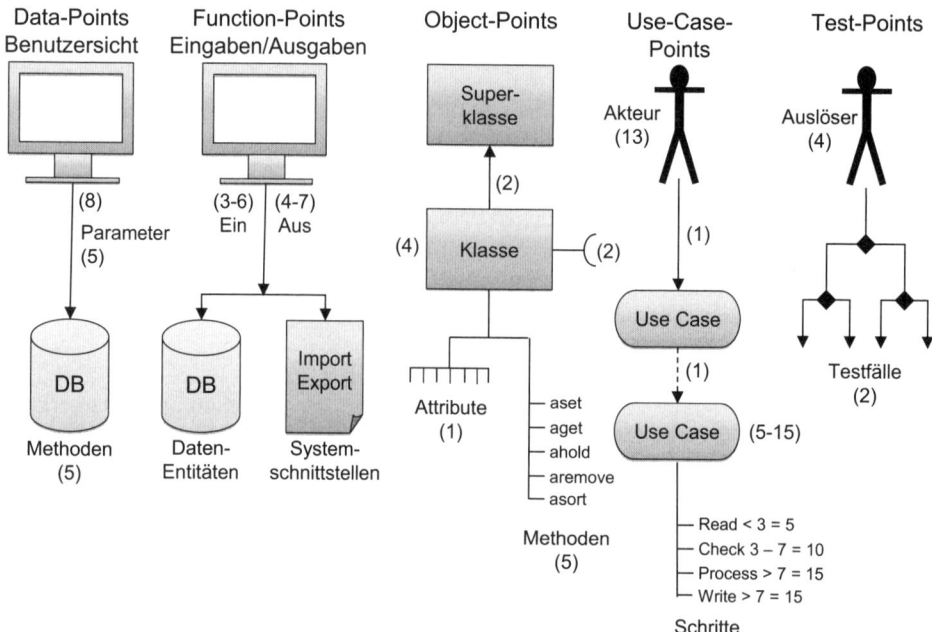

Abbildung 6.10 Entwurfsgrößenmetriken

- Data-Points
- Function-Points
- Object-Points
- Use-Case-Points
- Test-Points.

6.5.4.1 Data-Points

Data-Points sind ein Größenmaß für die Messung von Datenmodellen. Dieses Maß ist im Zuge der datengetriebenen Entwicklung mit 4GL-Sprachen entstanden [Sned90]. Damit wurde beabsichtigt, die Größe eines Systems ausschließlich aufgrund seines Datenmodells zu messen, allerdings unter Berücksichtigung der Benutzerschnittstellen. Das Maß ist ein Kind der 4th-Generation-Softwareentwicklung, bei der die Applikationen um ein existierendes Datenmodell herum gebaut wurden. Die ursprüngliche Basis für die Zählung waren die Entity/Relationship-Diagramme. Diese sind in UML durch die Klassendiagramme abgelöst. Die Benutzerschnittstellen werden über die Anwendungsfalldiagramme identifiziert. Dies führt zu der folgenden Formel für die Berechnung der Data-Points:

$$Data\text{-}Points = Nr\_Actor\_System\_Interactions * 8 + Nr\_Classes * 4 + Nr\_Parameters * 2 + Nr\_Attributes$$

6.5.4.2 Function-Points

Function-Points sind das gleiche Größenmaß, das bei den Anforderungen gemessen wird, nur im Entwurf sind sie viel sichtbarer. Eigentlich wurde dieses Maß ursprünglich für die Messung des Systementwurfs gedacht, weil hier von Dateien, Schnittstellen und Oberflächen die Rede ist. Die Gewichte von 3 bis 6 und 4 bis 7 Function-Points beziehen sich auf die Ein- und Ausgaben einzelner Prozesse, die erst im Entwurf erkennbar sind. Meistens handelt es sich hier um Benutzeroberflächen, aber auch externe Nachrichten und Berichte werden dazugezählt. Die Prozesse können in UML mit Anwendungsfällen gleichgesetzt werden. Mit Stammdaten sind heutzutage Datenbanktabellen gemeint. Sie wiegen je nach Anzahl der Attribute bzw. Spalten zwischen 7 und 15 Function-Points. Mit Schnittstellen sind Datenübergaben zwischen Systemen bzw. Teilsystemen gemeint. Sie wiegen zwischen 5 und 10 Function-Points. Die Function-Point-Methode basiert auf der strukturierten Analyse und Entwurfstechnik der 80er Jahre. Sie hat sich über die Jahre weiterentwickelt, aber das zugrunde liegende Zählungsschema ist unverändert geblieben [GaHe00]. Jedenfalls war sie im Gegensatz zu den Object-Points und den Use-Case-Points niemals für objektorientierte Systeme gedacht. Um Objektmodelle damit trotzdem zu messen, sind einige Interpretationen erforderlich. In einem UML-Entwurf kommen die Klassen der Geschäftsobjekte den logischen Dateien am nächsten. Den Benutzereingaben am nächsten sind die Interaktionen zwischen Akteuren und Anwendungsfällen. Die Schnittstellen zwischen Klassen können als Systemschnittstellen interpretiert werden. Mit dieser groben Näherung kommen wir zu folgender Gleichung:

$$Function\text{-}Points = Nr\_Actor\_System\_Interactions * 5 + Nr\_Interfaces * 7 + Nr\_Classes * 10$$

6.5.4.3 Object-Points

Die Object-Point-Metrik wurde dagegen im Jahr 1996 speziell für die Messung objektorientierter Systeme eingeführt [Sncd96a]. Die Idee war, ein Größenmaß zu besitzen, das wirklich aus einem UML-Entwurf abgeleitet werden kann. Als solches passt es natürlich bestens zu einem UML-Entwurf. Object-Points gehen auf die Doktorarbeit von Luiz Laranjeira von der Universität Texas zurück [Lara90]. Er schlug vor, die Klassenhierarchie als Basis für die Größenmessung der Software zu verwenden. Man solle mit der untersten Ebene der Klassen beginnen und von unten nach oben alle neu vereinbarten Attribute und Methoden zählen, d.h. geerbte Attribute und Methoden werden nicht gezählt. Gleichzeitig sind alle Assoziationen zwischen Klassen auf derselben Ebene zu zählen. Klassen wiegen 4 Punkte, Methoden wiegen 3 Punkte, Assoziationen 2 Punkte und Attribute bzw. Parameter wiegen 1 Punkt. Nach der Studie von Laranjeira hat die durchschnittliche Methode rund zwölf Anweisungen. Demnach entspricht ein Object-Point in etwa 3 Anweisungen, wenn man die Attribute und Assoziationen dazuzählt. In dem UML-Modell können Object-Points wie folgt berechnet werden:

$$Object\text{-}Points = Nr\_Classes * 4 + Nr\_Methods * 3 + Nr\_Interfaces * 2 + Nr\_Attributes + Nr\_Parameters$$

6.5.4.4 Use-Case-Points

Use-Case-Points wurden, wie im letzten Kapitel geschildert, von dem schwedischen Werkstudenten mit dem Namen G. Karner im Jahre 1993 eingeführt [Karn93]. Die Idee dahinter war eine Größenmessung ausgehend von der Anzahl Akteure sowie der Anzahl und Komplexität der Anwendungsfälle. Beide, Akteure und Anwendungsfälle, wurden in drei Klassen eingeteilt: einfach, mittel und komplex. Die Gewichtungen wurden später mit denen der Function-Point-Methode kalibriert [Anda01]. Jetzt werden Akteure auf einer Skala von 1 bis 3 und Anwendungsfälle auf einer Skala von 5 bis 15 bewertet. Die beiden Werte werden multipliziert und ergeben die nicht justierten Use-Case-Points. Diese Methode passt gut zur Messung anhand von UML-Entwürfen – vorausgesetzt, Akteure und Anwendungsfälle wurden korrekt spezifiziert.

$$UseCase\text{-}Points = Nr\_Actors * 2 + Nr\_UseCases * 10 + Nr\_Actor\_UseCase\_Interactions$$

6.5.4.5 Test-Points

Testfälle wurden erstmals im Jahre 1978 vom Autor Sneed als Größenmaß beim Test des Siemens Integrated Transport System (ITS) verwendet [Sned78]. Die Motivation dahinter war, den Modultest aufgrund von getesteten Fällen zu definieren. Ein Testfall entsprach damals einem Pfad durch das Testobjekt. Viel später wurde die Methode zurück ins Leben gerufen, um die Kosten für den Test eines Systems zu berechnen [SBS08]. Beim Systemtest entspricht ein Testfall einem Anwendungspfad durch das System. Sie beginnen bei der Benutzerschnittstelle und folgen entweder den Pfaden durch ein Aktivitätsdiagramm oder durch ein Sequenzdiagramm über die Interaktionen zwischen den Klassen. Es sollte einen Testfall für jeden Pfad durch die Interaktionsdiagramme geben wie auch durch alle Objektzustände, die in den Zustandsdiagrammen spezifiziert sind. Somit kann die Anzahl Testfälle aus dem Produkt der Anwendungsfallinteraktionen, der Anzahl der Klasseninteraktionen und der Anzahl der Objektzustände gewonnen werden. Sie berechnet sich wie folgt:

$$Test - Points = Nr\_Actor\_UseCase\_Interactions * Nr\_Class\_Interactions * Nr\_Activity\_Flows * Nr\_States$$

6.6 Entwurfsmetrik für Webapplikationen

Obwohl erstaunliche Fortschritte in der Nutzung des World Wide Web für Softwareentwicklung gemacht worden sind, haben die alten Metriken für den Systementwurf immer noch ihre Berechtigung. Es geht nach wie vor um die Kopplung der Softwarebausteine sowie um die innere Festigkeit der Bausteine, d.h. um intermodulare und intramodulare Komplexität.

Der Rahmen für die Anwendungen ist nicht mehr CICS oder IMS, sondern RDF (Resource Description Framework). Dieser Rahmen ermöglicht die Verbindung multipler Websites und Datenträger. Es gibt eine SPARQL-Abfragesprache für den Zugriff auf RDF-Datenbanken und vorübergehende Datenbereiche. Einmal im RDF-Format können Daten aus verschiedenen, verteilten Quellen zu einem einzigen, integrierten Datenobjekt zusammengefasst werden – ein *multisite mashup*. Dieses kann anschließend an einen Webservice zur Verarbeitung übergeben werden. Der Webservice kann wiederum aus verschiedenen anderen Webservices zusammengesetzt werden, d.h. der Hauptservice delegiert Arbeit an die Subservices. Damit haben wir wieder das Fan-out-Prinzip.

Die Struktur der Webapplikation ist in dem RDF-Schema (RDFS) sowie in der Web Ontology Language (OWL) festgehalten. Diese semantischen Websprachen enthalten Assertions, also Zusicherungen über mögliche Beziehungen, die natürlich erst zur Laufzeit wahrgenommen werden. Dennoch ist es möglich, durch eine Analyse dieser Sprachen alle Beziehungen zwischen RDF-Objekten zu erfassen und die verwendeten Daten zu zählen. Über das RDF-Schema ist auch erkennbar, welche Services angesprochen werden. Die Servicebeschreibungen geben wiederum an, welche Subservices ausgelöst werden können, und die WSDL-Schnittstellen zu diesem Service enthalten ihre Ein- und Ausgabedaten [Hend09].

Im Web 2.0 sind die gleichen Metriken noch gültig wie vor 25 Jahren bei den FORTRAN-Systemen der NASA. Geändert haben sich nur die Entitätentypen. Module sind mit Webservices gleich zu setzten. Modulaufrufe sind die Nachrichten, die gesendet werden. Daten sind die Grundelemente der Objekte. Entscheidungen sind die Bedingungen innerhalb der Schemata, die bestimmen, welche Daten zu einem Mashup herangezogen werden. Die Datenobjekte sind die Mashups. Fan-out ist die Zahl der untergeordneten Services, die ein Hauptservice hat. Die funktionale Hierarchietiefe ist die Zahl der Service-Links in einer Kette von Services. Die Datenhierarchietiefe ist die Zahl der verschachtelten URLs in einem Mashup [Schm07].

Durch die Zählung der Entitätsausprägungen kommt man zur Größe einer Web-2.0-Anwendung. Es gibt hier folgende Größen

- die Anzahl der Mashups
- die Anzahl der URLs in einem Mashup
- die Anzahl der Datenelemente in den Mashups
- die Anzahl der WSDL Requests
- die Anzahl der WSDL Responses
- die Anzahl der Webservices
- die Anzahl der bedingten Links
- die Anzahl der Links
- die Anzahl der Webservice-Stufen

Mögliche Komplexitätsmaße sind die

$$Mashupkomplexität = 1 - \frac{Anzahl\ der\ Mashups}{Anzahl\ URLs\ in\ Mashups}$$

$$Datenkomplexität = 1 - \frac{Anzahl\ URLs\ in\ Mashups}{Anzahl\ der\ Datenelemente}$$

$$Schnittstellenkomplexität = 1 - \frac{Anzahl\ der\ Webservices}{Anzahl\ der\ Requests + Anzahl\ der\ Responses}$$

$$Entscheidungskomplexität = 1 - \frac{Anzahl\ bedingter\ Links}{Anzahl\ der\ Links}$$

$$Funktionskomplexität = 1 - \frac{Anzahl\ der\ Webservices}{Anzahl\ der\ Webservicestufen}$$

$$Abfragekomplexität = 1 - \frac{Anzahl\ der\ Abfragen}{Anzahl\ abgefragter\ RDF\text{-}Tabellen}$$

Die Qualität der Web-2.0-Anwendungshierarchien ist wie bei den alten Systemen über den Kopplungs- und den Kohäsionsgrad zu messen. Der Kopplungsgrad sollte möglichst niedrig und der Kohäsionsgrad möglichst hoch sein. Ein Webservice kann weitere Webservices anstoßen. Es muss eine Grenze geben, wie viele Webservices von einem Webservice aus gestartet werden, z.B. 7 Webservices, die diese Grenze überschreiten, gelten als überkomplex. Der Kopplungsgrad ist das Inverse der überkomplexen Services relativ zu allen Services

$$1 - \frac{Überkomplexe\ Services}{Services}$$

Kohäsion ist eine Frage des Verhältnisses der Anzahl der Datenelemente in einem Request zu der Anzahl der Operationen in dem Zielservice, das diesen Request verarbeitet. Je geringer die Datenanzahl, desto höher der Kohäsionsgrad. Kohäsion ist also

$$\frac{Operationen\ des\ Zielservice}{Datenelemente\ des\ Requests}$$

Die Modularität eines einzelnen Webservices ist demnach

$$Kopplungsgrad * Kohäsionsgrad$$

Die Modularität einer Anwendung wäre der Mittelwert der Modularität aller einzelnen Services. Dieses Modularitätsmaß lässt sich ohne Weiteres mit dem ursprünglichen Maß von Card und Glass vergleichen. Dies bestätigt nur das alte französische Sprichwort „Plus ça change, plus c'est la même chose".

7 Codemetrik

7.1 Programmaufbau

Programmcode hat von allen Softwareartefakten den höchsten Grad an Formalismus und eignet sich am besten für die Messung. Man darf daher nicht verwundert sein, dass sich die ersten Messungsansätze auf den Code bezogen. Halsteads Software Science war ein erster Versuch, Programmcode in Zahlen zu fassen. Es sollten viele folgen. Heute gibt es mindestens 200 Metriken für die Messung von Programmcode, und es kommen ständig neue hinzu [EbDu07]. Kein Gebiet des Software Engineering ist so reich an Publikationen wie das Gebiet der Codemessung.

Das liegt daran, dass Programmiersprachen eine wohldefinierte Syntax mit einem begrenzten Vokabular haben. Die Grundelemente sind die Operatoren und Operanden bzw. Prädikate und Nomen [Flor69]. Operatoren sind Befehlswörter wie if, call, switch, goto usw. oder Befehlszeichen wie +, -, =, & usw. Operanden sind Datennamen, die von der Sprache reserviert oder vom Benutzer vergeben werden. Sie unterliegen exakten syntaktischen Regeln und sind genau erkennbar. Eine besondere Art von Operanden sind die Eigenschaftswörter bzw. Attribute, welche die Operanden ergänzen. Sie bestimmen den Typ und das Format eines Operanden, z.B. die Attribute integer, char, string und length.

Operanden teilen sich in Variablen und Konstanten. Variablen sind mit einem Namen bezeichnet, Konstanten mit einem Wert. Der Wert kann eine Zahl sein oder eine Zeichenfolge. Konstanten sind im Code eingebettet. Variablen sind Verweise auf Speicheradressen, wo Daten liegen [Cali79].

Die Operatoren und Operanden einer Programmiersprache werden in Anweisungen zusammengefasst. Eine Anweisung entspricht einem Satz in der natürlichen Sprache. Sie hat einen Operator als Verb und einen oder mehrere Operanden als Hauptwörter. Das Verb definiert die Handlung, die Hauptwörter sind die Objekte der Handlung. Anweisungen werden mit irgendeinem Sonderzeichen terminiert, wie bei einem Punkt in der natürlichen Sprache. Dies wird als Delimiter bezeichnet. In der Anweisung:

$A = B + 1;$

sind ‚=' und ‚+' Operatoren, ‚A', ‚B' und ‚1' die Operanden und ‚;' der Delimiter. Das Verb bzw. der Hauptoperator ist das Zeichen ‚=', das eine Zuweisung bedeutet.

Bis zur Anweisung sind alle Programmiersprachen ähnlich. Sie verwenden nur andere Symbole und haben einen anderen Satzaufbau [Wirt79]. Über die Anweisungsebene hinaus gibt es große Unterschiede bezüglich der Struktur der Anweisungen. Sie bilden Codeeinheiten, aber diese Einheiten können Prozeduren, Funktionen, Methoden, Module oder sonst wie heißen. Hier driften die Sprachen auseinander. Was die objektorientierte Programmierung von der prozeduralen vor allem unterscheidet, sind die Begriffe, denn auch wenn es um den gleichen Sachverhalt handelt, werden andere Begriffe verwendet [Po-Do09]. Gemeinsam sind die Kategorien von Anweisungen. Anweisungen teilen sich in

- deklarative Anweisungen und
- operative Anweisungen.

Deklarative Anweisungen beschreiben Daten oder andere Anweisungen. Operative Anweisungen verarbeiten Daten oder bewirken eine Verbindung zwischen anderen Anweisungen wie z.B. die berüchtigte GOTO-Anweisung. Zu diesen beiden Grundkategorien kommen noch Anweisungen an den Compiler und Anweisungen an den Leser. Anweisungen an den Compiler teilen mit, wie der Code zu übersetzen ist, wie z.B. die DEF- und IFDEF-Anweisungen in C. Die Anweisungen an den Leser teilen mit, wie er zu verstehen ist. Sie werden als Kommentare bezeichnet und sind frei von den Syntaxregeln der anderen Anweisungen. Eine Compiler-Einheit bzw. der Quellcode, der in ein ausführbares Objekt übersetzt wird, besteht aus

- deklarativen Anweisungen
- operativen Anweisungen
- Übersetzungsanweisungen und
- Kommentaren [Grie71] (siehe Abb. 7.1).

Programmcode wie auch Texte in natürlicher Sprache werden in einem Dokument zeilenweise aufgeschrieben. Eine Anweisung wie auch ein Satz kann allein auf einer Zeile stehen. Dies muss aber nicht der Fall sein. In einer Zeile kann es mehrere Anweisungen geben, und

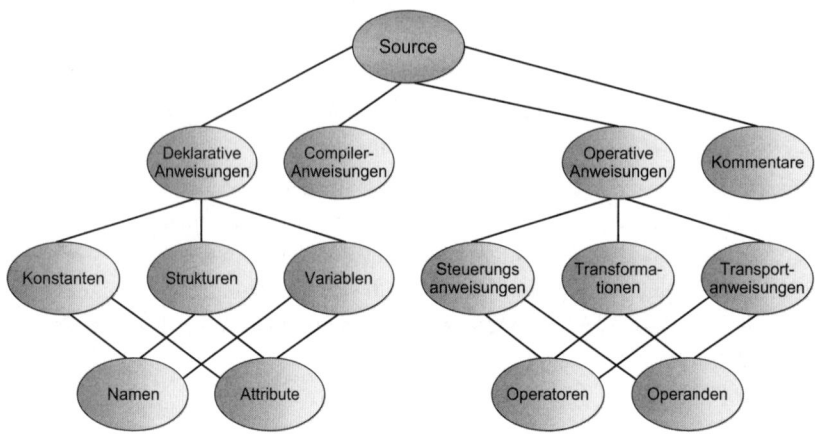

Abbildung 7.1
Klassifikation
der Anweisungs-
typen

eine Anweisung kann sich über mehrere Zeilen hin erstrecken. Es liegt an dem Verfasser, wie er die Anweisungen aufteilt. Zu Beginn der Programmierung waren die Zeilenlängen begrenzt und die Anweisungen kurz. Darum war es üblich, eine Anweisung in einer Zeile zu notieren. Daher kommt der Begriff „Lines of Code" bzw. Codezeilen. Inzwischen sind die Zeilen fast unbegrenzt lang. Es gibt sehr kurze und sehr lange Anweisungen. Ergo gibt es keine Beziehung mehr zwischen Codezeilen und Anweisungen. Codezeilen sind eine physikalische Aufteilung des Codetexts. Anweisungen sind syntaktische Bausteine des Codes, so wie Sätze der natürlichen Sprache.

Um Code exakt zu messen, müssen wir auf jeden Fall von dem irreführenden Begriff „Lines of Code" abkommen und Anweisungen statt Zeilen zählen. Anweisungen und deren Bestandteile, also Operanden und Operatoren, sind die Basis jeder Codemessung.

Codeanweisungen jeglicher Art werden zu elementaren Codebausteinen zusammengefasst. In prozeduralen Sprachen sind diese Bausteine Prozeduren, in objektorientierten sind sie Methoden. Es gibt keine Größenbegrenzung dieser elementaren Bausteine. Sowohl Methoden als auch Prozeduren können so groß sein, wie der Programmierer sie gestalten will. In Sprachen wie COBOL sind die Daten getrennt von den Prozeduren, d.h. für alle Prozeduren sind die Daten global. In den meisten anderen Sprachen sind Datendeklarationen in den Methoden und Prozeduren erlaubt. Diese Daten werden im Gegensatz zu den globalen, die außerhalb der Codebausteine liegen, als lokale Daten bezeichnet [Stev69].

Elementare Codebausteine – Prozeduren und Methoden – sowie ihre Daten werden zu kompilierbaren Einheiten zusammengefasst. In den prozeduralen Sprachen sind die kompilierbaren Einheiten Module, in den objektorientierten sind es Klassen. Module und Klassen sind die kleinsten versetzbaren Codeeinheiten. Auch dafür gibt es keine zwingende Größenbegrenzung – es sei denn, der Compiler hat ein Maximum an Anweisungen, die er auf einmal übersetzen kann. In manchen alten prozeduralen Sprachen und neuerdings auch in manchen Websprachen gibt es globale Datenbereiche außerhalb der Module. Diese Bereiche werden erst zur Link- bzw. Laufzeit mit den Modulen verbunden.

Module können auch andere Module aufrufen. Im Prinzip kann ein Modul jedes beliebige andere Modul aufrufen, es muss nur die Einsprungsadresse dieses Moduls kennen. Um die Reichweite von Modulen einzugrenzen, werden allerdings Module bzw. Klassen in Komponenten zusammengefasst. Eine Komponente hat eine einzige Schnittstelle nach außen, über die alle ihre Mitgliedsmodule aufgerufen werden können.

Das Gleiche gilt für Klassen. Methoden einer Klasse können nicht nur Methoden in fremden Klassen aufrufen, Klassen können auch Methoden und Daten von anderen Klassen erben bzw. darauf zugreifen. Dadurch entsteht eine Klassenhierarchie bzw. ein Klassennetzwerk. Eine Hierarchie ist gegeben, wenn eine Klasse nur von einer übergeordneten Klasse erben kann. Ein Netzwerk entsteht durch mehrfache Vererbung, also wenn eine Klasse von zwei oder mehreren unmittelbar übergeordneten Klassen erbt. Um diese Beziehungsgeflechte einzugrenzen, werden Klassen in verschiedene Komponenten verpackt. Eine Verbindung zwischen Klassen in verschiedenen Komponenten kann nur über die Schnittstelle jener Komponenten stattfinden. Wie groß Komponenten werden können, ist wiederum dem Programmierer überlassen [Zepp04].

Durch diese Freizügigkeit der Programmiersprachen bei der Gruppierung von Anweisun-gen können sehr große Anweisungsgruppen zustande kommen. Es ist wie bei Autos, die es auf eine Geschwindigkeit von 300 km/h bringen können: Zwar ist es möglich, so schnell mit ihnen zu fahren, aber ob es sinnvoll ist, steht auf einem anderen Blatt. Und wie es auch Gesetze gibt, um die Geschwindigkeit beim Autofahren künstlich einzugrenzen, muss es beim Programmieren auch Gesetze geben, um die Größe und Komplexität der Codebau-steine künstlich einzugrenzen. Eine Codeeinheit darf nicht beliebig groß geraten, und sie darf nur in begrenztem Maße mit anderen Codeeinheiten gekoppelt sein. Beim Autover-kehr wird eine Ordnungsmacht – die Polizei – vorausgesetzt, um die Einhaltung der Gesetze zu erzwingen. Bei der Programmierung gibt es entweder manuelle Inspektionen oder auto-matisierte Codeaudit-Werkzeuge, um auf die Gesetzübertretungen aufmerksam zu machen.

7.2 Ansätze zur Messung von Codekomplexität

So lange programmiert wird, so lange gibt es Ansätze, Programmcode in Zahlen auszudrü-cken. Die Messung codierter Daten geht noch weiter zurück, nämlich auf die Forschung der Kommunikationstheorie von C. Shannon und W. Weaver in den 40er Jahren. Diese beiden Kommunikationsingenieure entwickelten einen Algorithmus, um den Redundanz-grad und den Informationsgehalt kodierter Nachrichten zu messen. Bei ihnen ging es dar-um, die minimale Anzahl von Zeichen zu errechnen, die benötigt wird, um eine Informati-on mitzuteilen. Daraus ging das Gesetz der Informationstechnologie hervor, nach dem In-formation von Daten getrennt wird. Das Ziel war, ein Maximum an Information mit einem Minimum an Daten zu kommunizieren [ShWe48].

7.2.1 Halsteads Software Science

Der erste Ansatz zur Messung von Programmcode ging in eine ähnliche Richtung. Maurice Halstead übernahm den Ansatz von Shannon, den Informationsinhalt von Daten zu mes-sen, und versuchte, diesen für den Programmcode anzuwenden. Halstead bezeichnete sei-nen Ansatz mit dem hochtrabenden Begriff „Software Science" [Hals77]. Zweifelsohne ist Halstead von den Kommunikationstheoretikern beeinflusst worden. Seine Leistung be-stand darin, die Kommunikationstheorie auf die Programmierung zu übertragen. Statt Da-ten in Form von Zeichen und Zahlen zu zählen, zählte er die Grundelemente der Program-miersprache, nämlich Operatoren und Operanden (siehe Abb. 7.2).

Wie Shannon ein Maximum an Informationen mit einem Minimum an Daten kommunizie-ren wollte, so wollte Halstead ein Maximum an Informationsverarbeitung mit einem Mi-nimum an Operanden und Operatoren erreichen. Die Summe der unterschiedlichen Ope-randen und Operatoren ergibt den Programmwortschatz.

Wortschatz = Operatoren + Operanden

Die Länge des Programms hängt davon ab, wie oft die einzelnen Operatoren und Operan-den vorkommen:

Operatoren	Anzahl		Operanden	Anzahl
Begin ..... End	1		I	5
;	11		N	1
Do ..... End	3		J	4
=	5		X	6
<	1		SAVE	2
to	2			
If ..... Then	1		n2 = 5	N2 = 18
( )	6			
n1 = 8	N1 = 30			

Vocabulary n = 8 + 5 = 13
Length   N = 30 + 18 = 48
Volumne   V = 8/30 x 5/18 = 0,783

Abbildung 7.2
Anwendung der
Halstead-Metrik

$$Länge = Operatorenvorkommnisse + Operandenvorkommnisse$$

Das Ausmaß bzw. die Größe des Programmcodes errechnete Halstead mit einem Logarithmus:

$$Größe = Länge * log_2 (Wortschatz)$$

Die Sprachkomplexität folgt aus dem Verhältnis der Operatoren zu den Operatorenvorkommnissen und dem Verhältnis der Operanden zu den Operandenvorkommnissen, die Halstead in einer Gleichung vereinigt:

$$Komplexität = \frac{Operatoren}{Operatorenvorkommnisse} * \frac{Operanden}{Operandenvorkommnisse}$$

Der Aufwand, den Code zu schreiben, hängt von der Anzahl geistiger Schritte ab, die der Mensch pro Sekunde vollzieht. Laut der psychologischen Forschung der damaligen Zeit waren dies damals durchschnittlich 18 Schritte. Diese Zahl hat Halstead als mittlere Programmierproduktivität angenommen. 18 Geistesblitze pro Sekunde ergibt 64.800 pro Stunde – unter der Annahme, der Programmierer sei voll auf den Code konzentriert. Vorausgesetzt, diese Produktivität bleibt konstant, ist der Aufwand, den Code zu schreiben, nach Halstead die Codegröße, dividiert durch die Komplexität:

$$Aufwand = \frac{Größe}{Komplexität}$$

Bei einem Codeabschnitt mit 20 verschiedenen Operatoren, die insgesamt 200 Mal vorkommen, und 40 verschiedenen Operanden, die insgesamt 400 Mal vorkommen, wäre:

$$Wortschatz = 20 + 40 = 60$$

$$Länge = 200 + 400 = 600$$

$$Größe = 600 * log_2 (60) = 3.544$$

$$Komplexität = \frac{20}{200} * \frac{40}{400} = 0,01$$

$$Aufwand = \frac{3.544}{0,01} = 354.400 \ Geistesblitze = 5,5 \ Stunden$$

163

Halstead hat seine Behauptungen niemals empirisch nachgewiesen. Sie blieben als Hypothesen im Raum. Spätere Untersuchungen haben sie widerlegt. Geblieben ist das Modell der Codegröße und der Codekomplexität. Die Anzahl der Operanden- und Operatorenvorkommnisse korreliert mit der Anzahl Anweisungen im Code. Die Anzahl verschiedenartiger Wörter (Operanden und Operatoren) relativ zur Codegröße ist auch ein mögliches Maß für die Komplexität der Sprache. Ansonsten ist die Halstead-Metrik als misslungener Versuch zu betrachten, Programmieraufwandschätzung auf eine „wissenschaftliche" Basis zu setzen.

7.2.2 McCabe's Zyklomatische Komplexität

Ein Jahr vor der Veröffentlichung von Halsteads Buch *Software Science* erschien der Artikel von Tom McCabe mit dem Titel „A Complexity Metric" [McCa76]. Statt Programmcode als eine Reihe syntaktischer Elemente (Wörter und Zeichen) zu betrachten, sah McCabe Programmcode als einen gerichteten Graphen mit Knoten und Kanten an. Sein Ansatz zur Messung der Graphenkomplexität war auch nicht gerade originell. Er holte die Graphentheorie des deutschen Mathematikers Euler aus der Literatur und übertrug sie auf den Programmcode. Demnach wird die Anzahl Kanten verglichen mit der Anzahl Knoten und mit der Anzahl Teilgraphen ergänzt. McCabes Maß für zyklomatische Komplexität heißt:

$$V(s) = e - n + 2p$$

Dabei ist e die Anzahl der Kanten, n die Anzahl der Knoten und p die Anzahl verwandter Prozeduren bzw. Teilgraphen. Laut McCabe dürfte die zyklomatische Komplexität eines Codebausteins die Zahl 10 nicht überschreiten. Die Knoten sind die Entscheidungs- und Schleifenanweisungen, die Kanten sind die Programmzweige. Die folgende Sortierroutine hat 3 Knoten und 6 Kanten.

```
do I to N;                  1 Knoten, 2 Kanten
    do J to I;              1 Knoten, 2 Kanten
        if X(I) < X(J)      1 Knoten, 2 Kanten
        then
                SAVE = X(I);
                X(I) = X(J);
                X(J) = SAVE;
        else
                continue;
    end;
end;
```

Die zyklomatische Komplexität ist hier:

$$6 - 3 + 2 = 5$$

So wie es sich für eine strukturierte Prozedur gehört. Anders sieht es aus bei Code mit Fallanweisungen oder GOTO-Anweisungen oder sogar mit beiden wie bei der folgenden Prozedur:

```
while (BERUF < 10) {                         1. Knoten, 1. Kante
    switch BERUF {                           2. Knoten, 2. Kante
        case 1:                              3. Kante
            goto VERARBEITE_PROGRAMMIERER;   4. Kante, 1. Proz.
        case 2:                              5. Kante
            goto VERARBEITE_TESTER;          6. Kante, 2. Proz.
        case 3:                              7. Kante
            goto VERARBEITE_MANAGER;         8. Kante, 3. Proz.
        default:                             9. Kante
            goto HELL;                       10. Kante, 4. Proz.
    }
}
```

Diese Prozedur hat 2 Knoten, 10 Kanten und 4 verwandte Teilgraphen. Das ergibt eine zyklomatische Komplexität von

$$10 - 2 + 8 = 16$$

Demnach ist diese Prozedur dreimal komplexer als die vorige. So gesehen ist das McCabe-Komplexitätsmaß ein geeigneter Indikator für die Komplexität der Ablauflogik. Es wäre aber irreführend, die Komplexität des gesamten Codes auf diesen Nenner zu reduzieren. Für prozeduralen Code hat es eine gewisse Bedeutung. Für objektorientierten Code hat es aber nur beschränkte Bedeutung, nämlich für die Komplexität der einzelnen Methoden (siehe Abb. 7.3).

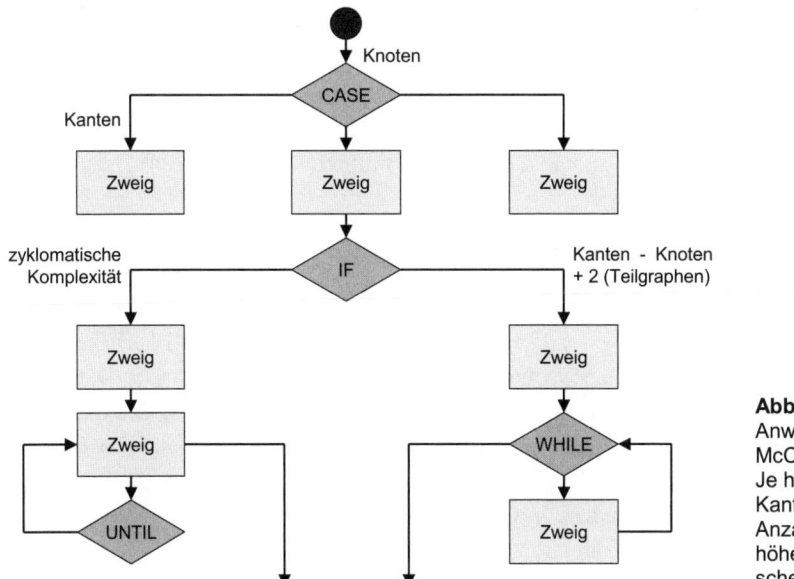

Abbildung 7.3
Anwendung der McCabe-Metrik. Je höher die Anzahl Kanten relativ zur Anzahl Knoten, desto höher die zyklomatische Komplexität.

7.2.3 Chapins Q-Komplexität

Zur gleichen Zeit, als Halstead und McCabe ihre Metriken veröffentlichten, erschien ein Beitrag von Ned Chapin zum Thema Datenkomplexität. Nach Chapin wird die Komplexität eines Codemoduls vor allem von der Komplexität seiner Daten bestimmt. Chapin teilte die Daten eines Moduls in vier Klassen ein:

- Eingaben bzw. Argumente
- Ausgaben bzw. Ergebnisse
- Prädikate bzw. Bedingungsoperanden
- Transitdaten bzw. Daten, die nur durchgerechnet werden

Die Datenklassen sind unterschiedlich zu gewichten. Eingaben wiegen 1, Ausgaben wiegen 2, Prädikate wiegen 3 und Transitdaten wiegen nur 0,5. Betrachten wir folgende Prozedur:

```
proc (P1, P2, P3, P4);          P1 = Prädikat:  1 * 3 = 3
    if (P1 > 0)                  P3, P4 = Ergebnisse:  2 * 2 = 4
        then P3 = P1 + X;        P1,X,Y = Argumente 3 * 1 = 3
        else  P4 = P1 - Y;       P2 = Transit 1 * 0,5 = 0,5
    endif;
    call SUB (P2);
endproc;
```

Daraus ergibt sich für diese Prozedur eine Q-Komplexität von 10,5. Um dieses Maß auf eine rationale Skala zu bringen, wird sie durch die Anzahl der benutzten Daten dividiert. Die benutzten Daten sind P1, P2, P3, P4, X und Y. Daraus erfolgt eine Datenkomplexität von 6 / 10,5 = 0,57. Die Formel für Datenkomplexität nach Chapin sei:

$$Datenkomplexität = \frac{benutzte\ Daten}{Datengewicht}$$

Im Zusammenhang mit der zyklomatischen Komplexität liefert die Q-Komplexität eine zweidimensionale Sicht auf die Komplexität prozeduraler Codebausteine. Das eine Maß misst die Ablaufkomplexität, das andere die Datenflusskomplexität (siehe Abb. 7.4).

7.2.4 Elshofs Referenzkomplexität

In derselben Zeit als Halstead, McCabe und Chapin ihre Metriken veröffentlichten, berichtete Elshof über seinen Ansatz, PL/I-Code bei General Motors zu messen [Elsh76]. Elshof ging davon aus, dass die Komplexität einer PL/I-Prozedur von der Dichte der Datennutzung abhing. Eine Prozedur, die viele verschiedene Datentypen verwendet, ist komplexer als eine, die nur wenige Variable verarbeitet. Die Größe einer Prozedur setzte Elshof mit der Anzahl Datenreferenzen gleich, was ungefähr die Anzahl Anweisung x 2 ist. Gleichzeitig zählte er, wie viele verschiedene Variablen in dieser Prozedur angesprochen werden. Er verglich dann die Anzahl Datenreferenzen mit der Anzahl unterschiedlicher Variablen, um die referenzielle Komplexität als

$$\frac{Referenzierte\ Daten}{Datenreferenzen}$$

zu messen.

Im vorigen Beispiel war die Zahl der referenzierten Daten = 6 und die Zahl der Datenreferenzen = 12. Die Referenzkomplexität wäre demzufolge 6 / 12 = 0,50.

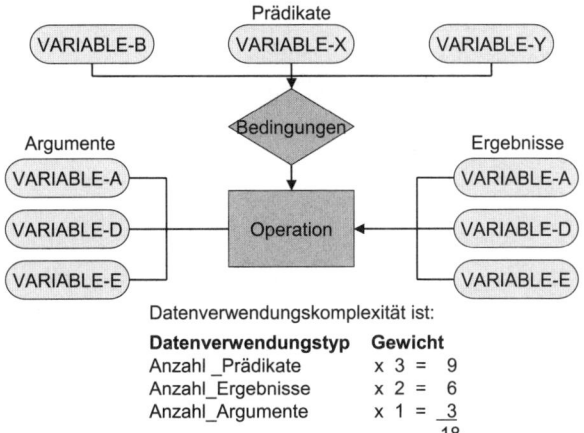

Datenverwendungskomplexität ist:

Datenverwendungstyp	Gewicht		
Anzahl _Prädikate	x 3 =	9	
Anzahl_Ergebnisse	x 2 =	6	
Anzahl_Argumente	x 1 =	3	
		18	

Abbildung 7.4
Anwendung der Chapin-Metrik.
Je mehr steuernde Variablen
es gibt, desto höher die Datenverwendungskomplexität

Referenzkomplexität kann auch dazu dienen, Kohäsion zu messen. Eine Klasse ist kohärent in dem Maß, wie ihre Methoden die gleichen Daten verwenden, d.h. möglichst viele Methoden mit möglichst wenigen Daten. Eine Prozedur ist kohäsiv in dem Maß, wie ihre Anweisungen die gleichen Datenmengen verwenden, d.h. möglichst viele Anweisungen mit möglichst wenig Daten. Demzufolge ist prozedurale Kohäsion invers zu referenzieller Komplexität:

$$Koh\ddot{a}sion = 1 - \frac{referenzierte\ Daten}{Datenreferenzen}$$

Mit seinem Maß hat Elshof folglich nicht nur die Komplexität, sondern auch die Qualität seiner PL/I-Prozeduren gemessen (siehe Abb. 7.5).

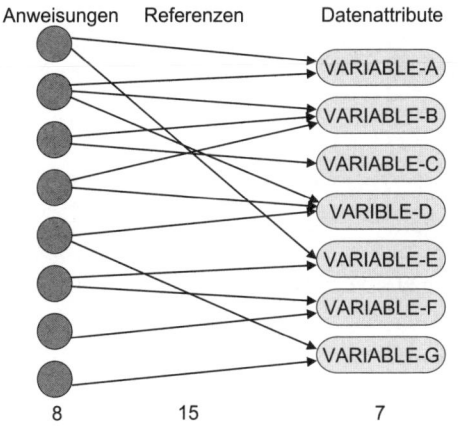

Abbildung 7.5
Anwendung der Elshof-Metrik.
Je mehr Referenzen relativ zur
Anzahl Daten es gibt, desto höher
ist die Referenzdichte.

7.2.5 Prathers Verschachtelungskomplexität

Etwas später als die anderen prozeduralen Codemetriken, die alle in der zweiten Hälfte der 70er Jahre veröffentlicht wurden, erschien ein Artikel von R. Prather mit dem Titel „An axiomatic theory of software complexity metrics" [Prat84]. In jenem Artikel schlug der Autor vor, die Komplexität des Codes anhand der Verschachtelungstiefe der Anweisungen zu messen. Die Anweisungen werden mit ihrer Verschachtelungstiefe multipliziert, um eine gewichtete Anweisungszahl zu errechnen: das Verschachtelungsgewicht. Die Komplexität der folgenden PASCAL-Prozedur ist demnach 15:

```
1   Begin
        i = n;                              x 1
3       Repeat                              x 1
4           if  a [i] > a [i-1] then begin  x 2
5                   temp := a [i-1];        x 3
6                   a [i-1] := a [i];       x 3
7                   a [i] := temp;          x 3
8           end;
9           i = i - 1;                      x 2
10      until i = 1;
11  end;
```

Die Anweisungen in Zeilen 2 und 3 werden jeweils mit 1 multipliziert, weil sie in dem begin-Block verschachtelt sind. Die Anweisungen in Zeilen 4 und 9 werden mit jeweils 2 multipliziert, weil sie in der repeat-Schleife sind, die wiederum in dem begin-Block ist. Die Anweisungen in Zeile 5, 6 und 7 werden mit jeweils 3 multipliziert, weil sie in der if-Anweisung in der repeat-Schleife im begin-Block sind (siehe Abb. 7.6).

Also ist das Verschachtelungsgewicht

$$3*3+2*2+2*1=15$$

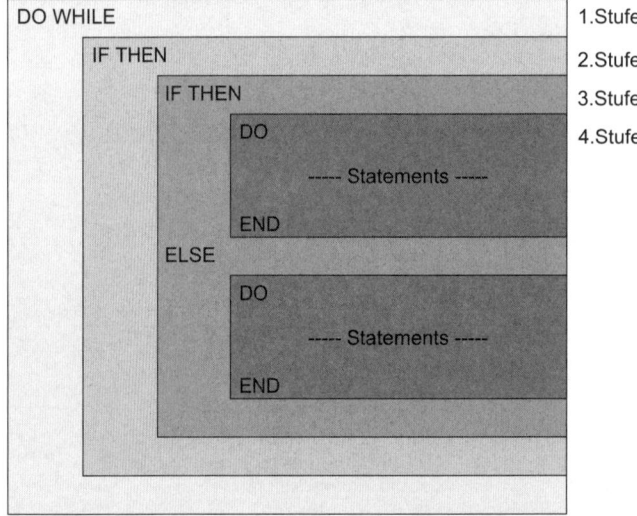

Abbildung 7.6
Anwendung der Prather-Metrik

Zu beachten ist, dass die end- und until-Klauseln in den Zeilen 1, 8 und 11 nicht als zusätzliche Anweisungen gezählt werden. Sie gehören zu den jeweiligen begin-, repeat- und if-Anweisungen. Dies zeigt wieder mal den Unterschied zwischen Codezeilen und Anweisungen. Es gibt zwar elf Codezeilen, aber nur acht Anweisungen. Wenn man dieses Maß als relationales Maß ausdrücken wollte, müsste man das Verschachtelungsgewicht durch die Anzahl Anweisungen teilen. Demnach wäre die Verschachtelungskomplexität:

$$Verschachtelungskomplexität = \frac{8}{15} = 0,53$$

7.2.6 Weitere Codekomplexitätsmaße

Es würde den Rahmen dieses Kapitels sprengen, alle veröffentlichten Codekomplexitätsmaße zu erwähnen. Seit den ersten Veröffentlichungen in der zweiten Hälfte der 70er Jahre sind mehrere Hundert Metriken für Codemessung in der Literatur erschienen. Der Leser wird auf das umfassende Werk von Horst Zuse verwiesen, in dem fast alle bekannten Metriken geschildert sind [Zuse98]. Allerdings ist ein Großteil davon lediglich neue Variationen vorhandener Metriken. Die Liverpool-Knots-Metrik von Woodward und Hennel ist eine Verfeinerung der zyklomatischen Komplexität von McCabe [WoHe79]. McClures Entscheidungskomplexität misst die Entscheidungsdichte bzw. die Anzahl Entscheidungs- und Strukturanweisungen relativ zu anderen Anweisungen [McCl81]. Dies ist nur eine vereinfachte Variante von Prathers Verschachtelungskomplexität. Es gäbe zahlreiche Beispiele dieser Art, bei der die gleiche Codekomplexität aus anderen Blickwinkeln betrachtet wird. Programmcode hat viele Komplexitäten wie die Strukturkomplexität, die Schnittstellenkomplexität, die Ablaufkomplexität, die Datenkomplexität, die Datenreferenzkomplexität, die Entscheidungskomplexität und die Sprachkomplexität. Demzufolge gäbe es unendlich viele Codekomplexitätsmetriken. Viele davon sind auch Qualitätsmetriken, denn Codequalität wird oft als die Abwesenheit von Komplexität definiert. Die Frage ist, welche davon man auswählt und wie man sie anwendet. Frank Simon und seine Mitautoren haben versucht, diese Frage in ihrem Buch *Codequalitätsmanagement* zu beantworten [Simo06].

7.3 Ansätze zur Messung von Codequalität

7.3.1 Der Codequalitätsindex von Simon

Das umfangreichste Werk speziell zum Thema Codequalitätsmessung ist in deutscher Sprache erschienen und wurde von dem Professor und Qualitätsberater Frank Simon zusammen mit seinen wissenschaftlichen Mitarbeitern verfasst. In dem Buch *Codequalitätsmanagement* stellen die Autoren 52 Indikatoren für Codequalität vor und beschreiben, wie sie zu messen sind. Es handelt sich bei den Indikatoren hauptsächlich um Verbote, also um Codekonstruktionen, die der Programmierer vermeiden sollte.

Die meisten Indikatoren sind Regeln aus der Literatur für objektorientierte Programmierung, z.B. dass man nicht mit der dynamischen Veränderung von Datentypen (Casting) arbeiten sollte. Ein Teil davon kommt aus der eigenen Erfahrung, z.B. stammt wohl die verbotene Methodenliebe, wenn zwei Methoden sich gegenseitig aufrufen, aus der eigenen Erfahrung. Das Besondere an dem Buch ist, dass alle diese Codierungsregeln zusammengetragen und in einem einheitlichen Schema dargestellt sind. Vor allem werden sie mit bestimmten Qualitätseigenschaften in Verbindung gebracht. Die sieben Qualitätseigenschaften sind:

- Analysierbarkeit = Visability
- Modifizierbarkeit = Modifiability
- Stabilität = Stability
- Prüfbarkeit = Controllability
- Austauschbarkeit = Exchangeability
- Zeitverhalten = Time Efficiening
- Verbrauchsverhalten = Storage Efficiency.

Mittels eines Kiviat-Diagramms zeigen die Autoren, wie die Einhaltung der Regeln zu den einzelnen Qualitätszielen beitragen. Jeder Beitrag wird in Prozent der Zielerfüllung bzw. als relationales Maß bewertet. Die Absicht der Autoren ist, Qualität zu quantifizieren. Es geht darum, Qualität messbar zu machen. Durch die einheitliche Bewertung ist es möglich, die Regelverstöße zu quantifizieren und zu gewichten. Es ist ferner möglich, sie zu aggregieren und daraus einen Gesamt-Codequalitätsindex abzuleiten, ähnlich dem Wartbarkeitsindex von Oman [Oman94].

Für die Bewertung der Codequalität schlägt Simon in Anlehnung an die fünf Stufen des CMMI-Modells fünf Bewertungsstufen vor:

- Rudimentary
- Basic
- Extended
- Advanced
- Complete.

Die Codequalität ist auf einer „Rudimentary"-Stufe, wenn der Code sich ohne jede Rücksicht auf die Codierungsregeln kompilieren und ausführen lässt. Die Codequalität befindet sich auf der „Basic"-Stufe, wenn die allerwichtigsten Regeln bezüglich der Fehleranfälligkeit und der Änderbarkeit eingehalten sind. Die Codequalität erreicht die „Extended"-Stufe, wenn der Regeleinhaltungsgrad über dem statistischen Durchschnitt liegt, d.h. wenn die Qualitätsmetriken zumindest zu 50 % erfüllt sind. Die Qualität ist auf der „Advanced"-Stufe, wenn alle Indikatoren für die Analysierbarkeit, Stabilität, Zeitverhalten, Ressourcenverbrauch, Prüfbarkeit und Modifizierbarkeit über 75 % erfüllt sind. Die Codequalität erreicht schließlich die Stufe „Complete", wenn alle Regeln eingehalten werden bzw. wenn alle Qualitätsindikatoren zu 100 % erfüllt sind.

Wie alle Versuche, Softwarequalität zu messen, ist auch der Versuch von Simon und seinen Mitautoren angreifbar. Über einzelne Indikatoren lässt sich streiten. Wichtig ist jedoch, dass es überhaupt Indikatoren gibt, denn aus den Indikatoren lassen sich Regeln ableiten, und die Einhaltung von Regeln ist nachweisbar. Verstöße gegen die Regel können registriert und geahndet werden. Wie sich diese Verstöße aber tatsächlich auf die Minderung der Qualität auswirken, ist eine Frage der Interpretation und der Gewichtung. Die Zusammenführung der vielen subjektiven Qualitätsindikatoren zu einem allumfassenden

Codequalitätsindex ist mehr als fragwürdig, aber wie Simon richtig erkannte, bestehen die Führungskräfte in der IT-Industrie auf einer einfachen Aussage: Wie gut ist Ihr Code? Sie wollen keine 100 Zahlen haben, auf die sie sich selber einen Reim machen müssen, sondern nur eine, auf die sie sich beziehen können. Der Codequalitätsindex von Simon ist ein Versuch, diese Nachfrage zu befriedigen.

7.3.2 Der Maintainability-Index von Oman

Simon ist nicht der Erste, der versucht hat, eine einfache Antwort auf diese sehr komplexe Frage zu liefern. Ein Professor von der Universität Idaho in den USA, Paul Oman, hat schon 1994 eine Metrik für Softwarewartbarkeit, herausgebracht, den Maintainability-Index [Oman94]. Eigentlich hatte Oman schon 1992 mit seiner Forschung zu diesem Thema begonnen. Damals hat er mit seinem Koautor Hagemeister zusammen auf der internationalen Maintenance-Konferenz über Metriken für die Bewertung der Wartbarkeit berichtet [Oman92]. Oman war auf der Suche nach dem Zusammenhang zwischen Codeeigenschaften und Wartungsaufwänden. Er und sein Forschungsteam hat aus 92 veröffentlichten Codemetriken 62 ausgewählt um die Erhaltbarkeit, sprich Änderbarkeit und Erweiterbarkeit von Softwaresystemen zu beurteilen.

Nach einer Reihe von Tests wurden diese 62 Metriken auf 40 reduziert. In einem Experiment mit acht C-Systemen von Hewlett-Packard, bestehend aus 1.000 bis 10.000 Codezeilen, untersuchten sie die Korrelation zwischen den 40 Maßen und der subjektiven Meinung jener Wartungsingenieure, die für die Erhaltung der Programme zuständig waren. Nach einer mehrfach wiederholten Regressionsanalyse stellte sich heraus, dass vier der 40 Metriken den Vorstellungen der Wartungsingenieure am ehesten entsprachen:

- Halsteads Aufwandsmaß (E)
- McCabes zyklomatische Komplexität (VG)
- Kommentierungsgrad (CMT)
- Modulgröße (LOC).

Die stärkste Korrelation mit dem tatsächlichen Wartungsaufwand bestand mit dem Aufwandsmaß von Halstead. Als Ergebnis dieses ersten Experiments entstand der originale Vier-Metrik-Maintainability-Index, der 1995 veröffentlicht wurde [PeOm95]. Dieser Index vereinigt, wie der Name impliziert, die vier obigen Metriken in folgender Gleichung:

$$MI = 171 - 3,42 * ln(E) - 0,23 * VG - 16,2 * ln(LOC) + 0,99 * CMT$$

wobei

E = durchschnittlicher Aufwand pro Modul nach Halstead,
VG = durchschnittliche zyklomatische Komplexität pro Modul,
LOC = durchschnittliche Anzahl Codezeilen pro Modul,
CMT = durchschnittliche Anzahl Kommentarzeilen pro Modul.

Die Korrektheitsrate zwischen dem MI und der subjektiven Bewertung der Wartungsexperten betrug 0.90. Durch die Analyse weiterer C- und FORTRAN-Systeme von Hewlett-

Packard und der U.S. Luftwaffe stellte sich heraus, dass Halsteads Volumina-Maß bzw. die Sprachkomplexität ein besseres Maß ist als Halsteads Aufwandmaß. Das Maß für den Grad der Kommentierung ist auch weggefallen, sodass am Ende nur ein Drei-Metrik-Wartbarkeitsindex blieb. Diese Metrik lautet:

$$MI = 171 - 5,2 * V - 0,23 * VG - 162 * ln(LOC)$$

wobei

V = durchschnittliches Volumina pro Modul,
VG = durchschnittliche zyklomatische Komplexität pro Modul,
LOC = durchschnittliche Anzahl Codezeilen pro Modul.

Dieser Wartbarkeitsindex ergab in den folgenden Experimenten mit einem 200 Kilo LOC FORTRAN-System, einem 236 Kilo LOC C-System und einem 24 Kilo LOC C++-System einen Korrelationskoeffizienten von 0,81 bis 0,93 Übereinstimmung mit der subjektiven Bewertung der Wartungsexperten. Für Oman und seine Mitarbeiter war das der Beweis, dass die Wartbarkeit sich durchaus über den Code messen lässt und dass die Messung nahe an das heran kommt, was die Wartungsprogrammierer subjektiv vom Code halten [WOA97].

So weit, so gut. Keiner würde bestreiten, dass die Modularität des Codes, das Volumen der benutzten Sprache und die Komplexität der Ablauflogik einen Einfluss auf das menschliche Verständnisvermögen haben. Aber leider ist es nicht die Codequalität allein, die den Wartungsaufwand in die Höhe treibt. Es gibt auch die Qualität der Wartungsumgebung und die Qualifikation des Wartungspersonals. In einem viel zitierten Artikel aus dem Jahr 1991 hat der Autor Sneed nachgewiesen, dass sich durch Code-Reengineering-Maßnahmen allein der Wartungsaufwand allenfalls um zwischen 10 und 15 % reduzieren lässt [Sned91]. Dies liegt daran, dass Wartungsaufwände zumindest zu 30 % von der Qualität der Wartungsumgebung einschließlich Hardware und Werkzeugen und zu mindestens 30 % von der Qualität des Wartungspersonals bestimmt werden. Es bleibt ein Anteil von höchstens 40 %, der auf das Produkt selbst zurückzuführen ist. Durch eine Sanierung des Codes lässt sich die Codequalität nur begrenzt verbessern. Eine Steigerung von 33 % ist schon das Höchste des Erreichbaren. 33 % von den 40 % der Wartungskosten, die von der Codequalität beeinflusst wird, macht gerade 13 % der Gesamtwartungskosten aus. Es fragt sich also, ob man wirklich so viel in dieses Thema investieren sollte. Es würde mehr bringen, die Wartungsarbeitsplätze zu modernisieren oder das Wartungspersonal besser auszubilden.

7.3.3 Zielorientierte Codequalitätsmessung

Wenn wir die Goal-Question-Metric-Methode für die Codequalitätsmessung anwenden, stellt sich als Erstes die Frage nach dem Ziel. Denn nur über das Ziel lässt sich Qualität überhaupt definieren. Qualität ist letztendlich das, was wir darunter verstehen wollen. Es kann daher keinen allgemeingültigen Qualitätsmaß für Code geben. Es kommt ganz darauf an, was wir damit machen wollen. Einer will, dass der Code sicher ist, ein Zweiter wünscht eine leichte Änderbarkeit, ein Dritter will ihn generieren können, ein Vierter will ihn in einer anderen Umgebung wiederverwenden, ein Fünfter will ihn nur verstehen. Deshalb hat der Autor Sneed in Anlehnung an den Vorschlag von Lavazza [Lava00] einen Multi-Maßansatz mit einem Maß für jedes Ziel entwickelt. Die sieben häufigsten Ziele sind:

- Verständlichkeit
- Portierbarkeit
- Konvertierbarkeit
- Wiederverwendbarkeit
- Sicherheit
- Testbarkeit und
- Wartbarkeit.

7.3.3.1 Codeverständlichkeit

Codeverständlichkeit ist die Leichtigkeit, mit der jemand die Logik des Codes begreifen kann. Gemessen wird sie an der Zeit, die ein Fremder braucht, bis er in der Lage ist, den Code zu erklären. Hier spielen die Namen der Daten und Prozedurblöcke eine wichtige Rolle. Die Gliederung des Codes in getrennte, überschaubare Bausteine, die sich in einem Inhaltsverzeichnis zusammenfassen lassen, spielt wie auch bei anderen Dokumente eine wichtige Rolle. Schließlich helfen Kommentarzeilen und Kommentarblöcke, den Code zu verstehen [Tenn88]. Wir haben es also hier mit drei messbaren Faktoren zu tun – die Zahl der Bausteine relativ zur Codegröße, die Zahl der Kommentarzeilen relativ zu den Code-zeilen und die Zahl der sprechenden Namen relativ zur Gesamtzahl aller Namen. Bei der Codemessung können Codebausteine und Kommentarzeilen relativ leicht gezählt werden.

```
029140  IF  T (W - 1) NOT < ""33""          031400  IF  T (W + 7) NOT = TXREGI (8)
029150              GO TO 1212P.            031410              GO TO 1245P.
029160              GO TO 1270P.            31420GO TO 1270P.
029170 1230P.                               31421031430 1245P.
029180  IF  T (W) NOT = "S"                 031440  SET  W UP BY 1.
029190              GO TO 1212P.            031450  IF  T (W) = "N" ← was ist T ?
029200  IF  T (W + 1) NOT = "O"             031460     IF  T (W + 1) = "N"
029210              GO TO 1212P.            031470        IF  T (W + 2) = "N"
029220  IF  T (W + 2) NOT = "M"             031480           IF  T (W + 3) = "N"
029230              GO TO 1212P.            031490              GO TO 1260P.
029240  IF  T (W + 3) NOT < ""33""          031500  IF  W > 1000 ← was ist W ?
029250              GO TO 1212P.            031510              GO TO 1260P.
029260*  IF  T (W - 1) NOT < ""33""         031520              GO TO 1243P.
029270*             GO TO 1212P.            031530 1260P. ← nichtssagender Prozedurname
029280              GO TO 1270P.            031540  ADD  1 TO CHECKCT.
029290 1231P. ← keinerlei Kommentare        031550  IF  CHECKCT > 100
029300  IF  T (W) NOT = "B"                 031560              GO TO 1400P.
029310              GO TO 1212P.            031570  IF  TXSW = 53 ← festverdrahtete Daten
029320  IF  T (W + 1) NOT = "K"             031580     IF  CHCPCT > 30
029330              GO TO 1212P.            031590              GO TO 1265P.
029340  IF  T (W + 2) NOT = "G"             031600  IF  WA102 = "+"
029350              GO TO 1212P.            031610     COMPUTE 39TXNR = 39TXNR + 1
029360*  IF  T (W + 3) NOT < ""33""         031620  ELSE COMPUTE 39TXNR = 39TXNR - 1.
029370*             GO TO 1212P.            031630  MOVE 39TXNR TO WA104.
029380*  IF  T (W - 1) NOT < ""33""         031640  IF 39TXNR NOT < 1
029390*             GO TO 1212P.            031650              GO TO 1208P.
029400              GO TO 1270P.
```

Abbildung 7.7 Ein Beispiel mit unverständlichem Code

Sprechende Namen sind nicht ohne Weiteres erkennbar. Dafür braucht man eine Namenskonvention. Sprechende Namen sind demnach die, die der Projektnamenskonvention entsprechen. Was passiert wenn nicht auf die Namensvergebung geachtet wird, zeigt der folgende Codeabschnitt (siehe Abb. 7.7).

Die Metrik für Codeverständlichkeit ist der Grad der Kommentierung, kombiniert mit dem Anteil sprechender Namen und dem Gliederungsgrad:

$$Verständlichkeit = \frac{Kommentarzeilen}{alle\ Zeilen} * \frac{Bausteine}{Anweisungen} * \frac{sprechende\ Namen}{alle\ Namen}$$

7.3.3.2 Codeportierbarkeit

Codeportierbarkeit ist die Leichtigkeit, mit der sich ganze Anwendungen auf eine andere Plattform bzw. eine andere Rechnerumgebung übertragen lassen. Hier geht es nicht um die Wiederverwendung einzelner Komponenten, sondern um die komplette softwaretechnische Lösung, z.B. die Portierung eines Buchungssystems vom Mainframe-Rechner auf einen UNIX-Rechner. Die Portierbarkeit des Codes ist abhängig davon, wie viele Anweisungen geändert werden müssen [Sned91]. Jede Anweisung, die geändert werden muss, reduziert die Portierbarkeit. Also ist die Portierbarkeit eine Frage des Verhältnisses nicht portierbarer Anweisungen zur Summe aller Anweisungen. Gezählt werden hier alle umweltspezifischen Anweisungen wie Betriebssystemaufrufe, nicht-standardisierte I/O-Operationen, datenbankabhängige Zugriffe und Datentypen, die in der anderen Umgebung nicht vorkommen. Dateizugriffe sind in der Regel umweltspezifisch. Alte Datenbankensprachen wie DLI, DDL und ADAWAN waren in der Hostsprache eingebettet und haben die Portierung des alten Codes verhindert. SQL ist zwar eine normierte Datenbanksprache, aber nicht jede SQL-Anweisung ist ohne Weiteres portierbar. Jeder Datenbankhersteller hat andere Varianten.

Bestimmte Datentypen sind ebenfalls nicht übertragbar. Gepackte Datenfelder sind eine Eigenart der IBM-Mainframes. Sie erschweren sowohl die Daten- als auch die Programmportierung auf andere Rechnertypen. Die Edit-Datenfelder in COBOL sind für die Darstellung kommerzieller Zahlen sehr nützlich, aber in moderneren Sprachen fehlen sie. Das Bit als Datentyp ist auch nicht in allen Sprachen vorhanden, und Gleitkommazahlen werden überall unterschiedlich behandelt. Also sind sie nicht portierbar. PL/I ist ein klassisches Beispiel von einer schwer portierbaren Sprache, weil sie sehr eng mit der Umgebung verdrahtet ist (siehe Abb. 7.8).

Schließlich ist die Bildschirmverarbeitung ein großes Hindernis zur Portierung der Software. Sie war lange Zeit nicht standardisiert und deshalb vom jeweiligen Bildschirmsteuerungssystem abhängig. Die berühmt-berüchtigten TP-Makros für CICS und IMS-DC sind klassische Beispiele nicht-portabler Operationen. Jetzt bieten sich XML und XHTML als Standardlösung an, aber diese werden längst nicht von allen modernen Anwendungen verwendet. Jede Anweisung, die direkt auf den Bildschirm zugreift, stellt ein Hindernis zur Portierung dar. Deshalb ist es so wichtig, die Oberflächenverarbeitung von der Geschäftslogik zu trennen [Selb05].

```
-SCHLUSS:PROC;
     DO J1 = 1 TO 2;
       PUT FILE(PRTVAR(J1))      /* PRINT RF-REQUESTS     */
         EDIT('RF-REQUESTS: ') (A) SKIP(3); ← nicht portierbare IO-Operation
     END;
     DO I = 1 TO 6;
      IF   REQ.AKT(I) ^= ' '
      THEN
       DO J1 = 1 TO 2;
         PUT FILE (PRTVAR(J1)) ← Verbindung zum Betriebssystem
          EDIT (REQ.AKT(I)) (A(2));
       END;
     END;
-    OPEN FILE(REP) RECORD OUTPUT;
     WRITE FILE(REP) FROM(REQ);   /* RF-REQUEST RECORD      */
     CLOSE FILE(REP);
     CLOSE FILE(JCL);
-    DO   J1 = 1 TO 2;
       SIGNAL ENDPAGE(PRTVAR(J1)); ← nicht portierbare Operation
       PUT FILE(PRTVAR(J1))   /* HAEUFIGKEITEN      */
         EDIT('HAEUFIGKEITEN: ',
            '-------------- ',' ') (COL(1),A) SKIP(3);
       DO  I = 1 TO 10;
         PUT FILE(PRTVAR(J1))
           EDIT(CTRT(I),CTR(I)) (COL(6),A,P'ZZZZZZ9');
       END;
-    END; /*** ENDE: DO  J1 = 1 TO 2        **********/
     SIGNAL FINISH; ← Sprachspezifische Eigenschaft
   END;   /* SCHLUSS */
```

Abbildung 7.8
Schwer portierbarer
PL/I-Code

Bei der Messung der Portierbarkeit kommt es darauf an, all diese nicht portablen Daten- und Anweisungstypen zu zählen, zu gewichten und mit der Zahl der Daten- und Anweisungstypen insgesamt zu vergleichen. Die Portierbarkeit hängt vom Verhältnis der nicht übertragbaren Daten- und Anweisungstypen zur Summe aller Daten- und Anweisungstypen zusammen. Demzufolge lautet die Metrik für Portierbarkeit

$$Portierbarkeit = 1 - \frac{gewichtete\ umweltspezifische\ Daten\text{-}\ und\ Anweisungstypen}{alle\ Daten\text{-}\ und\ Anweisungen}$$

7.3.3.3 Codekonvertierbarkeit

Codekonvertierbarkeit ist die Leichtigkeit, mit der man einzelne Anweisungen oder Anweisungsblöcke in eine andere Sprache versetzen kann. Dies ist das Ziel vieler Migrationsprojekte, z.B. die Migration von COBOL-Code in Java oder PL/I-Code in C++. Bei solchen Sprachübersetzungen drängt sich die Frage nach dem Aufwand der Übersetzung auf [Sned98]. Am einfachsten und am billigsten ist eine Übersetzung, wenn die Sätze (sprich Anweisungen) 1:1 umgesetzt werden können, z.B. wenn eine MOVE-Anweisung in COBOL in eine Zuweisung in Java umgesetzt werden kann. Schwieriger wird es, wenn eine Anweisung 1:n umgesetzt werden muss, d.h. wenn für die eine Anweisung mehrere Anweisungen in der anderen Sprache erzeugt werden müssen, wie z.B. bei der PERFORM THRU-Anweisung in COBOL. Am schwierigsten ist es, wenn Anweisungen m:n umgesetzt werden müssen, also wenn eine Gruppe Anweisungen auf der einen Seite in eine

Gruppe Anweisungen auf der anderen Seite transformiert wird. Das ist der Fall, wenn Prozeduren in Klassen umgesetzt werden. Der Codeanalysator muss für jede Sprache Regeln zur Erkennung der 1:1 übersetzbaren Anweisungen haben. Die Metrik für die Konvertierbarkeit ist:

$$Konvertierbarkeit = \frac{1:1 \; umsetzbare \; Anweisungen}{alle \; Anweisungen}$$

7.3.3.4 Codewiederverwendbarkeit

Codewiederverwendbarkeit ist die Leichtigkeit, mit der einzelne Codeblöcke und Datenstrukturen aus dem ursprünglichen Code herausgenommen werden können, um in einer anderen Codeumgebung wiederverwendet zu werden. Ein aktuelles Beispiel ist die Kapselung vorhandener Codemodule zur Wiederverwendung als Webservices. Aber auch die Übertragung eines Moduls von einer alten Anwendung in eine neue ist ein häufiger Fall der Wiederverwendung. Ob das so ohne Weiteres möglich ist, hängt von der Wiederverwendbarkeit der Codebausteine ab. Diese wird wiederum durch den Grad der Abhängigkeit eines Bausteins von seiner Umgebung bestimmt. Eine Java-Klasse mit zahlreichen Assoziationen zu anderen benachbarten Klassen ist ohne diese benachbarten Klassen, von denen sie abhängig ist, nicht wiederverwendbar. Und jene Klassen werden wiederum von anderen Klassen abhängig sein. In prozeduralen Sprachen wie PL/I und COBOL rufen Codeblöcke nicht nur andere Codeblöcke auf, sie können über die GOTO-Anweisung direkt hinein springen [Li97].

Wiederverwendbarkeit ist eine Frage der Unabhängigkeit. Je stärker die Abhängigkeit eines Moduls von seiner Umgebung, desto geringer seine Wiederverwendbarkeit. Erkennbar ist diese an der Anzahl der Verbindungen zu anderen Codeblöcken, z.B. in Form von GO-TO-Verzweigungen, Perform-Aufrufen und fremden Methodenaufrufen. Es hängt auch davon ab, auf wie viele globale Daten sie zugreifen. IO-Operationen und Datenbankzugriffe gelten als besonders schwerwiegende Verbindungen. Ein Codeblock ist also in dem Maße wiederverwendbar, in dem er diese externen Abhängigkeiten nicht hat. Besonders negativ für die Wiederverwendung ist, wenn die IO-Operationen außerdem noch mit fest verdrahteten Daten vermischt sind wie im folgenden C-Beispiel (siehe Abb.7.9). Die Metrik für die Wiederverwendbarkeit ist:

$$Wiederverwendbarkeit = 1 - \left(\frac{Externe \; Verzweigungen + IO \; Operationen + Datenbankzugriffe}{alle \; Anweisungen} * \frac{globale \; Datenvariablen}{alle \; Datenvariablen} \right)$$

7.3.3.5 Codesicherheit

Codesicherheit impliziert zwei getrennte, aber doch verwandte Angelegenheiten. Bei der ersten geht es um die Nutzung gefährlicher Anweisungstypen, die fehleranfällig sind, wie z.B. Zeigerarithmetik, rekursive Schleifen, eingebettete Bedingungen, Anweisungen mit Seiteneffekten und Casting-Aufrufe. Rekursion, Pointerarithmetik und Casting sind die Quelle vieler Fehler und wenn möglich zu vermeiden [APHMP08]. Die Sprache C ist voller

```
if (strcmp(buf,"Kreis")==NULL)
    {
                    if (kreise[objektnr])
        {
            MessageBox ("Kreis wurde schon erzeugt!","Erzeugen",MB_OK); ← IO-Operation
                    return;
        }
            durchmesser=0;
        if (GetKreisDat(durchmesser))
        {
            kreise[objektnr] = new Kreis (objektnr, durchmesser);
            if (kreise[objektnr])
            {
             MessageBox("Kreis erzeugt!","Erzeugen",MB_OK);   ← IO-Operation
            }
            else
            {
             MessageBox("Kreis konnte nicht erzeugt werden!","Erzeugen",MB_OK); ← IO-Operation
            }
        }
    }                           Beispiel festverdrahteter Daten
    else
        if (strcmp(buf,"Dreieck")==NULL)
        {
            if (dreiecke[objektnr])
            {
                MessageBox("Dreieck wurde schon erzeugt!","Erzeugen",MB_OK); ← IO-Operation
                return;
            }
```

Abbildung 7.9 Beispiel einer nicht wiederverwendbaren C-Prozedur

derartig gefährlicher Anweisungstypen. Sie zu verbieten, ist eine starke Einschränkung, aber auch erforderlich, um den Code sicher zu machen. Die zweite Angelegenheit hat mit der Möglichkeit der Codemanipulation zu tun und taucht erst mit den modernen Websprachen auf. Da Java Bytecode produziert, der übers Netz transportiert wird, hat ein Fremder die Möglichkeit, diesen Code zu verändern. Experten haben nicht weniger als zwölf Möglichkeiten identifiziert, um Java-Code zu manipulieren, z.B. wenn Objekte initialisiert werden, wenn Methoden public deklariert sind, wenn Klassen nicht mit final definiert sind, wenn Klassen verschachtelt sind, wenn Klassen *deserializable* sind und wenn Klassen namentlich verglichen werden [VMMF00]. Zum Glück sind fast alle dieser potenziellen Security Leaks durch ein Codeanalysewerkzeug erkennbar, aber sie sind da und vermindern die Sicherheit des Codes.

Der größte Unsicherheitsfaktor ist die Nutzung eingebetteter SQL-Anweisungen. Darüber kann ein Einbrecher Zugriff zu den Datenbanken gewinnen und alles kopieren oder zerstören. Es existiert viel Literatur darüber, wie man feststellen kann, ob SQL-Anweisungen manipuliert wurden, aber das Beste ist, sie nicht zu verwenden. Moderne Websprachen wie PHP, die zur Laufzeit interpretiert werden, sind prinzipiell unsicher, da sie der Manipulation Tür und Tor öffnen. Sie sicher zu machen, ist ein Kapitel für sich. Hier geht es darum, den Grad der Sicherheit konventioneller Sprachen zu messen. Genauso wie ein Codeanalysator die unsicheren Anweisungstypen ausweist, damit der Entwickler sie nachbessern kann, werden sie hier gezählt, um die Sicherheit des Codes zu messen. Gleichzeitig werden die fehleranfälligen Anweisungen gezählt. Natürlich wiegen die fehlerhaften und die unsicheren Anweisungen nicht gleich. Es gibt schwere und leichte Gefahren. Die Sicherheit des Codes ist also das Verhältnis der gewichteten, fehleranfälligen Anweisungen plus der ungewichteten, unsicheren Anweisungen relativ zur Summe aller Anweisungen [Lai08].

$$Sicherheit = 1 - \frac{gewichtete \ fehleranfällige \ Anweisungen + gewichtete \ unsichere \ Anweisungen}{alle \ Anweisungen}$$

7.3.3.6 Codetestbarkeit

Codetestbarkeit ist die Leichtigkeit, mit der sich Code testen lässt. Leichtigkeit bedeutet in diesem Zusammenhang: mit möglichst wenig Aufwand. Da es hier um Code geht, sprechen wir vom Unit- bzw. Modultest. Der Aufwand für den Modultest hängt von der Zahl der erforderlichen Testfälle ab. Die Zahl der Testfälle hängt wiederum von der Zahl der Pfade durch die Ablauflogik und der Zahl der steuernden Eingabedaten ab; das sind jene Operanden, die in den Bedingungsanweisungen verglichen werden, z.B. in der if-Anweisung, den Schleifenanweisungen und den Fallanweisungen. Diese Variablen bestimmen, welcher Pfad eingeschlagen wird. Sie werden deshalb als steuernde Daten bezeichnet. Beim Testen eines Moduls sollte der Tester einen Testfall für jeden Pfad spezifizieren. Um den Pfad zu durchlaufen, muss er die steuernden Daten gezielt setzen. Demzufolge wird sein Aufwand durch die Anzahl der Pfade plus die Anzahl der steuernden Variablen bestimmt [Jung08] (siehe Abb. 7.10).

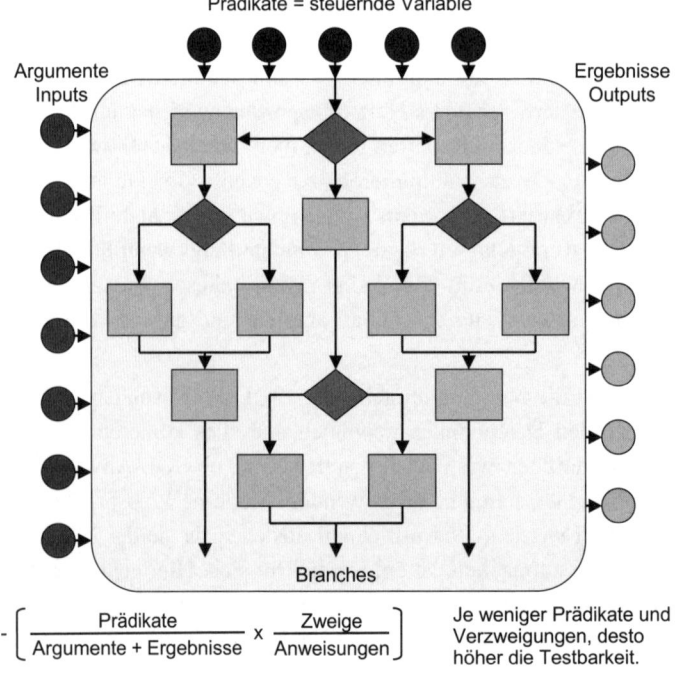

$$1 - \left[\frac{Prädikate}{Argumente + Ergebnisse} \times \frac{Zweige}{Anweisungen} \right]$$

Je weniger Prädikate und Verzweigungen, desto höher die Testbarkeit.

Abbildung 7.10 Messung der Codetestbarkeit

Die Zahl der möglichen Pfade bzw. Kantenketten durch einen gerichteten Graph hängt von der Zahl der Zweige bzw. einzelnen Kanten ab. Man kann daher die Zahl der Pfade über die Zahl der Pfade ermitteln. Sowohl die Zweige als auch die steuernden Daten lassen sich bei der Analyse des Codes zählen. Um daraus ein relatives Maß abzuleiten, muss die Zahl der Zweige im Verhältnis zur Größe des Codes in Anweisungen und die Zahl der steuernden Daten im Verhältnis zu allen benutzten Daten gesetzt werden. Daraus folgt die Metrik für die Testbarkeit als

$$Testbarkeit = 1 - \left(\frac{logische\ Zweige}{Anweisungen} * \frac{steuernde\ Eingabedaten}{benutzte\ Daten} \right)$$

7.3.3.7 Codewartbarkeit

Codewartbarkeit ist das am schwierigsten zu definierende Ziel. Wir haben gesehen, wie Oman und seine Mitstreiter versucht haben, einen Maintainability-Index aufzustellen. Ihr Maintainability-Index gründet auf drei Metriken:

- Modulgröße
- zyklomatische Komplexität
- Sprachnutzungskomplexität (Halsteads Volumina).

Dieser Maintainability-Index ist trotz zufälliger Übereinstimmung mit der subjektiven Beurteilung der zuständigen Wartungsprogrammierer eine grobe Vereinfachung einer sehr komplexen Sache. Im Grunde genommen ist Wartbarkeit nicht zu messen, weil keiner wirklich weiß, was Code wartungsfreundlich macht. Man kann allenfalls behaupten, dass Codebausteine leichter zu ändern sind, wenn sie möglichst klein und möglichst unabhängig von den anderen Codebausteinen sind. Klein heißt, sie haben nur wenige Anweisungen, aber hier stellt sich die Frage: Was ist wenig? Mehrere Studien haben bewiesen, dass der Wartungsaufwand auch stark von der Anzahl der verwendeten Daten beeinflusst wird [KKSM08]. Dies wäre als der Grad der Kohäsion zu definieren. Demnach sollte ein Modul bzw. eine Klasse möglichst wenige Daten verarbeiten. Schließlich besteht ein bewiesener Zusammenhang zwischen der Verschachtelungstiefe des Codes und dem Wartungsaufwand. Wenn wir diese vier Faktoren zusammenfassen, ist Änderbarkeit eine Frage von

- Modulgröße
- Modulkopplung
- Modulkohäsion
- Logikverschachtelung

Eine Möglichkeit, die Änderbarkeit eines Moduls durch diese vier Eigenschaften zu messen, wäre die Metrik

$$Wartbarkeit = \frac{Ist\_Größe}{Soll\_Größe} * \frac{Ist\_Kopplung}{Soll\_Kopplung} * \frac{Ist\_Kohäsion}{Soll\_Kohäsion} * \frac{Ist\_Verschachtelungstiefe}{Soll\_Verschachtelungstiefe}$$

Wobei

> Größe = Anzahl Anweisungen
> Kopplung = Anzahl fremder Modulaufrufe, IO-Operationen und DB-Zugriffe
> Kohäsion = Anzahl verwendeter Datenvariabel pro Modul oder Klasse
> Verschachtelungstiefe = Anweisungen x Verschachtelungstiefe aller Anweisungen
> (siehe Prathers Verschachtelungskomplexität).

Dennoch ist auch diese Messung von Änderbarkeit, bzw. Wartbarkeit, mit Vorsicht zu genießen. Denn, es bleibt weiterhin umstritten, was Wartung, sprich Erhaltung von Software wirklich bedeutet. Beschränkt sie sich auf Fehlerkorrekturen oder sind auch Änderungen und Optimierungen dabei? Schließt sie auch die Erweiterung bestehender Komponenten und den Einbau neuer Komponenten mit ein? Diese und andere Fragen sind zu beantworten, bevor man beginnen kann, Wartbarkeit zu messen. Hier gilt erst recht der Grundsatz: Was nicht definiert ist, ist auch nicht messbar. Demzufolge wird die Messung der Wartbarkeit bis auf weiteren ein Forschungsthema bleiben.

7.4 Codemetrik im SoftAudit-System

Das Messungswerkzeug SoftAudit wurde ursprünglich von der Firma SES in München entwickelt und wurde später von der Firma ANECON in Wien übernommen. Es ist das Produkt einer 15 jährigen Entwicklung. In der Zeit wurde es mehrmals eingesetzt um große Anwendungssysteme zu messen und zu bewerten. Der erste Einsatz erfolgte bereits 1995 um ein Telefonabrechnungssystem der niederländischen Telekom zu bewerten. Der aktuellste Einsatz war im Jahre 2009 um den Code eines alten Host-Systems zu messen um eine Grundlage für die Migration in eine neue Technologie zu haben. Dazwischen diente es in etlichen Messungsprojekten, u.a. für die Messung Assembler, PL/I, Cobol, Delta, C, C++, C#, und Java Systemen. Im Gegensatz zu den oben genannten Werkzeugen, die in erster Linie für das Reverse-Engineering konzipiert wurden, wurde SoftAudit von Anfang an der Messung gewidmet. Außerdem gehört SoftAudit zu einer Familie von Messungswerkzeugen im SoftMess Softwaremessungsarbeitsplatz. Dort dient es als Datensammler sowohl für die Metrikdatenbank unter dem Softwarebewertungssystem SoftEval als auch für die Kalkulationsdatenbank unter dem Softwarekalkulationssystem SoftCalc.

Das Besondere an SoftAudit ist, dass es so viele verschiedene Sprachen analysiert – prozedurale Sprachen, objektorientierte Sprachen, Datenbanksprachen und Schnittstellendefinitionssprachen – und zwar alle nach dem gleichen Messungsschema. Es werden vergleichbaren Quantitäts-, Komplexitäts-, und Qualitätsmaße gewonnen und in einem einheitlichen Format präsentiert. Somit ist es möglich, hybride Systeme mit unterschiedlichen Sprachen zu messen. Die Messwerte werden normalisiert. Die Quantitätsmaße sind absolute Messwerte, die Komplexitäts- und Qualitätsmaße sind relationale Messwerte. Insgesamt werden 56 Quantitäts-, 8 Komplexitäts- und 8 Qualitätsmaße errechnet. Dabei hat der Benutzer die Möglichkeit sie zu gewichten. Dadurch kann er die Gesamtwerte beeinflussen. Darüber hinaus ist SoftAudit das einzige Werkzeug, das Größenmaße wie Function-Points, Data-

Points und Object-Points liefert. Diese werden an das Aufwandsschätzungswerkzeug SoftCalc über eine XML-Schnittstelle weiter vermittelt. Die einzelnen Quantitäten werden über eine andere XML-Schnittstelle an das Produktbewertungssystem SoftEval weitergereicht um von ihm ausgewertet zu werden. Schließlich hat SoftAudit ein Regelwerk für jede Programmiersprache, die es ermöglicht, Verletzungen der Programmierregel zu erkennen und in einem Mängelbericht zu dokumentieren.

Die mehr als 15 Messungsprojekte, in denen SoftAudit seit 1995 eingesetzt wurde, haben bewiesen, dass das Werkzeug in der Lage ist, gewaltige Systeme – mit bis zu 70 Millionen Codezeilen – in kurzer Zeit zu messen und zu bewerten. In dieser Hinsicht hat sich das Produkt bewährt.

Die Metrik in SoftAudit teilt sich nach dem bewährten Schema in

- Quantitätsmetrik
- Komplexitätsmetrik
- Qualitätsmetrik.

7.4.1 Codequantitätsmetrik

Zunächst ist wichtig, dass zwischen Quantität und Komplexität unterschieden wird. Quantität drückt sich durch die Anzahl der Grundelemente einer Menge aus. Komplexität ist anderseits eine Frage der Anzahl der Beziehungen zwischen den Grundelementen. Als Grundelement beim Code gilt die Anweisung. Die Zahl der Anweisungen ist ein viel genaueres Maß als die der Codezeilen, weil in jeder Sprache die Anweisungen durch die Syntax definiert sind. Allerdings gibt es auch hier Fragen, z.B. ob die „END-" in COBOL oder die „{..}" in C und Java als eigenständige Anweisungen zu zählen sind. Codezeilen hingegen sind der Willkür des Programmierers ausgesetzt. Er kann mehrere Anweisungen in eine Zeile hineinpacken oder eine Anweisung über mehrere Zeilen ausdehnen. IT-Manager und leider auch viele Informatiker verwenden den Begriff Codezeilen oder LOCs, ohne zu wissen, was sie damit meinen. Auch wenn man die Kommentarzeilen und Leerzeilen weglässt, ist die Zahl der Zeilen bis auf die Assemblersprache eine ganz andere. Sie ist in der Regel um 25 bis 100 % größer als die der Anweisungen.

Anweisungen (wobei hier auch die Datenvereinbarungen gemeint sind) lassen sich auf jeder Aufbaustufe zählen, auf der Prozedur- bzw. Methodenstufe, auf der Modul- bzw. Klassenstufe, auf der Komponentenstufe und auf der Systemstufe. Die Größe einer Codeeinheit ist die Anzahl der Codeanweisungen, die sie enthält. Dies gilt für alle Stufen im Programmaufbau. Die Zahl der Anweisungen lässt sich mit den anderen Größenmaßen gut vergleichen, um Komplexitätsmaße zu bilden. Natürlich wäre es möglich, wie Halstead die Operanden und Operatoren zu zählen, aber diese Maßeinheiten wären zu feingranular. Es wäre anderseits möglich, Prozeduren oder Methoden zu zählen, aber diese wären zu grob. Das geeignete Größenmaß für Code ist letztendlich die Anweisung.

7.4.2 Codekomplexität

Der Grund für die vielen Komplexitätsmaße in der Literatur (Zuse hat über 300 Komplexitätsmaße identifiziert) liegt in der Vielfalt der Programmiersprachen, die so viele Messungsmöglichkeiten zulässt. Nicht nur, dass es so viele verschiedene Programmiersprachen gibt (die Zahl der Sprachen wird auf über 500 geschätzt [TeVe00]), sondern man hat auch noch so viele Möglichkeiten, die Codeanweisungen zu gruppieren und zu verbinden. Von Assembler-Code bis zur Websprachen ist eine breite Palette. Für die Komplexitätsmessung mit CodeAudit hat sich der Autor auf eine Untermenge der ihm begegneten Sprachen beschränkt, nämlich IBM-Assembler, PL/I, COBOL, Natural, Delta, APS, ABAP, C, C++, C# und Java, und Maße ausgewählt, die auf eine rationale Skala passen. Wichtig bei der Auswahl war, dass diese Maße über Sprachgrenzen hinaus vergleichbar sind. Reine OO-Komplexitätsmetrik scheidet aus, weil dann die Komplexität des OO-Codes mit der des prozeduralen Codes nicht vergleichbar wäre. Die Grundkomplexität des Codes in CodeAudit wird durch die Anzahl der Beziehungen zwischen den Grundelementen und den Codebausteinen bestimmt. Das zieht sich als roter Faden durch alle Codekomplexitätsmaße in CodeAudit [Sned99].

7.4.2.1 Datenkomplexität

Daten werden von Anweisungen verarbeitet. Sie können benutzt, gesetzt oder abgefragt werden. Je nach Verwendung werden sie gemäß der Q-Komplexität von Chapin anders gewichtet [Chap77]. Eine benutzte Datenvariable (Eingabe) wiegt 1, eine gesetzte Datenvariable (Ausgabe) wiegt 1,5 und eine abgefragte Datenvariable (Prädikat) 2. Nicht benutzte Parameter wiegen 0,5. Um die Q-Komplexität auf einer rationalen Skala auszudrucken, wird sie durch die Summe aller referenzierten Datenvariablen dividiert. Demnach ist die Datenkomplexität nach CodeAudit:

$$Datenkomplexität = 1 - \frac{referenzierte\ Daten}{Prädikate * 2 + Ausgabe * 1,5 + Eingaben * 1 + unbenutzte\ Parameter * 0,5}$$

7.4.2.2 Datenflusskomplexität

Elshof misst die Häufigkeit, mit der Datenvariablen referenziert werden, und bezeichnet dies als „Referential Complexity" [Elsh76]. CodeAudit drückt diese Datenflusskomplexität auf einer rationalen Skala aus, indem es die Zahl der referenzierten Daten durch die Zahl der Referenzen dividiert. Je höher die Anzahl Referenzen im Verhältnis zur Anzahl der referenzierten Daten ist, desto höher ist die Datenflusskomplexität:

$$Datenflusskomplexität = 1 - \frac{referenzierte\ Daten}{Datenreferenzen}$$

7.4.2.3 Zugriffskomplexität

Von David Card kommt das Datenzugriffsmaß [Card91]. Demnach steigt die Komplexität eines Moduls mit der Zahl der externen Datenzugriffe. Zu den Zugriffen zählen außer den Dateioperationen auch die Datenbankzugriffe und die Nachrichtenvermittlungsoperationen. Typisch für Datenbankzugriffe sind in SQL die Anweisungen Insert, Delete, Update und Select. Bei Dateien sind es die Anweisungen Open, Close, Start, Read, Write, Rewrite und Delete. Typisch für Kommunikationsoperationen sind die Send- und Receive-Macros in CICS sowie die Serialize- und Deserialize-Operationen in Java. Jeder Zugriff ist eine Beziehung zu einem externen Objekt und steigert die Abhängigkeit des Codebausteins von seiner externen Umgebung. Je mehr es solche Zugriffsoperationen relativ zur Summe aller externen Objekte gibt, desto höher die Zugriffskomplexität. Die Gleichung für die Zugriffskomplexität in CodeAudit heißt:

$$Zugriffskomplexität = 1 - \frac{Zugriffe}{Zugegriffene\ Objekte\ (= Dateien + Datenbanktabellen + Nachrichten)}$$

7.4.2.4 Schnittstellenkomplexität

Von Sallie Henry kommen die Begriffe fan-in und fan-out. fan-in ist die Summe der Eingangsschnittstellen [HeKa81]. fan-out ist die Summe der Ausgangsschnittstellen. Schnittstellen verkörpern den Datenaustausch zwischen einem Modul bzw. einer Klasse und seiner Umgebung. In seiner Umgebung befinden sich Dateien, Datenbanken, Tabellen, globale Datenbereiche, Benutzeroberflächen und andere Module. Jede benutzte Datei, jede Datenbanktabelle, auf die zugegriffen wird, jede gesendete oder empfangene Nachricht, jede Benutzeroberfläche, die von dem Modul bedient wird, und jede Interaktion bzw. jeder Call mit einem fremden Modul gilt als Schnittstelle. Je mehr solche Schnittstellen ein Modul hat, desto höher ist seine Zugriffskomplexität. CodeAudit relativiert diese Komplexität, indem es die gewichteten Schnittstellen durch die Zahl der prozeduralen Anweisungen dividiert.

$$Schnittstellenkomplexität = \frac{gewichtete\ Schnittstellen}{Anweisungen}$$

7.4.2.5 Ablaufkomplexität

Zur Messung der Ablaufkomplexität benutzt CodeAudit das McCabe-Maß [McCa76]. Die Grundelemente sind in diesem Falle die Entscheidungsknoten, die Beziehungen sind die Zweige bzw. Kanten zwischen den Knoten. Die Zahl der Kanten relativ zu den Knoten ergibt die Ablaufkomplexität. Daraus errechnet sich das folgende rationale Komplexitätsmaß:

$$Ablaufkomplexität = (Kanten - Knoten)\ /\ Kanten$$

7.4.2.6 Entscheidungskomplexität

Die Entscheidungskomplexität von Carma McClure ist mit der McCabe-Metrik verwandt [McCl86]. Sie misst die Entscheidungsdichte im Code. Anweisungen können bedingt oder unbedingt ausgeführt werden. Die Ausführung bedingter Anweisungen ist von einer Entscheidung abhängig. Sie liegen in einem Alternativzweig oder in einer Schleife. Die Bedingungskomplexität ist das Verhältnis der Anzahl bedingter Anweisungen zu den gesteuerten prozeduralen Anweisungen. CodeAudit misst die Entscheidungskomplexität wie folgt:

$$Entscheidungskomplexität = \frac{Steuerungsanweisungen}{Prozedurale\ Anweisungen}$$

7.4.2.7 Verschachtelungskomplexität

Prather hat die Verschachtelungskomplexität eingeführt [Prat84]. Danach werden die Anweisungen mit ihrer Verschachtelungstiefe multipliziert. Je tiefer der Code verschachtelt ist, desto komplexer wird er. CodeAudit überträgt dieses Maß auf eine rationale Skala, in dem es sie in die Zahl der prozeduralen Anweisungen dividiert. Daraus ergibt sich die Gleichung:

$$Verschachtelungskomplexität = 1 - \frac{prozedurale\ Anweisungen}{prozedurale\ Anweisungen * mittlere\ Verschachtelungstiefe}$$

7.4.2.8 Sprachkomplexität

Die Sprachkomplexität in CodeAudit ist ein modifiziertes Halstead-Volumia-Maß [Hals77]. Statt Operatortypen und Operatornutzungen zu zählen, zählt CodeAudit Anweisungsarten und Anweisungsinstanzen. Die Operanden beschränken sich auf die Datentypen. Die Operandenvorkommnisse sind die deklarierten Daten. Konstanten und Literale werden nicht mitgezählt. Anweisungen lassen sich nach Anweisungstyp klassifizieren. Daten werden auch einem Datentyp zugewiesen. Dies entspricht dem Sinne der Halstead-Metrik, ohne sie wortwörtlich umzusetzen. Je mehr verschiedene Anweisungs- und Datentypen ein Modul enthält, desto komplexer ist seine Sprache. Dies entspricht einer Komplexität natursprachlicher Texte anhand der Anzahl verschiedener Hauptwörter und Satztypen, die sie enthalten. Danach ist die Sprachkomplexität

$$Sprachkomplexität = \frac{Datentypen}{Datenvariable} * \frac{Anweisungstypen}{Anweisungen}$$

7.4.2.9 Beziehungskomplexität

Wenn wir also Code betrachten, müssen wir ihn als eine Menge einzelner Codebausteine sehen. Codebausteine können Anweisungen, Datenvariablen, Prozeduren, Datenobjekte, Module, Klassen usw. sein. Codekomplexität ist eine Frage der Beziehungen zwischen den

Grundelementen. Anweisungen verwenden und verändern Daten, greifen auf Datenbanken zu, manipulieren Oberflächenobjekte, senden und empfangen Nachrichten, verzweigen zu Anweisungen in anderen Codebausteinen und entscheiden, welche anderen Anweisungen auszuführen sind. Alle diese Aktionen stellen Beziehungen dar. Auf einen Nenner gebracht ist Codekomplexität:

$$1 - \frac{Codebausteine}{Codebausteinbeziehungen}$$

Je höher die Zahl der Bausteinbeziehungen relativ zur Zahl der Bausteine selbst ist, desto höher ist die Codekomplexität. So kann man Codekomplexität zusammenfassen.

7.4.3 Codequalität

Während Codequantität und Codekomplexität prinzipiell definierbar und deshalb auch messbar sind, ist Codequalität prinzipiell schwer zu definieren. Das liegt daran, dass es keine allgemein akzeptierte Definition von Qualität gibt. Qualität im Sinne von Fehlerfreiheit lässt sich statisch im Code nicht feststellen. Auch dynamisch durch die Ausführung lässt sich, wie Edgar Djikstra es schon treffend formulierte, nur feststellen, dass der Code Fehler hat, nicht aber, dass er keine hat [Dijk72]. Ergo ist eine derartige Qualitätsbeurteilung ausgeschlossen. Es wäre prinzipiell möglich, den Quelltext mit einem Spezifikationstext abzugleichen, aber dies würde voraussetzen, dass die Spezifikation auf der gleichen Detaillierungsebene und mit dem gleichen Vokabular verfasst ist wie der Code. Die Wissenschaft hat immer wieder versucht, diese Art der Qualitätssicherung durch Beweisführung zu verwirklichen, jedoch ohne Erfolg [DeLP79]. Vielleicht wird es eines Tages gelingen, aber für die nächste Zukunft ist damit nicht zu rechnen. Es bleibt zunächst ein Traum, die wahre Qualität des Codes in Sinne von Fehlerfreiheit nachzuweisen.

7.4.3.1 Sicherheit (Security)

Dennoch wäre es ungerecht zu behaupten, es hätte gar keinen Fortschritt auf diesem Gebiet gegeben. In den letzten Jahren sind die Codeanalyse-Werkzeuge immer mächtiger geworden. Die Möglichkeiten der statischen Fehlererkennung haben sich gebessert. Schon beim Scannen des Codes ist es erkennbar, wenn Variablen nicht initialisiert oder Zeiger nicht gesetzt werden. Potenzielle Tabellenüberläufe und endlose Schleifen sind ebenfalls am Code selbst festzustellen. Solche sogenannten „code smells" können „gerochen" und aufgelistet werden. Damit ist ein kleiner Schritt in Richtung Korrektheitsnachweis vollzogen worden. Die Sicherheit des Codes kann als das Verhältnis potenziell fehlerhafter Anweisungen zu allen Anweisungen ausgedrückt werden.

$$Sicherheit = 1 - \frac{potenziell\ fehlerhafte\ Anweisungen}{ausführbare\ Anweisungen}$$

7.4.3.2 Konformität (Conformity)

Relativ leicht zu messen ist der Grad, zu dem die Codierungsregeln eingehalten werden. Wenn Qualität letztendlich dass ist, was ein Mensch oder eine Organisation darunter verstehen will, dann drückt sich diese Qualität in der Qualitätsrichtlinie der Organisation aus. Jeder Entwicklungsbetrieb braucht eine Konvention für die Programmierung. Darin wird vorgeschrieben, welche Codekonstruktionen zu vermeiden und welche zwingend sind, wie zu kommentieren und wie der Code aufzuteilen ist. Der Zweck einer solchen Codierungsrichtlinie ist nicht nur die Fehlervermeidung, sondern auch die Vereinheitlichung der Codegestaltung, was wiederum zu einer Verbesserung der Lesbarkeit und der Verständlichkeit führt. Der Grad, zu dem die Regeln eingehalten werden (also die Konformität), lässt sich anhand der Relation Regelverletzungen zu Anweisungen messen:

$$Konformität = 1 - \frac{Regelverletzungen}{Anweisungen}$$

7.4.3.3 Datenunabhängigkeit (Data Independency)

Darüber hinaus gibt es weitere Qualitätsziele wie die Langlebigkeit und Wiederverwendbarkeit des Codes. Der Erfüllungsgrad jener Ziele ist zumindest teilweise aus dem Code zu ermitteln. Langlebigkeit hat mit Änderbarkeit zu tun. Als änderbar gilt Code, wenn Datenwerte in dem Code nicht fest verbaut sind. Der englische Ausdruck dafür ist „hard-wired data", also fest verdrahtete Daten. Die Anweisung

```
if (Alter > 64) Status = „Rentner";
```

ist ein eindeutiges Beispiel für fest verdrahtete Daten. Solche Konstanten wie 64 und Literale wie „Rentner" dürfen in den ausführbaren Anweisungen nicht vorkommen, denn was ist, wenn das Pensionsalter auf 67 verschoben wird und die Rentner in „Pensionisten" umbenannt werden? Solche Daten gehören ausgelagert in Tabellen, wo sie getrennt gepflegt werden können, oder zumindest in den Datendefinitionsteil des Programms. Das Maß für Codeflexibilität ist der Grad, zu dem solche fest verdrahteten Datenwerte nicht vorkommen:

$$Datenunabhängigkeit = 1 - \frac{Anweisungen\ mit\ eingebauten\ Werten}{Anweisungen}$$

7.4.3.4 Redundanzfreiheit (Non redundant)

Die Änderbarkeit von Code hängt auch mit der Redundanzfreiheit zusammen. Wenn Codeabschnitte mit dem gleichen Grundmuster mehrfach wiederholt werden, werden sie als Klone bezeichnet. Programmierer verwenden Klone, um mit der gleichen Logik unterschiedliche Daten zu verarbeiten, d.h. nur die Variablennamen ändern sich. Das Problem ergibt sich dann, wenn die Grundlogik sich ändert, wenn z.B. eine zusätzliche Bedingung hinzukommt. Dann muss das gleiche Codemuster überall geändert werden, wo es vorkommt. Um dies zu verhindern, bieten die diversen Programmiersprachen unterschiedliche

Lösungen an. In COBOL kann der Programmierer das Codemuster als Copy-Member mit Replacing-Clauses auslagern. In den objektorientierten Sprachen soll das Codemuster als Basis- bzw. Superklasse deklariert und vererbt werden. Es gibt fast in allen Programmiersprachen die Möglichkeit, das Klonen zu vermeiden. Deshalb gilt solche Redundanz als qualitätsmindernd, da es den Code aufbläht und Änderungen erschwert. Je weniger Klone der Code enthält, desto leichter ist es, ihn zu ändern. Die Qualität der Redundanzfreiheit lässt sich durch die folgende Gleichung ausdrücken:

$$Redundanzfreiheit = 1 - \frac{geklonte\ Anweisungen}{Anweisungen}$$

7.4.3.5 Testbarkeit (Testability)

Ein anderes, wichtiges Qualitätsmerkmal ist das der Testbarkeit. Testbarkeit hängt zusammen mit der Zahl der Testfälle, die man braucht, um einen Codebaustein zu testen. Je weniger Testfälle man relativ zu Größe des Codes in Anweisungen benötigt, desto geringer der Testaufwand. Testbar ist das, was weniger Testaufwand verursacht. Also kommt es darauf an, die Zahl der Testfälle zu minimieren. Die Zahl der Testfälle wird andererseits durch die Anzahl der möglichen Ausführungspfade durch den Code sowie die Anzahl der möglichen Datenzustände bestimmt. Die Anzahl der Datenzustände lässt sich nur indirekt über die Zahl der Steuerungsdaten in den Bedingungen messen. Die Zahl der Pfade geht aus dem Ablaufgraphen des Codes hervor. Testbarkeit ist aus dieser Sicht das Verhältnis von Pfaden zu Anweisungen und Steuerungsdaten zu Daten:

$$Testbarkeit = 1 - \left(\frac{\frac{Pfade}{Anweisungen} + \frac{Steuerungsdaten}{verwendete\ Daten}}{2} \right)$$

7.4.3.6 Versetzbarkeit (Reusability)

Die Wiederverwendung von Code setzt voraus, dass ganze Module oder einzelne Codebausteine aus dem ursprünglichen Code herausgenommen und in eine andere Umgebung versetzt werden können. Versetzbar ist der Code, wenn die einzelnen Codebausteine möglichst unabhängig von einander sind. Jede Verzweigung von einem Codebaustein zum anderen wie mit der GOTO- und der Call-Anweisung in COBOL oder der fremde Methodenaufruf in Java sowie jeder Zugriff auf eine globale Datenvariable, die von den anderen Codebausteinen benutzt wird, stellt eine Abhängigkeit zwischen den Bausteinen dar und verhindert damit die Loslösung der abhängigen Bausteine von ihrer Umgebung. Solche gegenseitige Abhängigkeiten verhindern die Versetzung der Codebausteine in eine andere Umgebung. Ergo ist ein Codebaustein umso leichter zu versetzten, je weniger solche externen Abhängigkeiten er hat. Versetzbarkeit ist demnach das Verhältnis der Verzweigungen zu fremden Bausteinen zur Summe der Anweisungen jener Bausteine sowie das Verhältnis der externen verwendeter Daten zur Summe aller verwendeten Daten:

$$Versetzbarkeit = 1 - \left(\frac{\dfrac{Verzweigungen}{Anweisungen} + \dfrac{Extern\ referenzierte\ Daten}{alle\ referenzierten\ Daten}}{2} \right)$$

7.4.3.7 Konvertierbarkeit (Convertibility)

Konvertierbarkeit ist die Frage der Leichtigkeit, mit der der Code von einer Sprache in die andere umgesetzt werden kann. Diese Notwendigkeit kommt vor, wenn der Code migriert wird. Anweisungen einer Programmiersprache können wie Sätze einer natürlichen Sprache eins zu eins, eins zu viele oder viele zu viele übersetzt werden. Am schwierigsten ist es, eine Menge Anweisungen als Ganzes in eine andere Menge Anweisungen zu übersetzen. Am einfachsten ist es, Anweisung für Anweisung zu übersetzten. Je mehr Anweisungen einer Sprache sich nicht direkt 1:1 in Anweisungen einer anderen Sprache übersetzen lassen, desto niedriger ist die Konvertierbarkeit des Bausteins. Die Konvertierbarkeit ist demnach das Verhältnis von 1:1 konvertierbaren Anweisungen zur Summe aller Anweisungen:

$$Konvertierbarkeit = \frac{1:1\ übersetzbare\ Anweisungen}{alle\ Anweisungen}$$

7.4.3.8 Übertragbarkeit (Portability)

Übertragbarkeit auf der Codeebene wird durch den Grad der Abhängigkeit zur technischen Umgebung bestimmt. Abhängigkeit zur technischen Umgebung entsteht, wenn der Code direkt auf Dateien oder Datenbanken zugreift, wenn der Code Dienstfunktionen des jeweiligen Betriebssystems in Anspruch nimmt, wenn der Code Funktionen in einem bestimmten Framework oder einer Quellbibliothek aufruft und wenn der Code besondere Makroanweisungen wie CICS-, DDL- oder DLI-Anweisungen enthält. Mit diesen externen Abhängigkeiten steigt das Maß, mit dem der Code von seiner technischen Umgebung abhängig ist, und es sinkt die Portierbarkeit des Codes. Übertragbarkeit ist daher statisch messbar, und zwar an dem Verhältnis der umgebungsabhängigen Bausteine zu allen Bausteinen. Es muss nur eine einzige Nutzung einer externen Ressource vorkommen, um einen Codebaustein abhängig von der Umgebung zu machen. Um als übertragbar zu gelten, muss ein Codebaustein frei von derartigen Umgebungsabhängigkeiten sein. Demnach ist Übertragbarkeit zu erfassen als:

$$Übertragbarkeit = 1 - \frac{umgebungsunabhängige\ Codebausteine}{alle\ Codebausteine}$$

7.4.3.9 Modularität (Modularity)

Das Prinzip „Teile und herrsche" gilt schließlich auch für den Code. Ein Ziel der Codegestaltung ist, die Codemasse in möglichst kleine Einzelteile zu zerlegen. Dies ist sogar ein Grundprinzip des Software Engineering und wurde schon vor langen von David Parnas in seinem viel zitierten Beitrag zur Dekomposition von Systemen in Module postuliert

[Parn72]. Man geht davon aus, dass es leichter ist, Texte zu verstehen, wenn sie in mehrere kleine Abschnitte mit eigenen Untertiteln aufgeteilt sind. In dem Fall kann der Leser sich auf einen Abschnitt nach dem anderen konzentrieren und den Text abschnittsweise verdauen. Wenn das so ist, dann ist diese Qualität ein Verhältnis der Anzahl Abschnitte zur Textlänge, wobei die Abschnitte durch Marken bzw. Labels gekennzeichnet sind. In prozeduralen Programmen sind die Abschnitte Prozeduren bzw. markierte Codeblöcke, in objektorientierten Programmen sind sie die Klassen. Klassen dürfen weder zu groß noch zu klein sein. Die optimale Größe hängt von der Programmiersprache und der Systemart ab. D.h. es obliegt dem Benutzer, die Unter- und Obergrenzen zu setzen [EBGW02]. Die Metrik dafür ist:

$$Modularität = \frac{Abschnitte * minimale\ Anweisungen\ pro\ Abschnitt}{alle\ Anweisungen}$$

7.4.3.10   Kommentierung (Commentation)

Eigentlich sollte der Code für sich sprechen. Das ist auch der Fall, wenn sprechende Daten- und Funktionsnamen verwendet werden. Allerdings sind Begründungen, warum man etwas so macht und nicht anders und wie der Code mit den Vorgaben zusammenhängt, nicht ohne Weiteres aus dem Code selbst zu entnehmen. Sie müssen kommentiert werden. Eine besondere Art der Kommentierung sind auch Verweise auf die Anforderungen bzw. auf die Änderungsanträge. Diese fördern die „Traceability". Je mehr solche Erklärungen bzw. Rechtfertigungen und Verweise es gibt, desto höher der Kommentierungsgrad. Der Grad der Kommentierung geht davon aus, dass die Erläuterungen in natürlicher Sprache dem Leser helfen, den Code besser zu verstehen. Viele sogenannte Kommentare sind nichtssagend und dienen nur dazu, den Code aufzublähen. Wenn sie aber wirklich aussagefähig sind, sind sie sicherlich für die Programmverständigung hilfreich. Sofern dies der Fall ist, ist der Grad der Kommentierung das Verhältnis der Anzahl Kommentarzeilen zur Anzahl Codezahlen ausgedrückt in der Metrik:

$$Kommentierungsgrad = \frac{Kommentarzeilen}{alle\ Zeilen}$$

7.4.3.11   Weitere Qualitätsmerkmale

Codequalität ist keineswegs auf diese zehn Qualitätsmerkmale beschränkt. Simon und seine Koautoren haben in ihrem Buch zum Codequalitätsmanagement nicht weniger als 52 Qualitätsindikatoren identifiziert und für jede eine Metrik definiert. Dies zeugt von der Weite des Themas, denn die von Simon empfohlenen Qualitätsmaße beschränken sich ausschließlich auf die Sprachen C++ und Java und sind sogar für diese Sprachen nur eine Untermenge der möglichen Qualitätsindikatoren. Programmcode ist eben ein multidimensionales Gebilde und bietet unendlich viele Möglichkeiten der Messung. Es wird daher immer notwendig sein, einzelne Maße auszuwählen, die repräsentativ für die anderen sind. Anders ist es nicht möglich, das Thema Codequalität in den Griff zu bekommen.

7.5 Werkzeuge für die Codemessung

Die ersten Werkzeuge für die Analyse von Programmcode wurden schon Mitte der 70er Jahre des letzten Jahrhunderts entwickelt. In den USA ging 1977 die Werkzeugfamilie SQLAB der General Research Corporation aus dem Ballistic Missile Defense System hervor. Der statische Analysator dazu diente zur Prüfung der Programmierregeln für FORTRAN und PASCAL. In Deutschland entwickelte der Autor Sneed 1977 für Siemens das Prüfstandsystem zur statischen und dynamischen Analyse von Assembler und SPL Module. Der PRÜFSTAND-Analysator diente nicht nur dazu, die Einhaltung der Programmierregeln zu kontrollieren, sondern auch dazu, die Unit-Testfälle aus dem Code abzuleiten. Die ungarische Doktorandin Edit Halmay, die am damaligen Zentrum der Softwaremetrik – der South Bank University in London – ihr Auslandsjahr verbracht hatte, entwickelte einen Algorithmus, um alle möglichen Pfade vom Eingang in ein Modul bis zu dessen Ausgängen zu identifizieren und isolieren. Zu jedem Pfad gehörten Steuerungsdaten, Argumente und Ergebnisse. Der Zweck der Sache war es, einen Testfall für jeden Pfad einschließlich Pre- und Post-Conditions zu generieren. Da der Test bei Siemens nach Testfall und gefundenem Fehler bezahlt wurde, kam es darauf an, möglichst viele Testfälle in möglichst kurzer Zeit zu testen und dabei möglichst viele Fehler auf die einfachste Weise zu finden. Der einfachste Weg war der über die statische Analyse der Datenverwendung in Zusammenhang mit der Ablauflogik [SnKi79].

Aufgrund der Vorarbeit von Halmay kam der Autor Sneed 1979 auf die Idee, den Programmcode zu messen, um Informationen über den Testaufwand zu gewinnen. In den USA war zur gleichen Zeit Tom McCabe dabei, seine Metrik in das Werkzeug mit dem prägnanten Namen „Battlemap" einzubauen. Mit diesem Werkzeug war es möglich, die Programmabläufe als gerichtete Graphen darzustellen und alle Knoten und Kanten zu zählen. Bei der IBM waren Belady und Evangelista dabei, Programme als Strukturbäume abzubilden und die Strukturiertheit der Module zu messen. Bis Anfang der 80er Jahre war die Automatisierung der Codemessung also voll im Gange.

7.5.1 Die ersten Codemessungswerkzeuge

In der Literatur werden oft das QUALMS-Werkzeug von der South Bank University in London sowie das Logiscope-Tool von Verilog in Toulouse als die ersten europäischen Codemessungswerkzeuge zitiert. Beide Werkzeuge entstanden in der ersten Hälfte der 80er Jahre. Zu diesem Zeitpunkt gab es schon über 20 Anwender des Werkzeugs SoftDoc in Deutschland sowie zwei Anwender in der damaligen Sowjetunion. SoftDoc war eine Weiterentwicklung des PRÜFSTAND-Systems in Richtung statischer Analyse. Das PRÜFSTAND-System war inzwischen in zwei Teilsysteme zerlegt worden: SoftDoc für die statische Codeanalyse und SoftTest für die dynamische Analyse bzw. den Modultest. Jedes dieser beiden Produkte konnte unabhängig vom anderen einsetzt werden.

SoftDoc wurde 1982 auf der COMPASC-Konferenz in Chicago vorgesellt und 1985 in einem Beitrag zur IEEE Transactions on Software Engineering ausführlich beschrieben

[SnMe85]. SoftDoc zielte darauf, die Größe, die Komplexität und die Qualität von Assembler, PL/I- und COBOL-Programmen auf dem IBM-Mainframe zu messen. Die Größe wurde in Codezeilen, Anweisungen und Codeblöcken gemessen. Die Programmkomplexität wurde anhand der zyklomatischen Komplexität nach McCabe, der Pfaddichte nach Halmay, der Q-Komplexität nach Chapin, der Fan-Out nach Henry, der Datenverwendungshäufigkeit nach Elshof, der Verschachtelungsstiege nach Prather und der Sprachvolumina nach Halstead gemessen. Die Programmqualität wurde aufgrund der mittleren Modulgröße und der Anzahl Verbindungen zwischen Modulen – dem Kopplungsgrad – beurteilt. Hinzu kam der Grad der Regeleinhaltung und der Grad der Wiederverwendung, der davon abhing, in wie vielen Programmen ein Unterprogramm eingebunden war. Die Gesamtkomplexität wie auch die Gesamtqualität war der arithmetische Mittelwert der einzelnen Komplexitäts- bzw. Qualitätsmesswerte.

SoftDoc drückte die Messwerte in einem Metrikbericht pro Source-Modul aus. Daneben wurde ein Bericht der Regelverletzungen ausgegeben. Aus diesen beiden Berichten konnte der Anwender ein Urteil über den Stand seines Codes fällen. Die Hauptnutzung von SoftDoc blieb jedoch aus Benutzersicht die Prüfung der Regeleinhaltung. Mit den Messwerten konnten die IT-Anwender zu diesem Zeitpunkt nicht viel anfangen. Es fehlte noch die Einsicht, wie wichtig Metriken sein können.

Qualms, Logiscope und Qualigraph aus dem ungarischen SZKI-Institut waren populärer, weil sie sich an einen anderen Anwenderkreis richteten: die Ingenieure in der technischen Datenverarbeitung. Die Ingenieure waren geschult darin, mit Messungen umzugehen. Sie waren deshalb eher bereit, Messwerkzeuge einzusetzen. Es gab für sie gewisse Codequalitätsnormen, die sie erfüllen müssten. Zum Beispiel bestand die englische Verwaltung darauf, dass alle im Auftrag entwickelten Programme durch einen statischen Analysator geprüft und gemessen werden. Solche Standards trugen viel dazu bei, die Akzeptanz von QS-Werkzeuge zu steigern. Leider fehlten solche Standards in der Wirtschaftsinformatik.

7.5.2 Codemessungswerkzeuge der 90er Jahre

Im Laufe der 90er Jahre nahm die Zahl der Codemessungswerkzeuge rapide zu. Mit fertigen Parsern war es relativ einfach, solche Tools zu bauen, sodass fast jeder fortgeschrittene Informatikstudent in der Lage war, die Anweisungen und Prozeduraufrufe, die Parameter und Verzweigungen zu zählen und sogar die McCabe- und Henry-Metriken zu errechnen. Auch die Chidamer/Kemerer-Metriken ließen sich mit etwas mehr Aufwand errechnen. Geförderte Forschungsprojekte wie das ESPRIT-METKIT-Projekt der EU trugen zur weiteren Vervielfältigung von Messungswerkzeugen bei. Im Buch „Softwarequalität durch Messtools" beschreibt das deutsche Metrikforschungsteam unter der Leitung von Prof. Reiner Dumke an der Universität Magdeburg nicht weniger als 16 verschiedene Werkzeuge auf dem europäischen Markt für die Codemessung [DFKW96]:

- ■ **MORD** von der Universität Magdeburg für die Messung der Datenstrukturen, der Entwurfsstabilität, der Informationskomplexität und der Modularität.

- **DEMETER** vom deutschen TÜV in Essen für die Messung der Datenstrukturen, der Entwurfsstabilität, der Informationsflusskomplexität und der Modularität.

- **ESQUT** von Toshiba für die Messung der Codequantitäten, der Graphenkomplexität nach McCabe und der Sprachkomplexität nach Halstead.

- **SmallCritic** von der Universität Stuttgart für die Messung der Chidamer/Kemerer-Metrik in SmallTalk-Code.

- **Codecheck** von der Universität Magdeburg für die Messung der Größe in Codezeilen und Anweisungen und der Codekomplexität nach McCabe, Belady und Halstead sowie der Codequalität bezogen auf die Einhaltung der Programmierstandards.

- **ATHENA** von der Petras-Universität in Athen für die Messung der
  - Halstead Maße
  - Zyklomatischen Komplexität nach McCabe
  - Programmlesbarkeit nach Joergensen
  - Datenflusskomplexität nach Tsai.

- **SoftAudit** von der Firma SES in München für die Prüfung der Regeleinhaltung sowie der Messung der Codequalität, -komplexität und -qualität der Mainframe-Sprachen Assembler, COBL, PL/I und Natural (SoftAudit ist eigentlich das Nachfolgeprodukt von SoftDoc auf dem PC-Arbeitsplatz).

- **Qualigraph** vom SZKI-Institut in Budapest für die Messung von Strukturiertheit, Modularität, Testbarkeit und Änderbarkeit von Programmcode in etlichen Programmiersprachen.

- **MPP** von der Universität Magdeburg für die Messung des Grades der Objektorientierung von C++-Code anhand der Klassenstruktur.

- **OOMetric** von Mark Lorenz in den USA für die Messung von Codequalität durch einen Abgleich der Klassen-, Methoden- und Attributmaße mit idealen Maßen, die von dem Bediener der Tools vorgegeben werden.

- **QUALMS** von der South Banks Universität in London für die Messung der Steuerflussgraphen, der Verschachtelungstiefe, der syntaktischen Komplexität, der Testbarkeit bezogen auf die Pfade durch den Ablaufgraphen, der Modulkopplung, der Modulkohäsion und der Programmgröße in Anzahl Verzweigungsknoten. QUALMS hat fast alles gemessen, was es zu prozeduralem Code zu messen gab.

- **DATRIX** von der Universität Montreal für die Messung des Codeumfangs, der Codetestbarkeit und der Codelesbarkeit mittels ausgewählter Maßzahlen.

- **LOGISCOPE** von der Firma VERILOG in Frankreich für die Messung der Schnittstellendichte, der Größe in Anweisungen, der Programmlänge nach Halstead, der zyklomatischen Komplexität, der Strukturiertheit bezogen auf die Abwesenheit von GOTO-Verzweigungen, die mittlere Verschachtelungstiefe und der mittleren Anweisungslänge.

- **Prometrix** von der Firma Infometrix in Schottland für die Messung der Ablauf- und Datenflusskomplexität sowie der Programmgröße und der Programmtestbarkeit, Wiederverwendbarkeit und Lesbarkeit.

- **METROPOL** von der CEP Paris für die Messung der Sprachen C, C++, Ada, Chill, COBOL, FORTRAN und Pascal mit den Komplexitätsmessungen von Halstead und McCabe, der hierarchischen Komplexität nach Gilb, der Call-Graphentropie, dem Mohanty-Testbarkeitsmaß und der Pfadanzahl.

- **COSMOS** von der Universität Magdeburg für die Messung von C/C++-Sourcecode durch 26 verschiedene Quantitätsmaße und die üblichen Komplexitätsmaße.

Dabei haben die Magdeburger nur einen Teil der vielen Codemessungswerkzeuge berücksichtigt. Einige auf dem amerikanischen Markt verbreitete Messungswerkzeuge wie McCabes Battlemap, Inspector, PATAVU und PC-Metric haben sie außer Acht gelassen. Tatsache ist, dass es bis Ende der 90er Jahre mehr als 50 verschiedene solcher Messungswerkzeuge allein auf dem US-Markt gegeben hat.

Dass in der Industrie doch noch so wenig gemessen wurde, lag nicht an der Verfügbarkeit von Messwerkzeugen, sondern an der Einstellung der IT-Führungskräfte bezüglich des Nutzens der Messung überhaupt. Die meisten Industriemanager konnten aufgrund mangelnder Ausbildung mit den Messwerten aus der Codeanalyse wenig anfangen, und die betroffenen Programmierer haben sie entweder als Bedrohung oder als Spielerei empfunden.

7.5.3 Heutige Codemessungswerkzeuge

Das Angebot an Codemessungswerkzeugen ist inzwischen so groß, dass es die Nachfrage bei Weitem übertrifft. Zwar sind die Messungswerkzeuge immer besser und immer mächtiger geworden, aber die Verbreitung der Messtechnik in der Praxis nimmt nur allmählich zu. Ein Großteil der IT-Anwender ist mit den Ergebnissen der automatisierten Codemessung schlicht überfordert. Sie sind nicht in der Lage, daraus einen Nutzen zu ziehen. Dennoch fangen viele damit an, Messwerte einzusetzen, und am einfachsten ist es, beim Quellcode anzufangen. Die deutsche Metrikszene wird zurzeit von drei kommerziellen Codemessungswerkzeugen und einem Freeware-Produkt beherrscht:

- CAST von der gleichnamigen Firma
- Sotograph von der Firma Software-Tomography
- Bauhaus von der Universität Bremen
- CodeAudit von der Firma ANECON

7.5.3.1 CAST

CAST hat die besondere Eigenschaft, dass es im Gegensatz zu den früheren Codemessungswerkzeugen gleich bei der Analyse eine Metrikdatenbank aufbaut. Diese erlaubt es dem Anwender, gezielt Codeeigenschaften wie die Anzahl der Modulaufrufe oder die Datenbankzugriffe abzufragen. Somit ist der Benutzer in der Lage, eigene Metriken zu definieren. Er kann ganz flexibel seine eigenen Komplexitäts- und Qualitätskriterien erfinden.

Dies ist natürlich eine starke Eigenschaft, sofern der Benutzer dazu in der Lage ist. CAST ist auch so allgemein konzipiert, dass es für fast alle gängigen Sprachen von COBOL und ABAP bis zu Delphi und Visual Basic einsetzbar ist.

7.5.3.2 Sotograph

Sotograph benutzt wie CAST eine Datenbank (MySQL), um die aus dem Code gewonnenen Messwerte zu speichern. Sotograph zählt außer den üblichen OO-Quantitätsmaßen wie Codezeilen, Anweisungen, Methoden, Attribute, Klassen, Assoziationen, Vererbungen usw. auch die Anzahl Klone und die Anzahl verdächtiger Codekonstruktionen (Smells). Der Fokus liegt jedoch weniger auf den Größenmaßen und der Komplexität als auf Qualitätseigenschaften wie Kopplung und Kohäsion der Klassen. In dieser Hinsicht ist Sotograph weniger ein Messwerkzeug als viel mehr ein Reverse-Engineering-Tool mit Funktionen für die Qualitätsmessung. Sein Ziel ist eine Beurteilung der Codequalität im Sinne einer aggregierten Qualitätsnote, die sich aus mehreren Qualitätsmessungen zusammensetzt, z.B. die Einhaltung der Kodierkonvention, die Abwesenheit von Klonen, die Abwesenheit fehlerhafter Konstrukte, die Erfüllung von Sicherheitsvorschriften und die Vermeidung überkomplexer Codebausteine. Sotograph ist sicherlich das Produkt mit dem größten Verbreitungsgrad.

7.5.3.3 Bauhaus

Bauhaus ist eigentlich ein Projekt, aus dem mehrere Produkte hervorgegangen sind. Der Schwerpunkt des Forschungsprojektes ist das Reverse Engineering bzw. die Nachdokumentation bestehender Systeme. Die Erfassung von Softwaremetrik ist erst später dazu gekommen. Das Projekt wird getragen von drei Partnern: von den beiden Universitäten Bremen und Stuttgart sowie dem Spin-Off Axivion GmbH, die Bauhaus gemeinsam vorantreiben [Kosh08].

Die Grundlagen der heutigen Toolarchitektur sind zwei unterschiedliche sprachenübergreifende Programmrepräsentationen. Die eine ist eine Intermediate Language (IML), mit der Programme feingranular in Form verallgemeinerter abstrakter Syntaxbäume dargestellt werden. Die andere ist der Resource-Flow-Graph (RFG), der globale Programmelemente und ihre Abhängigkeiten als Graph darstellt. Die Zwischendarstellung IML erfüllt zwei, sich auf den ersten Blick widersprechende Anforderungen:

1. die vereinheitlichte Darstellung verschiedener Programmiersprachen, um nachfolgende Analysen für verschiedene Sprachen wiederverwenden zu können, und

2. die Quellennähe, um Analyseergebnisse dem Programmierer quellennah darstellen zu können.

Beide Designziele werden erfüllt, indem einerseits unterschiedliche Konstrukte auf einen Kern primitiver sprachenübergreifender Konstrukte zurückgeführt werden, d.h. der Code wird normalisiert, und andererseits werden die AST-Knotentypen für die jeweilige Programmiersprache spezialisiert, um alle Informationen unterzubringen, mit denen der Code in seiner Originalform wieder ausgegeben werden kann. Die IML enthält alle Details eines Programms einschließlich jener für die Erhebung von Metriken.

In einem gemeinsamen Projekt mit der IESE und einigen Industriepartnern wurde das Thema Codequalitätsmessung angegangen. In der neuen Ausgabe der Bauhausprodukte wurden Produkt- und Prozessmetriken, Architekturvalidierung und -analyse, Reverse Engineering und Qualitätssicherung zu einem zielgerichteten Qualitätsmodell zusammengeführt, das architekturzentriert konzipiert, kontinuierlich validiert und zur Vorhersage der Entwicklung von Qualitätseigenschaften bei Weiterentwicklungen von existierenden Produkten herangezogen werden kann. Die 52 Codequalitätseigenschaften von Simon sind inzwischen in Bauhaus integriert. In Zusammenarbeit mit der Firma SQS wurde Bauhaus eingesetzt, um die Qualität des Codes bei der Raiffeisen Bausparkasse in Wien zu kontrollieren. Dadurch ist für den Anwender ein signifikanter Mehrwert entstanden. Darüber wurde auf dem GI-Reengineering Workshop 2008 berichtet. Das zeigt, dass Bauhaus auf dem Wege ist, ein ernst zu nehmendes Codemessungswerkzeug zu werden [SiMa08].

7.6   Beispiel einer Codemessung

Dass Codemessung auch den Nutzen eines Reengineerings untermauern kann, zeigt folgende Fallstudie. In diesem Falle wurden alte COBOL-Programme erst saniert und anschließend automatisch in Java umgesetzt. Die Messung der ursprünglichen Sourcen zeigt eine hohe Komplexität und eine niedrige Qualität. Solche Messwerte sind für alte Legacy-Systeme nicht ungewöhnlich. Es ist das Ergebnis langjähriger Vernachlässigung (siehe Abb.7.11).

```
+--------------------------------------------------------------+
|            C O M P L E X I T Y      M E T R I C S            |
+--------------------------------------------------------------+
|   DATA COMPLEXITY (Chapin Metric)        =======>  0.235    |
|   DATA FLOW COMPLEXITY (Elshof Metric)   =======>  0.707    |
|   DATA ACCESS  COMPLEXITY (Card Metric)  =======>  0.924    |
|   INTERFACE COMPLEXITY (Henry Metric)    =======>  0.608    |
|   CONTROL FLOW COMPLEXITY (McCabe Metric) =======>  0.611   |
|   DECISIONAL COMPLEXITY (McClure Metric) =======>  0.481    |
|   BRANCHING COMPLEXITY (Sneed Metric)    =======>  0.796    |
|   LANGUAGE COMPLEXITY  (Halstead Metric) =======>  0.156    |
|                                                              |
|   AVERAGE  PROGRAM COMPLEXITY            =======>  0.564    |
|                                                              |
+--------------------------------------------------------------+
|            Q U A L I T Y      M E T R I C S                  |
+--------------------------------------------------------------+
|   DEGREE OF MODULARITY                   =======>  0.511    |
|   DEGREE OF PORTABILITY                  =======>  0.155    |
|   DEGREE OF TESTABILITY                  =======>  0.582    |
|   DEGREE OF REUSABILITY                  =======>  0.214    |
|   DEGREE OF CONVERTIBILITY               =======>  0.466    |
|   DEGREE OF FLEXIBILITY                  =======>  0.567    |
|   DEGREE OF CONFORMITY                   =======>  0.279    |
|   DEGREE OF MAINTAINABILITY              =======>  0.433    |
|                                                              |
|   AVERAGE  PROGRAM QUALITY               =======>  0.400    |
|                                                              |
+--------------------------------------------------------------+
```

Abbildung 7.11
COBOL-Code-
messung

Ziel der Softwaresanierung ist die Senkung der Komplexität und die Steigerung der Qualität. Kurzum: Man versucht, das alles wieder gutzumachen, was die Entwickler über Jahre falsch gemacht haben. Es ist keine leichte Aufgabe, aber sie ist mit den richtigen Werkzeugen zu bewältigen. In diesem Falle ist es gelungen, die Messwerte tatsächlich zu bessern. Die Komplexität ist etwas geringer und die Qualität um fast das Doppelte höher geworden. In dieser Hinsicht ist der neue Java-Code viel besser als der alte COBOL-Code, obwohl Ersterer aus dem Letzteren abgeleitet wurde (siehe Abb. 7.12).

```
+------------------------------------------------------------------+
|       DATA COMPLEXITY (Chapin Metric)        =======>  0.471     |
|       DATA FLOW COMPLEXITY (Elshof Metric)   =======>  0.857     |
|       DATA ACCESS  COMPLEXITY (Card Metric)  =======>  0.333     |
|       INTERFACE COMPLEXITY (Henry Metric)    =======>  0.507     |
|       CONTROL FLOW COMPLEXITY (McCabe Metric) =======>  0.287    |
|       DECISIONAL COMPLEXITY (McClure Metric) =======>  0.173     |
|       BRANCHING COMPLEXITY (Sneed Metric)    =======>  0.458     |
|       LANGUAGE COMPLEXITY  (Halstead Metric) =======>  0.499     |
|                                                                  |
|       WEIGHTED AVERAGE PROGRAM COMPLEXITY    =======>  0.448     |
|                                                                  |
+------------------------------------------------------------------+
|                 Q U A L I T Y   M E T R I C S                    |
+------------------------------------------------------------------+
|       DEGREE OF MODULARITY                   =======>  0.921     |
|       DEGREE OF PORTABILITY                  =======>  0.880     |
|       DEGREE OF TESTABILITY                  =======>  0.798     |
|       DEGREE OF REUSABILITY                  =======>  0.960     |
|       DEGREE OF CONVERTIBILITY               =======>  0.914     |
|       DEGREE OF FLEXIBILITY                  =======>  0.444     |
|       DEGREE OF CONFORMITY                   =======>  0.339     |
|       DEGREE OF MAINTAINABILITY              =======>  0.639     |
|                                                                  |
|       WEIGHTED AVERAGE PROGRAM QUALITY       =======>  0.736     |
|                                                                  |
+------------------------------------------------------------------+
```

Abbildung 7.12
Java-Code-
messung

8 Testmetrik

Das Thema Testmetrik ist aus der Welt der Testtechnologie hervorgegangen. In der Welt der Softwaremessung hat man sich allein auf die Fehlerstatistik beschränkt, aber in der Welt der Testpraxis hat man die Bedeutung der Testmessung früh erkannt. Die Messung der Testüberdeckung hat schon in den 1970er Jahren begonnen, also zu dem Zeitpunkt, als die Testtechnologie entstanden ist. Die Zählung der gefundenen Fehler hatte auch früher angefangen, und zwar im Zusammenhang mit der Messung der Programmzuverlässigkeit [Myer76]. Messung ist schon immer ein wichtiger Bestandteil des Testens gewesen, aber eine ausgesprochene Testmetrik als solche gibt es erst seit dem Jahre 1993. Damals fasste Bill Hetzel diverse Testmessungsansätze in seinem Buch über Softwaremessung in der Praxis zusammen [Hetz93]. Sechs Jahre später baute Kan das Thema in seinem Buch über Messmodelle aus [Kan01]. Im Jahre 2006 veröffentlichten Sneed und Jungmayr den ersten deutschsprachigen Beitrag zum Thema Testmetrik in *GI Informatikspektrum* [SnJu06]. Inzwischen ist Testmetrik wie auch Code- und Entwurfsmetrik ein gängiger Begriff geworden. Es gibt etliche Kennzahlen, die man im Zusammenhang mit dem Test sammeln kann (siehe Abb.8.1).

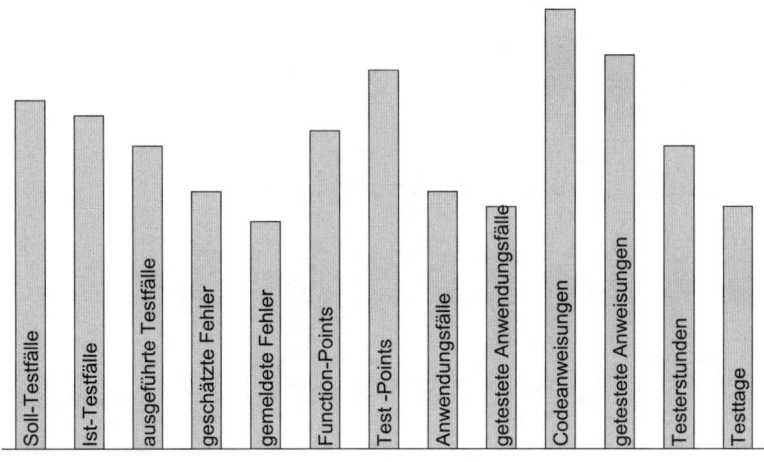

Abbildung 8.1
Testkennzahlen

197

8.1 Testmessung in der früheren Projektpraxis

8.1.1 Das ITS-Projekt bei Siemens

Bereits 1978 hat Sneed eine Metrik benutzt, um die Leistung eines Testprojektes zu messen [Sned79]. Der Autor hatte nämlich einen Auftrag von Siemens bekommen, die einzelnen Programmmodule des Integrierten Transportsystems (ITS) für die Deutsche Bundesbahn zu testen. Zu diesem Zweck hatte er zusammen mit Dr. Edward Miller, einem Pionier der Testtechnologie, ein Testlabor in Budapest gegründet. Das Projekt war ein absolutes Novum. Nicht nur sollte die Testarbeit in ein fremdes Land ausgelagert, sondern überdies nach festen Preisen bezahlt werden. Hier setzte die Metrik an. Im Vertrag mit Siemens wurden drei Eckwerte für die Bezahlung vereinbart:

- die Anzahl der durchgeführten Testfälle
- die Anweisungsüberdeckung und
- die Anzahl der gemeldeten Fehler.

Ein Testfall entspricht einem einmaligen Pfad durch den Code. Es mussten für jedes Modul alle getesteten Pfade in einem Trace-Protokoll dokumentiert werden. Die Anweisungsüberdeckung musste ebenfalls in einem Testüberdeckungsbericht protokolliert werden. Schließlich gab es ein Formular für die Beschreibung der gefundenen Fehler. Diese mussten als solche von den Entwicklern angenommen werden. Jeden Monat wurden die Trace-Protokolle, die Testüberdeckungsberichte und die Fehlermeldungsformulare an die Kunden eingereicht. Dies war die Basis für die monatliche Abrechnung der Testdienstleistung. Bezahlt wurde für jedes getestete Modul mit einer Anweisungsüberdeckung von mindestens 90 %, 75 DM pro Testfall und 150 DM pro Fehlermeldung.

Das Testprojekt lief 1,5 Jahre von Mai 1978 bis Dezember 1979. In dieser Zeit wurden 281 Module mit 134.000 Anwendungen und 3.864 Ablaufpfaden getestet. Es wurden 403 anerkannte Fehler gemeldet. Soweit bekannt, war dieses das erste ausgelagerte Testprojekt und der erste Test, der nach einer Testmetrik bezahlt wurde. Über dieses einmalige Projekt wurde im Herbst 1979 im damaligen Deutschen Computer Magazin berichtet [CM79]. Eine wissenschaftliche Analyse der Projektergebnisse wurde 1980 auf dem ersten IEEE-Testworkshop in Fort Lauderdale, Florida, präsentiert [Majo78] (siehe Abb. 8.2).

Comp	Modules	Stmts	Test cases	Branches	Coverage	Design & Code Defis	Program Errors
A	6	4029				138	5
B	37	7588	232	603	91%	130	22
K	71	40735	1064	2843	87.5%	868	143
N	6	2847	101	140	94%	110	14
S	8	5682	147	792	95%	150	6
Total	128	60881	1544	4378	91.9%	1396	190

Abbildung 8.2
Teststatistik aus dem Budapester Testlabor

8.1.2 Das Wella-Migrationsprojekt

Nach Abschluss des Siemens-ITS-Projekts hatte der Autor lange Zeit kein ausschließliches Testprojekt mehr. Die meisten Anwender waren noch nicht so weit zu erkennen, dass Testen eine eigenständige Tätigkeit ist. Diese Einsicht kam erst im Laufe der 90er Jahre. Die Firma SQS in Köln begann in dieser Zeit, im großen Maße Testprojekte für Kunden durchzuführen. Diese Projekte wurden allerdings großenteils beim Kunden durchgeführt und stundenweise abgerechnet. Ausgelagerte Testprojekte, die nach Leistung bezahlt wurden, waren nach wie vor selten. Es fehlten die Maße für die Leistung bzw. es fehlte die Bereitschaft, Maße dafür anzuwenden, denn der Autor hatte schon im ITS-Projekt vorgeführt, welche Maße man anwenden könnte.

Eine Gelegenheit, ein Testprojekt nach Leistung abzurechnen, bekam der Autor erst wieder im Jahre 1993. Es handelte sich um den Test einer Migration von einem Unisys-Mainframe-Rechner auf ein IBM-AS400. Mehrere Hundert COBOL-Programme wurden von COBOL-74 in AS-400-COBOL-85 konvertiert und gleichzeitig neu strukturiert. Im selben Zuge wurden die Daten von einer Netzwerkdatenbank in die AS-400-kompatible, relationale Datenbank migriert. Um die konvertierten Programme zu testen, war es zunächst erforderlich, die AS-400-Datenbanken aufzubauen und mit den alten Daten zu füllen. Danach konnten die Tester beginnen, die Tests, die der Kunde bereits auf dem alten Rechner durchgeführt hatte, auf dem AS-400 zu wiederholen. Für die Batchabläufe hat man die Bewegungsdateien vom Hosttest wiederverwendet. Für die Dialogabläufe zog der Kunde Screenshots von den Bildschirmeingaben am Hostrechner ab, die in Papierform mitgeliefert worden. Auf dem AS-400 wurden dieselben Daten in die neuen Bildschirmmasken wieder manuell eingegeben.

Es gab mehrere Anhaltspunkte für die Testleitung, sie zu messen. Zum einen gab es die gemeldeten Fehler. Statt die Fehler wie in dem ITS-Projekt gleich zu gewichten, wurden die Fehler dieses Mal nach Schwere gewichtet. Schwerwiegende Fehler kosteten DM 240, mittlere Fehler DM 160 und leichte Fehler DM 120. Außerdem wurden hier die Verzweigungen im Code und die Function-Points gezählt. Statt die Testleistung in durchgeführten Testfällen zu messen, dienten die Programmablaufzweige als Basis für die Abrechnung des Testaufwands. Jeder ausgeführte Ablaufzweig hat eine DM gekostet, wobei die Tester verpflichtet waren, mindestens 85 % aller Ablaufzweige zu durchlaufen. Um dies zu kontrollieren, wurden die Programme instrumentiert und die Zweigüberdeckung gemessen. Ein COBOL-Programm mit 500 prozeduralen Ablaufzweigen, in dem ein mittelschwerer und zwei leichte Fehler gefunden wurden, hat demnach DM 900 gekostet. Wie sich später herausstellte, war dieser Zahlungsmodus gar nicht so abwegig, denn es nahm zwei Personentage in Anspruch, die Testumgebung einzurichten, die Daten einzuspielen, das Programm zu instrumentieren, den Test auszuführen, die Ergebnisse abzugleichen und die Fehler zu analysieren. Dies entsprach einem Tagessatz von DM 450. Da der Test in Budapest stattfand, war diese Bezahlung gerade ausreichend, auch wenn ein Drittel der Einnahmen bzw. DM 150 pro Personentag für die Nutzung des AS-400-Rechners bei IBM draufgingen.

Das Hauptproblem mit diesem Regressionstestprojekt war nicht die Bezahlung und auch nicht die Fehleraufdeckungsrate. Es wurden im Durchschnitt vier Fehler pro Programm mit

```
PLOENZKE/SES              AS-400 TEST STATUS           SITE: BUDAPEST
AUTHOR: SNEED                  BERICHT                 DATE: 02.04.93
SUBJEKCT: STATUS OF COBOL PROGRAM TEST IN BUDAPEST    PAGE: 1 OF 2
```

PROGRAM	TESTER	STATUS	NR LINES	NR STMTS	NR BRCHS	NR FILES	NR FKPT	NR ERRS	CONF RATE	CORR RATE	COVR RATE
GFL000 (P3053)	FUELE (12)	TESTED 30.10	1986	544	292	9	160	11	0,91	1,00	0,91
GFL001 (P3001)	FUELE SZABO	TESTED 04.12	4385	1231	483	34	162	9	0,89	0,99	0,73
GFL002 (P3024)	SMIKAL SZABO	TESTED 18.12						5			
GFL003 (P3060)	SMIKAL (4)	TESTED 30.11	455	93	54	3	15	1	0,92	1,00	0,92
GFL004 (P3061)	SMIKAL (8)	TESTED 19.11	1334	417	189	8	55	11	0,96	1,00	0,91
GFL005 (P3093)	FUELE SZABO	TESTED 27.11						8			
GFL012 (P3067)	FUELE (7)	TESTED 03.02	1744	589	305	10	95	6	0,94	1,00	0,73
GFL013 (P3068)	PAP (6)	TESTED 04.02	1820	619	320	10	95	5	0,95	1,00	0,75
GFL014 (P3069)	FUELE (5)	TESTED 27.01	2006	703	379	10	95	4	0,95	1,00	0,66
GFL015 (P3070)	FUELE (4)	TESTED 28.01	1994	696	370	10	95	4	0,95	1,00	0,65
GFL016 (P3071)	SMIKAL (5)	TESTED 03.02	1993	679	349	10	95	4	0,95	1,00	0,66
GFL017 (P3072)	SMIKAL (4)	TESTED 03.02	1702	586	292	10	19	3	0,95	1,00	0,75
GFL018 (P3063)	SMIKAL (3)	TESTED 21.01	930	264	124	5	35	1	0,94	1,00	0,91
GFL019 (P3081)	PAP (2)	TESTED 04.02	1189	375	192	6	55	2	0,93	1,00	0,79
GFL020 (P3082)	SMIKAL (3)	TESTED 04.02	1190	373	192	6	55	2	0,93	1,00	0,91

Abbildung 8.3 Testprojektstatusbericht aus dem Wella-Migrationsprojekt

einer mittleren Größe von 2.000 echten Codezeilen aufgedeckt. Damit stellte sich eine Fehlerrate von 0,002 bzw. 2 Fehler pro 1.000 Codezeilen bzw. 3,3 Fehler pro 1.000 Anweisungen heraus. Dies bezeugt, dass die Konvertierung der Programme meistens korrekt verlief. Die Ursachen der verbleibenden Fehler waren meistens inkompatible Datentypen und Anomalien in der Restrukturierung der Programmabläufe, vor allem mit den Schleifenstrukturen (siehe Abb. 8.3).

Das Hauptproblem dieses Tests war das Erreichen der vereinbarten Testüberdeckung. Laut Vertrag war der Testbetrieb verpflichtet, 85 % Zweigüberdeckung zu erreichen. Es zeigte sich jedoch bald, dass die vom Kunden gelieferten Testdaten nicht ausreichten, um den angestrebten Testüberdeckungsgrad zu erzielen. Bei vielen Programmen kam die Testüberdeckung nicht über 50 %. Demzufolge waren die Tester gezwungen, die Testdaten anzureichern. Mit diesem zusätzlichen Aufwand hatte der Autor nicht gerechnet. Um diese Kosten einzudämmen, musste einer der Autoren für den Kunden auf dem alten Rechner ein ähnliches Testmessungswerkzeug implementieren wie auf dem AS-400, damit der Kunde die angestrebte Testüberdeckung in der alten Umgebung messen konnte. Diese Maßnahme erhöhte die Qualität der Testdaten, führte jedoch zu einem Projektverzug von 6 Monaten, der nie wieder eingeholt wurde [Sned92].

Diese Fallstudie zeigt, dass es durchaus möglich ist, Testleistung in Zahlen zu erfassen und zu vergüten. Es müssen jedoch viele Faktoren berücksichtigt werden. Es ist auch zu betonen, dass es sich hier um einen Regressionstest handelte. Regressionstests sind eher automatisierbar und deshalb leichter planbar. Außerdem liegt der alte Code vor und kann exakt gemessen werden, wie es hier der Fall war.

8.2　Testmetrik nach Hetzel

Im selben Jahr, als das Wella-Projekt stattfand, nämlich im Jahre 1993, erschien das Buch von Bill Hetzel mit dem Titel „Making Software Measurement Work". Bill Hetzel war ein Pionier der Softwaretechnologie. Unter seiner Leitung fand die erste Testkonferenz an der Universität North Carolina im Jahre 1973 statt [Hetz73].

Hetzel hat nicht nur die Testtechnologie angestoßen und die Testforschungsgemeinde organisiert, er brachte selbst etliche Veröffentlichungen heraus und gründete später zusammen mit Bob Gelperin eine Firma für Software Quality Engineering. Als Testexperte hat Hetzel die Bedeutung der Testmetrik früh erkannt und sie in seinem Buch über Softwaremessung hervorgehoben. Er zitierte Tom DeMarco, der sagte: „Testen ist deshalb so schwer zu managen, weil es dafür keine vernünftigen Maße gibt" [Hetz93a]. Also versuchte Hetzel einige vernünftige Maße aufzustellen. Die Schlüsselmaße waren aus seiner Sicht:

- Testaufwand
- Testüberdeckung
- Testeffizienz
- Testeffektivität.

Der Testaufwand ist nach Hetzel in Testertagen zu zählen, Testeffektivität ist die Anzahl der Mängelfunde und Testeffizienz ist der Grad an Mängelfindung relativ zum Testaufwand. Hetzel hat auch als Erster in Amerika begonnen, Testfälle zu zählen und die Anzahl der Testfälle mit der Größe des Codes in Codezeilen in Verbindung zu bringen. Es waren die gleichen Maßstäbe, die dieser Autor bereits 1978 in dem Budapester Testlabor benutzt hat. Testeffektivität definiert Hetzel als:

$$\frac{gefundene\ Fehler * Test\ddot{u}berdeckung}{alle\ Fehler}$$

Das Problem mit dieser Metrik ist, dass wir die Anzahl aller Fehler nicht kennen können. Hetzel schlägt vor, dass wir sie aufgrund der bisherigen Fehlerdichte schätzen. Die Fehlerdichte in Fehler pro 1.000 Codezeilen wird multipliziert mit den Kilo-Source-Codezeilen im neuen System. Dies mag eine grobe Schätzung sein, aber es gibt nichts Besseres.

Für die Testüberdeckung unterscheidet Hetzel zwischen

- Anforderungsüberdeckung
- Entwurfsüberdeckung
- Modulüberdeckung und
- Codeüberdeckung (siehe Abb.8.4).

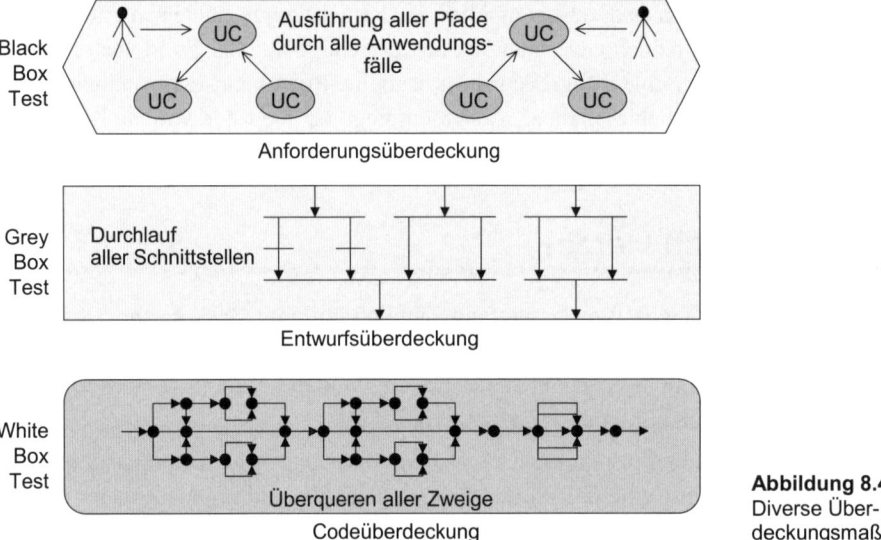

Abbildung 8.4
Diverse Über-
deckungsmaße

Anforderungsüberdeckung ist der Prozentsatz getesteter Anforderungen von allen Anforderungen. Entwurfsüberdeckung ist der Prozentsatz getesteter Architektureigenschaften bzw. technischer Features. Modulüberdeckung ist der Prozentsatz ausgeführter Module. Sofern man Methoden mit Prozeduren gleichsetzt, würde man dies heute als Methodenüberdeckung bezeichnen. Codeüberdeckung ist schließlich die Ablaufzweigüberdeckung (C1), so wie sie von den üblichen Codemonitoren gemessen werden. Miller hatte die Codeüberdeckung noch weiter in Anweisungsüberdeckung (C0), Zweigüberdeckung (C1) und Pfadüberdeckung (C2) unterteilt [Mill79]. Die aggregierte Testüberdeckung ist das Produkt dieser vier Überdeckungsmaße, also

*Anforderungsüberdeckung * Entwurfsüberdeckung * Modulüberdeckung * Codeüberdeckung*

Testeffizienz ist laut Hetzel das Verhältnis zwischen gefundenen Fehlern zur Testüberdeckung und zum Testaufwand. Wenn in einem Projekt z.B. 100 Fehler gefunden werden und das System zu 75 % überdeckt ist, beträgt bei einem Testaufwand von 200 Testtagen die Testeffizienz:

$$\frac{100 * 0,75}{200} = 0,375$$

Die mittlere Testeffizienz hätte damals für Hetzel aufgrund seiner Lehre 1,25 Fehler pro Testertag bei 80 % Testüberdeckung betragen sollen. Eine überdurchschnittliche Leistung wäre mehr als 1,25 Fehlermeldungen pro Testertag und/oder weniger als 80 % Testüberdeckung. Hetzel hat diesen Maßstab bei etlichen Anwenderbetrieben angelegt und festgestellt, dass die Mehrzahl seiner Kunden darunter lag. Das lag weniger an der Anzahl gefundener Fehler als vielmehr an der viel zu niedrigen Testüberdeckung.

Bei jener Untersuchung stellte Hetzel auch fest, dass die effektivste Testmethode die Inspektion ist. In einem Projekt, in dem insgesamt 197 Fehler gefunden wurden, wurden 98 durch Inspektion, 69 durch den Unit-Test, 23 durch den Systemtest und 10 im Betrieb auf-gedeckt. Damit waren 49 % der Fehler durch Codeinspektion gefunden worden und das mit nur 20 % des Aufwands. Anderseits räumte er ein, dass es viele Fehlerarten gibt, die durch Codeinspektionen nicht gefunden werden können. Daher sei der Test doch noch un-umgänglich.

Mit seinem Buch über praktikable Softwaremessung hatte Hetzel einen signifikanten Bei-trag zur Testmetrik geliefert, indem er als Erster dieses Thema überhaupt aufbrachte und weltweit publizierte. Das Buch markierte den Begin einer Testmessungsinitiative, die von vielen anderen aufgegriffen wurde.

8.3 Testmetrik bei IBM Rochester

Sieben Jahre nach dem Erscheinen von Hetzels Buch veröffentlichte Stephan Kan einen Beitrag im IBM Systems Journal mit dem Titel „In-Process-Metrics for Software Testing" [Kan98]. Kan war für die Qualitätssicherung im AS400-Entwicklungslabor von IBM in Rochester, New York, zuständig. Als solcher hatte er Zugang zu vielen empirischen Daten einschließlich der Test- und Fehlerstatistik. Sein Beitrag war ursprünglich als White Paper für die „IBM Software Test Community Leaders Group" gedacht. Das Ziel war, den Test-prozess zu messen und anhand der Metrik zu optimieren [Kan01]. Es ging auch darum zu entscheiden, ab wann ein Softwareprodukt ausgeliefert werden soll.

Kan schlägt eine Testfortschrittskurve vor. Die X-Achse dieser S-Kurve ist die Zeitachse, die Y-Achse stellt entweder getestete Testfälle oder erworbene Test-Points dar. Da Testfäl-le mehr oder weniger bedeutungsvoll sein können, hat IBM Rochester sie auf einer Ordi-nalskala von 1 bis 10 gewichtet. Dadurch wird nicht nur die rohe Anzahl Testfälle gezählt, sondern die Zahl der gewichteten Testfälle = Test-Points. Außerdem gibt es für jedes Zeit-

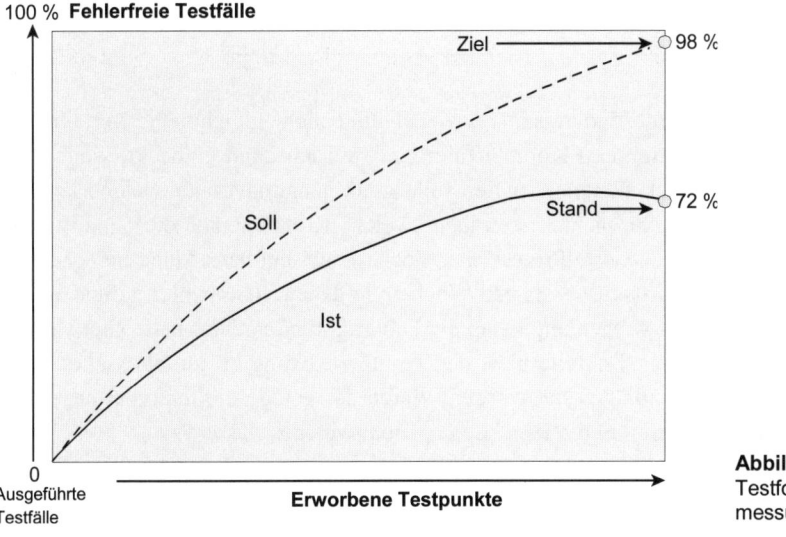

Abbildung 8.5
Testfortschritts-messung

intervall zwei Säulen: eine für die ausgeführten Testfälle und eine für die fehlerlosen Test-fälle. Die fehlerhaften Testfälle müssen natürlich später wiederholt werden. Mit dieser Fortschrittskurve ist es möglich zu erkennen, welchen Anteil der gesamt berechneten Test-Points bereits erworben sind und welcher Anteil noch offen bleibt (siehe Abb. 8.5).

Die Fortschrittskurve wird mit zwei weiteren Kurven verglichen:

■ Die Testüberdeckungskurve

■ Die Fehlerfindungskurve

Kan lässt zwei Möglichkeiten der Testüberdeckungsmessung zu. Die eine Möglichkeit ist die Funktionsüberdeckung bzw. der Prozentsatz getesteter Funktionen. Die getesteten Funktionen werden aus der Anforderungsdokumentation entnommen. Die Testfortschritts-kurve müsste einen ähnlichen Verlauf wie die Testüberdeckungskurve haben, sich aber zumindest in der gleichen Bandbreite bewegen (siehe Abb. 8.6).

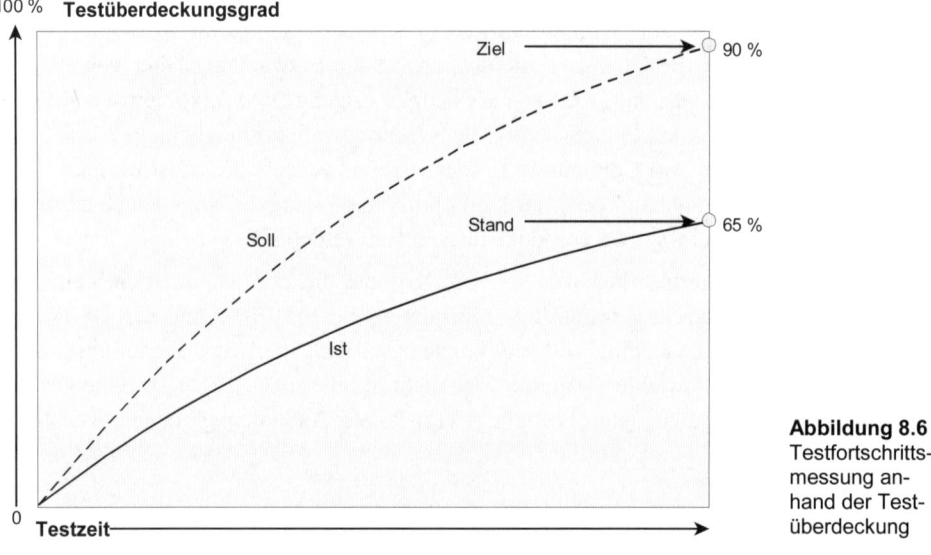

Abbildung 8.6
Testfortschritts-messung an-hand der Test-überdeckung

Dies gilt nicht für die Fehlerfindungskurve, weil Fehler nicht gleichmäßig verteilt sind. Fehler häufen sich in bestimmten Komponenten und werden dann entdeckt, wenn diese Komponenten drankommen. Wann sie an der Reihe sind, hängt davon ab, welche Testfälle sie durchlaufen. Da der Tester nicht wissen kann, welche Komponenten dies sind, war die Fehlerfindungsrate in dem AS-400-Projekt eher stochastisch und hatte keine berechenbare Beziehung zur Testfortschrittskurve. Es gab Wochen, in denen viele Fehler gefunden wur-den, und manchmal wurde wochenlang kaum ein Fehler gefunden. Dies hatte aber weniger mit der Anzahl ausgeführter Testfälle bzw. der Testüberdeckung zu tun als vielmehr mit den Komponenten, die gerade getestet wurden. Waren das gerade die fehlerhaften, gab es viele Fehlermeldungen, waren es die fehlerfreien, kaum welche.

Kan war bemüht, anhand der bisherigen Erfahrung mit Fehlerhäufigkeit die absolute An-zahl Fehler zu projizieren. Danach verglich er die Anzahl der bereits gemeldeten Fehler.

Die Projizierung der Fehleranzahl aufgrund der ersten Tests erwies sich als relativ zuverlässig. Die Zahl der geschätzten Fehler wich nur um 17 % von der Zahl der tatsächlichen Fehler ab. Folgende Tabelle zeigt, wo und wann die Fehler gefunden worden:

QS Methode	Require- ments	System design	Module design	Code	Unit test	Integr. test	System Test	Field	Total
Review	49	681							730
Inspect1	6	42	681						729
Inspect2	12	28	114	941					1095
UnitTest	21	43	43	223	2				332
Intg.Test	20	41	61	261		4			387
SystTest	6	8	24	72			1		111
Maint.	8	16	16	40				1	81
Total	122	859	939	1557	2	4	1	1	3465

Quelle: Kan: Metrics and Models in Quality Engineering, S. 166

Schließlich konzipierte Kan eine Metrik zur Berechnung der Systemzuverlässigkeit auf Basis der Intervalle zwischen Systemabbrüchen (Mean Time to Failure). Die Formel lautet:

$$MTI = \sum_{i=1}^{n} W_i * \left(\frac{H_i}{I_i + 1} \right)$$

wobei

  n = Anzahl der Testwochen

  H = Test-CPU-Stunden

  W = Gewichtungsfaktor

  I = Anzahl der wöchentlichen Systemabbrüche

Kan versuchte mit viel Mühe, den AS-400-Testprozess mithilfe von Testmetriken zu durchleuchten und zu steuern. In seinem Effort/Outcome-Modell teilt er die Testmetriken in zwei Klassen:

■ Testleistungsmetrik (Aufwand/Fortschritt)

■ Testergebnismetrik (Fehlerreduktion).

Die Testleistungsmetrik umfasst außer dem Testaufwand auch die Anzahl der Testfälle bzw. der Test-Points und die diversen Testüberdeckungsmaße. Dies ist als Eingabeseite des Testprozesses zu betrachten. Die Testergebnismetrik umfasst die Anzahl der gemeldeten Fehler und den Grad der Qualitätsverbesserung, d.h. zu welchem Grad das System durch den Test besser geworden ist. Der IBM-Forscher bediente sich einer Leistungs/Ergebnis-Matrix, um den Zusammenhang zwischen den beiden zu dokumentieren.

Die Entscheidung, wann ein Produkt auslieferungsreif ist, macht Kan von der Betrachtung sämtlicher Zahlen abhängig:

- von der Anzahl offener Fehler relativ zur Anzahl gemeldeter Fehler,
- von der Anzahl getesteter Testfälle relativ zu allen Testfällen,
- von der Testüberdeckung und
- von der Anzahl geleisteter Testertage.

Er bietet zwar keine Patentlösung an, was er ehrlicherweise zugibt, aber dafür Richtzahlen, an denen der Entscheider sich orientieren kann. Die endgültige Entscheidung, ein Produkt auszuliefern, hängt letztendlich vom Ermessen des Produktmanagers ab. Die Testmetrik kann ihm nur als Stütze dienen.

8.4 Maßzahlen für den Systemtest

Im Jahre 2003 erschien nicht nur das Buch von Kan über Metrik und Qualitätsmodelle, sondern auch mehrere Bücher zum Thema Softwaretest, darunter auch das Buch „Software Testing Fundamentals" von Marrie Hutcheson [Hutc03]. Das Besondere an dem Buch von Hutcheson ist, dass sie ein ganzes Kapitel dem Thema Testmetrik widmete. Sie unterstreicht darin den Unterschied zwischen einem Handwerker und einem Ingenieur. Ein Handwerker arbeitet nach Intuition und Erfahrung. Ein Ingenieur arbeitet nach Vorschrift und mit genauen Maßen. Ein Testhandwerker testet gefühlsmäßig nach subjektiver Einschätzung der Lage, ein Testingenieur testet hingegen systematisch nach Maß. Er benutzt Metriken, um seine Arbeitsziele zu setzen und seinen Arbeitsfortschritt gegen die Ziele zu messen. Hutcheson behauptet, Testen wird solange eine Schwarze Kunst bleiben, bis wir in der Lage sind, es einigermaßen genau zu messen. Nicht umsonst trug das allererste Buch von Glenford Myers über den Softwaretest den Titel „The Art of Software Testing". Myers hatte erkannt, dass eine Tätigkeit ohne messbare Ergebnisse nur eine Kunst sein kann. Dies ist aber unbefriedigend für Leute, die aus dem Test eine Wissenschaft machen wollen. Um beherrschbar zu sein, darf diese aufwendige Aktivität keine Kunst bleiben. Sie muss messbar sein. Denn nur dann wird es möglich, das Testen zu steuern und zu planen. Eine Kunst lässt sich weder planen noch steuern. Hutcheson ist daher bemüht, ein paar grundsätzliche Maße für den Test einzuführen, darunter:

- Testzeit
- Testkosten
- Testfälle
- Fehlermeldungen
- Testüberdeckung.

8.4.1 Testzeit

Testzeit ist die Zeit, die gebraucht wird, um alle Testfälle für ein System durchzuführen. Sie wird in Stunden geplant und in Minuten gemessen. Die Testzeit ist ein Anhaltspunkt für die Dauer der Testvorbereitung, die relativ zur Testzeit ist.

8.4.2 Testkosten

Testkosten teilen sich in Kosten für Personal, Software und Hardware. Kosten für Software und Hardware sind Ausrüstungskosten, die von den Anforderungen an die Testumgebung abhängen. Es kann preiswerte Testumgebungen wie einen PC oder teure wie einen Flugsimulator geben. Die Hauptkosten sind in den meisten Fällen die Personalkosten, also die abgearbeiteten Testtage.

8.4.3 Testfälle

Testfälle sind einmalige Pfade durch das Testobjekt. Sie haben einen Vorzustand, der vor ihrer Ausführung gegeben ist, und einen Nachzustand, den sie nach ihrer Ausführung hinterlassen. Sie werden von einem internen oder externen Ereignis ausgelöst. Die Definition der Testfälle hängt davon ab, welche Art System getestet wird, ob Embedded Realtime System, integriertes Informationssystem oder Prozesssteuerungssystem. Jede Systemart hat eigene Testfälle. Sie zu identifizieren und zu zählen, ist jedoch eine unabdingbare Voraussetzung für die Planung und Messung der Tests. Hutcheson gibt einige Beispiele für Testfälle aus der Sicht des Systemtesters:

- Ein Mausklick auf einen Menüpunkt
- Eine Absendung einer Nachricht
- Eine Datenbankanfrage
- Eine fachliche Transaktion
- Ein Datenbankzustand, der eine Stored Procedure auslöst.

Sie belegt damit, wie wichtig es ist, den Umfang des Tests in Bezug auf die Anzahl der Testfälle festzustellen. Ohne den Umfang zu kennen, kann der Test nicht geplant werden. Wie Kan schlägt auch sie vor, den Testfortschritt anhand der abgearbeiteten Testfälle zu messen.

8.4.4 Fehlermeldungen

Fehler zu finden, ist laut Hutcheson der Hauptzweck des Testens. Es liegt daher auf der Hand, die Testleistung mittels der gemeldeten Fehler zu messen. Dennoch ist die absolute Zahl der Fehler zu wenig aussagekräftig. Zu gravierend ist der Unterschied in der Auswirkung der Fehler. Die Fehlerzahl soll nach Schwere gewichtet werden. Hutcheson empfiehlt folgende vier Gewichtungsklassen:

- Klasse 1: wenn das System wegen des Fehlers voll ausfällt
- Klasse 2: wenn das System wegen des Fehlers nur beschränkt weiterarbeiten kann
- Klasse 3: wenn das System wegen des Fehlers falsche Ergebnisse liefert
- Klasse 4: wenn das System wegen des Fehlers von den Erwartungen des Benutzers abweicht

Allerdings gibt Hutcheson keine genauen Gewichte vor. Sie überlässt es dem Leser zu entscheiden, um wie viel mehr ein Klasse-1-Fehler gegenüber einem Fehler anderer Klassen wiegt, aber ohne diese relative Gewichtung ist es nicht möglich, die Fehlerklassen miteinander zu vergleichen. Andererseits unterscheidet sie schon zwischen

- Fehlern, die von den Testern vor der Auslieferung entdeckt wurden, und

- Fehlern, die von den Benutzern nach Auslieferung entdeckt wurden.

Das Verhältnis der ersten Kategorie zur zweiten Kategorie ist ein gutes Maß für die Effektivität des Tests. Es sollte deutlich höher sein. Sie zitiert Studien, nach denen die Fehler der ersten Kategorie zwischen 80 und 85 % aller gemeldeten Fehler sein sollten. Ebenfalls wichtig ist die Fehlerbehebungsrate, d.h. der Anteil der gemeldeten Fehler, der vor der Freigabe korrigiert wird. Sie sollte über 90 % liegen und bei den Fehlern der Klassen 1 und 2 sogar 100 % betragen.

8.4.5 Systemtestüberdeckung

Hutcheson weist darauf hin, dass die gleichen Überdeckungsmaße, die für den Unit-Test angewendet werden (z.B. Anweisungs- und Zweigüberdeckung), nicht ohne Weiteres auf die Systemebene übertragbar sind. Die Kombination der Zweige über Modulgrenzen hinweg bzw. die Zahl der einmaligen Pfade durch das System steigt ins Unermessliche. Daher müssen für den Systemtest andere Überdeckungsmaße gefunden werden. Hutcheson schlägt ein sogenanntes Testinventar vor. Demnach werden sämtliche System-Features gezählt, also alle Eigenschaften, die es zu testen gilt. 75 % Systemüberdeckung würde bedeuten, dass 75 % aller Systemeigenschaften getestet worden sind. Was genau als Eigenschaft zu definieren ist, lässt sie offen. Die Liste der Eigenschaften soll mit dem Benutzer bzw. mit dem Verfasser der Anforderungen abgesprochen werden. Ist er mit dem Ergebnis einverstanden, ist die Liste komplett.

8.4.6 Empfehlungen von Hutcheson

Hutcheson schließt mit einer Reihe möglicher rationaler Maße für den Systemtest ab. Sie betont, es sei für Planung und Verfolgung des Systemtests unentbehrlich die einzelnen Maßzahlen in Beziehung zu einander zu setzen. Für den Testmanager ist folgendes interessant zu wissen:

- Fehlerfindungsrate = Fehlermeldungen / Testzeit (Stunden)
- Fehlerkosten = Fehlermeldungen / Testkosten (Dollar)
- Testproduktivität = Testfälle / Testzeit (Stunden)
- Testüberdeckung = Features getestet / alle Features
- Testvollständigkeit = Testfälle / Features
- Testfortschritt = Testfälle getestet / alle Testfälle
- Testeffektivität = vom Test gemeldete Fehler / alle gemeldeten Fehler

Die Autorin zitiert aus ihrer Erfahrung als Systemtesterin: Je länger der Test dauert, bzw. je weiter er voranschreitet, desto teurer wird es, Fehler zu finden und zu beseitigen.

In der ersten Testwoche wurden:

3,25 Fehler pro Teststunde gemeldet, und es kostete
$ 24,76 pro Fehler, sie zu beseitigen

In der vierten Testwoche wurden:

0,143 Fehler pro Teststunde gemeldet, und es kostete
$ 215,17 pro Fehler, sie zu beseitigen.

Daran ist der sinkende Return on Investment klar erkennbar. Ab dem Moment, in dem es mehr kostet, einen Fehler zu finden und zu melden, als es kostet, den Fehler zu beheben, sei es an der Zeit, den Test abzubrechen. Wenn es z.B. einen Personentag kostet, einen Fehler zu beheben, und der Personentag kostet $ 500, sind wir nach vier Wochen Test noch nicht am Ende angelangt, weil dann der gemeldete Fehler nur $ 215 kostet. Wenn es aber nach 6 Wochen $ 515 kostet, einen Fehler zu finden und zu melden, dann ist es höchste Zeit, aufzuhören, da die Behebung der Fehler weniger als der Test kostet. Sofern wir es mit einem nicht sicherheitskritischen System zu tun haben, können wir die Entdeckung der letzten Fehler den Anwendern überlassen. So können Testmetriken helfen, einen Schlusspunkt für den Systemtest zu finden. Mit dieser Einsicht hat Hutcheson einen wertvollen Beitrag zur Testwirtschaftlichkeit geleistet [Hutc03].

8.4.7 Test-Points

Der Begriff „Test-Points" stammt ursprünglich von einer belgischen Beratungsfirma, die auf Softwaretestberatung spezialisiert war [KABV06]. Deren Methode zur Testaufwandsschätzung, in welcher der Test-Point im Mittelpunkt stand, wurde ursprünglich auf einer STAR-Testkonferenz im Jahre 1999 vorgestellt [Coll99]. Der Test-Point ist als Äquivalent zum Function-Point gedacht, nur statt eines Maßes für Entscheidungsproduktivität soll er als Maß für die Testproduktivität dienen. Berechnet werden Test-Points wie Function-Points aufgrund zu testender Ein- und -ausgaben sowie aufgrund der Datenbanken, die für den Test aufgebaut werden müssen. Die gewichtete Summe der Ein- bzw. Ausgabendatenflüsse plus die Summe der Datenbankpunkte ergibt die Anzahl statischer Test-Points. Laut Poll entspricht ein Test-Point 1,5 bis 3 Arbeitsstunden. Das macht 3 bis 6 Testpoints pro Testtag. Dies entspricht wiederum der Anzahl Testfälle pro Testertag. Es ist deshalb auch möglich, die Testfälle zu zählen und in Test-Points umzusetzen. Die Summe gewichteter Testfälle wird als dynamische Test-Points bezeichnet.

Die Schwierigkeit, Test-Points zu zählen, liegt darin, die Anzahl erforderlicher Testfälle in einer frühen Phase zu erkennen. Statische Test-Points lassen sich wie Function-Points aus der Entwurfsdokumentation ableiten. Die Benutzeroberflächen, Nachrichten, Systemschnittstellen und Datenbanktabellen werden gezählt und nach ihrer Komplexität gewichtet. Dieses Verfahren setzt allerdings voraus, dass die Systemarchitektur steht und die Interaktionen zwischen dem System und seiner Umgebung dokumentiert sind. In der Entwurfsprache UML gibt es die Use-Case-Diagramme für die Darstellung der Interaktion zwischen Systemakteuren und dem System. Die Datenbanktabellen kommen als Entitäten in den E/R-Diagrammen vor. Es ist daher prinzipiell möglich, Test-Points mithilfe der

Entwurfsdokumentation zu zählen, sofern es diese gibt. Sie zu gewichten, verlangt vom Test-Point-Zähler, dass er die Komplexität der Interaktionen bewerten kann. Da die UML-Dokumentation keine Oberflächenbeschreibungen enthält, wird dies schwierig, wenn der Zähler nicht mit den Anwenderanforderungen vertraut ist. Deshalb hat der Autor Sneed einen anderen Ansatz zum Zählen von Test-Points entwickelt. Sie analysieren die Anforderungstexte in natürlicher Sprache und klassifizieren die Sätze in vier Arten:

- Aktionen
- Zustandsdefinitionen
- Regeln und
- sonstige Sätze.

Jede Aktion wie auch jeder definierte Zustand ergibt einen Testfall. Jede Regel bzw. Bedingung ergibt zwei Testfälle: die Erfüllung und die Nichterfüllung. Sollte das Dokument auch Anwendungsfälle beinhalten, gibt es einen Testfall für jeden spezifizierten Pfad in dem Anwendungsfall sowie für jede spezifizierte Ausnahmebehandlung. Die Testfälle aus dem Anforderungstext werden dadurch mit den Testfällen aus den Anwendungsfällen ergänzt, auch wenn sie zum Teil redundant sind.

Um die nackte Zahl der Testfälle durch die Schnittstellenkomplexität des Systems zu justieren, werden auch die Anzahl erkennbarer Benutzeroberflächen, Nachrichten und Berichte gezählt. Die Summe dieser Systemschnittstellen wird geglättet und zur Anzahl der Testfälle addiert, um die Anzahl Test-Points zu ermitteln. Diese Zahl wird anschließend verwendet, um den Umfang des Tests zu schätzen.

Daraus ist zu schließen, dass man Test-Points auf verschiedene Weise zählen kann. In dieser Hinsicht ähneln sie Function-Points, für die es zahlreiche Zählmethoden gibt. Ob die Ergebnisse vergleichbar sind, bleibt dahingestellt. Wichtig ist, dass der Projektplaner eine Zahl hat, an der er sich orientieren kann. Auch Kan hat in seiner Testmetrik diesen Begriff verwendet. Es ist daher anzunehmen, dass sich Test-Points als Maß für die Messung des Testumfangs durchsetzen werden. Sie sind schon Bestandteil des TMAP®-Testprozesses der Firma Sogeti, wo sie als „Test object size meter" bezeichnet werden. Allerdings werden sie weiterhin unterschiedlich gezählt, weil es hierfür keinen verständlichen Standard gibt und die Dokumente, auf denen die Schätzung basiert, so verschiedenartig sind.

8.5 Testmetrik im GEOS-Projekt

GEOS ist eine komplexe Standardsoftware zur Verwaltung von Wertschriften. Im Jahre 2003 bestand die Software aus rund 10.000 Source-Bausteinen mit 2,5 Millionen Anweisungen in 7 Millionen Codezeilen [SnBr03]. Die Software wurde damals in Intervallen von 6 Monaten neu herausgegeben. Jedes Release wurde vorher ausführlich von rund 90 Testern zwei Monate getestet. Zu diesem Zweck gab es bereits fast 80.000 Testfälle – teils manuell, teils automatisiert. Testproduktivität war also ein wichtiges Thema. Es gab auch weitere Themen wie Testeffizienz und Testeffektivität, die es zu untersuchen galt. Der Autor Sneed wurde damit beauftragt, diesen Themen auf den Grund zu gehen und Vorschläge zur Verbesserung der Produktivität, der Effizienz und der Effektivität des Testsystems auszuarbeiten. Wie immer, wenn es darum geht, Produktivität und Qualität zu steigern, muss als Erstes die vorhandene Qualität in Zahlen erfasst werden. In dieser Situation waren bezüglich der Qualität folgende Kennzahlen ausschlaggebend:

- Größe der zu testenden Systeme
- Anzahl der Testfälle
- Anzahl getesteter Testfälle pro PT
- Anzahl gefundener Fehler pro PT.

Die Qualität des Tests warf andere Fragen auf, darunter Fragen nach

- der Qualität der Testfälle
- dem Grad der Testüberdeckung
- dem Verhältnis der gefundenen Fehler zu den gedeckten Funktionen
- der Schwere der gefundenen Fehler
- dem Verhältnis der durch Tester gemeldeten Fehler zu dem der durch Kunden gemeldeten, also nach der Aufklärungsrate.

Für die Beantwortung dieser Fragen mussten zunächst geeignete Messinstrumente bereitgestellt werden, nämlich ein statischer Analysator für die Messung der Testfälle und ein dynamischer Analysator für die Messung der Testüberdeckung, ein Programm für die Auswertung der Fehlermeldungen und ein Werkzeug, um die verschiedenen Metriken zusammenzuführen. Werkzeuge für die Analyse und Messung der deutschsprachigen Konzepte (CMFAnalyzer) sowie für die Analyse und Messung der C/C++-Sourcen (CPPAnalyzer) waren schon im Einsatz. Die Konzepte und Source-Codes wurden alle sechs Monate neu gemessen und die Ergebnisse in eine Metrikdatenbank abgelegt. Die neue Aufgabe bestand darin, diese verschiedenen Konzept- und Codemetriken mit einer Testmetrik zu ergänzen [Sned04].

8.5.1 Messung der Testfälle

Die GEOS-Testfälle waren zu diesem Zeitpunkt in mehreren relationalen Tabellen unter UDB-2 gespeichert. Es gab eine Haupttestfalltabelle, in der sämtliche Testfälle mit ihren wichtigsten Eigenschaften wie

- Testfall-ID
- Testfalltyp
- Testfallnummer
- Testfallzweck
- Testobjekt
- Testvorgang
- Testfallstatus

beschrieben waren. In einer zweiten Tabelle waren alle Testfälle näher beschrieben, die im Dialogmodus aufgeführt wurden. Hier waren weitere Attribute wie Vorgänger, Nachfolger und Oberfläche beschrieben. Diese Tabelle wurde durch eine dritte Tabelle, die Oberflächentabelle, ergänzt. Darin waren alle Ein- und Ausgaben aufgelistet und mit einem Wert belegt, der entweder zu setzen oder zu prüfen war. Aus diesen beiden Tabellen wurden die Testskripte für den Testautomat generiert. In einer vierten Tabelle waren die Batchtestfälle mit ihren Namen, dem Batchlauf, dem Batchschritt, der Daten, dem Ist-Wert und dem Soll-Wert angegeben. Diese Testfälle fütterten den Batch-Testdatengenerator.

Eine fünfte Tabelle enthielt die Testläufe. Ein Testlauf bestand aus einer Reihe von Testfällen. Die Tabelle diente dazu, die Testfälle einem oder mehreren Testläufen zuzuordnen und ihre Reihenfolge festzulegen.

Das Testfallanalysewerkzeug CSVAnalyzer hatte die Aufgabe, diese und weitere Tabellen zusammenzuführen, die relevanten Entitäten und Beziehungen zusammen mit dem Konzept in das Produkt-Repository einzubringen und die Testfälle zu messen. Gemessen wurde wie beim Konzept und Code die Quantität, Komplexität und Qualität. Die Quantitäten gingen aus den Testfalltabellen hervor, aber die Komplexitäts- und Qualitätsmaße mussten erst erfunden werden. Hierfür musste der Autor Pionierarbeit leisten [Sned03]. Die wesentlichen Quantitäten waren:

- die Anzahl Testfälle, Testschritte und Testdaten pro Anwendungsfall im Konzept
- die Anzahl Testfälle pro Komponente im Code
- die Anzahl Testfälle pro Version und Release
- die Anzahl Testfälle pro Projekt
- die Anzahl Dialogtestfälle
- die Anzahl Batch-Testfälle
- die Anzahl zugewiesener Testdaten
- die Anzahl verschiedener Testfalltypen
- die Anzahl automatisierter Testfälle
- die Anzahl getesteter Anwendungsfälle
- die Anzahl getesteter Codekomponenten.

Diese einzelnen Testfallquantitäten wurden durch drei Größenmaße ergänzt

- die Anzahl Data-Points
- die Anzahl Function-Points
- die Anzahl Test-Points.

Die Testfallkomplexität wurde auf einer relationalen Skala von 0 bis 1 gemessen. Gemessen wurde:

- die Testdatenkomplexität
- die Testfalldichte
- die Testfallintensität
- das Testfallvolumen.

Die Testfallqualität wurde ebenfalls auf einer relationalen Skala mit 1 als Optimum und 0 als Minimum ausgedrückt. Die vier Qualitätsmaße waren:

- die Ausführbarkeit der Testfälle
- der Automatisierungsgrad der Testfälle
- der funktionale Überdeckungsgrad der Testfälle
- die Konformität der Testfälle mit der Testfallvorschrift.

Ein Ergebnis der Testfallmessung ist in folgender Tabelle zu finden (siehe Abb. 8.7).

```
+------------------------------------------------------------+
| FIVS    Total Number of Functions tested  =        217     |
| FIVS    Total Number of Modules  tested   =        167     |
| FIVS    Total Number of Projects tested   =         10     |
| FIVS    Total Number of System    TestProcs =      259     |
| FIVS    Total Number of System    TestCases =    13634     |
| FIVS    Total Number of Online    TestCases =     5689     |
| FIVS    Total Number of Batch     TestCases =       49     |
| FIVS    Total Number of Interfac TestCases =      7896     |
| FIVS    Total Number of Function TestCases =     58931     |
| FIVS    Total Number of Testcase Types    =          7     |
| FIVS    Total Number of Test   Deficiencies =    36309     |
| FIVS    Total Number of Major Deficiencies =      7645     |
| FIVS    Total Number of Media Deficiencies =       276     |
| FIVS    Total Number of Minor Deficiencies =     28388     |
+------------------------------------------------------------+
| FIVS    Total Number of Test-Points       =     172398     |
| FIVS    Total Number of Data-Points       =     192760     |
| FIVS    Total Number of Func-Points       =      29214     |
+------------------------------------------------------------+
| FIVS    System    Data Complexity Ratio   =      0.765     |
| FIVS    System    Test Density    Ratio   =      0.554     |
| FIVS    System    Test Intensity  Ratio   =      0.810     |
| FIVS    System    Test Volumne    Ratio   =      0.231     |
| FIVS    Overall   Test Complexity Rating  =      0.590     |
+------------------------------------------------------------+
| FIVS    Testcase  Testability     Ratio   =      0.769     |
| FIVS    TestCase  Coverage        Ratio   =      0.984     |
| FIVS    TestCase  Reusability     Ratio   =      0.432     |
| FIVS    TestCase  Conformity      Ratio   =      0.560     |
| FIVS    Overall   Test Quality    Rating  =      0.686     |
+------------------------------------------------------------+
```

Abbildung 8.7 Testfallmetrikbericht

Die drei Metrikarten Quantität, Komplexität und Qualität wurden in einem umfassenden Testfallmetrikbericht pro System und Teilsystem zusammengefasst. Es war geplant, diesen Bericht nach jedem neuen Release anhand des letzten Standes der Testfalltabellen zu produzieren. Er sollte dem Management Einblick in Umfang und Qualität des Systemtests gewähren.

8.5.2 Messung der Testüberdeckung

Die Messung der Testüberdeckung fand auf zwei Ebenen statt: auf Konzeptebene und auf Codeebene. Für die Messung auf Konzeptebene wurde registriert, welche Testfälle ausgeführt werden. Jeder Testfall war einem Anwendungsfall zugewiesen. Anwendungsfälle konnten wiederum andere Anwendungsfälle benutzen, vererben oder beinhalten. Diese Beziehungen zwischen Anwendungsfällen waren in dem Konzept-Repository abgebildet. Sie erfolgten aus der Analyse der Anwendungsfalltexte. Von den Oberflächenanwendungsfällen aus war es also möglich, alle verbundenen, dahinterliegenden Anwendungsfälle als potenziell betroffene Fälle zu identifizieren. Die Betonung liegt auf potenziell, denn ob die abhängigen Funktionen wirklich ausgeführt wurden, hing von den Laufzeitbedingungen ab. Deshalb war diese Messung nur bedingt aussagekräftig. Sie sagte nur aus, welche Funktionen betroffen sein könnten, wenn ein bestimmter Anwendungsfall getestet würde. Dennoch war es interessant festzustellen, welche fachlichen Funktionen durch die vorhandenen Testfälle überhaupt nicht erreicht werden konnten.

Für die Messung der Testüberdeckung auf Codeebene mussten die C/C++-Sourcen instrumentiert werden. Nach jedem Funktions- bzw. Methodeneingang, d.h. nach jeder if- und else-, in jeder for- und while-Schleife und in jedem case-Zweig einer switch-Anweisung wurde ein Durchlaufzähler eingebaut. Für jedes Source-Modul wurde eine Tabelle seiner Ablaufverzweigungen aufgebaut und bei jeder Ausführung des Moduls aktualisiert. Darüber hinaus wurde der genaue Zeitpunkt registriert, an dem das Modul gestartet wurde. Somit kam am Ende eines Testlaufes heraus, welche Module wann gestartet und welche Ablaufzweige wie oft durchlaufen wurden.

Durch die Verknüpfung der Startzeiten der Module mit den Start- und Endzeiten der Testfälle war es möglich, die ausgeführten Module den ausgeführten Testfällen zuzuordnen. Es erfolgte einerseits ein Modulüberdeckungsbericht, der die Zweigüberdeckung belegte, und andererseits ein Testfallüberdeckungsbericht, der die Anzahl betroffener Module pro Testfall festhielt. Es stellte sich heraus, dass kaum 60 % der Backendmodule und nur 32 % ihrer Ablaufzweige durch den Systemtest erreicht wurden. Dies ist typisch für verteilte Großsysteme, bei denen es für die Tester sehr schwierig ist, die Auswirkung ihrer Tests zu überblicken. Meistens wird wie auch hier blind getestet. Seit dieser Messung wurde intensiv in die Testautomatisierung investiert, um eine wesentlich höhere Testüberdeckung, gekoppelt mit einer höheren Testtransparenz, zu erreichen [Sned04a].

8.5.3 Messung der Fehlerfindung

Im GEOS-Projekt wurden alle Fehlermeldungen als Textsegmente in Lotus Notes erfasst. Dort waren sie zwecks Wiederauffindbarkeit mit gewissen Schlüsselmerkmalen wie Kennzeichen, Typ, Datum und Objekt der Meldung versehen. Man konnte sie also jederzeit als Formular anzeigen, ändern und ausdrucken. Gelöscht wurden sie nie. Somit enthielt die Fehlerdatenbank sämtliche Fehlermeldungen seit Beginn des Projektes – weit über 50.000. Pro Jahr wurden weitere 4.000 bis 6.000 Fehler gemeldet, zum größten Teil von den Testern und zum Teil von den Anwendern.

Für die statistische Auswertung der Fehlermeldungen im Batchbetrieb schrieb einer der Autoren einen Scanner, um die Texte nach gewissen Attributen zu durchsuchen. Dies war nicht schwierig, da alle Attribute mit einem Attributnamen wie Projekt, Quelle, Objekt, Mangelgrad usw. gekennzeichnet waren. Der Scanner musste nur den Attributnamen erkennen und den darauf folgenden Attributwert entnehmen. Von den knapp über 100 Attributen waren nur wenige für die Teststatistik interessant, nämlich:

- Mangelart
- Mangeldatum
- Mangelklasse (leicht, mittel, schwer)
- Mangelmelder (Kunde oder Tester)
- Mangelstatus (offen oder geschlossen)
- Mangelquelle (Konzept, Code oder anderswo)
- Mangelobjekt (Auftrittsort: Komponente, Klasse usw.).

Mit diesen ausgesuchten Mangelattributen wurde eine XML-Datei pro Teilsystem erzeugt, in der die Mängel nach Zeitabschnitt, Klasse, Komponente und Melder geordnet waren. Diese Information genügte, um einen Mängelbericht zu erzeugen und die Metrikdatenbank zu füttern. Pro Zeitabschnitt galt es, circa 5.000 gemeldete Mängel zu verarbeiten, davon rund 40 % leichte, 30 % mittlere und 30 % schwere Mängel. Davon wurden 72 % von den Testern und 28 % von den Kunden gemeldet.

Bezogen auf den Code gab es zu Beginn der Messung mehr als 5 Fehler pro 1.000 Anweisungen. Im Laufe der Jahre reduzierte sich das auf unter 1 Fehler pro 1.000 Anweisungen, und bei den ausgereiften Komponenten gab es sogar nur noch 1 Fehler pro 10.000 Anweisungen. Die Zahl der gemeldeten Mängel erwies sich als guter Indikator für die Reife der Einzelprodukte (siehe Abb. 8.8).

Die Mängelstatistik wurde nicht nur mit der Code- und Teststatistik, sondern auch noch mit dem Personalaufwand kombiniert. So konnte man feststellen, dass es über fünf Jahre eine mittlere Fehlerrate von 0,18 Fehler pro Personentag bzw. rund 1 Fehler pro Personen-

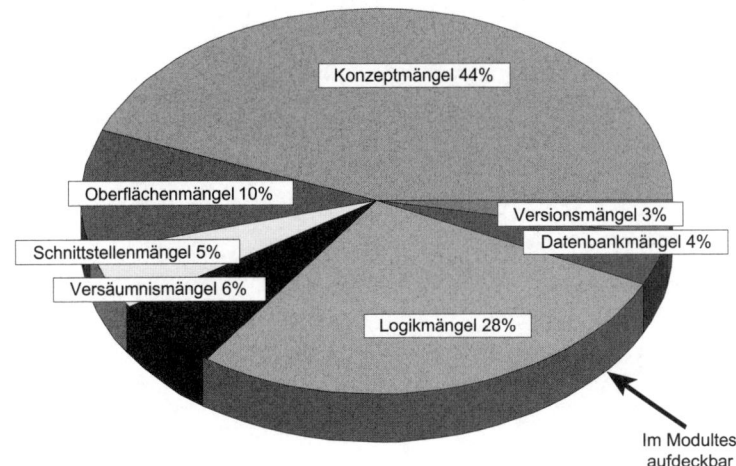

Im Modultest aufdeckbar

Abbildung 8.8
Fehlerverteilung in den frühen Phasen des GEOS-Projekts

woche gab. In Zusammenhang mit dem Test gab es bei 57.000 ausgeführten Testfällen 3497 aufgedeckte Fehler oder 0,06 pro Testfall. Mit der Mängelstatistik gab es jedenfalls viele Möglichkeiten der Auswertung und der unterschiedlichen Interpretation [SnHT04].

8.5.4 Auswertung der Testmetrik

Das letzte Glied in der Kette der GEOS-Testmetrik war das Werkzeug SoftMess. Die Eingaben dazu kamen aus diversen Quellen. Das Werkzeug CMFAnalyzer für die Analyse der Konzeptdokumente lieferte eine XML-Datei mit der Konzeptmetrik. Das Werkzeug CPPAnalyzer für die Analyse des Quellcodes lieferte eine XML-Datei mit der Codemetrik. Das Werkzeug CTFAnalyzer für die Analyse der Testfälle lieferte die XML-Datei mit der Testfallmetrik. Das Werkzeug TestAnalyzer für die Analyse der Testabläufe lieferte eine XML-Datei mit der Testüberdeckungsmetrik. Schließlich lieferte das Werkzeug DefiAnalyzer die Fehlermetrik. Eine besonders wichtige Messung ist die Messung der Datenkorrektheit, die vom Tool DataTest vorgenommen wird. Der Datenkorrektheitsbericht dokumentiert den Anteil inkorrekter Daten in Datenbanken und Schnittstellen (siehe Abb. 8.9).

Das Tool SoftMess führte diese diversen Metriken zusammen, um daraus einen dreistufigen Metrikbericht zu erzeugen [Sned05]. Die unterste Stufe enthielt die detaillierte Metrik der einzelnen Komponenten. Die mittlere Stufe zeigte die aggregierte Metrik der einzelnen Systeme, und auf der obersten Stufe waren die Metriken der Produkte zusammengefasst.

```
+---------------------------------------------+----------------------------+
| RecKey:2130                                 |                            |
| Ist: MITGLIEDER                             | 6561                       |
| Soll:MITGLIEDER                             | 6441                       |
+---------------------------------------------+----------------------------+
| RecKey:3120                                 |                            |
| Ist: SUMME                                  | 20                         |
| Soll:SUMME                                  | 19                         |
+---------------------------------------------+----------------------------+
| RecKey:3120                                 |                            |
| Ist: MITGLIEDER                             | 6441                       |
| Soll:MITGLIEDER                             | 6440                       |
+---------------------------------------------+----------------------------+
| RecKey:8130                                 |                            |
| Ist: BEITRAG                                | 50.50                      |
| Soll:BEITRAG                                | 52.56                      |
+---------------------------------------------+----------------------------+
|    Total Number of old Records checked:         11                       |
|    Number of old Records found in new File:     09                       |
|    Number of old Records with duplicate Keys:   02                       |
|    Number of old Records not in new Table:      00                       |
|    Total Number of new Records checked:         09                       |
|    Number of new Records found in old File:     09                       |
|    Total Number of Fields checked:              35                       |
|    Total Number of non-Matching Fields:         09                       |
|    Percentage of matching Fields:               74 %                     |
|    Percentage of matching Records:              100 %                    |
+---------------------------------------------+----------------------------+
```

Abbildung 8.9 Datenqualitätsbericht

Auf jeder Ebene wurde die Fehlerstatistik der Testüberdeckung sowie der Testfall-, der Code- und der Konzeptmetrik gegenübergestellt, um das Verhältnis Fehler zu Testfällen, zu Codeanweisungen und zu fachlichen Funktionen sowie das Verhältnis Fehler zu Ablaufpfaden, zu ausgeführten Codezweigen und zu gesetzten Anwendungsfällen zu ermitteln. Zudem wurden die Testeffektivität, die Testeffizienz und die Restfehlerwahrscheinlichkeit errechnet. Diese Information war dazu gedacht, Schwachstellen im Test aufzudecken. Leider wurde sie – wie so oft bei der Einführung von Metriken – zunächst fehlinterpretiert. Erst später wurden daraus Konsequenzen gezogen und der Testbetrieb umorganisiert. Die Testabteilung wurde von 92 auf 24 Mitarbeiter reduziert bei gleichzeitiger Steigerung der Testüberdeckung von 32 % auf über 75 %. Die Testmessung im hier vorgestellten Ausmaß wurde eingestellt, aber die Folgen der Messung wirkten nach und führten zu einem anderen Verhältnis zwischen Testnutzen und Testkosten. Die Testeffizienz-, Produktivitäts- und Fehlerfindungsrate stieg innerhalb von fünf Jahren um Faktor vier [Pu-We07]. Heute hat die Firma SDS einen der kosteneffektivsten Testbetriebe im deutschsprachigen Raum.

8.6 Testmetrik nach Sneed und Jungmayr

Im Buch von C. Ebert und R. Dumke mit dem Titel „Software Measurement" fasste der Autor Sneed die Testmetrik zusammen, die er gemeinsam mit Stefan Jungmayr von der Firma Bosch entwickelt hatte [SnJu06]. Darin unterscheidet er zwischen

- Testbarkeitsmetrik
- Testplanungsmetrik
- Testfortschrittsmetrik
- Testqualitätsmetrik [EbDu07].

8.6.1 Testbarkeitsmetrik

Testbarkeit wird in Bezug auf den für das Erreichen einer vorgegebenen Teststufe erforderlichen Aufwand definiert. Testaufwand wird wiederum durch die Anzahl der Testfälle und Testdaten bestimmt, die verwendet werden müssen, um jene Stufe zu erreichen, sowie die Leichtigkeit, die Testergebnisse zu kontrollieren. Es kommt daher darauf an,

- die Testfälle und Testdaten zu minimieren
- die Visibilität des Systems zu maximieren.

Testbarkeit lässt sich auf drei verschiedenen Ebenen messen:

- auf der Unit-Test-Ebene
- auf der Integrationstestebene
- auf der Systemtestebene.

8.6.1.1 Testbarkeit auf der Unit-Test-Ebene

Auf jeder Ebene wird Testbarkeit etwas anders gesehen. Auf der Unit-Test-Ebene werden Pfade durch den Code getestet. Jeder Pfad erfordert einen eigenen Testfall. Die Anzahl der Pfade wird zum einen durch die Anzahl der Codebausteine und logischen Bedingungen und zum anderen durch die Anzahl der Klassenvererbungsstufen bzw. Modulaufrufsstufen bestimmt. Um einen bestimmten Pfad durch die Software hindurch zu steuern, müssen die Steuerungsdaten bestimmte Werte haben. Je mehr Steuerungsdaten es also gibt, desto aufwendiger ist es, sie alle so zu belegen, dass die gewünschten Pfade durchlaufen werden. Aus der Vereinigung dieser drei Aufwandstreiber ergibt sich folgende dreistufige Metrik:

$$Unit\text{-}Testbarkeit = \frac{\left(1 - \dfrac{Methoden + Zweige}{Anweisungen}\right) + \left(1 - \dfrac{Klassenstufen}{Klassen}\right) + \left(1 - \dfrac{Steuerungsparameter}{Parameter}\right)}{3}$$

Eine Komponente mit 1.500 Anweisungen in 7 Klassen auf 3 Hierarchiestufen, 70 Methoden mit 350 logischen Zweigen und 90 Parameter, wovon 30 Steuerungsparameter sind, hätte demnach eine Testbarkeit von

$$Unit\text{-}Testbarkeit = \frac{\left(1 - \dfrac{70 + 350}{1500}\right) + \left(1 - \dfrac{3}{7}\right) + \left(1 - \dfrac{30}{90}\right)}{3} = \frac{0,72 + 0,57 + 0,66}{3} = 0,65$$

Hätte die Komponente 7 Klassen auf 4 Stufen, 80 Methoden mit 400 Zweigen und 50 statt 30 Steuerungsparameter, wäre die Testbarkeit um 20 % geringer:

$$Unit\text{-}Testbarkeit = \frac{\left(1 - \dfrac{80 + 400}{1500}\right) + \left(1 - \dfrac{4}{7}\right) + \left(1 - \dfrac{50}{90}\right)}{3} = \frac{0,68 + 0,43 + 0,44}{3} = 0,52$$

Für die zweite Variante brauchte man unter den gleichen Bedingungen 20 % weniger Aufwand für den Test als für die erste. Dies demonstriert die Tatsache, dass Testbarkeit anhand des zu testenden Codes messbar ist – vorausgesetzt, alle anderen Faktoren sind gleich.

8.6.1.2 Testbarkeit auf der Integrationstestebene

Auf der Integrationsebene werden Interaktionen zwischen den Komponenten getestet. Jede Invokation einer Funktion in einer fremden Komponente sowie jeder Datenaustausch zwischen Komponenten musste getestet werden. Je mehr solcher entfernten Prozeduraufrufe es gibt, je mehr Daten ausgetauscht werden und je breiter die Schnittstellen sind, desto mehr Testdaten werden gebraucht, um die Schnittstellen zu testen. Demzufolge ist die Integrationstestbarkeit das Verhältnis von entfernten Prozedur- bzw. Methodenaufrufen zu allen Aufrufen, plus das Verhältnis der ausgetauschten Daten zu allen Daten und das Verhältnis der Anzahl der Parameter zur Anzahl der Schnittstellen. Die Integrationstestbarkeit lässt sich mit folgender Gleichung ausdrücken:

$$\text{Integrationstestbarkeit} = \frac{\dfrac{\textit{extern aufgerufene Prozeduren}}{\textit{externe Prozeduraufrufe}} + \left(1 - \dfrac{\textit{ausgetauschte Daten}}{\textit{alle Daten}}\right) + \left(1 - \dfrac{\textit{extern abhängige Module}}{\textit{alle Module}}\right) + \dfrac{\textit{Schnittstellen}}{\textit{Parameter}}}{4}$$

Angenommen, ein Teilsystem hat 20 Module, wovon 10 mit fremden Modulen außerhalb des Teilsystems verbunden sind. Von den 10 Modulen werden 15 externe Prozeduren 40 Mal aufgerufen. Von den 250 Daten der Komponente werden 50 mit anderen Komponenten ausgetauscht. Schließlich werden über die 15 Schnittstellen nach außen 60 Parameter ausgetauscht. Die Testbarkeit dieses Teilsystems wäre demnach:

$$\text{Integrationstestbarkeit} = \frac{\dfrac{15}{40} + \left(1 - \dfrac{50}{250}\right) + \left(1 - \dfrac{10}{20}\right) + \dfrac{15}{60}}{4} = \frac{0,38 + 0,8 + 0,5 + 0,25}{4} = 0,48$$

Hätte dasselbe Teilsystem von 20 Modulen nur 5 extern abhängige, für die 15 externen Prozeduren nur 30 externe Prozeduraufrufe, für die 250 Daten nur 25, die ausgetauscht werden, und für die 15 Schnittstellen nur 30 Daten, wäre deren Testbarkeit um 37,5 % höher:

$$\text{Integrationstestbarkeit} = \frac{\dfrac{15}{30} + \left(1 - \dfrac{25}{250}\right) + \left(1 - \dfrac{5}{20}\right) + \dfrac{15}{30}}{4} = \frac{0,5 + 0,9 + 0,75 + 0,5}{4} = 0,66$$

Das hätte zur Folge, dass der Test der ersten Variante 37,5 % mehr kostet als der Test der zweiten, weil die zweite Variante weniger Interaktivitäten mit weniger Schnittstellen mit weniger Daten hat. Die Daten für diese Testbarkeitsberechnung können entweder aus dem UML-Entwurf oder aus dem Code entnommen werden.

8.6.1.3 Testbarkeit auf Systemtestebene

Auf der Systemtestebene wird das Gesamtsystem von außen über seine externen Schnittstellen getestet. Je mehr solcher Schnittstellen es hat, je mehr Daten über diese Schnittstellen fließen, je mehr Datenbestände, auf die es zugreift, und je mehr Anwendungsfälle es benutzt, desto höher ist der Testaufwand. Es ist aber notwendig, diese Größen in ein Verhältnis zur Systemgröße zu setzen. Die Systemgröße wird hier in Data-Points ausgedrückt. Demnach ist die Systemtestbarkeit ein Verhältnis zwischen Benutzeroberflächen, Datenbanken, Systemschnittstellen, Anwendungsfällen und Ein-/Ausgaben von Daten zur Anzahl der benutzten Daten insgesamt. Sie wird mit folgender Gleichung berechnet.

$Systemtesbarkeit =$

$$\frac{\left(1 - \dfrac{\textit{Oberflächen} + \textit{Schnittstellen}}{\textit{Eingabe} + \textit{Ausgabedaten}}\right) + \left(1 - \dfrac{\textit{DB - Tabellen}}{\textit{DB - Attribute}}\right) + \left(1 - \dfrac{\textit{Oberflächen} + \textit{Schnittstellen} + \textit{DB - Tabellen}}{\textit{Data - Points}}\right) + \left(1 - \dfrac{\textit{Anwendungsfälle}}{\textit{Function - Points}}\right)}{4}$$

Bei einem System mit 50 Benutzeroberflächen, in denen 600 Daten ein- und ausgegeben werden, 20 Systemschnittstellen, in denen 200 Daten ausgetauscht werden, 30 Datenbanktabellen, in denen 300 Attribute vorkommen, 60 Anwendungsfälle mit 400 Function-Points und einer Größe von 1.000 Data-Points ist die Systemtestbarkeit wie folgt:

$$Systemtestbarkeit = \frac{\left(1 - \frac{50 + 20}{600}\right) + \left(1 - \frac{30}{300}\right) + \left(1 - \frac{50 + 20 + 30}{1000}\right) + \left(1 - \frac{60}{400}\right)}{4} = \frac{0,88 + 0,9 + 0,9 + 0,85}{4} = 0,88$$

Zum Vergleich nehmen wir ein System mit der gleichen Anzahl von 50 Benutzeroberflächen, 20 Systemschnittstellen, 30 Datenbanktabellen und 60 Anwendungsfällen, aber mit 800 Ein-/Ausgabedaten, 400 Datenbankattributen, 1.200 Data-Points und 500 Function-Points. Hier ist die Anzahl der Elemente relativ zur Anzahl der Entitäten viel größer. Die Testbarkeit dieses Systems wäre etwas höher:

$$Systemtestbarkeit = \frac{\left(1 - \frac{50 + 20}{800}\right) + \left(1 - \frac{30}{400}\right) + \left(1 - \frac{50 + 20 + 30}{1200}\right) + \left(1 - \frac{60}{500}\right)}{4} = \frac{0,91 + 0,93 + 0,92 + 0,88}{4} = 0,91$$

Der geringe Unterschied von 0,03 entsteht, weil die Anzahl der Testobjekte relativ zur Systemgröße weniger geworden ist. Die Systemgrößen sind erhöht, die Testobjekte jedoch gleich geblieben. Umgekehrt, wenn die Zahl der Testobjekte (Schnittstellen, Datenbanken und Anwendungsfälle) relativ zur Systemgröße steigt, sinkt die Testbarkeit, weil mehr Objekte zu generieren sind. Zusammenfassend ist festzuhalten, dass Testbarkeit auf allen Ebenen anhand der Relation von zu testenden Objekten zur Anzahl der Systemelemente gemessen wird. Es ist die Anzahl der zu testenden Objekte, welche die Anzahl der erforderlichen Testfälle in die Höhe treibt, und es sind die Testfälle, die den Testaufwand verursachen. Wenn Testbarkeit weniger Testaufwand bedeutet, dann kommt es darauf an, die Zahl der Testfälle zu minimieren. Dies ist messbar. Weniger messbar ist die Visibilität eines Systems. Dafür ist mehr Forschung erforderlich [Poor97].

8.6.2 Testplanungsmetrik

Die Testplanungsmetrik dient dazu, Kosten und Dauer eines Testprojektes vorauszusagen. Die Schätzmethodik ist ähnlich der eines Entwicklungsprojekts. Es wird versucht, den Umfang des Vorhabens bzw. die Größe des Projektes zu erfassen, um diese dann durch weitere Parameter zu justieren und die justierte Größe durch die Produktivität zu teilen. Der Autor Sneed empfiehlt die Verwendung der Testfälle als Größenmaß [SnWi01]. Pol und Koomen schlagen die Anzahl Test-Points vor [KoPo99]. Man könnte im Prinzip viele Größen verwenden, z.B. die Anzahl Testobjekte oder die Data-Points. Wichtig ist, dass sie mit dem Aufwand korrelieren und dass sie konsistent angewendet werden. Für den Test wie auch für die Entwicklung gibt es viele potenzielle Einflussfaktoren, unter anderem:

- Testbarkeit des Produkts
- Qualität der Testumgebung
- Erfahrung des Testteams
- Reife des Testprozesses
- Beteiligung der Anwender
- Effektivität der Testwerkzeuge.

Es kommt darauf an, die wichtigsten Faktoren auszuwählen und als Parameter in die Schätzformel einfließen zu lassen. Man kann sie benutzen, um die Größe des Testvorhabens vor der Teilung durch die Produktivität zu justieren, oder nachher, um den geschätzten Aufwand zu verändern.

Die Testproduktivität ist die Anzahl Testaufgaben, die ein Tester in einem Zeitabschnitt schaffen kann. Die Produktivitätseinheit muss den Umfang des Tests beschreiben und den einzelnen Testern zugeordnet werden können. Test-Points sind ein abstraktes Maß, das den Testern nicht direkt zugeordnet werden kann. Testfälle sind hingegen besser geeignet, Testproduktivität zu messen, weil sie greifbar sind. Testfälle werden spezifiziert, kodiert oder generiert, ausgeführt und bewertet. Sie sind der Maßstab für den Fortschritt der Testarbeit. Also sind sie das natürliche Maß, um Testproduktivität zu messen.

Für die Schätzung des Testaufwands schlagen Sneed und Jungmayr eine modifizierte CO-COMO-II-Formel vor [Boeh99]. Statt Anweisungen oder Function-Points werden Testfälle als Größeneinheit verwendet. Die Bedingungen für die Skalierungsexponente werden dem Test angepasst. Die Produkteinflussfaktoren werden durch die Testbarkeit erzeugt. Daraus ergibt sich folgende Gleichung:

$$Testaufwand = Systemtyp * \left(\frac{Testfälle}{Testproduktivität} \right)^{SE} * Testbarkeitsfaktor$$

Der Systemtyp ist ein vom Benutzer vergebener Anpassungsfaktor, der den allgemeingültig errechneten Aufwand nach den lokalen Gegebenheiten bzw. dem Systemtyp justieren sollte. Er könnte z.B. wie folgt lauten:

- 0,5 für einfache, alleinstehende Systeme
- 1 für integrierte Systeme
- 1,5 für verteilte Systeme und
- 2 für eingebettete Systeme.

Die Skalierungskomponente (SE) ist der arithmetische Mittelwert der fünf Projektbedingungen von Boehm, angepasst auf den Test:

- Wiederverwendbarkeit der Testfälle
- Kenntnisse der Zielumgebung
- Qualität der Testumgebung
- Zusammengehörigkeit der Testmannschaft
- Reife des Testprozesses.

Jede dieser Bedingungen wird auf einer Skala von 0,91 bis 1,23 bewertet, wobei 0,91 die beste Bewertung und 1,23 die schlechteste darstellt. Beispielsweise wäre ein chaotischer Testprozess mit 1,23 und ein voll ausgereifter mit allen Nuancen mit 0,91 zu bewerten.

Die Testproduktivität ist die gewöhnliche Anzahl Testfälle pro Testertag, justiert durch den Testautomatisierungsgrad für dieses Projekt. Wenn ein Automatisierungsgrad von 40 % vorgesehen ist, wird die Testproduktivität als

Testfälle pro Tag* 1, 4

eingestellt, d.h. sie wird um 40 % erhöht.

Der Testbarkeitsfaktor ist schließlich der Mittelwert 0,5, dividiert durch die gemessene Testbarkeit auf der Skala von 0 bis 1. Daraus ergibt sich ein Multiplikator. Bei einer mittleren Testbarkeit ist der Multiplikationsfaktor 1, bei der niedrigsten Testbarkeit von 0,3 ist der Multiplikationsfaktor 1,7, und bei einer sehr hohen Testbarkeit von 0,75 beträgt er 0,66. Für ein System mit einer Testbarkeit von 0,45, für das wir 1.000 Testfälle gezählt haben, bei einer bisherigen Arbeitsleistung von vier Testfällen pro Personentag und einem vorgesehenen Automatisierungsgrad von 25 % sowie einem Durchschnitt der fünf Projektbedingungen von 1,05 kommt folgendes Ergebnis zustande:

$$Testaufwand = Systemtyp * \left(\frac{1000}{4 * 1,25}\right)^{1,05} * \frac{0,5}{0,45} = 290PT$$

Wenn wir den Justierungsfaktor von 1 bzw. 1,5 hinzuziehen, müssten wir demnach mit einem Aufwand von 290 Testertagen für ein integriertes System und 434 Testertage für ein verteiltes System rechnen.

Testprojekte lassen sich durch die Parallelisierung der Tests zeitlich komprimieren. Boehm spricht hier von einem Kompressionsfaktor. Normalerweise wird die Dauer des Projekts als eine Funktion des Aufwands in Personenmonaten ermittelt. In COCOMO-II ist es

Laufzeit = C * Aufwand in PM ^{F}

In COCOMO-II verwendet Boehm eine Konstante für die Minimumzeit je nach Projekttyp (= C) und eine Exponente F. Bei einem Testprojekt ist C = 2,67

F = D + (0, 2 * (SE - LB))

wobei

D = ein Zeitkoeffizient,
SE = die Skalierungsexponente und
LB = die Untergrenze der Skalierungsexponente ist.

Im Fall eines Tests ist D = 0,20. Die Skalierungsexponente für dieses Projekt ist 1,05 und die Untergrenze 0,91. Demzufolge ist die Zeitexponente

F = 0, 2 + (0, 2 * (1, 05 - 0, 91)) = 0, 23

Die Zeitdauer ist also:

2, 67 * 14, 5^{0,23} = 4, 9PM

Diese Laufzeit lässt sich jedoch über eine Parallelisierung der Arbeit reduzieren. In der Entwicklung ist eine Parallelisierung nur bedingt möglich: Mehr als 50 % Kompression ist schwer zu erreichen, aber Testarbeit kann wie Migrationsarbeit leichter verteilt werden, sodass wir bis eine Kompressionsrate von bis zu 75 % erreichen können. Normalerweise würden wir für die 14,5 Aufwandsmonate in der Zeit von fünf Kalendermonaten drei Tester benötigen. Durch eine Verstärkung des Testteams durch drei weitere Tester können wir die Zeit um zwei Drittel reduzieren. Die 50 % werden als Kompressionsfaktor SCED % bezeichnet.

$$Laufzeit = 4, 9 * \left(1 - \frac{50}{100} \right) = 2, 45 \ Monate$$

Eine weitere Kompression der Zeit ist nicht möglich, weil man bald auf die 75 % maximale Kompressionsgrenze stößt [Sned09a].

8.6.3 Testfortschrittsmetrik

Der Fortschritt eines Testprojektes ist an dem zu messen, was erreicht ist, relativ zu dem, was vorgenommen wurde. Das, was vorgenommen wird, kann aus verschiedenen Zielen bestehen:

- N Fehler zu finden
- N % aller Programmzweige zu überdecken
- N % aller Datenattribute zu generieren und zu validieren
- N % aller ermittelten Testfälle auszuführen
- N % der Projektzeit zu testen.

Ein Testprojekt kann ein Ziel oder gleich mehrere solcher Ziele verfolgen. Ein Test, ohne mindestens ein Ziel zu haben, ist ziellos und daher kein Test. Die Testfortschrittsmetrik ist so betrachtet leicht zu ermitteln. Sie heißt

$$\frac{Ist\_Zustand}{Soll\_Ziel}$$

wobei der Ist-Zustand die Zahl der Soll-Einheiten ist, die bisher erreicht worden sind, z.B.:

- die Zahl gefundener Fehler
- die Zahl gewichteter gefundener Fehler
- die Zahl der ausgeführten Programmzweige
- die Zahl der generierten und validierten Testfälle
- die Zahl der getesteten Testfälle
- die Zahl der getesteten Tage.

Wenn der Testplan festgelegt hat, dass der Test mindestens 500 Fehler aufdecken soll, und bisher 300 Fehler gemeldet wurden, ist der Test zu 60 % fertig. Wenn im Testplan steht, der Test soll 90 % der 1.000 ermittelten Testfälle ausführen, und bisher 500 getestet wurden, ist der Test zu 55 % erledigt. Wenn der Plan lautet, drei Monate zu testen, und die Tester drei Monate gearbeitet haben, ist der Test zu 100 % abgeschlossen.

Für das Testprojektmanagement ist interessant, den Fortschrittsgrad bezogen auf die Fehlerfindung oder die Testüberdeckung mit dem Zeiterfüllungsgrad zu vergleichen, um zu erkennen, wo das Projekt steht [SBS08]. Wenn die Zeit schon zu 90 % verstrichen und das Testüberdeckungsziel erst zu 50 % erfüllt ist, steht es mit dem Test schlecht. Messbare

Testziele zu setzen, ist eine wichtige Aufgabe der Testplanung. Die Ziele sollten mit den Anwendern abgesprochen und während des Projekts ständig überprüft werden. Vorausgesetzt werden dafür Managementinstrumente wie:

■ Fehlermeldungssystem

■ Codeüberdeckungsberichte

■ Datenüberdeckungsberichte

■ Testfallausführungsprotokolle usw.

Diese Instrumente liefern Zahlen über den erreichten Testzustand. Es bleibt nur übrig, diesen mit dem Zielzustand zu vergleichen.

8.6.4 Testqualitätsmetrik

Die Aufwandsschätzung und die Fortschrittsverfolgung beziehen sich auf die Testquantität. Es bleibt noch die Testqualität zu messen. Die echte Testqualität wäre das Verhältnis gefundener Fehler zur Summe aller Fehler im System. Da wir aber nie wissen können, wie viele Fehler im System sind – wir wissen lediglich, wie viele gefunden werden –, sind wir gezwungen, die Testqualität über indirekte Maße zu messen. Gilb hat empfohlen, künstliche Fehler in das System einzubauen, um dann zu sehen, wie viel Prozent davon aufgedeckt werden. Diese Maßnahme wird als „Bebugging" bezeichnet. Sie wird vor allem in Forschungsprojekten verwendet, um die Effektivität einer bestimmten Testmethode nachzuweisen. In der Praxis wagt kaum jemand, sie anzuwenden. Wahrscheinlich traut man sich nicht zu, alle eingebauten Fehler wiederzufinden, oder man empfindet die Methode einfach als zu aufwendig. Also greift man in der Praxis auf Ersatzmaße zurück, um die Güte des Tests zu messen, und verwendet Metriken wie:

■ Testeffektivität

■ Testvertrauen

■ Testeffizienz

■ Restfehlerwahrscheinlichkeit.

8.6.4.1 Testeffektivität

Testeffektivität ist der Anteil der Fehler, welche die Tester vor der Auslieferung melden, relativ zum Anteil aller Fehler, einschließlich der, welche von den Anwendern nach der Auslieferung gemeldet werden. Der Koeffizient dafür ist:

$$\frac{von\ Testern\ gemeldete\ Fehler}{alle\ gemeldeten\ Fehler}$$

Wenn z.B. die Tester vor der Auslieferung 260 Fehler melden und die Benutzer nach der Auslieferung noch 40 Fehler melden, ist die Testeffektivität = 0,87. Hier könnte die Gewichtung der Fehler eine Rolle spielen, da es möglich ist, dass die Tester nur die leicht gewichteten Fehler finden und die schwer gewichteten in der Produktion aufgetreten. Der

IEEE-Standard für Softwaremetrik schlägt folgende Skala für die Gewichtung von Softwarefehlern vor:

- Kritische Fehler = 8
- Schwere Fehler = 4
- Mittlere Fehler = 2
- Leichte Fehler = 1

Es kann sein, dass katastrophale Fehler mehr Schaden anrichten als alle anderen Fehler zusammengenommen. Daher ist es unmöglich, sie richtig zu gewichten. Sie sind besonders zu behandeln. Die Testeffektivität wird anders aussehen, wenn die Fehler gewichtet sind. Nehmen wir folgende Verteilung an. Von den durch die Tester gemeldeten Fehlern sind 150 leichte Fehler, 50 mittlere Fehler, 40 schwere Fehler und 20 kritische Fehler. Von den Anwendern werden 5 leichte Fehler, 10 mittlere Fehler, 15 schwere Fehler und 10 kritische Fehler gemeldet.

Die Summe der von den Testern gemeldeten gewichteten Fehler wäre 570, und die von den Anwendern gemeldeten gewichteten Fehlern wäre 165. Die gewichtete Testeffektivität wäre dann nur noch

$$\frac{570}{735} = 0,77$$

Von Endres haben wir die Aussage, dass die Testeffektivität mindestens 85 % sein sollte [EnRo03]. Demnach wäre der nicht gewichtete Fehlerfindungskoeffizient akzeptabel, der gewichtete aber nicht.

8.6.4.2 Testvertrauen

Nach Spillner hat das Testen zwei Hauptziele:

- Fehler zu finden und
- Vertrauen zu bilden [Spil08].

Mit der Testeffektivität messen wir das Erreichen des ersten Ziels. Für das Erreichen des zweiten Ziels gibt es die Testvertrauensgleichung. Darin befinden sich die drei Parameter:

- Anzahl gefundener Fehler im letzten Test
- Anzahl ausgeführter Testfälle
- Testüberdeckungsrate.

Nehmen wir an, wir haben im letzten Test 400 Testfälle ausgeführt und nur drei Fehler gefunden. Dabei haben wir eine funktionale Testüberdeckung von 95 % erreicht. Das Testvertrauen wäre demnach

$$1 - \frac{Fehler\ im\ letztenTest}{Testfälle\ im\ letzten\ Test} * Testüberdeckung = 1 - \frac{3}{400} * 0,95 = 0,94$$

Das Minimum, das wir anzustreben haben, hängt vom Systemtyp ab. Für ein eingebettetes System wäre ein Minimum von 99 % anzustreben. Für ein übliches, betriebswirtschaftliches Anwendungssystem wären 90 % genug. Also haben wir das Ziel hier erreicht.

8.6.4.3 Testeffizienz

Ein drittes Maß für die Testqualität ist die Testeffizienz. Es geht hier darum zu messen, wie effizient die Tester gearbeitet haben, d.h. wie viele Testfälle sie getestet und wie viele Fehler relativ zur Anzahl der gearbeiteten Tage sie gefunden haben. Hinzu kommt die erreichte Testüberdeckung. Die Gleichung für Testeffizienz ist:

$$\left(1 - \frac{Testtage}{Fehler + Testfälle}\right) * Testüberdeckung$$

In unserem Fall sind 400 Testfälle getestet und 260 Fehler gefunden worden mit einer Testüberdeckung von 95 %. Um dies zu erreichen, haben wir 180 Tage gearbeitet. Unsere Effizienz ist nach der Gleichung:

$$\left(1 - \frac{180}{260 + 400}\right) * 0,95 = 0,69$$

Hätten wir 360 Testertage gebraucht, um den gleichen Testzustand zu erreichen, wäre unsere Testeffizienz nur:

$$\left(1 - \frac{360}{260 + 400}\right) * 0,95 = 0,43$$

Testeffizienz wird durch Testautomation gesteigert weil die Automation es ermöglicht, mehr Testfälle in kurzer Zeit auszuführen. Je höher die Zahl die Testfälle und je geringer der Aufwand, sie zu erstellen, desto höher ist die Testeffizienz.

8.6.4.4 Restfehlerwahrscheinlichkeit

Eine letzte Metrik für die Testqualitätsmessung ist die Restfehlerwahrscheinlichkeit. Je kleiner sie ist, desto effektiver war der Test. Ausschlaggebend für die Restfehlerwahrscheinlichkeit ist die Anzahl bisher gefundener Fehler relativ zur Testüberdeckung. Wenn wir in 75 % des Systems bereits 150 Fehler gefunden haben, können wir davon ausgehen, dass in dem nicht überdeckten 25 % noch 50 Fehler übrig bleiben – vorausgesetzt, die Fehler sind gleichmäßig verteilt. Bei einem System von 1 Million Anweisungen wären das 5 Fehler pro 1.000 Anweisungen. Die wahrscheinliche Anzahl Restfehler wird wie folgt kalkuliert:

$$\frac{gefundene\ Fehler}{Testüberdeckung} - gefundene\ Fehler$$

In unserem Beispiel wäre das Ergebnis:

$$\frac{150}{0,75} - 150 = 50$$

Die Restfehlerwahrscheinlichkeit ist die verbleibende Anzahl Fehler über die Summe aller Fehler, also

$$\frac{50}{200} = 0,25$$

Da aber Fehler nicht gleich verteilt sind, muss diese Zahl mit Vorsicht behandelt werden. Die tatsächliche Anzahl verbleibender Fehler könnte sowohl höher als auch niedriger liegen – je nachdem, ob wir die fehlerhaften Komponenten erwischt haben oder nicht.

Eine Studie an der Universität Liverpool im Rahmen des europäischen ESPRIT-Projekts TRUST für den Test Embedded Realtime Systeme kam zum Schluss, dass die Anzahl verbleibender Fehler dem 10er-Logarithmus der Anzahl Fehler auf Basis des ungedeckten Codeanteils entspricht [Veev94]. Alan Veevers und Adam Marshall haben dort einen Algorithmus entwickelt, um eine Beziehung zwischen der Testüberdeckung und der verbleibenden Fehleranzahl herzustellen. Diese Forschung basierte auf „Sneed's Conjecture", die Harry Sneed auf einem Workshop in Liverpool vorschlug. Demnach wäre in unserem Beispiel die verbleibende Fehleranzahl:

50 * log(2) = 15

Die Restfehlerwahrscheinlichkeit wäre danach nicht 0,25, sondern 0,075. Die Restfehlerwahrscheinlichkeit spielt eine wichtige Rolle bei der Kalkulation der Wartungsaufwände, da die korrektive Wartung bekanntlich 25 bis 50 % der gesamten Wartungskosten ausmacht. Insofern gehört sie sowohl zur Testmetrik als auch zur Wartungsmetrik, das Thema des zehnten Kapitels.

```
+---------------------------------------------------------------------+
|                                                                     |
|               T E S T   M E T R I C   R E P O R T                   |
| PRODUCT: TESTPROD                                                   |
| SYSTEM : TESTSYS                                                    |
| DATE:    16.12.06                              PAGE: 0001           |
| Metric Definition                 Metric Type     Metric Value      |
+---------------------------------------------------------------------+
| Number of Test Cases specified    Absolute Count       167          |
| Number of Test Cases executed     Absolute Count       122          |
| Number of Code Modules            Absolute Count        19          |
| Number of Code Statements         Absolute Count      3551          |
| Number of Methods&Procedures coded  Absolute Count     201          |
| Number of Methods&Procedures tested Absolute Count     172          |
|                                                                     |
| Number of Defects predicted       Absolute Count        20          |
| Number of Defects in total        Absolute Count        14          |
| Number of Critical Defects (8)    Absolute Count         0          |
| Number of Severe Defects (4)      Absolute Count         2          |
| Number of Major Defects (2)       Absolute Count         3          |
| Number of Medium Defects (1)      Absolute Count         5          |
| Number of Minor Defects (0.5)     Absolute Count         4          |
| Number of Weighted Defects        Weighted Count        21          |
|                                                                     |
| Defect Density Rate               Relational Scale   0.0039         |
| Weighted Defect Density Rate      Relational Scale   0.0059         |
| Case Coverage Rate                Relational Scale   0.730          |
| Code Coverage Rate                Relational Scale   0.855          |
| Test Coverage Rate                Relational Scale   0.624          |
| Defect Coverage Rate              Relational Scale   0.700          |
| Remaining Error Probability       Relational Scale   0.002          |
| Weighted Error Probability        Relational Scale   0.003          |
| System Trust Coefficient          Relational Scale   0.878          |
| Test Effectiveness Coefficient    Relational Scale   0.795          |
|                                                                     |
+---------------------------------------------------------------------+
```

Abbildung 8.10 Testqualitätsmetrik

Das Tool TestDoku der Autoren dient dazu, den Test mithilfe der Testmetrik transparent zu machen. Es liefert nicht nur einen Testüberdeckungsbericht für jede Klasse und ein Trace-Protokoll für jeden Testfall, sondern darüber hinaus eine Zusammenfassung der wichtigsten Testqualitätsmetriken (siehe Abb. 8.10).

9 Produktivitätsmessung von Software

Produktivität gehört nach Putnam zu den fünf Kernmaßen der Softwaremessung, aber ungleich den anderen Maßen, die sich auf das Produkt bzw. auf die Substanz Software beziehen, geht es bei der Produktivitätsmessung um den Prozess der Softwareentstehung bzw. Softwareerhaltung. Da Prozesse sich nicht aus Objekten, sondern Aktivitäten zusammensetzen, können sie nur indirekt gemessen werden. Nicht der Prozess selbst, sondern seine Ausprägungen – die Projekte – sind Gegenstand der Messung. Erschwerend kommt die Verschiedenartigkeit der Softwareprozesse hinzu. Softwareentwicklung ist nur eine von vielen Prozessarten. Es gibt außerdem Wartungsprozesse, Migrationsprozesse und Integrationsprozesse. Jede Prozessart weist andere Eigenschaften auf und hat eine andere Produktivität.

Prozesse sind abstrakte Vorgehensweisen. Die konkrete Ausprägung eines Prozesses ist das Projekt. Jedes Projekt ist eine einmalige Anstrengung, ein bestimmtes Ziel unter vorgegebenen Einschränkungen zu erreichen [Sned05]. Ein Projekt hat eine Dauer und verursacht Kosten. Der Löwenanteil der Kosten sind Personalkosten, und hinter Personalkosten steckt Aufwand.

Nach dem Buch „Five Core Metrics" von Putman und Myers sind die fünf Kernmetriken:

- Quantität (Size)
- Qualität
- Zeit
- Aufwand
- Produktivität.

Diese sind ebenfalls die fünf Größen des vom Sneed postulierten Teufelsquadrats, die erforderlich sind, um Software zu schätzen und zu verfolgen [Sned87]. Es handelt sich um ein Optimierungsproblem, das in Form eines Quadrats dargestellt werden kann. (siehe Abbildung 9.1)

Qualität   Funktionalität

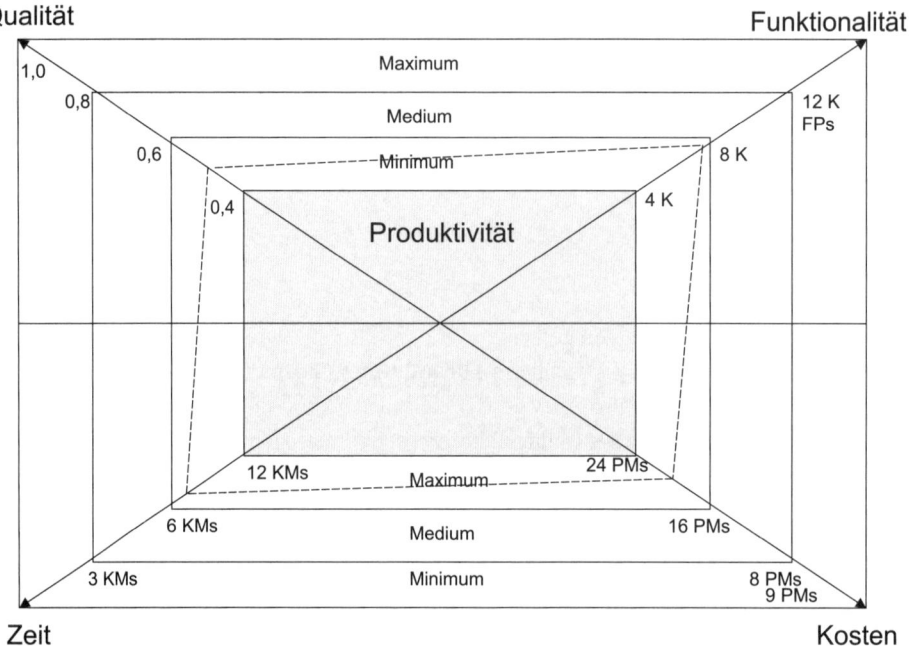

Abbildung 9.1 Das Teufelsquadrat (Sneed, 1987)

Die vier Ecken des äußeren Quadrates sind:

■ Funktionalität

■ Qualität

■ Zeit

■ Kosten.

Das innere Quadrat ist die Produktivität. Sie ist zu einem Zeitpunkt konstant. Die Mitarbeiter des geplanten Projektes können nur so viel Software pro Zeiteinheit produzieren, z.B. 500 Anweisungen oder 20 Function-Points pro Personenmonat. Die Produktivität kann nur allmählich gesteigert werden. Eine Produktivitätssteigerung von 10 % jährlich ist schon eine große Errungenschaft. Produktivitätssteigerungen von 25-50 % jährlich sind oft versprochen, aber nie erreicht worden. In den 20 Jahren zwischen 1980 und 2000 hat sich die mittlere Function-Point-Produktivität in den USA verdoppelt. Dies entspricht einer Steigerung von 5 % jährlich [Jone98]. Also kann von einer Produktivitätssteigerung während eines Projektes nicht die Rede sein. Kurzfristige Motivationsschübe kann es geben, aber sie halten nicht lange an, und am Ende ist alles ausgeglichen. Produktivität muss als Konstante angenommen werden.

Komplexität wurde von den beiden Schätzexperten außer Acht gelassen, weil sie Komplexität als Teil der Größe betrachten. Ansonsten deckt sich ihre Sicht auf die Metrik mit der, die in diesem Buch vertreten wird. Zeit und Aufwand werden hier unter der Rubrik Produktivität behandelt. Produktivität wird bei Putnam und Myers als das Verhältnis von Zeit und Aufwand zur Quantität und Qualität verstanden [PuMy05].

Die Zeit ergibt sich aus der Beziehung des Aufwands zur Personalanzahl, wobei dies keineswegs ein lineares Verhältnis ist, wie wir sehen werden.

Hughes betont in seinem Buch „Practical Software Measurement", Produktivität sei der Schlüssel zur Schätzung von Softwareprojekten [Hugh00]. Produktivität ließe sich nur empirisch aus bisherigen, vergleichbaren Projekten ableiten. Sie ergibt sich aus der einfachen Gleichung:

$$Produktivität = \frac{Quantität}{Aufwand}$$

Falls die Größe in Anweisungen gemessen wird, ist Produktivität die Anzahl Anweisungen pro Aufwandseinheit. Falls die Größe in Function-Points gemessen wird, ist Produktivität die Anzahl Function-Points pro Aufwandseinheit usw. Wenn man die Komplexität und die Qualität einbezieht und als Justierungsfaktoren betrachtet, sieht die erweiterte Gleichung wie folgt aus:

$$Produktivität = \frac{Quantität * Komplexität * Qualität}{Aufwand}$$

Demnach ist die Produktivität eines Projekts, das 20 Personenmonate gekostet hat und ein Ergebnis von 10.000 Anweisungen mit einem Komplexitätsfaktor von 1,2 und einem Qualitätsfaktor von 0,9 aufweist, gleich 540 Anweisungen pro Personenmonat.

Ohne Produktivitätsmessung kann der Aufwand für geplante Projekte nicht geschätzt werden. Deshalb ist das Thema so wichtig. Die Produktivität bedingt den Aufwand und dadurch die Zeit für ein Projekt. Die beiden Themen Produktivitätsmessung und Projektaufwandsschätzung sind unweigerlich miteinander verbunden. Da es unterschiedliche Projekttypen gibt, muss es auch unterschiedliche Produktivitätsmaße geben (siehe Abb. 9.2).

In diesem Kapitel geht es um die Produktivität und Aufwandsschätzung von Entwicklungs-, Integrations- und Migrationsprojekten. Im darauffolgenden Kapitel wird die Produktivität von Wartungs-, Sanierungs- und Evolutionsprojekten behandelt.

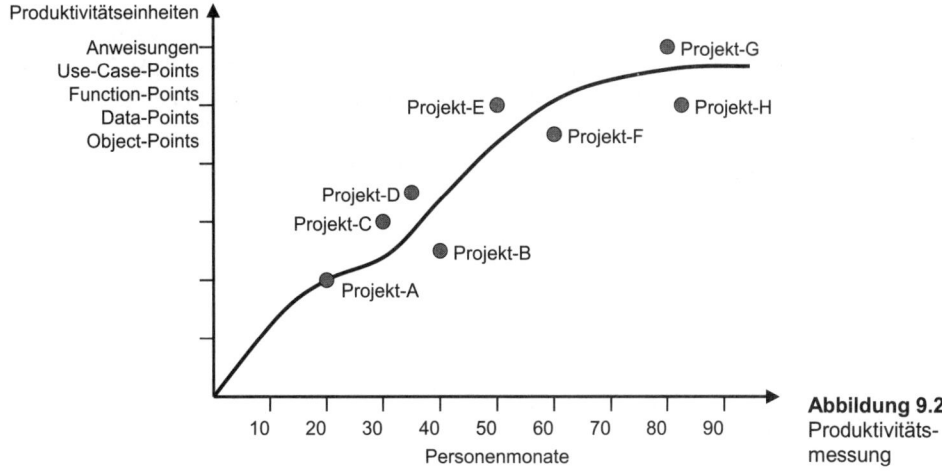

Abbildung 9.2
Produktivitäts-
messung

231

9.1 Produktivitätsmessung – Ein umstrittenes Thema

Wie Komplexität und Qualität hat Softwareproduktivität eine lange Vorgeschichte. Sie begann schon in den 60er Jahren des vorigen Jahrhunderts, als Sachman ein Experiment bei der SDC mit Programmierern durchführte, um festzustellen, wie schnell sie mit gestellten Programmieraufgaben fertig werden. Das Ergebnis war frappierend: Es gab Unterschiede von 1:25 bei gleicher Qualität des Ergebnisses [Sack68]. Die kürzeste Zeit zur Erledigung derselben Programmieraufgabe durch 12 professionelle Programmierer war 2 Stunden, die längste Zeit 50 Stunden. Es zeigte, dass der Unterschied zwischen menschlicher Produktivität bei einer geistigen Arbeit um ein Vielfaches höher ist als bei einer körperlichen Arbeit. Seitdem wird darüber gestritten, ob es überhaupt legitim ist, geistige Produktivität zu messen. Es wäre ein zu großer Eingriff in die Intimsphäre eines Menschen. In manchen Ländern ist die Messung der individuellen Produktivität sogar verboten. Es hat sich auch gezeigt, dass der gleiche Mensch in verschiedenen Situationen unter wechselnden Bedingungen eine stark variierende Leistung vorweist.

In einem anderen Experiment in den 70er Jahren hat Weinberg demonstriert, dass Produktivität von der Zielsetzung abhängt. Je nachdem, welches Ziel vorgegeben ist, werden Programmierer bei der Erfüllung des vorgegebenen Ziels bessere Leistungen bringen. Wenn das Ziel Performance ist, werden die Programme schnell, allerdings auf Kosten anderer Ziele. Ist das Ziel Fehlerfreiheit, werden die Programme besonders korrekt entwickelt, und ist das Ziel, in möglichst kurzer Zeit fertig zu werden, werden die Programme zwar schnell fertig, aber mit einem entsprechenden Qualitätsverlust. Weinberg kommt zu dem Schluss, dass die Ziele für die Produktivität entscheidend sind [Wein71].

DeMarco und Lister kommen in ihrem vielzitierten Buch „Peopleware" zum Schluss, dass nicht nur die Zielsetzung, sondern auch die Umgebung einen starken Einfluss auf die Produktivität geistiger Arbeit hat [DeLi96]. Eingepfercht in Großraumbüros wie die Hühner in einer Legebatterie ist kaum einer motiviert zu produzieren. Viele Menschen sind leicht abzulenken, andere sind besonders lärmempfindlich. Wenn der Nachbar am Telefon mit seiner Frau streitet, bremst das die Denkfolge vieler Menschen. Andere können konzentriert arbeiten, auch wenn neben ihnen Kinder toben. Es ist DeMarco und Lister zu verdanken, dass sie auf diese banalen Faktoren hingewiesen haben. Seitdem sind Softwareentwicklungsbetriebe bemüht, ihren Mitarbeitern optimale Arbeitsbedingungen anzubieten – Einzelräume im Grünen mit Blick auf einen Park und Kommunikationsräume in der Nähe werden angestrebt. Man zielt auf campusähnliche Betriebsumgebungen ab, damit die Mitarbeiter das Gefühl haben, sie seien noch an der Universität. Das soll sie beflügeln. Ob das wirklich so ist, bleibt dahingestellt. Es gibt auch Menschen, die es fertig bringen, in einem Zugabteil voller tobender Kinder eine hohe geistige Leistung zu erbringen. Solche Menschen haben die Gabe, sich von der Außenwelt abschirmen zu können.

Den Umständen zum Trotz sind manche Menschen eben kreativer und disziplinierter als andere, was sie wiederum produktiver macht. Man will es nicht ansprechen, weil es politisch inkorrekt wäre, aber jede Softwarefirma weiß, dass die Produktivität der Mitarbeiter sehr unterschiedlich ist. Viele sogenannte Entwickler können gar nicht richtig programmieren, wie Sneed in einem umstrittenen Beitrag in der deutschen Computerwoche behauptet hat [Sned01]. Es ist schwer zuzugeben, dass in einer bestimmten Situation ein Mensch zehnmal so produktiv sein kann als ein anderer, denn das hätte schwerwiegende Folgen für die Gehaltsstruktur. Deshalb ist es auch unmöglich, in der Softwarebranche nach Leistung zu bezahlen. Die Bandbreite der Leistungsprofile ist einfach zu groß.

Nichtsdestotrotz sind alle Softwareentwicklungsbetriebe äußerst bemüht, nur das allerbeste Personal auszusuchen. Bei leistungsbezogenen Betriebe wie Microsoft und Google wird nur jeder 50. Bewerber angenommen. In dieser Hinsicht ähnelt die Anstellung von Softwareentwicklern dem Aufnahmeverfahren für Ritter im Mittelalter. Das bestätigt nur, dass die Industrie sich des großen Unterschiedes im Leistungspotenzial, sprich Produktivität, sehr wohl bewusst ist. Sie sind aber sehr vorsichtig, wenn es darum geht, Produktivität zu messen, nachdem sie die Menschen ihrer Wahl eingestellt haben, denn das würde die Mitarbeiter provozieren. Demzufolge ist es äußerst schwierig, an Produktivitätsdaten heranzukommen, vor allem in Europa, wo es als unsozial gilt, die Leistung von Mitarbeitern zu messen. Somit herrscht in Europa ein großer Widerspruch zwischen dem Bekenntnis zur Gleichheit auf der einen Seite und dem Zwang zur Leistung auf der anderen. Darum bleibt Produktivitätsmessung ein umstrittenes Thema.

9.2 Softwareproduktivität im Rückblick

9.2.1 Dokumentenmessung mit dem Fog-Index

Produktivitätsmaße für Textdokumente gibt es so lange, wie Texte geschrieben werden. Schon in mittelalterlichen Klöstern wurden Mönche danach bewertet, wie viele Zeilen sie pro Tag handschriftlich kopieren konnten. Ein Produktivitätsmaß für die Entstehung der Urdokumente hat es allerdings nie gegeben. Kreativität lässt sich eben nicht so ohne Weiteres messen. Bei den heutigen Softwareprojekten stellt sich die Frage, wie viel kopiert, sprich wiederverwendet wird und wie viel neu erfunden wird.

Im Gegensatz zur Codemessung, welche auf die Ermittlung der Produktivität der Programmierer ausgerichtet ist, zielt die Dokumentenmessung auf die Produktivität der Analytiker. Erstere werden in Bezug auf Codezeilen, Anweisungen, Operatoren und Operanden gemessen, die sie pro Tag implementieren. Letztere werden daran gemessen, wie viele Systementitäten, Vorgänge, Objekte, Zustände, Regeln usw. sie pro Tag spezifizieren. Wie wir sehen werden, liegen die meisten neuen Produktivitätsmaße irgendwo zwischen diesen beiden Ebenen, nämlich auf der Entwurfs- oder Modellierungsebene. Function-Points sind ein Maß für das Funktionsmodell. Sie zählen eigentlich Datenflüsse. Object-Points sind ein Maß für das Objektmodell. Sie zählen Modelelemente wie Klassen, Attribute, Methoden und Interaktionen. Data-Points sind ein Maß für das Datenmodell. Sie zählen Datenentitäten, Attribute, Schlüssel, Sichten und Zugriffe. Use-Case-Points sind schließlich ein Maß für das Nutzungsmodell. Sie zählen Systemakteure, Anwendungsfälle und Verarbeitungsschritte. Alle diese Maße setzten ein Modell voraus. Sie gelten daher als modellbasierte

Produktivitätsmaße, während die konventionellen Maße entweder text- oder codebasiert sind.

Bei den Texten können wir die Anzahl Wörter und Sätze sowie die Anzahl Tabellen und Abbildungen in einem Text zählen, um die Quantität der Texte zu ermitteln. Was wir aber nicht messen können, ist die Qualität der Texte.

Ein Versuch, die Qualität vom Text zu beurteilen, ist der sogenannte Fog-Index [Gonn63]. Der Fog-Index ist:

$$\left(\frac{Anzahl\ Wörter}{Anzahl\ Sätze} + \frac{Anzahl\ Wörter\ >\ 3\ Silben}{Anzahl\ Wörter} \right) * 0,4$$

Nach Gonning, dem Vater dieses Maßes, haben klassische Werke aus der englischen Literatur einen mittleren Fog-Index von 8. Die Bibel hat einen Fog-Index von 6. Technische Dokumente haben einen Fog-Index > 12. Das Ziel sollte sein, möglichst kurze Sätze mit möglichst wenig mehrsilbigen Wörtern zu schreiben. Das mit den kurzen Sätzen ist in technischen Dokumenten anzustreben. Mit den mehrsilbigen Wörtern kann es schwierig werden – vor allem, wenn die zu beschreibenden Vorgänge komplexe technische Vorgänge sind. Sie können nur soweit vereinfacht werden, als sie dann noch einen Sinn ergeben.

In Dokumenten, die Softwaresysteme beschreiben, kommen bestimmte Begriffe vor, die auf den Umfang des Systems hinweisen, Begriffe wie Vorgänge und Aktionen, Objekte der Aktionen und Zeitwörter, die Aktionen mit Objekten verbinden, die Prädikate. Darüber hinaus gibt es Bedingungswörter wie wenn, falls, so lange usw., die auf Regeln hinweisen. Andere Eigenschaftswörter wie gelöscht, gespeichert, falsch und richtig deuten auf Zustände hin. In Verbindung mit einem Hauptwort ergeben sie einen Objektzustand. Es ist also durchaus möglich, in einem Anforderungsdokument Vorgänge, Aktionen, Objekte, Zustände und Regeln zu zählen, um den Umfang des Systems zu messen und mit dem Aufwand in Arbeitstagen zu vergleichen. Dadurch ist die Produktivität eines Analytikers prinzipiell messbar [Rudo93].

9.2.2 Produktivitätsmessung bei der Standard Bank of South Africa

Seit Beginn der Softwareentwicklung in den 50er Jahren sind Softwareproduktivität und Produktivitätsmessung das Thema vieler Studien. Die Studien von Sachman und Weinberg werden häufig zitiert, aber sie sind nur zwei von vielen. Ein Artikel in der Zeitschrift Datamation vom Mai 1977 beschreibt das Bemühen der Standard Bank of South Africa, die Produktivität ihrer Entwickler zu messen. Der Artikel mit dem heute politisch inkorrekten Titel „Taking the measure of programmer productivity" beschreibt, wie zunächst Codezeilen pro Stunde gezählt wurden, um die Leistung zu bestimmen. Als dies zu einer Aufblähung des Codes geführt hat, ist die Bank dazu übergegangen, Funktionen im Code zu zählen. Nach ihrer Definition war eine Funktion „a section of code that performs only one activity, such as intializing fields, computing values, setting up a print line, validating a record etc. It has only one entry point and one exit point and contains anywhere from 5 to 50 statements". Das entspricht einem COBOL-Paragraphen oder einer FORTRAN-Subroutine. Heute wäre das eine Java-Methode oder eine C-Funktion. Dementsprechend wurde Programmierproduktivität an der Anzahl elementarer Codeblöcke gemessen. Die Standard Bank of South Africa entdeckte, dass in all ihren Projekten die mittlere Produktivität von zwei bis vier Stunden pro Funktion einschließlich Entwurf, Codierung und Unit-Test betrug, allerdings ohne Systemtest. Die vier Stunden kamen dann vor, wenn eine neue Technologie ins Spiel kam: eine neue Sprache, eine neue Entwicklungsumgebung oder ein neues Datenbanksystem, also wenn Entwickler etwas Neues lernen mussten. Sonst lag die Produktivität bei allen Projekten zwischen 1,7 und 2,1 Stunden pro COBOL-Funktion.

Es ist interessant zu erfahren, dass es damals in Südafrika ein „National Productivity Institute" gab, das sich um die Produktivität in der Softwareentwicklung gekümmert hat. Die angesprochene Produktivitätsstudie wurde von jenem Institut gefördert. In einer weiteren Studie wurden 14 COBOL-Programme mit 384 Funktionen untersucht. Der Aufwand, sie zu entwickeln, betrug 728 Stunden, also wiederum 1,9 Stunden pro Funktion. Dies bestätigte, dass die Produktivität in der Bank ziemlich konstant war, und dass es durchaus möglich war, künftige Projektaufwände aufgrund vergangener Produktivitätskennzahlen zu schätzen – vorausgesetzt, man wusste, wie viele solche Funktionen es geben würde.

Ferner ist interessant, dass die Zahl der Codezeilen nicht maßgeblich war. Die Größe der COBOL-Codeblöcke variierte von 4 bis 50 Codezeilen. Es war jedoch nicht die Zahl der Codezeilen, sondern die Zahl der Codeblöcke, die mit dem Aufwand in Stunden korrelierte. Diese Produktivitätsmessung im fernen Südafrika war der Vorgänger der Function-Point-Methode [Cros77].

9.2.3 Die Entstehung der Function-Point-Methode

Zwei Jahre später im Jahre 1979 trug Albrecht Albert von der IBM eine neue Schätzmethode für Softwareentwicklungsprojekte vor der IBM-Benutzertagung in Philadelphia vor [Albr79]. Möglicherweise war er von der Produktivitätsmessung in Südafrika beeinflusst, die schon 1977 begonnen hat. Bis Mitte der 70er Jahre haben die großen Computerhersteller Softwaredienstleistungen zusammen mit dem Verkauf der Hardware angeboten. Ein Entflechtungsentscheid des Obersten Gerichtshofes in Amerika machte dieser Praxis ein Ende und markierte den Anfang der Softwareindustrie. Ab dann musste für Softwaredienstleistungen extra bezahlt werden, damit reine Softwareanbieter auf dem Markt eine Chance bekamen.

Der Entflechtungsentscheid warf die Frage auf, was eine Softwareleistung wert sei bzw. wie viel der Kunde dafür bezahlen sollte. Statt die Kosten nach dem Wert der Software für den Benutzer auszurichten, also wertbezogen, entschied man sich für eine aufwandsbezogene Bezahlung. Es sollten wie bei Handwerkern die Stunden bezahlt werden, die das Projekt beansprucht. Darauf folgte zwangsläufig die Frage nach der Zahl der benötigten Stunden, denn ein Kunde will im Voraus wissen, was er für eine Leistung zu bezahlen hat. Von den Anbietern der Softwareservices wurde verlangt, dass sie ihren Aufwand in Stunden, Tagen oder Monaten veranschlagen, damit der Softwarekunde wenigstens eine Ahnung hat, welche Kosten auf ihn zukommen. IBM und auch die anderen großen Anbieter von

Softwaredienstleistungen waren in Bedrängnis, ihre Aufwände für eine bestimmte Software-dienstleistung vorherzusagen.

IBM entschied sich für das Function-Point-Maß, weil dieses zu ihrer damaligen Entwurfs-technik HIPO passte [Jone87]. HIPO setzte mit einem Funktionsbaum an, der schrittweise verfeinert wurde. Die untersten Knoten des Baumes sollten die Einzelprogramme darstel-len. Heute würde man sie als Anwendungsfälle bezeichnen. Jeder elementare Baumknoten hat Bewegungsdaten in Form von Eingaben und Ausgaben sowie Zugriffe auf Stammdaten bzw. Datenbanken. Ein Benutzer stellt auch Abfragen, und ein System hat Schnittstellen zu anderen Systemen (siehe Abb. 9.3).

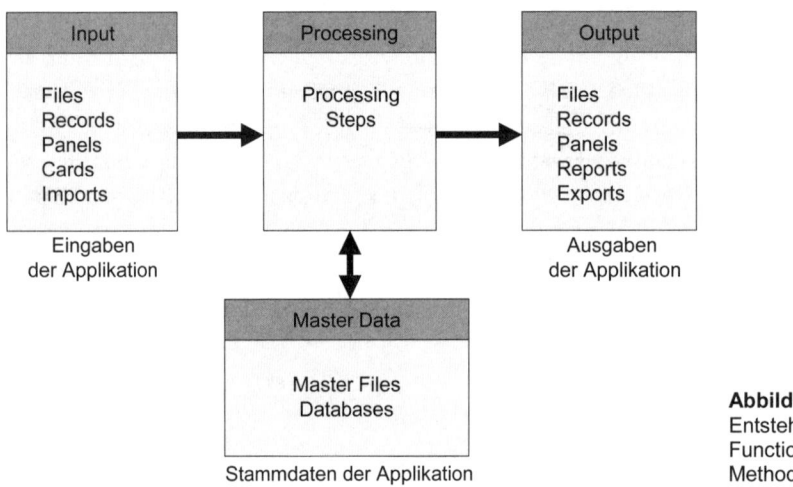

Abbildung 9.3
Entstehung der
Function-Point
Methode

Albrecht teilte diese Datenbewegungen in einfach, komplex und mittelkomplex ein und wies ihnen Gewichte zu:

Datenbewegungstyp	Einfach	Mittelkomplex	Komplex
Eingabe	3	4	6
Ausgabe	4	5	7
Abfrage	3	4	6
Datenbank	7	10	15
Schnittstellendatei	5	7	10

Die Summe dieser Datenbewegungsgewichte ergibt die rohe Function-Point-Anzahl, die durch 14 Einflussfaktoren aus der Datenverarbeitung der 70er Jahren um +- 35 % justiert wird. Die justierte Function-Point-Anzahl wird über eine Tabelle Erfahrungswerte in Per-sonenmonate umgesetzt.

Das Ganze erscheint aus heutiger Sicht etwas rätselhaft und wirft viele Fragen auf, z.B. was eine Eingabe bzw. eine Ausgabe ist und was als komplex bezeichnet wird. In einem späteren Beitrag zu IEEE-Transaktionen versuchten Albrecht und Gaffney, ihre Zählme-thode näher zu erläutern, ließen aber auch hier viele Fragen offen [AlGa83]. Vielleicht ist es auch gut so, denn jeder kann die Methode für sich auslegen. Die internationale Function-Point User Group beansprucht für sich, die relevante Instanz für Function-Points zu sein [IFPU99]. Dennoch gibt es etliche Häretiker wie Symons in England und Abran in Kanada, die eigene Lehren propagieren. Was die Zählung der Function-Points anbetrifft, haben diese Lehren miteinander kaum etwas gemeinsam außer dem Namen. Symons zählt die Datenfelder in der Benutzeroberfläche [Symo91] und Abran die Eingänge und Ausgänge der Module [Abra96].

9.2.4 Das COCOMO-I-Modell von Boehm

Festpreisangebote verlangten auch die US-Behörden für ihre Softwaredienstleistungen. Die größte Behörde, das US-Verteidigungsministerium, wurde von dem US-Kongress unter Druck gesetzt, seine steigenden Softwarekosten zu rechtfertigen. Der Wettbewerb zwischen den Softwareanbietern sollte angekurbelt werden. Also wurde von ihnen verlangt, wie bei Bauprojekten für jedes Vorhaben mehrere Festpreisangebote einzuholen Jedes Projekt sollte nach einem fest vereinbarten Preis mit einem fest vereinbarten Termin abgewickelt werden, statt einfach die Stunden abzurechnen. Dies war der Anlass für Barry Boehm, damals ein Abteilungsleiter in der Rüstungsindustrie, sein Constructive Cost Modell (COCOMO) für die Aufwandschätzung nach ausgelieferten Anweisungen (Kilo delivered source instructions) zu konzipieren [Boeh81]. So entstanden gleichzeitig zwei Ansätze zur Messung von Softwareproduktivität – eine an der Ostküste und eine an der Westküste. Während in der Welt der kommerziellen Datenverarbeitung IBM den funktionalen Ansatz verfolgte, verfolgte die US-Rüstungsindustrie den Ansatz von Boehm zur Codegrößenmessung.

Im Gegensatz zu Albrecht, der keinerlei empirische Beweise für die Gültigkeit seiner Schätzmethode vorlegte, nahm Boehm einen empirischen Ansatz zur Messung von Softwareproduktivität. Er sammelte Daten über 67 Softwareprojekte im Raum Los Angeles und wertete sie bezüglich ihrer erfassten Arbeitszeit aus. Für die Größe der Projekte zählte er die Anweisungen, die am Ende des Projektes ausgeliefert wurden: Kilo delivered source instructions (KDSI). Ihm ging es um das Verhältnis zwischen Codemasse und Arbeitsaufwand. Natürlich gab es andere Projektfaktoren, die er in seine Studie einbezog, beispielsweise Entwicklungsumgebung, Testbedingungen und die Erfahrung der Entwickler, aber im Vordergrund stand die Produktivität des Projektteams in Anweisungen pro Personenmonat. Diese Daten wurden einer multiplen Regressionsanalyse unterworfen, und heraus kam eine exponentielle Gleichung für die Vorhersage des Aufwands aufgrund der Größe in Tausenden von Anweisungen:

Aufwand = 2,4 (KDSI) ^1,05

Der Multiplikator 2,4 ist ein Justierungsfaktor, der je nach Systemtyp einzustellen ist. 2,4 ist der Faktor für standalone, monolithische Anwendungen. Für eingebettete Echtzeitsystem ist er 3,6. Verteilte Systeme liegen dazwischen. Die Exponenten ändern sich auch je nach Systemtyp und werden höher, um die steigende Aufwandskurve widerzuspiegeln. Für eingebettete Systeme lautet die Formel

$$Aufwand = 3,6 \ (KDSI)^{1,23}$$

So entstand das COCOMO-Modell für die Kalkulation des Projektaufwands auf Basis empirischer Produktivitätsdaten. Auf der nächsten Stufe – dem Intermediate-Modell – wird die angestrebte Qualität sowie die lokale Produktivität als Multiplikationsfaktoren einbezogen. Damit konnte der Benutzer die von Boehm berechnete Produktivitätskurve seiner besonderen Bedingungen anpassen. Die Intermediate-Gleichung sieht dann wie folgt aus:

$$Aufwand = 2,4 \ (KDSI)^{1,05} * (Qualitätsfaktor * Produktivitätsfaktor)$$

Der Qualitätsfaktor ist das Produkt der einzelnen Qualitätsfaktoren wie Zuverlässigkeit, Korrektheit, Effizienz und Wartbarkeit. Der Produktivitätsfaktor ist das Produkt einer Reihe von Einflussfaktoren wie Erfahrung und Expertise der Mitarbeiter sowie Stabilität und Funktionalität der Entwicklungsumgebung [Boeh84].

Das COCOMO-I-Modell enthielt auch eine Reihe von Gleichungen zur Berechnung der minimalen Projektdauer aufgrund des Entwicklungsaufwandes, z.B. für standalone IT-Systeme:

$$Projektdauer = 2,5 \ (Aufwand)^{0,38}$$

Der entscheidende Punkt bei der Produktivitätsmessung nach Anweisungen ist, wie man die Anweisungen vor der Entwicklung überhaupt zählen sollte. Es gebe kaum Anhaltspunkte, es sei denn, man übernimmt Anweisungszahlen aus anderen vergleichbaren Projekten. Man könnte eine bestimmte Anweisungszahl pro Anforderung oder pro spezifiziertem Anwendungsfall rechnen, aber dazu bräuchte man Richtwerte aus der Analyse früherer Systeme mit ähnlichen Anforderungsdokumenten und vergleichbarem Code. Ansonsten ist diese Schätzmethode nur in Projekttypen wie Wartung, Sanierung und Migration zu empfehlen, bei denen der Code bereits vorhanden ist.

Diese Schwäche ist Boehm bewusst geworden. Das neuere COCOMO-II-Modell erlaubt dem Schätzer nicht nur Kilo-Anweisungen, sondern auch andere Größenmaße wie Function-Points oder Use-Case-Points zu verwenden [Boeh99] (siehe Abb. 9.4).

9.2.5 Putnams Softwaregleichung

Noch vor der Einführung der Function-Point-Methode durch Albrecht und der Entwicklung des Constructive Cost Models durch Boehm hat der für das Softwarebudget der US-Army zuständige Oberst Larry Putnam begonnen, Softwareproduktivität im Verteidigungsministerium zu untersuchen [Putn78]. Wie Boehm war auch Putnam bemüht, eine Formel für die Vorhersage von Softwareprojektkosten zu finden. Wie Boehm verfügte er über Daten aus zahlreichen Entwicklungsprojekten. Er wusste, wie lange sie in Kalenderzeit gedauert haben, wie viele Arbeitstage in Rechnung gestellt und wie viele Quellcodezeilen geliefert wurden. Mit diesen drei Größen stellte er eine Gleichung auf:

$$Größe \ in \ Zeilen = Aufwand^{1/3} * Zeit^{4/3} * Produktivität$$

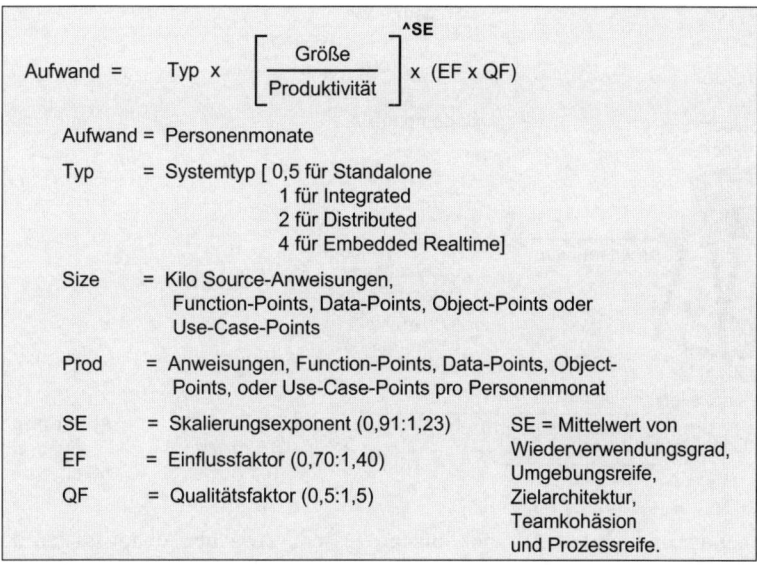

Abbildung 9.4 Der Schätzalgorithmus von COCOMO-II. Das COCOMO-II-Modell benutzt alternative Größen, um den Aufwand zu schätzen. Ausschlaggebend sind außer der Größe der Systemtyp, die Skalierung, die Projekteinflüsse und die angestrebte Qualität.

Diese Gleichung wurde mit den Daten aus mehreren Hundert Projekten validiert. Es stellte sich heraus, dass Projekte der gleichen Größenordnung in etwa den gleichen Aufwand verursachen und die gleiche Dauer haben. Wenn drei der vier Faktoren bekannt sind, z.B. Größe, Produktivität und Zeit, kann der vierte Faktor Aufwand errechnet werden. Wenn Größe, Aufwand und Zeit bekannte Größen sind, lässt sich die Produktivität nachträglich ableiten.

Interessant ist, dass Putnam Source-Codezeilen zählte. Da er im Gegensatz zu Boehm ein reiner Manager und kein Softwaretechnologe war, wollte er etwas zählen, das er begreifen konnte. Die Codezeilen, die Personentage und die Kalendertage holte Putnam aus seiner Projektdatenbank. Daraus konnte er die Produktivität im Nachhinein berechnen. Es fiel ihm jedoch schwer, Produktivität im Voraus zu bestimmen, da sie von Projekt zu Projekt zu stark variierte. In den meisten Projekten für die Armee lag die Produktivität bei circa 10 Codezeilen pro Personentag. Dennoch stellte er fest, dass es viele Projekte gab, bei denen die Produktivität bei nur 2 Codezeilen pro Personentag lag und wiederum andere mit einer Produktivität von 20 Codezeilen pro Personentag. Die Produktivität variierte also um den Faktor 10. Manche Projekte waren somit zehn Mal produktiver als andere. Wie soll ein Manager nun wissen, wie produktiv sein Projekt sein wird? Je nachdem, wie er die Produktivität einschätzt, könnte er um das Zehnfache danebenliegen (siehe Abb. 9.5).

Putnam kam später zu dem Schluss, dass die konventionelle Produktivitätsmessung völlig unzuverlässig ist. Ein Schätzer kann nicht wissen, welche Leute an dem Projekt beteiligt sind und wie sie sich in dem Projekt verhalten werden. Statt Personalproduktivität zu messen, ist er dazu übergegangen, Prozessproduktivität zu messen. Er unterscheidet zwischen

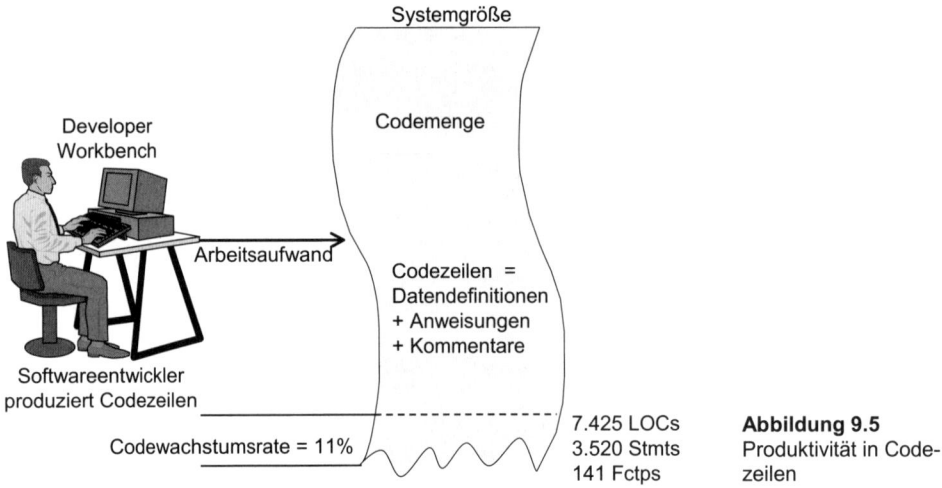

Arbeitsaufwand

Codewachstumsrate = 11%

7.425 LOCs
3.520 Stmts
141 Fctps

Abbildung 9.5
Produktivität in Code-
zeilen

konventionellen und agilen Entwicklungsprozessen, zwischen chaotischen, definierten, wiederholbaren und gesteuerten sowie zwischen Erstentwicklungs- und Weiterentwicklungsprozessen. Für jede Prozessart ermittelte er eine mittlere Produktivität auf Basis empirischer Daten aus den zahlreichen DOD-Projekten. Diese Produktivität wird in Codezeilen pro Personentag gemessen [PuMy92].

Für Putnam spielte die Dauer eines Projektes eine maßgebliche Rolle. Von ihm stammt der Gedanke, dass es ein Irrtum ist zu glauben, der Aufwand steige linear im Verhältnis zu der Zeit und der Anzahl der Beteiligten. In der Realität verläuft die Aufwandskurve ganz anders. Je mehr Beteiligte es gibt, desto niedriger die Produktivität. Mit jedem zusätzlichen Mitglied sinkt die Produktivität der Gruppe als Ganzes. Dieses Prinzip der sinkenden Produktivität geht zurück auf den Personenmonat von Fred Brooks, der feststellte: „Adding people to a late project only makes it later" [Brok75]. Dies hat mit dem erhöhten Kommunikationsaufwand zu tun. Je mehr Personen an einem Projekt beteiligt sind, desto höher der Kommunikationsbedarf. Das erklärt u.a., warum die Produktivität in Großprojekten so niedrig ist. Dazu kommt das Gefühl der Menschen in einem Großprojekt, dass ihr fehlendes Engagement von dem Engagement der anderen wettgemacht wird. Brooks antwortete auf die Frage, wie ein Projekt ein Jahr zu spät sein kann, mit dem Satz: „One day at a time." Jeden Tag, an dem ein Projektbeteiligter sein Tagesziel verfehlt, geht auf Kosten des Gesamtziels, und so rutscht ein Projekt Tag für Tag von seinem Ziel ab. Die mittlere Produktivität ist also nicht nur eine Frage der Prozessart, sondern auch eine Frage der Größe des Vorhabens.

Die Aufgabe eines Schätzers besteht nach Putnam darin, die mittlere Produktivität in Codezeilen pro Personentag mit der vorgesehenen Projektdauer in Kalendertagen und der Größe des geplanten Systems in Codezeilen zu paaren, um daraus den Aufwand in Personentagen abzuleiten:

$$Aufwand^{1/3} = Dauer^{4/3} * \frac{Größe}{Produktivität}$$

240

Das Problem mit dieser Softwaregleichung ist die Schätzung der Softwaregröße. Man müsste zum Zeitpunkt der Schätzung wissen, wie viele Codezeilen das System haben wird, d.h. zu einem Zeitpunkt, zu dem allenfalls die Anforderungsdokumentation vorliegt. Aus einem Anforderungsdokument die Codegröße abzuleiten, ist sehr schwierig, wenn nicht gar unmöglich. Die Zahl der Codezeilen wird auch sehr unterschiedlich interpretiert. Manche zählen einfach die gesamten Codezeilen aller Source-Dateien einschließlich Leerzeilen. Andere zählen alle Zeilen bis auf die Leerzeilen, während noch andere nur Zeilen zählen, in denen echter Code steht [Armo04]. Jedenfalls ist eine Projektion der erforderlichen Anzahl neuer Codezeilen zu Beginn einer Entwicklung äußerst bedenklich. Deshalb entstanden neben den ausgelieferten Anweisungen und Codezeilen andere Produktivitätsmaße, die sich auf Eigenschaften der Systemdokumentation bzw. des Systemmodells beziehen, beispielsweise Eigenschaften wie:

- Data-Points
- Object-Points und
- Use-Case-Points.

9.2.6 Die Data-Point-Methode

In den 80er Jahren des letzten Jahrhunderts rückten die betrieblichen Datenbanken in den Mittelpunkt der IT-Aktivitäten im Unternehmen. Als Folge der Pionierarbeiten von Chen mit seinem Entity/Relationship-Modell [Chen76] und Codd mit seinem Relationenmodell [Codd78] wurde das betriebliche Datenmodell die Basis für alle Anwendungen rund um die Datenbank. Jedes Entwicklungsprojekt ging von dem Datenmodell aus. Jede Anwendung hatte ihre eigene Sicht auf die Datenbank. Für die schnelle Umsetzung der Projekte sind spezielle, datenbankbezogene Programmiersprachen entstanden – die sogenannten Sprachen der 4. Generation. Mit ihnen beschränkte sich die Programmierung auf die Datenumsetzung zwischen den Benutzeroberflächen in Form von festdefinierten Masken und den relationalen Datenbanktabellen. Als Umsetzer dienten die Sichten auf die Masken sowie die Sichten auf die Tabellen. Eine Sicht war eine applikationsspezifische Datenstruktur mit den dazu passenden Datentypen. Diese wurden größtenteils generiert. In Anbetracht der Besonderheiten jener datenbezogenen Anwendungen war weder das Funktionsmodell noch die Codemenge geeignet, um die Produktivität solcher Projekte zu messen. Es musste eine andere Metrik her, um unter diesen Gegebenheiten der Produktivität der Projekte gerecht zu werden. Diese Metrik waren die Data-Points von Harry Sneed im Auftrage der Software AG, eine der Hauptlieferanten der neuen 4GL-Technologie [Sned91].

Bei einem datenorientierten Entwicklungsansatz beginnt man mit den Entity/Relationship-Diagrammen. Aus ihnen gehen die Datenentitäten sowie deren Attribute und Berechnungen hervor. Als Nächstes werden die Sichten auf die Datenbanken definiert. Eine Sicht bezieht sich auf eine Untermenge der Datenattribute von einer oder mehreren Datenentitäten. Aus den Sichten werden die Bildschirmmasken und die Berichte. Damit ist eine Maske bzw. ein Bericht eine Sicht auf die 1:n-Tabellen in der Datenbank. Je mehr Entitäten in einer Sicht vereinigt sind, desto komplexer ist sie. Dieses Datenmodell ist die Ausgangsbasis für das darauffolgende Projekt.

Erst später beginnt man mitten in der Entwicklung mit der Definition der Funktionen, die eigentlich an den Daten hängen. Für jedes Datenattribut gibt es eine oder mehrere Verarbeitungsregeln für die Erzeugung und Nutzung des Attributes. Ganz zum Schluss geht man dazu über, diese elementaren Funktionen zu Vorgängen nach der Zeit und dem Ort des Geschehens zusammenzufassen. Somit steht die Information, die für eine Function-Point-Schätzung erforderlich wäre, erst kurz vor der Implementierung zur Verfügung (siehe Abb. 9.6).

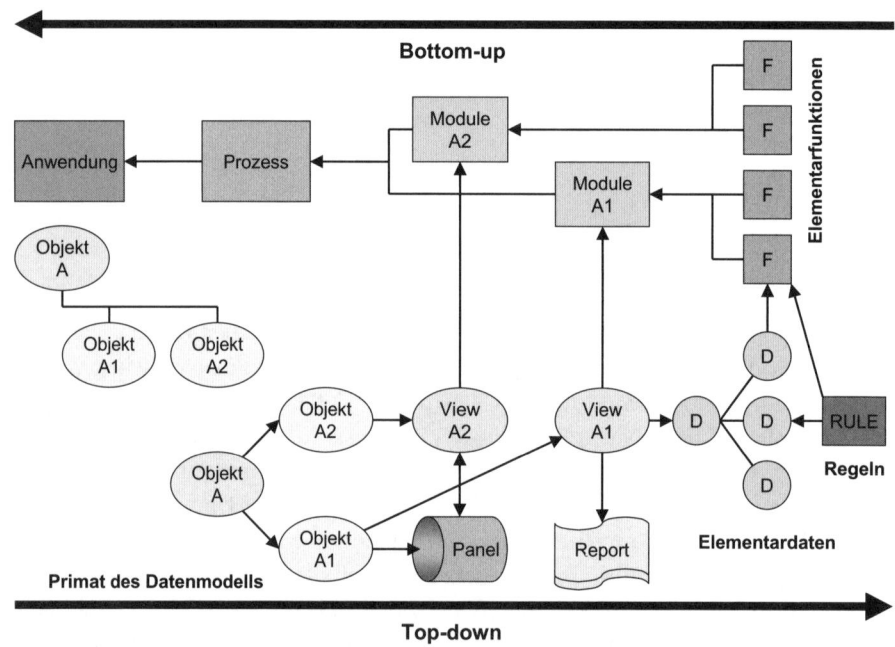

Abbildung 9.6 Vom Datenmodell zum Code

Es versteht sich, dass es kaum möglich war, derartige datenorientierte Entwicklungen nach der Function-Point-Methode zu schätzen. Es war die Frustration bei den Kunden der Software AG mit der Function-Point-Methode, die den Autor dazu brachte, eine neue Schätzmethode zu konzipieren.

Diese Methode ging von Informationen aus, die aus dem Datenmodell zu gewinnen waren. Sichtbar waren:

- die Datenentitäten und zumindest ein Teil ihrer Attribute
- die Schlüssel der Datenentitäten
- die Beziehungen zwischen den Datenentitäten untereinander
- die Sichten auf die Datenentitäten und der Großteil ihrer Attribute.

Es blieb nur übrig, diese sichtbaren Datenelemente aufgrund ihrer Komplexität zu gewichten:

- Eine Datensicht bzw. eine Maske oder Liste wiegt so viel wie die Summe ihrer Attribute plus ein Grundgewicht von 2, 4 oder 8 – je nachdem, ob die Komplexität der Oberfläche niedrig, mittel oder hoch ist.

- Zu jeder Datensicht kommt die Anzahl ihrer Beziehungen zu den Datenentitäten mal 2.

Die Data-Points des Datenmodells werden als Information-Points, die der Benutzeroberflächen als Communication-Points bezeichnet. Die Information-Points sind die Summe der Data-Points für jede Datenentität, wobei diese die Anzahl der Entitätenattribute plus die Anzahl Schlüssel mal 4 plus die Anzahl Beziehungen mal 2 ist.

$$Information\text{-}Points = \sum Entität\,[Attribute + Schlüssel * 4 + Beziehung * 2]$$

Communication-Points sind die Summe der Data-Points für jede Datensicht, wobei diese die Anzahl der Sichtattribute plus das Komplexitätsgewicht (2,4 oder 8) plus die Anzahl Beziehungen mal 2 ist.

$$Communication\text{-}Points = \sum Sicht\,[Attribute + (2, 4, 8) + Beziehung * 2]$$

Im Falle eines Datenmodells mit 10 Entitäten, die jeweils 20 Attribute, 2 Schlüssel und 3 Beziehungen haben, sind das 340 Information-Points. Wenn 15 Masken jeweils 10 Attribute und eine mittlere Komplexität haben und jedes vereinigt in sich Daten aus 2 verschiedenen Datenentitäten, so ergeben sich 270 Communication-Points. Zusammen sind dies 610 Data-Points [Sned90].

Zur Umsetzung der Data-Points in Aufwand wurden Produktivitätsdaten aus der Projektproduktivitätsmessung mit Anweisungen und Function-Points herangezogen. Für die gleichen Projekte wurden die Data-Points nachträglich gezählt und den Anweisungen und Function-Points gegenübergestellt. Aus der Korrelation des neuen Maßes mit den zwei alten Maßen ging eine Aufwandstabelle für den Data-Point hervor. Demnach entsprach ein Data-Point rund 0,2 Function-Points und 8 Anweisungen.

Später wurde die Data-Point-Methode in das Schätzwerkzeug PC-Calc eingebaut und für die Schätzung von 4GL-Projekten verwendet [Dumk96]. Im Laufe der 90er Jahre hat sie sich mehrfach bewährt. Es stellte sich heraus, dass bei derartigen Projekten der Data-Point zuverlässiger ist als der Function-Point oder die Anweisungsmenge. Dies bestätigt nur, dass die Produktivitätsmetrik zu den Produktionsmitteln passen muss.

9.2.7 Die Object-Point-Methode

Auf den Fersen der datenorientierten Softwareentwicklung, die zum Schluss in einem Buch vom Prof. H. Wedekind zusammengefasst wurde [Wede77], folgte die objektorientierte Entwicklung. Diese neue Technologie hatte schon Ende der 60er Jahren in Norwegen mit der Entwicklung der Sprache Simula67 begonnen, wurde dann von Rank Xerox in Kalifornien übernommen und breitete sich von dort in der ganzen Welt aus. Gegen Ende der 80er Jahre kehrte sie nach Europa zurück. Im Mittelpunkt der Objekttechnologie steht das Objekt. Das Objekt ist wie die Datenentität von Chen eine Menge logisch zusammengehörender Datenattribute. Im Gegensatz zu den Entitäten im E/R-Modell besitzt ein Objekt aber auch Funktionen, nämlich alle Operationen auf die Attribute dieses Objektes. Da es von außen nicht gestattet ist, auf die Attribute eines Objekts zuzugreifen, hat ein Objekt auch Schnittstellen, über die Daten ausgetauscht werden. Objekte haben Beziehungen nach oben zu übergeordneten Objekten, von denen sie Attribute und Operationen erben, und zur Seite zu benachbarten Objekten auf der gleichen Hierarchieebene, mit denen das Objekt Daten austauscht. Die Idee hier war, den Code mit den dazugehörenden Daten zusammenzulegen und von den anderen Codeeinheiten abzukapseln. Diese Programmiertechnik passte sehr gut zu den aufkommenden verteilten Systemen mit grafischen Benutzeroberflächen. Die Betonung liegt auf Wiederverwendung. Es wird angestrebt, möglichst viele Objekte in möglichst vielen Anwendungen wiederzuverwenden [Grah95].

Die Objekttechnologie stellte die Messung der Softwareproduktivität vor eine neue Herausforderung. Wie geht man mit der Wiederverwendung fertiger Software um? Der eine Ansatz – die Object-Point-Methode – geht bottom-up von den Objekten aus und misst jedes Objekt bzw. jede Klasse nur einmal, unabhängig davon, in wie vielen Komponenten und Teilsysteme es vorkommt. Der andere Ansatz – die Use-Case-Point-Methode – geht top-down von den Anwendungsfällen aus und misst die Größe des Anwendungsfalls samt aller dazugehörigen Objekte. Kommt ein Objekt in mehreren Anwendungsfällen vor, wird es mehrfach gezählt. Beginnen wir mit dem bottom-up-Ansatz: die Object-Point-Methode.

Die Object-Point-Methode ist Mitte der 90er Jahre als Reaktion auf die Notwendigkeit entstanden, objektorientierte Entwicklungsprojekte zu schätzen. Am Anfang stand das Objektmodell mit seinen Klassen, Klassenbeziehungen, Schnittstellen und Anwendungsfällen. Es kam darauf an, eine Schätzmethode zu definieren, die den Umfang der Software aus diesen Elementen ableiten konnte. Es sollte möglich sein, von der Menge der Objekttypen, Objektbeziehungen und Objektnutzungen auf die Menge des Codes zu schließen.

Wie im Falle der datenorientierten Softwareentwicklung in den 80er Jahren stand der Autor Sneed in den 90er Jahren vor der Notwendigkeit, Projekte zu kalkulieren, bei denen nur die Klassendiagramme und allenfalls noch die Sequenzdiagramme als Informationsquelle vorlagen. Zu diesem Zeitpunkt fehlten sogar oft die Anwendungsfälle. Es gab keinerlei Anhaltspunkte für die Zählung von Function-Points. Die objektorientierten Entwurfsdokumente gaben sie nicht her. Wo Use-Case-Diagramme verwendet wurden, fehlten die Beziehungen von den Anwendungsfällen zu den persistenten Datenobjekten. Eingaben und Ausgaben konnte man nur als Beziehung zwischen Systemakteuren und Anwendungsfällen interpretieren. Es war also notwendig, vom Objektmodell aus die Größe eines Vorhabens zu messen.

Vorausgegangen waren einige Veröffentlichungen zum Thema objektorientierte Metrik. Mark Lorenz von IBM hatte schon vorgeschlagen, die Größe von OO-Systemen anhand der Anzahl von Klassen, der Anzahl von Attributen, der Anzahl von Methoden und der mittleren Größe der Methoden zu messen [Lore93]. John Williams von Space Telescope hat als Schlüsselfaktoren bei der Größenmessung objektorientierter Software die Anzahl der Klassen, Methoden und Klasseninteraktionen identifiziert [Will94]. Chidamer und Kemerer vom MIT sind in ihrer Forschung auf folgende Kennzahlen zur Bestimmung des Codeumfangs gestoßen:

- die Anzahl der Methoden in einer Klasse,
- die Anzahl fremder Methoden, die invokiert werden,
- die Anzahl der Instanzvariablen,
- die Anzahl der Assoziationen zwischen Klassen [Chid94].

Die erste Veröffentlichung zum Thema Schätzen objektorientierter Projekte war die Doktorarbeit von Luiz Laranjeira an der Universität von Texas. Er schlug vor, die Klassenhierarchie als Basis für die Größenmessung der Software zu verwenden. Man sollte mit der untersten Ebene der Klassen beginnen und von unten nach oben alle neu vereinbarten Attribute und Methoden zählen, d.h. geerbte Attribute und Methoden werden nicht gezählt. Anschließend werden alle Assoziationen zwischen Klassen auf der gleichen Ebene gezählt. Nach Laranjeira käme es darauf an, die Attribute, Methoden und Beziehungen zu gewichten und durch die nicht funktionalen Anforderungen zu justieren. Daraus wollte er die Anzahl der Anweisungen ableiten, um mit der COCOMO-Methode den erforderlichen Aufwand zu schätzen [Lara90].

Der Autor entschied sich dafür, den Ansatz von Laranjeira aufzugreifen und zu ergänzen. Statt aber Anweisungen zu schätzen, sollte es ein neues Maß geben: den Object-Point. Mithilfe einer Produktivitätstabelle nach Function-Point sollte es möglich sein, die Object-Points direkt in Aufwand umzurechnen. Vorher sollten sie durch einen Einflussfaktor und einen Qualitätsfaktor justiert werden [Sned96]. Dadurch kam folgendes Zählschema zustande. Vorausgesetzt werden Klassendiagramme, Sequenz- oder Kollaborationsdiagramme und Use-Case-Diagramme (siehe Abb. 9.7).

In den *Klassen*diagrammen wiegt

- jede Klasse = 4
- jedes nicht geerbte Attribut = 1
- jede nicht geerbte Methode = 3
- jede Klassenassoziation = 2.

In den *Sequenz*diagrammen wiegt

- jede Nachricht = 2
- jeder Parameter = 1
- jeder Sender = 2
- jeder potenzielle Empfänger = 2.

In den *Use-Case*-Diagrammen wiegt

- jeder Online-Anwendungsfall = 2 x Anzahl der Ausgänge
- jeder Batch-Anwendungsfall = 4 x Anzahl der Ausgänge
- jeder System-Anwendungsfall = 8 x Anzahl der Ausgänge.

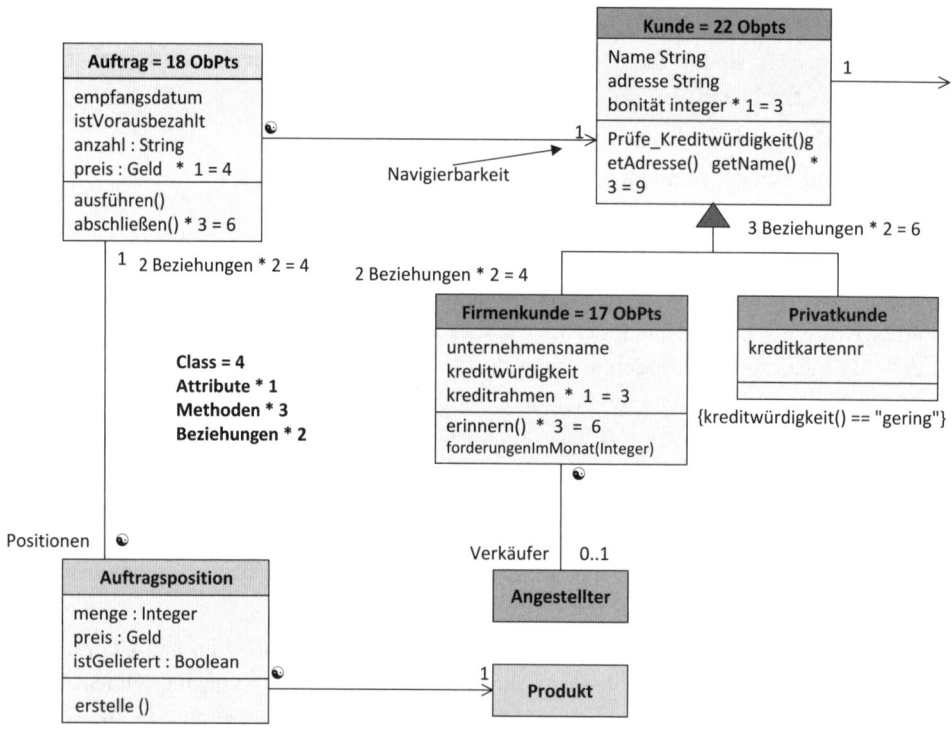

Abbildung 9.7 Produktivitätsmessung mit Object-Points

Hinzu kommt eine Komplexitätsbewertung für jede Klasse, jede Nachricht und jeden Anwendungsfall, wonach

- niedrige Komplexität = 75 % der Object-Points
- mittlere Komplexität = 100 % der Object-Points
- hohe Komplexität = 125 % der Object-Points

ergeben.

Schließlich folgt der Wiederverwendungsgrad. Die Object-Points von wiederverwendeten Klassen, Nachrichten und Anwendungsfällen werden nur mit dem Prozentanteil gezählt, mit dem das Element nicht wieder verwendet wird. Z.B. wiegt eine Klasse mit 20 Object-Points, die zu 60 % wiederverwendet wird (d.h. 40 % des Codes kommt neu hinzu), nur 8 Object-Points. Diese Einbeziehung des Wiederverwendungsanteils auf der elementaren Stufe ist gerade bei der Objektorientierung von besonderer Bedeutung, da kaum ein objektorientiertes System ohne einen hohen Wiederverwendungsanteil entsteht. Je weiter das System im Lebenszyklus kommt, desto wichtiger ist dieser Faktor. Er wird leider in den anderen Schätzmethoden außer Acht gelassen. Darum ist die Object-Point-Methode für die Schätzung von Wartungs- und Evolutionsprojekten besonders geeignet.

9.2.8 Die Use-Case-Point-Methode

Die Use-Case-Methode für die Schätzung einer Softwareentwicklung hat ursprünglich Gustav Karner von Objectory im Jahre 1993 vorgeschlagen [Karn93]. Seitdem folgten einige Erfahrungsberichte über die Anwendung dieser Methode vor allem aus den skandinavischen Ländern [Ribu01]. Es liegt nahe, Use-Case-Diagramme als Ausgangspunkt für die Projektion der Produktgröße bei objektorientierten Projekten zu verwenden, weil sie als Erstes entstehen. Allerdings müssen sie ausreichend spezifiziert sein, um daraus die nötigen Informationen zu gewinnen [Anda01].

Eine Schätzung nach der Use-Case-Point-Methode vollzieht sich in fünf Schritten:

■ die Klassifizierung der Systemakteure
■ die Gewichtung des Anwendungsfalls
■ die Justierung der rohen Use-Case-Point-Zahl durch produktbezogene Einflussfaktoren
■ die Justierung der Produktgröße durch projektbezogene Einflussfaktoren
■ die Umsetzung der justierten Use-Case-Points in Personenaufwand.

Im ersten Schritt werden die Systemschnittstellen, also alle Interaktionen zwischen dem geplanten System und der Außenwelt, in die folgenden drei Klassen eingeteilt:

■ einfache Systemschnittstellen
■ mittelkomplexe Systemschnittstellen
■ komplexe Systemschnittstellen.

Einfache Systemschnittstellen sind solche, bei denen Systemfunktionen über ein Application Program Interface (API) mit Parametern aufgerufen werden. Sie zählen 1 Punkt. Mittlere Systemschnittstellen sind solche, bei denen eine Importdatei bzw. eine Nachricht vom Zielsystem entweder gesendet oder empfangen wird, so wie es bei Message Processing-Systemen üblich ist. Sie zählen 2 Punkte. Komplexe Systemschnittstellen sind Benutzeroberflächen wie z.B. eine Maske, ein Fenster oder eine Webseite, hinter der ein Mensch steckt. Sie zählen 3 Punkte.

Im zweiten Schritt werden die Anwendungsfälle nach Komplexitätsstufen gewichtet. Das Gewicht bzw. der Unadjusted Use Case Weight (UCCW) hängt davon ab, wie viele Schritte sie haben. Bei bis zu drei Schritten ist das Gewicht 5. Zwischen vier und sieben Schritten ist das Gewicht 10. Bei mehr als sieben Schritten ist das Gewicht 15. Das Gewicht 5, 10 oder 15 wird dann mit dem Gewicht 1, 2 oder 3 aus der Schnittstellenklassifizierung multipliziert. Das Produkt sind die Unadjusted Use Case-Points (UUCP) (siehe Abb. 9.8):

UUCP = UAW * UUCW für jeden UseCase

Im dritten Schritt kommt es darauf an, die rohe Use-Case-Point-Zählung wie bei allen anderen Methoden durch die Einflussfaktoren zu justieren. Bei dieser Methode wird unterschieden zwischen produkt- und projektbezogenen Einflussfaktoren. Es gibt 13 produktbezogene Faktoren, die den nichtfunktionalen Anforderungen entsprechen. Jeder Faktor hat ein festes Gewicht zwischen 0,5 und 2. Der dritte Schritt in der Use-Case-Point-Methode ist die Justierung der Systemgröße in rohen Use-Case-Points durch die Produkteinflussfak-

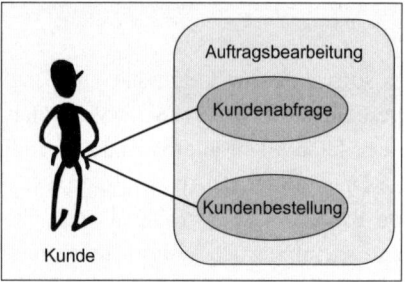

Use-Case-Diagramm

Typ	Akteur Schnittstellenart	Gewicht
Einfach	Programmschnittstelle (API)	1
Mittel	Nachrichtenschnittstelle (XML/WSDL)	2
Komplex	Menschliche Bedienung (GUI)	3

Gewichtung der Systemakteure

1. Kunde selektiert den Menüeintrag „Bestellung" .
2. System zeigt Bestellungsmaske mit Artikel an.
3. Kunde wählt bis zu 10 Artikel aus und gibt die gewünschte Menge ein.
4. System prüft, ob die Artikelmenge auf Lager ausreichend ist.
5. Wenn ausreichend, zieht System bestellte Menge von Artikelmenge ab und erstellt Versandposten sowie Rechnungsposten.
6. Wenn nicht ausreichend, erstellt System einen Lieferposten.

Typ	Anzahl der Prozessschritte
Einfach	3 oder weniger Schritte
Mittel	4 bis 7 Schritte
Komplex	Mehr als 7 Schritte

Gewichtung der Anwendungsfälle

Use-Case-Spezifikation

Abbildung 9.8 Produktivitätsmessung mit Use-Case-Points

toren. Der Produkteinflussfaktor TCF wird für das Produkt in seiner Gesamtheit berechnet als

$$TCF = 0,7 + [0,01 * (4 * TF)]$$

wobei

TF = Summe der Gewichtungen der produktbezogenen Einflussfaktoren.

Der vierte Schritt in der Use-Case-Point-Methode ist die Justierung der Produktgröße durch die projektbezogenen Einflussfaktoren. Die acht projektbezogenen Einflussfaktoren beziehen sich auf die üblichen menschlichen und prozessspezifischen Eigenschaften wie Erfahrung, Kenntnisse, Motivation, Verfügbarkeit, Stufe der Programmiersprache und Stabilität der Anforderungen. Der Projekteinflussfaktor ECF wird für das Projekt berechnet als

$$ECF = 1,4 + [-0,03 * (4 * EF)]$$

wobei

EF = Summe der Gewichte der projektbezogenen Einflussfaktoren.

Der fünfte und letzte Schritt ist die Umsetzung der justierten Use-Case-Points in Personenaufwand. Die justierte Use-Case-Point-Zahl wird zum Schluss berechnet als das Produkt der rohen Use-Case-Punkte mal Produkteinflussfaktor mal Projekteinflussfaktor:

$$UCP = UUCP * TCF * ECF$$

Um die endgültige Use-Case-Punktzahl in Aufwand umzurechnen, wird sie mit der Anzahl von Arbeitsstunden pro Use-Case-Punkt multipliziert. Dieser Aufwand pro Use-Case-Punkt basiert auf der Erfahrung aus vergangenen Projekten. Er entspricht der mittleren Produktivität eines Teams. Laut Berichten aus der Praxis bewegt er sich um die 4 Arbeitsstunden pro Use-Case-Point [Kusu04]. Es ist jedoch zu betonen, dass jedes Projektteam seine eigene Produktivität ermitteln sollte.

Aufwand = UCP * Produktivität

wobei

Produktivität = Arbeitsstunden pro Use-Case-Point.

Die Use-Case-Point-Methode der Produktivitätsmessung gewinnt weltweit immer mehr Anhänger. Berichte über deren Anwendung kommen aus Südamerika, Asien und Europa. Nur in den USA, der Hochburg der Function-Point-Methode, wird sie kaum erwähnt. In Deutschland wird sie von führenden Softwareherstellern wie SD&M und SAP eingesetzt.

9.3 Alternative Produktivitätsmaße

Aus dem vorigen Abschnitt geht hervor, dass es etliche alternative Maße für die Softwareproduktivitätsmessung gibt und dass diese Maße aus unterschiedlichen Betrachtungen des multidimensionalen Phänomens Software stammen. Jede neue Softwaretechnologie verspricht, mehr Software in weniger Zeit und mit weniger Aufwand zu liefern. Zeit und Aufwand lassen sich leicht messen. Man braucht nur die Kalendertage und die Personentage zu zählen. Wie aber wird Software gezählt? Hier kommen wir auf das Thema Softwaregröße, und da gehen die Meinungen auseinander. Der eine zählt Codezeilen, der andere Anweisungen, der dritte Function-Points, der vierte Data-Points und der fünfte Object-Points oder Use-Case-Points. Und jeder behauptet, sein Maß sei das einzig richtige! Im Prinzip haben sie alle recht. Software ist ein multidimensionales Phänomen mit vielen Facetten. Codezeilen und Anweisungen messen die Größe des Codes, was aber nicht gleichbedeutend ist mit der Größe der Funktionalität. Function-Points und Use-Case-Points messen die Größe des Funktionsmodells, Data-Points und Object-Points messen die Größe des Daten- bzw. Objektmodells. Ein Softwaresystem hat zumindest implizit all diese Modelle, auch wenn sie nicht explizit dokumentiert sind. Sie sind jedoch nicht ohne Weiteres vergleichbar. Eine schmale Codebasis kann eine große Funktionalität realisieren, und eine weite Codebasis muss nicht mehr Funktionalität bedeuten. Es hängt von der Mächtigkeit der Programmiersprache ab und wie die Programmierer damit umgehen. Capers Jones schlägt einen sogenannten „Backfiring"-Ansatz vor, womit man aufgrund statistischer Durchschnitte Codezeilen in Function-Points umwandelt [Jone86]. Für jede Sprache in seiner Projektdatenbank hat er ein Verhältnis von Codezeilen zu Function-Points aufgrund der bisher gemessenen Projekte, bei denen beide Zahlen zur Verfügung standen. So ist bei COBOL dieses Verhältnis 75 zu 1 und bei Java nur 17 zu 1.

Diese Durchschnitte helfen vielleicht, das Verhältnis zwischen Funktionsmodell und Code-menge besser zu verstehen, aber die projektspezifischen Verhältnisse haben eine breite Streuung. Wir können daher nicht davon ausgehen, dass dieses Verhältnis auch für ein anderes System stimmt. Es könnte auch nur die Hälfte davon sein. Es kommt außerdem darauf an, auf welcher Abstraktionsebene die Function-Points gezählt werden. Auch dies kann stark differieren.

Use-Case-Points und Function-Points liegen oft nahe beieinander, wie eine Studie von Sneed beim Bundesamt für Wasserbau und Binnenschifffahrt erwiesen hat [Sned07]. Das mag daran liegen, dass beide Maße hier aus der gleichen Quelle stammten, nämlich aus dem Funktionsmodell. Allerdings sind Use-Case-Points besser zu zählen. Sie basieren auf erkennbaren Begriffen in standardisierten Formaten. Die Anwendungsfälle sind sowohl in den gleichnamigen Diagrammen als auch im Text erkennbar. Die Schritte der Anwendungs-fälle, auf denen die Gleichung basiert,

- < 3 Schritte = 5
- 3-7 Schritte = 10
- > 7 Schritte = 15

gehen aus der Use-Case-Beschreibung hervor. Die Eingaben, Ausgaben und Datenbank-zugriffe, auf denen die Gewichtung der Function-Points basiert, sind in den Anforderungs-dokumenten jedoch schwer erkennbar. Sie können nur erahnt werden, und das setzt voraus, dass der Schätzer sie hineininterpretieren muss. Damit hängt die Zählung von Function-Points von der Erfahrung und Interpretationsfähigkeit des Zählers ab. Da sich diese stark unterscheiden können, fallen die Function-Point-Zählungen sehr unterschiedlich aus, wenn sie aufgrund der Anforderungsanalyse gezählt werden. Wenn sie anhand eines detaillierten Systementwurfs gezählt werden, wofür sie ursprünglich auch gedacht waren, wird das Er-gebnis viel genauer.

Schließlich lässt sich feststellen, dass die Methode zur Messung von Systemgrößen davon abhängt, welche Information zum Zeitpunkt der Messung vorliegt. Liegt der Code vor, sollten wir Anweisungen zählen. Liegt ein Objektmodell vor, sollten wir Object-Points zählen. Liegt ein Datenmodell vor, sollten wir Data-Points zählen. Liegt ein Prozessmodell vor, sollten wir Function-Points zählen. Liegt ein Anforderungsdokument vor, sollten Use-Case-Points gezählt werden. Wenn gar nichts vorliegt, bleibt uns nichts anderes übrig, als Analogien zu früheren Projekten zu ziehen und deren Punktzahlen bzw. Anweisungszahlen zu übernehmen.

9.4 Produktivitätsberechnung anhand der Softwaregröße

Konventionelle Produktivitätsmessung setzt eine Quantitätsmessung voraus, da ohne Größe die Produktivität nicht erkennbar ist. Produktivität ist demnach

$$\frac{Größe}{Aufwand}$$

Die Größe wird mit irgendeinem Größenmaß ausgedrückt und kann durch einen Komplexitätsfaktor justiert werden. Die Größe kann in einer der vorher erwähnten Arten gezählt werden. Hauptsache ist, sie wird immer konsistent gezählt. Diese Größen werden aus der Sicht der Produktivitätsmessung als Produktionseinheiten bezeichnet. Ein Softwareprodukt besteht aus so und so vielen Produktivitätseinheiten. Das Ziel ist, sie im Laufe eines Projektes zu produzieren bzw. zu sanieren, zu migrieren oder zu integrieren. Der Aufwand wird in Personenzeiteinheiten gezählt: in Personenstunden, Personentagen oder Personenmonaten – je nachdem, wie fein die Messung sein soll. Für eine grobe Produktivitätsmessung reichen Personenmonate. Für eine feingranulare Messung werden Stunden herangezogen. Stunden haben den Nachteil, dass viele Stunden bei Menschen unproduktiv sind. Die Beteiligten warten, pausieren, studieren oder befassen sich mit etwas anderem. Infolgedessen muss man zwischen produktiven und unproduktiven Stunden unterscheiden. Gegen ein Projekt dürften nur die produktiven Stunden gebucht werden. Für die Aufwandsschätzung eines Großprojektes reicht es aus, in Personenmonaten zu messen. Es macht keinen Sinn, eine Genauigkeit vorzutäuschen, die es gar nicht gibt. Für die Planung einzelner Aufgaben werden Stunden herangezogen. Personentage sind ein geeigneter Kompromiss zwischen Stunden auf der einen und Monaten auf der anderen Seite. Wie wir aber sehen werden, gibt es Differenzen durch die Wahl der Aufwandseinheiten [Spit04].

Eigentlich steht Aufwand stellvertretend für Kosten. Meistens möchte man wissen, was eine Produktivitätseinheit kostet bzw. was man für einen Function-Point oder eine Anweisung bezahlen muss. Da Personalkosten den Löwenanteil der Softwarekosten ausmachen, wird Personenaufwand als stellvertretend für die Kosten angenommen. Das setzt aber eine feste Beziehung zwischen Aufwand und Kosten voraus, die es natürlich nicht gibt. Die Kosten einer Arbeitsstunde oder eines Personentages können sehr stark variieren – je nachdem, wo die Arbeit stattfindet. Deshalb müssen Aufwand und Kosten separat ermittelt werden. Erst geht es darum, den Aufwand zu ermitteln. In einem zweiten Schritt wird der Aufwand in Kosten umgewandelt.

Am Ende haben wir es hier mit zwei Größen zu tun: Aufwandseinheiten auf der einen Seite und Größeneinheiten auf der anderen. Der Quotient der beiden ist die Produktivität bzw. die Zahl der Größeneinheiten pro Aufwandseinheit:

$$Produktivität = \frac{Größeneinheiten}{Aufwandseinheiten}$$

Wenn wir als Größeneinheit Anweisungen und als Aufwandseinheit Personentage benutzen, bekommen wir mit 10.000 Anweisungen und 800 Personentagen eine Produktivität von 12,5 Anweisungen pro Personentag. Diese Produktivität können wir auf künftige Projekte der gleichen Art projizieren. Die Kosten sind natürlich eine Frage des Produktionsorts. In der heutigen vernetzen Welt muss ein Auftraggeber genau prüfen, welche Aufgaben an welchem Ort am besten zu erledigen sind [NBKR08].

9.5 Aufwandserfassung

Personenaufwand wird über die Zeiterfassungssysteme der Projekte ermittelt. Mitarbeiter sind angehalten, ihre Stunden gegen ein Projekt bzw. gegen eine Aufgabe in einem Projekt zu buchen. Hiermit beginnen die Ungenauigkeiten. Sehr oft arbeiten Mitarbeiter an mehreren Projekten. Die Zeit, die sie für das eine oder das andere Projekt arbeiten, können sie oft nicht so leicht differenzieren. Es gibt viele Überlappungen, also Aufgaben, die sich auf zwei Projekte gleichzeitig beziehen. Spitta hat die Aufwandserfassung von IT-Dienstleistungen in einem deutschen Unternehmen über 37 Monate untersucht. Er stellte fest, dass die Mitarbeiter ihre Zeiten so buchen, wie das Management es erwartet. Die Zeit für Fehlerkorrektur wird absichtlich gekürzt, weil sie den Eindruck erweckt, dass der Mitarbeiter viele Fehler gemacht hat. Die Zeit für den Test wird auch zugunsten anderer Tätigkeiten gefälscht, weil viel Zeit für den Test den Eindruck erwecken könnte, die Lösung sei nicht optimal. Dagegen wird die Zeit für die Analyse künstlich aufgebläht, weil dies zeigt, dass der Mitarbeiter sorgfältig plant. Schließlich werden Zeiten für ein Projekt auf ein anderes Projekt gebucht, wenn das erste Projekt sein Budget bereits überschritten hat und das andere nicht.

Spitta stellte fest, dass Mitarbeiter versuchen werden, die Sollwerte durch die Kontierungen zu erreichen, wenn sie ihre eigenen Aufwände schätzen müssen. Wenn sie wissen, dass ihre gebuchten Zeiten mit den automatisch erfassten Gleitzeiten verglichen werden, passen sie die gebuchten Zeiten an. Wenn sie vermuten, dass ihre Leistung anhand ihrer gebuchten Zeiten beurteilt wird, buchen sie ihre Zeiten so, dass sie möglichst gut abschneiden. Es gibt also Gründe genug, den berichteten Aufwand zu fälschen. Spitta schlägt vor, die Motive zur Fälschung der Zeitangaben zu vermeiden. Das setzt jedoch eine sehr offene und ehrliche Arbeitsumgebung voraus, in der die Mitarbeiter nicht nach Dauer ihrer Arbeit, sondern nach deren Qualität beurteilt werden. Da das Management nicht in der Lage ist, die Qualität zu messen, wird meistens nur die Zeit gemessen. Solange dies jedoch der Fall ist, werden die Mitarbeiter motiviert sein, ihre Arbeitszeiten im Sinne der Erwartungen zu buchen [Spit02].

Der Schluss aus Spittas Untersuchung ist, dass Ist-Aufwandsdaten mit Vorsicht zu behandeln sind. Sie sollten erst auf Plausibilität geprüft und bereinigt werden, ehe man beginnt, sie für die Schätzung künftiger Projekte zu benutzen. Spitta rät auch dazu, die Mitarbeiter über den Sinn der Aufwandserfassung zu informieren und sie vom Nutzen der Produktivitätsmessung zu überzeugen. Sie müssen einsehen, dass der Erfolg künftiger Projekte von der Genauigkeit ihrer Zeitangaben abhängt.

Manche Betriebe versuchen, über ein automatisiertes Zeiterfassungssystem die Arbeitszeiten ihrer Mitarbeiter festzuhalten[Mira02]. Der Login-Vorgang ist projektspezifisch. Somit wird die Zeit vom Login bis zum Logout gegen das jeweilige Projekt gebucht. Aber auch dies ist keine Garantie dafür, dass zwischen Login und Logout wirklich an dem Projekt gearbeitet wird. Außerdem gibt es immer noch etliche Aufgaben wie Sitzungen, Gespräche, Recherchen und Denkzeiten, die auf diese Weise nicht erfasst werden können. Also bleibt die Aufwandserfassung ein ungenaues Maß. Die daraus abgeleiteten Produktivitätsdaten können nur als grobe Approximation betrachtet werden.

9.6 Softwareproduktivitätsarten

Produktivität ist schon deshalb schwer zu messen, weil es in einem Softwareprojekt so viele verschiedene Tätigkeiten gibt und jede eine eigene Produktivität hat. Es wäre falsch, sie in einen Topf zu werfen und den arithmetischen Mittelwert zu nehmen, denn je nach Projekttyp überwiegen andere Tätigkeiten, und je nachdem, welche Tätigkeit überwiegt, fällt die Produktivität anders aus. Das Ziel müsste sein, die Produktivität jeder Tätigkeitsart zu ermitteln und die Gesamtproduktivität anhand des Anteils der jeweiligen einzelnen Produktivitätsarten zu messen.

9.6.1 Programmierproduktivität

Wenn man an Softwareentwicklung denkt, denkt man meistens an das Programmieren. Ein Programmierer produziert Code, und Code lässt sich leicht in Zeilen oder Anweisungen messen. Allerdings produziert ein Programmierer auch Fehler, und diese müssen von seinem Leistungsumfang abgezogen werden. Object-Points lassen sich leicht aus dem Code ableiten und können ebenfalls als Maß für Programmierproduktivität dienen. Function-Points und Data-Points sind schwieriger aus dem Code abzuleiten, aber mithilfe externer Information ist dies auch möglich. Reine Programmierproduktivität bewegt sich zwischen 25 und 100 neuen, getesteten Anweisungen pro Tag. Lässt der Programmierer den Unit-Test weg, kann er das Doppelte, also 50 bis 200 Anweisungen in einem Achtstundentag produzieren [McCo].

Wir reden hier aber über eine Neuentwicklung, d.h. von der Übersetzung eines Entwurfs in Code. Bei der Weiterentwicklung und Änderung bestehenden Codes sieht es anders aus. Die Produktivität bezogen auf die zu ändernde bzw. hinzuzufügende Codemenge ist viel schwieriger. Der Programmierer muss jede Änderung im Hinblick auf ihre Auswirkung überprüfen. Außerdem braucht er Zeit, um überhaupt wieder in die Logik des Programmes einzudringen. Deshalb ist die Produktivität beim Ändern oder Erweitern bestehenden Codes nur ein Drittel der Produktivität beim Erstellen neuen Codes. Wir haben also allein bei der Programmierproduktivität mehrere Produktivitätsmaße:

- Produktivität in der Neuentwicklung ohne Unit-Test
- Produktivität in der Neuentwicklung mit Unit-Test
- Produktivität in der Weiterentwicklung ohne Unit-Test
- Produktivität in der Weiterentwicklung mit Unit-Test

Die Bandbreite pro Personentag reicht von 8 bis 32 Anweisungen pro Personentag – je nachdem, wie und von wem programmiert wird [Sned00].

9.6.2 Designproduktivität

Softwaredesign impliziert wie der Begriff Design eine kreative Tätigkeit. Man konzipiert eine technische Lösung zu einem fachlichen Problem. Die Produktivität eines Softwaredesigners ist ebenso schwer zu messen wie die eines Komponisten oder eines anderen Künstlers. Es kann sein, dass ihm der große Wurf auf Anhieb gelingt; es könnte ebenso sein, dass er viele Versuche braucht, bis er endlich eine geeignete Lösung findet. Es ist auch möglich, dass er nie eine adäquate Lösung findet. Designproduktivität ist also grundsätzlich nicht im Voraus abschätzbar. Jeder Versuch dazu ist abwegig. Zu groß sind die Schwankungen. Deswegen lassen sich Projekte, bei denen etwas grundsätzlich Neues entwickelt wird, nicht kalkulieren. Man kann nur im Nachhinein feststellen, wie viele Tage eingeflossen und wie viele Größeneinheiten herausgekommen sind. Als Größeneinheit für das Design bieten sich Function-Points, Data-Points und Object-Points an. Data-Points gehen aus dem Datenmodell, Object-Points aus dem Objektmodell und Function-Points aus dem Funktionsmodell hervor. Durch den Abgleich dieser Größen mit den Arbeitstagen können wir Designproduktivität nachträglich messen. Ein Richtwert ist hier nicht möglich, da zu wenige Erfahrungsmesswerte vorliegen.

9.6.3 Analyseproduktivität

Im Gegensatz zur Designerproduktivität ist die Produktivität eines Analytikers eher messbar. In der Analyse werden Informationen erhoben, analysiert und dokumentiert. Was die Produktivität eines Analytikers anbetrifft, stoßen wir auf ein anderes Problem: das der Zugänglichkeit von Information. In manchen Projekten ist es leicht, an die wichtigen Informationsträger heranzukommen. In anderen Projekten ist es fast unmöglich. Es ist vergleichbar mit der Situation eines Reporters, der ein Interview mit einem hochrangigen Politiker sucht. Es kann lange dauern, bis man herangelassen wird, und diese Zeit ist nicht vorhersehbar. Ein weiteres Problem der Analyse ist die Dauer der Entscheidungsfindung. Nicht selten werden Entscheidungen lange Zeit nicht getroffen. Die Wartezeit, bis eine Entscheidung gefällt wird, ist nicht kalkulierbar. Ein dritter Störfaktor ist die Volatilität der Anforderungen. Wenn dem Anwender nicht klar ist, was er eigentlich will, und er ständig die Meinung ändert, wird es lange dauern, bis eine Aufgabe definiert ist. Möglicherweise muss man erst einen Prototyp bauen, um die wahren Anforderungen zu entdecken. Das kann lange dauern und teuer sein. Die Frage nach der Dauer der Anforderungsdefinition ist also eine sehr projektspezifische. Ob Analyseproduktivität überhaupt messbar ist, ist eine Frage der Projektbedingungen. Insofern diese bekannt und beherrschbar sind, ist die Produktivität aufgrund bisheriger Erfahrungen voraussagbar. Ist die Situation jedoch anders und die Bedingungen abhängig vom Benutzer, lassen sich die Erfahrungen aus anderen Projekten schlecht übertragen. Insofern ist Analyseproduktivität sehr situationsbedingt und kaum zu verallgemeinern.

Für die Messung der Anforderungsdokumentation empfehlen sich die Anzahl Anforderungen und Anwendungsfälle sowie die Function-Points oder Use-Case-Points. Ein guter Analytiker sollte in der Lage sein, mindestens acht Anforderungen und zwei Anwendungsfälle pro Tag zu spezifizieren [Wein03]. Ein mittelgroßes Anforderungsdokument mit circa 160 Anforderungen und 40 Anwendungsfällen wird 600 bis 1200 Function-Points bzw. 500 bis 1000 Use-Case-Points aufweisen.

9.6.4 Testproduktivität

Der Softwaretest nimmt immer mehr Aufwand in Anspruch und macht oftmals bereits 30 bis 50 % des Gesamtprojektaufwands aus. Testproduktivität ist grundsätzlich messbar. Das Maß dafür ist der Testfall, ein einmaliger Pfad durch das System unter Test. Zum Teil sind die Systemtestfälle bereits in der Anforderungsdokumentation erkennbar, ein anderer Teil kann aus dem Systementwurf kommen. Erst nach dem Test wird man genau wissen, wie viele Testfälle erforderlich waren, um das vorgeschriebene Testüberdeckungskriterium zu erreichen. Diese Testfallzahl wird durch die Anzahl PT dividiert, um die Testproduktivität zu errechnen. Unter gleichen Bedingungen ist die Produktivität geschulter Tester relativ konstant. Entscheidend sind die Testumgebung und vor allem die Testwerkzeuge. Mit geeigneten Werkzeugen kann die Produktivität eines Testers vervierfacht werden. Je nach Grad der Testautomation bewegt sich die Testproduktivität zwischen drei und zwölf Testfälle pro PT. Zum Testfall gehören das Testdesign, die Testfallspezifikation, die Testskripterfassung, die Testausführung und die Testauswertung. Deshalb ist Testautomation ein so wichtiges Thema. Wer Testproduktivität messen will, muss diese also durch den Grad der Testautomation und den Einfluss der Testbedingungen justieren. Testproduktivität ist wie keine andere der Produktivitätsarten stark von den technischen Voraussetzungen abhängig [SBS08].

9.6.5 Gesamtproduktivität

In Anbetracht der unterschiedlichen Tätigkeiten im Rahmen eines Softwareprojektes stellt sich mit Recht die Frage, ob Produktivität bei Softwareentwicklung und -evolution überhaupt messbar ist, und wenn ja, ob dies helfen kann, künftige Projekte zu planen. Die Antwort auf diese Frage ist durchwachsen und hängt vom relativen Anteil der verschiedenen Tätigkeitsarten ab. Dort, wo Programmier- und Testtätigkeit überwiegt, z.B. in Migrations-, Sanierungs-, Evolutions- und Integrationsprojekten, ist Produktivität relativ leicht messbar und auch auf neue Projekte der gleichen Art unter gleichen Voraussetzungen übertragbar. In Entwicklungsprojekten hingegen, in denen Analyse und Design einen hohen Anteil haben, ist Produktivität schwer messbar und erst recht nicht auf künftige Projekte übertragbar, bei denen die Umstände, die Technik und das Personal immer anders sein werden. Wer dies wagt, begibt sich auf dünnes Eis. Boehm versucht es, indem er die Daten aus 161 Projekten sammelt und in seinem COCOMO-II-Modell mit dem Bayesian-Algorithmus massieren lässt [Boeh99]. Putnam versucht es, indem er einen statistischen Mittelwert aus mehr als 800 Projekten des Verteidigungsministeriums nimmt [PuMy05]. Capers

Jones versucht es auch, indem er die offiziell gebuchten Aufwände aus 15.000 Projekten mit den berichteten Function-Point-Zahlen vergleicht [Jone02].

Letztendlich ist jede Softwareproduktionsstätte aufgefordert, die eigene Produktivität zu messen und diese dort anzuwenden, wo sie sich anwenden lässt, nämlich um Weiterentwicklungs-, Wartungs-, Migrations-, Integrations- und Testprojekte zu schätzen – nicht jedoch, um Neuentwicklungen in einer neuen Umgebung zu schätzen. Neuentwicklungen lassen sich ab einer gewissen Größe (bereits ab 1.000 Function-Points) nicht mehr genau kalkulieren. Die bisher gemessene Produktivität hat für sie nur eine beschränkte Gültigkeit. Die Entwicklung neuer Software bleibt ein Glücksspiel. Wer Glück hat, gerät an die richtigen Leute, die mit einem möglichst geringen Aufwand in einer akzeptablen Zeit ans Ziel kommen. Wer Pech hat, gerät an die falschen Leute und muss das Mehrfache bezahlen, lange darauf warten oder, wie die Statistik aus dem Chaos-Bericht belegt, sein Vorhaben aufgeben [Stan05]. Agile Softwareentwicklung ist eine Antwort auf dieses Dilemma. Demnach wird das Ganze in kleine Teilaufgaben zerlegt und diese Stück für Stück abgearbeitet. Die Erfahrung mit den ersten Teilaufgaben bzw. die gemessene Produktivität wird auf die restlichen Teile projiziert. Erst wenn gut die Hälfte fertig ist, weiß man in etwa, was das Ganze kosten wird. Die Entwicklung eines neuen Softwaresystems gleicht einer Expedition ins Ungewisse [Mack00]. Am Anfang ist keiner in der Lage zu sagen, wie lange die Expedition dauern und was sie kosten wird, weil keiner weiß, wo es hingeht und was ihn auf dem Wege dahin erwartet. Erst am Ende der Expedition wird man wissen, welche Produktivität man hat und wie viel Aufwand bzw. Zeit man benötigt hat.

9.7 Produktivitätsstudien

9.7.1 Studien über Softwareproduktivität in den USA

Wenn von Softwareproduktivität die Rede ist, steht ein Name im Vordergrund: Capers Jones. Jones hat früher für die IBM gearbeitet und dort die Auswirkung neuer Technologien auf die Produktivität in der Softwareentwicklung verfolgt. 1984 verließ er die IBM, um eine eigene Beratungsfirma zu gründen: die Software Productivity Research Inc. Das Unternehmensziel war es, Produktivitätsdaten zu sammeln und diese den Kunden zwecks Benchmarking und Aufwandsschätzung zur Verfügung zu stellen. In der Zeit zwischen 1984 und 2003 sammelte die Firma Daten über 12.000 Softwareprojekte, vorwiegend in den USA. Um die Daten zu analysieren, wurden die Projekttypen und die Projektaktivitäten in 25 Standardaktivitätsklassen aufgeteilt. Als Maßstab für die Produktivität wurde der Function-Point herangezogen. Projekte wurden auch nach Größe klassifiziert in < 100, 100 – 1000, 1000 – 10.000, 10.000 – 100.000 sowie > 100.000 Function-Points. Dabei wurde festgestellt, dass die meisten betriebswirtschaftlichen Systeme zwischen 10.000 und 100.000 Function-Points haben. Die sechs Projekttypen sind:

- Projekte für das Militär
- Projekte für Gerätesoftware

- Projekte für Standardsoftware
- Projekte für betriebliche Informationssysteme
- Projekte der Endbenutzer selbst
- Projekte, die im Auftrag vergeben werden.

Projekte, die unter 1.000 Function-Points liegen, was in etwa 25.000 prozeduralen Anweisungen entspricht, unterliegen ganz anderen Gesetzen als Projekte mit über 100.000 Function-Points bzw. über 2,5 Million Anweisungen. Größere Projekte brauchen mehr Infrastruktur und somit auch mehr Stabsstellen. Dieser Overhead geht auf Kosten der Produktivität des Projekts.

Jones kommentiert, dass die Hauptproduktivitätsbremse die mangelnde Standardisierung ist. In den Projekten, die er untersucht hat, gab es über 40 verschiedene Methoden der Anforderungsspezifikation, über 50 verschiedene Entwurfsmethoden, über 700 Programmiersprachen und über 30 Testansätze. Dennoch war es möglich, sie alle in Function-Points zu messen. Natürlich gibt es große Unterschiede in der Produktivität. Diese reicht von 4 bis 40 Function-Points pro Personenmonat. Mittelgroße Projekte mit 1.000 bis 10.000 Function-Points haben eine mittlere Produktivität von 19 Function-Points pro Personenmonat. Große Projekte mit zwischen 10.000 und 100.000 Function-Points haben eine mittlere Produktivität von 13 Function-Points pro Personenmonat. Bei sehr großen Projekten mit mehr als 100.000 Function-Points sinkt die Produktivität auf 8 Function-Points pro PM. Der statistische Mittelwert für Function-Points pro Personenmonat in allen Projekttypen liegt bei 17. Das stimmt in etwa mit der Studie von Cusomano und Kemerer überein, die für die USA eine mittlere Codezeilenproduktivität von 450 Zeilen pro Personenmonat festgestellt haben. Demnach entspräche ein Function-Point 26,5 Codezeilen.

Eine Studie der David Consulting Group kommt zu einem ähnlichen Ergebnis. Diese Studie teilt die Projekte nicht nach Größe, sondern nach Applikationstyp ein [Davi04]. Sechs verschiedene Applikationstypen wurden untersucht:

- Client/Server-Applikationen
- Mainframe-Applikationen
- Webbasierte Applikationen
- E-Business-Applikationen
- Standard-ERP-Applikationen
- Data-Warehouse-Applikationen.

Die Ergebnisse der Studie sind in Abbildung 9.9 dargestellt. Es zeigt sich hier, dass sich die Function-Point-Produktivität in einer Bandbreite von 9 bis 25 Function-Points pro Personenmonat bewegt (siehe Abb. 9.9).

Wie zu erwarten war, stellte Capers Jones fest, dass die niedrigste Produktivität bei den Projekten fürs Militär vorkommt. Das liegt zum Teil an den vielen Dokumenten, die diese Projekte abliefern müssen. Die höchste Produktivität erreichen die Projekte, die vergeben werden, wahrscheinlich weil diese am effektivsten aufgestellt sind. Jones stellt ferner fest, dass die Function-Point Produktivität bei den Finanzdienstleistern mit 13 Function-Points pro Personenmonat fast so niedrig ist wie beim Militär. Dies stimmt wiederum mit der Stu-

Client Server Projects	17 Function-Points
Mainframe Projects	13 Function-Points
Web-based Projects	25 Function-Points
E-Business Projects	15 Function-Points
Standard Packages	18 Function-Points
Data Warehouse Projects	9 Function-Points

Abbildung 9.9
Function-Point-Produktivität in den USA
(Quelle: David Consulting Group 2004)

die von Maxwell in Europa überein, welche für diese Branche eine Produktivität von 17 Function-Points pro Personenmonat ermittelte. Das würde bedeuten, dass die Europäer etwas produktiver sind als die Amerikaner. Die Tendenz amerikanischer Finanzdienstleister, ihre Projekte nach außen zu vergeben, erklärt sich aus diesem Grund. Die Auftragnehmer haben eine doppelt so hohe Produktivität wie die Anwender selbst. Dies liegt nach Jones vor allem an der Organisation der Projekte. Anwenderbetriebe haben in der Regel gar nicht die Infrastruktur, um eine hohe Softwareproduktivität zu erzielen.

9.7.2 Studien über Softwareproduktivität in Europa

Die Amerikanerin Katarina Maxwell hat sich mit Softwareproduktivität in Europa befasst. Sie und ihre Kollegen vom INSEAD-Institut in Frankreich haben 99 Softwareprojekte in 37 Unternehmen aus 8 europäischen Ländern untersucht [Maxw96]. Das Ziel der Studie war herauszubekommen, welche Metrik sich für die Messung der Produktivität am besten eignet. Ein anderes Ziel war es zu entdecken, inwiefern die Produktivität sich von Branche zu Branche und von Land zu Land unterscheidet. Die Studie zeigte enorme Produktivitätsunterschiede auf. Als beste Metrik für den Vergleich der Projekte stellte sich die Anzahl Codezeilen heraus, denn Codezeilen waren das Einzige, was alle Projekte gemeinsam hatten. Maxwell definiert eine Codezeile als eine nicht leere Zeile in einem Quellcodedokument, die keine Kommentarzeile ist. Der Aufwand der Projekte wurde in PM zwischen der Freigabe der Anforderungsspezifikation und der Abnahme des Produktes gebucht. Als Regel wurde ein PM mit 144 Stunden gleichgesetzt.

Der Function-Point schied in dieser Studie aus, weil die meisten Projekte gar nicht in der Lage waren, ihre Function-Points zu zählen. Es fehlten dafür die geeigneten Entwurfsdokumente, und es gab auch keine Werkzeuge für die Ableitung der Function-Points aus dem Source-Code. Anweisungen zu zählen wäre auch zu schwierig gewesen, also blieb es bei den Codezeilen. Die Hauptsprachen der 99 Projekte waren:

- ADA mit 36 %
- C mit 10 %
- FORTRAN mit 9 %
- PASCAL mit 8 %.

Dies zeigt, dass die Studie hauptsächlich auf den technischen und wissenschaftlichen Bereich fokussiert war. Es gab kaum IT-Projekte darunter. Insgesamt wurden 5,1 Millionen Codezeilen von den 99 Projekten in 19 Sprachen mit einem Aufwand von 28.239 PM produziert. Das Ergebnis wies einen arithmetischen Mittelwert von 182 Codezeilen pro Personenmonat auf. Das sind 265 Zeilen weniger als die vergleichbare Studie von Cusomano und Kemerer in den USA. Das mag daran liegen, dass die untersuchten europäischen Projekte vorwiegend im militärischen Bereich waren. Es zeigten sich ferner Produktivitätsunterschiede von mehr als 300 % zwischen Projekten und Firmen sowie Ländern und Sprachen auf. Die Sprache mit der höchsten Produktivität war ADA mit bis zu 380 Codezeilen pro Personenmonat. Die Sprache mit der niedrigsten Produktivität war wie zu erwarten Assembler mit knapp 100 Codezeilen pro PM. Beim Ländervergleich schnitt Belgien mit 838 Codezeilen pro PM am besten ab. Am unteren Ende der Skala lag Großbritannien mit 187 Codezeilen pro Personenmonat. Deutschland lag mit 406 Codezeilen pro PM dazwischen.

Bezüglich der Branche haben die Militärprojekte für eingebaute Bordinstrumente die niedrigste Anzahl Codezeilen (nämlich 128) pro Personenmonat gehabt. Die Projekte aus dem Logistikbereich erzielten die höchste Produktivität mit durchschnittlich mehr als 500 Codezeilen pro Personenmonat. Die Autorin wies darauf hin, dass dies dadurch zu erklären sei, dass die Systeme wesentlich weniger getestet werden. Dies erklärt auch die hohe Produktivität in Belgien, da dort nur Logistiksysteme für die NATO entwickelt wurden.

Am Ende kommt Maxwell zu dem Schluss, dass abgesehen von Programmiersprache und Projekttyp die Unterschiede der Organisation und die Entwicklungsprozesse den größten Einfluss auf die Produktivität der Projekte haben. Ihre Schlussfolgerung ist, dass die Projektorganisation, der Entwicklungsprozess, die Wahl der richtigen Sprache und die technische Umgebung für die Softwareproduktivität ausschlaggebend sind.

Das alles geschah im Jahr 1996. Vier Jahre später führte Maxwell eine zweite Produktivitätsstudie durch, diesmal im IT-Bereich [Maxw00]. Ihr Team untersuchte 206 betriebswirtschaftliche Entwicklungsprojekte in fünf Branchen:

- Banken: 79 Projekte
- Versicherungen: 56 Projekte
- Fertigung: 38 Projekte
- Handel: 19 Projekte
- Öffentlicher Dienst: 14 Projekte

Bei dieser Untersuchung wurden nicht Codezeilen, sondern Function-Points gezählt. Die Systeme waren weitgehend in COBOL geschrieben mit einigen PL/I- und einigen 4GL-Anwendungen dazwischen. Die Produktivität in Function-Points wurde auf die Arbeitsstunde reduziert. Das Ergebnis, sortiert nach Branche, ist in folgender Grafik zu sehen (siehe Abb. 9.10).

Die Function-Points wurden in allen Projekten leider anders gezählt. Maxwell weist darauf hin, dass es für die Zählung von Function-Points circa 40 verschiedene Methoden gibt. In den hier untersuchten Projekten wurden mindestens 5 davon verwendet, darunter IFPUG-4.0,

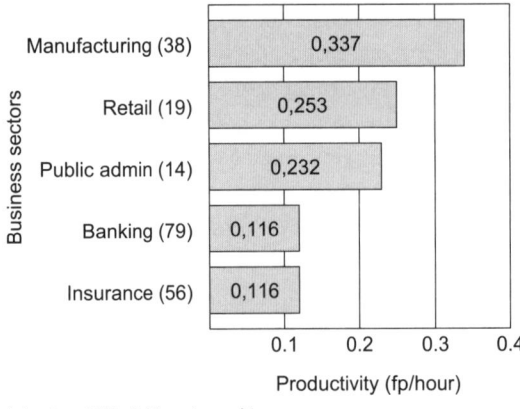

Abbildung 9.10
Function-Point-Produktivität in Europa
(Quelle: Kathrin Maxwell, IEEE Software, 2000)

Cosmic-Full-Function-Point, Mark-II und Experience-I. Die Autorin versuchte, die Unterschiede in der Zählweise durch Gewichtung auszugleichen. Inwiefern dies gelungen ist, bleibt dahingestellt. Auffallend groß ist die Diskrepanz zu den amerikanischen Studien, die eine mittlere Produktivität von 17 FPs pro Personenmonat aufweisen. In der Maxwell-Studie liegt die mittlere Produktivität zwischen 16,7 FPs pro Personenmonat für Versicherungen und 48,5 FPs pro Personenmonat für die Fertigungsindustrie. Klar ist, dass nicht mit dem gleichen Maß gemessen wird. Damit sind wir an das Hauptproblem beim Function-Point-Maß angelangt: Es wird nicht überall einheitlich gezählt. Vor allem in Europa gibt es etliche Varianten.

Jedenfalls geht aus dieser Studie hervor, dass neben der Zählweise der Hauptunterschied bei der Function-Point-Produktivität die Branche ist, gefolgt von der Entwicklungsumgebung und dem Werkzeugsatz. Die Sprache schien hier keine große Rolle gespielt zu haben. Insgesamt identifizierte Maxwell acht Schlüsselproduktivitätsfaktoren:

- Entwicklungsumgebung
- Werkzeugeinsatz
- Anforderungsstabilität
- Kundenbeteiligung
- Personalausbildung
- Standards
- Systemkomplexität
- Performancekriterien.

Die große Frage bei Studien dieser Art ist, wie die Function-Point-Zahl zustande kommt. Wie Maxwell einräumt, gibt es hier zahlreiche Möglichkeiten, und es ist kaum machbar, sie alle auf einen Nenner zu bringen. Auch die Zählungen nach der IFPUG-Methode werden unterschiedlich gehandhabt. Function-Point bleibt also ein ungenaues Maß für die Produktivitätsmessung, und das liegt vor allem an der Definition der Entitäten, die gezählt werden. Was eine Eingabe, eine Ausgabe oder eine logische Datei ist, bestimmt der Zähler, und das hängt sehr von seiner individuellen Sichtweise ab.

9.7.3 Probleme beim Produktivitätsvergleich

Das Problem bei allen Produktivitätsuntersuchungen ist die Vergleichbarkeit. Können wir eine Zeile Java-Code mit einer Zeile FORTRAN oder mit einer Zeile C-Code vergleichen? Sind sie wirklich identisch? Wer mit vielen Programmiersprachen gearbeitet hat, weiß, wie unterschiedlich sie sein können. Außerdem werden sie unterschiedlich gezählt. Besser wäre es, Anweisungen zu zählen, aber dafür bräuchte man ein Werkzeug, das alle Sprachen in gleicher Weise behandelt.

Was für Codezeilen zutrifft, trifft für Function-Points doppelt zu. Der Zähler von Function-Points hat einen breiten Spielraum, auch wenn er streng nach IFPUG zählt. Insofern ist ein Vergleich der Function-Point-Produktivität über Organisationsgrenzen hinweg immer ein schwieriges Unterfangen. Es ist nicht gesichert, ob man wirklich das Gleiche vergleicht.

So gesehen bleibt die Messung von Produktivität in der Softwarebranche ein ungelöstes Problem. Vielleicht müssen wir aufgeben, Produktivität anhand der Softwaregröße zu messen, und sie in einem anderen Licht betrachten: im Licht des Wertbeitrags. Anstelle von Function-Points könnten wir die Euro zählen, die wir durch ein Softwareprodukt einsparen oder verdienen. Möglicherweise bringt uns dieser Value-driven-Ansatz weiter.

9.8 Produktivitätsmessung nach Wertbeitrag

Ein wichtiger Beitrag zu diesem Thema erschien im November 2003 in der Communications der ACM unter dem Titel „Measuring Productivity in the Software Industry". Die Autoren Anselmo und Ledgard stellten fest, dass Produktivität in der Softwareindustrie in den 90er Jahren trotz oder vielleicht gerade wegen des Übergangs zur Objektorientierung und zur Client/Server-Architektur um 10 % zurückgegangen ist. In der gleichen Zeit ist die Produktivität in der Hardware-Industrie um 86 % gestiegen. Was die Autoren vermissen, ist jedoch ein genaues Maß für Softwareproduktivität. Die Produktivitätskennzahlen, auf denen die Bewertung von Softwareproduktivität basiert, sind ihnen viel zu schwammig. Die Produktivitätsaussagen aus den 90er Jahren basieren auf der Anzahl neu produzierter Codezeilen im Vergleich zu den produzierten Codezeilen der 80er Jahre. Sind neue Codezeilen aber das richtige Maß für Produktivität, vor allem in Anbetracht der zunehmenden Wiederverwendung bereits vorhandener Bausteine?

Anselmo und Ledgard gehen dieser Frage aus betriebswirtschaftlicher Sicht nach und versuchen, eine Antwort zu finden. Für sie ist nicht die Größe des Systems und auch nicht die Anzahl Function-Points wichtig, sondern der Nutzwert des Systems. Dieser wird in Dollar und Cent ausgerechnet. Produktivität ist demnach der Nutzwert der Software, dividiert durch die Erstellungskosten.

$$Produktivität = \frac{Nutzen}{Kosten}$$

Hat ein System einen Nutzwert von einer Million Dollar und Entwicklungskosten von 500.000, so ist die Produktivität gleich 2. Erstellen Entwickler ein System mit einem

Nutzwert von 500.000 Dollar zu Kosten von einer Million, haben sie eine Produktivität von 0,5. Die mittlere Produktivität von 1 ist erreicht, wenn der Nutzwert gerade die Kosten deckt.

Dieser Beitrag kam interessanterweise zur gleichen Zeit heraus, als Boehm seine ersten Arbeiten zum Thema „Value-driven Software Development" veröffentlichte [Boeh03]. Darin stellt er die Messung von Produktivität auf Basis der Softwaregröße in Zweifel. Statt Zeilen, Anweisungen und Punkte zu zählen, sollte man umschwenken und Produktivität anhand des wirtschaftlichen Wertes des Produktes messen. Das meint auch Tom DeMarco, wenn er Software Engineering kritisiert [DeMa08]: Es komme nicht auf die Größe eines Systems an, sondern auf dessen betriebswirtschaftliche Auswirkung. Um Produktivität messen zu können, müssen wir folglich zu Beginn des Projektes wissen, was das Produkt wert ist. Dann wird dieser Wert auf die einzelnen Teilprodukte heruntergebrochen. Liegen die Kosten eines Teilproduktes unter dem Wert desselben, war die Produktivität positiv. Liegen sie darüber, ist sie negativ.

Damit sind wir wieder beim Earned-Value-Ansatz angelangt: Diesen Ansatz hat Boehm bereits in den 70er Jahren vorgeschlagen, um Projektfortschritt zu messen. Der Gesamtwertbeitrag eines Projektes wird in Punkte umgesetzt, und diese werden auf die Aufgaben verteilt. Wer eine Aufgabe erledigt, erwirbt die Punkte für jene Aufgabe.

10 Die Messung der Wartungs-
produktivität

Als Softwarewartung wird alle Arbeit an einem Softwaresystem nach seinem ersten produktiven Einsatz bezeichnet. Eigentlich musste es Softwareerhaltung heißen, denn der deutsche Begriff Wartung impliziert Instandhaltung, doch hier geht es um viel mehr. Nach Lientz und Swanson umfasst Software Maintenance mindestens vier Tätigkeitsarten:

- Fehlerkorrekturen = corrective maintenance
- Änderungen = adaptive maintenance
- Optimierungen = perfective maintenance
- Erweiterung = enhansive maintenance [LiSw80].

Zur Optimierung gehören auch alle Maßnahmen, um den Code in einen besseren Zustand zu bringen, z.B. Restrukturierung und Refaktorierung. Zur Erweiterung gehören alle Weiterentwicklungsarbeiten, die neue Funktionen und Daten in ein bestehendes System einbauen. Fehlerkorrekturen unterscheiden sich von Änderungen dadurch, dass sie die Software in den ursprünglich geforderten Zustand bringen. Änderungen hingegen bringen die Software dazu, sich anders zu verhalten als ursprünglich geplant, z.B. in Euro statt in Mark oder Schilling zu rechnen.

Da es den Menschen nie gelungen ist, auf Anhieb das richtige System auch richtig zu bauen, war von Anfang an klar, dass der Löwenanteil der Softwarekosten nach dem ersten produktiven Einsatz anfällt, d.h. in der Wartung. Schon zur Zeit der ersten Studie von Lientz und Swanson betrugen die Wartungskosten rund 50 % der gesamten Softwarekosten. Heute sind es mehr als 75 % [BoSB08]. Deshalb ist bezüglich der Kosten die Wartungsproduktivität viel wichtiger als die Entwicklungsproduktivität. Die ganze Diskussion um das richtige Maß für die Schätzung einer neuen Entwicklung ist eigentlich ein Streit um des Kaisers Bart. Was wirklich zählt, ist das richtige Maß für die Schätzung der Wartungs- bzw. Erhaltungskosten.

Diese Tatsache ist den ersten Softwaretechnologen nicht entgangen, und darum war Softwaremessung von Anfang an mit der Softwarewartung verknüpft. Die Messung der Codes zielte zunächst darauf hin, die „Maintainability", also die Wartbarkeit der Software zu messen. Der Ausgangspunkt für diese Bestrebung ist die Annahme, dass Wartungsaufwand von der Komplexität und Qualität des Wartungsobjekts getrieben wird. Wir wissen inzwischen, dass diese Annahme nur bedingt wahr ist. Es gibt andere Faktoren, die ebenfalls den Pflegeaufwand bestimmen, z.B. die Wartungsumgebung, die Wartungswerkzeuge und das Wartungspersonal. Die Wartbarkeit des Produktes ist nur ein Faktor unter vielen. Nichtsdestotrotz hat es die Metrikforscher immer gereizt, die Wartbarkeit von Software zu messen. So entstand eine beträchtliche Menge an Literatur zu diesem Thema. Nichtsdestotrotz dürfen wir bei der Untersuchung der Wartungsproduktivität nie vergessen, dass die Wartbarkeit der Software nur einer unter vielen Einflussfaktoren ist, die die Produktivität in der Wartung bestimmen (siehe Abb. 10.1).

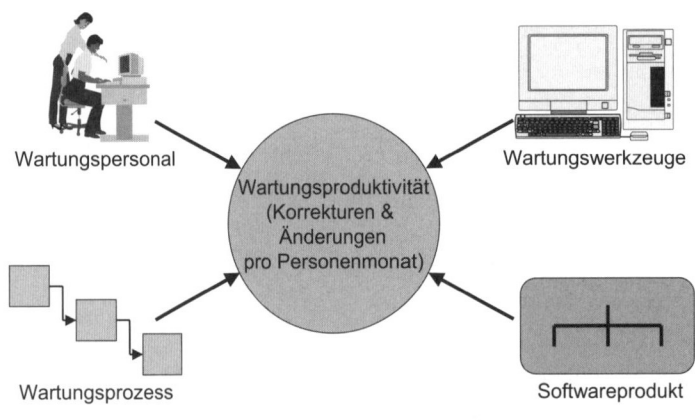

Wartungspersonal

Wartungsproduktivität (Korrekturen & Änderungen pro Personenmonat)

Wartungswerkzeuge

Wartungsprozess

Softwareprodukt

$$\text{Wartungsproduktivität} = \frac{\text{Wartungsaufwand}}{\text{geänderte/hinzugefügte Anweisungen}}$$

Abbildung 10.1
Einflüsse auf die
Wartungsproduktivität

Dabei gäbe es genug andere Faktoren im Rahmen der Software-Maintenance zu messen, z.B. die Änderungsrate, die Fehlerrate, der Auswirkungsgrad der Eingriffe, die Menge der Wartungsaufträge, die Dauer der Wartungsaufgaben, die Reaktionszeiten, die Release-Intervalle und nicht zuletzt die Zufriedenheit des Kunden mit dem Wartungsbetrieb. Die Einführung des IT-Servicemanagements (ITIL) hat einen starken Einfluss auf die Organisation und Steuerung der Wartungsaktivitäten und verlangt die Messung der Prozesse ebenso wie die der Produkte. Dank ITIL steigt der Bedarf an einer erweiterten Wartungsmessung, die weit über das hinausgeht, was bisher gemessen wurde [ITIL05].

Bisher stand die Wartbarkeit des Produktes im Mittelpunkt der Wartungsproduktivitätsmessung. Sie war das Leitmotiv für die Komplexitätsmessung und eine der Hauptbeweggründe für die Qualitätsmessung. Ein Hauptziel der Metrikentwicklung war von jeher, jene Softwareeigenschaften zu identifizieren, die Erhaltbarkeit fördern, und zu messen, zu welchem Grad sie vorhanden sind. Dahinter steckt die These, dass es einen direkten Zusammenhang zwischen der Komplexität und Qualität des Codes und der Wartungsproduktivität gibt. Wie wir sehen werden, ist diese These nur bedingt wahr, aber sie hat Generationen von Metrikforschern dazu motiviert, die Komplexität und Qualität des Codes zu messen in der Annahme, man könnte daraus Schlüsse über die Höhe der Wartungskosten ziehen. Wer

Wartungsproduktivität verstehen will, muss sich mit der Literatur über Wartungsmetrik auseinandersetzen. Es hilft, die Beweggründe für die Softwaremetrik insgesamt besser zu verstehen [NiMu05].

10.1 Frühere Ansätze zur Messung der Wartbarkeit von Software

Die Arbeiten von Halstead, McCabe, Chapin, Evangelista, Belady und anderen in den 1970er Jahren (siehe Kapitel 8, *Codemetrik*) hatten auch die Wartbarkeit des Codes im Visier. Ihr Hauptanliegen war jedoch, Komplexität an sich und ohne Bezug zu einem bestimmten Zweck zu messen. Wartbarkeit als Ziel der Softwaremessung trat erst Anfang der 1980er Jahre in Zusammenhang mit der amerikanischen Forschungsinitiative zum Thema „Software Maintenance" in Erscheinung. Die hohen Kosten der Systemerhaltung wurden in den großen Unternehmen und vor allem im U.S.-Verteidigungsministerium (DOD) zum schwerwiegenden Problem. Es sollte etwas unternommen werden, um die Kosten zu senken. Also wurde eine Initiative gestartet und Gelder für die Wartungsforschung bereitgestellt. Eine Kommission wurde gebildet, die „American Maintenance Association", und die International Conference on Software Maintenance tagte zum ersten Mal in Jahre 1983 mit Barry Boehm als Gastredner. Er sprach zum Thema „Software Maintenance Economics" [Boeh83]. Als Folge der DOD-Initiative wurde eine beträchtliche Anzahl an Forschungsarbeiten gefördert, u.a. viele zum Thema Maintainability Measurement. Die Forschung der Firma IBM zum Thema Softwaremodularität diente als Ausgangsbasis für die Entwicklung der neuen Wartungsmetrik [Myer78] (siehe Abb. 10.2).

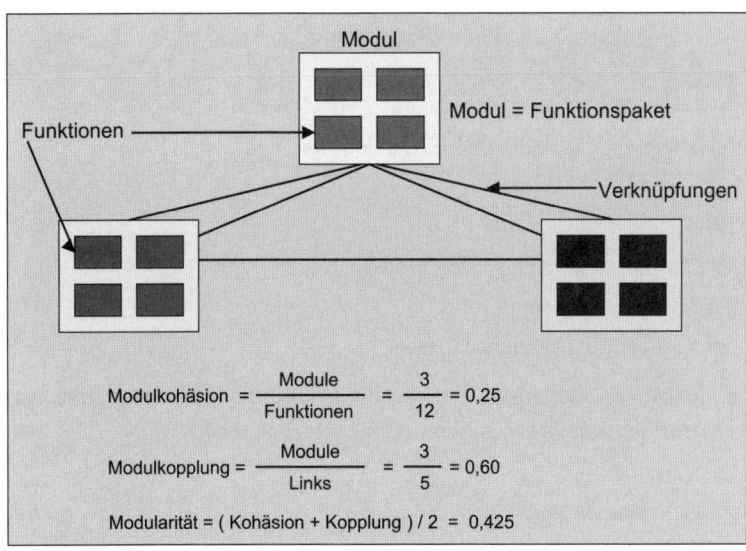

Abbildung 10.2
Modularitätsmetrik nach Myers

10.1.1 Stabilitätsmaße von Yau und Collofello

Über eine der ersten dieser geförderten Forschungsarbeiten wurde 1980 in der IEEE Transactions on Software Engineering berichtet. Stephan Yau und James Collofello haben im Auftrag der U.S. Air Force das Thema „Maintainability" untersucht und dabei eine Reihe Stabilitätsmaße entwickelt [YaCo80]. Zu den wichtigsten Eigenschaften von Software gehören nach Yau und Collofello

- Selbstbeschreibung (self descriptiveness)
- Erweiterbarkeit (extensibility) und
- Stabilität (stability).

Stabilität ist das Inverse der Auswirkung von Änderungen. Je weniger Codeelemente durch einen Eingriff betroffen sind bzw. je kleiner der Auswirkungsbereich, desto stabiler der Code. Unterschieden wird zwischen logischer und performanzträchtiger Stabilität. Logische Stabilität ist gegeben, wenn die Funktionalität der anderen Codeelemente nicht beeinträchtigt wird. Performanzträchtige Stabilität ist gegeben, wenn die Performanz der anderen Codeelemente nicht beeinträchtigt wird.

Gemessen wird die Stabilität anhand der Anzahl der Variablen eines Moduls, die auch von anderen Modulen verwendet werden. Dazu muss die Variabel entweder eine globale Variabel oder ein Eingabe- bzw. Ausgabeparameter sein. Es kommt auf das Verhältnis zwischen der Anzahl ausgetauschter Variablen und der Summe aller verwendeten Variablen an. Außerdem wird die zyklomatische Komplexität der betroffenen Module berücksichtigt. Die Gleichung zur Berechnung der Stabilität einer Menge Module ist:

$$LS_k = \frac{1}{\sum_{i \in V_k} [P(ki) * LCM_{ki}]}$$

wobei

k = Modulmenge

V(k) = Zahl der Variabeln, die in der Modulmenge definiert sind

$(Ki) = 1 / V(K)$

LCM(Ki) = $\sum (t \in W(Ki))$ C(t)

C(t) = zyklomatische Komplexität eines jeden Moduls

t = jedes Modul, das Daten austauscht

W(Ki) = Anzahl der Module die Daten austauschen

Es komme darauf an, die Anzahl der Module zu ermitteln, die durch die Änderung gemeinsamer Variablen betroffen sind. Drei Größen sind ausschlaggebend:

- Anzahl vereinbarter Variablen,
- Anzahl ausgetauschter Variablen und
- Anzahl abhängiger Module.

Die logische Komplexität eines einzelnen Moduls ist

$$\left(1 - \frac{\text{ausgetauschte Variable}}{\text{vereinbarte Variable}}\right) * \left(\frac{1}{\text{abhängige Module}}\right)$$

Das Stabilitätsmaß von Yau und Collofello diente dazu, den Abhängigkeitsgrad der Module untereinander zu messen. In einem Feldexperiment wurde demonstriert, dass der Änderungsaufwand in dem Maße steigt, wie das geänderte Modul von Daten anderer Module abhängig ist. Jede ausgetauschte Variable verursachte zumindest eine zusätzliche Stunde wertvoller Wartungszeit. Die Erkenntnisse aus diesen und ähnlichen Studien verstärkten die Tendenz, Daten in Module zu kapseln bzw. abstrakte Datentypen zu bilden, so wie es in der Objekttechnologie letztendlich realisiert wurde.

10.1.2 Maintenance-Umfrage bei der U.S. Air Force

Ein entgegengesetzter Ansatz zur Messung der Wartbarkeit verfolgte David Peercy vom Air Force Test and Evaluation Center (AFTEC). Er ging nicht von Code, sondern von der subjektiven Meinung der Wartungsverantwortlichen aus [Peer81]. Peercy konzipierte einen Fragebogen mit bis zu 90 Fragen zu Behauptungen über die Wartbarkeit von Softwaresystemen. Dabei wurden Beispiele von Code und Dokumenten gezeigt und die Befragten gebeten, dazu Stellung zu nehmen. Typische Fragen waren z.B.,

- ob die Anzahl logischer Ausdrücke zur Steuerung der Verzweigungen in dem Zielmodul beherrschbar sind,
- ob die Anzahl einmaliger Variablen in dem Modul zu hoch ist.
- ob die Anzahl der Befehlstypen in dem Modul zu hoch ist ,
- ob das Zielmodul zu viele Anweisungen hat,
- ob die Struktur des Zielmoduls wohl gegliedert und überschaubar ist,
- ob die Ablauflogik des Moduls leicht verständlich ist,
- ob die Programmdokumentation hilft, den Code schneller zu verstehen.

Zu den Fragen gab es sechs mögliche Antworten

- voll einverstanden
- stark einverstanden
- einverstanden
- nicht einverstanden
- stark dagegen
- voll dagegen.

Außerdem wurde jeder Befragte gebeten, einen Kommentar dazu zu schreiben.

Die Umfrage sollte dazu dienen, die damaligen Thesen zur Wartbarkeit von Software aus der Literatur über Software Engineering gegen die Meinung von Wartungsexperten zu bestätigen. Jeder der 32 befragten Experten hatte ein bis drei Stunden, um die codebezogenen Fragen zu beantworten, und vier bis sechs Stunden, um die dokumentationsbezogenen Fragen zu bearbeiten.

Die Antworten zu den Fragen wurden einer statistischen Analyse unterzogen. Es wurde gemessen, inwiefern die wissenschaftlichen Behauptungen über die Wartung von Software mit der Meinung echter Wartungsexperten mit jahrelanger Wartungspraxis übereinstimmen. Einverständnis mit einer Behauptung wurde mit folgender Gleichung gemessen

$$AG = 1/NE \sum_{I=1:ne}^{NS} \left(\frac{NR}{2(i)} \right)$$

wobei

AG = Agreement Factor
NS = Number of Unit Steps in Scoring Scale
NR = Number of Responses that deviate from the median
NE = Number of Responses

Das Ergebnis zeigte, dass 63 % der aufgestellten Thesen über die Wartbarkeit von Software überwiegend mit der Expertenmeinung übereinstimmten. 37 % wurden als nicht zutreffend oder irrelevant abgelehnt. Interessant war die Meinung der Experten, dass Wissen über die Programmiersprache, über die Dokumentationstechniken und über Wartungsprozeduren wichtiger ist als Wissen über das Sachgebiet. Auch interessant war die Feststellung, dass die Größe eines Moduls nicht unbedingt gegen die Wartbarkeit spricht. Wichtiger ist die klare Strukturierung des Moduls. Die Thesen von Halstead über den Einfluss der Anzahl unterschiedlicher Operatoren und Operanden auf die Verständigungen des Codes wurden als weniger wichtig eingestuft, während die Thesen von Parnas über die Bedeutung der Modularität sehr hoch eingestuft wurden.

Diese Studie der U.S. Air Force zeigte, wie notwendig es ist, Thesen über die Wartbarkeit von Software einer empirischer Prüfung zu unterziehen. Nur die Praxis kann bestimmen, wie Wartungsproduktivität wirklich erhöht werden kann.

10.1.3 Die Wartbarkeitsstudie von Vessey und Weber

Iris Vessey und Ron Weber haben 1983 eine empirische Studie über die Pflege von 447 COBOL-Programmen bei einem australischen und einem amerikanischen IT-Anwender veröffentlicht. Im Mittelpunkt dieser Studie stand das „Repair Maintenance" bzw. die Fehlerkorrektur [VeWe83]. Untersucht wurden die Hauptursachen von Programmfehlern. Dazu wurden fünf Thesen aufgestellt, die es zu bestätigen bzw. abzulehnen galt. Diese wurden aus der damaligen Fachliteratur zum Thema Softwarewartung entnommen. Sie lauteten:

1. Je komplexer die Programme bzw. je mehr Beziehungen sie nach außen haben, desto fehleranfälliger sind sie.
2. Strukturierte Programme sind weniger fehleranfällig als unstrukturierte.
3. Gut ausgebildete, qualifizierte Programmierer machen weniger Fehler als weniger qualifizierte Programmierer.
4. Je öfter ein Programm geändert wird, desto fehleranfälliger ist es.
5. Je älter ein Programm wird, ohne dass es geändert wird, desto weniger Fehler wird es aufweisen.

Die australische Studie ergab, dass 55,5 % der Programme fehlerfrei blieben und dass weitere 35% höchstens zweimal korrigiert werden müssen. Von einem neuen Release wurden im Durchschnitt nur 11,13 % der Programme korrigiert. Von den fünf Thesen konnten nur (1) und (4) bestätigt werden. Die komplexen Programme hatten zwischen 0,27 und 5,73 mehr Korrekturen als die einfachen Programme. Die bereits korrigierten Programme hatten 1,12 bis 3,7 mehr Korrekturen als jene, die noch nie korrigiert worden waren. Die Thesen (2), (3) und (5) konnten in der australischen Studie nicht bestätigt werden. These (5) wurde sogar verworfen.

Die gleiche Studie wurde in einem vergleichbaren amerikanischen Unternehmen mit 227 Programmen durchgeführt. In dieser Studie enthielt ein neues Release 18,8 % korrigierter Programme. Hier konnte nur These (4) voll bestätigt werden. Sie hatten 0,55 bis 1,92 mehr Fehler als der Durchschnitt. Die These (1) konnte hier auch nicht bestätigt werden, allerdings nur schwach, mit einem Vertrauensgrad von 0,63. In der amerikanischen Untersuchung gab es weder eine Korrelation zwischen schlecht strukturierten Programmen und Fehlern noch zwischen Programmiererqualifikation und Fehlerrate. Das Programmalter schied als Kriterium aus.

Zusammenfassend haben die Autoren festgestellt, dass die Strukturierung der Programme und die Qualifikation der Programmierer nicht den Einfluss auf die Wartungsaufwände haben, wie von den Advokaten der strukturierten Programmierung behauptet wird. Heute trifft die gleiche Feststellung für die Objektorientierung zu. Leider haben weder strukturierte Programmierung noch objektorientierte Programmierung zu einer signifikanten Reduzierung der Wartungskosten geführt.

10.1.4 Bewertung der Softwarewartbarkeit nach Berns

Im folgenden Jahr setzte Gerald Berns die Diskussion über die Wartbarkeit von Software in einer Studie der U.S. Navy fort [Bern84]. Ziel der Navy-Studie war zu erforschen, welche Eigenschaften eines Programms den Wartungsaufwand bestimmen. Berns nahm die Sprache FORTRAN und definierte für jede Anweisung ein Gewicht, z.B.

Accept = 3
Assign = 2
DoWhile = 7
If = 5
Entry = 10
Open = 2
Print = 3
GoTo = 10

Zudem nahm er die Datentypen vor und wies jedem Datentyp ein Gewicht zu, z.B.

Logical * 1
Integer * 2
Real * 4
Complex * 8

Hinzu kam eine Gewichtung einzelner Codekonstrukte wie

- Veränderung einer Variablen = 0,15
- Call-Parameter = 0,30
- Common-Datenfeld = 1,0
- Äquivalenz von Daten = 0,5
- Rückwärtsverzweigung = 3.

Der Schwierigkeitsgrad eines Programms war demnach die Summe der Anweisungsgewichte.

Das Werkzeug Maintenance Analysis Tool (MAT) wurde entwickelt, um die FORTRAN-Sourcen zu analysieren und den Schwierigkeitsgrad zu berechnen. Berns kalibrierte seine Gewichte mit den Erfahrungswerten aus dem Wartungsbetrieb im Marineministerium und versuchte, anhand der Programmgewichte Schlüsse über den Wartungsaufwand für neue Systeme zu ziehen, z.B. würde ein FORTRAN-Programm mit einem Schwierigkeitsgrad von 9,791 Punkten einen jährlichen Wartungsaufwand von 1,5 Monaten verursachen. Am meisten zur Steigerung des Schwierigkeitsgrades haben die vielen GoTo-Anweisungen beigetragen. D.h. nach der Beurteilung von Berns hat die Ablaufkomplexität doch einen Einfluss auf die Programmwartbarkeit.

10.1.5 Die Wartungsuntersuchung von Gremillion

Ebenfalls ein Jahr nach der Veröffentlichung der Untersuchung von Vessey und Weber erschien ein weiterer Beitrag von Lee Gremillion zum gleichen Thema [Grem84]. Gremillion untersuchte bei einem IT-Anwender in Boston die Wartung von 346 PL/Internet-Programmen mit einer Größe von 51 bis 6.572 Codezeilen. Für diese Programme wurden über einen Zeitraum von 4,5 Jahren 5.822 Fehlerkorrekturen durchgeführt. Daraus ergab sich eine durchschnittliche Fehlerrate von 16,8 Fehlern pro Programm. Da die mittlere Programmlänge 1.168 Codezeilen betrug, kam dabei ein Fehler pro 69 Codezeilen vor. Dies entsprach einer Fehlerrate von 0,014 oder 14 Fehlern pro 1.000 Zeilen.

Gremillion stellte fest, dass im Gegensatz zum Ergebnis der Studie von Vessey und Weber nicht die Programmkomplexität, sondern die Programmgröße für die Fehlervorhersage ausschlaggebend ist. Die Zahl der gemeldeten Fehler korreliert mehr mit der Modulgröße als mit der Modulkomplexität, gemessen nach Halstead und McCabe. Das Alter eines Programms spielt keine Rolle. Viel wichtiger ist hingegen die Häufigkeit der Verwendung. Sie hat eine starke Korrelation mit der Fehleranzahl. Bei Programmen, die selten ausgeführt werden, werden weniger Fehler entdeckt. Das soll aber nicht heißen, dass die Fehler nicht da sind. Deshalb ist diese Korrelation wenig aussagekräftig.

Der Schluss aus der Gremillion-Studie ist, dass Modulkomplexität gemessen nach Halstead und McCabe der Modulgröße in Anweisungen entspricht und dass es ausreicht, die Fehler aufgrund der Anweisungszahl vorauszusagen, eine These die später von Weyuker bestätigt wird. Die Komplexitätsmaße von Halstead und McCabe sind nach Gremillion nur andere Maße für die Programmgröße, die sich aber genauso gut in Anweisungen messen lässt. Man muss nach den Ergebnissen seiner Studie mit ca. 1 Fehler pro 69 Anweisungen rechnen. Dieses Verhältnis ist weit entfernt von dem aus der Studie von Vessey und Weber, wo es 2,7 Fehler pro Kilo Anweisungen gab. Gremillion versucht dies damit zu erklären, dass die COBOL-Programme in der Vessey/Weber-Studie viel kleiner waren – die Durchschnittsgröße lag bei 450 Anweisungen – im Gegensatz zu den durchschnittlichen 1.160 Zeilen in seiner Studie. Außerdem sei COBOL eine einfachere Sprache als PL/I. Es könnte aber auch daran gelegen haben, dass die Programme in der Vessey/Weber-Studie schon älter waren und somit ein Großteil der Fehler bereits entfernt war. Jedenfalls demonstrieren diese beiden Studien, wie schwierig es ist, unterschiedliche Wartungsbetriebe zu vergleichen.

10.1.6 Wartungsmetrik bei Hewlett-Packard

Robert Grady von Hewlett-Packard schrieb 1987 einen Artikel über „Measuring and Managing Software Maintenance" [Grad87]. Darin erläuterte er die Maßnahmen, die seine Firma eingeführt hat, um die Erhaltung ihrer Software zu messen. Am Anfang stellt er die Frage: „Warum werden so viele Leute gebraucht, bestehende Systeme zu erhalten?" Er unterstreicht drei Hauptziele für die Lösung dieses Problems:

- Minimierung von Fehlermeldungen und Änderungsanträgen
- Minimierung des Aufwands, um Fehler zu korrigieren und Änderungen durchzuführen
- Maximierung der Kundenzufriedenheit.

Zur Erreichung dieser Ziele benötigt ein Wartungsbetrieb eine Wartungsmetrik, denn ob die Ziele erreicht werden und zu welchem Grad, lässt sich nur über Messwerte feststellen. Über eine hausinterne Umfrage zum Thema Softwarewartung wurden 35 verschiedene Maße für die Wartung ermittelt.

Bezüglich des ersten Ziels „ Minimierung von Fehlermeldungen und Änderungsanträgen" wurden folgende Maße vorgeschlagen:

- Anzahl der *pre release*-Fehlermeldungen
- Anzahl der *post release*-Fehlermeldungen
- Anzahl der verbleibenden ersten kritischen Fehler
- Anzahl der Fehlermeldungen pro Komponente
- Anzahl der Fehlermeldungen nach Ursache
- Anzahl der echten Codezeilen
- Anzahl der Codezweige (CI)
- Anzahl der getesteten Codezweige
- Anzahl der Änderungsanträge
- Anzahl der Änderungsanträge pro Modul
- Anzahl der Personentage pro Fehlerkorrektur
- Anzahl der Personentage pro Änderung
- Anzahl der Defekte pro 1.000 Codezeilen
- Anzahl der Änderungen pro 1.000 Codezeilen.

Eine Analyse von 13 Komponenten aus einem System mit 54 Komponenten zeigte, dass 3 Komponenten für 76 % der Fehlermeldungen und 60 % des Korrekturaufwandes verantwortlich waren. Die Studie zeigte ferner, dass nur zwei Komponenten 67 % der Änderungsanträge bekamen. Damit wurde belegt, dass getreu dem Pareto-Gesetz nur ein kleiner Teil der Software den Hauptteil des Wartungsaufwands verursacht. Ein Modul hatte 13 Fehler pro 1000 Codezeilen, ein anderes gar 23, im Vergleich zu einem Durchschnitt im Test vor der Freigabe. Nach der Freigabe wurden immer noch 3 Fehler pro 1000 LOCs für das eine fehlerhafte Modul und 2,5 für das andere gemeldet, während für die übrigen Module weniger als 1 Fehler pro 1000 LOCs gemeldet wurden. Die fehlerhaften Module hatten die höchste Komplexität und die niedrigste Testüberdeckung. Sie hatten auch eine überdurchschnittliche Größe, waren aber nicht die größten.

Ein weiteres wichtiges Ergebnis der Wartungsstudie bei Hewlett-Packard war der Aufwand für die Fehlerkorrektur. Er reichte von 0,5 bis 18 Stunden mit einem Durchschnitt von 2,7 Stunden. Das war der Aufwand. Die mittlere Zeitdauer pro Fehlerkorrektur war näher zu 4 Stunden.

Der wichtigste Beitrag dieser Studie waren die 31 Wartungsmaße, die von einem Arbeitskreis bei Hewlett-Packard ausgearbeitet wurden. Es gab neun Maße für den Grad der Kundenzufriedenheit, darunter die Reaktionszeit bei Problemmeldungen und die Häufigkeit der Probleme, zehn Maße für die Kostentreiber der Wartung, darunter die Anzahl der Fehler, der Aufwand zur Fehlerbehebung und die Auswirkung der Änderungen, fünf Maße für die Qualitätsvorhersage, darunter ein Maß für die Testbarkeit und ein Maß für die Restfehlerwahrscheinlichkeit, vier Maße für den Einfluss der Entwicklungsmethodik auf den Wartungsaufwand und drei Maße für die Ermittlung der Wartungskosten. Die Kernfrage, wann ein neues Release freigegeben werden darf, wurde hier zwar nicht exakt beantwortet, aber es gab viele Indikatoren, an denen der Entscheider sich orientieren konnte. Der Beitrag von Grady markierte einen großen Fortschritt in der Wartungsmetrik, da hier der Versuch unternommen wurde, Softwarewartung als Service zu verstehen und auf breiter Basis zu messen.

10.1.7 Wartungsmessung nach Rombach

Ein weiterer bahnbrechender Beitrag zur Förderung der Wartungsmessung erschien im gleichen Jahr wie der von Grady. Dieser Beitrag von H.-D. Rombach befasste sich mit dem Zusammenhang zwischen der Systemstruktur und der Wartbarkeit eines Systems [Romb87]. Er berichtet über ein Feldexperiment, das an der Universität Kaiserslautern begann und an der Universität Maryland abgeschlossen wurde. Zwölf mittelgroße Systeme des NASA Goddard Space Center wurden im Hinblick auf ihre Wartbarkeit untersucht. Rombach definierte „Software Maintenance" als alle Maßnahmen nach der ersten Freigabe eines Systems, um die weitere Operation eines Systems zu gewährleisten. Dazu gehören korrektive, adaptive und perfektive Maßnahmen. Ferner identifizierte er fünf Eigenschaften der Software, welche die Durchführung jener Erhaltungsmaßnahmen beeinflussen. Es sind:

- Maintainability, gemessen an dem Aufwand pro Erhaltungsauftrag

- Comprehensibility, gemessen an dem Aufwand, der erforderlich ist, zu erkennen, wo und wie der Code geändert werden muss

- Locality, gemessen an der Anzahl der Codeeinheiten, die durch einen Eingriff betroffen sind

- Modifiability, gemessen am Aufwand, Fehler zu korrigieren, die durch die Erhaltungseingriffe entstehen

- Reusability, gemessen am Anteil der Codes, der zur Implementierung einer neuen Funktion herangezogen wird.

Das Ziel der Studie war festzustellen, inwiefern die Struktur bzw. die Architektur der Software diese fünf Größen beeinflusst. Dazu wurden 25 Korrekturen, 10 Änderungen und 15 Optimierungsmaßnahmen an zwei Systemen mit jeweils 6 Komponenten und über 50.000 Codezeilen durchgeführt. Ein System war in PASCAL implementiert, das andere in FORTRAN. Das PASCAL-System hatte eine hierarchische, tiefgegliederte Architektur. Das FORTRAN-System war eher flach. Zum PASCAL-System gab es eine detaillierte Spezifikation. Zur Beurteilung der Komplexität der Komponenten wurde zwischen interner und externer Komplexität unterschieden. Externe Komplexität wurde anhand der Ein- und Ausgabedatenflüsse – Fan-in/Fan-out – sowie der Anzahl der Parameter pro Datenfluss gemessen. Interne Komplexität wurde mittels der Modulgröße in Zeilen, der Anzahl der Verknüpfungen zwischen Modulen und der Anzahl verwendeter Daten gemessen.

Die Erhaltungsaufträge wurden von sechs Doktoranden an allen vier Systemen unter gleichen Bedingungen durchgeführt und der Aufwand pro Auftrag verglichen. Es stellte sich heraus, dass das PASCAL-System für die Korrekturen 28 %, für die Änderungen 36% und für die Optimierung 15% weniger Aufwand verursachte. Der mittlere Aufwand, den Code zu verstehen, war beim PASCAL-System 50 Stunden und beim FORTRAN-System 77 Stunden. Die mittlere Anzahl betroffener Module pro Erhaltungsauftrag war beim PASCAL-System 1,92 und beim FORTRAN-System 2,47. Damit konnte Rombach eindeutig belegen, dass die Architektur und die Programmiersprache sehr wohl einen Einfluss auf die Erhaltungskosten haben.

Viel wichtiger als das Resultat war die Methode, mit der Rombach vorgegangen ist. Die Strukturierung des Experiments, die systematische Vorgehensweise und der multidimensionale Vergleich der Ergebnisse dient heute noch als Vorbild für empirische Softwarestudien.

10.1.8 Messung der Wartbarkeit kommerzieller COBOL Systeme

Ein Forschungsteam von der M.I.T School of Management, der Stanford Business School, der Minnesota School of Management und der U.S. Navy Post Graduate School hat 1994 die Kostentreiber für große Systeme in COBOL untersucht [BDKZ93]. Im Mittelpunkt stand der Einfluss gewisser Programmgrößen auf die Wartungskosten. Die drei Größen, die hier als Wartungskostentreiber angenommen wurden, sind

■ Modulgröße

■ Prozedurgröße

■ Verzweigungskomplexität

Als Modul gilt in der COBOL-Welt eine getrennt kompilierbare Codeeinheit mit Data- und Procedure-Divisionen. Als Prozedur gilt ein Paragraph oder eine Section. Die Größe dieser beiden Einheiten wird in Anweisungen gemessen. Die Verzweigungskomplexität wurde in dieser Studie als die Anzahl der GOTO-Zweige außerhalb der Prozedur, in der sie abgesetzt sind, angesehen. Damit wurde zwischen guten und schlechten GOTOs unterschieden. Gute GOTOs steuern den Ablauf innerhalb einer Prozedur. Schlechte GOTOs überspringen Prozedurgrenzen. Das Verhältnis der schlechten GOTOs zur Anzahl Anweisungen war ein guter Indikator für die Wartbarkeit der COBOL-Programme in dieser Studie (siehe Abb. 10.3).

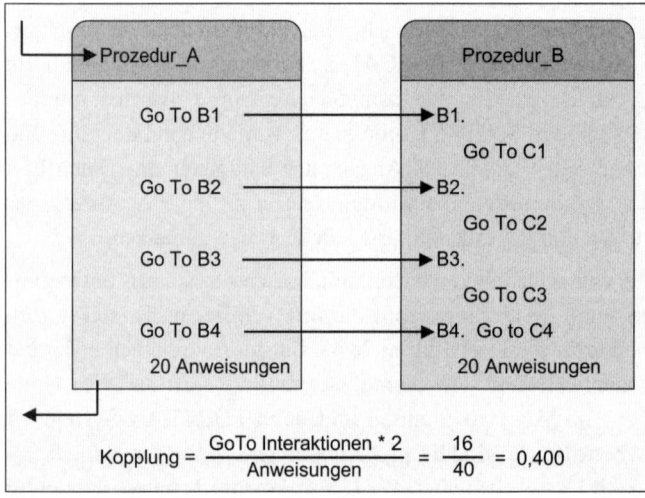

Abbildung 10.3
Wartbarkeitsmessung anhand prozeduraler Kopplung. Prozedurale Kopplung ergibt sich aus der Anzahl Interaktionen zwischen Prozeduren relativ zur Größe der Prozeduren.

Die untersuchte Software einer Großbank umfasste 18 Millionen COBOL-Codezeilen. Sie war in einzelne Applikationssysteme mit einer mittleren Größe von 226.000 Codezeilen aufgeteilt. 15 Wartungsprojekte mit 17 dieser Applikationen wurden untersucht. Der mittlere Aufwand für ein Wartungsprojekt war 937 Stunden. Die durchschnittliche Anzahl betroffener Anweisungen pro Projekt, d.h. geänderte, gelöschte oder hinzugefügte Anweisungen, betrug 5.416. Daraus folgt eine Wartungsproduktivität von 6 Anweisungen pro Arbeitsstunde.

Die erste Hypothese, dass der Wartungsaufwand von der Größe der Prozeduren abhängt, wurde bestätigt. Dennoch durfte eine COBOL-Prozedur nicht mehr als 44 ausführbare Anweisungen beinhalten. Wenn diese Grenze überschritten wird, steigt der Aufwand, die Prozedur zu ändern, um bis zu 70 %.

Die zweite Hypothese, dass der Wartungsaufwand von der Größe der Module abhängt, wurde ebenfalls bestätigt. Bis zur mittleren Größe von 681 Anweisungen blieb der Wartungsaufwand gleich. Ab dort begann er zu steigen: bis zu 10 % mehr Aufwand für übergroße Module.

Die dritte Hypothese, dass entfernte GOTO-Verzweigungen den Wartungsaufwand steigern, konnte ebenfalls bestätigt werden. Die mittlere Dichte solcher GOTO-Verzweigungen betrug 0,024 oder 2,4 pro Hundert Anweisungen. Bei einer vierfachen Dichte von 0,096 stieg der Wartungsaufwand bereits um 12 %.

Somit konnten alle drei Kostentreiber bestätigt werden. Der Wartungsaufwand großer COBOL-Systeme wird bis zu einer Höhe von +/- 42% von den drei Faktoren

- Modulgröße
- Prozedurgröße und
- GOTO-Häufigkeit

geprägt. Der Schluss aus dieser Studie war, dass ein Reengineering-Projekt, um diese Größen überall auf den Mittelwert zu reduzieren, eine Ersparnis von 17 % der Wartungskosten bringen würde.

10.1.9 Der Wartbarkeitsindex von Oman

Die frühere Forschung zum Thema „Softwarewartbarkeit" führte zur Entwicklung des Wartbarkeitsindexes durch Prof. Paul Oman von der Universität Idaho [Oman94]. Diesem Index sind wir schon einmal in Zusammenhang mit der Codekomplexitätsmessung begegnet. Er ist insofern wichtig, als dass er einen vorläufigen Höhepunkt in der Metrikforschung markiert. Danach haben sich Softwaremessexperten von der Messung von Programmkomplexität im Allgemeinen abgewandt, um sich der Messung von objektorientierten Lösungen zu widmen.

Oman entwickelte den Wartbarkeitsindex in Zusammenarbeit mit Hewlett-Packard. HP hatte ein gewisses Interesse an der Reduzierung seiner hohen Wartungskosten, die nach dem damaligen CEO 40 bis 60 % der gesamten Softwarekosten betrugen. Zu diesem Zeitpunkt hatte HP nahezu 50 Millionen Codezeilen in der Wartung. 11 Systeme davon wurden Oman und seinen Mitarbeitern für die Wartbarkeitsuntersuchung zur Verfügung gestellt. Die Studie sollte demonstrieren, wie Softwaremetrik die Entscheidungsfindung unterstützen könnte, und zwar bezüglich

- der Ablösung, Sanierung oder Weiterwartung bestehender Systeme
- der Investitionen in Reverse- und Reengineering-Aktivitäten
- der Allokation von Testressourcen
- der Kalkulation künftiger Ressourcen.

Außerdem suchte das HP-Management nach Kriterien, um Systeme miteinander zu vergleichen und die Unterschiede in der Wartungsproduktivität zu erklären.

Oman und sein Team haben fünf statistische Techniken verwendet, um Softwarewartbarkeit mit Metriken zu quantifizieren. Diese waren:

- hierarchische, multidimensionale Auswertung der Softwareattribute
- polynomische Regressionsanalyse zur Ermittlung der Beziehung zwischen Produkteigenschaften und Wartungsaufwand
- aggregierte Komplexitätsmessung zur Erfassung des Entropiegrades
- Komponentenanalyse für die Erkennung der Abhängigkeiten unterschiedlicher Komplexitätsmaße
- Faktorenanalyse für die Zuordnung der Messwerte zu gemeinsamen Modellierungsfaktoren.

Nach der hierarchischen, multidimensionalen Auswertung wurden vier bestimmende Programmeigenschaften auserkoren:

- die Größe der Codebausteine
- die Ablaufsteuerungskomplexität
- die Datenstrukturkomplexität
- die Benennung der Variablen und Prozeduren sowie die Kommentierung des Codes.

Für jede dieser vier Eigenschaften wurden Metriken mit einer relationalen Skala definiert. Es gab zu jeder Metrik einen Mittelwert, eine Obergrenze und eine Untergrenze. Messwerte im Bereich zwischen der Ober- und Untergrenze galten als normal, Messwerte außerhalb des Bereiches galten als Abweichungen von der Norm. Jede Eigenschaft war ein Koeffizient der gewichteten Messwerte:

$$Eigenschaft = \frac{\sum (Gewicht * Messwert)_i}{\sum Gewicht_i}$$

Der Wartbarkeitsindex wurde als Produkt der fünf Eigenschaften errechnet:

Bausteingröße * *Ablaufkomplexität* * *Datenkomplexität* * *Benennung* * *Kommentierung*

Es kam dabei eine Zahl zwischen 0 und 100 heraus, wobei 100 als Spitze der Wartbarkeit und 0 als absolute Abwesenheit der Wartbarkeit galt.

Die zweite Technik, die am Ende verwendet wurde, war die polynomische Regressionsanalyse. Mehr als 50 Regressionsanalysen wurden durchgeführt, um die Korrelation zwischen möglichen Komplexitätsmaßen und Wartungsaufwand zu messen. Am Ende stellten sich vier Maße heraus: Halsteads Volumenmaß, McCabes zyklomatische Komplexität, die Bausteingröße in Codezeilen und die Anzahl Kommentarzeilen. Daraus ergab sich folgende Formel für die Berechnung der Wartbarkeit.

*Wartbarkeit = 171 + 5,2 * (mittleres Codevolumenmaß)*
*0,23 * (mittleres zyklomatisches Komplexitätsmaß)*
*16,2 * (mittlere Bausteingröße in Codezeilen)*
*50 * ((sin / 2,46) * (Anzahl der Kommentarzeilen))*

Mit diesen beiden Techniken wurde eine in C implementierte Komponente vor und nach einem Wartungsprojekt gemessen. Dabei stellten sich folgende Veränderungen heraus

- Die Codezeilenzahl stieg von 1086 auf 1235 = 13, 4 %.
- Die Bausteinzahl stieg von 13 auf 15 = 15,4 %.
- Die zyklomatische Komplexität stieg von 226 auf 255 = 12,8 %.
- Der Wartbarkeitsindex stieg von 88,17 auf 88,61 = 0,4 %.

Die potenziellen Veränderungen wurden anschließend mit dem Wartungsaufwand für das nächste Wartungsprojekt verglichen. Der nach dem Auswirkungsbereich geglättete Wartungsaufwand stieg um 1,2 %. Also lag der Wartbarkeitsindex am nahesten zum Wartungsaufwand, obwohl er um zwei Drittel niedriger lag.

Das Forschungsteam ging dazu über, den Wartbarkeitsindex mit der subjektiven Meinung der HP-Programmierer zu vergleichen. Hiermit hatten sie mehr Erfolg. Es wurde die Wartbarkeit von einem System mit 236.000 Codezeilen in 714 Modulen gemessen. Dabei schwankte der Wartbarkeitsindex für jedes Modul zwischen 0 und 183 mit einem Mittelwert von 85. Die Untergrenze für die Wartbarkeit lag bei 65. Alle Module mit einem Index unter dieser Grenze galten als schwer wartbar. Für dieses System waren es 364 der 714 Module. Dies stimmte mit der Meinung der Wartungsprogrammierer überein, die dieses System als insgesamt schwer wartbar einstuften.

Es wurden zwei weitere Systeme in der gleichen Größenordnung gemessen. Das erste System hatte einen mittleren Wartbarkeitsindex von 89, das zweite System einen Index von 123. Im ersten System fielen 228 Module mit 33 % des Codes unter die Grenze von 65. Im zweiten waren es nur 15 mit 2,8 % des Codes. Dieses Ergebnis stimmte ebenfalls mit der Bewertung der Wartungsprogrammierer überein, die das erste System als durchschnittlich wartbar betrachteten und das zweite System als sehr leicht wartbar einstuften. Der Wartungsaufwand für das zweite System war auch tatsächlich um die Hälfte weniger als für das erste System. Oman sah dies als Bestätigung für seinen Wartbarkeitsindex.

Trotz dieser anschaulichen Anfangserfolge blieb der Wartbarkeitsindex umstritten und fand außerhalb der HP-Welt keine weitere Verwendung. Möglicherweise war er zu kompliziert oder, was eher der Fall ist, er verlor durch die Einführung der Objekttechnologie seine Gültigkeit.

10.2 Ansätze zur Messung der Wartbarkeit objektorientierter Software

Ab Mitte der 1990er Jahre verlagerte sich die Forschung der Softwarewartbarkeit von prozeduralen auf objektorientierte Programme. Eines der Hauptziele der Objekttechnologie ist die verbesserte Wartbarkeit. Die führenden Befürworter der Objektorientierung wie Grady Booch, Peter Coad und Bertram Meyer verschrieben die objektorientierte Programmierung als Heilmittel gegen die Infektion der steigenden Wartungsaufwände. Durch die andersartige, objektbezogene Strukturierung der Softwaresysteme und -komponenten sollte es möglich sein, die Codemenge signifikant zu reduzieren und die Auswirkungen von Änderungen stark einzugrenzen. Man versprach sich Ersparnisse zwischen 30 und 50 % der bisherigen Wartungskosten [Jaco94].

Es stellte sich also als Herausforderung an die Metrikforschung heraus, diese Behauptungen zu bestätigen. Es folgte eine Unmenge von Veröffentlichungen zum Thema Wartbarkeit objektorientierter Software. Es wäre unmöglich, sie alle hier zu behandeln. Daher werden einige Ansätze als stellvertretend für den Rest präsentiert. Was kaum vorkam, war der Vergleich der objektorientierter Systeme mit den prozeduralen Systemen. Die beiden Messungen passten nicht zueinander [Cant00].

10.2.1 Erste Untersuchung der Wartbarkeit objektorientierter Programme

Professor Norman Wilde von der University of West Florida hat bereits 1993 die Wartbarkeit objektorientierter Software untersucht [Wild93]. Er benutzte dazu C++-Systeme von der Belcore Corporation, die schon über ein Jahr in der Wartung waren. Zum einen hat sein Team den Source-Code analysiert und gemessen. Zum anderen führte er Interviews mit den verantwortlichen Programmierern durch. Es stellte sich dabei heraus, dass einige der viel gelobten Eigenschaften der OO-Programmierung negative Konsequenzen für die Softwarewartung haben. Vor allem die Vererbung verursacht Probleme, wenn die Vererbungstiefe über 3 hinausgeht. Das System mit der tieferen Klassenhierarchie hat eindeutig mehr Wartungsaufwand verursacht als das System mit einer flachen Klassenhierarchie. Eine weitere Ursache hohen Wartungsaufwands ist die Vielzahl der Interaktionen zwischen Methoden in verschiedenen Klassen. Jede einzelne Methode ist zwar kleiner und an sich leicht zu pflegen, aber wenn die Methode viele Abhängigkeiten zu anderen Methoden in fremden Klassen hat, sinkt die Wartbarkeit.

Eine dritte Ursache von Fehlern und hoher Wartungsaufwände ist die dynamische Bindung mit Polymorphie. Der Code gewinnt dadurch an Flexibilität, und es kann damit viel Code eingespart werden, jedoch wird der Code dadurch schwer verständlich. Der Durchschnittsprogrammierer kommt damit nicht klar und trifft öfters Fehlentscheidungen bei der Codeänderung, die zu schwer auffindbaren Fehlern führen.

Nicht zuletzt hatte Belcore mit den neuen objektorientierten Systemen nicht nur mehr Fehler zu korrigieren sondern auch schwerwiegende Performanzprobleme. Die Laufzeiten stiegen um 45 % gegenüber der alten Software.

Der Schluss der Studie war, dass die Objektorientierung zwar einige Vorteile, aber auch schwerwiegende Nachteile mit sich bringt. Ausschlaggebend für die Wartbarkeit der OO-Programme sind schließlich die Tiefe der Klassenhierarchie, die Anzahl der Assoziationen zu fremden Klassen und die Anzahl polymorpher Methodenaufrufe. Das heißt, wenn man wirklich alle Möglichkeiten der Objektorientierung ausschöpft, trifft genau das Gegenteil von dem ein, was die Objektorientierung anstrebt, nämlich eine Steigerung der Wartbarkeit [Hatt98].

10.2.2 Chidamer/Kemerers OO-Metrik für Wartbarkeit

Die am häufigsten zitierte Metrik zur Komplexitätsmessung objektorientierter Systeme ist die „Metrics Suite" von Chidamer und Kemerer, die bereits im Zusammenhang mit der Entwurfsmetrik beschrieben wurde. Diese „Metric Suite" besteht aus sechs einzelnen Metriken, um die Größe und Komplexität eines OO-Entwurfs zu bewerten. Allerdings haben die beiden Forscher nie einen Beweis für die Gültigkeit ihrer Maße geliefert, sondern überließen das anderen.

Im Jahre 1996 veröffentlichten Basili, Briand und Melo die Ergebnisse eines Experiments an der Universität Maryland, in dem der Zusammenhang zwischen der CK-Metrik und Fehlerhäufigkeit untersucht wurde [Basi96]. Das Experiment wurde mit Studenten, aufgeteilt in acht Teams mit je drei Personen über vier Monate, ausgeführt. Die Studenten wurden beauftragt, ein C++-System zu entwerfen, zu implementieren und anschließend zu testen. Die im Test aufgetretenen Fehler wurden sorgfältig registriert und klassifiziert. Zum Schluss wurde der Code anhand der CK-Metrik gemessen und die Messwerte mit der Fehlerrate verglichen. Dabei stellte sich Folgendes heraus:

- Die WMC-Metrik (gewichtete Methodenanzahl pro Klasse) hat eine mittelstarke Korrelation von 0,94 mit der Anzahl der Fehler.

- Die DIT-Metrik (Tiefe der Vererbungshierarchie) hat eine sehr starke Korrelation von 0,99 mit der Anzahl der Fehler.

- Die RFC-Metrik (Rückgabewerte pro Klasse) hat ebenfalls eine starke Korrelation von 0,99 mit der Fehleranzahl.

- Die NOC-Metrik (Anzahl der untergeordneten Klassen pro Klasse) hat eine mittelstarke Korrelation von 0,92 mit der Fehleranzahl.

- Die LCOM-Metrik (Zusammengehörigkeit der Methoden einer Klasse) hat keine Korrelation zur Fehleranzahl.

- Die CBO-Metrik (Kopplung der Klassen) hat eine signifikante Korrelation von 0,83 zur Fehleranzahl.

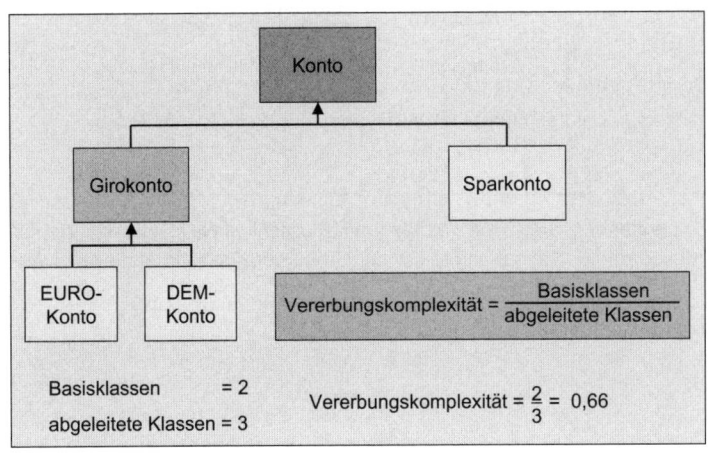

Abbildung 10.4
Vererbungskomplexität vergrößert die Impact Domain der Wartungseingriffe. Vererbungskomplexität ist das Verhältnis abgeleiteter Klassen zu Basisklassen.

Daraus schließen die Autoren, dass fünf der sechs CK-Metriken als Indikatoren für die zu erwartende Fehlerhäufigkeit nützlich sind. Ausgehend von einer mittleren Fehlerrate kann man diese mit den CK-Messungen gewichten, um zu einer Fehlervorhersage zu kommen. Allerdings hat dieses Experiment keine Schlüsse über die Wartbarkeit der Software zugelassen (siehe Abb.10.4).

10.2.3 MOOD-Metrik als Indikator der Wartbarkeit

Eine ähnliche Studie wurde 1998 an der Universität Southampton in Großbritannien mit der MOOD-Metrik ausgeführt [Harr98]. In der MOOD-Metrik, die auch bereits in Kapitel 7 behandelt wurde, gibt es Messwerte für

- den Kapselungsgrad,
- den Vererbungsgrad,
- den Kopplungsgrad und
- den Polymorphismusgrad.

Die Gültigkeit dieser Messwerte wurde an neun C++-Anwendungen mit einer Größe zwischen 16 und 47 KLOC getestet, indem die Autoren die Korrelation zwischen steigenden Messwerten für diese vier Metriken und sinkenden Wartungsaufwänden untersucht haben. Auch hier stellte sich heraus, dass Kapselung und Koppelung mit weniger Wartungsaufwand, Vererbung und Polymorphismus hingegen mit mehr Wartungsaufwand verbunden sind. Daraus lässt sich ableiten, dass starke Kapselung und schwache Koppelung die Wartbarkeit fördern, während starke Vererbung und hoher Gebrauch von Polymorphismus die Wartbarkeit nach unten drücken (siehe Abb.10.5).

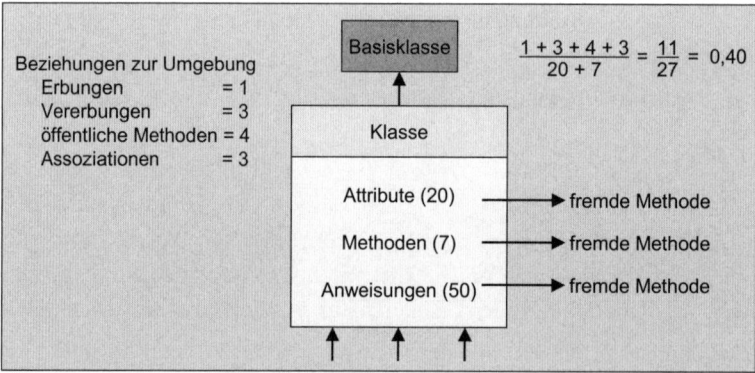

Abbildung 10.5 Klassenkomplexität erschwert Test und Wartung. Klassenkomplexität ist das Verhältnis der Beziehungen einer Klasse zu ihrer Umgebung relativ zur Größe der Klasse in Attributen + Methoden.

10.2.4 Eine empirische Validation der OO-Metrik für die Schätzung des Wartungsaufwands

Die meisten Untersuchungen auf dem Gebiet der Softwaremetrik in den Jahren nach 1998 haben sich auf das Verhältnis zwischen den vorgeschlagenen OO-Metriken und der Fehlerhäufigkeit konzentriert, so z.B. die empirische Analyse der CK-Metrik in Bezug zur Anzahl der Mängel von Subramayam und Krishnan [SuKr03]. Eine Ausnahme ist der Beitrag von Alshayeb und Wie Li [AlWe03]. Diese beiden Forscher von der Universität Alabama haben sich für die Nutzung der OO-Metrik zur Schätzung vom Wartungsaufwand in agilen Projekten interessiert. Sie haben für ihr Experiment zwei agile Projekte ausgesucht. In beiden Projekten wurden der Systementwurf mit UML und der Code mit Java erstellt. Gemessen wurde der Entwurf sowohl mit der Nesi/Querci-Metrik [Nesi98] als auch mit der CK-Metrik. Der Code wurde mit dem Quality Analyzer von WebGain gemessen. Die daraus entstandenen Messwerte wurden dann benutzt, um die Schätzung der nächsten Iteration zu justieren.

Am Projektanfang, als noch wenig Code vorhanden war, waren die Messwerte sehr zerstreut und konnten kein einheitliches Bild über die Wartbarkeit und Weiterentwicklungsfähigkeit der Software geben. Dementsprechend wichen auch die Schätzungen der Weiterentwicklungsaufwände von den tatsächlichen Aufwänden erheblich ab. Je mehr Code es gab und je stabiler die Systeme wurden, desto genauer wurden die Schätzungen. Mithilfe der Qualitäts- und der Komplexitätsmetrik konnte das spätere Refactoring mit einer Genauigkeit von 76,5 %, die Fehlerkorrekturen mit einer Genauigkeit von 88,3 % und die Änderung bestehender Klassen mit einer Genauigkeit von 91,2 % geschätzt werden.

Es hat sich also gezeigt, dass die OO-Metrik von Chidamer und Kemerer sehr wohl dazu beitragen kann, die Wartbarkeit zu messen und die Schätzung von Wartungsprojekten zu schärfen – aber nur, wenn die Software eine gewisse Reife erreicht hat.

10.2.5 Der Einfluss einer zentralen Steuerung auf die Wartbarkeit eines OO-Systems

Bezüglich der Wartbarkeit objektorientierter Systeme erschien im August 2004 ein besonders interessanter Bericht über ein Experiment am Simula Research Labor in Norwegen [Ansh04]. Zwei Gruppen – eine mit 59 Studenten und eine mit 99 professionellen Programmierern – wurden aufgefordert, Änderungen in zwei Java-Systemen durchzuführen. Eins der Java-Systeme hatte eine zentrale Steuerungsklasse, von wo aus die Methoden in den anderen Klassen aufgerufen wurden. Das andere System hatte eine verteilte Steuerung, d.h. die Aufrufe der Unterklassen wurden an mehrere Substeuerungsklassen delegiert. Die Initiatoren des Experiments wollten wissen, mit welchem Systemtyp die zwei Gruppen am besten zurechtkommen. Die gestellte Frage lautete: Was fördert die Wartbarkeit mehr – die zentrale oder die dezentrale Steuerung?

Die statistische Bewertung der Arbeitszeiten zeigte, dass die Studenten im Durchschnitt 30 % weniger Zeit brauchten, um das zentral gesteuerte System zu ändern (79 Minuten für das zentral gesteuerte System und 108 Minuten für das dezentral gesteuerte System). Die Analyse der Fehler führte zu einem ähnlichen Ergebnis. 62 % der Änderungen waren bei dem zentral gesteuerten System fehlerfrei. Beim dezentral gesteuerten System waren es nur 29 %.

Bei den professionellen Programmierern war es gerade umgekehrt. Sie brauchten für die Änderung des zentral gesteuerten Systems 30 % mehr Zeit als für die Änderung des dezentral gesteuerten Systems (103 Minuten für das zentral gesteuerte System versus 71 Minuten für das dezentral gesteuerte System). Die Fehleranalyse ergab bei den professionellen Programmierern keinen signifikanten Unterschied. Von den Änderungen am zentral gesteuerten System waren 76 % fehlerfrei und beim dezentral gesteuerten System 74 %.

Die Schlussfolgerung aus diesem Experiment ist, dass Wartbarkeit von Software nicht objektiv messbar ist, weil sie von den Subjekten der Wartung – den Menschen, die die Wartung ausführen – abhängt. Die Menschen können Programme am besten warten, die in einem Stil verfasst sind, mit dem sie vertraut sind. In diesem Experiment waren die Studenten besser ausgebildet als die Programmierer aus der Industrie. Ergo kamen sie mit dem anspruchsvollen zentral gesteuerten System besser zurecht als die weniger gebildeten Programmierer von der Industrie, die es gewohnt waren, Systeme zu pflegen, in denen die Steuerung verteilt ist.

Demnach spielt die Vorbildung des Wartungspersonals eine größere Rolle bezüglich der Wartbarkeit als die Eigenschaften der Software selbst. Wartbarkeit hängt von der Ausbildung und Erfahrung der Wartungsprogrammierer ab. Wenn sie gewohnt sind, mit Assembler-ähnlichem Code voller GOTO-Verzweigungen umzugehen, werden sie sich mit streng strukturiertem Code schwer tun. Und wenn sie lange Zeit mit prozeduraler Logik gearbeitet haben, werden sie objektorientierte Strukturen als fremd empfinden. Wartbarkeit heißt also, dass die Software zur Denkweise der Wartungsprogrammierer passt. Diese These hat der Autor Sneed bereits 1998 in einem Beitrag zur internationalen Konferenz für Program Comprehension vertreten [Sned98].

10.2.6 Kalkulation vom Wartungsaufwand aufgrund der Programmkomplexität

Während sich die meisten Untersuchungen mit dem Einfluss der Softwarekomplexität auf die Fehlerrate befasst, hat sich ein Forscherteam von der Universität Castilla-La Mancha in Spanien vorgenommen, das Verhältnis zwischen Softwarekomplexität und Wartungsaufwand zu untersuchen [Piat05]. Sie wollten sehen, ob es auf der Basis des UML-Modells möglich ist, die Wartbarkeit der Programme vorauszusagen. Sie haben dazu elf Messwerte ausgesucht, die alle aus den UML-Klassendiagrammen entnommen wurden.

1. Anzahl der Klassen
2. Anzahl der Methoden
3. Anzahl der Attribute
4. Anzahl der Assoziationen

5. Anzahl der Aggregationen
6. Anzahl der Abhängigkeiten
7. Anzahl der Vererbungen
8. Anzahl der Klassenhierarchien
9. Anzahl der Aggregationshierarchien
10. Maximum Vererbungstiefe
11. Maximum Aggregationstiefe

Die Forscher sind davon ausgegangen, dass der Wartungsaufwand relativ zur Menge der Entwurfsentitäten und Beziehungen steigt und dass sich auch die Anzahl und Tiefe der Klassenhierarchien negativ auf die Wartbarkeit auswirkt.

Um ihre Hypothese zu bestätigen, haben sie 20 Studenten und 10 Berufsprogrammierer beauftragt, die daraus abgeleiteten Java-Klassen zu erweitern – bzw. zwei neue Funktionen einzubauen. Dabei haben sie die Dauer der Durchführung gemessen. Zur Auswertung der Beziehung zwischen den Durchführungszeiten und den UML-Messwerten haben sie eine multivariante Regressionsanalyse eines jeden Messwerts vollzogen. Diese ergab, dass alle Messwerte bis auf den 6. (Anzahl der Abhängigkeiten) mit erhöhtem Änderungsaufwand korrelierten. Der Messwert mit dem höchsten Korrelationseffizienten von 0,499 war die Anzahl der Methoden. Allein dieser Messwert machte 25 % der Varianz im Wartungsaufwand aus. Der zweiteinflussreichste Messwert war die Anzahl der Assoziationen. Die restlichen Messwerte hatten zwar eine positive Korrelation zum Wartungsaufwand, aber nur in geringem Maß. Die Erwartung der Forscher, dass die Anzahl der Klassen und Klassenhierarchien den Wartungsaufwand entscheidend beeinflussen würde, wurde nicht erfüllt. Es hat sich gezeigt, dass nicht die Zahl der Mengen, sondern die Zahl der Elemente in den Mengen für die Vorhersage des Wartungsaufwandes ausschlaggebend ist.

10.2.7 Vergleich der Wartbarkeit objektorientierter und prozeduraler Software

Ein Forscherteam an der Universität Wisconsin unter Professor Michael Eierman ist der Frage nach der Überlegenheit objektorientierter Systeme bezüglich der Wartbarkeit nachgegangen [Eier07]. Zunächst haben sie Wartung als Sammelbegriff für Fehlerkorrektur, Programmänderung, Systemerweiterung und Optimierungs- bzw. Steuerungsmaßnahmen definiert. Wartbarkeit ist die Summe der Systemeigenschaften, die dazu beitragen, den Aufwand zur Durchführung der Wartungsaktivitäten zu verringern.

Es wird behauptet, dass die Eigenschaften von objektorientierter Software eher dazu beitragen, den Wartungsaufwand zu verringern, als die von prozeduraler Software. Die Forscher haben demzufolge fünf Hypothesen formuliert:

1. Es ist leichter, objektorientierte Systeme zu verstehen.
2. Der Wartungsplanungsaufwand für objektorientierte Systeme ist weniger aufwendig.
3. Es ist leichter, Know-how über objektorientierte Systeme aufzubauen.

4. Die Fehlerdiagnose in objektorientierten Systemen ist einfacher.

5. Der Wirkungsbereich – Impact Domain – von Änderungen an einem objektorientierten System ist geringer.

Um festzustellen, ob diese Behauptungen zutreffen, hat Professor Eierman 162 fortgeschrittene Studenten in ein Experiment eingebunden. Die Studenten hatten sowohl COBOL als auch Smalltalk gelernt. Sie wurden am Ende ihres Studiums aufgefordert, entweder eine COBOL- oder eine Smalltalk-Anwendung zu ändern. Sie sollten eine zusätzliche Kalkulation in einen Berichtsgenerator einbauen. 81 Studenten haben das COBOL-Beispiel und 81 das Smalltalk-Beispiel gewählt. Sie hatten eine Woche Zeit, die Aufgabe zu erledigen.

Die Aufgabe erfolgte in fünf Schritten:

1. Die Änderung planen

2. Das bestehende Programm analysieren

3. Teile des Codes identifizieren, die nicht von der Änderung betroffen sind

4. Den Code ändern

5. Das geänderte Programm testen.

Für jeden Schritt mussten sie dokumentieren, wie viele Stunden sie damit verbracht haben. Die Ergebnisse waren wie folgt:

Schritt	COBOL (81)		Smalltalk (81)		
	Mittlerer Aufwand	Standard Abweichung	Mittlerer Aufwand	Standard Abweichung	Differenz für Smalltalk
1. Planung	3,2	1,05	3,7	1,17	+ 15%
2. Analyse	4,1	0,93	3,7	0,98	- 10%
3. Diagramme	5,1	1,03	5,6	0,93	+10%
4. Änderung	1,7	1,17	1,0	1,48	- 41%
5. Test	2,6	1,37	3,2	1,68	+ 24%
Insgesamt	16,7	1,11	17,2	1,24	+ 3%

Daraus lässt sich schließen, dass es zwischen der Wartbarkeit der prozeduralen und der objektorientierten Lösungen keinen signifikanten Unterschied gibt. Was man in einer Phase gewinnt, verliert man in einer anderen. Am Ende hat die Wartung der objektorientierten Lösung sogar 3 % mehr gekostet. Die Professoren Eierman und Dishaw kommen zum Schluss, dass objektorientierte Programme nicht wirklich leichter zu warten sind. Ihre Nachteile werden durch ihre Vorteile ausgeglichen. Sie sind zwar leichter zu analysieren, aber schwieriger zu diagnostizieren. Sie sind auch leichter zu ändern, aber schwieriger zu testen. Die Behauptungen über die höhere Wartbarkeit objektorientierter Codes konnten durch dieses Projekt nicht bestätigt werden.

10.2.8 Zur Änderung der Wartbarkeit im Laufe der Softwareevolution

Der letzte Forschungsbericht zum Thema Softwarewartbarkeit erschien im Jahre 2008. Er berichtet von einer Untersuchung an der Universität Jyväskylä in Finnland [KKSM08]. Dort wurden fünf mittelgroße Java-Applikationen über mehrere Releases hinweg gemessen, um festzustellen

- ob und zu welchem Grad die Wartbarkeit sich ändert,
- welche internen Programmeigenschaften zur Wartbarkeit beitragen.

Folgende Open Source-Produkte wurden untersucht:

- JEdit = Programmiertexteditor mit 88 KLOCS
- J = Texteditor mit 127 KLOCS
- Jake = Java-XML-Editor mit 26 KLOCS
- RText = Anpassbarer Java-Code-Editor mit 25 KLOCS
- DrJava = Java-Programmierumgebung mit 120 KLOCS

Die Anzahl der Releases, die durchschnittlichen Release-Größen und die gebuchten Personenmonate pro Release sind in folgender Tabelle dargestellt.

Analysierte Open Source-Systeme					
System	JEdit	J	Jake	RText	DrJava
Systemtyp	Java-Editor	Texteditor	XML-Editor	Editor	SP
Max LOCs	87917	127020	25891	25090	129876
Arg. LOCs	47602	120158	14503	18989	91185
Arg. CMLS	11811	17170	2647	6113	36697
Releases	22	19	29	53	39
Aufwand pro Release in PMs	21,5	8,6	9,8	12,9	37,8

Um festzustellen, inwiefern interne Codeeigenschaften den Wartungsaufwand beeinflussen, wurden folgende Codeeigenschaften mit dem Tool SoftAudit gemessen:

- Ablaufkomplexität (McCabe)
- Datenkomplexität (Chapin)
- Schnittstellenkomplexität (Henry)
- Sprachkomplexität (Halstead)
- Verzweigungskomplexität (Sneed)
- Modularität
- Portabilität
- Flexibilität
- Wiederverwendbarkeit
- Testbarkeit

Der gelieferte Source-Code eines jeden Releases der Systeme wurde gemessen. Das ergab 162 einzelne Messungen. Folgende statische Verfahren wurden anschließend eingesetzt, um die Messergebnisse auszuwerten bzw. um die Komplexitäts- und Qualitätsmaße mit den Release-Aufwänden zu vergleichen:

- Regressionsanalyse mit Zufallskomponenten
- LISREL-Analyse
- Pearson-Product-Korrelationsanalyse

Neben den aggregierten Komplexitäts- und Qualitätsmaßen haben die finnischen Forscher auch 27 einzelne Faktoren, die von SoftAudit gezählt werden, wie die Anzahl der Kommentarzeilen, die Anzahl der Dateivariablen, die Anzahl der Anweisungen, die Anzahl der Methoden, die Anzahl der Parameter usw. in die statische Analyse einbezogen. Die Korrelationsergebnisse wurden gesammelt und mit den Hypothesen der Forscher bezüglich Wartbarkeit verglichen. Sie wurden auch mit den Ergebnissen anderer Messstudien verglichen. Dabei haben die Finnen folgende Beobachtungen gemacht:

- Mit zunehmender Codemenge sinkt die Wartbarkeit.
- Die Anzahl der Kommentarzeilen hat keinen Einfluss auf die Wartbarkeit.
- Die Anzahl unterschiedlicher Datentypen korreliert mit einem steigenden Wartungsaufwand.
- Die Schnittstellenkomplexität in Bezug zur Anzahl I/O-Operationen und I/O-Daten hängt eng mit dem steigenden Wartungsaufwand zusammen.
- Die Datenkomplexität nach Chapin korreliert mit einem steigenden Wartungsaufwand, aber nicht so stark wie die Schnittstellenkomplexität.
- Die Ablaufkomplexität nach McCabe korreliert in der Regel mit einem steigenden Wartungsaufwand.
- Das Sprachvolumen nach Halstead hat eine negative Korrelation zum Wartungsaufwand: Es sinkt, wenn der Wartungsaufwand steigt.
- Zwei Komplexitätsmaße korrelieren stark mit einem steigenden Wartungsaufwand: die Entscheidungskomplexität und die Datenkomplexität.

Zusammenfassend stellen die Autoren der Studie fest, dass einige internen Codeeigenschaften mit steigendem Wartungsaufwand bzw. mit sinkender Wartbarkeit übereinstimmen, während andere keine oder sowie im Falle der Halstead-Metrik eine negative Korrelation zur Wartbarkeit haben. Zum Schluss bemängeln die Autoren die aggregierte Komplexitäts- und Qualitätsmetrik von Sneed, die ihrer Meinung nach tendenziell richtig sind, jedoch die Unterschiede zwischen Codeversionen eher verflachen. Dies kommt daher, dass diese Aggregationen Durchschnittswerte sind, bei denen einzelne Messwerte sich gegenseitig ausgleichen. Das macht es für Statistiker schwer, signifikante Unterschiede zu erkennen.

An dieser Stelle sieht sich der Autor Sneed aufgefordert, sich zu rechtfertigen. Es stimmt, dass die aggregierten Komplexitäts- und Qualitätsmaße vom Mittelwert 0,5 nicht weit abweichen. Eine Komplexität oder eine Qualität unter 0,4 oder über 0,7 kommt allenfalls bei einzelnen Modulen oder bei schlecht implementierten Legacy-Systemen vor. Wenn wie hier alle Systeme in einer modernen Sprache wie Java von hoch motivierten, gut ausgebildeten Entwicklern in der Open Source-Gemeinde gebaut und gepflegt werden, wird die Qualität des Codes in der Tat in etwa den gleichen Stand haben. Die finnischen Forscher haben nicht berücksichtigt, dass SoftAudit auch Assembler-, C-, COBOL-74- und PL/I-Programme misst. Dort werden die Unterschiede zu den Java-Applikationen sehr deutlich. Außerdem sind die Komplexitäts- und Qualitätsmaße von SoftAudit als Multiplikatoren für die Wartungsaufwandsschätzung gedacht. Eine geringe Steigerung der Komplexität macht da viel aus. Eine Komplexität von z.B. 0,55 ergibt einen Multiplikator von 1,10, d.h. 10 % mehr Wartungsaufwand. Ein Komplexitätsmaß von 0,75 würde einen Multiplikator von 1,5 bzw. 50 % mehr Wartungsaufwand bedeuten. Höher dürfte man nicht gehen, denn das würde die Schätzungen verzerren. Die aggregierte Produktmetrik in SoftAudit ist im ersten Range für die Wartungs- und Migrationskostenkalkulation gedacht und nur zweitrangig für den Vergleich der Produktversionen [Sned08].

10.3 Wartungsproduktivitätsmessung

Wie aus der letzten Wartungsstudie hervorgeht, hängt Wartbarkeit mit Wartungsproduktivität zusammen. Die internen Eigenschaften der Software können aber den Wartungsaufwand nur begrenzt beeinflussen. Hinzu kommen die Fähigkeiten des Wartungspersonals sowie die Qualität der Wartungsumgebung. In der finnischen Studie ist anzunehmen, dass diese beiden Faktoren relativ gleich waren. Demnach dürften lediglich die Codeeigenschaften die Unterschiede erklären, und sie waren auch ziemlich ähnlich. Deshalb war letztendlich die Größe der Software ausschlaggebend.

Dies ist nicht immer der Fall. Sehr oft wird Software von Menschen mit sehr unterschiedlicher Qualifikation in qualitativ sehr unterschiedlichen Umgebungen gewartet. Die Wartung neuer Java-Systeme in einer Eclipse-Umgebung von Informatikabsolventen ist kaum vergleichbar mit der Wartung alter COBOL-Programme auf dem Host von angelernten Programmierern. Dementsprechend anders fällt die Wartungsproduktivität aus und nicht nur wegen der schlechten Eigenschaften der alten Programme.

Wer Wartungsproduktivität messen will, muss einen breiten Ansatz nehmen und möglichst viele, wenn nicht alle Einflussfaktoren berücksichtigen. Dazu gehören neben der Software selbst auch der Wartungsprozess, das Wartungspersonal und die Wartungsumgebung.

10.3.1 Erste Ansätze zur Messung von Wartungsproduktivität

Eine sehr früh im Zusammenhang mit Softwarewartung entstandene Frage ist die nach der Produktivität einer Wartungsmannschaft. Im Fall der Softwareentwicklung ist klar, dass die Entwickler Code produzieren. Dafür gibt es verschiedene Maße. Im Fall der Systemanalyse produzieren die Analytiker Dokumente, die prinzipiell messbar sind, auch wenn die Maße noch nicht so erhärtet sind wie die Maße für Code. Im Falle der Systemtests produzieren die Tester Testfälle, die sich ebenfalls quantifizieren lassen. Für alle drei dieser Tätigkeitsgebiete – Analyse, Entwicklung und Test – lässt sich das Ergebnis quantitativ und qualitativ erfassen. Ergo kann die Produktivität gemessen werden. Mit der Softwarewartung ist es nicht so einfach. Das Ergebnis ist das Delta zu einem bestehenden Stück Software. Es werden Codezeilen geändert, gelöscht und hinzugefügt. Diese zu erkennen und von den anderen zu unterscheiden, ist schon an sich eine schwierige Aufgabe. Sie zu messen, ist noch schwieriger. Und wie wir bereits gesehen haben, ist der Zustand des bestehenden Codes eine Vorbedingung, die nicht wenig Einfluss auf die Erledigung der Aufgabe hat. Die Messung der Wartungsproduktivität stellt deshalb eine besondere Herausforderung in der Metrikwelt dar. Schon das erste Buch von Gerish Parikh zum Thema Softwarewartung, das im Jahre 1980 erschienen ist, hat sich mit dieser Frage auseinandergesetzt: Wie misst man die Wartungsproduktivität [Geri82]?

Dieselbe Frage steht im Mittelpunkt eines Buches von Robert Glass und Jerome Landsbaum aus dem Jahre 1992 mit dem Titel „Measuring and Motivating Maintenance Programmers" [LaGl92]. Die beiden Autoren setzten sich mit der Leistungsmessung eines Wartungsbetriebs auseinander. Es gehe darum, Maße zu finden, die eine Steigerung oder eine Senkung der Wartungsproduktivität anzeigen. Das Besondere an diesem Buch ist, dass die Messungen an einem real existierenden Betrieb durchgeführt worden sind. Die Ergebnisse wurden benutzt, um das Budget für die Erhaltung der Anwendungssysteme zu rechtfertigen.

Als Maße für die Wartungsdienstleistung haben die Autoren u.a. folgende Zählungen eingeführt:

- die Anzahl der Wartungsaufträge (Fehlermeldungen, Änderungsanträge und Weiterentwicklungsanforderungen)
- die Anzahl betroffener Softwaremodule
- die Anzahl geänderter, gelöschter und hinzugefügter Codezeilen in den betroffenen Modulen
- die Anzahl wartungsbedingter Fehler
- die Anzahl geänderter und neuer Dokumente
- die Anzahl der Kalendertage zwischen dem Erhalt eines Wartungsauftrags und der Übergabe der Lösung
- die Anzahl Arbeitsstunden, die gegen die Wartungsaufträge gebucht werden.

Das Ziel der Messungsaktion war es, die Effektivität der Wartungsdienstleistung zu steigern. Es sollten mehr Wartungsaufträge in kürzerer Zeit mit weniger Fehlern erledigt werden. Es wurde zwar ein Tool entwickelt, um den betroffenen Codeanteil zu erkennen, was aber nicht direkt zur Messung der Dienstleistung beigetragen hat. Das Maß der Dienstleistung waren die Function-Points, die aus dem Änderungsantrag hervorgingen, sowie die Function-Points, die durch den zu korrigierenden Fehler betroffen waren. Man bezeichnete diese als Maintenance Function-Points.

Die Autoren räumen ein, dass diese Messung nicht immer gerecht ist, vor allem dann, wenn hinter einem Wartungsauftrag mit wenigen Function-Points eine überproportional große Codemenge betroffen ist. Das kommt daher, dass Function-Points mit der Codemenge in Zeilen bzw. Anweisungen nicht korrelieren. Eine Komponente mit wenig Function-Points kann viele Anweisungen beinhalten. Dies ist der Fall, wenn die Software schlecht und umständlich implementiert, also nicht wartungsfreundlich ist. Dafür kann der Wartungsprogrammierer nichts, er hat die Software in dem Zustand geerbt. Er soll durch die Messung dazu motiviert werden, die Qualität seiner Software zu bessern, damit er seine Produktivität steigern kann. Jeden freien Augenblick sollte er dazu nutzen, die Software zu sanieren und nachzudokumentieren.

So geschah es in dem beschriebenen Wartungsbetrieb. Durch die Produktivitätsmessung wurde das Wartungspersonal motiviert, Sanierungsarbeiten durchzuführen, die sie sonst nicht gemacht hätten. Als Folge stieg nicht nur die Kundenzufriedenheit mit der Wartungsdienstleistung, da mehr Aufträge in kürzerer Zeit erledigt wurden, sondern auch die Qualität der Software. Überflüssiger Code wurde entfernt, Module zusammengefasst und Abhängigkeiten abgebaut. Das Wartungspersonal war daran interessiert, seine Arbeitsbedingungen selber zu optimieren. Somit hatte die Produktivitätsmessung sowohl eine positiven Einfluss auf die Abarbeitung der Wartungsaufträge als auch auf die Wartbarkeit der Applikationen.

Am Ende konnte die Wartungsabteilung in dem Unternehmen um 22 % reduziert werden, und es wurden Wartungskosten in Höhe von 8,2 Millionen US-Dollar in drei Jahren eingespart. Dies belegt, wie Messungsmaßnahmen dazu beitragen können, Produktivität zu steigern und Kosten zu sparen, auch in einem schwer messbaren Bereich wie Softwarewartung. Es bestätigt die Aussage von Tom Gilb, dass jede Messung besser als gar keine sei. Durch die Messung fühlen sich die Mitarbeiter beobachtet und strengen sich an, die Ziele der Messung zu erfüllen. In diesem Fall hat es sie angespornt, ihre Arbeitsbedingungen zu verbessern und ihre Produktivität zu erhöhen.

Im Einzelnen hatte die Wartungsorganisation die Verantwortung für die Erhaltung von 3.668 Modulen mit 56 Mitarbeitern. Dies entspricht 65 Modulen pro Person. Mit einer mittleren Modulgröße von circa 1.200 Zeilen ergab dies 78.000 Zeilen pro Mitarbeiter. Dies liegt in der Nähe der Untersuchung des Autors in der Schweiz, wo die Zahl der Zeilen pro Wartungsprogrammierer zwischen 72.000 und 120.000 lag.

Produktivitätskennzahlen	1988	1989	1990
Module pro Programmierer	203	237	257
Batchläufe pro Jahr	1.286	1.412	1.931
Milli Transaktionen pro Jahr	1,13	1,45	1,50
Fehlerkorrekturen pro Jahr	40	32	32
Änderungen pro Jahr	30	32	24
Wartungspersonal	35	31	31
New Releases pro Jahr	10	15	18
Wartungskosten pro Modul	425	378	327
Module insgesamt	8,950	9,250	9,775
Millionen Codezeilen	5,4	5,4	5,75

Abbildung 10.6
Steigerung der Wartungsproduktivität bei der Chemiefirma Monsanto

Nach drei Jahren Produktivitätsverbesserungsmaßnahmen konnte eine um 24 % größere Codemenge von nur 44 Personen gewartet werden. Jetzt kamen mehr als 124.000 Codezeilen auf jeden Wartungsprogrammierer. Bei gleicher Änderungsrate deutet diese Vermehrung der Codemenge um 24 % bei gleichzeitiger Reduktion des Wartungspersonals um 22 % auf eine Produktivitätssteigerung von 27 %. Glas und Landsbaum zeigten, dass Produktivitätsverbesserungsmaßnahmen sehr wohl zu Kostenersparnissen führen können, vor allem in der Wartung. Durch die Produktivitätssteigerung konnte die Firma Monsanto bei der Systemerhaltung nach drei Jahren $ 8.200.000 einsparen. Demzufolge hat es sich mehr als gelohnt, in die Verbesserung des Wartungsbetriebes zu investieren (siehe Abb. 10.6).

Es gibt verschiedene Möglichkeiten, die Produktivität bei der Systemerhaltung anzuheben. Glass und Landsbaum nennen fünf:

- Schulung des Wartungspersonals
- Einsatz von Wartungswerkzeugen
- Bereinigung des Codes
- Straffung des Wartungsprozesses
- Formalisierung der Wartungsaufträge.

Wenn so wie bei Monsanto mehrere produktivitätssteigernde Maßnahmen gleichzeitig eingeführt werden, wird es schwer, den Beitrag jeder einzelnen Maßnahme von denen der anderen Maßnahmen zu unterscheiden. Man kann zwar erkennen, dass die Produktivität gestiegen ist, aber nicht erklären, welchen Anteil der Steigerung auf welche Maßnahme zurückzuführen ist. So war es bei Monsanto. Die Autoren konnten am Ende nur feststellen, dass die Summe der Maßnahmen zu einer signifikanten Produktivitätssteigerung führte.

10.3.2 Messung von Programmwartbarkeit im ESPRIT-Projekt MetKit

Im Jahre 1990 hat ungefähr zur gleichen Zeit, als Glass und Landsbaum ihre Wartungsstudie bei der Firma Monsanto in Kalifornien durchführten, die Firma SES in Deutschland eine Wartbarkeitsstudie im Rahmen des europäischen MetKit-Forschungsprojekts durchgeführt. Ziel der Studie war zu entdecken, welche Auswirkung die wiederholte Wartung eines Programms auf die Wartbarkeit des Programms hat. Ein weiteres Ziel war festzustellen, inwiefern Restrukturierungs-, bzw. Reengineering-Maßnahmen die Wartbarkeit eines Programms steigern könnten [SnKa90]. Zu diesem Zweck wurde ein altes COBOL-Programm mit 1.054 Codezeilen genommen und daraus drei Versionen geschaffen:

- Eine originale, monolithische, unveränderte Version mit etlichen GOTO-Verzweigungen und festverdrahteten Daten
- Eine automatisch restrukturierte, modularisierte Version mit wenigen GOTO-Verzweigungen, aber mit festverdrahteten Daten
- Eine manuell, reengineerte, modularisierte und bereinigte Version ohne GOTO-Verzweigungen und festverdrahtete Daten

Nachdem alle drei Versionen vorlagen, wurden drei Wartungsoperationen vom gleichen Team an allen drei Versionen durchgeführt:

- Es wurden zwei Fehler korrigiert.
- Es wurden zwei Änderungen vorgenommen.
- Es wurden zwei zusätzlichen Funktionen eingebaut.

Nach jedem Wartungseingriff wurde das veränderte Programm gemessen. Die Messungsergebnisse sind in Abbildung 10.7 dargestellt (siehe Abb. 10.7).

Unstrukturierte Programmmetriken

Metrik		Originalversion	Korrigierte Version	Adaptierte Version	Erweiterte Version
K1)	Modulkomplexität	0,86	0,86	0,87	0,88
K2)	Graphkomplexität	29	29	34	37
K3)	Datenkomplexität	1,87	1,87	1,87	1,98
K4)	Sprachkomplexität	0,033	0,032	0,032	0,026
K5)	Testkomplexität	0,409	0,409	0,422	0,437

Restrukturierte Programmmetriken

Metrik		Originalversion	Korrigierte Version	Adaptierte Version	Erweiterte Version
K1)	Modulkomplexität	0,33	0,39	0,39	0,42
K2)	Graphkomplexität	25	26	26	31
K3)	Datenkomplexität	1,83	1,84	1,86	1,88
K4)	Sprachkomplexität	0,031	0,030	0,029	0,024
K5)	Testkomplexität	0,360	0,369	0,371	0,368

Reengineered Programmmetriken

Metrik		Originalversion	Korrigierte Version	Adaptierte Version	Erweiterte Version
K1)	Modulkomplexität	0,38	0,40	0,43	0,44
K2)	Graphkomplexität	19	21	21	24
K3)	Datenkomplexität	1,66	1,66	1,70	1,79
K4)	Sprachkomplexität	0,044	0,042	0,039	0,031
K5)	Testkomplexität	0,354	0,339	0,333	0,353

Abbildung 10.7 Ergebnisse der MetKit-Wartbarkeitsstudie

Wie zu erkennen ist, konnte die Restrukturierung alle Komplexitätsmaße bis auf die Sprachkomplexität senken. Diese ist gestiegen, weil mehr verschiedene Befehlsformen eingeführt wurden. Durch die Zerlegung des Codes in mehrere Module ist die Modulkomplexität um die Hälfte gesunken. Durch die Eliminierung von GOTO-Verzweigungen sinkt die McCabe Komplexität von 29 auf 25. Die Datenkomplexität geht nur leicht zurück, die Testkomplexität hingegen erheblich.

Das manuelle Reengineering des Programms bringt einen weiteren Abbau der Komplexität. Die Modulkomplexität steigt leicht an, aber die Graphkomplexität geht signifikant von 25 auf 19 zurück, und die Datenkomplexität sinkt von 1,83 auf 1,66. Auch die Testbarkeit geht leicht zurück. Nur die Sprachkomplexität steigt weiter an, weil jetzt noch mehr verschiedene Datentypen eingeführt worden. Dies bestätigt, dass das Halstead-Maß für die Messung der Wartbarkeit nicht geeignet ist.

Wie zu erwarten steigt die Komplexität, und damit sinkt die Wartbarkeit nach jedem Wartungseingriff. Die Fehlerkorrektur hat die geringste Auswirkung auf die Wartbarkeit, aber die Änderung und vor allem die Erweiterung verursachen eine Steigerung der Komplexitäten und damit eine Senkung der Wartbarkeit. Im Originalprogramm steigt die Graphkomplexität von 29 auf 37 und die Testkomplexität von 0,409 auf 0,437. Auch bei der reengineerten Version steigt die Graphkomplexität von 19 auf 24. Dies bestätigt die These von Belady und Lehman, dass Software in der Wartung degeneriert. Die Komplexität steigt, und die Qualität sinkt [BeLe85].

10.3.3 Wartungsproduktivitätsmessung in der US-Marine

Die US-Marine entschied Ende der 80er Jahre, alle bestehenden Softwareprodukte an wenigen Orten zu sammeln und von spezialisierten Wartungsmannschaften pflegen zu lassen. Leiter der Wartungsmannschaft in Pensacola, Florida, war Tom Pigoski, ein altgedienter Marineoffizier, der seit der ersten internationalen Maintenance-Konferenz im Jahre 1983 zum inneren Kreis der Software-Maintenance-Gemeinschaft gehörte. 1996 erschien sein Buch „Practical Software Maintenance", in dem er seine langjährige Erfahrung weitergab [Pigo96].

Wie alle Operations-Manager war Pigoski mit der Frage beschäftigt, was das Minimum an Ressourcen ist, die er einsetzen muss, um das Ziel – die Erhaltung der bestehenden Systeme zur Zufriedenheit der Anwender – zu erreichen. Zur Beantwortung dieser Frage sind nach Pigoski drei Maße entscheidend:

- Die Systemgröße
- Die jährliche Änderungsrate
- Die Wartungsproduktivität

Die Systemgröße wird in Codezeilen, Anweisungen oder Function-Points gemessen. Sie ist bei der Übergabe des Systems an die Wartungsmannschaft bekannt. Die jährliche Änderungsrate ist der Anteil der Software, der jährlich geändert und hinzukommt. Sie variiert von System zu System und muss durch einen Vergleich alter Versionen mit neuen Versionen ermittelt werden. Nach der Erfahrung von Pigoski schwankt sie je nach Systemtyp und Systemalter zwischen 5 und 17 %. Für die Wartungsproduktivität übernahm Pigoski den Begriff Fulltime Support Personnel (FSP) von Boehm. Das ist die Anzahl der Mitarbeiter, die erforderlich sind, das System zu erhalten, einschließlich Programmierer, Tester, Dokumentautoren und Manager.

Für die Schätzung der erforderlichen Anzahl Wartungsprogrammierer benutzte Pigoski das Intermediate COCOMO-Modell von Boehm. Im Falle eines Systems mit 700 Kilo Codezeilen und einer jährlichen Änderungsrate von 17 % kam er auf eine Mindestanzahl von 37 Mitarbeitern. Das ergibt ein Mitarbeiter pro 3.216 geänderte Codezeilen pro Jahr. Dies entspricht einer Produktivität von circa 268 Codezeilen pro Mannmonat. Dies erscheint beim ersten Blick etwas niedrig zu sein, aber die Schätzung hat sich bewährt. Man muss bedenken, dass hier Marinesoldaten als Wartungspersonal eingesetzt waren und dass die Umgebung sehr bürokratisch war. Die Schätzgrößen müssen eben den lokalen Umständen angepasst werden.

Pigoski weist darauf hin, dass die Änderungsrate im ersten Jahr nach Freigabe eines Systems besonders hoch ist. Danach geht sie rasch zurück und beträgt nach drei Jahren weniger als die Hälfte. War sie zunächst bei 17 %, ist sie nach drei Jahren unter 9 % gesunken. Das hat zur Folge, dass man auch die Wartungsmannschaft um die Hälfte reduzieren kann. Von den Wartungsmitarbeitern für das System mit 700.000 Codezeilen waren nach fünf Jahren nur noch zwölf an Bord, weil die Änderungsrate auf 5 % zurückging. Die restlichen Mitarbeiter sind in andere Projekte versetzt worden. Dies bezeugt, dass eine Wartungsorganisation sehr flexibel sein muss. Bei einer Änderungsrate von 5 % kam Pigoski in seiner Umgebung auf das von Lientz und Swanson ermittelten Verhältnis von einem Wartungsmitarbeiter pro 32.000 Codezeilen bzw. pro 400 Function-Points.

Pigoski ist auch einen Schritt weitergegangen und hat den Aufwand auf die verschiedenen Wartungstätigkeiten aufgeteilt:

- 12,5 % für das Maintenance Management
- 62,5 % für das Maintenance Programming
- 25 % für Regressionstests (siehe Abb. 10.8).

System	Codezeilen	Personal	LOCs/Pers
System A	244.889	13	23.300
System B	515.315	14,5	45.000
System C	251.804	8,7	29.000
System D	302.604	12,7	23.900
System E	449.653	19,6	22.900
System F	196.457	3	65.500
System G	2.300.000	31	74.200

Abbildung 10.8
Aufteilung der Wartungsaufwände bei der US-Marine

Wenn man die Support-Funktionen wie Change-Management, Qualitätssicherung und Konfigurationsmanagement vom erforderlichen Aufwand abzieht, steigt die eigentliche Wartungsproduktivität um fast 40 %. Aus 268 Codezeilen pro Monat werden 375, und dies ist nur die Hälfte weniger als die Produktivität in einem Entwicklungsprojekt. Wartungsprojekte haben einen hohen Overhead-Anteil – und der macht die Softwareerhaltung so teuer. Zum Schluss seiner Behandlung der Wartungsmessung definiert Pigoski eine Mindestmenge an Metriken, die jeder Wartungsbetrieb benötigt. Seine Liste enthält die folgenden Maße:

- Jährliche Kosten der Systemerhaltung
- Jährliche Änderungsrate
- Durchschnittliche Dauer eines neuen Releases (in Monaten)
- Computernutzung
- Verfolgbarkeit der Fehlermeldungen und Änderungsanträge als Qualitätsmetrik
- Qualität der Fehlermeldungen und Änderungsanträge
- Stabilitätsmaß der Systemarchitektur
- Wartungsfehlerrate

- Funktionale Testüberdeckung
- Codetestüberdeckung
- Systemzuverlässigkeitsmaß.

Pigoski betont, dass Messung kein Selbstzweck werden darf. Sie muss dem Ziel der Wartungsorganisation dienen, und dieses ist vor allem, die Wartungsproduktivität und -qualität zu steigern.

10.3.4 Messung der Wartungsproduktivität bei Martin-Marietta

Martin Marietta ist der Hauptlieferant von elektronischen Produkten für das US-Verteidigungsministerium. Anfang der 90er Jahre hat diese Firma erkannt, dass über 50 % ihres IT-Budgets für die Erhaltung bestehender Softwaresysteme verwendet wurde. Eine Reduzierung dieser Wartungskosten um nur wenige Prozent versprach eine Ersparnis in Millionenhöhe. Der Weg zur Reduzierung der Wartungskosten führte über eine Steigerung der Wartungsproduktivität. Dies setzte jedoch voraus, dass sie in der Lage waren, Produktivität zu messen. Zu diesem Zweck beauftragte die Firma ein Forschungsteam unter Leitung von Joel und Sally Henry, Maße für die Wartungsproduktivität auszuarbeiten und in einem Pilotprojekt auszuprobieren. Die Ergebnisse der Probemessung wurden 1994 in der *IEEE Software* veröffentlicht [Henr94].

Das Objekt der Untersuchung war ein 20 Jahre altes Kommunikationssystem, das immer wieder geändert wurde. Jeder Änderungsantrag sowie jede Fehlermeldung wurde registriert und über die Stufen des Wartungsprozesses verfolgt: Antragsanalyse, Auswirkungsanalyse, Entwurfsanpassung, Codeänderung, Regressionstest und Releaseabnahme. Gemessen wurde außer der Arbeitszeit für jede Aktivität auch die Anzahl neuer und geänderter Codezeilen. Vor der Ausführung jedes Auftrages hat der Verantwortliche eine Schätzung abzugeben, was die Durchführung des Auftrages kosten soll. Nachher wurde die geschätzte Zeit mit der gebuchten Zeit verglichen. Dabei gab es Abweichungen zwischen 14 % und 252 %.

Das Forschungsteam teilte die Wartungsmaße in zwei Kategorien ein:

- Produktivitätsmaße
- Prozessmaße.

Zu den Produktivitätsmaßen gehören u.a.:

- Die Anzahl Änderungsanträge
- Die Anzahl Fehlermeldungen
- Die Anzahl korrigierter Fehler
- Die Anzahl neuer Fehler aufgrund der Wartungskorrektur
- Die Anzahl betroffener Module pro Auftrag
- Die Anzahl betroffener Codezeilen pro Auftrag
- Der Wirkungsbereich pro Auftrag in Prozent des ganzen Codes.

Zu den Prozessmaßen zählten u.a.:

■ Der Aufwand pro Wartungsauftrag

■ Die Zeit von der Annahme bis zur Abnahme jedes Auftrags

■ Der Anteil des Aufwands für jede Wartungsphase

■ Der Aufwand für die Korrektur der Wartungsfehler

■ Der Aufwand für die Erhebung der Messwerte.

Mit diesen Messwerten wurden Unterschiede vor und nach der Einführung eines neuen Wartungsprozesses gemessen. Das Ziel war zu ermitteln, welche Wirkung der neue Prozess auf den Wartungsaufwand hat. In dem neuen Prozess gab es zwei Reviews durch die Qualitätssicherung: ein „preliminary review" gleich nach der Veränderung der Anforderungsspezifikation und ein „critical review" nach der Veränderung des Systementwurfs. Anschließend fand eine Codeinspektion des veränderten Quellcodes statt. Man hätte erwartet, dass diese zusätzlichen Qualitätssicherungsmaßnahmen zu einem erhöhten Wartungsaufwand führen würden. Das Gegenteil war der Fall. Der Aufwand ist um 27 % gesunken. Zu erklären ist dies dadurch, dass mehr Fehler rechtzeitig erkannt und beseitigt werden konnten. Die mittlere Anzahl Fehler, die im Systemtest aufgetreten sind, fiel von 22 auf 6. Damit fiel der Aufwand für die Fehlerbeseitigung um 70 %. Der hier eingesparte Aufwand genügte, um die Kosten der Qualitätssicherungsmaßnahmen zu decken. Es blieb sogar ein Minus von 27 % weniger Kosten insgesamt. Ergo hat sich die Einführung des neuen Wartungsprozesses schon gelohnt.

Allein die Tatsache, dass die geänderte Codemenge, die gearbeiteten Personentage, die Wartungsfehler und die Fehlerbehebungszeiten registriert wurden, hat die Wartungsmannschaft motiviert, produktiver zu arbeiten. Man könnte behaupten, es trete hier ein gewisser Hawthorne-Effekt ein: Wenn Menschen wissen, dass sie beobachtet werden, strengen sie sich an, jene Ziele zu erfüllen, die unter Beobachtung sind. Vielleicht war es weniger der neue Wartungsprozess als die Beobachtung, die zu einer Produktivitätssteigerung geführt hat. Wenn dies so ist, dann lohnt es sich, die Wartungsprozesse öfter zu beobachten und zu messen.

10.3.5 Vergleich der Wartungsproduktivität repräsentativer Schweizer Anwender

Die letzte Wartungsstudie, die hier zitiert wird, ist eine Produktivitätsstudie des Autors Sneed. Er wurde im Jahre 1996 beauftragt, die Wartungsproduktivität von drei Großanwendern in der Schweiz zu untersuchen: eine Großbank, ein großer Versicherungskonzern und die staatliche Eisenbahngesellschaft [Sned97]. Alle drei Anwender hatten eine große Wartungsabteilung gehalten, um die bestehenden Anwendungen zu warten und weiterzuentwickeln. In der Großbank handelte es sich um 25.000 COBOL/DELTA-Programme mit mehr als 30 Millionen Codezeilen. Bei der Versicherung waren es rund 4800 DELTA-Programme mit knapp unter 5 Millionen Codezeilen. Bei der Bahn waren es 2250 JSP-COBOL-74-Programme mit circa 3,5 Millionen Codezeilen.

Die Untersuchung wurde von der Frage nach der optimalen Größe der Wartungsabteilung ausgelöst. Wie viele Wartungsprogrammierer werden gebraucht, um eine bestimmte Menge an Software am Leben zu halten? Damit ist gemeint, sie zu korrigieren, zu ändern, zu optimieren und zu erweitern, sodass die Endanwender mit dem Wartungsbetrieb zufrieden sind. Das ist es, was das IT-Management interessiert, denn jeder Euro, der für die Erhaltung bestehender Systeme ausgegeben wird, ist ein Euro weniger für die Entwicklung bzw. Einführung neuer Systeme.

Diese Frage ist zugleich eine Frage der Wartungsproduktivität. Eine vereinfachte Sicht auf die Wartungsproduktivität ist die Anzahl Codezeilen bzw. Anweisungen pro Wartungsmitarbeiter. Dies ist die Zahl, die Tom Pigoski verwendete, um seine Wartungsprojekte zu schätzen, als er noch keine Daten zur Änderungsrate hatte. Hier wären das:

- für die Versicherung 64 KLOC pro Mitarbeiter
- für die Bank 85 KLOC pro Mitarbeiter
- für die Bahn 132 KLOC pro Mitarbeiter.

Demnach hatte die Bahn die höchste Produktivität ohne Rücksicht auf Sprachebene und Änderungsrate. Alle drei liegen weit über den Erfahrungswerten von Pigoski mit 32 Kilo-Anweisungen bzw. 48 KLOC pro Mitarbeiter (siehe Abb. 10.9).

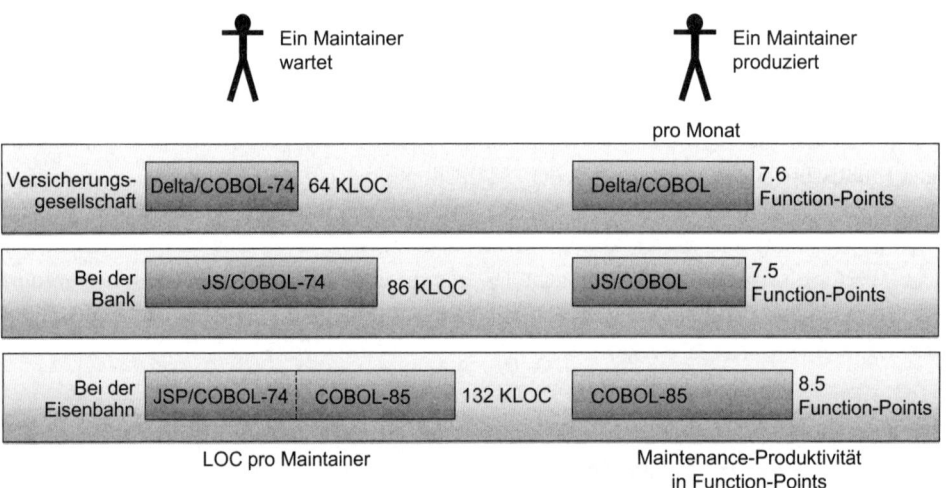

Abbildung 10.9 Vergleich der Wartungsaufwände in drei Schweizer Unternehmen

Diese Sicht ist jedoch in der Tat sehr grob, da sie weder den Änderungsanteil, die Sprachebene noch die Wartbarkeit in Betracht zieht. Auf der nächsten, tieferen Stufe betrachtet ist Wartungsproduktivität die Anzahl der Wartungsaufträge, die eine Wartungsabteilung an einer gegebenen Codemenge in einer bestimmten Zeiteinheit – wöchentlich, monatlich, jährlich – durchführen kann. Die Wartungsaufträge können Korrekturen, Änderungen, Optimierungen oder Erweiterungen sein. Die Codemenge kann in Codezeilen, Anweisungen, Function-Points, Data-Points, Object-Points oder einem vergleichbarem Größenmaß gemessen werden. Natürlich muss man auch wissen, wie viele Mitarbeiter die Wartungsabteilung hat. Eine einfache Formel für die Wartungsproduktivität ist:

$$Wartungsproduktivität = \frac{Aufträge}{Mitarbeiter}$$

Damit wird aber die Codemenge nicht berücksichtigt. Es ist nicht das Gleiche, ob man 100 Aufträge mit einer Million Codezeilen oder mit zehn Millionen Codezeilen ausführt. Deshalb ist es notwendig, die Codemenge einzubeziehen. Wenn die Codemenge dazu kommt, muss auch der betroffene Anteil des Codes berücksichtigt werden. Dies wird als Änderungsrate bezeichnet. Eine bessere Produktivitätsformel ist also:

$$Wartungsproduktivität = \frac{Codemenge * Änderungsrate}{Mitarbeiter}$$

Die Codemenge, die Änderungsrate und die Anzahl der Wartungsarbeiter waren die Grundwerte für die Schweizer Untersuchung. Daraus ergaben sich folgende Werte:

Anwender	Codegröße	Jährliche Änderungsrate	Mitarbeiter	Wartungs-produktivität
Versicherung	5.000 KLOC	9,0 %	78	5.769
Bank	30.000 KLOC	7,5 %	353	6.374
Bahn	3.500 KLOC	5,5 %	26	7.404

Bezogen auf die geänderten Codezeilen war die Wartungsproduktivität der Bahn um 28 % höher als die der Versicherung und um 11 % höher als die der Bank. Wenn jedoch Function-Points verglichen werden, sieht es anders aus. Nach Capers Jones entspricht ein Function-Point 92 COBOL-74-Codezeilen und 72 4GL-Zeilen. DELTA ist als 4GL-Sprache anzusehen. Daraus ergaben sich andere Ergebnisse:

Anwender	Codegröße	Jährliche Änderungsrate	Mitarbeiter	Wartungs-produktivität
Versicherung	69.444	9,0 %	78	80
Bank	352.941	7,5 %	353	75
Bahn	38.043	5,5 %	26	80

Bezogen auf die Function-Points ist die Wartungsproduktivität der Versicherung und der Bahn gleich und die der Bank um 9 % geringer, was in Anbetracht der viel größeren Codemenge und der entsprechend größeren Wartungsmannschaft mit dem erhöhten Overhead verständlich ist.

Interessant wäre der Einfluss der Wartbarkeit auf die Produktivität gewesen. Es gab aber darüber keine ausreichenden Daten, da der Autor nur die Gelegenheit hatte, den Code der Versicherung zu messen. Grob gesehen war der Code der Versicherung dem Code der Bahn qualitativ überlegen und der Code der Bank besser als der Code der Versicherung. In der Studie wurden jedoch alle Systeme als gleich wartbar betrachtet. Durch eine Steigerung der Wartbarkeit um 20 % von 0,5 auf 0,6 wäre es vielleicht möglich gewesen, die Produktivität um 5 bis 10 % zu erhöhen. Es stellte sich nämlich heraus, dass die Sprachebene, der Wartungsprozess und die Qualifikationen der Wartungsmitarbeiter wichtiger waren als die Qualität und Komplexität des Codes. Das darf nicht vergessen werden, wenn es darum geht, Wartungsproduktivität zu messen.

Leider zog diese Produktivitätsstudie wie auch die anderen vorher zitierten Produktivitätsstudien nicht alle Faktoren in Betracht. Die Komplexität und Qualität des Codes sowie die Folgefehlerrate sind wichtige produktivitätsbestimmende Faktoren in einem Wartungsbetrieb. In weiteren Wartungsuntersuchungen, z.B. bei der Schweizer Telekom im Jahre 1998, hat der Autor zehn verschiedene Metriken benutzt, um die Produktivität des Wartungsbetriebes zu bewerten (siehe Abbildung 10.10).

---

1) **ZEIT** zur Erfüllung der Wartungsaufträge in Kalendertagen relativ zum Umfang der Wartungsaufträge in betroffenen Code-Anweisungen bzw. Function-Points, Data-Points oder Object-Points.

2) **AUFWAND** zur Erfüllung der Wartungsaufträge in Personentagen relativ zum Umfang der Wartungsaufträge.

3) **FEHLER**, die durch die Erfüllung der Wartungsaufträge entstehen, relativ zum Umfang der Wartungsaufträge.

4) **QUALITÄT und KOMPLEXITÄT** der Programme nach der Erfüllung der Wartungsaufträge relativ zur Qualität und Komplexität der Programme vorher.

5) **QUALITÄT** der Dokumentation bezüglich der Verständlichkeit, der Genauigkeit und der Übereinstimmung mit den Programmen.

6) **VERHÄLTNIS** der Wartungsprogrammierer zur Softwaregröße in LOC, Anweisungen, Function-Points, Data-Points, Object-Points und/oder Komponenten relativ zur jährlichen Änderungsrate in % Code-Zeilen geändert.

7) **GRAD DER BENUTZERZUFRIEDENHEIT** mit der Softwarewartung bezüglich

* der Reaktionszeit
* der Kosten
* des Nutzens
* der Termintreue
* der Fehlerrate
* der Hilfsbereitschaft
* der Verfügbarkeit

auf einer Skala von 1 bis 10.

Abbildung 10.10 Metrik für die Bewertung eines Wartungsbetriebes

11 Softwaremessung in der Praxis

Das Epizentrum der Softwaremessungspraxis ist die Universität Maryland in den USA. Dort hat Victor Basili schon in den 80er Jahren begonnen, Messexperimente am NASA Space Labor durchzuführen. Es wurden dort viele berühmte Metrikexperten, darunter der deutsche Professor Hans-Dieter Rombach, ausgebildet. Das dortige Institute for Empirical Research war immer bemüht, seine Messthesen auf empirischen Untersuchungen aufzubauen. Es ist leicht, irgendwelche Messformeln in die Welt zu setzen. Es ist dagegen sehr schwer nachzuweisen, dass sie in der Praxis wirklich standhalten. Im Gegensatz zu vielen Metrikerfindern, die ihre Thesen mit ein paar Studenten austesten, war die Forschungsgruppe unter Prof. Basili immer bemüht, Messdaten aus industriellen Projekten zu sammeln und auszuwerten. Es wurden nicht nur Projekte der NASA, sondern auch Großprojekte im amerikanischen Verteidigungsministerium über Jahre verfolgt und ihre Messdaten untersucht. Zahlreiche Veröffentlichungen sind dort hervorgegangen, die in diesem Buch zitiert sind. Heute gehört das Forschungsinstitut an der Universität Maryland zur deutschen Fraunhofer-Gesellschaft und heißt Fraunhofer Center for Experimental Software Engineering. Der ehemalige Doktorand Rombach ist zurückgekehrt und hat seinen ehemaligen Doktorvater Basili samt seines Instituts übernommen. Dies hat für Deutschland den Vorteil, dass die deutsche Metrikforschung Zugang zur Quelle der angewandten Metrikforschung in den USA hat. Dort werden weiterhin industrielle Softwareprojekte untersucht und Messdaten gesammelt.

Die besondere Leistung des amerikanischen Forschungsinstitutes liegt darin, dass es überhaupt einen Zugriff auf industrielle Projektdaten gewonnen hat. Amerikanische Entwicklungsbetriebe sind eher bereit, ihre Messdaten herzugeben, auch wenn sie in einem negativen Licht erscheinen – *so what*? In Deutschland ist es hingegen fast unmöglich, an Produktivitäts- und Qualitätsdaten aus der Industrie heranzukommen. Die deutschen Anwender scheuen sich, ihre Daten preiszugeben – aus Angst, sie werden mit anderen verglichen und könnten schlecht abschneiden. Der Autor Sneed hat oftmals versucht, über Studentenarbeiten Produktivitätsdaten deutscher Großbetriebe zu gewinnen und zu analysieren. Die Versuche wurden immer mit fadenscheinigen Argumenten abgeblockt. So kommt man aber nicht weiter. Entwicklungsbetriebe müssten bereit sein, ihre Projektdaten zu Forschungszwecken freizugeben. Dann hätten alle etwas davon. So wie es ist, sind die deutschen Metrikforscher gezwungen, ihre experimentellen Daten aus den USA zu beziehen.

Dass auch in den USA Softwaremessung kein unumstrittenes Thema ist, belegt der Bericht von Medha Umarji und Forrest Shull, beide Metrikforscher am Fraunhofer Institute for Experimental Software Engineering an der Universität Maryland. So schreiben sie: „Software metric programs rank among the all-time touchiest subjects in software development. Done well, a measurement program can be an effective tool for keeping on top of development effort, especially for large, distributed projects. It can help developers feel they have a fair and objective way of communicating their progress and getting resources allocated where they are needed. Done wrong, however, a metrics program becomes an opportunity for finger-pointing and casting blame – an excuse to berate developers working in the real world for not living up to the requirements of an ideal world…" [ShUm09]

Jetzt fragt sich, was „to do it well" und „to do it wrong" heißt. Wie soll ein Entwicklungsbetrieb mit der Messung seiner Projekte und Produkte vorgehen? Prinzipiell ist zwischen zwei Ansätzen zu unterscheiden, und zwar der

- andauernden Messung sowie der
- einmaligen Messung

Umarji und Shull meinen, nur eine andauernde Messung hat einen Sinn. Ein Betrieb muss planen, was er messen will, die Messziele mit den Betroffenen absprechen, die Messinstrumente installieren und die Messungen regelmäßig wiederholen. Dabei sind sowohl die Prozesse als auch die Produkte zu messen. Bei den Prozessen geht es um die Messung der Produktivität und Termintreue der Projekte. Bei den Produkten geht es um deren Quantität, Qualität und Komplexität. Das Ziel ist, die Quantität und Komplexität relativ zur Funktionalität zu minimalisieren und die Qualität zu maximieren. Um festzustellen, inwieweit diese Ziele erfüllt werden, müssen die Messvorgänge in den laufenden Prozessen eingebaut sein, z.B. wird der Aufwand der Mitarbeiter wöchentlich erfasst und die Qualität ihrer Ergebnisse bei jeder Abgabe geprüft und gemessen.

Im Gegensatz dazu steht die einmalige Messung. Diese wird auf einem einmaligen Anlass durchgeführt. Der Anwender hat z.B. vor, die Wartung seiner Anwendungssysteme außer Haus zu vergeben oder die Systeme zu migrieren. Es kann auch vorkommen, dass der Anwender einfach erfahren möchte, wie groß und wie komplex seine Systeme oder wie produktiv seine Projekte sind. Möglicherweise will ein Anwender zwei alternative Systeme miteinander vergleichen, um zu entscheiden, welches er vorziehen soll. Diese und andere Beweggründe geben Anlass zu einer einmaligen Messung. Das Ergebnis einer einmaligen Messung ist ein Messbericht, den der Auftraggeber als Entscheidungsgrundlage verwenden kann.

Leider ist es so, dass die meisten Messungen hierzulande einmalige Messungen sind. Die Mehrzahl der Anwenderbetriebe ist noch nicht soweit, dass sie ein dauerhaftes Messverfahren unterhalten. Die Entwicklung und Wartung der betrieblichen Software hat nicht den Stellenwert, den sie haben sollte, um ein solches Verfahren zu rechtfertigen. Ergo sind dauerhafte Messverfahren nur bei Softwarehäusern und anderen Herstellern massenhafter

Softwareprodukte zu finden. Die anderen finden sich mit einmaligen Messungen ab, falls sie überhaupt messen.

Ein dauerhaftes Messverfahren ist natürlich sinnvoller, denn nur durch wiederholte Messungen können Fort- oder Rückschritte erkannt werden, aber zu einem dauerhaften Messverfahren gehört der Wille, die Entwicklungs- und Wartungsprozesse zu verbessern. Ohne diesen Willen seitens der Unternehmensführung kann es zu keinem dauerhaften Messprozess kommen. Es ist übrigens zu vermerken, dass eine dauerhafte Messung erst in der vierten Reifestufe des CMMI-Prozessmodells vorkommt. Da nur wenige Anwender im deutschsprachigen Raum diese Stufe erreicht haben, darf es nicht wundern, wenn so wenige ein Softwaremessverfahren haben. Es mag auch daran liegen, dass es schwierig ist, das betroffene Personal von einem Messverfahren zu begeistern. Wir werden demnach mit den Vorzügen einer dauerhaften Messung beginnen [Kneu06].

11.1 Dauerhafte Messverfahren

Wenn Metrikforscher wie Umarji und Shull oder Forrester und Pfleeger von Messung sprechen, meinen sie eine andauernde, institutionalisierte Messung bzw. „in-process metrics". Natürlich ist so eine Institution nicht unumstritten. Die betroffenen Mitarbeiter werden die Metrik immer in Frage stellen. Sie sehen wieder Noten auf sich zukommen – nach Benotungsverfahren, die sie nicht durchschauen können. In Europa sind die Menschen für solche Messverfahren besonders empfindlich, aber auch in Amerika haben die Mitarbeiter Vorbehalte. Die Hauptgegenargumente sind:

1. Es ist schwierig, Aufwände für verschiedenartige Tätigkeiten zu vergleichen.
2. Die Metrik für Qualität ist nicht differenziert genug.
3. Die Messergebnisse werden unweigerlich dazu verwendet, Mitarbeiter zu bewerten.
4. Die gemessenen Mitarbeiter passen ihre Arbeit der Metrik an.

Um diese Vorbehalte zu überwinden, schlagen Umarji und Shull drei Gegenmaßnahmen vor:

- Beteilige die betroffenen Mitarbeiter an der Ausarbeitung der Metrik.
- Baue auf vorhandenen Messwerten auf.
- Schaffe Transparenz in der Metrikerhebung.

11.1.1 Beteiligung der Betroffenen

Bei der Einführung eines andauernden Messverfahrens sollten die Mitarbeiter zu Wort kommen. Sie sollten die Möglichkeit haben, eigene Messvorschläge einzubringen. Laut einer Studie von Sari Pfleeger wollen Projektleiter mehr projektspezifische Metriken [Pfle93]. Neben den allgemein gültigen Messungen, die betriebsweit gelten, soll es auch Messwerte geben, die spezifische Eigenschaften des jeweiligen Projekts widerspiegeln. Damit können die Projektleiter, so behaupten sie zumindest, die Projekte nach ihrer Vorstellung steuern.

Mitarbeiter wollen die Möglichkeit haben, die Metrik anzupassen. Sie möchten gerne einzelne Messwerte ausschalten, die für sie nicht zutreffen, und das Gewicht der anderen Metriken je nach Situation anders einstellen, d.h. die Mitarbeiter wollen die Messung zu ihren Gunsten manipulieren können.

Die verantwortlichen IT-Führungskräfte wollen hingegen Messwerte, die sie betriebsweit über alle Projekte hinweg vergleichen können. Am liebsten hätten sie Messwerte, die sich mit den gleichen Messwerten anderer Unternehmen vergleichen lassen. Dann wüssten sie, wo sie im Verhältnis zu den anderen stehen. Das steht allerdings im Widerspruch zu den Anforderungen der Projektleiter und ihrer Mitarbeiter. Daran sehen wir, wie schwierig es ist, in puncto Metrik allen Anforderungen gerecht zu werden. Pfleeger empfiehlt die Anwendung einer zielorientierten Methode wie die GQM-Methode (Goal/Question/Metric), um die Ziele der Messung abzustimmen [Dekk99].

11.1.2 Aufbauen auf vorhandener Metrik

Neue Metriken einzuführen, stößt zunächst auf Widerstand. Es dauert lange, bis sie akzeptiert werden. Deshalb ist es laut Umarji ratsam, auf bestehende Metriken aufzubauen. Sofern die Mitarbeiter sich mit einer gewissen Messung abgefunden haben, sollte man bemüht sein, diese Messung fortzusetzen und nur allmählich auszubauen. Auf keinen Fall darf man die alte Metrik einfach über Bord werfen und durch eine neue ersetzen, denn dies zerstört das Vertrauen in die Metrik überhaupt. Der Messverantwortliche sollte versuchen, die bisherigen Messungen fortzuführen und durch neue zu ergänzen.

Es wird außerdem empfohlen, Metriken zu nutzen, deren Erhebung keine zusätzliche Arbeit verursacht. Das sind Messwerte, die als Abfallprodukt bei anderen Aufgaben abfallen. Beispiele dafür sind die Aufwandsdaten, die aus der Mitarbeiterzeiterfassung gewonnen werden, und Fehlerdaten, die aus dem Fehlerberichtsystem hervorgehen. In solchen Fällen kostet die Metrikerfassung keinen weiteren Aufwand. Das Gleiche trifft für Testsysteme zu, die als Nebenprodukt die Testüberdeckung messen, und Analysesysteme, die Messwerte produzieren. Eigentlich entstehen die meisten Metriken auf ähnlicher Weise. Die für die Softwaremessung verantwortliche Stelle sollte diese Quellen ausnutzen [Gopa02].

11.1.3 Transparenz des Verfahrens

Eine dritte Maßnahme, um Akzeptanz für ein Messverfahren zu gewinnen, ist die Veröffentlichung der Messmethoden. Mitarbeiter sollten nicht nur Zugang zur Messdatenbank haben, sondern auch nachvollziehen können, wie die Messwerte zustande kommen. Dies lässt sich über eine Online-Dokumentation und eine Mitarbeiterschulung erreichen. Jeder sollte die Möglichkeit haben, seine Aufwandsdaten sowie die Quantitäts- und Qualitätsdaten seiner Produkte einzusehen. Wenn die Formeln für die Berechnung der Metrik veröffentlicht sind, kann jeder die Bewertung seiner eigenen Arbeitsergebnisse nachrechnen und bestätigen oder korrigieren.

Es geht darum, Transparenz zu schaffen. Der Status eines Produkts bzw. eines Projekts sollte für alle Beteiligten ersichtlich sein. Wenn alles ersichtlich ist, hat keiner einen Grund, der Metrik zu misstrauen. Mitarbeiter können die Sinnhaftigkeit einer Metrik anzweifeln. In manchen Fällen haben sie das Recht, eine Änderung bzw. Löschung dieser Metrik zu verlangen. Das erfolgt über den Dienstweg. Zur Behandlung solcher Beschwerden sollte es einen Metrikarbeitskreis geben, in dem die Mitarbeiter vertreten sind. Der Arbeitskreis berät über die Beschwerden und Vorschläge der Mitarbeiter und leitet die erforderlichen Änderungsverfahren ein. Danach kommt es darauf an, den Initiator solcher Änderungsanträge über den Stand des Antrages zu informieren. Das Ziel ist, Offenheit zu erreichen, sodass jeder sich als Teilhaber am Metrikverfahren empfindet.

Die Frage der Akzeptanz eines dauerhaften Messverfahrens bewegt sich an der Schnittstelle zwischen Informatik und Soziologie. Es gibt neben den technischen Aspekten jede Menge soziologischer und psychologischer Aspekte. Die Mitwirkung der Betroffenen ist eine unverzichtbare Vorbedingung für den Erfolg des Messverfahrens, und dies ist wiederum nur möglich, wenn das Verfahren für alle transparent ist [UmSe09].

11.2 Beispiele dauerhafter Messverfahren

Vor 30 Jahren, als mit Softwaremessungen begonnen wurde, gab es kaum Anwender mit einem dauerhaften Messverfahren. Hewlett-Packard gehörte zu den ersten Unternehmen, die ein institutionalisiertes Messprogramm einführten. IBM und Siemens folgten. Heute verfügen fast alle großen Softwarehersteller und viele Anwenderbetriebe über ein solches Messverfahren. In diesem Abschnitt wird auf zwei Verfahren eingegangen: das von Hewlett-Packard und jenes von Siemens.

11.2.1 Die Initiative von Hewlett-Packard zur Softwaremessung

Einzelne Messverfahren hat es schon bei der NASA, im Verteidigungsministerium und bei der IBM gegeben, doch Hewlett-Packard war die erste Industriefirma, die ein firmenweites Softwaremessverfahren einführte. Darüber wurde in einem Buch von Robert Grady und Deborah Caswell aus dem Jahr 1987 berichtet [GrCa87]. Das Hauptmotiv für diese Initiative war der Wunsch, Produktivität zu messen. Das HP-Management wollte wissen, was es für das viele Geld, das für Software ausgegeben wurde, an Gegenwert zurückbekam. Demzufolge stand am Anfang ein Produktivitätsmodell für den Vergleich von Kosten und Geschäftswert (siehe Abb. 11.1).

Ebenfalls am Anfang stand die Bildung eines Softwaremetrik-Betriebsrats, der die Aufgabe hatte, die vorgeschlagenen Messansätze zu beraten, zu verabschieden und die betroffenen Mitarbeiter zu informieren. Zwei Grundsätze lagen dieser Messungsinitiative zugrunde:

- Menschen wollen auf wohldefinierte Ziele hinarbeiten.
- Menschen wollen bei der Zielsetzung mitbestimmen.

Der Metrics-Betriebsrat sollte für die Erfüllung dieser beiden Grundsätze Sorge tragen.

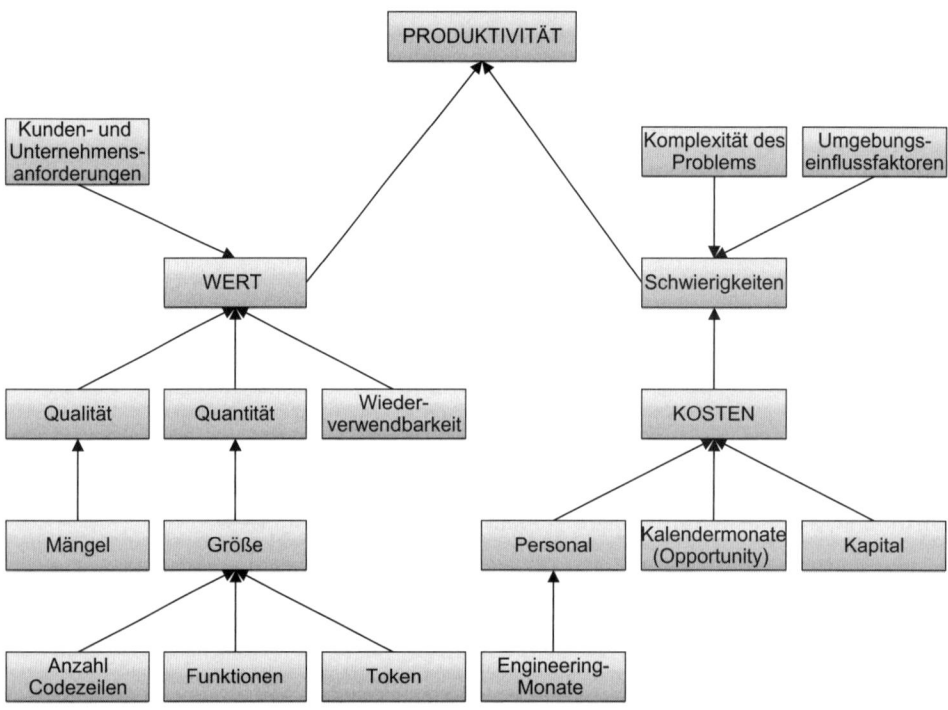

Abbildung 11.1 Das Softwareproduktivitätsmodell von HP

HP wollte vermeiden, dass die Softwaremessung zum Selbstzweck werde. Sie durfte keine zusätzliche isolierte Aufgabe werden. Die Messung musste ein fester Bestandteil des Softwareentwicklungs- und Wartungsprozesses sein. Die Mitarbeiter sollten sie als etwas Selbstverständliches empfinden. Die Einführung des betrieblichen Messverfahrens vollzog sich in zehn Schritten:

1. Die Ziele der Messung wurden definiert.
2. Die Verantwortlichen für die Messung wurden zugeteilt.
3. Die mögliche Metrik wurde untersucht.
4. Die initialen Maße wurden ausgewählt.
5. Die ausgewählten Maße wurden an die Mitarbeiter vermittelt.
6. Die geeigneten Messwerkzeuge wurden bereitgestellt.
7. Die Mitarbeiter wurden in Sachen Softwaremessung ausgebildet.
8. Die ersten Messergebnisse wurden veröffentlicht und zur Diskussion gestellt.
9. Eine betriebliche Metrikdatenbank wurde aufgebaut.
10. Ein Change-Verfahren für die laufende Messung wurde eingeführt.

Ausschlaggebend für den Erfolg des HP-Messverfahrens waren die Wahl der richtigen Metrik und die Definition einer Norm für die gleichmäßige Erhebung dieser Metrik. Es wurden also nur Maße ausgewählt, deren Messung eindeutig nachvollzogen werden konnte. Dazu gehörten

- die gearbeiteten Stunden = Aufwand
- die reinen Codezeilen ohne Kommentar und Leerzeilen
- die Kommentarzeilen
- die geänderten und hinzugefügten Zeilen
- die Kompiliereinheiten = Module
- die Zeichen Objektcode als Ergebnis der Kompilierung
- die Zeilen Dokumentationstext
- die Zahl der Abbildungen
- die gemeldeten Codemängel
- die gemeldeten Dokumentationsmängel
- die gemeldeten Laufzeitfehler
- die beseitigten Mängel
- die behobenen Laufzeitfehler

Auffallend ist, dass Function-Points fehlten. Deren Zählung war für HP nicht ohne Weiteres nachvollziehbar.

Für die erhobenen Metriken wurden zu Beginn folgende Auswertungen durchgeführt:

- der Aufwandsverteilung nach Projektphase
- das Verhältnis Aufwand zu Projektphase
- das Verhältnis Aufwand zu Codegröße in Zeilen
- das Verhältnis Module zu Codezeilen
- das Verhältnis Mängel zu Codezeilen
- das Verhältnis Fehler zu Codezeilen
- das Verhältnis beseitigter Mängel zu gemeldeten Mängeln
- das Verhältnis behobener Fehler zu gemeldeten Fehlern
- die Mängelverteilung nach Projektphase

Das Besondere am HP-Messverfahren war die starke Beteiligung der betroffenen Mitarbeiter. Sie wurden über die Einführung jeder neuen Auswertung informiert und konnten diese blockieren, wenn sie meinten, sie wäre ungerecht oder unsinnig. Deshalb hat es auch Jahre gedauert, das Messverfahren einzuführen. Jeder Versuch, die Leistung einzelner Mitarbeiter zu messen, wurde vermieden. Es wurde nur die Leistung einzelner Projekte sowie ganzer Abteilungen gemessen. So fühlte sich keiner durch das Messverfahren bedroht. Die HP-Mitarbeiter haben es akzeptiert und mitgetragen. Am Ende hatte jeder etwas davon. Sie konnten verfolgen, wie die Fehlerrate sank und die Produktivität stieg.

Nachdem die ersten einfachen Messungen sich etabliert hatten, begann HP damit, fortgeschrittene Metriken einzuführen. Für die Messung der Codekomplexität wurden die McCabe- und Halstead-Maße eingeführt. Für die Messung der Entwurfskomplexität wurden die Fan-in/Fan-out- und Datenflussmaße gewählt. Die Einführung dieser neuen Komplexitätsmethoden wurde von einer intensiven Schulung der Mitarbeiter in Sachen Softwarekomplexität begleitet.

Die Erhebung der Messdaten erfolgte auf zweierlei Arten: zum einen durch Standardformulare und zum anderen durch Tools. Bei den Standardformularen wurde Wert darauf gelegt, sie so einfach und unmissverständlich wie möglich zu gestalten, damit die Mitarbeiter keine Mühe hatten, sie auszufüllen. Das Formular in Abb. 11.2 zeigt, wie die Codemetrik erfasst wurde (siehe Abb. 11.2).

Gelieferte Göße

Projektname: _____   Release ID: _____
Sprache A: _____   Sprache B: _____

	Sprache A	Sprache B
NCSS		
Kommentarzeilen		
Leerzeilen		
% Code recycelt		
# aus Prozeduren		
Bytes Objektcode		
# Zeilen in der Engineering-Dokumentation		
# Abbildungen in der Engineering-Dokumentation		

Abbildung 11.2
Formular für die erste
Metrikerfassung bei HP

Messwerkzeuge wurden für folgende Aufgaben eingesetzt:

- für die Darstellung der Metrikauswertung
- für die statische Analyse des Codes
- für die Vereinheitlichung der Entwicklungsmethoden

Wöchentliche Zeiterfassung								
Projektphase	Prüfen/Spezifizieren	Entwurf	Implementierung	Wartung/Test	Erweiterung	Support	Doku	Insgesamt
DTS-UNIX								
DTS-300								
P-PODS								
HP-MAGIC								
PERSEUS								
PM2L								
Insgesamt:								

Abbildung 11.3 Formular für die Aufwandserfassung bei HP

Werkzeuge leiten den kreativen Fluss der Entwickler in eine geordnete Bahn und verein-heitlichen die Ergebnisse. Dies machte die Messung leichter und ermöglichte erst die Ver-gleichbarkeit. Außerdem konnten die Werkzeuge die gewonnenen Messdaten gleich in der Metrikdatenbank ablegen. Deshalb wurde mit der Zeit die Messung immer mehr automati-siert. Einzig die Aufwandserfassung blieb manuell (siehe Abb. 11.3).

Nach fünf Jahren konnte HP aus seinem Metrikprogramm eine eindeutig positive Bilanz ableiten. Mit minimalen Kosten konnte die Firma das Bewusstsein der Mitarbeiter für Qua-lität und Produktivität erheblich steigern. Diese Bewusstseinsänderung hatte einen mess-baren, positiven Effekt auf die Produktivität der Projekte und die Qualität der Produkte. Beide Eigenschaften stiegen in dieser Zeit um mehr als 50 %. Das Metrikprogramm konnte als solider Erfolg verbucht werden.

11.2.2 Prozess- und Produktmessung in der Siemens AG

Etwas später, gegen Ende der 80er Jahre, begann die Europäische Union über das ESPRIT-Programm, Softwaremessung zu fördern. Zwei Projekte sind besonders zu erwähnen: METKIT für die Schulung von Softwaremetrik in der Industrie und PYRAMID für die Dokumentation von Fallstudien in Softwaremessung. Dieses Buch ist an sich eine Spät-folge des ersten Projekts, an dem einer der Autoren beteiligt war. Im METKIT-Projekt wurden Schulungsunterlagen für den Metrikunterricht sowie Messwerkzeuge für die Un-terstützung des Unterrichts entwickelt. Die beiden Werkzeuge SoftMess und SoftCalc in Deutschland sowie das Werkzeug QUALMS in England gingen aus dem Projekt hervor.

Aus dem PYRAMID-Projekt ist das Buch „Software Metrics" von K. H. Möller und D. J. Paulisch hervorgegangen. Die beiden Autoren beschreiben darin die Einführung eines Messverfahrens in der Siemens/Nixdorf AG [MöPa93]. Ähnlich wie bei HP hatte Siemens ein Stufenmodell für die Einführung von Metrik mit sieben Stufen:

- Einleitung eines Entwicklungsprozesses
- Setzen von Ziele der Messung
- Zuweisung der Verantwortlichkeiten
- Analyse der Messmöglichkeiten
- Auswahl der Maße
- Verkauf des Messverfahrens an die Entwickler
- Rückkopplung aus der betrieblichen Praxis

Der Siemens-Entwicklungsprozess sah vier Phasen und sieben permanente Tätigkeitsbe-reiche vor. Die vier Projektphasen

- Planung
- Implementierung
- Test und
- Wartung

werden von den sieben Tätigkeitsbereichen

- Produktmanagement
- Projektmanagement
- Entwicklung
- Produktion
- Systemtest
- Product Services
- Qualitätssicherung

getragen. In diesem Prozessmodell aus den 80er Jahren finden wir eine Aufgabenteilung, die heute in dem ITIL-IT-Servicekonzept mit Betonung auf eine permanente kennzahlge-steuerte Weiterentwicklung verankert ist [ZHB05] (siehe Abb. 11.4).

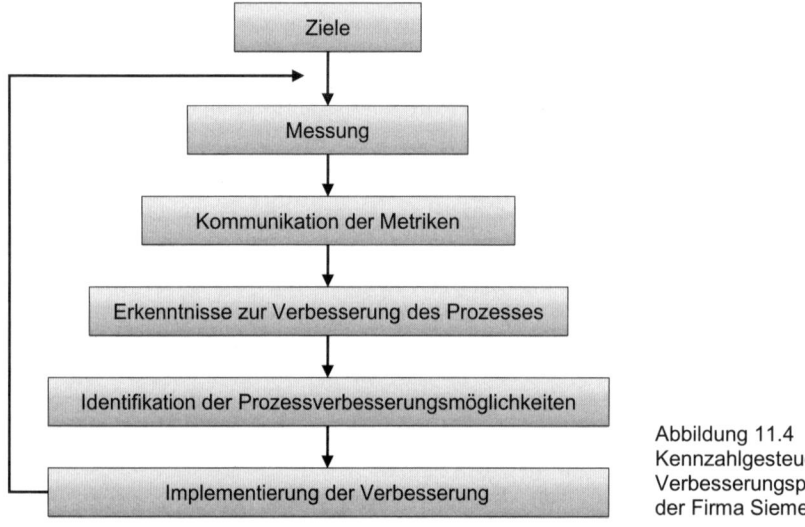

Abbildung 11.4
Kennzahlgesteuerter
Verbesserungsprozess
der Firma Siemens

Nachdem das Prozessmodell stand, wurde damit begonnen, Ziele für den ersten Pilotkun-den – Siemens Medizinische Geräte – zu setzen. Die ehrgeizigen Hauptziele waren

- eine zehnfache Steigerung der Entwicklungsproduktivität innerhalb von fünf Jahren
- eine Reduzierung der Fehlerrate um 37 % jährlich in der gleichen Zeit.

Diese Ziele erscheinen aus heutiger Sicht etwas hochgesteckt zu sein, aber warum nicht nach dem Himmel greifen? Wer hohe Ziele setzt, wird gefordert.

Die Zuweisung der Verantwortlichkeiten sah einen Messungsprozessleiter an der Spitze des Messverfahrens vor. Seine Hauptaufgabe bestand darin, das Verfahren zu verkaufen und nach außen zu vertreten. Er hatte die Rolle eines Produktmanagers, nur statt eines Pro-dukts hatte er einen Prozess zu leiten. Außer dieser Rolle gab es Metrikforscher, Mess-techniker und Messwerkzeugentwickler, um das Verfahren einzuleiten und am Leben zu erhalten.

Bei der Analyse der Messmöglichkeiten haben die Metrikforscher die Aufgabe gehabt, die Literatur über Softwaremetrik zu studieren und Messverfahren anderer Unternehmen zu un-

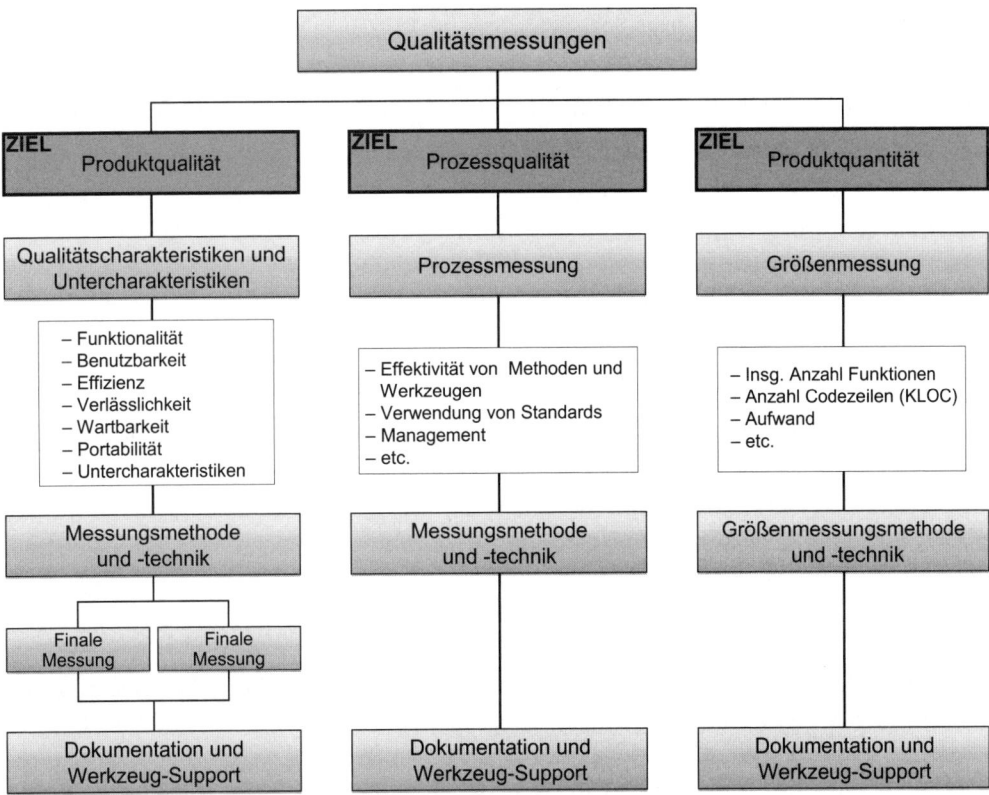

Abbildung 11.5 Metrikmodell der Firma Siemens

tersuchen. Das Ergebnis ihrer Arbeit war eine Sammlung möglicher Maße für Software-produkte und -projekte, die in einem Metrikrahmenkonzept gesammelt wurden (siehe Abb. 11.5).

Danach erfolgte die Auswahl der Maße für den jeweiligen Kunden, in diesem Falle für Siemens Medizinische Geräte. Die ausgewählten Maße waren in die folgenden vier Klassen aufgeteilt:

- objektive Metrik
- subjektive Metrik
- globale Metrik
- projektspezifische Metrik.

Zu der objektiven Metrik zählten Maße wie

- Produktgröße in Zeilen, Anweisungen oder Function-Points
- Projektaufwand in Arbeitstagen
- Kalenderzeit in Projekttagen
- Projektkosten in Euro

- gemeldete Fehleranzahl nach Schwere
- korrigierte Fehleranzahl
- Extrakosten der Qualitätssicherung.

Zu der subjektiven Metrik gehörten jene Maße, die nicht in Zahlen ausgedrückt werden konnten, also Maße wie

- Grad der Benutzerzufriedenheit
- Grad der Benutzbarkeit eines Produktes
- Grad der Mitarbeitermotivation
- Reifegrad des Entwicklungsprozesses.

Diese Maße wurden mit einer nominalen Skala erfasst.

Zu der globalen Metrik gehörten alle Maße, die über das einzelne Projekt und Produkt hinausgehen bzw. sich auf die Organisation insgesamt beziehen, also solche Maße wie

- Produktivität
- Kosteneffektivität
- Termintreue
- Projekterfolgsquote usw.

Zu der lokalen bzw. projektspezifischen Metrik gehören alle Maße, die sich auf das einzelne Projekt beziehen, z.B. Maße wie

- Projektlaufzeit
- Projektkopfzahl
- Projektaufwand
- Produktgröße
- Produktkomplexität
- Produktqualität
- Produktfehlerdichte usw.

Nachdem die Maße ausgewählt und spezifiziert wurden, mussten sie verkauft werden. Dies war hauptsächlich die Aufgabe des Messprozessleiters. Er musste sich an die Projektleiter des Pilotkunden wenden und das Messverfahren an sie und ihre Abteilungsleiter verkaufen. Verordnet wurde nichts. Alles basierte auf freiwilliger Basis. Also verband der Messprogrammverantwortliche das Erreichen der Messziele mit Auszeichnungen wie das „Projekt des Jahres". Die Mitarbeiter der Entwicklungsmannschaft sollten motiviert werden, sich messen zu lassen. Im Zusammenhang mit dem Messverfahren wurde ihnen auch eine Metrikausbildung angeboten, damit sie sich und ihre Arbeitsergebnisse selber messen konnten [Kutz07].

Schließlich folgte nach der Einführung des Messverfahrens die Rückkopplung über Beschwerden und Verbesserungsvorschläge. Die Mitarbeiter wurden ermuntert, Kritik an den eingeführten Maßen sowie am Messverfahren zu üben. Außerdem hatten sie die Gelegenheit, neue Maße vorzuschlagen. Diese Messberichte wurden zusammen mit den Kritiken und Vorschlägen ausgewertet, um das Messverfahren nachzubessern. So entstand ein Prozess der kontinuierlichen Besserung. In der Praxis gab es natürlich viele Widerstände. Die gemessenen Mitarbeiter standen der Messung misstrauisch gegenüber, aber am Ende haben sie mitgemacht und die Messwerte zu schätzen gelernt.

Fünf Metriken haben sich als die Kernmetrik der Qualitätssicherung herausgestellt.

- S-Metrik: Termintreue der Projekte
- C-Metrik: Häufigkeit der Kundenbeschwerden
- M-Metrik: Häufigkeit der Systemabbrüche = *meantime to failure*
- B-Metrik: Fehlerdichte bzw. Fehlermeldungen geteilt durch Codezeilen
- D-Metrik: Änderungsdichte bzw. Änderungsanträge geteilt durch Codezeilen

Mithilfe dieser Kernmetriken war es möglich, ein allgemeines betriebliches Qualitätsprofil aufzuzeichnen und zu verfolgen. Folgende Verbesserungen konnten schon nach drei Jahren beobachtet werden:

- eine Steigerung der Prozess- und Produktqualität
- eine Erhöhung der Kundenzufriedenheit
- eine Zunahme des Umsatzes
- ein verbessertes betriebliches Qualitätsklima

Ob die gesetzten Ziele einer zehnfachen Produktivitätssteigerung und einer jährlichen Reduzierung der Fehleranzahl um 37 % erreicht wurden, geht aus dem Bericht der Autoren nicht hervor. Dennoch scheinen alle beteiligten Entwickler, Manager und Kunden mit den Folgen des Messverfahrens zufrieden gewesen zu sein. Später wurde das Messverfahren zum festen Bestandteil des Entwicklungsprozesses.

11.2.3 Die eingebaute Softwaremessung im GEOS-Projekt

In Wien wurde Mitte der 90er Jahre mit der Entwicklung eines Standardsoftwarepakets für den Wertschriftenhandel von Banken begonnen. Das Produkt mit dem Namen Global Entity Ordering System (GEOS) wurde auf ein zum Zweck der Entwicklung eigens gegründetes Softwarehaus, die Software Data Service GmbH (SDS), übertragen. Bis zum Jahr 2001 war die Firma auf ca. 320 Mitarbeiter angewachsen und das Softwareprodukt auf 7 Millionen Codezeilen mit 2,5 Millionen Anweisungen bzw. 92.000 Function-Points angewachsen. Nach dem ersten Einsatz des Systems im Jahre 1999 wuchs die Zahl der Kunden auf acht österreichische Banken plus eine deutsche Großbank. Über das Problemmeldungssystem, das auch als Change-Management-System diente, konnten die Kunden die Weiterentwicklung in ihrem Sinne beeinflussen [SHT2004].

Bereits im Jahre 1998 hatte das GEOS-Management ein Messverfahren eingeleitet. Dieses Verfahren zielte zunächst darauf, die Zahl der Mängel bzw. Fehlermeldungen zu verfolgen. Es flossen sowohl die Fehlermeldungen der eigenen Tester als auch die der Kunden in die Fehlerstatistik hinein. Die Fehler wurden im Anschuss an den Release-Zyklus monatlich ausgewertet.

Im GEOS-System gab es drei Softwareschichten:

- eine Anforderungsspezifikationsschicht
- eine Codeschicht und
- eine Testschicht.

Die Anforderungsspezifikation bestand aus einem Spezifikationsmodell, der Concept Management Facility mit Tausenden elementaren Funktionsbeschreibungen, klassifiziert nach Funktionstyp. Die Funktionen waren die Blätter eines umfangreichen Funktionsbaumes und wurden als verknüpfte Textelemente mit normierten Merkmalen abgelegt. Die Sprache der Elemente war deutscher Pseudocode.

Die Codeschicht umfasste mehrere Tausend C- und C++-Source-Daten. Die Client- oder Frontend-Komponenten waren objektorientiert mit C++ implementiert. Die Server- oder Backend-Komponenten waren prozedural mit Macro C implementiert. Ein Source-Member konnte eine C++-Klasse, eine C-Prozedur oder ein Header-File sein. Die Klassen und Prozeduren wurden Modulen zugeordnet, die Module waren in Komponenten zusammengefasst und die Komponenten auf Subsysteme verteilt.

Die Testware bestand aus Testprozeduren, Testfällen und Testskripten. Die mehr als 50.000 Testfälle waren in relationale Datenbanken abgelegt. Jeder Testfall hatte feste und variable Attribute sowie Eingabe- und Ausgabedaten. Sie wurden über ein werkzeuggestütztes Testfallerfassungssystem – die Crash Test Facility – erfasst und fortgeschrieben. Die Testprozeduren waren ebenfalls in Tabellenformat gespeichert. Sie stellten die Testabläufe als Sequenzen verketteter Testfälle dar. Die Testskripte waren in der Skriptsprache WinRunner für die automatisierte Generierung und Validierung der Benutzeroberflächen verfasst. Sie wurden aus den Testfällen und Testprozeduren automatisch generiert. Der komplette Oberflächentest lief voll automatisiert ab. Nur die Batchtests mussten manuell gestartet und ausgewertet werden.

Zuständig für den Test war eine Testabteilung mit fast 90 Testern. Die Testabteilung übernahm die Subsysteme von den Entwicklern und testete sie gegen ihre Testfälle. Mängel bzw. Fehler wurden über das gleiche Problemmeldungssystem wie für die Kunden gemeldet. Demzufolge gab es zwei Klassen von Mängel in der Mängeldatenbank: testergemeldete Mängel und kundengemeldete Fehler. Bei der Erstellung der Fehlerstatistik musste zwischen diesen Mängelarten unterschieden werden. Die Zahl der kundengemeldeten Mängel sollte deutlich unter der Zahl der testergemeldeten Mängel liegen. Im Jahre 2001 waren die testergemeldeten Mängel 78 % der gesamten Mängelanzahl.

Die Mängeldatenbank wurde regelmäßig ausgewertet, um die absolute Anzahl der Mängel nach Schwere – leichte, mittel oder schwere Fehler – zu klassifizieren, die Aufteilung nach Kunden- und Testermängel festzustellen, und die Mängel nach Ursache zu ordnen. So wurde Ende 1999 festgestellt, dass für 44 % aller Mängel deren Ursache in der Anforderungsspezifikation zu suchen war. Später wurde die Größe der Systeme in Codezeilen, Anweisungen, Function-Points und Object-Points herangezogen, um die Fehlerdichte eines jeden Systems zu dokumentieren. Bis zum Jahr 2000 gab es ein ausführliches Fehlerberichtswesen für das GEOS-Projekt. Zwei Jahre später gab es eine umfassende Metrikdatenbank mit Kennzahlen zu dem Code, den Daten, den Konzepten, den Testfällen, den Fehlern

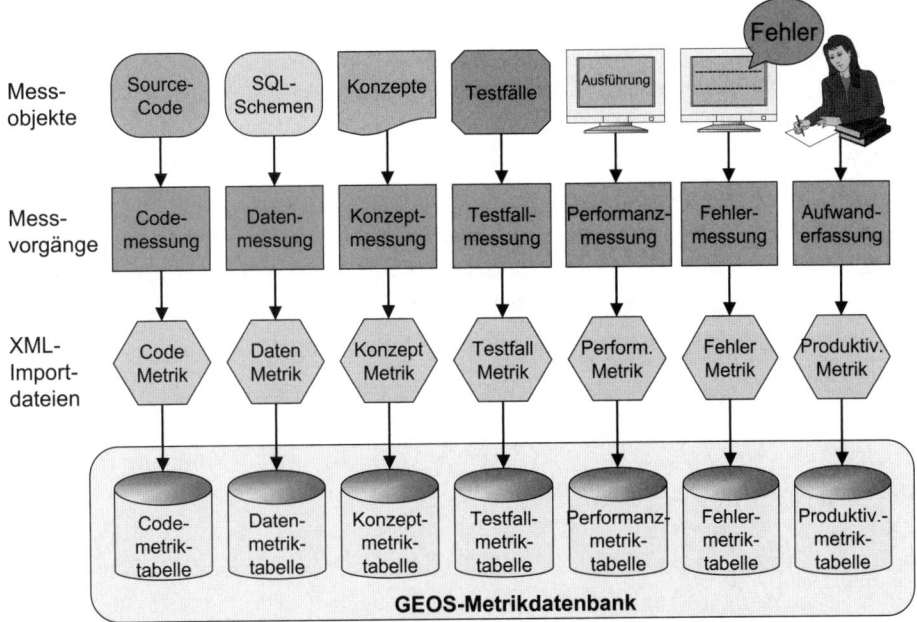

Abbildung 11.6 Metrikerfassung im GEOS-Projekt

und den Aufwänden. Bis auf die Aufwandsdaten wurden alle Messwerte über Messwerkzeuge automatisch erfasst. Diese Messwerkzeuge wurden vom Autor Sneed selbst entwickelt und aufeinander abgestimmt. Die Metrikdatenbank wurde mit Microsoft Access implementiert (siehe Abb. 11.6).

Neben der Messung der Fehlerhaftigkeit der GEOS-Software wurde ein Messprozess für die Messung der Größe, Komplexität und Qualität des Codes eingeleitet. Der Autor hatte inzwischen Werkzeuge entwickelt, um C- und C++-Codes zu analysieren und zu messen. Mit jedem neuen Release wurde ein Messlauf angestoßen, der gut drei Tage dauerte, um sämtliche Subsysteme mit allen Sourcen zu messen. Am Ende der drei Tage wurde die Codemetrik nach Komponente, Subsystem und Produkt aggregiert und in einer Metrikdatenbank abgelegt, aus der diverse Berichte abgeleitet wurden. Am Anfang interessierte sich das GEOS-Management ausschließlich für die Größe der Systeme, insbesondere für die Anzahl der Function-Point. Später begann es, sich auch für die Komplexität und Qualität des Codes zu interessieren. Damit begannen die Probleme. Nach einem Wechsel der Geschäftsführung wurde ein Betriebsrat installiert, der andere Vorstellungen von Qualität hatte. Er bestand auf anderen Maßregeln. Dies führte 2003 zur Einstellung der bisherigen Codemessungen.

Parallel zur Codemessung wurde schon vorher damit begonnen, auch die Konzepte und Testware zu messen. Das Messwerkzeug CMFAudit analysierte die Struktur und den Inhalt der Anforderungsspezifikation und rechnete die Größe in Function-Points aus. Mit anderen Anforderungsmaßen hat das gleiche Werkzeug die Komplexität und Qualität der Spezifikationsdokumente ausgewertet. Daraus ergab sich eine Anforderungsmetrik ähnlich der

Codemetrik. Ein drittes Werkzeug, CTFAudit, analysierte die Testfälle und Testprozeduren. Der Umfang des Tests wurde anhand der Anzahl Testfälle und Testdaten ermittelt. Für die Messung der Komplexität und Qualität des Tests wurden neue Testmetriken entwickelt und erprobt. Jetzt gab es nicht nur eine Metrik für die Codemessung, sondern auch eine Metrik für die Anforderungs- und für die Testmessung. Da es im GEOS-Projekt zu diesem Zeitpunkt keine Entwurfsschicht gab, gab es keinen Bedarf an einer Entwurfsmetrik.

Die automatisierte Messung der Spezifikationsdokumente und der Testfälle lief parallel zur Messung des Codes alle drei Monate und dauerte nochmals zwei Tage. Auch diese Ergebnisse wurden in die Metrikdatenbank überführt und erlaubten eine umfangreiche Metrikauswertung des gesamten Produktes einschließlich

- Spezifikation
- Code
- Test

nach den Messkriterien

- Quantität
- Komplexität und
- Qualität [BrSn03].

Die Produktivitätsmessung, die bereits 1999 begonnen hat, wurde 2003 schon wegen des Einspruchs des Betriebsrates eingestellt. Dies zeigt, wie politisch geladen das Thema Messung sein kann. Nach einer Strafversetzung in die Testabteilung musste der Autor Sneed 2003 unverrichteter Dinge das GEOS-Projekt verlassen. Nach seinem Abgang wurde das Messverfahren auf die ursprüngliche Fehlerstatistik zurückgefahren. Erst Jahre später begann die Firma SDS, den Code wieder zu messen.

Zu einem dauerhaften Messverfahren gehört die volle Unterstützung der gesamten Mannschaft. Sie muss das Verfahren vom Anfang an mitgestalten und tragen. Dafür muss sie ein gewisses Bewusstsein für den Zweck der Messung mitbringen. Wenn dieses Bewusstsein fehlt, hat das Messverfahren keine Chance, akzeptiert zu werden. Daher rührt die Notwendigkeit einer Bewusstseinsbildung, die schon in der Studium beginnen sollte.

11.3 Übergreifende Software-Cockpits und Dashboards[1]

Die Entwicklung von Softwaresystemen ist ein dynamischer Prozess, der eine laufende Verfolgung und Steuerung des Fortschritts und der Qualität erforderlich macht. Ein Software-Cockpit – auch Software Project Control Center oder Projektleitstand genannt [MuHe03] – stellt dafür die wichtigsten Kennzahlen eines Projektes dar und gibt so auf einen Blick Aufschluss über den Projektstatus. Darüber hinaus erlaubt ein Software-Cockpit eine detaillierte Analyse der zugrundeliegenden Daten, um bei Abweichungen und Problemen die Ursachen rasch und gezielt feststellen zu können [Ecke05].

---

[1] von Rudolf Ramler und Wolfgang Beer, Software Competence Center Hagenberg (http://www.scch.at)

Grundlage für ein Software-Cockpit ist eine Messinfrastruktur. Diese extrahiert periodisch Daten aus verschiedenen Datenquellen eines Projekts wie etwa Aufgabenverwaltung, Arbeitszeiterfassung, Versionsmanagement, Fehlerdatenbanken sowie den Werkzeugen für Anforderungs-, Entwurfs-, Code- und Testmessung. Anschließend werden diese Daten für die Speicherung und Weiterverarbeitung aufbereitet, anhand vordefinierter Regeln automatisiert bewertet und zu aussagekräftigen Kennzahlen und Indikatoren aggregiert. Abhängig von der Zielgruppe werden die Ergebnisse in Form von Tabellen, Grafiken oder Ampeln visualisiert und mit historischen Werten aus dem gleichen oder anderen Projekten in Beziehung gesetzt.

Auf der Datenbasis eines Software-Cockpits können weitere Verfahren zur Bewertung und Prognose aufsetzen, von einfachen Soll/Ist-Vergleichen bzw. Überprüfung von Toleranzgrenzen bis hin zu Trendanalysen, statistischer Prozesskontrolle und der Berechnung von Zuverlässigkeits- und Vorhersagemodellen (vgl. [Ruhe08], [Kan03], [KoLi05]). Die Daten einzelner Projekte können wiederum zusammengeführt und zur Verfolgung und Steuerung von bereichs- oder unternehmensweiten Projektportfolios verwendet werden.

Ein aktueller Vertreter dieser Werkzeugkategorie ist ein am Software Competence Center Hagenberg entwickeltes Software-Cockpit (http://softcockpit.scch.at), das ausschließlich auf frei verfügbaren Open Source-Werkzeugen und -Bibliotheken basiert. Das Software-Cockpit wurde im Rahmen eines Forschungsprojekts entwickelt, um Daten aus heterogenen Werkzeugen und Datenquellen von Softwareprojekten zu sammeln, zu integrieren und zu analysieren. Das Software-Cockpit wurde in mehreren industriellen Softwareprojekten ein-

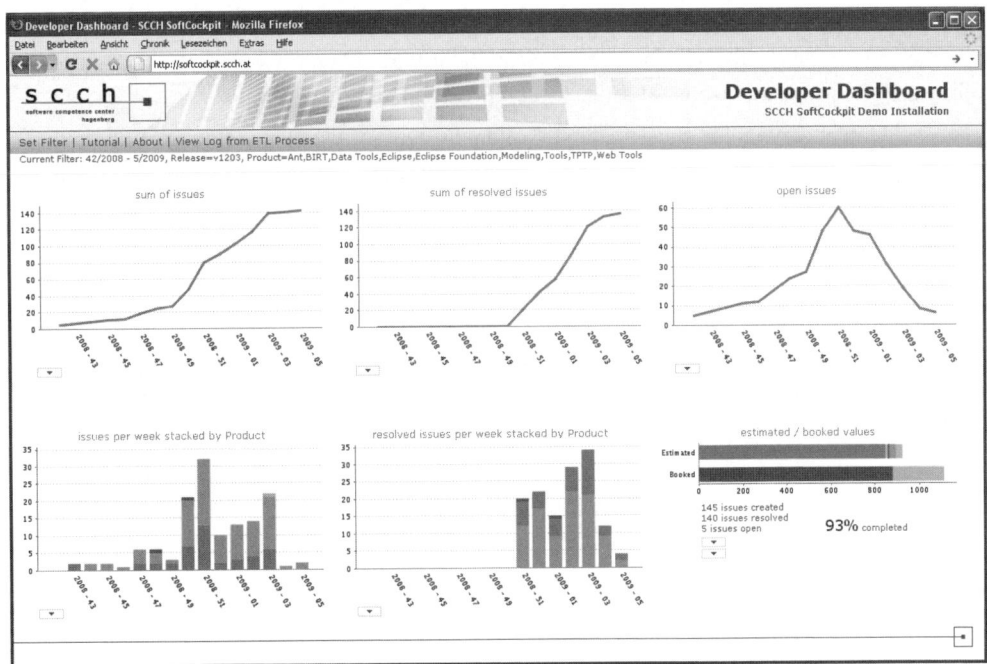

Abbildung 11.10 Dashboard für Entwickler im Software-Cockpit

gesetzt, laufend erweitert und hat sich für die Planung und Steuerung der Softwareentwicklung bei verschiedenen Unternehmen bewährt [LaRB09a] (siehe Abb. 11.10)

11.3.1 Aufbau und Funktionalität des Software-Cockpits

Ein Software-Cockpit dient der Entscheidungsunterstützung, indem aktuelle Informationen und komplexe Zusammenhänge dargestellt werden. Entscheidungen können so auf Basis von „harten Fakten" getroffen werden. Das generelle Ziel bei der Gestaltung eines Software-Cockpits ist daher, die richtigen Informationen zum richtigen Zeitpunkt für die richtigen Rollen zur Verfügung zu stellen. Die konkrete Gestaltung eines Software-Cockpits wird in erster Linie durch die Informationsbedürfnisse der Benutzer, die Art und Weise, wie die Informationen in den Entwicklungsprozess einfließen, und die Verfügbarkeit und Qualität der zugrundeliegenden Daten bestimmt.

Dazu kommen ein zweckmäßiges Informationsdesign und eine zielgerichtete, visuelle Kommunikation [Few06] als Faktoren, die entscheidenden Einfluss auf die Anwendbarkeit und somit die Akzeptanz des Software-Cockpits bei den potenziellen Benutzern haben. Denn letztlich kann das beste Cockpit nur soweit effektive Unterstützung bieten, als es auch effektiv genutzt wird. Wird nach dem Motto „Viel hilft viel" eine möglichst große Menge von Daten in einer bunten Vielfalt von Ampeln und Tachometern präsentiert, so führt dies lediglich zu einem Informationsüberangebot, zur Orientierungslosigkeit der Benutzer und schließlich zur Ablehnung des Software-Cockpits.

Mit dem Software-Cockpit sollen als wesentliche Ziele verfolgt werden, dass die Transparenz über die Abläufe in der Softwareentwicklung erhöht und eine exakte Planung und Vorhersage in der Softwareentwicklung ermöglicht wird. Davon leiten sich folgende Anforderungen sowie die Architektur des Cockpits (siehe Abb. 11.11) ab:

- ■ Die Unterstützung für verschiedene Rollen in der Softwareentwicklung: Entwickler, Projektleitung, Linienmanagement, Qualitätsmanagement sowie projektexterne Stakeholder wie Auftraggeber oder Administratoren.

- ■ Die Präsentation von Information in Abhängigkeit von den Zielgruppen, mit Unterschieden in Inhalt, Tiefe und Gestaltung, z.B. in Form von vordefinierten Berichten oder interaktiven Analysemöglichkeiten.

- ■ Die Integration und Synchronisation von Daten aus unterschiedlichen Datenquellen und Messwerkzeugen und dadurch die Unabhängigkeit von den verschiedenen, zueinander inkompatiblen Abfrage- und Auswertungsmechanismen der einzelnen Werkzeuge.

- ■ Eine möglichst hohe Flexibilität hinsichtlich der Anpassung und Erweiterung des Software-Cockpits für zukünftige Projekte, die sich z.B. in ihrer Größe, dem verfolgten Prozessmodell oder den verwendeten Werkzeugen unterscheiden.

- ■ Ein möglichst geringer Zusatzaufwand, der sich durch die laufende Nutzung, die Erfassung notwendiger Daten und die Anpassung von bestehenden Arbeitsabläufen ergeben kann.

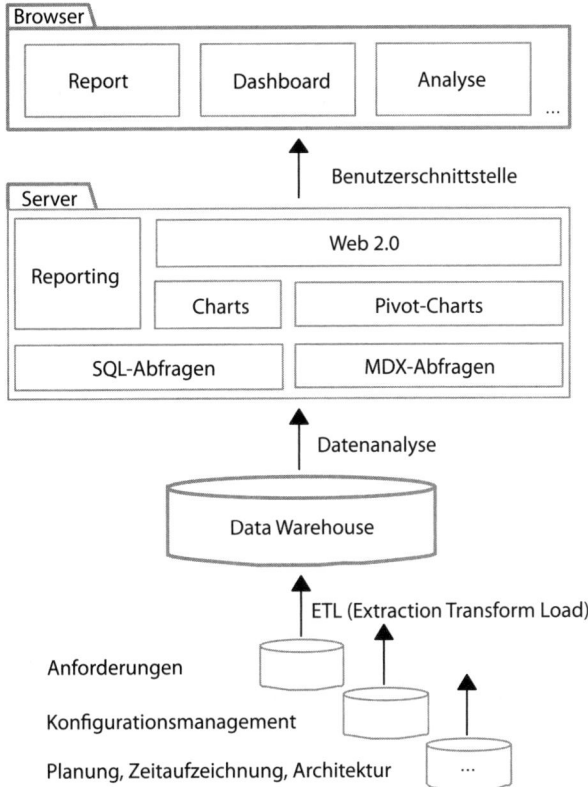

Abbildung 11.11
Architektur des Software-Cockpits

11.3.2 Dashboard

Das Dashboard stellt den Fortschritt der Softwareentwicklung über die Zeit in drei Kurven dar – von links nach rechts: (1) Neue Aufgaben, die in Form von Anforderungen, Änderungswünschen oder Fehlern an das Projekt herangetragen werden, (2) vom Entwicklungsteam erledigte Aufgaben und (3) offene Aufgaben als Differenz zwischen neuen und erledigten Aufgaben. Die drei zugrundeliegenden Metriken sind fundamental für die Planung und Steuerung der Softwareentwicklung. Wird die Auswertung der Daten auf z.B. eine Iteration beschränkt, zeigt die dritte Kurve (auch „Burn Down Chart" genannt) einen bis zum Ende der Iteration nach unten gerichteten Verlauf, bei dem idealtypisch mit Erreichen des Meilensteins alle geplanten Aufgaben umgesetzt wurden.

Zeigen die Kurven Ausreißer oder unerwartete Verläufe, so können mit einer Reihe von interaktiven Analysemöglichkeiten die Einflussfaktoren genauer untersucht werden (siehe Abb. 11.12).

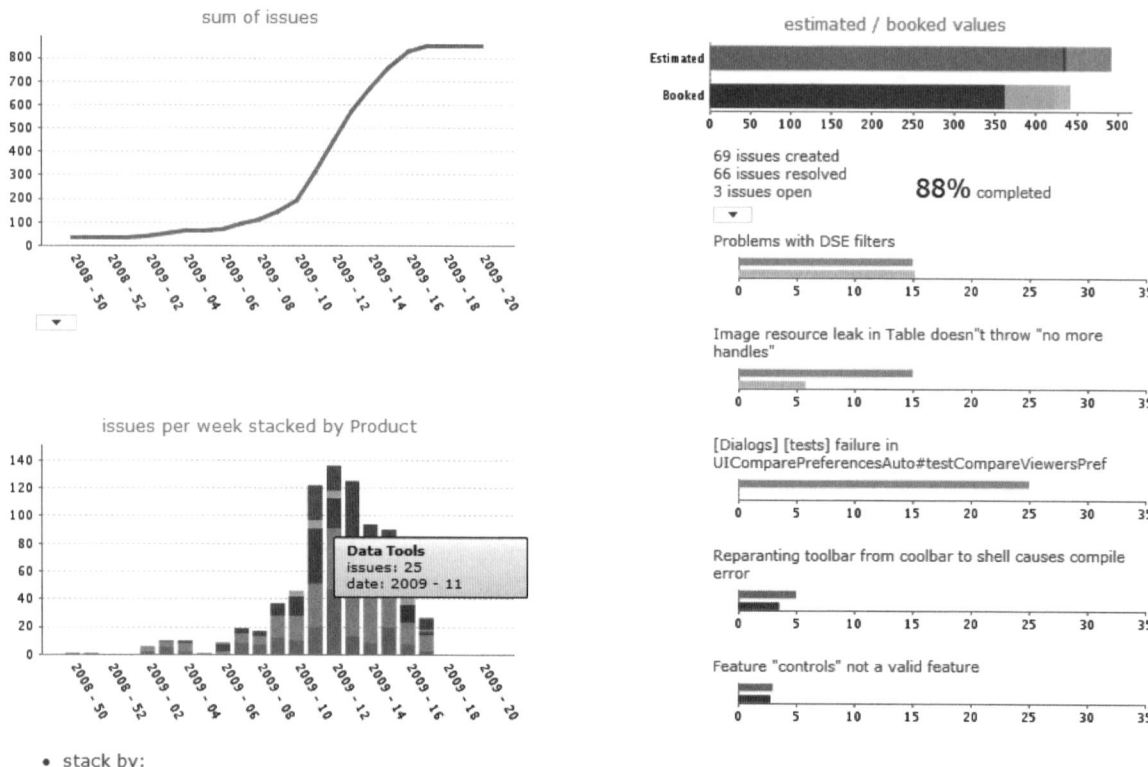

Abbildung 11.12 Interaktive Analysemöglichkeiten als Teil der grafischen Darstellung

11.3.3 Scorecard

Die Scorecard definiert eine Liste von Kennzahlen für das Projekt, welche die Verbindung zwischen der Projektsteuerung und den Vorgaben aufgrund der übergeordneten Unternehmensziele herstellen. Während das Dashboard der Einstiegspunkt für Entwickler und Projektleiter ist, richtet sich die Scorecard in erster Linie an das Management. Eine Scorecard zeigt für jede Kennzahl den aktuellen Wert und, oft in Form eines Ampelsymbols, ob die Vorgabe erreicht (grün) oder nicht erreicht wurde (rot).

Die Kennzahlen sind der Kern einer Scorecard. Sie müssen die Dimensionen des Projektcontrollings – Funktionalität, Qualität, Zeit, Aufwand, Risiko und Änderungen [Kuet08] – abdecken. Beispiele sind „Mittlere Durchlaufzeit einer Aufgabe", „Anzahl Fehler pro 100 Änderungen" oder „Anzahl abgeschlossener, kritischer Änderungen ohne Review durch mindestens zwei weitere Personen". Entsprechend liegt die Herausforderung beim Entwickeln einer Scorecard darin, geeignete Kennzahlen aus den Unternehmenszielen abzuleiten, exakt zu definieren und realistische Ziel- bzw. Schwellenwerte festzulegen.

Für das Management bietet die Scorecard eine kompakte Darstellung, die auf einen Blick zeigt, ob „alles im grünen Bereich" liegt. Bei Abweichungen ist eine einfache und rasche

Analysemöglichkeit erforderlich, um die Gründe zu erforschen und zu verstehen. Die Möglichkeit des „Hineinzoomens" in die Daten, die hinter einer Kennzahl stehen, schafft Transparenz und stärkt zudem das Vertrauen in die Kennzahl. Kann das Zustandekommen nicht nachvollzogen werden, so ist die Reduktion eines Sachverhalts auf eine Zahl problematisch. Als Unterstützung haben sich eine detaillierte Beschreibung der Kennzahl sowie Hinweise zur Interpretation bewährt, welche direkt in die Scorecard aufgenommen werden.

11.3.4 Interaktive Analysen und Berichte

Ein Data-Warehouse bildet die Basis für alle Auswertungen und Analysen im Software-Cockpit. Die Aufgabe des Data-Warehouse ist die Integration der Daten aus den unterschiedlichen Datenquellen in einen zentralen, konsistenten Datenbestand. Damit werden übergreifende Auswertungen und Analysen mit Standardwerkzeugen möglich, unabhängig von den Eigenheiten der einzelnen Datenquellen. Beispiele dafür sind OLAP-Werkzeuge und Berichtsgeneratoren.

OLAP (Online Analytical Processing) stellt mehrdimensionale Datenstrukturen dar und erlaubt durch die Wahl von Ausschnitten und Detailebenen, in diesen zu navigieren. Indem mehrere Dimensionen zueinander in Bezug gesetzt werden, lassen sich die Zusammenhänge in den Daten aus verschiedenen Perspektiven analysieren. In Ergänzung zu Scorecards bieten OLAP-Auswertungen den Anwendern die Möglichkeit, sich näher mit den zugrundeliegenden Daten und deren Entwicklung über die Zeit auseinanderzusetzen.

Berichte fassen Daten aus unterschiedlichen Datenquellen zu übergreifenden Themen oder Fragestellungen zusammen. Zielgruppen sind in der Regel projektexterne Stakeholder, die regelmäßig informiert werden müssen. Ein Beispiel sind die periodisch erstellten Fortschrittsberichte, die dem Auftraggeber zur Verfügung gestellt werden. Die Berichte werden zum Erstellungszeitpunkt dynamisch aus den Daten generiert, liegen ab dann aber als statisches Dokument – z.B. im HTML- oder PDF-Format – vor. Damit eignen sich Berichte, um den jeweiligen Stand als „Momentaufnahme" zu einem bestimmten Zeitpunkt dauerhaft festzuhalten.

Das Interesse für das Software-Cockpit beweist, dass das Bewusstsein für Softwaremessung eine aufsteigende Tendenz zeigt. Dieses Buch soll dazu dienen, diese Tendenz noch zu steigern. Auch wenn man nicht mit allen Metriken einverstanden ist – die Auseinandersetzung mit ihnen hilft einem, das Phänomen Software besser zu verstehen.

11.4 Einmalige Messverfahren

Da das Bewusstsein für die Bedeutung der Softwaremetrik bei den meisten Anwendern im deutschsprachigen Raum auf einem sehr niedrigen Niveau liegt, ist es schwer, ein dauerhaftes Messverfahren zu begründen. Das Bewusstsein wächst zwar, aber es wird noch etliche Jahre dauern, bis man soweit ist. Das lässt sich an dem CMMI-Reifegrad erkennen. Messung und die Nutzung der Messwerte, um die Prozesse kontinuierlich zu bessern, erfolgt erst in der 4. Reifestufe, und die wenigsten Softwareentwicklungsbetriebe im deutsch-sprachigen Raum haben diese Stufe erreicht. Die überwiegende Mehrzahl sind noch auf der zweiten bzw. gar noch auf der ersten Stufe: der Chaosstufe [SEI06].

Dennoch haben viele Anwender trotz ihrer rückständigen Softwaretechnologie immer wie-der den Bedarf, ihre Software messen zu lassen. Es kann sein, dass sie von einer Migration oder vor dem Outsourcing einzelner Systeme stehen. Vielleicht fusionieren sie auch mit einem anderen Anwender, der ähnliche Systeme hat, und wollen die Systeme vergleichen. Möglicherweise wollen sie ihre Produktivität messen, um diese mit der Produktivität alter-nativer Entwicklungsbetriebe zu vergleichen. Es ist auch vorgekommen, dass IT-Leiter einfach wissen wollen, wie es mit der Größe und Qualität ihrer Systeme im Verhältnis zu anderen steht.

Es gibt also verschiedene Gründe für eine einmalige Messung der Produkte und Projekte. Eine einmalige Messung ist ein Projekt, und wie alle Projekte hat es eine begrenzte Zeit und ein begrenztes Budget. Ein solches Messprojekt kann von wenigen Tagen bis zu eini-gen Monaten dauern. Die kürzeste Messung, die die Autoren je durchgeführt haben, dauer-te nur vier Tage inklusive Berichterstattung, die längste dauerte sechs Monate. Die Dauer der Messung und damit auch die Höhe des Aufwandes hängt von der Menge und Ver-schiedenartigkeit der Software sowie von der Beteiligung der Betroffenen ab. Der Mess-prozess lehnt sich an den Messprozess in ISO9126 an. Dennoch vollzieht sich die Messung in sechs Stufen [ISO9126]:

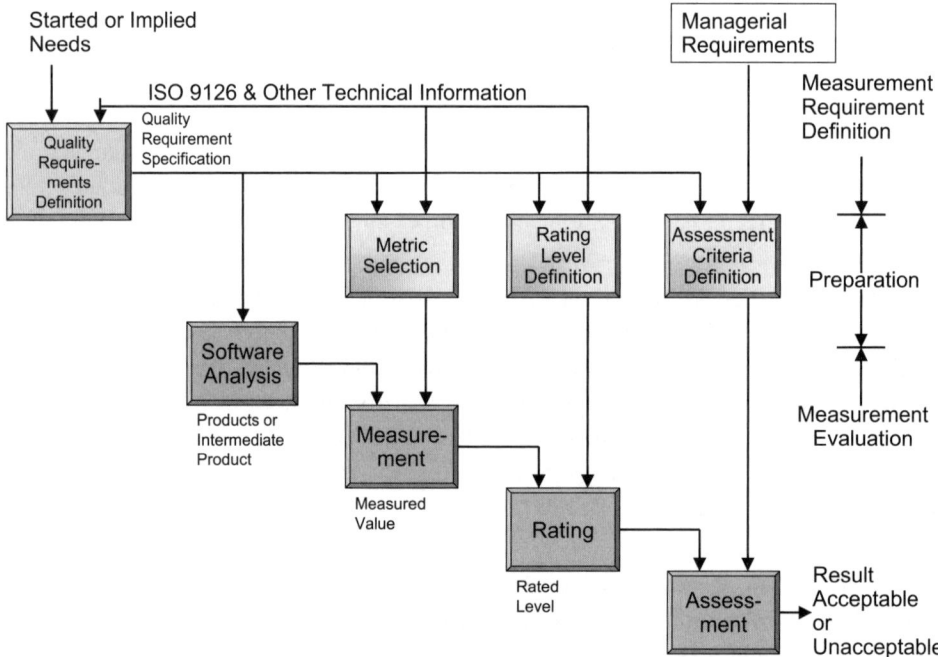

Abbildung 11.7 Einmaliger Messungsprozess nach ISO-9126

- die Vereinbarung der Messziele
- die Auswahl der Metrik
- die Bereitstellung der Messwerkzeuge
- die Übernahme der Messobjekte
- die Durchführung der Messung
- die Auswertung der Messergebnisse (siehe Abb. 11.7).

11.4.1 Vereinbarung der Messziele

Im ersten Schritt in einem einmaligen Messprojekt werden die Ziele vereinbart. Die Messung soll einem Zweck dienen. Die Initiatoren eines Messprojektes haben ein Ziel vor Augen. Sie wollen wissen, wie es mit ihrer Produktivität steht. Dazu müssen sie wissen, wie groß ihre Software ist. Das Ziel könnte daher sein, die Function-Points oder die Anweisungen zu zählen. Andere wollen wissen, wie es mit der Qualität ihrer Software steht. Wie gut ist ihr Code relativ zu dem Code anderer Anwender? Ein besonderer Anlass für eine Messung ist die Messung von Software vor und nach einem Sanierungsprojekt. Hier will der Anwender wissen, ob die Sanierung die gewünschte Besserung gebracht hat. Viele wollen einfach in Erfahrung bringen, wie groß und wie komplex ihr Softwarevorrat ist. Sie müssen das wissen, um eine wichtige Entscheidung zu treffen. Das Ziel ist, dem Auftraggeber die Information zu geben, die er braucht, und sonst nichts. Wenn er wissen will, wie groß seine Systeme sind, will er eine Zahl bekommen. Wenn er wissen will, welches von zwei oder drei Systemen das qualitativ bessere ist, will er zwei oder drei Noten haben, die er dann selber vergleichen kann. Das Ziel der Zielvereinbarung ist eben festzuschreiben, welche Zahlen der Auftraggeber bekommen möchte und was er dafür zu bezahlen bereit ist [FNPQ00].

11.4.2 Auswahl der Metrik

In einigen Messprojekten ist die Auswahl der Metrik schon mit der Zielvereinbarung erledigt. Das ist der Fall, wenn der Auftraggeber wissen möchte, wie viele Function-Points er hat. Function-Points sind eine Metrik. Wenn er aber wissen möchte, wie es um die Komplexität oder Qualität seiner Software steht, muss mit ihm vereinbart werden, welche Maße seinem Ziel am besten dienen. Es könnte sein, dass er sich für die Wartbarkeit seiner Systeme interessiert. Demnach müssen jene Maße vorgezogen werden, die Wartbarkeit messen. Falls er wissen will, wie komplex seine Systeme sind, müssen mit ihm die Komplexitätsmaße abgestimmt werden.

Oft läuft die Auswahl der Metrik auf eine Metrikschulung hinaus. Um entscheiden zu können, welche Metrik für ihn am besten geeignet ist, muss der Anwender sie zuerst verstehen. Leider ist diese Schulung so gut wie nie im Projektbudget einkalkuliert, d.h. der Messprojektauftragnehmer muss vorher damit rechnen und dies im Angebot für die Messung berücksichtigen. Da die Masse der IT-Anwender wenig Ahnung von Softwaremetrik hat, ist ein Messprojekt fast immer zugleich ein Ausbildungsprojekt.

11.4.3 Bereitstellung der Messwerkzeuge

Nach dem ISO9126-Standard wäre nun der Moment, die passenden Messwerkzeuge zu besorgen oder zu entwickeln. Dies zeigt wiederum, wie weltfremd solche Standards sind. Allein zu recherchieren, welche Messwerkzeuge für das Projekt in Frage kämen, würde Wochen dauern, und sie zu entwickeln sogar Monate. Die Auftraggeber eines Software-messprojekts haben begrenzte Zeit und begrenzte Mittel. Sie sind keineswegs bereit, die Messwerkzeuge zu bezahlen. Das ist in einer einmaligen Messung nicht drin. Entweder bringt der Auftragnehmer sie mit oder die Messung findet nicht statt.

Was hier passieren kann, ist die Anpassung der Werkzeuge. Gute Messwerkzeuge erlauben es, die einzelnen Metriken zu gewichten und die Prüfregeln zu adaptieren. Es sollte dar-über hinaus möglich sein, Metriken auszuwählen und die anderen auszuschalten. Mögli-cherweise muss der Auftragnehmer seinen Parser anpassen, weil der Kunde einen besonde-ren Dialekt verwendet, z.B. eine Makrosprache, eine Spracherweiterung oder eine beson-dere Klassenbibliothek. Die verschiedenen SQL-Varianten stellen ein besonderes Problem dar, ebenso die vielen Oberflächensprachen. Diese Aktivität darf aber nicht ausufern. Sie muss in wenigen Tagen erledigt sein. Der Autor Sneed hat in mancher Nacht diese Anpas-sungsarbeit verrichten müssen. In der realen Welt gibt es keine 100 % normierten Spra-chen. Jeder Entwicklungsbetrieb hat eine andere Variante. Die Auftraggeber haben zudem wenig Ahnung davon, wie schlecht ihr Code ist. Das erfahren sie erst, wenn sie versuchen, ihn zu migrieren [Sned00].

11.4.4 Übernahme der Messobjekte

Nach der Einstellung der Werkzeuge bzw. parallel dazu werden die Messobjekte – die Sourcen und Dokumente – vom Messungsbeauftragten übernommen. Was dazu gehört, hängt davon ab, was gemessen werden soll. Sollen die Konzepte gemessen werden, wer-den die Anforderungsdokumente als PDF- oder Word-Dateien übergeben. Sollten die Ent-würfe gemessen werden, sind die UML-Schemata zu übergeben. Sollte der Code gemessen werden, sind die Source-Dateien zu übergeben. Hierzu gehören auch JCL-Prozeduren, Bildschirmmasken bzw. HTML-Seiten und Datenbankschemata. Soll der Test gemessen werden, sind die Testfalltabellen zu übergeben. Potenzielle Messobjekte sind also

- Anforderungsdokumente
- UML-Entwürfe
- Source-Codedateien einschließlich Masken, Datenbankschemata und JCL-Skripte
- Testfälle und Testprozeduren.

Falls die Messung außer Haus stattfinden soll, werden diese Messobjekte alle auf einen elektronischen Datenträger übertragen. Findet die Messung im Hause des Anwenders statt, sollten sie auf einem separaten Messungsarbeitsplatz bereitgestellt werden. Die Problema-tik liegt hier in dem Umgang mit Abertausenden Messobjekten. Sie müssen nach Typ, Pro-dukt und System sauber getrennt und geordnet werden ohne dabei ein einziges zu verlie-ren. Die Aufbereitung der Messobjekte dauert normalerweise länger als die Messung selbst.

11.4.5 Durchführung der Messung

Sofern die Messwerkzeuge funktionieren und korrekt eingestellt sind, ist die Durchführung der Messung der einfachste Teil eines Messprojektes. Bei großen Messprojekten kann die Messung auf zwei oder mehr Arbeitsplatzrechner verteilt werden. Der Bediener muss lediglich die Messparameter einstellen und die Messläufe anstoßen. Unterschiedliche Messwerkzeuge werden unterschiedlich zu bedienen sein. Wichtig ist nur, dass sie im Hintergrund laufen und dass der Bediener sich nicht darum kümmern muss. Der Bediener sollte nur dafür sorgen, dass alle Jobs durchlaufen und dass die Messwerte richtig aggregiert werden. Die Aggregationsstufen werden von der Art des Messobjektes bestimmt. Zum Schluss sollten die erzeugten Metrikberichte alle in einem Ausgabebereich zur Besichtigung vorliegen. Möglicherweise muss der eine oder der andere Messlauf wiederholt werden. Jedenfalls dürfte keine Messung länger als zwei Tage dauern – auch dann nicht, wenn mehrere Millionen Codezeilen gemessen werden.

11.4.6 Auswertung der Messergebnisse

Die Ausführung der Messung liefert rohe Messdaten. Für den Messkunden kommt es darauf an, sie zu veredeln und in eine präsentierbare Form zu versetzen. Dafür gibt es zahlreiche Möglichkeiten. Die Mengenverteilung lässt sich z.B. mit Histogrammen und Tortendiagrammen darstellen. Die Mängelhäufigkeit kann als X/Y-Kurve gezeigt werden. Für die Darstellung der Komplexitäten und Qualitäten empfiehlt sich das Kiviat- bzw. Spinnennetzdiagramm. Ranking-Tabellen und „Scatter Plots" dienen dazu, den Standard einzelner Messobjekte relativ zueinander zu visualisieren. Es handelt sich hier um die Visualisierung der Messungen. Dem Auftraggeber soll nicht nur über die nackten Zahlen, sondern auch über die grafische Aufbereitung seiner Zahlen vermittelt werden, wie es mit Größe, Komplexität und Qualität seiner Software steht.

Ein gutes Darstellungsmittel ist auch das Manager-Dashboard. Dieses Steuerpult oder auch Cockpit enthält etliche Anzeigen in Form von Uhren, eine für jede Metrik. Ein Zeiger zeigt auf den Grad der Erfüllung, z.B. auf den Komplexitäts- und Qualitätsgrad sowie auf den Grad der Fertigstellung bzw. den Grad der Anforderungserfüllung. Hinzu kommt der Grad der Konformität mit den Programmierregeln, der Wiederverwendungsgrad und eventuell noch der Grad der Fehlerhäufigkeit. Mit solchen Uhranzeigen lässt sich jeder relative Messwert anzeigen. Die Uhren können auch in rote, gelbe und grüne Bereiche aufgeteilt werden, damit der Anwender gleich sieht, wo seine Messung relativ zur Zielmessung steht (siehe Abb. 11.8).

Es fehlt also keineswegs an Instrumenten, um Messwerte zu visualisieren, wie wir im letzten Kapitel über Messwerkzeuge sehen werden. Die Visualisierung der Zahlen gehört zu jeder einmaligen Messung. Der Auftraggeber erwartet sie. Das Problem einer einmaligen Messung liegt eher darin, den Anwender in die Lage zu versetzen, solche Messergebnisse zu deuten. Er muss mit den Zahlen bzw. mit der Grafik etwas anfangen können, und dazu muss er verstehen, was dahintersteckt. Darum muss eine einmalige Messung mit einer Schu-

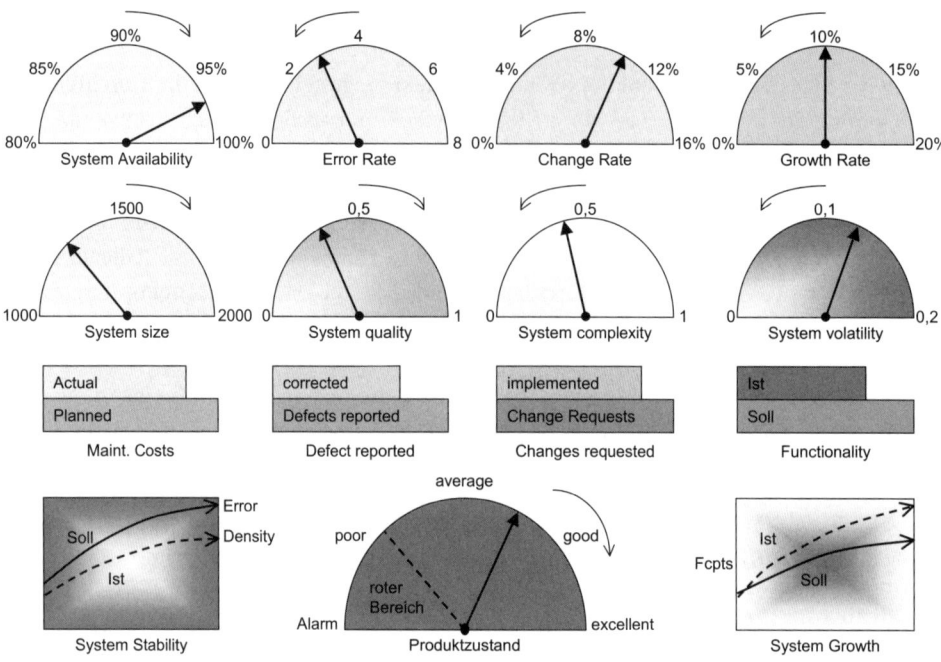

Abbildung 11.8 Konzept eines Metrikarmaturenbrettes

lung in Softwaremetrik verbunden sein. Der Auftraggeber soll lernen, was Messung für ihn bringen kann.

Schließlich muss die einmalige Messung die Fragen des Auftraggebers beantworten. Sie sind der Anlass für die Erteilung des Auftrages.

11.5 Beispiel einer einmaligen Messung

Die Autoren haben in den letzten zehn Jahren mehrere einmalige Messungen durchgeführt. Der Autor Sneed hat sogar bereits 1994 eine einmalige Messung für eine niederländische Telekommunikationsfirma durchgeführt. Es drehte sich damals um die Frage, welche von drei alternativen Abrechnungssystemen die Firma übernehmen sollte. Die drei Systeme wurden aus betriebswirtschaftlicher sowie aus technischer Sicht bewertet. Die Softwaremessung diente der technischen Bewertung. Im Vordergrund stand die Qualität des Codes. Später wurde die gleiche Messung für andere europäische Telekommunikationsunternehmen wiederholt.

Die Anlässe der Messprojekte sind sehr unterschiedlich gewesen:

■ Eine deutsche Großbank hat eine andere Bank übernommen und wollte wissen, wie groß und wie gut die Software der übernommenen Bank relativ zur eigenen Software war.

- Ein Schweizer Versicherungsunternehmen wollte wissen, ob sie ein bestehendes System behalten oder durch ein fremdes System ablösen sollte.

- Eine bayrische Versorgungsanstalt wollte zwischen einer Migration ihrer Altsoftware oder einer Neuentwicklung entscheiden.

- eine österreichische Bank wollte wissen, wie es mit der Produktivität ihrer österreichischen Mitarbeiter im Verhältnis zu der ihrer Entwicklungsstätten in Osteuropa stand

- Eine italienische Bank wollte wissen, ob es sich lohnt, ein altes System zu migrieren.

- Eine österreichische Behörde wollte wissen, um wie viel die Qualität ihrer Systeme sich gebessert hat.

- Ein Industriebetrieb mit einer 4GL-Lösung wollte wissen, ob sie diese Lösung behalten, migrieren oder durch eine Standardlösung ablösen sollte.

Diese waren nur einige der vielen Anlässe für eine einmalige Softwaremessung. Das hier geschilderte Beispielprojekt wurde von einem deutschen Finanzdienstleister in Auftrag gegeben. Es ging um einen Vergleich der Komplexität sämtlicher Anwendungssysteme. Die besondere Herausforderung dieses Projektes war die Sprachvielfalt. Die Systeme waren in sieben verschiedenen Programmiersprachen implementiert:

- Assembler
- PL/I
- COBOL
- CSP
- Java
- C++ und
- eine eigene Makrosprache

Hinzu kamen drei verschiedene Datenbanksprachen und zwei Job-Control-Sprachen. Insgesamt gab es über 93.000 Source-Dateien mit 70 Millionen Codezeilen.

Ein Messungsprojekt in dieser Größe durchzuführen, ist keine einfache Aufgabe. Der Auftragnehmer muss zunächst über ein Werkzeug verfügen, das alle der genannten Programmiersprachen abdeckt und trotz der Verschiedenartigkeit die gleichen Messergebnisse erzeugt. Ein Werkzeug, das dies leisten kann, ist das Tool SoftAudit. Das Werkzeug wurde im Zusammenhang mit der Codemessung bereits erwähnt. Es genügt hier zu bemerken, dass ohne dieses Werkzeug das Projekt nicht hätte stattfinden können. Für die Durchführung einer einmaligen Messung braucht der Auftragnehmer ein Messwerkzeug, das alle Programmier-, Datenbank,- Oberflächen- und Prozesssteuerungssprachen des Anwenders bearbeitet. Auch wenn der Auftragnehmer über ein solches Messinstrumentarium verfügt, muss er immer noch Source-Proben des Auftraggebers nehmen, um zu testen, ob dieser Dialekte benutzt, die das Tool nicht kennt. Wenn ja, muss das Tool erweitert werden. Dies war der erste Schritt in diesem Projekt: die Validierung der Werkzeuge.

Nach der Validierung und Erprobung der Werkzeuge mit Proben aus allen Zielsystemen folgte die Einstellung der Parameter. In Diskussionen mit den Sektionsleitern der diversen Entwicklungsmannschaften wurden die Gewichtung der Metrik und die zu prüfenden Programmierregeln entschieden. Dass es hier nicht im ersten Range um die Qualität ging, belegt die Tatsache, das zwei Drittel der Regelprüfungen ausgesetzt wurden. Hier ging es hauptsächlich um die Größe und Komplexität der Systeme im Verhältnis zueinander.

Nach der Abstimmung der Metrik und der Kodierregel wurden die 93.000 Source-Dateien abgezogen und auf Datenträgern übergeben. Die Messung selbst konnte beginnen. Zunächst aber mussten die Messobjekte nach Anwendungssystem und Sprache getrennt werden. Die daraus folgende Hierarchie der Source-Verzeichnisse war

- Geschäftsbereich
- Anwendungssystem
- Programmiersprache
- Komponenten
- Module bzw. Klassen

Diese Verzeichnishierarchie gab gleichzeitig die Metrikaggregationsstufen vor. Hier gab es also eine Aggregation der Metrik auf Komponenten-, Sprach-, System- und Geschäftsebene. Auf der untersten Ebene gab es die Messwerte für jedes einzelne Modul. Die ganze Software umfasste

- 33.616 Module
- 9.130 Datenbanktabellen, -sätze und -segmente
- 31.476 Masken bzw. Fenster
- 22.090 Jobsteuerungsprozeduren (siehe Abb. 11.9).

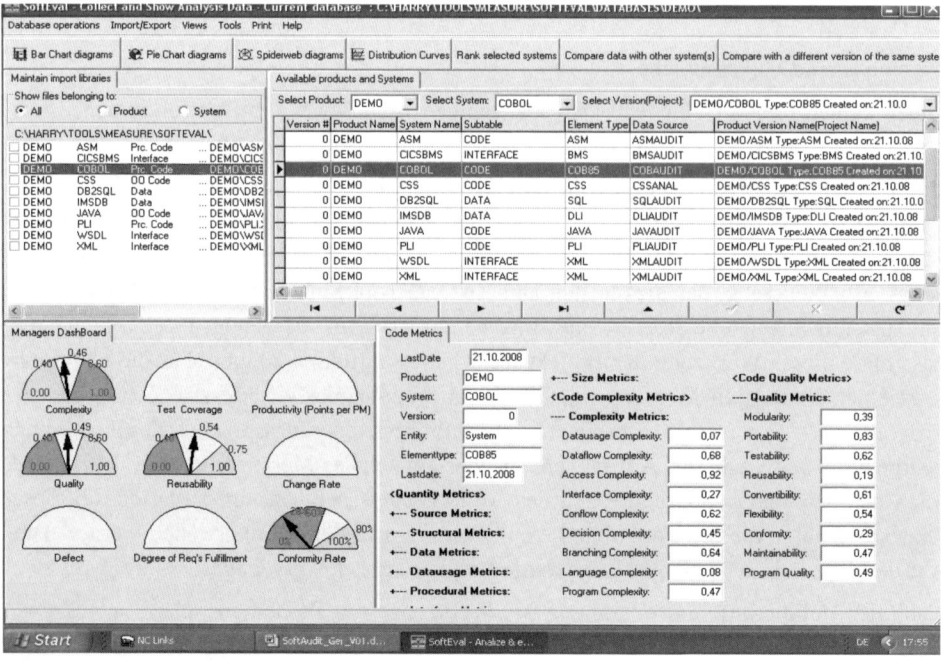

Abbildung 11.9 Ergebnis einer einmaligen Messung

Die Messung der Software dauerte ca. eine Woche. Die drei Geschäftsbereiche wurden auf drei PC-Arbeitsplätze verteilt. Auf jedem Arbeitsplatz lief ein Batchjob. Programme, Datenbanken, Masken und Jobsteuerungsprozeduren wurden in verschiedenen Läufen durch verschiedene Analysatoren analysiert. Der längste Lauf dauerte zehn Stunden. Am Ende der Analyse lagen die Metrikberichte, die Mängelberichte und die XML-Metrikexportdaten in einem Ausgabebereich mit der gleichen Verzeichnisstruktur wie der Eingabebereich.

Jetzt mussten die XML-Messwerte in die Metrikdatenbank geladen werden. Dort wurden die Messergebnisse mit dem Tool SoftEval ausgewertet:

- Histogramme und Tortendiagramme für die Größenaufteilung der Systeme
- X/Y-Kurven für die Mängelhäufigkeit der Systeme
- Kiviat-Diagramme für die Komplexität und Qualität der einzelnen Systeme
- Ranking Charts für alle Komponenten nach Quantität, Qualität und Komplexität

Diese Grafiken wurden in Bilddateien gesammelt und zusammen mit sämtlichen Metrik- und Mängelberichten an den Auftraggeber übergeben.

Am Ende wurde ein umfassender Bericht über den Stand der Unternehmenssoftware mit Empfehlungen für die Weiterentwicklung verfasst. Die bewerteten Ergebnisse wurden in einem halben Tag der Geschäftsführung des Auftraggebers präsentiert. Damit wurde das Projekt beendet. Es hatte auf Seiten des Auftragnehmers 52 Personentage gekostet und drei Monate gedauert [Sned08].

Literatur

Kapitel 1: Softwaremessung

[BaRo94] Basili, V., Caldiera, C., Rombach, H-D.: "Goal Question Metric Paradigm", Encyclopedia of Software Engineering, Vol 1, John Wiley & Sons, New York, 1994, S. 528

[BaWe84] Basili,V., Weiss, D.: "A Methodolgy for collecting valid Software Engineering Data", IEEE Trans. on S.E., Vol. SE-10, Nr. 6, 1984

[Chen76] Chen, P.: "The Entity-Relationship Model - Toward a unified View of Data", ACM Transactions on Database Systems, Vol. 1, Nr. 1, März, 1976

[ChKS03] Chrissis, M., Konrad, M., Shrum, S.: CMMI Guidance for Process Integration and Product Improvement, SEI Series in Software Engineering, Addison-Wesley, Boston, 2003

[DeLi99] DeMarco, T., Lister, T.: Wien wartet auf Dich! - Der Faktor Mensch im DV-Management, Carl Hanser Verlag, München, 1999

[DeMa82] DeMarco, T.: Controlling Software Projects - Management, Measurement & Estimation, Yourdon Press, New York, 1982, S.3

[DePL79] Demillo R., Perles A., Lipton, R.: „Social Processes and Proofs of Theorems and Programs", Comm. of ACM, Vol. 22, Nr. 5, Mai 1979, S.271

[DGQ86a] Deutsche Gesellschaft für Qualität, NTG-Schrift 12-51, Beuth Verlag, Berlin, 1986, S. 11

[ErPe00] Eriksson, H-E., Penker, M.: Business Modelling with UML, OMG Press, John Wiley & Sons, New York, 2000

[Fent94] Fenton, N.: "Software Measurement - A necessary scientific basis", IEEE Trans. On SE, Vol. 20, Nr. 3, 1994, S. 1994

[Fetz88] Fetzer, J.: "Program Verification – The very Idea", Comm. Of ACM, Vol. 31, Nr. 9, Sept. 1988, S. 1048

[Hals77] Halstead, M.: Elements of Software Science, Elsevier Computer Science Library, New York, 1977

[Jone01] Jones, C.: "The 500 Language Problem" in IEEE Software, Sept., 2001, S. 102

[Jone91] Jones, C.: Applied Software Measurement, McGraw-Hill Inc., New York, 1991, S. 21

[Kelv67] Kelvin, Lord William Thomas: "Treatise on Natural Philosophy", British Encyclopedia of Science, Glasgow, 1867

[Kütz07] Kütz, M.: Kennzahlen in der IT - Werkzeuge für Controlling und Management, dpunkt.verlag, Heidelberg, 2007

[LiGu88]   Liskov, B., Guttag, J.: Abstraction and Specification in Program Development, MIT Press, McGraw-Hill Books, New York, 1988

[Plat06]   Platon: Sämtliche Werke - Politea, bearbeitet von U. Wolf, übersetzt von F. Schleiermacher, Rowalt Verlag, Berlin, 2006, S. 195

[Rose67]   Rosen, S.: Programming Systems and Languages, McGraw-Hill Books, New York, 1967

[Sned95]   Sneed, H.: "Understanding Software through Numbers", Journal of Software Maintenance, Vol. 7, Nr. 6, Dez.1995, S. 405

[SoBe99]   van Solingen, R., Berghout, E.: The Goal/Question/Metric Method, McGraw-Hill, London, 1999

[Wik07]   Wikipedia, Metrik, siehe: de.wikipedia.org/wiki/Metrik

[ZWNS06]   Zheng, J., Williams, L., Nagappan, N., Snipes, W.: "On the Value of Static Analysis in Software Quality Assurance", IEEE Trans. on S.E., Vol. 32, Nr. 4, April 2006, S. 240

Kapitel 2: Quantitätsmetrik

[Abra04]   Abran, A., Khelifi, A., Buglione, L.: "A System of Reference for Software Measurement with ISO 19761 (COSMIC FFP)", in Software Measurement - Research and Application, Shaker pub., Aachen, 2004, S. 89

[Albr79]   Albrecht, A.: „Measuring Application Development Productivity", Proc. Of Joint SHARE, GUIDE and IBM Symposium, Philadelphia, Oct. 1979, S. 83

[Boeh99]   Boehm, B.: "Managing Software Productivity and Reuse", IEEE Computer, Sept. 1999, S. 111

[Broy07]   Broy, M., Geisberger, E., Kazmeier, J., Rudorfer, A.: „Ein Requirements Engineering Referenzmodell", Informatikspektrum, Band 30, Nr. 3, 2007, S. 127

[Bund04]   Bundschuh, M., Fabry, A.: Aufwandsschätzung von IT-Projekten, mitp Verlag, Landsberg, 2004

[CoNi93]   Coad, P., Nicola, J.: Object-Oriented Programming, Yourdon Press, Prentice-Hall Inc., Englewood Cliffs, 1993

[CoYo90]   Coad, P., Yourdon, E.: Object-Oriented Analysis, Yourdon Press, Prentice-Hall Inc., Englewood Cliffs, 1990

[CoYo91]   Coad, P., Yourdon, E.: Object-Oriented Design, Yourdon Press, Prentice-Hall Inc., Englewood Cliffs, 1991

[Davi90]   Davis, A.: Software Requirements - Analysis and Specification, Prentice-Hall Inc., Englewood Cliffs, 1990

[FrKe07]   Frohnhof, S., Kehler, K.: „Use-Case-Points Aufwandschätzung auf Basis unterschiedlicher Spezifikationsformate", Proc. of Metrikon-2007, Shaker Verlag, Aachen, 2007, S. 85

[JRHZ04]   Jeckle, M., Rupp, C., Hahn, J., Zengler, B.: UML2 - glasklar, Hanser Verlag, München, 2004

[Karn93]   Karner, G.: „Metrics for Objectory", Diplomarbeit, Universität Linköping, Schweden, Nr. liTH-IDA-Ex-9344, 21 Dez. 1993

[Mill01]   Miller, S.K.: "Aspect-oriented Programming takes aim at Software Complexity", IEEE Computer, April 2001, S. 18

[OWSW04]   Oestereich, B., Weiss, C., Schröder, C., Weilkens, T.: Objektorientierte Geschäftsprozessmodellierung mit der UML, dpunkt.verlag, Heidelberg, 2004

[Pari82]   Parikh, G.: Techniques of Program and System Maintenance, Winthrop Pub., Cambridge Mass., 1982

[PoBo05]   Poensgen, B., Bock, B.: Function-Point Analyse, dpunkt.verlag, Heidelberg, 2005

[PuMy03]   Putnam, L., Myers, W.: Five Core Metrics - The Intelligence behind successful Software Management, Dorset House Pub., New York, 2003

[Schn07]   Schneider, K.: Abenteuer Software Qualität, dpunkt.verlag, Heidelberg, 2007

[SnBS08]   Sneed, H., Baumgartner, M., Seidl, R.: Der Systemtest, Hanser Verlag, München-Wien, 2008

[Sned09]   Sneed, H.: "Anforderungsmetrik - Zur Messung der Größe, Komplexität und Qualität von Anforderungsspezifikationen", Tagungsband der Metrikon-09, Shaker Verlag, Kaiserslautern, Nov. 2009, S. 29

[Sned86]   Sneed, H.M.: Software Entwicklungsmethodik, Rudolf Müller Verlag, Köln, 1986

[Sned90]   Sneed, H.: "Die Data-Point Methode", Online, Zeitschrift für DV, Nr. 5, Mai 1990, S. 48

[Sned96]   Sneed, H.: "Schätzung der Entwicklungskosten objektorientierter Software", Informatikspektrum, Band 19, Nr. 3, 1996, S. 133

[SnJu06]   Sneed, H., Jungmayr, S.: "Produkt- und Prozessmetriken für den Softwaretest", Informatikspektrum, Band 29, Nr. 1, 2006, S. 23

[SRWL06]   Spillner, A., Rosner, T., Winter, M., Linz, T.: Praxiswissen Softwaretest - Testmanagement, dpunkt.verlag, Heidelberg, 2006

[Szyp99]   Szyperski, C.: Component Software - Beyond object-oriented Programming, Addison-Wesley, London, 1999

[USAF78]   U.S. Air Force: "Cost Schedule Management of Non-Major Contracts", AFSCP 173-3, U.S. Air Force Systems Command, Andrews AFB, Md., Nov. 1978

[VeDe99]   van Veenendaal, E., Dekkers, T.: „Test-Point Analysis - A method for test estimation", Proc. Of 10th European Software Control and Metrics Conference, Herstmonceux, England, April, 1999, S. 47

[WaKl03]   Warmer, J., Kleppe, A.: The Object Constraint Language, Addison-Wesley, Boston, 2003

[Wirt76]   Wirth, N.: Algorithms + Data Structures = Programs, Prentice-Hall Inc., Englewood Cliffs, 1976

[YoCo79]   Yourdon, E., Constantine, L.: Structured Design, Prentice-Hall Inc., Englewood Cliffs, 1979

[Zepp04]   Zeppenfeld, K.: Objektorientierte Programmiersprachen - Einführung und Vergleich von Java, C++, C# und Ruby, Spektrum Akademischer Verlag, Heidelberg, 2004

Kapitel 3: Komplexitätsmetrik

[BaIy87]   Bastini, F., Iyengar, S.: "The Effect of Data Structures on the the logical Complexity of Programs", Comm. Of ACM, Vol. 30, Nr. 3, 1987, S. 250

[BaZw80]   Baker, A., Zweben, S.: „A Comparison of Measures of Control Flow Complexity", IEEE Trans. on SE, Vol. 6, Nr. 6, 1980, S. 506

[BeLe76]   Belady, L., Lehman, M.: "A Model of Large Program Development", IBM Systems Journal, Vol. 15, Nr. 3, 1976

[Budd98]   Budd, T.: Object-oriented Programming with Java, Addison-Wesley-Longman, Reading Mass., 1998

[CaAg88]   Card, D., Agresti, W.: "Measuring Software Design Complexity", Journal of Systems & Software, Vol. 8, 1988, S. 185

[Cher66]   Cherry, C.: On Human Communication, M.I.T. Press, Cambridge, Mass., 1966

[ChKe94]   Chidamber, S., Kemerer, C.: „A Metrics Suite for Object-oriented Design", IEEE Trans. on SE, Vol. 20, Nr. 6, 1994, S. 476

[Dude06]   Duden: Das Fremdwörterbuch, Leipzig, 2006, S. 545

[EbDu07a] Ebert, C., Dumke, R.: Software Measurement, Springer Verlag, Berlin, 2007, S. 264

[EnRo06] Endres, A., Rombach, D.: A Handbook of Software and Systems Engineering - empirical observations, laws and theories, Pearson-Addison-Wesley, Harlow, G.B., 2006, S. 163

[Fent91a] Fenton, N.: Software Metrics - A rigorous approach, Chapman & Hall, London, 1991, S. 153

[Fent91b] Fenton, N.: Software Metrics - A rigorous approach, Chapman & Hall, London, 1991, S. 155

[Gell95] Gell-Mann, M.: "What is complexity", Journal of Complexity, Vol. 1, Nr. 1, 1995, S. 16

[Gero35] Gerould, K. F.: The Virtue of Simplicity, Encyclopedia of Science, Chicago, 1935

[Gilb76] Gilb, T.: Software Metrics, StudentLitteratur, Lund, Sweden, 1976

[Gras89] Grassberger, P.: "Estimating the information content of symbol sequences and efficient codes", IEEE Trans. on Information Technology, 1989, S. 35

[Hals75] Halstead, M.: Software Physics - basic principles, IBM Research Report, RJ1582, Purdue Ind., 1975

[HeKa81] Henry, S., Kafura, D.: "Software Structure Metrics based on Information Flow", IEEE Trans. on SE, Vol. 7, Nr. 5, 1981, S. 510

[Hugh79] PL/I Structured Programming, John Wiley & Sons, New York, 1989

[IEEE83] IEEE-Std-729: IEEE Standard Glossary of Software Engineering Terms, New York, 1983, S. 12

[IEEE90] IEEE-Std-610: IEEE Standard Glossary of Software Engineering Terms, New York, 1990, S. 18

[JeTo79] Jensen, R., Tönies, C.: Software Engineering, Prentice-Hall, Englewood Cliffs, 1979, S. 50

[KoBr97] Kokol, P., Brest, J.: "Long-range correlations in computer programs", Journal of Cybernetics and Systems, Vol. 28, Nr. 1, 1997, S. 43

[Koko00] Kokol, P.: "Analyzing formal specifications with alpha", ACM Software Engineering Notes, Vol.24, Nr. 2, 1999, S. 64

[Koko96] Kokol, P., Kokol, T.: "Linguistic laws and Computer programs", Journal of American Society of Information Science, Vol. 47, Nr. 10, 1996, S. 781

[Koko99] Kokol, P., Podgorelec, V., Zorman, M., Pighin, M.: "Alpha - A Generic Software Complexity Metric", Proc. of 2nd European Software Control and Metrics Conference, Herstmonceux, G.B., April 1999, S. 397

[KSTG86] Kearney, J., Sedlmeyer, R., Thompson, W., Gray, M.. "Software Complexity Measurement", Comm. of ACM, Vol. 29, Nr. 11, 1986, S. 1044

[LaBr06a] Laird, L., Brennan, M. C.: Software Measurement and Estimation - A practical Approach, Quantitative Software Engineering Series, John Wiley & Sons, Hoboken, 2006, S. 54

[LaBr06b] Laird, L., Brennan, M. C.: Software Measurement and Estimation - A practical Approach, Quantitative Software Engineering Series, John Wiley & Sons, Hoboken, 2006, S. 73

[Li91] Li, W.: "On the Relationship between Complexity and Entropy for Markov Chains and Regular Languages", Complex Systems, Vol. 5, Nr. 4, 1991, S. 381

[McCa76] McCabe, T.: "A Complexity Measure", IEEE Trans. on S.E., Vol. 2, Nr. 4, 1976, S. 308

[McGr06] McGregor, J.D.: "Complexity is in the Mind of the Beholder", Journal of Object Technology, Jan. 2006, S. 31

[Meye88] Meyer, B.: Object-oriented Software Construction, Prentice-Hall International, Hempstead, G.B., 1988

[Mill58] Miller, G.A., Newman, E.B., Friedman, E.A.: "Length Frequency Statistics of written English", Journal of Information and Control, Vol. 1, 1958, S. 370

[Mill98]   Miller, A.: Albert Einstein's Special Theory of Relativity, Springer Verlag, Berlin, 1998, S. 37

[Moor98]   Moore, J.: Software Engineering Standards - A User's Road Map, IEEE Computer Society, Los Alamitos, 1998

[Myer76]   Myers, G.: Software Reliability - Principles and Practice, John Wiley & Sons, New York, 1976, S. 92

[Oest05]   Oestereich, B.: UML 2.0 - Kurzreferenz für die Praxis, Oldenbourg Verlag, Hamburg, 2005

[RBPE91]   Rumbaugh, J., Blaha, M., Premerlani, W., Eddy, F.: Object-oriented Modelling and Design, Prentice-Hall Inc., Englewood Cliffs, 1991

[Reif04]   Reifer, D.: "Software cost, quality & productivity benchmarks", DOD Software Technical News, July, 2004

[SaVL08]   Sangwan, R., Vercellone-Smith, P., Laplante, P.: "Structural Epochs in the Complexity of Software over Time", IEEE Software, Juli 2008, S. 66

[Shan49]   Shannon, C.E.: "A Mathematical Theory of Communication", Bell Systems Technical Journal, Vol. 27, 1949, S. 379

[Shan51]   Shannon, C.: "Prediction and Entropy of printed English", Bell Systems Technical Journal, Nr. 30, 1951, S. 50

[Shen83]   Shen, V.: Conte, S., Dunsmore, H.: "Software Science revisited - A critical Analysis of the Theory and its empirical Support", IEEE Trans. on S.E., Vol. 9, Nr. 2, 1983, S. 155

[Sned05]   Sneed, H.: Software-Projektkalkulation, Hanser Verlag, München-Wien, 1995

[Sord88]   Sordillo, D.: The Programmers ANSI COBOL Reference Manual, Prentice-Hall Inc., Englewood Cliffs, 1988

[StMC74]   Stevens, W., Myers, G., Constantine, L.: "Structured Design Complexity", IBM Systems Journal, Vol. 13, Nr. 2, 1974, S. 115

[Stro66]   Stroud, J.M.: "The fine Structure of Psychological Time", Annals of New York Academy of Sciences, New York, 1966, S. 623

[Strop91]   Stroustrup, B.: The C++ Programming Language, Addison-Wesley, Reading Mass., 1991, S. 3

[Webs56]   Webster: New World Dictionary of the American Language, World Publishing Company, Cleveland, 1956, S. 299

[Weyu86]   Weyuker, E.: "Evaluating Software Complexity Measures", IEEE Trans. on SE, Vol. 14, Nr. 9, 1986, S. 1357

[Youn78]   Young, J.Z.: "Programs of the Brain", Oxford U.P., University Press, Oxford, 1978

[Your90]   Yourdon, E.: Modern Structured Analysis, Prentice-Hall, International, Englewood Cliffs, 1990

[Zuse91]   Zuse, H.: Software Complexity: Measures and Methods, DeGruyter Pub., Berlin, 1991

[Zuse98]   Zuse, H.: A Framework of Software Measurement, DeGruyter Pub., Berlin, 1998

Kapitel 4: Qualitätsmetrik

[Wall01]   Wallmüller, E.: Software-Qualitätsmanagement, Hanser Verlag, München, 2001

[StKu00]   Stylianou, A., Kumar, R.: „An integrative Framework for IS Quality Management", Comm. Of ACM, Vol. 43, Nr. 9, 2000, S. 99

[SnMe85]   Sneed, H., Merey, A.: "Automated Software Quality Assurance", IEEE Trans on SE, Vol. 11, Nr. 9, 1985, S. 909

[Sned89]   Sneed, H.: Modell eines Systems für die automatische Qualitätssicherung, in Anleitung zu einer praxisorientierten Software-Entwicklungsumgebung, Band 2, A.I.T. Verlag, Ed. Gutzweiler, T., Österle, H., München, 1989, S. 79

[Sned88]   Sneed, H.: Software Qualitätssicherung, Rudolf Müller Verlag, Köln, 1988, S. 44

[Sned83]   Software-Qualitätssicherung, Rudolf Müller Verlag, Köln, 1983

[SEFK98]   Simmons, D., Ellis, N., Fujihara, H., Kuo, W.: Software Measurement - A Visualization Toolkit for Project Control and Process Measurement, Prentice-Hall, Englewood Cliffs, 1998

[Romb93]   Rombach, H.-D.: „Software Qualität und Qualitätssicherung", Informatikspektrum, Band 16, 1993, S. 267

[Pern07]   Pernpaintner, S.: Software-Qualitätssicherung im Internet - Statische Analyse und Qualitätsbewertung des Internet Security Systems CSAP nach dem ISO Standard 9126 Software Product Assessment, Diplomarbeit im Lehrstühl für Wirtschaftsinformatik-I, Regensburg, Feb. 2007

[Mill78]   Miller, E.F.: Introduction to Software Testing Technology, in IEEE Tutorial Software Testing & Validation Techniques, Ed. Miller, E., Howden, W., IEEE Computer Society Press, Long Beach, Cal. 1978, S. 3

[Mcal77]   McCall, J., Richards, P., Walters, G.: "Factors in Software Quality" in Concepts and Definitions of Software Quality, General Electric NTIS Pub., Vol. 1, Springfield, Va., Nov. 1977

[Kitc07]   Kitchenham, B., Jeffery, D.R., Connaughton, C.: "Misleading Metrics and Unsound Analyses" IEEE Software, März 2007, S. 52

[JuGr70]   Juran, M., Gryna, F.: Quality Planning and Analysis - From Product Development through Use, McGraw-Hill, New York, 1970

[Jenn95]   Jenner, M.G.: Software Quality Management and ISO-9001, John Wiley & Sons, New York, 1995

[Jalo02]   Jalote, P., Saxena, A.: "Optimum Control Limits for employing statistical Quality Control in Software Process", IEEE Trans. on SE, Vol. 28, Nr. 12, 2002, S. 1126

[ISO94]   ISO/IEC: Software Product Evaluation - Quality Characteristics and guidelines for their Use, ISO/IEC Standard 9126, Int. Standards Organization, Genf, 1994

[IEEE99]   IEEE Standards Software Engineering, 1999 edition, IEEE Std 610.12-1990, IEEE Standard Glossary of Software Engineering Terminology, IEEE Institute, New York, 1999

[Gilb76a]   Gilb, T.: Software Metrics, StudentLitteratur, Lund, Sweden, 1976, S. 141

[Früh04]   Frühauf, K., Ludewig, J., Sandmayr, H.: Software-Projektmanagement und - Qualitätssicherung, VDF Verlag, Zürich, 2004

[Erdo08]   Erdogmus, H.: "The infamous Ratio Measure", IEEE Software, Mai 2008, S. 4

[Drom95]   Dromey, R.G.: "A Model for Software Product Quality", IEEE Trans on SE, Vol. 21, Nr. 2, 1995, S. 146

[DGQ86b]   Deutsche Gesellschaft für Qualität, NTG-Schrift 12-51, Beuth Verlag, Berlin, 1986, S. 22

[DFKW96]   Dumke, R., Foltin, E., Koeppe, R., Winkler, A.: Softwarequalität durch MeßTools, Vieweg Verlag, Wiesbaden, 1996

[Demi82]   Deming, W.E.: Out of the Crisis, M.I.T. Press, Cambridge, Mass., 1982

[Cros79]   Crosby, P.B.: Quality is free - The Art of Making Quality Certain, Mcgraw-Hill, New York, 1979

[Chow79]   Chow, T.S.: Software Quality Assurance for Large Scale Systems, in InfoTech State of the Art Report, Maidenhead, G.B., 1979, S. 29

[Bowe79]   Bowen, J.: Survey of Standards and proposed Metrics for Software Quality Testing, IEEE Computer Magazine, Sept. 1979, S. 37

[BoMe82b]   Bons, H., van Megen, R., Schmitz, P.: Software-Qualitätssicherung Testen im Software-Lebenszyklus, Vieweg Verlag, Wiesbaden, 1982, S. 33

[BoMe82a]   Bons, H., van Megen, R., Schmitz, P.: Software-Qualitätssicherung Testen im Software-Lebenszyklus, Vieweg Verlag, Wiesbaden, 1982, S. 21

[BoMe82]   Bons, H., van Megen, R., Schmitz, P.: Software-Qualitätssicherung Testen im Software-Lebenszyklus, Vieweg Verlag, Wiesbaden, 1982

[Boeh78b]   Boehm, B., Brown, J., Kaspar, H., Lipow, M.: Characteristics of Software Quality, North-Holland Publishing, Amsterdam, 1978, S. A1-1

[Boeh78a]   Boehm, B., Brown, J., Kaspar, H., Lipow, M.: Characteristics of Software Quality, North-Holland Publishing, Amsterdam, 1978, S. 3-1

[Boeh78]   Boehm, B., Brown, J., Kaspar, H., Lipow, M.: Characteristics of Software Quality, North-Holland Publishing, Amsterdam, 1978

[Basi80]   Basili, V.: Models and Metrics for Software Management, IEEE Tutorial on Software Quality, IEEE Press, New York, 1980

[BaRo87]   Basili, V., Rombach, H.-D.: "Implementing Quantitative SQA - A practical Model", IEEE Software, Sept. 1987, S. 6

Kapitel 5: Anforderungsmessung

[Alfo77]   Alford, M.: "A Requirements Engineering Methodology for Realtime Processing Requirements", IEEE Trans. On S.E., Vol. 3, No. 1, 1977, S. 60

[BBBr93]   Bertram, H., Blenningen, P., Bröhl, A.-P.: CASE in der Praxis, Springer Verlag, Berlin, 1993

[Boeg08]   Boegh, J.: "A new Standard for Quality Requirements", IEEE Software, March 2008, S. 57

[Boeh84]   Boehm, B.: "Verifying and Validating Software Requirements", IEEE Software, Jan. 1984, S. 75

[Broy07]   Broy, M., Geisberger, E., Kazmeier, J., Rudorfer, A.: „Ein Requirements Engineering Referenzmodell", Informatikspektrum, Band 30, Nr. 3, 2007, S. 127

[Bund04]   Bundschuh, M., Fabry, A.: Aufwandsschätzung von IT-Projekten, mitp Verlag, Landsberg, 2004

[DFKW96]   Dumke, R., Foltin, E., Koeppe, R., Winkler, A.: Softwarequalität durch Meßtools, Vieweg Verlag, Wiesbaden, 1996, S. 198

[Eber05]   Ebert,C.: Systematisches Requirements Management, dpunkt.verlag, Heidelberg, 2005

[Eber08]   Ebert, C.: Systematisches Requirements Engineering and Management, dpunkt.verlag, Heidelberg, 2008, S. 179

[Endr75]   Endres, A.: "An Analysis of Errors and their Causes in System Programs", IEEE Trans on SE, Vol. 1, Nr. 2, 1975, S. 140

[FrVa97]   Fraser, M., Vaishnavi, V.K.: "A formal Specifications Maturity Model", Comm. Of ACM, Vol. 40, Nr. 12, 1997, S. 95

[GeHö05]   Gernert, C., Höhn, R.: „Qualität von Anforderungen in IT-Projekten - eine andere Perspektive", Petrasch und Höppner: Software Qualitätsmanagement, Band 3, Logos Verlag, Augsburg, 2005

[Gilb76b]   Gilb, T.: Software Metrics, StudentLitteratur, Lund, Sweden, 1976, S. 132

[Glin08]   Glinz, M.: "A risk-based, value-oriented Approach to Quality Requirements", IEEE Software, March 2008, S. 34

[Hays05]   Hayes, J., Dekhtyar, A., Sundarum, S.: "Text Mining for Software Engineering - How Analyst Feedback impacts final Results", IEEE Proc. On 2nd Int. Workshop on mining Software Repositories, 2005, S. 58

[Hays06]   Hayes, J., Dekhtyar, A., Sundarum, S.: "Advancing Candidate Link Generation for Requirements Tracing", IEEE Trans. on S.E., Vol. 32, No. 1, 2006, S. 4

[HöHö08]   Höhn, R., Höppner, S.: Das V-Modell-XT, Springer Verlag, Berlin, 2008, S. 189

[ISO07]   ISO/IEC 25030-2007: Software Product Quality Requirements and Evaluation (SQUARE) - Quality Requirements, Int. Organization for Standardization, Genf, 2007

[Jone98]   Jones, C.: „Conflict and Litigation between Software Clients and Contractors", Cutter IT Journal, Vol. 11, Nr. 4, April 1998, S. 13

[Karn93]   Karner, G.: „Metrics for Objectory", Diplomarbeit, Universität Linköping, Schweden, Nr. liTH-IDA-Ex-9344, 21 Dez. 1993

[LaBr06c]   Laird, L., Brennan, M. C.: Software Measurement and Estimation - A practical Approach, Quantitative Software Engineering Series, John Wiley & Sons, Hoboken, 2006, S. 118

[Lewi91]   Lewis, T.G.: CASE = Computer-aided Software Engineering, Van Nostrand Reinhold, New York, 1991

[MaTs90]   Martin, J., Tsai, W.T.: "N-Fold Inspection: A Requirements Analysis Technique", Comm. Of ACM, Vol. 33, Nr. 2, 1990, S. 225

[PaPe05]   Parnas, D., Peters, D.: "Requirements-based Monitors for Real-Time Systems" IEEE Trans. on SE, Vol. 28, Nr. 2, 2002, S. 146

[RFMP09]   Röder, H., Franke, S., Müller, C., Przybylski, D.: "Ein Kriterienkatalog zur Berwertung von Anforderungsspezifikationen" GI Softwaretechnik Trends, Band 29, Heft 4, 2009, S. 12

[RoRo99]   Robertson, S. / Robertson, J.: Mastering the Requirements Process, Addison-Wesley, Harlow, G.B., 1999, S. 277

[Rupp04]   Rupp, C.: „Requirements Engineering", Hanser Verlag, München, 2004

[Rupp06]   Rupp, C., Recknagel, M.: „Messbare Qualität in Anforderungsdokumenten", Objektspektrum, Nr. 4, August 2006, S. 24

[Rupp07]   Rupp,C.: Requirements Engineering und Management", Hanser Verlag, München/Wien, 2007

[SBS08]   Sneed, H., Baumgartner, M., Seidl, R.: Der Systemtest, Hanser, München/Wien, 2008, S. 60

[Selb09]   Selby, R.: „Analytics-driven Dashboards enable leading Indicators for Requirements and Designs of Large-Scale Systems", IEEE Software, Jan. 2009, S. 41

[SHT04]   Sneed, H., Hatsitschka, M., Teichmann, M.T.: Software-Produktmanagement, dpunkt.verlag, 2004, S. 358

[Sned05]   Sneed, H.: Software-Projektkalkulation, Hanser Verlag, München-Wien, 1995

[Sned09]   Sneed, H.: „Anforderungsmetrik - zur Messung der Größe, Komplexität und Qualität von Anforderungsspezifikationen", Proc. of Metrikon09, Shaker Verlag, Kaisersläutern, Nov. 2009, S. 29

[Sned86]   Sneed, H.: Software-Entwicklungsmethodik, Rudolf Müller Verlag, Köln, 1986, S. 70

[Sned88a]   Sneed, H.: Software Qualitätssicherung, Rudolf Müller Verlag, Köln, S. 95

[Sned90]   Sneed, H.: "Die Data-Point Methode", Online, Zeitschrift für DV, Nr. 5, Mai 1990, S. 48

[Sned96]   Sneed, H.: "Schätzung der Entwicklungskosten objektorienterter Software", Informatikspektrum, Band 19, Nr. 3, 1996, S. 133

[Teic77]   Teichroew, D.: "PSL/PSA - A Computer-aided Technique for structured Documentation and Analysis", IEEE Trans on SE, Vol. 3, Nr. 1, 1977, S. 11

Kapitel 6: Entwurfsmessung

[Anda01]   Anda, B.: "Comparing Effort Estimates based on Use-Case Points with Export Estimates", Proc. Of IEEE ICSE-2001, Int. Conference on Software Engineering, IEEE Computer Society Press, Toronto, Oct. 2001, S. 218

[BaBr96]   Basili, V., Briand, L., Melo, W.: "A Validation of Object-oriented Design Metrics as Quality Indicators", IEEE Trans. on SE, Vol. 22, Nr. 10, 1996, S. 751

[BAMe96]   Brito e Abreu, F., Melo, W.: „Evaluating the Impact of OO-Design on Software Quality", in Proc of 3rd Int. Software Metrics Symposium, IEEE Computer Society Press, Berlin, 1996, S 57

[BaSH86]   Basili, V., Selby, R., Hutchens, D., "Experimentation in Software Engineering", IEEE Trans. on SE, Vol. 12, Nr. 4, 1986, S. 733

[BeEv81]   Belady, L., Evangelisti, C.: "System Partitioning and it's Measure", Journal of Systems and Software, Nr. 2, 1981, S. 23

[BeEv81]   Belady, L., Evangelisti, C.J.: „System Partitioning and its Measure" Journal of Systems and Software, Vol. 2, 1981, S. 23

[BiOt94]   Bieman, J./Ott, L.: "Measuring Functional Cohesion", IEEE Trans on S.E., Vol. 20, No. 8, August 1994, S. 644

[Booch08]   Booch, G.: "Measuring Architectural Complexity", IEEE Software, July 2008, S. 14

[Booch86]   Booch, G.: "Object-oriented Development" IEEE Trans. On S.E., Vol. 12, No. 2, March 1986, S. 211

[BrDW99]   Briand, L., Daly, J., Wüst, J.: "A unified Framework for Coupling Measurement in object-oriented Systems", Trans on SE, Vol. 25, Nr. 1, 1999, S. 91

[BrMV02]   Briand, L./Morasca,S./Basili,V.: "An Operational Process for Goal-Driven Definition of Measures", IEEE Trans. On S.E. Vol. 28, No. 12, Dez. 2002, S. 1106

[BrMV96]   Briand, L., Morasca, S., Basili, V.: "Property-based Software Engineering Measurement", IEEE Trans. on SE, Vol. 22, Nr. 1, 1996, S. 68

[BsSP83]   Basili, V., Selby, R., Phillips, T.: "Metric Analysis and Data Validation across Fortran Projects", IEEE Trans. on SE, Vol. 9, Nr. 7, 1983, S. 652

[CaAg87]   Card, D., Agresti, W.: "Resolving the Software Science Anomaly", Journal of Systems and Software, Vol. 7, March 1987, S. 29

[CaCG87]   Card, D., Church, V., Agresti, W.: "An Empirical Study of Software Design Practices", IEEE Trans on SE, Vol. 12, Nr. 2, 1986, S. 264

[CaGl90]   Card, D., Glass, R., Measuring Software Design Quality, Prentice-Hall, Englewood Cliffs, 1990

[CaGl90a]   Card, D., Glass, R., Measuring Software Design Quality, Prentice-Hall, Englewood Cliffs, 1990, S. 47

[Card85]   Card, D., Page, G.: "Criteria for Software Modularization", in Proc. Of 8th ICSE, Int. Conference on SE, IEEE Computer Society Press, Long Beach, 1987, S. 372

[CaSh00]   Cartwright, M., Shepperd, M.: "An Empirical Investigation of an object-oriented Software System", Vol. 26, Nr. 8, 2000, S. 786

[ChDK98]   Chidamer, S., Darcy, D., Kemerer, C.: „Managerial Use of Metrics for Object-oriented Software - An exploratory Analysis", IEEE Trans. on SE, Vol. 24, Nr. 8, 1998, S. 629

[ChKe94]   Chidamer, S., Kemerer, C.: „A Metrics Suite for object-oriented Design", IEEE Trans on SE, Vol. 20, Nr. 6, 1994, S. 476

[DaKe05]   Darcy, D., Kemerer, C.F.: "OO Metrics in Practice", IEEE Software, November 2005, S. 17

[DoPa06]   Dobling, B./Parsons, J.: "How UML is used", Comm. Of ACM, Vol. 49, No. 5, May 2006, S. 109

[Erdo08]   Erdogan, H.: "The infamous Ratio Measure", IEEE Software, May, 2008, S. 4

[GaHe00]   Garmus, D.; Herron, D.: Function-Point Analysis: Measurement Process for successful Software Projects, Addison-Wesley, Reading Mass., 2000.

[Gilb75]   Gilb, T.: "Software Metrics - The emerging technology", Data Management Journal, July, 1975, S. 34

[HaMü87]   Hausen, H.-L., Müllerburg, M.: „Über das Prüfen, Messen und Bewerten von Software", Informatik Spektrum, Nr. 10, 1987, S. 123

[Harr98]   Harrison, R./ Counsell, S. J./ Nithi, R. V.: „An Evaluation of the MOOD set of object-oriented Software Metrics" Trans. on S.E. Vol. 29, Nr. 6, Juni 1998, S. 491.

[HeKa81]   Henry, S., Kafura, D.: „Software Structure Metrics based on Information Flow", Trans. on SE, Vol. 7, Nr. 5, 1981, S. 510

[Hend09]   Hendler, J.: „Web 3.0 emerging", IEEE Computer, January 2009, S. 111

[HeSe96]   Henderson-Sellers, B: Object-oriented Metrics - Measures of Complexity, Prentice-Hall, Englewood Cliffs, 1996, S. 17

[HuBa85]   Hutchens, D., Basili, V.: "System Structure Analysis: Clustering with Data Binding", IEEE Trans on SE, Vol. 11, Nr. 8, 1985, S. 749

[Jaco93]   Jacobson, I., a.o: Object-Oriented Software Engineering - A Use Case driven Approach, Addison-Wesley Pub., Wokingham, G.B., 1993, S. 153

[KaHe82]   Kafura, D., Henry, S.: "Software Quality Metrics based on Interconnectivity", Journal of Systems and Software, Vol. 7, 1987, S. 173

[Karn93]   Karner, G.: „Metrics for Objectory", Diplomarbeit, Universität Linköping, Schweden, Nr. liTH-IDA-Ex-9344, 21 Dez. 1993

[KSTG86]   Kerney, J., Sedlmeyer, R., Thompson, W., Gray, M.: "Software Complexity Measurement", Comm. Of ACM, Vol. 29, Nr. 11, 1986, S. 1044

[Lara90]   Laranjeira, L.: "Software Size Estimation of object-oriented Systems", IEEE Trans. on SE, Vol. 16, Nr. 5, 1990, S. 510

[LiHe93]   Wei Li, Henry, S.: Object-oriented Metrics that predict Maintainability, Journal of Systems and Software, Vol. 23, Nr. 2, Nov. 1993, S. 111

[LoKi94]   Lorenz, M., Kidd, J.: Object-oriented Software Metrics, Prentice-Hall, Englewood Cliffs, 1994

[Lore93]   Lorenz, M.: Object-oriented Software Development, Prentice-Hall Inc., Englewood Cliffs, 1993, S. 183

[McBu89]   McCabe, T., Butler, C.: "Design Complexity Measurement and Testing", Comm. of ACM, Vol. 32, Nr. 12, 1989, S. 1415

[McCl78]   McClure, C.: "A Model for Program Complexity Analysis", in Proc. of 3rd ICSE, Int. Conference on SE, IEEE Computer Society Press, Long Beach, 1978, S. 149

[Meye88]   Meyer, B.: Object-oriented Software Construction, Prentice-Hall International, Hemel-Hempstead, G.B., 1988

[Myer75]   Myers, G.: Reliable Software through composite Design, Petrocelli/Charter, New York, 1975

[Myer78]   Myers, G.: Composite Structured Design, van Nostrand Reinhold, New York, 1978

[Parn72]   Parnas, D.: "On the Criteria to be used in decomposing Systems into Modules", Comm. of ACM, Vol. 15, Nr. 12, 1972, S. 1053

[Rama81]   Ramamoorthy, C.V.: "Application of a Methodology for the Development and Validation of Reliable Process Control Software", IEEE Trans on SE, Vol. 7, Nr. 7, Nov. 1981, S. 923

[RoBa87]   Rombach, H.-D., Basili, V.: "Quantitative Software-Qualitätssicherung", Informatikspektrum, Band 10, 1987, S.,145

[SaRa07]   Sarkar, S., Rama, G.M.: "Metrics for Measuring the Quality of Software Modularization", IEEE Trans. on SE, Vol. 33, Nr. 1, 2007, S. 14

[SBS08]   Sneed, H., Baumgartner, M., Seidl, R.: Der Systemetest, Hanser Verlag, München-Wien, 2008

[Schm07]   Schmietendorf, A.: „Measuring SOA-based Systems", in Software Measurement, Ed. Ebert, C. und Dumke, R., Springer Verlag, 2007, S. 309

[ShCh06]   Sheldon, F., Chung, H.: "Measuring the complexity of class diagrams in reverse engineering", Journal of Software Maintenance & Evolution, Vol. 18, Nr. 5, Sept. 2006, S. 333

[Simo69]   Simon, H.A.: The Sciences of the Artificial, M.I.T. Press, Cambridge, Mass., 1969

[Sned07]   Sneed, H.: „Das neue SoftCalc ein Tool für die differenzierte Kalkulation unterschiedlicher Projektarten", Proc. of Metrikon-2007, Shaker Verlag, Aachen, 2007, S. 11

[Sned78]   Sneed, H.: "Das Software-Testlabor", in 8. Jahrbuch der EDV, Ed. H. Heilmann, Forkel Verlag, Stuttgart, 1978, S. 31

[Sned88b]   Sneed, H.: Software Qualitätssicherung, Rudolf Müller Verlag, Köln, 1988, S. 149

[Sned89a]   Sneed, H.: Modell eines Systems für die automatische Qualitätssicherung, in Anleitung zu einer praxisorientierten Software-Entwicklungsumgebung, Band 2, A.I.T. Verlag, Ed. Gutzweiler, T., Österle, H., München, 1989, S. 92

[Sned90]   Sneed, H.: "Die Data-Point Methode", Online, Zeitschrift für DV, Nr. 5, Mai 1990, S. 48

[Sned96a]   Sneed, H.: "Estimating the Development Costs of object-oriented Software", Proc. of 7th European Software and Control Metrics Conference, Wilmslow, G.B., S. 135

[Sned97]   Sneed, H.M.: „Metriken für die Wiederverwendbarkeit von Softwaresystemen", in Informatikspektrum, Vol. 6, 1997, S. 18

[SnJu06]   Sneed, H./ Jungmayr, S.: „Produkt- und Prozessmetriken für den Softwaretest", Informatikspektrum, Band 29, Nr. 1, S. 23, (2006)

[SRK07]   Sarkar,S./Rama,G./Kak,A.: "Information-theoretic Metrics for measuring the Quality of Software Modularization", Vol. 33, No. 1, Jan. 2007, S. 14

[StMC74]   Stevens, W., Myers, G., Constantine, L.: Structured Design, IBM Systems Journal, Nr. 2, 1974, S. 115

[Warn79]   Warnier, J.-D.: Pratique de la Construction d'un Ensemble de Donnees", Les Edition D'Oreganisation, Paris, 1979

[Weyu08]   Weyuker, E.: „Predicting Error Rates on the basis of Module Size", Keynote at IWSM2008, München, Nov. 2008

[Will94]   Williams, J.D.: Metrics for object-oriented Projects, Proc. Of OOP-94, München, Jan. 1994, S. 253

[YoCo79]   Yourdon, E., Constantine, L.: Structured Design, Prentice-Hall Inc., Englewood Cliffs, 1979

Kapitel 7: Codemessung

[APHM08] Ayewah, N., Pugh, W., Hovemeyer, D., Morgenthaler, J.D.: "Using Static Analysis to find Bugs", IEEE Software, Sept. 2008, S. 23

[Cali79]   Calingaert, P.: Assemblers, Compilers and Program Translation, Computer Science Press, Potomac, Md., 1979

[Card91]   Card, D., Glass, R.: "Measuring Software Design Quality", Prentice-Hall Inc., Englewood Cliffs, 1991, S. 60

[Chap77]   Chapin, N.: "A Measure of Software Complexity", in Proc. of National Computer Conference, Dallas, 1977, S. 995

[DDH72]   Dahl, O.-J., Dijkstra, E.W., Hoare, C.A.R., Structured Programming, Academic Press, London, 1972, S. 6

[DeLP79]   DeMillo, R., Lipton, R., Perlis, A.: "Social Processes and Proofs of Theorems and Programs", Comm. Of ACM, Vol. 22, Nr. 5, 1979, S. 271

[DFKW96]   Dumke, R., Foltin, E., Koeppe, R., Winkler, A.: Softwarequalität durch MeßTools, Vieweg Verlag, Wiesbaden, 1996

[Dijk72]   Dijkstra, E.: "The Humble Programmer", ACM Turing Award Lecture-1972, Classics in Software Engineering, Yourdon Press, New York, 1979, S. 113

[EbDu07]   Ebert, C., Dumke, R.: Software Measurement, Springer Verlag, Berlin, 2007

[EBGW02]   El Emam, K., Benlarbi, S., Goel, N., Melo, W.: „The optimal Class Size for object-oriented Software", IEEE Trans on SE, Vol. 28, Nr. 5, 2002, S. 494

[Elsh76]   Elshof, J.: "An Analysis of Commercial PL/I Programs", IEEE Trans. S.E., Vol. 2, Nr. 1, 1976, S. 306

[Flor69]   Flores, I.: Programmiertechnik, Berliner-Union Verlag, Stuttgart, 1969

[Grie71]   Gries, D.: Compiler Construction for Digital Computers, John Wiley & Sons, New York, 1971, S. 12

[Hals77]   Halstead, M.: Elements of Software Science, Elsevier North-Holland, Amsterdam, 1977

[HeKa81]   Henry, S., Kafura, D.: "Software Structure Metrics based on Information Flow", IEEE Trans on SE, Vol. 7, Nr. 5, 1981, S. 510

[Jung08]   Jungmayr, S.: "Testbarkeitsanforderungen an die Software", GI Softwaretechnik-Trends, Band 28, Heft 3, 2008, S. 10

[KKSM08]   Kozlov, D., Koskinen, J., Sakkinen, M., Markkula, J.: „Assessing maintainability change over multiple software releases", Journal of Software Maintenance and Evolution, Vol. 20, Nr. 1, Jan. 2008, S. 31

[Kosh08]   Koschke, R.: „Zehn Jahre WSR - Zwölf Jahre Bauhaus", GI Softwaretechnik-Trends, Band 28, Heft 3, Aug. 2008, S. 2

[Lai08]   Lai, C.: "Java Insecurity - Accounting for Subtleties that can compromise Code", IEEE Software, Jan. 2008, S. 13

[Lava00]   Lavazza, L.: "Providing automated Support for the GQM Measurement Process", IEEE Software, May 2000, S. 56

[Li97]   Li, W.: "An Empirical Study of Software Reuse in Reconstructive Maintenance" in Journal of Software Maintenance, Vol. 9, No. 2, March 1997, S. 69

[McCa76]   McCabe, T.: "A Complexity Measure", IEEE trans on SE, Vol. 2, Nr. 4, 1976, S. 308

[McCl81]   McClure, C.: Managing Software Development and Maintenance, van Nostrand Reinhold, New York, 1981, p. 82

[Oman92]   Oman, P., Hagemeister, J.: "Metrics for assessing Software System Maintainability", Proc. of IEEE Int. Conference on Software Maintenance, ICSM-94, IEEE Computer Society Press, Los Alamitos, 1994, S. 337

[Oman94]   Oman, P., Coleman, D., Ash, D., Lowther, B.: "Using Metrics to evaluate Software System Maintainability", IEEE Computer, August, 1994, S. 44

[Parn72]   Parnas, D.: "On the Criteria to be used in decomposing Systems into Modules", Comm. of ACM, Vol. 15, Nr. 12, 1972, S. 1053

[PeOm95]   Pearse, T., Oman, P.: "Maintainability Measurements on industrial Source Code Maintenance Activities", Proc of Int. Conference on Software Maintenance, ICSM-95, IEEE Computer Society Press, Opio, France, 1995, S. 295

[PoDo09]   Pomberger, G., Dobler, H.: Algorithmen und Datenstrukturen, Pearson Education, München, 2009

[Prat84]   Prater, R.E.: „An axiomatic theory of software complexity metrics", Computer Journal, Vol. 27, Nr. 4, 1984, S. 340

[Selb05]   Selby, R.: "Enabling reuse-based Software Development of Large-Scale Systems", Trans on SE, Vol. 31, Nr. 6, 2005, S. 495

[ShWe48]   Shannon, C., Weaver, W.: The Mathematical Theory of Communication, University of Illinois Press, Urbana, 1949

[SiMa08]   Simon, F., Madjari, A.: "Ein iterative, eigenmotivierter Regelkreis zur Einführung von Code-Quality-Management innerhalb der Raiffeisen Bausparkasse in Wien", GI Softwaretechnik-Trends, Band 28, Heft 3, Aug. 2008, S. 3

[Simo06]   Simon, F., Seng, O., Mohaupt, T.: Code-Quality-Management, dpunkt.verlag, Heidelberg, 2006

[Sned91]   Sneed, H.: "Software muss messbar werden", Zeitschrift für Information Management, Nr. 4, 1991, S. 39

[Sned98]   Sneed, H.: "Measuring Reusability of Legacy Software Systems", Journal of Software Process, Vol. 4, Nr. 1, 1998, S. 43

[Sned99]   Sneed, H.: „Applying Size, Complexity and Quality Metrics to object-oriented Applications", Proc. Of 10th European Software Control and Metrics, Herstmonceux, G.B., April, 1999, S. 377

[SnKi79]   Sneed, H., Kirchhof, K.: "Prüfstand – A Testbed for Systems Software Components", Infotech State of the Art Report, Software Testing, Maidenhead, G.B., 1979, S. 245

[SnMe85]   Sneed, H., Merey, A.: "Automated Software Quality Assurance", IEEE Trans on SE, Vol. 11, Nr. 9, 1985, S. 909

[Stev69]   Stevens, W.: Stevens, W.: Modular Programming and Management, Pall Mall Press, London, 1996

[Tenn88]   Tenny, T.: "Program Readability - Procedures versus Comments", IEEE Trans. on SE, Vol. 14, Nr. 9, 1988, S. 1271

[TeVe00]   Terekhof, A., Verhoef, C.: "The Realities of Language Conversion", IEEE Software, Nov. 2000, S. 111

[VMMF00] Viega, J., McGraw, G., Mutdosch, T., Felten, E.: "Statically scanning Java Code - finding Security Vulnerabilities", IEEE Software, Sept. 2000, S. 68

[Wirt76]   Wirth, N.: Algorithms + Data Structures = Programs, Prentice-Hall, Englewood Cliffs, 1976

[WOA97]   Welker, K., Oman, P., Atkinson, G.: "Development and Application of an Automated Source Code Maintainability Index", Journal of Software Maintenance, Vol. 9, nr. 3, 1997, S. 127

[WoHe79]   Woodward, M., Hennel, M., Hedley, D.: "A Measure of Control Flow Complexity in Program Text" IEEE Trans on SE, Vol. 5, Nr. 1, 1979, S. 45

| [Zepp04] | Zeppenfeld, K.: Objektorientierte Programmiersprachen, Spektrum Akademischer Verlag, Heidelberg, 2004 |

[Zepp04]   Zeppenfeld, K.: Objektorientierte Programmiersprachen, Spektrum Akademischer Verlag, Heidelberg, 2004

[Zuse98]   Zuse, H.: A Framework of Software Measurement, DeGruyter Verlag, Berlin, 1998

Kapitel 8: Testmessung

[Boeh99]   Boehm, B. u.a.: Software Cost Estimation with COCOMO-II, Prentice-Hall, Englewood Cliffs, 1999, s.29

[CM79]   Schmid,W: „Das SRA Software-Testlabor", Computer Magazin, 11/12, 79, S. 35

[COLL99]   Collard, R: "Test Estimation with Test-Points", Proc. of StarEast Conference, Washington, D.C., June, 1999, S. 112

[EbDu07]   Sneed, H.: „Test Measurement" in Software Measurement, Ed. Ebert, C., Dumke, R., Springer Verlag, Berlin, 2007, S. 273

[EnRo03]   A Handbook of Software and Systems Engineering, Pearson-Addison-Wesley, Harlow, G.B., 2003, S. 139

[Hetz73]   Hetzel, B.: Program Test Methods, Prentice-Hall Inc., Englewood Cliffs, 1973

[Hetz93]   Hetzel, B.: Making Software Measurement work, QED Publishing Group, Boston, 1993

[Hetz93a]   Hetzel, B.: Making Software Measurement work, QED Publishing Group, Boston, 1993, S. 137

[Hutc03]   Hutcheson, M.L.: Software Testing Fundamentals, Wiley Pub., New York, 2003, S. 105

[KABV06]   Koomen, T., van der Alst, L., Broekman, B., Vroon, M.: TMap Next for result-driven testing", UTN Pub., Hertogenbosch, NL., 2006, S. 521

[Kan01]   Kan, S.H.: Metrics and Models in Software Quality Engineering, Addison-Wesley, Reading, Mass., 2001

[Kan91]   Kan, S.H.: "Modeling and Software Development Quality", IBM Systems Journal, Vol. 30, No. 3, 1991, S. 351

[Kan98]   Kan, S.H.: "In-Process-Metrics for Software Testing". IBM Systems Journal, Vol. 37, Nr. 3, 1998, S. 205

[KoPo99]   Koomen, T., Pol, M.: Test Process Improvement, Addison-Wesley, Harlow, G.B., 1999

[Majo78]   Majoros, M.: "Experiences in the Budapest Software Test Factory", Proc. of 1st IEEE Workshop on Software Testing, Fort Lauterdale, Dec. 1978, S. 112

[Mill79]   Miller, E.F.: "Software Testing and Test Documentation", IEEE Computer, März, 1979, S.56

[Myer76]   Myers, G.: Software Reliability - Principles and Practices, John Wiley & Sons, New York, 1976

[Poor97]   Poore,J / Trammel,C.: "Bringing Respect to Testing through Statistical Science", American Programmer, Vol. 10, No. 8, August, 1997, s. 15-22

[PuWe07]   Puffler,T./Weissenboeck,T.: Carman - Power für den GEOS Test, in GEOS News, Nr. 6, 2007

[SnBr03]   Sneed, H., Broessler, P.: "Critical Success Factors in Software Maintenance" Proceedings of ICSM 2003, IEEE Computer Society Press, Amsterdam, September 2003, S. 190.

[Sned03]   Sneed, H.: Software Testmetriken für die Kalkulation der Testkosten und die Bewertung der Testleistung, GI Softwaretechnik Trends, Band 23, Heft 4, Nov. 2003, S.11

[Sned04]   Sneed, H.: A Cost Model for Software Maintenance and Evolution. In Proceedings of ICSM 2004, IEEE Computer Society Press, Chicago, September 2004, S. 264.

[Sned04a]   Sneed, H.: "Reverse Engineering of Test Cases for selective Regression Testing", Proc. of CSMR-2004, IEEE Computer Society Press, Tampere Finnland, March, 2004, S. 69

[Sned05]   Sneed, H.: "Measuring the Effectiveness of Software Testing", Proc. Of Metrikon2005, Shaker Verlag, Kaiserslautern, Nov. 2005, S 145

[Sned07]   Sneed, H.: „Das neue SoftCalc ein Tool für die differenzierte Kalkulation unterschiedlicher Projektarten", Proc. of Metrikon-2007, Shaker Verlag, Aachen, 2007, S. 11

[Sned09a]   Sneed, H., Baumgartner, M.: "Value-driven Testing - The economics of software testing" , Proc. Of 7th Conquest Conference, Nürnberg, Sept. 2009, S. 17

[Sned78]   Sneed, H.: "Das Software-Testlabor", in 8. Jahrbuch der EDV, Ed. H. Heilmann, Forkel Verlag, Stuttgart, 1978, S. 31

[Sned92]   Sneed, H.: "Regression Testing in Reengineering Projects", Proc. Of 9th STAR Conference, Washington D.C., Juni 1992, S. 219

[SnHT04]   Sneed, H., Hatsitschka, M., Teichmann, M.-T.: Software-Produktmanagement, dpunkt.verlag, Heidelberg, 2004, S. 271

[SnJu06]   Sneed, H., Jungmayr, S.: "Produkt und Prozessmetrik für den Softwaretest", Informatikspektrum, Band 29, Nr. 1, 2006, S. 23

[SnWi01]   Sneed, H., Winter, M.: Testen objektorientierter Software, Hanser Verlag, München, 2001

[Spil08]   Spillner, A.: Systematisches Testen von Software, dpunkt.verlag, Heidelberg, 2008, S. 3

[Veev94]   Veevers, A, Marshall,C.: " A Relationship between Software Coverage Metrics and Reliability", Software Testing, Verification and Reliability, Vol. 4, Nr. 1, März 1994, S. 3

Kapitel 9: Produktivitätsmessung

[Abra96]   Abran, A./Robillard, P.: Function-Point Analysis - An empirical study of its measurement processes, IEEE Trans. on S.E., Vol. 22, Nr. 12, Dec. 1996, S. 895

[Alb79]   Albrecht, A.: Measuring Application Development Productivity, Proc. of Joint SHARE, GUIDE and IBM Symposium, Philadelphia, Oct. 1979, S. 83

[AlGa83]   Albrecht, A./Gaffney, J.: Software Function, Source Lines of Code, and Development Effort Prediction - A Software Science Validation, IEEE Trans on S.E., Vol. 9, Nr. 6, Nov. 1983, S. 639

[Anda01]   Anda, B.: Comparing Effort Estimates based on Use-Case Points with Export Estimates, Proc. of IEEE ICSE 2001, Computer Society Press, Toronto, Oct. 2001, S. 218

[AnLe03]   Anselmo, D, Ledgard, H: "Measuring Productivity in the Software Industry", Comm. of ACM, Vol. 46, Nr. 11, Nov. 2003, S. 121

[Armo04]   Armour, P.: Beware of Counting LOC, Comm. of ACM, Vol. 47, Nr. 3, März 2004, S. 21

[Boeh81]   Boehm, B.: Software Engineering Economics, Prentice-Hall, Englewood Cliffs, N.J., 1981

[Boeh84]   Boehm, B.: Software Engineering Economics, Trans. on S.E., Vol. 10, Nr. 1, Jan. 1984, S. 4

[Boeh99]   Boehm, B. u.a.: Software Cost Estimation with COCOMO-II, Prentice-Hall, Upper Saddle River, N.J., 1999

[BoeHua03]   Boehm, B./Huang, L.: "Value-based Software Engineering", IEEE Computer, March 2003, S. 33

[Brok75]   Brooks, F.: The mythical Man-Month, Addison-Wesley, Reading, Mass., 1975, S. 25

[BuDe08]   Bundschuh, M., Dekkers, C.: The IT Measurement Compendium - Estimating and Benchmarking Success with Functional Size Measurement, Springer Verlag, Berlin, S. 289

[Chen76]   Chen, P.: "The Entity-Relationship Model - Toward a unified View of Data", ACM Transactions on Database Systems, Vol. 1, Nr. 1, März, 1976

[Chid94]   Chidamber, S./Kemerer, C.: A Metrics Suite for Object-oriented Design, IEEE Trans. on S.E. Vol. 20, Nr. 6, June 1994, S. 476

[Codd72]   Codd, E.F.: „Relational Completeness of Data Base Sublanguages" in Data Base systems, Courant Computer Science, Vol. 6, Prentice-Hall, Englewood Cliffs, N.J., 1972

[Cros77]   Crossman, T.: "Taking the Measure of Programmer Productivity", Datamation, May, 1979, S. 143

[Davi04]   David Consulting Group: Report on Industrial Software Productivity in the USA, cited in Bundschuh, M., Dekkers, C. The IT Measurement Compendium, Springer Verlag, Berlin, 2008, S. 297

[DeLi96]   DeMarco, T./Lister, T.: Peopleware, Dorset House, Boston, 1996

[DeMa08]   DeMarco, T.: "Software Engineering - An Idea whose time has come and gone", IEEE Software, July, 2009, S. 94

[Dumk96]   Dumke, R., Foltin, E., Koeppe, R., Winkler, A.: Softwarequalität durch Meßtools, Vieweg Verlag, Wiesbaden, 1996, S. 197

[FrKe07]   Frohnhoff, S., Kehler, K.: "Use Case Points Aufwandsschätzung auf Basis unterschiedlicher Spezifikations-Formate", Proc. Metrikon Software Metrik Kongress, Kaiserslautern, Nov. 2007, Shaker Verlag, S. 85

[Gonn63]   Gönning, R.: More Effective Writing in Business and Industry, Cahners Books, Boston, 1963

[Grah95]   Graham, I.: Migrating to Object Technology, Addison-Wesley, Wokingham, G.B., 1995

[Hugh00]   Hughes, B.: Practical Software Management, McGraw-Hill, Maidenhead, G.B., 2000, S. 121

[IFPUG99]   International Function-Point User Group - IFPUG: Counting Practices Manual, Release 4.1. IFPUG, Westerville, Ohio, 1999

[Jone00]   Jones, C: Software Assessments, Benchmarks, and best Practices, Addison-Wesley, Reading, Mass., 2000

[Jone02]   Jones, C.: Metrics in E-Commerce - Function-Point Analysis and Component-based Software Measurement, Addison-Wesley Pearson Education, Indianapolis, 2002

[Jone09]   Jones, C.: A new Business Model for Function-Point Metrics, Software Productivity Inc. Newsletter, Version 10, August, 2009

[Jone86]   Jones, C.: Applied Software Measurement, McGraw-Hill, New York, 1986

[Jone87]   Jones, C.: A short History of Function-Points and Feature-Points, Technical Report, Software Productivity Research Inc., Boston, 1987

[Jone98]   Jones, T.C.: Estimating Software Costs, McGraw-Hill, New York, 1998

[Karn93]   Karner, G.: Metrics for Objectory, Diplomarbeit, Universität Linköping, Schweden, Nr. LiTH-IDA-Ex-9344:21, Dez. 1993

[Kusu04]   Kusumoto, S./Fumikazu, M./Katsuro, I.: Estimating Effort by Use Case Points, Proc. of IEEE Symposium on Software Metrics, Computer Society Press, Chicago, Sept. 2004, S. 292

[Lara90]   Laranjeira, L.: Software Size Estimation of Object-oriented Systems, IEEE Trans. on S.E., Vol. 16, Nr. 5, May 1990, S. 510

[Lore93]   Lorenz, M.: Object-oriented Software Development - Practical Guide, Prentice-Hall, Englewood Cliffs, 1993

[Low90]   Low, G./Jeffery, J.: Function-Points in the Estimation and Evaluation of the Software Process, IEEE Trans. on S.E., Vol. 16, Nr. 1, Jan. 1990, S. 64

[Mack00]   Mack, J. : "Software Xpeditionen - ein gelungene Verbindung aus Expeditionssicht und extreme Programming", in Proc. Of GI Software Management Tagung, Ed. H.C.Mayr, W. Hesse, Chr. Kop, Marburg an der Lahn, Nov. 2000, S. 45

[Math94]   Mattison, R.: The Objekt-oriented Enterprise, McGraw-Hill, New York, 1994

[Maxw00]   Maxwell, K./Forseluus, P.: Survey of Software Productivity in Europe, IEEE Software, Jan. 2000, S. 80

[Maxw96]   Maxwell, K./van Wassenhove, L./Duttat, S.: Software Development Productivity of European Space, Military and Industrial Applications, IEEE Trans. on S.E., Vol. 22, Nr. 10, Okt. 1996, S. 706

[McCo06]   McConnel, S.: Software Estimastion - demystifying the Black Art, MicroSoft Press, Redmond, 2006

[Mill83]   Mills, H.-D.: Software Productivity, Little, Brown and Co., Boston, 1983, S. 231

[Mira02]   Miranda, D.: Planning and executing time-bound Projects, IEEE Software, März 2002, S. 73

[NBKR08]   Nicklisch, G., Borchers, J., Krick, R., Rucks, R.: IT-Near- und -Offshoring in der Praxis, dpunkt.verlag, Heidelberg, 2008

[PuMy03]   Putnam, L.H., Myers, W.: Five Core Metrics - The Intelligence behind successful Software Management, Dorset House Pub., New York, 2003, S. 19

[PuMy05]   Putnam, L., Myers, W.: The Five Core Metrics - The intelligence behind successful Software Management, Dorset House Pub., New York, 2005

[PuMy92]   Putnam, L.H./Myers, W.: Measures for Excellence, Yourdon Press. Englewood Cliffs, N.J., 1992

[Putn78]   Putnam, L.: A General Empirical Solution to the Macro Software Sizing and Estimating Problem, IEEE Trans on S.E., Vol. 4, Nr. 4, Juli 1978, S. 345

[Ribu01]   Ribu, K.: Estimating Object-oriented Software Projects with Use Cases, Magisterarbeit, Universität Oslo, Norwegen, Nov. 2001

[Rudo93]   Rudolf, E.: "Application Development Productivity in the 90's", in Keyes, J.: Software Engineering Productivity Handbook, McGraw-Hill, New York, 1993, S. 83

[Sack68]   Sackmann, H., Erikson, W., Grant, E.: "Exploratory Experimental Studies comparing Online und Offline Programming Performance", Comm. Of ACM, Vol. 11, Nr. 1, 1968, S. 3

[SBS08]   Sneed, H., Baumgartner, M., Seidl, R.: Der Systemtest, Hanser, München/Wien, 2008, S. 60

[Sned00]   Sneed, H.: Aufwandsschätzung in der Softwarewartung, Proc. of GI Software Management 2000, Österreichische Computer Gesellschaft, Marburg, Nov. 2000, S. 167

[Sned01]   Sneed, H.: "Die meisten Programmierer können nicht programmieren", in Computerwoche, Nr. 45, Nov. 2001

[Sned05]   Sneed, H.: Software-Projektkalkulation, Hanser Verlag, München-Wien, 1995

"[Sned07]   Sneed, H.: „Das neue SoftCalc ein Tool für die differenzierte Kalkulation unterschiedlicher Projektarten", Proc. of Metrikon-2007, Shaker Verlag, Aachen, 2007, S. 11

[Sned10]   Sneed, H.: "Vergleich zweier Aufwandsschätzungen nach Function-Point und UseCase-Point" DASMA-Metrikon Metrik Kongress, Shaker Verlag, Nov. 2010

[Sned87]   Sneed, H.: Software-Management, Rudolf-Müller Verlag, Köln, 1987, S. 41

[Sned90]   Sneed, H.: Die Data-Point Methode, Online, Zeitschrift für DV, Nr. 5, Mai 1990, S. 48

[Sned91]   Sneed, H.: "Software muss messbar werden", Zeitschrift für Information Management, Nr. 4, 1991, S. 39

[Sned96]   Sneed, H.: Schätzung der Entwicklungskosten von objektorientierter Software, Informatik Spektrum, Band 19, Nr. 3, Juni 1996, S. 133

[Spit02]   Spitta, T.: Aufwandserfassungssysteme - eine Bewertung, Informatikspektrum, Band 25, Nr. 4, August 2002, S. 42

[Spit04]   Spitta, T./Walter, S.: Approaches to the Ex-ante Evaluation of Investments into Information Systems, Wirtschaftsinformatik, Vol. 46, Nr. 3, 2004, S. 171

[Stan05]   Standish group, Chaos Reports-2005, http://www.standishgroup.com

[Symo91]   Symons, C.: Software Sizing and Estimating, John Wiley & Sons, Chichester, 1991

[TiRo05]   Tillquist, J., Rodgers, W.: "Using Asset Specificity and Asset Scope to Measure the Value of IT", Comm. Of ACM, Vol. 48, Nr. 1, 2005, S. 75

[Wede77]   Wedekind, D.H.: Structured Database Programming, Carl Hanser Verlag, München, 1977

[Wein03]   Weinberg, G./Gause, D.: Software Requirements, Hanser, München, 1993, S. ???

[Wein71]   Weinberg, G: The Psychology of Computer Programming, Van Nostrand Reinhold, New York, 1971, S. 32

[Will94]   Williams, J.D.: Metrics for Object-oriented Projects, Proc. of OOP-94, München, Jan. 1994, S. 253

Kapitel 10: Wartungsmessung

[AlWe03]   Alshayeb, M., Wei, Li: "An Empirical Validation of object-oriented Metrics in two different iterative Software Processes", IEEE Trans. on SE, Vol. 29, nr. 11, 2003, S. 1043

[Ansh04]   Ansholm, E., Sjöberg, D.: "Evaluating the Effect of a delegated versus centralized Control Style on the Maintainability of object-oriented Software", IEEE Trans. on SE, Vol. 30, Nr. 8, 2004, S. 521

[Basi96]   Basili, V., Briand, L., Melo, W.: "A validation of object-oriented Design Metrics as Quality Indicators", IEEE Trans. on SE, Vol. 22, Nr. 10, 1996, S. 751

[BDKZ93]   Banker, R., Datar, S., Kemerer, C., Zweig, D.: „Software Complexity and Maintenance Costs", Comm. Of ACM, Vol. 36, Nr. 11, 1993, S. 81

[BeLe85]   Belady, L., Lehman, M.: Software Evolution, Academic Press, London, 1985

[Bern84]   Berns, G.: "Assessing Software Maintainability", Comm. Of ACM, Vol. 27, Nr. 1, 1984, S. 64

[Boeh83]   Boehm, B.: "Software Maintenance Economics", Proc. of 1st International Conference on Software Maintenance, IEEE Press, Monterey, Nov. 1983, S. 9

[BoSB08]   Bommer, C., Spindler, M., Barr, V.: Softwarewartung - Grundlagen, Management und Wartungstechniken, dpunkt.verlag, Heidelberg, 2008

[Cant00]   Cantone, G.: "Measure-driven processes and architecture for the empirical evaluation of software technology", Journal of Software Maintenance, Vol. 12, Nr. 1, Jan. 2000, S. 47

[Eier07]   Eiermann, M./Dishaw, M.: „Comparison of object-oriented and third generation development languages" Journal of Software Maintenance and Evolution, Vol. 19, No. 1, Jan. 2007, S. 33

[Geri80]   Parikh, G.: Techniques of Program and System Maintenance, Winthop Pub., Cambridge, Mass., 1982, S. 85

[Grad87]   Grady, R.B.: "Measuring and Managing Software Maintenance", IEEE Software, Sept. 1987, S. 35

[Grem84]   Gremillion, L.: "Determinants of Program Repair Maintenance", Comm. of ACM, Vol. 27, Nr. 8, Aug. 1984, S. 826

[Harr98]   Harrison, R., Counsell, S., Mithi, R.: "An Evaluation of the MOOD Set of object-oriented Software Metrics", IEEE Trans. on SE, Vol. 24, Nr. 6, 1998, S. 491

[Hatt98]   Hatton, L.: „Does OO really sync with how we think", IEEE Software, Mai 1998, S. 46

[HaWa02]   Harrison, M., Walton, G.: "Identifying high maintenance legacy software", Journal of Software Maintenance and Evolution, Vol. 14, Nr. 6, Nov. 2002, S. 429

[Henr94]   Henry J., Henry S., Kafura, D. : „Improving Mantenance at Martin Marietta" in IEEE Software, Juli, 1994, S.67]

[ITIL05]   Zarnekov, R., Hochstein, A., Brenner, W.: Serviceorientiertes IT-Management, ITIL Best Practices und Fallstudien, Springer Verlag, Berlin, 2005

[Jaco94]   Jacobson, I., u.a.: Object-Oriented Software Engineering, Addison-Wesley Pub., Wokingham, G.B., 1994

[KKSM08]   Kozlov, D., Koskinen, J., Sakkinen, M., Markkula, J.: "Assessing Maintainability Change over multiple Software Releases", Journal of Software Maintenance and Evolution, Vol. 20, Nr. 1, 2008, S. 31

[LaGl92]   Landsbaum, J., Glass, R.: Measuring and Motivating Maintenance Programmers, Prentice-Hall, Englewood Cliffs, 1992

[LiSw80]   Lientz; B., Swanson, B.: Software Maintenance Management - A Study of the Maintenance of Computer Applications in 487 Organizations, Addison-Wesley Pub., Reading Mass., 1980

[Myer78]   Myers, G.: Composite/Structured Design, John Wiley & Sons, New York, 1978

[Nesi98]   Nesi, P., Querci, T.: "Effort Estimation and Prediction of object-oriented Systems", ACM Journal of Systems & Software, Nr. 42, 1998, S. 89

[NiMu05]   Nikora, A., Munson, J.: "An Approach to the Measurement of Software Evolution", Journal of Software Maintenance,Vol. 17, Nr. 1, Jan. 2005, S. 65

[Oman94]   Oman, P., Coleman, D., Ash, D., Lowther, B.: "Using Metrics to evaluate Software System Maintainability", IEEE Computer, August, 1994, S. 44

[Peer81]   Peercy, D.: "A Software Maintainability Evaluation Methodology", IEEE Trans. on SE, Vol. 7, Nr. 4, 1981, S. 343

[Piat05]   Piattini, M., Genero-Bocco, M., Moody, D.: "Assessing the Capability of Internal Metrics as early indicators of Maintenance Effort", Journal of Software Maintenance & Evolution, Vol. 17, Nr. 3, 2005, S. 225

[Pigo96]   Pigoski, T.: Practical Software Maintenance, John Wiley & Sons, New York, 1996, S. 165

[Romb87]   Rombach, H.-D.: "A controlled experiment on the Impact of Software Structure on Maintainability", Trans. on SE, Vol. 13, Nr. 3, 1987, S. 344

[ShJC02]   Sheldon, F., Jerath, K., Chung, H.: "Metrics for Maintainability of Class Inheritance Hierarchies", Journal of Software Maintenance & Evolution, Vol. 14, Nr. 3, May 2002, S. 147

[Sned08]   Sneed, H.: "Measuring 75 Million Lines of Code", Proc of International Workshop on Software Measurement, Munich, Nov. 2008, Shaker Verlag, 2008, S. 271

[Sned97]   Sneed, H.: „Measuring the Performance of a Software Maintenance Department in Proc. Of CSMR 1997, Berlin, March 1997, S. 119

[Sned98]   Sneed, H.M.: "Human Cognition and how Programming Languages determine how we think", IEEE Proc. Of 6th IWPC, Computer Society Press, Ischia, Juni 1998, S. 1.

[SnKa90]   Sneed, H., Kaposi, A.: "A Study on the Effect of Reengineering upon Software Maintainability", Proc. of Int. Conference on Software Maintenance, IEEE Computer Society Press, San Diego, Nov. 1990, S. 91

[SuKr03] Subramanyam, R., Krishman, M.: "Empirical Analysis of the CK Metics for object-oriented Design Complexity", IEEE Trans. on SE, Vol. 29, Nr. 4, 2003, S. 297

[VeWe83] Vessey, I., Weber, R.: "Some Factors affecting Program Repair Maintenance", Comm. of ACM, Vol. 26, Nr. 2, 1983, S. 128

[Wild93] Wilde, N., Mattheus, P., Huitt, R.: "Maintaining object-oriented Software", IEEE Software, January, 1993, S. 75

[YaCo80] Yau, S., Collofello, J.: "Some Stability Measures for Software Maintenance", IEEE Trans. on SE, Vol. 6, Nr. 6, 1980, S. 545

[Yu06] Yu, L.: "Indirectly predicting the maintenance effort of open-source software", Journal of Software Maintenance & Evolution, Vol. 18, Nr. 5, Sept. 2006, S. 311

Kapitel 11: Softwaremessung in der IT-Praxis

[BHLW08] Bennicke, M., Hofmann, A., Lewerentz, C., Wichert, K.-H.: Software Controlling, Informatik-Spektrum, Band 31, Heft 6, Dez. 2008, S. 556-565

[BrSn03] Broessler, P./Sneed,H.: "Critical Success Factors in Software Maintenance", Proc. of ICSM-2003, IEEE Computer Society Press, Amsterdam, Sept. 2003, S. 190

[Dekk99] Dekkers, C.A.: „The Secrets of highly successful Measurement Programs", Cutter IT Journal, Vol. 2, April, 1999, S. 29

[Ecke05] Eckerson, W.W.: Performance Dashboards - Measuring, Monitoring, and Managing Your Business, John Wiley, New York, 2005

[FNPQ00] Fasolino, A., Natale, D., Poli, A., Quaranta, A.: "Metrics in the development and manintenance of software - an application in a large scale environment", Journal of Software Maintenance,Vol. 12, Nr. 6, Nov. 2000, S. 343

[Gopa02] Gopal, A.: "Measurement Programs in Software Development - Determinants of Success", IEEE Trans. on S.E., Vol. 28, Nr. 9, 2002, S. 863

[GrCa87] Grady, R., Caswell, D.: Software Metrics - Establishing a Company-Wide Program, Prentice-Hall, Englewood Cliffs, N.J., 1987

[ISO9126] ISO/IEC: Information Technology - Software Product Evaluation - Quality Characteristics and Guidelines for their use, ISO/IEC Standards Office, Geneva, 1991

[Kneu06] Kneuper, R.: CMMI - Verbesserung von Softwareprozessen mit Capability Maturity Model Integration, dpunkt.verlag, Heidelberg, 2006

[Kutz07] Kutz, M.: Kennzahlen in der IT - Werkzeuge für Controlling und Management, dpunkt.verlag, Heidelberg, 2007

[LaRB09a] Larndorfer, S., Ramler, R., Buchwiser, C.: Dashboards, Cockpits und Projektleitstände - Herausforderung „Messsysteme für die Softwareentwicklung", ObjektSpektrum, 4/2009, S. 72-78

[LaRB09b] Larndorfer S., Ramler R., Buchwiser C.: Experiences and Results from Establishing a Software Cockpit at BMD Systemhaus, 35th IEEE Euromicro Conference on Software Engineering and Advanced Applications, SEAA 2009, Patras, Greece, August 2009

[MöPa93] Möller, K.-H., Paulish, D.J.: Software Metrics - A Practioner's Guide to improved Product Development, Chapman & Hall, London, 1993

[MuHe03] Münch, J., Heidrich, J.: Software Project Control Centers - Concepts and Approaches, Journal of Systems and Software, 70(1), 2004, S. 3-19

[NZDu09] Neumann, R., Zbrog, F., Dumke, R.: „Cockpit based Enterprise Application Development" Proc. of Metrikon2009, Shaker Verlag, Kaiserslautern, Nov. 2009, S. 235

[Osbo97]   Osborne, M.: "The Metric Dashboard", in American Programmer, Vol. 10, Nr. 11, November 1997, S. 17

[Pfle93]   Pfleeger, S.: „Lessons learned in building a Corporate Metrics Program", IEEE Software, Vol. 10, Nr. 3, 1993, S. 67

[Ruhe08]   Ruhe M.: Statistische Prozesssteuerung in der Softwareentwicklung - Ein industrieller Erfahrungsbericht, ObjektSpektrum 1/2008, S. 50-55

[SEI06]   Software Engineering Institute: „Performance Results of CMMI-based Process Improvement", CMU/SEI-2006-TR-004, IEEE Software, Vol. 23, Nr. 6, S. 81

[SHT2004]   Sneed, H., Hasitschka, M., Teichmann, M.-T.: Software-Produktmanagement - Wartung und Weiterentwicklung bestehender Anwendungssysteme, dpunkt.verlag, Heidelberg, 2004

[ShUm09]   Shull, F., Umarji, M.: „Measuring Developers", IEEE Software, Nov. 2009, S. 92

[Sned00]   Sneed, H.: Statische Analyse objektorientierter Software, GI Softwaretechnik-Trends, Band 20, Heft 2, Mai 2000, S. 24

[Sned08]   Sneed, H.: „Measuring 70 Million Lines of Code", Proc. of International Workshop on Software Measurement, Springer Verlag, München, 2008, S. 271

[UmSe09]   Umarji, M., Seaman, C.: „Guaging Acceptance of Software Metrics - Comparing Perspectives of Managers and Developers", Proc. Of 3rd Int. Symposium on Empirical Software Engineering and Measurement (ESM09), IEEE Computer Society Press, 2009

[ZHB05]   Zarnekow, R., Hochstein, A., Brenner, W.: Service-orientiertes IT-Management - ITIL Best Practices, Springer Verlag, Berlin, 2005

Register

GUT AUFGELEGT
ICH BLEIBE OFFEN LIEGEN ;-) DANK SPEZIAL-
FORMAT UND PATENTIERTER BINDUNG

Kösel FD 351 · Patent-No. 0748702